Der deutsche Juristentag.

Sein Werden und Wirken.

Eine Festschrift zum fünfzigjährigen Jubiläum.

Im Auftrage der ständigen Deputation verfaßt

von

Dr. Th. Olshausen,
Landrichter in Potsdam.

Berlin 1910.
Kommissions-Verlag von J. Guttentag, Verlagsbuchhandlung,
GmbH.

Der Verfasser der Jubiläumsschrift zum 25 jährigen Bestehen des Juristentages, — der damalige Oberlandesgerichtsrat Thomsen in Stettin — der in erster Linie berufen gewesen wäre, die Tätigkeit des Juristentages zu seinem goldenen Jubiläum zu würdigen, ist als Landgerichtspräsident in Münster i. W. vor einigen Jahren verstorben. Sein Werk hat allseitige Anerkennung gefunden; es war daher naturgemäß, seine Ausführungen über die ersten 25 Jahre des Juristentages der vorliegenden Arbeit teilweise zugrunde zu legen.

Potsdam, den 15. Juli 1910.

Dr. Th. Olshausen.

Inhaltsverzeichnis.

Abkürzungen.

Adv. = Advokat.
AGAss. = Amtsgerichtsassessor.
AGPräs. = Amtsgerichtspräsident.
AGR. = Amtsgerichtsrat.
AppGR. = Appellationsgerichtsrat.
Bankdir. = Bankdirektor.
Bibl. = Bibliothekar.
AR. = Amtsrichter.
BezGerDir. = Bezirksgerichtsdirektor.
BezGR. = Bezirksgerichtsrat.
BezR. = Bezirksrichter.
Dr. = ohne Zusatz Dr. jur.
DJT. = Deutscher Juristentag.
EStA. = Erster Staatsanwalt.
FR. = Friedensrichter.
GehJR. = Geheimer Justizrat.
GehOJR. = Geheimer Oberjustizrat.
GehORegR. = Geheimer Oberregierungsrat.
GehRegR. = Geheimer Regierungsrat.
GenStA. = Generalstaatsanwalt.
GerAdv. = Gerichtsadvokat.
GerAss. = Gerichtsassessor.
GerR. = Gerichtsrat.
HandGerPräs. = Handelsgerichtspräsident.
HofR. = Hofrat.
JR. = Justizrat.
KamPräs. = Kammerpräsident.
KGPräs. = Kammergerichtspräsident.
KGR. = Kammergerichtsrat.
KGSenPräs. = Senatspräsident bei dem Kammergericht.
KonsPräs. = Konsistorialpräsident.
KrR. = Kreisrichter.
KrGAss. = Kreisgerichtsassessor.
KrGDir. = Kreisgerichtsdirektor.
KrGR. = Kreisgerichtsrat.
KriegsGR. = Kriegsgerichtsrat.
LGAss. = Landgerichtsassessor.
LGDir. = Landgerichtsdirektor.
LGPräs. = Landgerichtspräsident.
LGR. = Landgerichtsrat.
LR. = Landrichter.
MagistrAss. = Magistratsassessor.
MagistrR. = Magistratsrat.
MinistR. = Ministerialrat.
Not. = Notar.
OAppGPräs. = Oberappellationspräsident.
OAppGR. = Oberappellationsgerichtsrat.
OGAss. = Obergerichtsassessor.
OGR. = Obergerichtsrat.
OHofGR. = Oberhofgerichtsrat.
OLG. = Oberlandesgericht.
OLGPräs. = Oberlandesgerichtspräsident.
OLGR. = Oberlandesgerichtsrat.
OLGSenPräs. = Senatspräsident bei dem Oberlandesgericht.
ORA. = Oberreichsanwalt.
OStA. = Oberstaatsanwalt.
OTrA. = Obertribunalanwalt.
OTrPräs. = Obertribunalpräsident.
OTrR. = Obertribunalrat.
OVerwGR. = Oberverwaltungsgerichtsrat.
RA. = Rechtsanwalt.
RegR. = Regierungsrat.
ReichsA. = Reichsanwalt.
RGR. = Reichsgerichtsrat.
RGSenPräs. = Senatspräsident bei dem Reichsgericht.
SektChef = Sektionschef.
StA. = Staatsanwalt.
StAGeh. = Staatsanwaltsgehilfe.
StAR. = Staatsanwaltschaftsrat.
StProk. = Staatsprokurator.
StadtGR. = Stadtgerichtsrat.
StadtR. = Stadtrichter.
VerwR. = Verwaltungsrat.
WGehOJR. = Wirklicher Geheimer Oberjustizrat.
WGehR. = Wirklicher Geheimer Rat.

Hinter den Namen der Gutachter und Berichterstatter bedeuten römische Zahlen den Band der Verhandlungen des betreffenden Juristentages; fette arabische Zahlen bezeichnen die Tagung des Juristentages, falls mehrere Tagungen bei derselben Materie in Betracht kommen.

Erster Abschnitt.

Die Statuten des deutschen Juristentages. Sein Zweck und seine Aufgaben.

Das ursprüngliche, nach den Beschlüssen des ersten Juristentages vom 30. August 1860 von dem Schriftführeramt der ständigen Deputation redigierte Statut des DJT. hat im Laufe der Jahre manche, nicht unwesentliche Änderung erfahren. In den beiden ersten Jahren seines Bestehens waren alle Beschlüsse des Juristentages Plenarbeschlüsse. Jedoch schon ein Beschluß des 3. DJT. änderte dies, weil man die Überzeugung gewonnen hatte, daß die zweite Plenarversammlung, wenn sie sich mit sämtlichen Fragen beschäftigen muß, allzusehr belastet werde und weil gewisse Fragen wegen ihrer mehr speziellen Natur eine Beschlußfassung lediglich in einem kleineren Kreise zulassen. Es gelangt jetzt in der Regel nur ein einziges, zur Verhandlung vor dem Plenum besonders geeignetes Thema in der zweiten Plenarversammlung eines jeden Juristentages zur Erörterung und Entscheidung. Anfangs trat der Juristentag gemäß § 2 alljährlich zusammen; der 5. DJT. beschloß jedoch, damit die ständige Deputation nicht in die unangenehme Lage geraten könne, auch bei etwaiger Ungunst der Zeitverhältnisse den Juristentag dennoch zusammenberufen zu müssen, die Deputation zu ermächtigen, ausnahmsweise die Wiedereinberufung des Juristentages erst in dem auf dessen letzten Zusammentritt folgenden zweiten Kalenderjahre vorzunehmen. Seit dem Jahre 1876 ist der Juristentag fast ausnahmslos nur jedes zweite Jahr zusammengetreten.

Die ständige Deputation (vgl. § 10), der in jeder Beziehung die Vorbereitung der Versammlungen des Juristentages obliegt, bestand zunächst aus vierzehn Mitgliedern und dem Präsidenten des letzten Juristentages als Ehrenpräsidenten. Der 7. DJT. erhöhte diese Zahl auf neunzehn. Im Laufe der Jahre hatte sich auch die Einsetzung eines besonderen Kassenführers neben dem Schriftführer notwendig gemacht. Der Sitz der ständigen Deputation war anfänglich der Ort des letzten Juristentages und es mußten von den Mitgliedern der ständigen Deputation mindestens drei am Orte der letzten Tagung wohnen. Auf dem 11. DJT. wurde diese Beschränkung bezüglich der Zusammensetzung der Deputation gestrichen und es wurde der ständigen Deputation das Recht gegeben, Ort und Zeit ihrer Zusammenkunft selbst zu bestimmen. Die Voraussetzung, von der man ausgegangen war, daß die vorbereitenden Geschäfte für die nächste Versammlung am besten an dem Orte besorgt werden könnten, an dem der letzte Juristentag zusammengetreten war, hatte sich durch die Erfahrung nicht bestätigt, um so mehr, als der Präsident, Schriftführer und Kassenführer ihren Wohnsitz in Berlin zu haben pflegten. Schon im Jahre 1873 beschloß daher die ständige Deputation, ihren Sitz bis auf weiteres nach Berlin zu verlegen. Berlin ist auch heute noch ihr Sitz.

Betreffs der Materien, die den Gegenstand der Beratungen des Juristentages bilden, faßte der 28. DJT. im Jahre 1906 den wichtigen Beschluß, unter die Arbeitsgebiete auch das Verwaltungsrecht aufzunehmen. Entscheidend hierfür waren die engen Beziehungen, die zwischen Privat- und Verwaltungsrecht bestehen, wie insbesondere die erhöhte Bedeutung, welche an und für sich dem Verwaltungsrecht bei der Erweiterung und Vertiefung des modernen Staatsgedankens sowohl in Deutschland als in Österreich zukommt. Durch den einschränkenden Zusatz „inneres Verwaltungsrecht" (vgl. § 1) sollte das Gebiet gegenüber der Heeres-, Finanz- und auswärtigen Verwaltung, welche Zweige der Verwaltung den Aufgaben des Juristentages grundsätzlich fern liegen, abgegrenzt werden.

Das gegenwärtig in Geltung befindliche Statut des Juristentages hat folgende Fassung:

§ 1.

Der Zweck des deutschen Juristentages ist: eine Vereinigung für den lebendigen Meinungsaustausch und den persönlichen Verkehr unter den deutschen Juristen zu bilden, auf den Gebieten des gesamten bürgerlichen Rechts, des Prozesses, des Strafrechts und des inneren Verwaltungsrechts den Forderungen nach einheitlicher Entwickelung immer größere Anerkennung zu verschaffen, die Hindernisse, welche dieser Entwickelung entgegenstehen, zu bezeichnen und sich über Vorschläge zu verständigen, welche geeignet sind, die Rechtseinheit zu fördern.

§ 2.

Der deutsche Juristentag tritt in der Regel alljährlich zusammen; doch ist die ständige Deputation ermächtigt, aus Gründen der Zweckmäßigkeit ausnahmsweise die Wiedereinberufung des Juristentages erst in dem auf dessen letzten Zusammentritt folgenden zweiten Kalenderjahre vorzunehmen.

§ 3.

Zur Mitgliedschaft berechtigt sind die deutschen Richter, Staatsanwälte, Advokaten und Notare, die Aspiranten des Richteramts, der Anwaltschaft und des Notariats, sowie jeder, der nach seinen Landesgesetzen zum Richteramte, zur Anwaltschaft oder zur Ausübung des Notariats für befähigt erkannt ist, ferner die Lehrer an den deutschen Hochschulen, die Mitglieder der gelehrten Akademien, die Doktoren der Rechte und die rechtsgelehrten Mitglieder der Verwaltungsbehörden.

§ 4.

Die Mitgliedschaft beginnt mit dem Empfange der Mitgliedskarte. Sie berechtigt zur Teilnahme an den Verhandlungen und an der Abstimmung.

§ 5.

Der Beitrag der Gesellschaftsmitglieder beträgt sechs Mark jährlich und ist innerhalb vier Wochen nach Beginn des neuen Jahres zu entrichten, widrigenfalls derselbe durch Postvorschuß eingezogen wird. Nimmt ein Mitglied den mit Postvorschuß beschwerten Brief nicht an, so wird dies einer ausdrücklichen Austrittserklärung gleich erachtet. Für die am Orte des Juristentages selbst zu lösende Anmeldungskarte sind drei Mark zu entrichten.

§ 6.

Den Plenarverhandlungen des deutschen Juristentages gehen der Regel nach Abteilungsberatungen voraus. Zu diesem Zwecke werden nach Bedürfnis vier Abteilungen gebildet:

1. Abteilung für bürgerliches Recht, juristisches Studium und praktische Ausbildung.
2. Abteilung für Handels-, Wechsel-, See- und internationales Recht.
3. Abteilung für Strafrecht, Strafprozeß und Gefängniswesen.
4. Abteilung für Gerichtsverfassung und Zivilprozeß.

Liegen Beratungsgegenstände aus dem Gebiete des Verwaltungsrechts vor, so werden sie in der Regel einer dieser Abteilungen zugewiesen.

Die Abteilungen wählen ihre Vorsitzenden, Schriftführer, Berichterstatter und benachrichtigen den Vorsitzenden der Plenarversammlung (§ 7), sobald ihre Beratungen über einzelne Gegenstände geschlossen sind; ihre Anträge sind schriftlich zu fassen.

Sämtliche Beschlüsse der Abteilungen werden in der Plenarversammlung mitgeteilt. Es findet jedoch eine Erörterung und Entscheidung im Plenum nur dann statt, wenn dieselbe von der betreffenden Abteilung vorgeschlagen, oder wenn sie von mindestens zehn Mitgliedern beantragt und von der Plenarversammlung beschlossen wird. Über die Vorfrage, ob dem von mindestens zehn Mitgliedern gestellten Antrage auf Plenarentscheidung stattzugeben, wird nur einem der Antragsteller und dem Berichterstatter das Wort erteilt.

§ 7.

Die Verhandlungen der Plenarversammlung leitet ein Vorsitzender, welcher für die Dauer eines jeden Juristentages in der ersten Plenarversammlung durch Stimmzettel oder Akklamation gewählt wird. Derselbe benennt zwei bis vier Stellvertreter und vier Schriftführer. Er bestimmt die Tagesordnung und kann einzelne Gegenstände, ohne Vorberatung in den Abteilungen (§ 6), unmittelbar zur Plenarberatung stellen. Auch ist er befugt, Nichtmitglieder als Zuhörer zuzulassen.

§ 8.

Bei allen Beschlüssen der Plenarversammlung und der Abteilungen entscheidet einfache Majorität der anwesenden Mitglieder, bei allen Wahlen relative Majorität und im Falle der Stimmengleichheit das Los.

§ 9.

Wird Schluß der Debatte beantragt, so wird über diesen Punkt sofort abgestimmt. In der Plenarversammlung sind alle Anträge mit Ausnahme des Antrages auf Schluß der Debatte schriftlich zu stellen.

§ 10.

Vor dem Schlusse eines jeden Juristentages wird von der Plenarversammlung durch Akklamation oder in einem einzigen Skrutinium durch Stimmzettel eine aus 19 Mitgliedern und dem Präsidenten des letzten Juristentages als Ehrenpräsidenten bestehende ständige Deputation gewählt. Die Liste der zur Akklamation vorzuschlagenden Personen wird durch den Präsidenten der Plenarversammlung, seine Stellvertreter und je zehn von jeder Abteilung gewählte Vertrauensmänner gemeinschaftlich festgestellt.

Die ständige Deputation hat folgende Befugnisse und Obliegenheiten:

1. sie sorgt für die Ausführung der von dem Juristentage gefaßten Beschlüsse, veranlaßt nach eigenem Ermessen den Druck der Protokolle und Vorlagen, bewirkt die Verteilung der Drucksachen an die Mitglieder und verwahrt alle Akten und Schriftstücke des Juristentages;
2. sie bestimmt Zeit und Ort des nächsten Juristentages, trifft die für denselben nötigen Vorbereitungen, erläßt die Einladungen, stellt die vorläufige Tagesordnung auf, wobei sie in der Regel

nur die bis zum 31. Mai des laufenden Jahres eingegangenen Vorlagen zu berücksichtigen hat, und bereitet Abänderungsvorschläge in betreff der Geschäftsordnung für die Plenarversammlung vor;
3. sie nimmt die Beitrittserklärungen neuer Mitglieder entgegen, fertigt die Mitgliedskarten aus, empfängt die Beiträge, bestreitet die Ausgaben und legt der folgenden Deputation Rechnung;
4. sie ergänzt sich selbst, falls eins oder mehrere Mitglieder während des Geschäftsjahres ausscheiden.

Die Deputation wählt aus ihrer Mitte einen Vorsitzenden, einen Schriftführer, welcher ein von der Deputation festzusetzendes Pauschquantum für bare Auslagen erhält, und einen Kassierer. Der letztere ist verpflichtet, der ständigen Deputation bei ihrem jedesmaligen Zusammentritt einen Kassenabschluß vorzulegen. Die Deputation läßt durch eines oder mehrere ihrer Mitglieder die Rechnung prüfen und die Kasse revidieren.

Die Deputation bestimmt Ort und Zeit ihrer Zusammenkunft. Zur Gültigkeit ihrer Beschlüsse ist die Einladung sämtlicher Mitglieder, sowie die Mitwirkung von wenigstens fünf Mitgliedern erforderlich.

§ 11.

Abänderungen dieses Statuts können zwar von der Plenar-Versammlung durch einfache Stimmenmehrheit, jedoch nur auf schriftlichen Antrag, der vier Wochen vor dem Zusammentritt des Juristentages der ständigen Deputation (§ 10) überreicht worden, beschlossen werden.

Der **Zweck des deutschen Juristentages** besteht hiernach in der Erfüllung zweier **Hauptaufgaben**:
1. eine Vereinigung für den lebendigen Meinungsaustausch und den persönlichen Verkehr unter den deutschen Juristen zu bilden,
2. eine einheitliche Rechtsentwickelung auf den im § 1 bezeichneten Gebieten durch geeignete Vorschläge zu fördern.

Die unmittelbare Befassung mit politischen oder öffentlich-rechtlichen Fragen ist grundsätzlich von der Tätigkeit des Juristentages ausgeschlossen geblieben, weil man mit Recht die Besorgnis hegte und aussprach, daß der Juristentag sonst in seinem eigenen Kreise heftige, schwer zu überwindende Gegensätze wachrufen und außerhalb seines Kreises noch weit gefährlichere Gegensätze antreffen würde, die vielleicht alle seine Interessen gefährden könnten. Wenn gleichwohl der Juristentag sich veranlaßt sah, ausnahmsweise Streifzüge in das öffentlich rechtliche Gebiet zu machen, so geschah dies bei Verfolgung konnexer Fragen aus den von ihm erwählten anderen Rechtsgebieten (z. B. Verfassung, Verfahren und Kompetenz der Gerichte).

Die **Tätigkeit des Juristentages** muß statutengemäß sich wesentlich in gesetzgeberischer Richtung bewegen; der Juristentag soll ein legislatorischer Ratgeber sein, soll bei den Arbeiten der Gesetzgebung anregen und helfen. Er will und kann nur wirken durch die Macht der moralischen Ueberzeugung, durch das Aussprechen der von ihm stets gesuchten und meist auch gefundenen communis opinio, durch die innere Wahrheit dessen, was er für wichtig erkennt und ausspricht. So sind denn auch von Anfang an alle Anträge abgelehnt, welche auf einen direkten Verkehr des Juristentages mit den Regierungen oder mit der Volksvertretung hinzielten, und die Beschlüsse sind stets nur in der Form und in dem Sinne gefaßt, daß der Juristentag seine Ueberzeugung ausspricht oder einen legislatorischen Akt für empfehlenswert oder für nicht empfehlenswert erklärt.

Das Hauptgewicht der Beschlüsse des Juristentages beruht nun keineswegs auf der Tatsache, daß im Plenum oder in den Abteilungen eine größere oder kleinere Anzahl von Juristen ihr Votum abgegeben hat. Zunächst wäre die bloße Zahl der anwesenden Juristen im Verhältnis zur Gesamtzahl aller deutschen Juristen stets zu gering, um einen Beschluß des Juristentages als vollständig sicheren Ausdruck der allgemeinen Ueberzeugung der deutschen Juristen ansehen zu lassen, sodann können bei der Teilnahme der jeweiligen Besucher an den Abstimmungen, besonders in den Abteilungen, allerlei Zufälligkeiten mitspielen, endlich sind manche Beschlüsse nur mit einer knappen Majorität gefaßt worden. Das Hauptgewicht beruht vielmehr auf dem inneren Wert der **Gründe** und auf der Art und Weise, **wie** es zu einem Beschlusse des Juristentages kommt. Nach sorgfältiger Vorbereitung durch schriftliche Gutachten und nach mündlicher Berichterstattung wird der Fall durch die debattierenden Redner von Mund zu Mund, von Auge zu Auge erörtert. In Frage und Antwort, Rede und Gegenrede klären sich die Ansichten, vermitteln sich die Kontraste. Was ein jahrelang geführter Schriftwechsel im literarischen Kampfe nicht vermocht, wird oft in einer Stunde durch das Wortgefecht erreicht. Von hoher Bedeutung ist dabei der Umstand, daß Juristen aus den verschiedensten Rechtsgebieten, mit den verschiedensten Rechtsanschauungen und Gewohnheiten, mit- und gegeneinander auftreten, daß Männer aus allen Zweigen des juristischen Berufs: Mitglieder der Ministerien, Richter und Staatsanwälte des Reichs und der Bundesstaaten, sowie Rechtsanwälte als Praktiker, Professoren und Privatdozenten als Theoretiker, sich gegenseitig öffentlich aussprechen. Also die wahre Bedeutung, der wahre Wert der Arbeit des Juristentages dürfte mehr in den Verhandlungen selbst als in deren Resultaten, mehr in den Gründen als in den Beschlüssen zu finden sein.

Als ein für die Vorbereitung der einzelnen Juristentage, namentlich durch Aufstellung der Themata und Einfordern von Gutachten, höchst wichtiges Organ ist die ständige Deputation hervorzuheben. Mit ihrem festen traditionellen Stamme alter Mitglieder und mit ihrem stets sich erneuenden jungen Nachwuchse bildet die ständige Deputation neben dem Moment der fortschreitenden Mobilität zugleich das Moment der Stabilität in der wechselnden Flucht der Juristentagsversammlungen. Die Deputation sucht, schafft, sammelt und ordnet das Material für die Tagesordnungen. Gerade von ihren Mitgliedern, die aus möglichst vielen deutschen Stämmen und Rechtsgebieten ausgewählt und durch wechselseitige Beziehungen mehr oder weniger eng miteinander verbunden, in ihrer Vereinigung ein getreues Bild des gesamten Juristentages widerspiegeln, ist ein großer Teil der in den Gutachten nnd Referaten liegenden Arbeit geleistet worden. Als Berichterstatter traten besonders Brunner und Hamm mit 9 bzw. 11 Referaten hervor. Als Gutachter und Berichterstatter zugleich sind vor allem Gierke (6 Referate, 5 Gutachten), Stenglein (14 Referate, 3 Gutachten) und Gneist (15 Referate, 2 Gutachten) zu nennen.

Auf die Anregung eines Mitgliedes der ständigen Deputation, des Justizrats Dr. Hugo Neumann-Berlin, ist auch die im Jahre 1902 erfolgte Einsetzung einer Kommission zurückzuführen, die Vorschläge zur Feststellung einer einheitlichen Zitierweise für die Reichs- und Landesgesetze, Gesetzentwürfe, die juristischen Zeitschriften und Entscheidungssammlungen machen sollte. Auf Grund eines Beschlusses des 27. DJT. vom 13. September 1904 wurden im Jahre 1905 die von der hierzu eingesetzten Kommission ausgearbeiteten Vorschläge für die Art der Anführung von Rechtsquellen, Entscheidungen und wissenschaftlichen Werken herausgegeben. Wie groß das Bedürfnis nach einer solchen Zitiermethode, die inzwischen (1910) in zweiter Auflage erschienen ist, war, erhellt aus der Aufnahme, die diese Vorschläge in den Kreisen der juristischen Schriftsteller fanden. Statt langer Abkürzungsverzeichnisse, die bisher Kommentaren, Lehrbüchern und jeder größeren Abhandlung vorangeschickt werden mußten, genügt jetzt die kurze Bemerkung: Zitierweise des deutschen Juristentages.

Welche Personen im Laufe der verflossenen fünf Jahrzehnte Mitglieder der ständigen Deputation gewesen sind und wie lange sie ihr angehört haben, macht die folgende Tabelle ersichtlich.

Mitglieder der ständigen Deputation

Dr. Albrecht	LG.Präsident	Hamburg	—	—	—
Anschütz	Justizrat	Leipzig	—	—	—
Back	Unterstaatssekretär z. D.	Straßburg	—	—	—
Dr. v. Bar	Professor	Göttingen	—	—	—
Bardeleben	OLG.Präsident	Celle	—	—	—
Becker	OAppG.Präsident	Oldenburg	—	—	—
Dr. Berger	Hof- und Ger.Advokat	Wien	—	2	3
„ Bernays	Doktor der Rechte	Mainz	—	—	—
„ Bluntschli	Professor	Heidelberg	1	2	3
„ Borchardt	Geh. Justizrat	Berlin	—	—	—
„ Bornemann	OTrib.Präsident	Berlin	1	2	—
„ Brunner	Professor	Berlin	—	—	—
„ Frh. v. Call	OLG.Präsident	Innsbruck	—	—	—
„ Caspary	O.Bürgermeister	Braunschweig	—	—	—
„ Consbruch	OLG.Präsident	Cassel	—	—	—
„ Cropp	Sen.Sekretär	Hamburg	—	—	—
„ Dorn	Geh. Justizrat	Leipzig	1	—	—
„ Dorner	OLG.Präsident	Karlsruhe	—	—	—
„ Drechsler	RGSen.Präsident, Wirkl. Geh. Rat	Leipzig	—	—	3
„ Dumont	Advokat	Mainz	—	—	—
„ Eck	Professor	Berlin	—	—	—
„ Eckhard	App.Gerichtsrat	Frankfurt a. M.	—	—	—
„ Enneccerus	Professor	Marburg	—	—	—
„ Euler	Justizrat	Düsseldorf	—	—	—
v. Faber	Staatsrat	Stuttgart	1	2	3
Dr. Fäustle	OApp.Gerichtsrat	München	—	—	—
„ Friedberg	Geh. O.Justizrat	Berlin	1	—	—
„ Gierke	Professor	Berlin	—	—	—
„ Glaser	Professor	Wien	1	2	3
„ v. Gneist	Professor, Wirkl. Geh. Rat	Berlin	—	—	—
„ L. Goldschmidt	Professor	Heidelberg	—	—	—
„ J. Goldschmidt	Justizrat	Berlin	—	—	—
Gotthard	OG.Anwalt	Braunschweig	—	—	—
Frh. v. Groß	OApp.Gerichtsrat	Jena	—	—	—
Dr. Gryczewski	OLG.Präsident, Wirkl. Geh. Rat	Posen	—	—	—
„ Hamm	OLG.Präsident a. D., Wirk. Geh. Rat	Bonn	—	—	—
„ Hanausek [dorf	Professor	Graz	—	—	—
Frh. v. Harsdorf-Endern-	OLG.Präsident	Augsburg	—	—	—
Hauser	Reichsgerichtsrat	Leipzig	—	—	—
Dr. Heinsen	Rechtsanwalt	Hamburg	—	—	—
Heydemann	Professor	Berlin	1	—	—

eit Bestehen des Juristentages.

—	—	—	7	8	9	10	11	12	13	14	15	—	—	—	—	—	—	—	—	—	—	—	—	—	—
—	—	—	—	—	—	—	—	—	—	—	15	16	17	18	19	20	—	—	—	—	—	—	—	—	—
—	—	—	—	—	—	—	—	—	—	—	—	—	—	—	—	20	—	—	—	—	—	—	—	—	—
—	—	—	7	8	9	—	—	—	—	—	—	—	—	—	—	—	—	—	—	—	—	—	—	—	—
—	—	—	—	—	—	—	—	—	—	—	—	16	17	—	19	—	—	—	—	—	—	—	—	—	—
—	—	6	7	8	9	10	11	12	13	14	15	16	17	18	19	20	21	22	23	—	—	—	—	—	—
—	5	6	—	—	—	—	—	—	—	—	—	—	—	—	—	—	—	—	—	—	—	—	—	—	—
4	—	—	—	—	—	—	—	—	—	—	—	—	—	—	—	—	—	—	—	—	—	—	—	—	—
—	—	—	—	8	—	—	—	—	—	—	—	—	—	—	—	—	—	—	—	—	—	—	—	—	—
—	—	—	7	8	9	10	11	12	13	14	15	—	—	—	—	—	—	—	—	—	—	—	—	—	—
—	—	—	—	—	—	—	—	—	—	—	—	—	—	—	—	—	—	—	—	—	—	—	—	—	—
—	—	—	—	—	—	—	11	—	13	14	15	16	17	18	19	20	21	22	23	24	25	26	27	28	29
—	—	—	—	—	—	—	—	—	—	—	—	—	—	—	—	—	—	—	—	—	—	—	27	28	29
—	5	—	—	—	—	—	—	—	—	—	—	—	—	—	—	—	—	—	—	—	—	—	—	—	—
—	—	—	—	—	—	—	—	—	—	—	—	16	17	18	—	—	—	—	—	—	—	—	—	—	—
—	—	—	7	—	—	—	—	—	—	—	—	—	—	—	—	—	—	—	—	—	—	—	—	—	—
—	—	6	7	—	—	—	—	—	—	—	15	16	—	—	—	—	—	—	—	—	—	—	—	—	—
—	—	—	—	—	—	—	—	—	—	—	—	—	—	—	—	—	—	—	—	—	—	—	—	—	29
—	—	—	—	8	9	—	11	12	13	14	15	16	17	18	19	20	21	22	23	—	—	—	—	—	—
4	—	—	—	—	—	—	—	—	—	—	—	—	—	—	—	—	—	—	—	—	—	—	—	—	—
—	—	—	—	—	—	—	—	—	—	—	—	—	—	—	19	20	21	22	—	24	25	—	—	—	—
—	—	—	—	—	—	10	—	—	—	—	—	—	—	—	—	—	—	—	—	—	—	—	—	—	—
—	—	—	—	—	—	—	—	—	—	—	—	16	17	18	19	20	21	22	23	24	25	26	27	28	29
—	—	—	—	—	—	10	—	—	—	—	—	—	—	—	—	—	—	—	—	—	—	—	—	—	—
—	—	—	—	—	—	—	—	—	—	—	—	—	—	—	—	—	—	—	—	—	—	—	—	—	—
—	—	6	7	8	—	—	—	—	—	—	—	—	—	—	—	—	—	—	—	—	—	—	—	—	—
—	—	—	—	—	—	—	—	—	—	—	—	—	—	—	—	—	—	—	—	—	—	—	—	—	—
—	—	—	—	—	—	—	—	—	—	—	—	—	—	—	19	—	21	22	23	24	25	26	27	28	29
4	—	—	—	—	—	—	—	—	—	—	—	—	—	—	—	—	—	—	—	—	—	—	—	—	—
4	5	6	7	8	9	10	11	12	13	14	15	16	17	18	19	20	21	22	—	—	—	—	—	—	—
—	—	—	—	8	—	—	—	—	—	—	—	—	—	—	—	—	—	—	—	—	—	—	—	—	—
—	—	—	—	—	—	—	—	—	—	—	—	—	—	—	—	—	—	—	—	24	25	—	—	—	—
—	5	—	—	—	—	—	—	—	—	—	—	—	—	—	—	—	—	—	—	—	—	—	—	—	—
—	—	6	—	—	—	—	—	—	—	—	—	—	—	—	—	—	—	—	—	—	—	—	—	—	—
—	—	—	—	—	—	—	—	—	—	—	—	—	—	—	—	—	—	—	—	24	—	—	—	—	—
—	—	—	—	—	—	—	—	—	—	—	—	—	—	—	—	—	21	22	23	24	25	26	27	28	29
—	—	—	—	—	—	—	—	—	—	—	—	—	—	—	—	—	—	—	—	—	—	26	27	28	29
—	—	—	—	—	—	—	—	—	—	—	—	—	—	—	—	—	—	22	23	—	—	—	—	—	—
—	—	—	—	—	—	10	11	12	13	14	—	—	—	—	—	—	—	—	—	—	—	—	—	—	—
—	—	—	—	—	—	—	—	—	—	—	—	—	—	18	19	20	—	—	—	—	—	—	—	—	—
—	—	—	—	—	—	—	—	—	—	—	—	—	—	—	—	—	—	—	—	—	—	—	—	—	—

Mitglieder der ständigen Deputatio

Dr. Hiersemenzel	Stadtrat	Berlin	1	2	
„ Hiller	Professor	Graz	—	—	-
v. Hohenadel	Oberstaatsanwalt	München	—	—	-
Hopmann	LG.Präsident	Wiesbaden	—	—	-
Dr. v. Jhering	Professor	Göttingen	1	2	
„ Jaques	Hof- und Ger.Advokat	Wien	—	—	-
„ Jung	Fiskal	Frankfurt a. M.	—	—	-
D. Dr. Kahl	Professor	Berlin	—	—	-
Dr. v. Kalb	Ministerialrat	München	—	—	-
v. Keller	OLG.Präsident	Wien	1	2	
Dr. Kielmeyer	Rechtsanwalt	Stuttgart	—	—	-
„ Ritter v. Kißling	Hof- und Ger.Advokat	Linz	—	—	-
Dr. Klein	Öst. Just.Minister a. D.	Wien	—	—	-
Kleiner	LG.Präsident	Schweinfurt	—	—	-
Knyn	Präsident	Mainz	—	—	-
Dr. v. Koestlin	OLG.Präsident	Stuttgart	—	—	-
Kohlschütter	Rechtsanwalt	Dresden	—	2	-
König	Justizrat	Cleve	—	—	-
Dr. Kratky	Hof- und Ger.Advokat	Wien	—	—	-
v. Kübel	OTrib.Direktor	Stuttgart	—	—	-
Dr. Kühne	OLG.Präsident	Celle	—	—	-
„ v. Kunowski	OLG.Präsident, Wirkl. Geh. Rat	Breslau	—	—	-
Meyer Levy	Justizrat	Berlin	—	—	-
Makower	Justizrat	Berlin	—	—	-
Dr. Merkel	Professor	Straßburg	—	—	-
„ Meyer	Vortrag. Rat im Reichs-Justizamt	Berlin	—	—	-
„ Georg Meyer	Professor	Jena	—	—	-
Mörschell	Rechtsanwalt	Würzburg	—	—	-
Dr. Hugo Neumann	Justizrat	Berlin	—	—	-
Niemand	Kirchspielvogt	Büsum	—	—	-
Dr. J. Olshausen	RGSen.Präsident, Wirkl. Geh. Rat	Leipzig	—	—	-
„ Pappenheim	Professor	Kiel	—	—	-
„ Frh. v. Pechmann	Bankdirektor	München	—	—	-
„ Petersen	Reichsgerichtsrat	Leipzig	—	—	-
„ Pfaff	Professor	Wien	—	—	-
Pfaff	LG.Präsident	Tübingen	—	—	-
Dr. Pfeiffer	Senator	Bremen	—	2	
„ Planck	Professor, Wirkl. Geh. Rat	Göttingen	—	2	
Puchelt	KrG.Direktor	Heidelberg	—	—	-
Dr. Reatz	Geh. Justizrat	Gießen	—	—	-
„ Rechbauer	Präsident	Wien	—	—	-

eit Bestehen des Juristentages.

4	5	—	—	—	—	—	—	—	—	—	—	—	—	—	—	—	—	—	—	—	—	—	—	—	—
—	—	—	—	—	—	—	—	—	—	—	—	—	—	18	—	—	—	—	—	—	—	—	—	—	—
—	—	—	—	—	—	—	—	12	—	—	—	—	—	—	—	—	—	—	—	—	—	—	—	—	—
—	—	—	—	—	—	—	—	—	—	—	—	—	—	18	—	—	—	—	—	—	—	—	—	—	—
4	5	6	7	8	—	—	—	—	—	—	—	—	—	—	—	—	—	—	—	—	—	—	—	—	—
—	—	—	—	—	—	—	11	12	13	14	15	16	17	18	19	20	21	22	23	—	—	—	—	—	—
—	—	—	—	—	—	10	11	12	—	—	—	—	—	—	—	—	—	—	—	—	—	—	—	—	—
—	—	—	—	—	—	—	—	—	—	—	—	—	—	—	—	—	—	—	—	—	25	26	27	28	29
—	5	6	—	—	—	—	—	—	—	—	—	—	—	—	—	—	—	—	—	—	—	—	—	—	—
4	—	6	7	8	9	10	—	—	13	14	15	—	—	—	—	—	—	—	—	—	—	—	—	—	—
—	—	—	—	—	9	—	—	—	—	—	—	—	—	—	—	—	—	—	—	—	—	—	—	—	—
—	—	—	—	—	9	10	11	12	—	—	—	—	—	—	—	—	—	—	—	—	—	—	—	—	—
—	—	—	—	—	—	—	—	—	—	—	—	—	—	—	—	—	—	—	—	—	—	—	27	28	29
—	—	—	—	—	—	—	—	—	—	—	15	16	17	18	—	20	—	—	—	—	—	—	—	—	—
4	—	—	—	—	—	—	—	—	—	—	—	—	—	—	—	—	—	—	—	—	—	—	—	—	—
—	—	—	—	—	9	—	11	12	13	14	15	16	17	18	19	20	21	22	23	—	—	—	—	—	—
—	—	—	—	—	—	—	—	—	—	—	—	—	—	—	—	—	—	—	—	—	—	—	—	—	—
—	5	—	—	—	—	—	—	—	—	—	—	—	—	—	—	—	—	—	—	—	—	—	—	—	—
—	—	—	—	—	—	10	—	—	—	—	—	—	—	—	—	—	—	—	—	—	—	—	—	—	—
—	—	—	—	—	9	10	—	—	—	—	—	—	—	—	—	—	—	—	—	—	—	—	—	—	—
—	—	—	—	—	9	10	—	12	13	14	15	16	17	—	—	—	—	—	—	—	—	—	—	—	—
—	—	—	—	—	—	10	11	12	—	—	—	—	—	—	—	—	—	—	—	—	—	—	—	—	—
—	—	—	—	—	—	—	—	—	—	—	—	—	—	—	19	20	21	22	23	—	—	—	—	—	—
—	—	6	7	8	9	10	11	12	13	14	15	16	17	18	19	20	21	22	23	—	—	—	—	—	—
—	—	—	—	—	—	—	—	—	—	—	—	—	—	—	—	20	21	22	23	—	—	—	—	—	—
—	—	—	—	—	9	10	11	12	13	—	—	—	—	—	—	—	—	—	—	—	—	—	—	—	—
—	—	—	—	—	—	—	—	—	—	14	—	—	—	—	—	—	—	—	—	—	—	—	—	—	—
—	—	—	—	—	—	—	—	—	—	—	—	—	17	18	19	20	21	—	—	—	—	—	—	—	—
—	—	—	—	—	—	—	—	—	—	—	—	—	—	—	—	—	—	—	—	—	—	26	27	28	29
—	5	—	—	—	—	—	—	—	—	—	—	—	—	—	—	—	—	—	—	—	—	—	—	—	—
—	—	—	—	—	—	—	—	—	—	—	—	—	—	—	—	—	—	—	—	24	25	26	27	28	29
—	—	—	—	—	—	—	—	—	—	—	—	—	—	—	—	—	—	—	—	—	—	—	—	28	29
—	—	—	—	—	—	—	—	—	—	—	—	—	—	—	—	—	—	—	—	24	25	26	27	28	29
—	—	—	—	—	—	—	—	—	13	14	15	16	17	18	—	—	—	—	—	—	—	—	—	—	—
—	—	—	—	—	—	—	—	—	—	—	—	—	—	—	19	20	21	—	—	24	25	26	—	—	—
—	—	—	—	—	—	—	—	—	—	—	—	—	—	—	—	—	—	—	—	24	—	—	—	—	—
4	5	—	—	—	—	—	—	—	—	—	—	—	—	—	—	—	—	—	—	—	—	—	—	—	—
4	5	6	7	—	—	—	—	—	—	—	—	—	—	—	—	—	—	—	—	—	—	—	—	—	—
—	—	—	—	8	—	—	—	—	—	—	—	—	—	—	—	—	—	—	—	—	—	—	—	—	—
—	—	—	—	—	—	—	—	—	—	—	—	—	—	—	—	—	—	—	—	24	25	—	—	—	—
—	—	—	—	—	—	—	—	—	13	—	—	—	—	—	—	—	—	—	—	—	—	—	—	—	—

Mitglieder der ſtändigen Deputation

Dr. Rießer	Geh. Juſtizrat, Profeſſor	Berlin	—	—	—
v. Rizy	OLG.Präſident	Wien	—	—	3
Dr. Ruhwandl	Advokat	München	—	—	3
v. Schab	Oberſtaatsanwalt	München	—	—	—
Dr. Schaffrath	Advokat	Dresden	—	—	3
Ritter v. Scharſchmid	Präſident	Wien	—	—	3
v. Schmidlin	Württ. Staats- und Juſtizminiſter	Stuttgart	—	—	—
Dr. Schneider	App.G.Präſident	Dresden	—	2	—
v. Schnell	Miniſterialrat	München	—	—	—
Dr. v. Schwarze	Generalſtaatsanwalt	Dresden	1	2	3
„ H. Seuffert	Präſident	München	—	—	—
„ Stachow	Rechtsanwalt	Bremen	—	—	—
„ Stenglein	Reichsgerichtsrat	Leipzig	—	—	—
v. Sternenfels	Präſident	Stuttgart	—	—	—
Dr. v. Stoeßer	OLGSen.Präſident a. D.	Karlsruhe	1	2	3
„ Strohal	Profeſſor	Leipzig	—	—	—
„ Struckmann	OLG.Präſident	Köln	—	—	—
Thinius	KG.Rat a. D., Bankdirektor	Berlin	—	—	—
Thomſen	LG.Präſident	Münſter	—	—	—
Trieps	OG.Präſident	Wolffenbüttel	—	—	—
Dr. Vierhaus	OLG.Präſident	Breslau	—	—	—
Volkmar	Juſtizrat	Berlin	1	2	3
Dr. v. Wächter	Profeſſor, Wirkl. Geh. Rat	Leipzig	1	2	3
„ v. Wahlberg	Profeſſor	Wien	—	—	—
„ Waldeck	OTrib.Rat	Berlin	—	2	3
Graf v. Wartensleben	StadtG.Rat	Berlin	1	2	3
Dr. Wildhagen	Rechtsanwalt beim Reichsgericht	Leipzig	—	—	—
Wilke	Juſtizrat	Dresden	—	2	—
Dr. Wilke	Geh. Juſtizrat	Potsdam	—	—	—
„ v. Wilmowski	Geh. Juſtizrat	Berlin	—	—	—
„ Wolffſon	Advokat	Hamburg	—	—	—
„ Ritter v. Wretſchko	Profeſſor	Innsbruck	—	—	—

Das älteſte und in ſeiner Art einzig daſtehende Mitglied der Deputation iſt der Präſident Dr. von Stoeßer, der dieſer ſeit Beſtehen des Juriſtentages bis zum heutigen Tage angehört. Auf 19 Juriſtentagen wurde Gneiſt in die Deputation gewählt, 18 mal wurden gewählt v. Schwarze, Makower, Stenglein und Brunner.

eit Bestehen des Juristentages.

—	—	—	—	—	—	—	—	—	—	—	—	—	—	—	—	—	—	—	—	—	—	26	27	28	29
4	5	6	7	8	—	—	—	—	—	—	—	—	—	—	—	—	—	—	—	—	—	—	—	—	—
4	—	6	—	—	—	—	—	—	—	—	—	—	—	—	—	—	—	—	—	—	—	—	—	—	—
—	5	—	—	—	—	—	—	—	—	—	—	—	—	—	—	—	—	—	—	—	—	—	—	—	—
4	—	—	—	—	—	—	—	—	—	—	—	—	—	—	—	—	—	—	—	—	—	—	—	—	—
—	—	—	—	—	—	—	—	—	—	—	—	—	—	—	—	—	—	—	—	—	—	—	—	—	—
—	—	—	—	—	—	—	—	—	—	—	—	—	—	—	—	—	—	—	—	—	—	26	27	28	29
—	—	—	—	—	—	—	—	—	—	—	—	—	—	—	—	—	—	—	—	—	—	—	—	—	—
—	—	—	—	—	—	—	—	—	—	—	—	—	—	—	—	—	—	—	—	—	25	—	—	—	—
4	5	6	7	8	9	10	11	12	13	14	15	16	17	—	19	—	—	—	—	—	—	—	—	—	—
—	—	—	—	—	9	—	—	—	—	—	—	—	—	—	—	—	—	—	—	—	—	—	—	—	—
—	—	—	—	—	—	—	—	—	—	—	—	—	—	—	—	—	—	—	23	—	—	—	—	—	—
—	—	6	7	8	9	10	11	—	13	14	15	16	17	18	19	—	—	22	23	24	25	26	—	—	—
4	5	6	7	8	—	—	—	—	—	—	—	—	—	—	—	—	—	—	—	—	—	—	—	—	—
4	5	6	7	8	9	10	11	12	13	14	15	16	17	18	19	20	21	22	23	24	25	26	27	28	29
—	—	—	—	—	—	—	—	—	—	—	—	—	—	—	—	—	—	—	23	24	25	26	27	28	29
—	—	—	—	—	—	—	—	—	—	—	—	—	—	—	—	—	21	22	23	24	—	—	—	—	—
—	—	—	—	—	—	—	—	—	—	—	—	—	—	—	—	—	—	—	—	24	25	26	27	28	—
—	—	—	—	—	—	—	11	12	13	14	15	16	17	18	19	20	21	22	23	24	25	26	—	—	—
—	5	—	—	—	—	—	—	—	—	—	—	—	—	—	—	—	—	—	—	—	—	—	—	—	—
—	—	—	—	—	—	—	—	—	—	—	—	—	—	—	—	—	—	—	—	24	25	26	27	28	29
4	—	—	—	—	—	—	—	—	—	—	—	—	—	—	—	—	—	—	—	—	—	—	—	—	—
4	5	6	7	8	9	10	11	12	13	14	—	—	—	—	—	—	—	—	—	—	—	—	—	—	—
—	—	—	—	—	9	—	—	—	—	—	—	—	—	—	—	—	—	—	—	—	—	—	—	—	—
—	—	—	—	—	—	—	—	—	—	—	—	—	—	—	—	—	—	—	—	—	—	—	—	—	—
4	5	6	7	8	—	—	—	—	—	—	—	—	—	—	—	—	—	—	—	—	—	—	—	—	—
—	—	—	—	—	—	—	—	—	—	—	—	—	—	—	—	—	—	—	—	—	25	26	27	28	29
—	—	—	—	—	—	—	—	—	—	—	—	—	—	—	—	—	—	—	—	—	—	—	—	—	—
—	—	—	—	—	—	—	—	—	—	—	—	—	—	—	—	—	21	22	23	24	25	26	27	28	29
—	—	—	—	—	—	—	—	12	13	14	15	16	17	18	19	20	21	22	23	—	—	—	—	—	—
—	—	—	7	—	—	—	—	—	—	—	—	—	—	—	—	—	—	—	—	—	—	—	—	—	—
—	—	—	—	—	—	—	—	—	—	—	—	—	—	—	—	—	—	—	—	—	—	—	27	28	29

Die zweite Aufgabe des Juristentages, eine Vereinigung für den lebendigen Meinungsaustausch und den persönlichen Verkehr unter den deutschen Juristen zu bilden, wird nicht selten bei der Beurteilung der Wirksamkeit des Juristentages unterschätzt. Ihre Bedeutung ist aber in der Tat eine hohe, weshalb das Statut sie auch an die Spitze gestellt hat. „Wir wollen" — so sagte der um den Juristentag hoch verdiente langjährige Juristentags-Präsident von Wächter auf dem Juristentage in Wien im Jahre 1862 — „die unschätzbare Ausbeute persönlicher Bekanntschaften und persönlichen, die Ecken der Polemik abschleifenden Zusammenseins gewinnen.“ Nicht nur infolge des Meinungsaustausches, sondern auch nach anderen Seiten hin hat das persönliche Zusammenkommen ersprießliche Wirkungen im Gefolge, die in hohem Grade dazu dienen, auch fernerhin das Interesse am Juristentage wachzuhalten. Juristen aus den verschiedenen Rechtsgebieten tauschen im privaten Verkehr auch außerhalb der offiziellen Debatten ihre Anschauungen und Erfahrungen gegenseitig aus, unbekannte Einrichtungen werden bekannt, die verschiedene Handhabung gleicher Gesetze wird mitgeteilt, die Mittel zur Abhilfe von praktischen Uebelständen werden besprochen, die Zweckmäßigkeit alter und neuer Vorschriften wird erörtert, kurz all das Gute, das die Zusammenkünfte engerer Juristenkreise im kleinen bringen, bietet hier der Juristentag im großen. Wenige Teilnehmer an den Juristentagen wird es geben, die nicht von jedem Juristentage infolge des persönlichen Verkehrs mit den Berufsgenossen an juristischer Kenntnis und Erfahrung in irgendeiner Weise bereichert mit erweitertem Blick heimgekehrt sind.

Weniger ein Zweck als vielmehr eine Folge der Tätigkeit des Juristentages ist die seinen Verhandlungen immanente theoretische Bedeutung: die Förderung der Rechtswissenschaft. In dem großen Material der Verhandlungen steckt eine Fülle wissenschaftlicher Forschungen und Erörterungen, deren Wert vielfach in der Literatur Anerkennung gefunden hat. In der Tat haben sich ja auch viele unserer bedeutendsten Theoretiker wie Praktiker an den Gutachten und Debatten beteiligt und so durch den Glanz ihres Namens wie durch die Schätze ihrer Arbeit das wissenschaftliche Ansehen der Verhandlungen des Juristentages gehoben.

Nicht unerwähnt darf endlich hier bleiben die rein menschliche, die soziale Seite des Juristentages. Der Jurist des Nordens lernt die Sitten und Lebensanschauungen des Südens kennen und umgekehrt. Die charakteristischen Eigentümlichkeiten der vielen deutschen Stämme treten einander gegenüber in die Erscheinung und gelangen unter den Genossen eines und desselben Berufes zu einer ebenso ungezwungenen und offenen wie interessanten und lehrreichen Wechselwirkung, um so mehr als der Versammlungsort bald in diesem bald in jenem Gau des deutschen Vaterlandes gewählt wird. Manche alte Bekanntschaften und Freundschaften aus den Universitätsjahren werden erneuert, neue werden angeknüpft, flüchtig vorübergehend oder dauernd für die Lebenszeit. Mit Recht hat daher auch der Juristentag die gesellige Seite der Vereinigung gepflegt, neben die Arbeit das Vergnügen gesetzt.

Zweiter Abschnitt.

Geschichte des deutschen Juristentages.

Die erste Anregung zur Gründung des deutschen Juristentages gab Dr. v. Holtzendorff am 3. März 1860 in einer Beratung des Vorstandes der Juristischen Gesellschaft in Berlin, die selbst erst seit dem 7. Mai 1859 bestand. Der Vorschlag, einen deutschen Juristentag auszuschreiben, fand sogleich allgemeinen Anklang. Man fühlte lebhaft das innere Bedürfnis für die nähere Verbindung der deutschen Juristen. Mit der Herbeiführung einer allgemeinen, periodisch wiederkehrenden Versammlung der Juristen deutscher Zunge wurde eine Einrichtung geschaffen, geeignet, der Einigung der deutschen Nation auf dem Gebiete des Rechts die Bahn ebenen zu helfen, das Gefühl der deutschen Rechtsgemeinsamkeit wachzuhalten und zu kräftigen, Praktiker und Theoretiker aus allen deutschen Gauen zu einem persönlichen, in lebendiger Wechselwirkung die Rechtswissenschaft wie die Rechtspflege gleich befruchtenden Verkehr zusammenzuführen, dabei aber „einem einseitigen mikroskopischen Rechtsdogmatismus entgegenzutreten und fern von allem blinden Zentralisationseifer denjenigen Besonderheiten in den Landrechten Geltung zu verschaffen, welche in den Eigentümlichkeiten und Verhältnissen ihre objektive Grundlage fänden".

Getragen von dieser Idee der Rechtsgemeinschaft, erließ die Kommission der Juristischen Gesellschaft auf Ende August 1860 eine Einladung zu dem ersten deutschen Juristentage in Berlin. Fast alle Regierungen der deutschen Staaten, Preußen und Österreich an der Spitze, zeigten reges Interesse an dem erstrebten Zweck der Herbeiführung deutscher Rechtseinheit und sagten dem Unternehmen ihre wirksame Unterstützung zu. Der Preußische Justizminister Simons schrieb: „Der durch den Juristentag angestrebte letzte Zweck einer Förderung der Rechtseinheit im deutschen Vaterlande wird den Beifall eines jeden finden, der die Nachteile kennt, welche aus der Vielgestaltigkeit des Rechts in Deutschland für das Rechtsleben der Nation erwachsen." Der Österreichische Justizminister Graf von Nadasdy betonte, wie er den Verhandlungen des Juristentages mit großer Aufmerksamkeit folgen werde, da er nicht zweifle, daß durch sie schätzbare Beiträge für künftige legislatorische Arbeiten in Österreich gewonnen werden würden.

So wurde zu Berlin am 28.—30. August 1860 der erste deutsche Juristentag abgehalten, unter Beteiligung von ca. 800 Juristen. Von allen Seiten wurde der Juristentag in Berlin in einer Weise aufgenommen, welche aufs deutlichste kundgab, daß die Einrichtung des neuen Instituts einem dringenden Bedürfnisse der Regierungen wie des Volkes entsprach. Der spätere deutsche Kaiser, Wilhelm der Große, bewilligte als damaliger Prinzregent von Preußen zu den Kosten des ersten deutschen Juristentages einen bedeutenden Beitrag und in seinem Auftrage empfing der spätere Kaiser Friedrich am 29. August 1860 im Neuen Palais in Potsdam die Versammlung der deutschen Juristen, indem er ihr das lebendigste Interesse an der Sache des Juristentages ausdrückte. In der ersten Plenarversammlung wurde nach Eröffnung durch den Vorsitzenden der Juristischen Gesellschaft, Grafen v. Wartensleben, v. Wächter zum Präsidenten des ersten deutschen Juristentages gewählt*).

Dem ersten Juristentage folgten im Laufe der verflossenen 50 Jahre 28 andere, so daß bisher im ganzen 29 Juristentage stattgefunden haben:

Lfd. Nr.	Ort.	Jahr.	Präsident.
1.	Berlin	1860	v. Wächter
2.	Dresden	1861	Bluntschli
3.	Wien	1862	v. Wächter
4.	Mainz	1863	v. Wächter
5.	Braunschweig	1864	v. Wächter
6.	München	1867	v. Wächter
7.	Hamburg	1868	Gneist
8.	Heidelberg	1869	Bluntschli
9.	Stuttgart	1871	Gneist
10.	Frankfurt a. M.	1872	Gneist
11.	Hannover	1873	Gneist
12.	Nürnberg	1875	Gneist
13.	Salzburg	1876	Gneist
14.	Jena	1878	Gneist
15.	Leipzig	1880	Drechsler

*) Näheres über den ersten deutschen Juristentag vgl. bei Neumann in der Festgabe der Juristischen Gesellschaft in Berlin für Exzellenz Koch S. 1 ff. und in der DJZ. 1902 S. 398 ff.

Lfd. Nr.	Ort.	Jahr.	Präsident.
16.	Kassel	1882	Gneist
17.	Würzburg	1884	Gneist
18.	Wiesbaden	1886	Gneist
19.	Stettin	1888	Drechsler
20.	Straßburg	1889	Gneist
21.	Köln a. Rh.	1891	Drechsler
22.	Augsburg	1893	Gneist
23.	Bremen	1895	Drechsler
24.	Posen	1898	Stenglein
25.	Bamberg	1900	v. Stoesser
26.	Berlin	1902	Brunner
27.	Innsbruck	1904	Brunner
28.	Kiel	1906	Olshausen
29.	Karlsruhe	1908	Brunner

Das Präsidium des Juristentages hat Gneist 12 mal, v. Wächter 5 mal, Drechsler 4 mal, Brunner 3 mal, Bluntschli 2 mal geführt. Einmal wurden zum Präsidenten gewählt Stenglein, v. Stoesser und Olshausen.

Jene Beweise der Anerkennung, welche dem Juristentag bei seiner Entstehung zuteil wurden, wiederholten sich vielfach auch bei seiner Weiterentwickelung. Einerseits nahm die Bevölkerung der Versammlungsorte die Juristen mit der liebenswürdigsten Offenheit, Zuvorkommenheit und Gastfreundschaft auf, andererseits bezeugten die Souveräne und Regierungen der betreffenden Staaten in der einen oder andern Weise ihr Interesse an den Arbeiten des Juristentages.

Eine bedeutsame Anerkennung der Verdienste des Juristentages kommt insbesondere zum Ausdruck in dem Anschreiben, womit der Bundeskanzler den Entwurf eines Strafgesetzbuchs für den Norddeutschen Bund dem Juristentag übersandte:

„Der deutsche Juristentag, welcher seit einer Reihe von Jahren allen wichtigen Gesetzgebungsfragen unserer Zeit eine so wertvolle und fördernde Teilnahme zugewendet, wird diese dem anliegenden Entwurf eines Strafgesetzbuchs für den Norddeutschen Bund nicht versagen wollen."

Um die Verdienste des Juristentages voll zu würdigen, erscheint es angezeigt, sich die arbeitsvolle Tätigkeit zu vergegenwärtigen, welche er in den 50 Jahren seines Bestehens entwickelt hat.

In der geschichtlichen Entwicklung lassen sich zunächst vier einzelne Perioden unterscheiden.

Die erste Periode umfaßt die Zeit von der Gründung des Juristentages 1860 bis 1866, bis zur Lostrennung Österreichs von Deutschland und zur Errichtung des Norddeutschen Bundes, eine Zeit, wo ziemlich alle Rechtsgebiete für die Arbeit an der deutschen Rechtseinheit noch brachlagen, wo jede einheitliche Gesetzgebung fehlte. Fast trostlos erschienen 1860 die politischrechtlichen Zustände Deutschlands. Auf allen Rechtsgebieten herrschte die größte Zersplitterung. Selbst die Wechselordnung von 1848 war in mehreren Staaten nicht publiziert. Das Handelsgesetzbuch war noch nicht vollständig beraten. 38 verschiedene Prozeßordnungen waren es, nach denen das gerichtliche Verfahren in Deutschland sich gestaltete. In jedem Lande war ein anderes Strafrecht und ein anderes Strafverfahren, ja es gab selbst noch Länder, in denen für das Verfahren sowohl als für das materielle Recht die Vorschriften der peinlichen Halsgerichtsordnung galten und nach Carpzow'scher Praxis geurteilt wurde. Beim Mangel jedes gemeinsamen Organs einheitlicher Gesetzgebung war die Verwirklichung der Hoffnung auf Errichtung eines solchen ganz unabsehbar, insbesondere im Hinblick auf den Dualismus Österreichs und Preußens. In der Tat mußte bei den ersten Anfängen des Juristentages ein festes Vertrauen auf die gute Sache und damit verbunden ein nicht geringer moralischer Mut dem deutschen Juristenstande innewohnen, als er angesichts solcher Zustände an die Aufgabe herantrat, die deutsche Rechtseinheit anzubahnen und zu fördern.

In diese Anfangsperiode fallen die ersten fünf Juristentage (1.—5.), welche vorzugsweise die Notwendigkeit einer formalen einheitlichen Gesetzgebung geltend machten und das Bedürfnis betonten, für bestimmte Rechtsmaterien gemeinsame deutsche Gesetze zu schaffen. Zugleich sprachen sie sich über viele einzelne wichtigere legislatorische Rechtsfragen aus.

Als zweite Periode, gleichsam als Übergangsperiode, erscheint die Zeit von 1866 bis 1871, bis zur Vollendung der politischen und legislativen Einheit. Mit dem Norddeutschen Bunde war für den größten Teil Deutschlands eine Quelle formell gemeinen Rechts eröffnet, welche dann auch sofort reichlich zu fließen begann. Die norddeutschen Gesetze über den Wucher, die Schuldhaft, die Errichtung des Bundes-Oberhandelsgerichts, die Rechtshilfe, die Beschlagnahme der Arbeits- und Dienstlöhne, das Urheberrecht und vor allem das Strafgesetzbuch sind vom Juristentage in Anregung gebracht und vorbereitet worden.

Die in diese Zeit fallenden drei Juristentage (6.—8.) fuhren fort, den Wunsch nach Erreichung der Rechtseinheit des ganzen Deutschlands kundzugeben, im Süden und im Norden dafür zu wirken und über einzelne legislatorische Fragen aus allen Rechtsgebieten zu verhandeln.

Die dritte Periode ist zu rechnen von der Errichtung des Deutschen Reichs im Jahre 1871 bis zu der 1896 erfolgten Veröffentlichung des Bürgerlichen Gesetzbuches. Was dem zweiten Juristentage bei seinem Ausspruche, daß für das nationale Werk der Rechtseinheit ein gemeinsames, von den Regierungen und den Kammern der Einzelstaaten anerkanntes Organ notwendig sei, noch als ein Ideal in unbestimmter Ferne vorschwebte, was dann in der zweiten Periode näher gerückt und teilweise zum Anfange gediehen war, dessen Vollendung war jetzt Ereignis geworden: im Bundesrate und im Reichstage erstanden die gesetzgeberischen Faktoren, welche durch den Mund des Kaisers nunmehr ein gemeinsames, alle Einzelstaaten umfassendes deutsches Recht verkünden konnten. Diese Institution zeigte denn auch sofort, daß sie mit dieser Macht auch die Einsicht und den Willen verband, die Einheit Deutschlands in der Gesetzgebung wie in der Rechtsprechung zur Erscheinung zu bringen. Die Justizgesetze des Norddeutschen Bundes wurden durchgängig zum Reichsrecht erhoben und die noch zu erledigenden großen Gesetzeswerke wurden in Angriff genommen. Für die seitdem abgehaltenen sechs Juristentage (9.—15.) war damit ein besonderer Antrieb gegeben, an diesen Werken mitzuarbeiten.

So wurden denn zunächst als neue Reichsgesetze außer dem Militärstrafgesetzbuche insbesondere geschaffen: das Gerichtsverfassungsgesetz, die Zivilprozeß-, die Strafprozeß-, die Konkurs- und die Rechtsanwaltsordnung, die Gesetze über die Zivilehe und die Großjährigkeit.

Nachdem sodann die bereits im Jahre 1874 vom Bundesrat einberufene Kommission zur Ausarbeitung des Entwurfs eines Bürgerlichen Gesetzbuches sechs Jahre hindurch an der Aufstellung der Teilentwürfe gearbeitet hatte, begannen im Jahre 1881 die fortlaufenden Beratungen über die von den sog. Redaktoren ausgearbeiteten Entwürfe. Diese Beratungen dauerten bis gegen Schluß des Jahres 1887 und Anfang 1888 wurde der Entwurf des Gesetzbuches nebst Motiven der Öffentlichkeit übergeben. Hiermit war ganz von selbst das Hauptarbeitsfeld für die Juristentage der nächsten Jahre vorgezeichnet. Hauptsächlich waren es die Juristentage 16—23, die sich im Hinblick auf das künftige deutsche Bürgerliche Gesetzbuch vorzugsweise mit Fragen aus dem Gebiete des Privatrechts und seit dem Jahre 1888 unmittelbar mit dem Entwurfe selbst beschäftigten. Auf diesen bezogen sich nicht weniger als 33 Beschlüsse.

Die vierte Periode hat mit dem Erlaß des Bürgerlichen Gesetzbuches vom 18. August 1896 begonnen. Hiermit war der Hauptteil der im Jahre 1873 angefangenen großen Gesetzgebungsarbeit zum Abschlusse gebracht. Die seitdem abgehaltenen Juristentage (24—29) befaßten sich dreimal mit Fragen der Auslegung des BGB., und zwar handelte es sich um den Schadensersatzanspruch aus § 326, die Führung adeliger Namen und die Verfolgung des dinglichen Rechts gegen den mittelbaren Besitzer. Im übrigen wandte sich der Juristentag mit besonderem Eifer dem weiteren und letzten Ausbau der Reichsgesetzgebung zu. Eine Anzahl von neueren Spezialgesetzen, wie das Automobilgesetz, das Reichsgesetz über den Versicherungsvertrag, das Gesetz über die Sicherung der Bauforderungen und dasjenige gegen den unlauteren Wettbewerb hat den vorbereitenden Gutachten und Verhandlungen des Juristentages außerordentlich viel zu verdanken. In erster Linie aber steht diese vierte Periode des Juristentages unter dem Zeichen der in Deutschland und Österreich gleichzeitig in die Wege geleiteten Reform des Strafgesetzbuches und Strafprozesses.

Die umfangreiche Gesamtarbeit des Juristentages verteilt sich auf die einzelnen Jahresversammlungen nach folgender, übersichtlich die allgemeinen Umrisse skizzierenden historischen Darstellung*).

Der 1. Juristentag (Berlin 1860) stellte zunächst die Statuten des Juristentages fest und verhandelte hauptsächlich über die formale Gesetzgebung, indem er das dringende Bedürfnis der Herbeiführung der deutschen Einheit auf dem Gebiete des Rechts klarlegte und durch einstimmige Plenarbeschlüsse zum Ausdruck brachte, so bezüglich des Handelsrechts, des Strafrechts, des bürgerlichen Rechts, zunächst wenigstens des Obligationenrechts, des Zivilprozesses (und zwar auf Grundlage der Öffentlichkeit und Mündlichkeit), ferner bezüglich einer gemeinsamen Eidesformel, der Rechtshilfe und der Errichtung eines höchsten deutschen Gerichtshofes.

Der 2. Juristentag (Dresden 1861) begann sodann, — nachdem er die Notwendigkeit einer gemeinsamen gesetzgeberischen Einrichtung für die Schaffung eines deutschen Zivilprozesses und Obligationenrechts, das Bedürfnis der sofortigen Einrichtung eines höchsten Gerichtshofes für das bestehende gemeinsame deutsche (Handels-) Recht, sowie eines gemeinsamen Gesetzes zum Schutze der Urheberrechte ausgesprochen hatte, — sich mit

*) Die systematisch geordneten Beschlüsse selbst nebst den Ergebnissen der Gutachten siehe unten im dritten Abschnitte.

einzelnen Fragepunkten auf den verschiedenen Rechtsgebieten eingehend zu beschäftigen. Der altdeutschrechtliche Grundsatz der Befugnis der Gerichte, über ihre Kompetenz selbst zu entscheiden, wurde als notwendig für die Unabhängigkeit der Rechtspflege bezeichnet. Man wollte damit an und für sich die Machtbefugnis der Verwaltungsbehörden, im öffentlichen Interesse nach Zweckmäßigkeitsrücksichten in das Eigentum usw. einzugreifen, nicht berühren, sondern den Gerichten nur die Entscheidung zuweisen, ob ein einzelner Rechts- oder Streitfall diesseits oder jenseits der Grenze der Verwaltungsbefugnisse liege. Ferner wurde im Interesse des geschäftlichen Verkehrs innerhalb Deutschlands für wünschenswert erklärt: eine gemeinsame Bestimmung des Zeitpunktes der Großjährigkeit, das Aufhören der väterlichen Gewalt mit diesem Zeitpunkt, sowie die Aufhebung der römisch-rechtlichen Beschränkungen der Interzession der Frauen. Es wurde die Einführung der Verjährung erkannter Strafen empfohlen. Man sprach sich dahin aus, daß im Zivilprozeß der Schwerpunkt in die mündliche Verhandlung zu verlegen sei, d. h. die Hauptbestimmung der Schriftsätze eine informatorische und das mündlich Vorgetragene allein entscheidend sein solle; daß Anwaltszwang stattfinde; eine Zurückweisung der Klage per decretum unzulässig sei; die Ausführung des angeordneten Beweises nicht durch Rechtsmittel aufgehalten werden dürfe, und daß das Rechtsmittel dritter Instanz als Kassation zu verstehen sei. Man hielt zwar die allgemeine Einführung der Schwurgerichte für wünschenswert, erklärte sich aber gegen jede prozessuale Ausnahmestellung der politischen und Preßdelikte. Es wurden weitere Beschlüsse gefaßt gegen jede Parteistellung der Staatsanwaltschaft im Strafverfahren im allgemeinen, für das Legalitätsprinzip, sodann für die Unzulässigkeit der prinzipalen Privatanklage, für die Anrufung des Gerichts bei staatsanwaltschaftlicher Ablehnung der Anklage und für die hieran sich anknüpfende Zulässigkeit der subsidiären Privatanklage. Endlich gab der Juristentag nach umfassenden Verhandlungen in zahlreichen Einzelbeschlüssen sein Votum für die Ausdehnung der Rechte der Verteidigung ab. Insbesondere glaubte man bezüglich der prinzipalen Privatanklage, daß es einen Bruch mit der Entwickelung unseres Strafrechts, einen Widerspruch mit den sittlichen und staatlichen Zuständen der Gegenwart enthalten würde, wenn man in der Regel bei dem Verbrechen eine Verletzung bloß des Individuums und nicht auch der Gesamtheit erblicken wollte. Nur bei besonders geringen Straftaten rechtfertige es sich, die Anklage dem verletzten Individuum zu überlassen.

Der 3. Juristentag (Wien 1862) brachte das Bedürfnis eines gemeinsamen Gesetzes über das Versicherungswesen, sowie über das Hypothekenwesen zum Ausdruck. Bezüglich der Frage der gerichtlichen Kompetenz zur Entscheidung über die Gültigkeit von Gesetzen und von Verordnungen sprach sich das Plenum dahin aus, daß der Richter im einzelnen Falle über die Anwendbarkeit und Gültigkeit der Verordnungen und Erlasse des Staatsoberhaupts oder der Staatsregierung zu entscheiden habe. Man ging von dem juristischen Fundament aus, daß, wenn das Gesetz selber die Gültigkeit gewisser Erlasse der Staatsgewalt an die Mitwirkung der Stände knüpft, überall, wo es an dieser Voraussetzung mangelt, ebensowenig ein gültiger Erlaß vorliegt, als wenn demselben irgendein sonstiges Kriterium, ein äußerliches oder innerliches fehlt. Mit der Entscheidung hierüber erhebe der Richter sich weder über den Gesetzgeber noch werfe er sich zum Wächter der Staatsverfassung auf. Im Strafrecht erklärte man sich grundsätzlich gegen absolute Strafandrohungen und für Beschränkung der Ehrenstrafen. Für das Zivilverfahren wurde über die bereits auf den beiden früheren Juristentagen mehrfach ventilierte Frage der Tragweite der richterlichen Beweisanordnung nach lebhaften Debatten, woran besonders die zum größten Teil an der bindenden Kraft des Interlokuts festhaltenden hannoverschen Juristen sich beteiligten, der wichtige Beschluß gefaßt: daß das Beweisinterlokut den Richter nicht binde, daß also die in der hannoverschen Zivilprozeßordnung enthaltene, auf der Gebundenheit des Instanzrichters an sein Beweisinterlokut beruhende Zäsur des Verfahrens zwischen Behauptung und Beweis nicht anzunehmen sei. Ein Recht oder eine Pflicht der Staatsanwaltschaft, in Zivilprozessen sich gutachtlich zu äußern (partie jointe), sowie die Nichtigkeitsbeschwerde im Interesse des Gesetzes wurde für unzweckmäßig erklärt.

Im Gebiete des Strafprozesses wurde zunächst das Institut der sog. Freisprechung von der Instanz einstimmig verurteilt und sodann über die Voruntersuchung eingehend verhandelt, wobei man zu einer Reihe von Einzelbeschlüssen gelangte.

Auf dem 4. Juristentage (Mainz 1863) beschäftigte man sich besonders mit Organisationsfragen. Die zahlreichen Beschlüsse betreffen zunächst die Gerichte (Unabhängigkeit der Richter, gerichtliche Kollegialität mit Einzelrichtern für geringere Sachen), sodann die Rechtsanwaltschaft (Verbindung der Advokatur und Anwaltschaft, Freigebung der Rechtsanwaltschaft, Trennung vom Notariat), endlich das juristische Studium. Die auf dem vorigen Juristentag unerledigt gebliebene Frage, ob der Richter auch über die Verfassungsmäßigkeit der Gesetze zu entscheiden habe, wurde nach einer lebhaften Debatte von der Majorität des Plenums bejaht. Man erklärte dabei insbesondere, daß zwar die Gerichte im einzelnen Falle ein Gesetz nur insoweit anwenden sollen, als sein Inhalt die Zustimmung der Stände erlangt habe, daß es aber dringend wünschenswert sei, über Zweifel einen unabhängigen Kassationshof (das zukünftige deutsche Reichsgericht) entscheiden zu lassen. Die sog. Paternitätsklage wollte der Juristentag in das künftige deutsche Gesetzbuch nur für Ausnahmefälle aufgenommen sehen. Das Plenum verwarf die Todesstrafe, während der Abteilungsbeschluß sie für den Mord und für hochverräterische Angriffe gegen die körperliche Sicherheit des Staatsoberhauptes, wenigstens einstweilen noch, beibehalten wollte. Im Zivilprozesse wurde der bereits zum dritten Male besprochene wichtige Grundsatz der freien Beweiswürdigung, unter Vorbehalt besonderer Bestimmungen über Urkunden und Eid, endlich proklamiert, ferner der Personalarrest im Prinzip für zulässig erklärt.

Der 5. Juristentag (Braunschweig 1864) verhandelte in umfassender Weise über die Organisation der Staatsanwaltschaft (ständige Beamte, Unabhängigkeit, Disposition über gerichtliche Polizei, kein Aufsichtsrecht über Gerichte) und über deren Tätigkeit als Partei in Zivilprozessen (im öffentlichen Interesse — partie principale — bei Ehe- und Entmündigungssachen). Die Einführung von Handelsgerichten (aus Kaufleuten und Richtern) wurde für ein dringendes Bedürfnis erklärt. Das Gewohnheitsrecht wurde für den Fall umfassender Kodifikation nur als ergänzende, nicht als derogatorische Rechtsquelle anerkannt; sodann für die Vormundschaft das Prinzip ausgesprochen, sie sei eine Sache der Familie, nicht des Staats. Im Zivilprozesse wurde mit Rücksicht auf die freie Beweiswürdigung jede Bestimmung über Zulässigkeit des Zeugenbeweises verworfen, jedoch die Vernehmung vor dem Prozeßgericht als Regel empfohlen. Im Strafprozeß beschränkte man die Zwangsmittel gegen Zeugen auf mäßige Geldstrafe oder Freiheitsentziehung und die Zeugnispflicht auf die Vernehmung vor dem mit der Untersuchung befaßten Richter.

Der 6. Juristentag (München 1867) erklärte sich gegen die akademische Gerichtsbarkeit in Zivil- wie in Strafsachen, stellte vom staatsrechtlichen, nicht vom privatrechtlichen, Gesichtspunkte ausgehend als Prinzip auf, daß der Staat und die Gemeinde für den Schaden, welchen die Beamten durch vorsätzliche oder kulpose Verletzung ihrer Dienstpflicht Dritten zufügen, haften müsse, verwarf die Wuchergesetze als dem Dispositionsrecht der Parteien widersprechend und nicht durch gebieterische volkswirtschaftliche oder politische Gründe gerechtfertigt, nahm im Zivilprozeß das

Prinzip der Beweisverbindung an und sprach sich gegen die Regelung der Beweislast bei der Beweisanordnung aus. Dem Bedürfnis einer gemeinsamen Konkursordnung wurde Ausdruck gegeben mit dem Wunsche, daß darin das Institut des Zwangsvergleichs (jedoch nur für den Konkurs) aufgenommen werde. Über die Frage der Berufung wurde lebhaft und lange verhandelt, schließlich aber ging man in der Abteilung wie im Plenum (einstimmig) zur Tagesordnung über, weil die wissenschaftlichen Forschungen über die Berufung noch nicht zum Abschluß gekommen seien. Die Beeidigung der Zeugen soll mit Rücksicht auf praktische Gründe nur einmal, und zwar regelmäßig in der Hauptverhandlung und vor der Vernehmung erfolgen.

Der 7. Juristentag (Hamburg 1868) erklärte sich wie für Freigebung der Rechtsanwaltschaft so auch für die Freizügigkeit und für die Handhabung der Disziplin durch Anwaltskammern; sodann gegen die Anfechtung der Verträge wegen laesio enormis, gegen das Institut der vereidigten Handelsmakler, und zur Verhütung von Verkehrsstörungen gegen die Zulässigkeit der privaten wie offiziellen Außerkurssetzung von Inhaberpapieren. Im Zivilprozesse entschied man sich mit Rücksicht auf die freie Beweiswürdigung gegen eine gesetzliche Bestimmung über die Beweiskraft der Strafurteile, und sodann für die Zulässigkeit der Beschlagnahme künftigen Lohns, jedoch unter Belassung einer Kompetenz; im Strafprozesse für richterliche, nur einmalige, Vorprüfung der Anklage, gegen eine Verpflichtung des Angeklagten zur Erklärung auf die Anklage in der Hauptverhandlung, sowie für die Befugnis des Staatsanwalts, zugunsten des Angeklagten die Rechtsmittel einzulegen und die Wiederaufnahme zu beantragen.

Der 8. Juristentag (Heidelberg 1869) adoptierte das Institut selbständiger Vollstreckungsbeamten (Gerichtsvollzieher), verhandelte dann im Privatrecht eingehend über die Frage der Schuldanerkennungstheorie, um sie schließlich zum nächsten Juristentage zu verweisen. Im Plenum wurde (gegen eine Stimme) der wichtige Beschluß gefaßt, daß die Zivilehe die notwendige Form der Eheschließung sei, unter Aufhebung des Ehehindernisses der Religionsverschiedenheit. Die obligatorische Zivilehe wurde bezeichnet als die notwendige Folge der grundsätzlichen Trennung der rechtlichen Ordnung der Ehe durch den Staat von der sittlichen Ordnung durch die Kirche. Das im Mittelalter mit Rücksicht auf die notwendige Einheit des Eherechts und auf die notwendige Permanenz des Beamtentums eingetretene Verhältnis der Identifizierung jener beiden Momente in der römisch-katholischen Kirche sei infolge der Entwickelung der kirchlichen und staatlichen

Zustände in der späteren Zeit ein anderes geworden. Die rechtliche Seite, mit der Öffentlichkeit der Vorbereitungsstadien, mit der rechtlichen causae cognitio über Einsprachen und Ehehindernisse und besonders mit der öffentlichen Beglaubigung des Eheschließungsakts, gehöre nunmehr zum Gebiete des Staats, während die kirchliche Trauung der Kirche verbleibe, aber ohne Verbindung mit weltlichen Zwangsmitteln. Die obligatorische (nicht die Not- und nicht die fakultative) Zivilehe sei daher das Postulat gemeinsamer nationaler Gesetzgebung. Aus prinzipiellen und praktischen Gründen verwarf sodann der Juristentag für Aktiengesellschaften und Kommanditgesellschaften auf Aktien das Erfordernis der staatlichen Genehmigung, desgleichen für die Erwerbs- und Wirtschaftsgenossenschaften und nahm für letztere als Prinzip die Solidarhaft der Mitglieder an, jedoch unter Zulassung von Ausnahmen bei gewissen Kautelen für die Gläubiger. Im Zivilprozeß erklärte der Juristentag sich nach einer ausführlichen, sich wesentlich um praktische Gesichtspunkte drehenden Debatte gegen die eidliche Vernehmung der Parteien als Zeugen, sowie gegen den Ignoranz- und Glaubenseid, jedoch für die eventuelle Eideszuschiebung, ferner gegen das Institut des unbedingten Mandats. Im Gebiete des Strafprozesses wurde im Interesse der materiellen Gerechtigkeit die Wiederaufnahme des Verfahrens bei erheblichen neuen Tatsachen oder Beweismitteln zugunsten des Verurteilten für zulässig erachtet, ferner das System der Einzelhaft für den Vollzug der Freiheitsstrafe adoptiert als am meisten die Grundbedingungen für die Erreichung aller Strafzwecke in sich vereinigend. Endlich wurde die Überzeugung zum Ausdruck gebracht, daß das Militärstrafverfahren reformbedürftig und wesentlich nach den Grundsätzen des bürgerlichen Verfahrens neu zu regeln sei, auch die Zuständigkeit der Militärgerichte im Frieden sich auf die Dienstvergehen beschränken müsse.

Auf dem 9. Juristentage (Stuttgart 1871) bildete im Privatrechte wiederum die Anerkennungstheorie den Hauptgegenstand. Nach eingehenden Debatten wurde die Frage, ob das künftige deutsche Zivilgesetzbuch die verbindliche Kraft des Anerkennungsvertrages aufnehmen solle, in bejahendem Sinne beantwortet. Ein ohne Angabe des Schuldgrundes auf ein Schuldigsein oder die Leistung eines Gegenstandes gerichteter Vertrag, wenn eben die Absicht auf eine solche Abstrahierung vom Schuldgrunde geht, wurde für klagbar erachtet. Die Haftpflicht des Staates für die Schadenzufügung seiner Beamten normierte der Juristentag als eine direkte. Mit Rücksicht auf den revidierten Entwurf der ZPO. wurde in mehreren Einzelbeschlüssen dessen Konstruktion des Verfahrens gebilligt, insbesondere wurde, im Widerspruch mit einem Beschlusse des 7. Juristentages, aber im

Einklang mit einem Ausspruch der 4. Abt. des 6. Juristentages, unter Verwerfung der Eventualmaxime eine Präklusion bei neuen Tatsachen und Beweismitteln für unvereinbar mit dem Wesen des mündlichen Verfahrens erachtet. Die im Entwurfe als Rechtsmittel zweiter Instanz neueingeführte revisio in jure wurde dagegen gemißbilligt und die unbedingte Berufung verlangt. Im Strafprozeß sprach sich der Juristentag nach langer Verhandlung für die möglichst ausgedehnte Mitwirkung des Laienelements aus, insbesondere auch für das Schöffeninstitut bei den Gerichten sowohl der mittleren als der untersten Ordnung, und zwar wurde den Schöffen das Richteramt im vollen Umfange, auch über Prozeßfragen und Strafmaß, vindiziert. Man ging davon aus, daß alle Gründe für die Zuziehung des Laienelements bei Strafgerichten höchster resp. unterster Ordnung auch bezüglich der Gerichte mittlerer Ordnung zutreffen und eine Ausschließung der Laien, hier und zwar gerade bei der Aburteilung der zahlreichsten Straffälle, eine Inkonsequenz sei. Die Entscheidung darüber, ob das Institut des Schwurgerichts oder des Schöffengerichts den Vorzug verdiene und eine einheitliche Einrichtung für die Kombination des Laien- und des juristischen Elements bei der Urteilsfindung in allen Straffällen sich empfehle, wurde für die Erfahrungen der Zukunft vorbehalten. Über die Frage der Berufung des Angeklagten gegen sogenannte Straffreisprechung ging man zur Tagesordnung über mit Rücksicht darauf, daß die generelle Berufungsfrage selbst noch ungelöst sei. Endlich wurde noch als Kriterium für die Zuständigkeit der Gerichte die in thesi angedrohte Strafhöhe hingestellt, vorbehaltlich der Zuweisung geringerer, an sich vor die Mittelgerichte gehörender Strafsachen vor die niederen Gerichte (Korrektionalisierungssystem).

Der 10. Juristentag (Frankfurt a. M. 1872) beschäftigte sich besonders mit der Presse. Er sprach unter Ablehnung des Präventivsystems und Annahme des Repressiv- oder Justizsystems den Grundsatz aus, daß die Presse den allgemeinen gewerblichen wie strafrechtlichen und strafprozessualen Gesetzen zu unterwerfen sei, mit Ausschluß jeder Sonderstellung. Während man in der Abteilung zwischen Preßdelikten, welche mit der Verbreitung der Druckschrift vollkommen konsumiert sind, und solchen Preßdelikten, wo noch eine weitere Straftat vorbereitet wird, einen Unterschied machte und nur in den letzteren Fällen die (strafprozessualische) Beschlagnahme zulassen wollte, in den ersteren die Unzulässigkeit jeder richterlichen wie administrativen vorläufigen Beschlagnahme aussprach, verwarf das Plenum diesen Ausspruch. Es wollte jene Unterscheidung, wenigstens legislatorisch, nicht gelten lassen; im Interesse des erforderlichen

Rechtsschutzes sei die Befugnis der vorläufigen Beschlagnahme jedenfalls dem Richter zu übertragen. Die Möglichkeit und das Bedürfnis eines internationalen, alle Kulturstaaten umfassenden Wechselrechts wurde anerkannt. Man vertagte die Frage der Einführung der Ziviljury als nicht spruchreif und sprach ferner in einer gewissermaßen dilatorischen Weise aus, daß für die Ersetzung der Schwurgerichte durch Schöffengerichte kein Bedürfnis vorliege. Dem Reichsgerichte wurde die Revisionsentscheidung nicht bloß über die Reichsgesetze, sondern auch allgemein über die Landesrechte vindiziert. Endlich verwarf der Juristentag noch das Erfordernis schriftlicher Form für Verträge als Regel, indem man annahm, daß eine solche Formvorschrift überwiegende Nachteile mit sich führe, der deutschen Sitte und Rechtsanschauung von der Verbindlichkeit des bloßen Wortes widerspreche und eine nicht gerechtfertigte Bevormundung enthalte.

Auf dem 11. Juristentage (Hannover 1873) kamen besonders wichtige Themata zur Verhandlung. Zunächst wurden gleichmäßige Vorschriften über die Ausbildung der deutschen Richter, Staatsanwälte und Advokaten als ein Bedürfnis bezeichnet und über die Kompetenz der Einzelrichter mehrere Einzelbeschlüsse gefaßt. Sodann entschied man sich zur notwendigen Ausgleichung des kaufmännischen und zivilen Doppelrechts im Mobiliarverkehr zugunsten der handelsrechtlichen Grundsätze, insbesondere über Rechtsgeschäfte. Bezüglich der brennenden Zeitfrage der Verhinderung unsolider Begründung oder mißbräuchlicher Verwaltung von Aktiengesellschaften wurden verschiedene bedeutungsvolle Abänderungen des Handelsgesetzbuches als notwendig bezeichnet (Prospektstheorie, Gründerverantwortlichkeit, Pflicht der Aktionäre zur Vollzahlung, Kontrolle, Klagerecht der Aktionäre). Im Strafprozesse wurde das Kreuzverhör für die Hauptverhandlung sanktioniert, und zwar nicht das subsidiäre oder fakultative, sondern das obligatorische, indem man von der Ansicht ausging, daß die Parteien allein den vollständigen Überblick des Materials hätten und durch die von beiden Parteien erfolgende Befragung die beste Aufklärung der Wahrheit eintreten würde. Über die Frage der Öffentlichkeit der gerichtlichen Voruntersuchung entspann sich in der Abteilung wie im Plenum ein lebhafter Kampf. Mit Rücksicht auf das Interesse des Angeklagten, die psychologische Einwirkung auf die Zeugen, die Beseitigung des Mißtrauens gegen den Richter, und in der Erwägung, daß die Gefahr der Kollusionen und der Verdunkelung des Tatbestandes nicht erheblich sei, entschied man sich für die Öffentlichkeit als Regel. Dabei wurde die Gestaltung der gerichtlichen Voruntersuchung als mündliche kontradiktorische Beweisverhandlung charakterisiert und die sogenannte Parteienöffentlichkeit für ungenügend erachtet. Die sehr eingehenden Debatten über die Entschädigung für Untersuchungshaft schlossen, bei Ablehnung aller Anträge, mit einem non liquet. Die Frage der Ziviljury wurde wieder dem künftigen Juristentag überwiesen. Von speziellem Interesse waren die (bereits auf dem 10. Juristentag eingeleiteten) Verhandlungen über das (der Landesgesetzgebung überlassene, nicht in die ZPO. hineingezogene) Subhastationsverfahren. Im Gegensatze zu dem fast überall in Deutschland bestehenden Rechte proklamierte der Juristentag den Grundsatz: daß durch die Subhastation diejenigen Hypotheken, welche aus dem Kaufpreise völlig gedeckt werden, nicht erlöschen, und es wurden zugleich Normativbedingungen verlangt, welche zur Erzielung eines tunlichst hohen Kaufpreises geeignet seien. Man ging davon aus, daß das bestehende Recht die Interessen der Gläubiger und des Schuldners in gleicher Weise gefährde, daß der Anspruch des Hypothekars lediglich auf Befriedigung aus dem Grundstücke an bestimmter Stelle gehe, also die dem Posten des betreibenden Gläubigers vorstehenden Forderungen durch die Subhastation unberührt bleiben und daß die vorgeschlagene Reform als Konsequenz des modernen Hypothekenrechtes erscheine.

Ebenfalls von großer Bedeutung waren die Verhandlungen des 12. Juristentages (Nürnberg 1875). Es wurde neben den ordentlichen Gerichten eine ergänzende Verwaltungsjurisdiktion für erforderlich erklärt; Verwaltungsgerichte sollten gegen eine Überschreitung der gesetzlichen Grenzen und Formen in der Handhabung der Staatsgewalt Schutz gewähren. Mit großer Gründlichkeit debattierte man über das schon auf dem 11. Juristentage berührte Thema des ehelichen Güterrechts. Das römische Dotalsystem wurde allgemein verworfen. Von den drei großen Gütersystemen des deutschen Rechts, der allgemeinen Gütergemeinschaft, partikulären Güter-(Errungenschafts-)Gemeinschaft und der Verwaltungsgemeinschaft (Güterverbindung, Gütereinheit), wählte die Majorität für die als wünschenswert angesehene Kodifikation das System der Verwaltungsgemeinschaft, modifiziert durch die Haftung der Frau für die Schulden des Mannes mit dem nicht auf ihren Namen angelegten Vermögen. Über die Einrichtung der Vormundschaft wurden mehrere Einzelvorschriften gebilligt. Die Anfechtbarkeit der richterlichen Entscheidung über die Zulässigkeit der Klageänderung wurde ausgeschlossen. In Verfolg der früheren Verhandlungen über die Reform des Subhastationsverfahrens wurde als weitere juristische Konsequenz aus der Natur des Hypothekenrechtes anerkannt, daß der nachstehende Gläubiger eine wirksame Zwangsversteigerung nur herbeiführen kann, wenn ein Kaufpreis erzielt wird, der seine eigene Forderung ganz oder teilweise deckt. Deshalb und weil auch der wirtschaftliche Standpunkt verlange, daß der erste Hypothekar gesichert und nicht auf seine Kosten der nachstehende Hypothekar bevorzugt werde, empfahl der Juristentag eine legislatorische Bestimmung dahin, daß der Zuschlag des Grundstücks nur dann zulässig sein soll, wenn die dem betreibenden Gläubiger vorstehenden Hypotheken durch den Subhastationspreis gedeckt sind. Unter Anlehnung an die Beschlüsse des 5. Juristentages wurde beschlossen, für Straf- (nicht Disziplinar-) Sachen: daß die Zeugnispflicht ohne Rücksicht, ob die Untersuchung die Richtung gegen eine bestimmte Person genommen habe, wirksam sei, daß im Falle und infolge der fiktiven Haftung des Redakteurs nach § 20 RPrG. jede Zeugnispflicht ausgeschlossen werde, daß im anderen Falle und bei nicht periodischen Drucksachen die beteiligten Personen mit Rücksicht auf § 21 nach allgemeinen Grundsätzen ihr Zeugnis verweigern dürfen. Ferner wurde im Anschluß an die Aussprüche des 2. Juristentages die subsidiäre Privatanklage als eine notwendige Garantie des ganzen öffentlichen Rechts anerkannt und als allgemeine Ergänzung der Anklage des Staatsanwalts hingestellt. Das Thema der Entschädigung für Untersuchungshaft erlitt dasselbe Schicksal wie auf dem vorhergehenden Juristentage: lebhafte Debatten, Ablehnung aller Anträge. Betreffs der Antragsdelikte wurden besondere Beschränkungen des Antragsrechts hinsichtlich der Delikte selbst wie der Zurücknahme des Antrags für notwendig erachtet, um Mißbräuchen des Antragsrechts entgegenzutreten. Die Ziviljury endlich wurde durch Verweisung auf „einen" der nächsten Juristentage einstweilen begraben.

Der 13. **Juristentag** (Salzburg 1876) verhandelte zunächst wiederum über das eheliche Güterrecht und zwar über die Fragen: ob neben dem einheitlichen gesetzlichen Systeme (Verwaltungsgemeinschaft) die übrigen Hauptsysteme noch für die abweichende Privatautonomie als subsidiäre Systeme im Gesetzbuche dispositiv zu normieren und ob abweichende Eheverträge zulässig seien. Diese Fragen wurden bejaht, jedoch mit der Bestimmung, daß derartige Eheverträge gegen Dritte nur wirken sollen, wenn sie in öffentliche Register eingetragen sind. Im Erbrecht wurde für die vom Verkehrsleben geforderte Kontinuität zwischen Erblasser und Erben das römische System der Vermittelung durch hereditas jacens und durch Annahme der Erbschaft abgelehnt und das deutsche System des unmittelbaren Erwerbs, unter Zulassung des Verzichts, akzeptiert als das theoretisch natürlichere und praktisch den Verhältnissen mehr entsprechende. Im Strafrechte erkannte man den beendigten Versuch zwar als Strafzumessungsgrund und die freiwillige Verhinderung der Vollendung als Strafaufhebungsgrund an, erklärte sich aber gegen die Aufnahme des Unterschieds zwischen beendigtem und nicht beendigtem Versuche als Grundlage verschiedener Strafsätze. Mit Rücksicht auf die wirtschaftliche und sittliche Schädigung der Gesamtheit, sowie auf die Verletzung des Konkursanspruchs der Gläubiger, sprach man die Notwendigkeit aus, wegen Befriedigung oder Begünstigung bzw. Annahme einer solchen im Falle des dolus Strafbestimmungen gegen Gemeinschuldner und Gläubiger zu treffen. Im Zivilprozesse verwarf man eine Anknüpfung der Bestimmungen über Klageänderung an die Lehre vom Klagegrunde als mit dem mündlichen Verfahren nicht vereinbar; man wollte vielmehr die Unzulässigkeit der sog. Klageänderung auf eine Änderung des Anspruchs durch wesentliche Änderung des Objekts beschränken. Die so lange umstrittene Frage der Entschädigung für Untersuchungshaft wurde endlich zum Austrage gebracht. Man erkannte an, daß im Falle der Freisprechung oder der Zurückziehung der Anklage der Angeklagte nicht bloß aus Billigkeitsgründen, sondern aus einem Rechtsanspruche eine angemessene Entschädigung für die Haft verlangen könne, weil dies Übel, als ein besonderes Opfer des Einzelnen für die Rechtspflege, nicht als ein Zufall erscheine. Dabei wurde die Bedingung der Führung des Unschuldsbeweises abgelehnt, jedoch der Entschädigungsantrag dann ausgeschlossen, wenn der Angeklagte durch sein Verschulden während des Verfahrens die Untersuchungshaft oder deren Verlängerung verursacht hat. Sodann sprach der Juristentag aus, daß wegen falscher richterlicher Rechtsbelehrung der Geschworenenspruch durch ein Rechtsmittel anfechtbar sein müsse, indem eine solche Anfechtbarkeit zur Paralysierung eines schädlich einwirkenden Rechtsirrtums der Geschworenen notwendig, auch praktisch durchführbar sei und das Geschworeneninstitut nicht gefährde.

Auf dem 14. Juristentage (Jena 1878) wurde zunächst über zahlreiche Einzelfragen bezüglich des juristischen Studiums (drei Jahre genügend, Tentamen in der Mitte) und der Einrichtung der Prüfungen Beschluß gefaßt, indem allseitig sich die Überzeugung kundgab, daß nur durch verbesserte Ordnung des Universitätsstudiums, des Vorbereitungsdienstes und der Prüfungen etwas Ersprießliches geschaffen werden könne. Die strenge Lokalisierung der Anwälte auf ein bestimmtes Kollegialgericht wurde als Regel angenommen. Die wichtige legislatorische Frage, ob das Eigentum an Mobilien durch Abschließung des Vertrages oder durch Übergabe der Sache erworben werden solle, zog die Planarversammlung zu ihrer Beratung und sprach sich, gegenüber dem französisch-englischen Vertragssysteme, für das römisch-germanische Traditionssystem aus, wesentlich mit Rücksicht auf die Erkennbarmachung des Eigentumsübergangs und auf den in den neueren Rechten mit dem gutgläubigen Besitz verbundenen umfassenden Schutz. Ebenso entschied sich der Juristentag im Gegensatze zu der unbedingten Testierfreiheit der englisch-nordamerikanischen Gesetzgebung für Beibehaltung des Instituts des Pflichtteilsrechts und zwar für die Qualifikation dieses Rechts als eines obligatorischen Anspruchs auf Zuwendung einer bestimmten Geldsumme. Dagegen wurde in einem wechselrechtlichen Punkte dem englisch-nordamerikanischen Rechte der Vorzug gegeben, indem man aus praktischen Gründen des Verkehrslebens es für wünschenswert erklärte, bei verweigerter Annahme eines Wechsels statt des deutsch-französischen komplizierten Systems von Sicherheitsregressen den Regreß auf sofortige Zahlung zu richten. Den Vorschlag des Bremer Kongresses für Reform und Kodifikation des Völkerrechts, die Protestfrist wegen höherer Gewalt (auswärtigen Staatsverbotes) zu verlängern, konnte der Juristentag im allgemeinen nicht akzeptieren als unvereinbar mit der erforderlichen Wechselformstrenge. Die Frage, ob das Verschweigen eines Gründergewinns bei Gründung einer Aktiengesellschaft den ersten Aktienzeichnern oder andern gegenüber strafbar sei, wurde trotz erschöpfender Debatte sachlich nicht erledigt, vielmehr beschloß man, zur Tagesordnung überzugehen, weil eine formelle Kundgebung des Juristentages sich nicht empfehle. Zur Ergänzung des auf dem vorhergehenden Juristentage gefaßten Beschlusses über die Anfechtbarkeit des Geschworenenspruches wegen falscher richterlicher Rechtsbelehrung wurde ausgesprochen, daß die richterliche Rechtsbelehrung für die Geschworenen kraft ihrer Amtspflicht bindend sein solle.

Der 15. Juristentag (Leipzig 1880) proklamierte im Anschlusse an das alte deutsche Recht, welches die Verheiratung des Mannes als Mündigsprechung ansah und die Frau durch die Verheiratung unter das Mundium des Mannes gab, den Grundsatz, daß mit der Verheiratung die Rechtswirkung der Großjährigkeit zu verbinden sei. Sodann wurde über die Vindikation beweglicher Sachen verhandelt. Von den drei großen in Deutschland sich gegenüberstehenden Vindikationssystemen: System des Römischen Rechts mit unbeschränkter Vindikationsbefugnis, System des Deutschen Handelsgesetzbuches mit Verlust des Eigentums durch Übergang auf den redlichen Erwerber, und System des Preußischen Landrechts mit Vindikation des bisherigen Eigentums gegen Kostenersatz an den redlichen Erwerber, wurde dem System des HGB. im großen und ganzen der Vorzug gegeben, weil theoretisch ein innerer rechtlicher Grund für den obligatorischen Ersatzanspruch fehle, weil praktisch das System des PrLR. für den Handelsverkehr unerträglich und die Disharmonie zwischen Handels- und bürgerlichem Rechte eine Kalamität sei. Eine Aufhebung der Ausnahme für gestohlene und verlorene Sachen wurde nicht gebilligt. Im Anschlusse an den früheren Ausspruch über das Traditionssystem suchte man die Gefährlichkeit des **constitutum possessorium** dadurch zu beseitigen, daß man dasselbe auf den Fall der „gesparten" Übertragung beschränkte, wo nämlich neben dem Geschäfte der Veräußerung ein zweites ernstliches Geschäft geschlossen wird, welches den Veräußerer zur Wiederübernahme des Gewahrsams berechtigt oder verpflichtet, ferner dadurch, daß man ev. für das c. p. eine das bisherige Eigentum überwindende Kraft des redlichen Erwerbes, sowie die Begründung eines Pfandrechtes an Mobilien ausschloß. In mehreren wichtigen Einzelpunkten wurde eine gesetzliche Ausdehnung der Sonder- oder Individualrechte der Aktionäre gegen die Gesellschaft und die Gesellschaftsorgane für notwendig erklärt. Mit Rücksicht auf die betreffenden Gläubiger und Schuldner hielt man eine Vorschrift für gerechtfertigt, daß auf denjenigen; welcher ein Handelsgeschäft übernimmt oder in ein solches als offener Teilhaber eintritt, bei unveränderter Firma die Aktiva wie Passiva vermöge zwingenden Rechts übergehen, wenn nicht bezüglich der Aktiva den Schuldnern das Gegenteil bekannt gemacht ist. Infolge einer mächtigen Strömung gegen die Wucherfreiheit hatte das Gesetz vom 24. Mai 1880 Beschränkungen des Wuchers wieder eingeführt. Mit der Agitation gegen den Wucher verband man die Agitation gegen die allgemeine passive Wechselfähigkeit. Der Juristentag erklärte mit Einstimmigkeit im Plenum wie in der Abteilung sich gegen jede Beschränkung der allgemeinen Wechselfähigkeit, weil letztere aus der **ratio juris** folge, von alters her bestanden habe und die Beschränkungen erst vom Anfange des 18. Jahrsunderts datieren, weil volkswirtschaftlich die Vorteile der allgemeinen Wechselfähigkeit weit größer seien, als die Nachteile, sie auch nicht im Kausalzusammenhange mit dem Wucher stehe, endlich weil die Beschränkungen praktisch nicht durchführbar seien. **De lege ferenda** war man sodann der Ansicht, daß im Interesse des Verkehrs der urkundliche Beweis der Wechselpräsentation nicht zu erfordern sei. Im Strafprozesse sprach man aus, daß das Forum bei Prozeßdelikten sich nach dem Orte oder den Orten richtet, von wo aus die Verbreitung der Druckschrift erfolgt, ferner, daß das in Österreich als primär geltende, objektive Strafverfahren gegen Preßerzeugnisse vom Standpunkte der Wissenschaft wie der Rechtspflege sich nur subsidiär rechtfertige, wenn nämlich die Verfolgung oder Verurteilung einer bestimmten Person nicht ausführbar ist.

Die Verhandlungen des 16. Juristentages (Kassel 1882) betrafen hauptsächlich das Gebiet des Privatrechts. Die unvordenkliche Verjährung als Grund des Erwerbes oder Verlustes von Rechten soll nicht mehr anerkannt und durch eine Ersitzung oder Verjährung von bestimmter Dauer ersetzt werden, weil letzteres Institut den Bedürfnissen des heutigen Rechtslebens mehr entspricht. Bei gefundenen Sachen suchte man die Interessen des Verlierers und des Finders nach den Grundsätzen des altgermanischen Rechts miteinander zu vereinigen und wies das Verfahren der Polizeibehörde zu. Der Juristentag empfahl ferner bezüglich der Lebensversicherungen den legislatorischen Satz als der modernen Rechtsentwickelung und den sozialen Bedürfnissen der Neuzeit entsprechend: daß bei Versicherungen, welche nicht auf den Prämienzahler, noch zugunsten seines Nachlasses, sondern zugunsten anderer Personen lauten, die Versicherungssumme lediglich diesen Personen, nicht den Nachlaßgläubigern zugute komme, vorbehaltlich des Anfechtungsrechts wegen betrüglicher Veräußerung. Über die Frage der Differenzgeschäfte entwickelten sich besonders interessante Debatten. Man erklärte sich endlich aus juristischen und volkswirtschaftlichen Gründen gegen gesetzliches Verbieten oder Beschränken der Differenzgeschäfte, insbesondere weil sie juristisch nicht unter Spiel und Wette fallen, sondern auf dem Gebiete der Kaufgeschäfte liegen. Die Haftung des Ausstellers für einen vor der Begebung gestohlenen oder verlorenen Wechsel wurde de lege ferenda verneint, und zwar aus Rücksicht auf den beim Wechsel im Geben und Nehmen liegenden, hier fehlenden Begebungsvertrag und auf die Interessen auch der allgemein wechselfähigen Nichtkaufleute; jedoch wurde aus Opportunitätsgründen bei einer angekündigten oder begonnenen Massenemission von Inhaberpapieren die Haftung anerkannt. Bei verlorenen Inhaber- und indossablen Blankopapieren erklärte man es als den Verkehrsbedürfnissen entsprechend und mit der Zirkulationsfähigkeit vereinbar, mit dem Aufgebotsverfahren eine gerichtliche Zahlungssperre zu verbinden, ferner bezüglich der Zinsscheine und Gewinnanteilsscheine eine selbständige gerichtliche Zahlungssperre zur Erhaltung des Anspruches gegen den Aussteller unter den Voraussetzungen des § 840 ZPO. zuzulassen. Nachdem infolge der Verhandlungen des Juristentages beim neuesten Entwurfe eines preußischen Subhastationsgesetzes die vom Juristentag als Reformvorschläge proklamierten Prinzipien adoptiert worden waren, nahm der Juristentag Anlaß, sie wiederum zu bestätigen. Wie früher bei der Untersuchungshaft, so entspannen sich jetzt auch bei der Strafhaft über die Entschädigungsfrage lebhafte Debatten, welche damit endeten, daß aus ähnlichen Gründen wie bei der Untersuchungshaft der Juristentag den Beschluß faßte: im Falle einer mit Erfolg durchgeführten Wiederaufnahme des Strafverfahrens zugunsten des Verurteilten sei derselbe berechtigt, aus der Staatskasse Genugtuung für die verbüßte Strafe, sowie Ersatz der

Vermögensnachteile zu verlangen. Dieser Anspruch wurde jedoch wiederum für den Fall einer vorsätzlichen Herbeiführung der Verurteilung ausgeschlossen. Über die Frage wegen der Befugnisse des Amtsrichters im Vorverfahren ging man, besonders mit Rücksicht auf die kurze Wirksamkeit und eine zu erhoffende sachgemäße Anwendung der StPO., zur Tagesordnung über. Endlich sprach sich der Juristentag in einer Reihe von Einzelbeschlüssen über Fragen des internationalen Strafrechts aus, und zwar bezüglich der Rechtssätze über das Geltungsgebiet des heimischen Strafrechts zum ausländischen (Territorialprinzip), über das Auslieferungswesen und über den Schutz gegen internationale Angriffe auf gewisse Rechtsgüter, denen ein internationales Interesse innewohnt.

Der 17. Juristentag (Würzburg 1884) beschäftigte sich wiederum zunächst mit wichtigen Fragen aus dem Privatrecht. Bezüglich des Fruchterwerbs nahm der Juristentag eine vermittelnde Stellung ein zwischen den beiden Hauptprinzipien: dem sog. Produktionsprinzip des deutschen Rechtes, wonach der Produzent die Früchte als verdientes Gut zum Eigentum erwirbt, und zwar schon im Stadium der Pendenz, und dem sog. Substantialprinzip des römischen Rechts, wonach die Früchte als Teile der Muttersache infolge des Eigentums oder eines dinglichen Nutzungsrechts an der Muttersache erworben werden mit der Separation oder Perzeption. Man sprach sich für ein modifiziertes System aus. Im Anschluß an die moderne Rechtsentwickelung und mit Rücksicht auf die jetzigen Anschauungen und Bedürfnisse des Verkehrs erklärte man als Grundlage des Fruchterwerbes nicht die Tatsache der Produktion, sondern das Eigentum oder das dingliche Nutzungsrecht einschließlich des Pachtrechts an der Muttersache, verwarf dagegen die Perzeptionstheorie unter Annahme des unmittelbaren Erwerbes und erkannte die sachenrechtliche Selbständigkeit der hängenden Früchte dahin an, daß das Eigentum mit dem Zeitpunkte beginnt, wo die Früchte in äußerlich sichtbarer Gestalt hervortreten. Sodann gelangte der Juristentag mit Bezug sowohl auf die Bedürfnisse des praktischen Lebens als auf die Ergebnisse der Theorie einstimmig zu dem Resultat: daß in obligatorischen Verhältnissen der Arbeitgeber für jedes Verschulden hafte, welches von seinen Arbeitern in Ausführung der ihnen übertragenen Verrichtungen begangen werde. Die Frage, ob eine gesetzgeberische Regelung des Scheckverkehrs zu wünschen sei, wurde mit Rücksicht auf das hervorgetretene Bedürfnis des Verkehrs bejaht. Im Anschluß an den früheren Ausspruch über die Freiheit der Differenzgeschäfte erklärte der Juristentag, daß er von einer Börsenordnung keinen wirksamen Schutz gegen die Spekulationsmißbräuche bei Zeitgeschäften erwarte, jedoch die Einführung von Strafbestimmungen für gewisse spekulative Operationen der Prüfung des Juristentages und der Gesetzgebung empfehle. Ferner faßte der Juristentag einen Beschluß, daß zum Schutz der Befrachter den mißbräuchlichen kontraktlichen Beschränkungen der im Artikel 607 des alten HGB. den Verfrachtern auferlegten Verantwortlichkeit die rechtliche Wirkung gesetzlich entzogen werde. Im Strafrecht wurde die Frage erörtert, ob der § 153 StGB. dahin abzuändern sei, daß die Strafandrohung sich auf alle von einer zuständigen Behörde erhobenen Eide erstreckt. Die Frage wurde verneint, weil der § 153 nach seiner Entstehungsgeschichte, seinem Wortlaut und Sinn als gesetzliches Kriterium die causa der Eidespflicht, nicht den Ableistungsmodus, aufstelle. In dem Streit um die Frage, ob unter Abänderung des § 65 StPO. die Beeidigung in der Regel bei der ersten Vernehmung erfolgen solle, entschied sich die Majorität für die Verneinung des Abänderungsbedürfnisses bei sachgemäßer Anwendung des Paragraphen. Die schon vom 6. Juristentage ex professo und sodann mehrmals gelegentlich erörterte, aber nie zum Austrag gebrachte Frage der Berufung in Strafsachen wurde in Beziehung auf die erstinstanzlichen Urteile der landgerichtlichen Strafkammern jetzt zur entscheidenden Verhandlung gezogen. Sowohl in der Abteilung wie im Plenum wurde heftig gekämpft. Schließlich entschied sich eine nicht sehr große Majorität für die Berufung mit dem Ausspruch: „Die Einführung der Berufung zum Oberlandesgericht gegen die erstinstanzlichen Urteile der landgerichtlichen Strafkammern, wenigstens hinsichtlich der Schuldfrage, ist dringend zu wünschen.“ Während jedoch auf dem 6. Juristentage dem Staatsanwalt die Berufung zum Nachteile des Angeklagten abgesprochen war, wurde jetzt ein spezieller Antrag, die Berufung nur zugunsten des Angeklagten einzuführen, abgelehnt, also die Zweiseitigkeit des Rechtsmittels zur Herbeiführung einer sachlich gerechten Entscheidung festgehalten.

Der 18. Juristentag (Wiesbaden 1886) behandelte ebenfalls zunächst einige Fragen des Privatrechts. Einstimmig wurde die reichsgesetzliche Regelung der Entschädigungspflicht für Wildschaden für nötig erachtet und zwar in dem Sinne, daß diejenigen, denen der durch Jagdrecht und Schonzeit gesicherte Nutzen der Jagd zuteil wird, in gleichem Verhältnisse auch zur Tragung des durch Jagdwild verursachten Schadens heranzuziehen seien. Nachdem der 17. Juristentag die Haftung des Arbeitgebers für Verschulden seiner Arbeiter innerhalb des obligatorischen Verhältnisses für begründet erachtet hatte, sprach sich der 18. Juristentag dafür aus, den Arbeitgeber auch für die außerhalb eines Vertragsverhältnisses von seinen Arbeitern

Dritten zugefügten Beschädigungen haftbar zu machen, soweit die Schadenszufügung in Ausführung der dem Arbeiter übertragenen Verrichtung erfolgt. Der Juristentag beschäftigte sich weiterhin mit der Streitfrage, ob in Kollisionsfällen des internationalen Privatrechts das Wohnsitzrecht oder das vermöge der Staatsangehörigkeit eintretende Recht zur Geltung zu bringen sei. Man beschloß, in der Regel für Kollisionsfälle das Recht des Wohnsitzes durch das vermöge der Staatsangehörigkeit gegebene Recht zu ersetzen, daneben aber Ausnahmen zuzulassen, je nach dem Bedürfnis der betreffenden Staaten. Die Aufnahme besonderer gesetzlicher Grundsätze über den Kontokorrentverkehr in ein künftiges Handelsgesetzbuch wurde abgelehnt, dagegen trat der Juristentag der Ansicht des Gutachters bei, daß eine große Zahl von Fragen, welche bei der Erörterung des Kontokorrentverkehrs in der Literatur angeregt waren, bei anderen Materien, namentlich in der Lehre vom Anerkennungsvertrage und der Anfechtung anerkannter Decharge zu regeln seien. Nachdem die Frage, ob Differenzgeschäfte zu verbieten oder zu beschränken seien, verneint und sodann die Befürwortung einer Börsenordnung mit straffer Disziplinargewalt abgelehnt worden war, wurde eine Resolution vorgeschlagen, in welcher der Erlaß strafrechtlicher Bestimmungen empfohlen wurde, 1. gegen die Vorspiegelung wissentlich falscher oder die Entstellung wahrer Tatsachen in öffentlicher Bekanntmachung zur Erwirkung der Beteiligung an einem Anlehen, 2. gegen die in betrügerischer Absicht erfolgende Anwendung auf Täuschung berechneter Mittel zum Zwecke der Einwirkung auf den Kurs von Effekten oder den Marktpreis von Waren, 3. gegen die für oder mit Handlungsangestellten in Kenntnis dieser ihrer Eigenschaft ohne Vorwissen ihres Prinzipals erfolgende Abschließung von Zeitkaufgeschäften, 4. gegen den für oder mit anderen unter Ausbeutung ihres Leichtsinns oder ihrer Unerfahrenheit bewirkten Abschluß von wissentlich Spekulationszwecken dienenden Zeitkaufgeschäften. Alle Anträge wurden jedoch nach eingehender Debatte abgelehnt. In Übereinstimmung mit dem 7. Juristentage entschied sich der 18. für die Aufhebung des Instituts der beeidigten Makler. Eine Beschränkung der Haftung der Mitglieder eingetragener Genossenschaften wurde nicht empfohlen; auch ihre fakultative Zulassung neben einer unbeschränkten Haftung sämtlicher Mitglieder wurde abgelehnt.

Von den beiden strafrechtlichen Fragen wurde die das Beurlaubungssystem im Strafvollzuge betreffende nach kurzer Erörterung in dem Sinne entschieden, daß die vorläufige Entlassung nur zu mindestens zweijähriger Zuchthaus- oder Gefängnisstrafe Verurteilten nach Verbüßung von drei Vierteilen der Strafe und Beweisen von Besserung gewährt werden solle.

Die weite Kreise erregende Frage der Zuziehung von Laien zur Strafrechtspflege wurde nach langen Abteilungsdebatten der Plenarversammlung zur Beratung und Beschlußfassung überwiesen. Der Beschluß der Abteilung erkannte an, daß sich die Schöffengerichte in der Praxis im allgemeinen bewährt hätten, sprach jedoch aus, daß die Schwurgerichte das ihnen teilweise geschenkte Vertrauen nicht verdienten und empfahl als die geeignetste Form für die Zulassung des Laienelements in Strafsachen das Schöffengericht. Das Plenum bestätigte das Einverständnis der Abteilung mit der Tätigkeit der Schöffengerichte. Das dem Institute der Geschworenen erteilte Mißtrauensvotum wurde von der Plenarversammlung nicht aufrecht erhalten, doch wurde die dringende Reformbedürftigkeit des schwurgerichtlichen Verfahrens anerkannt.

Der 19. Juristentag (Stettin 1888) erklärte sich in einigen Fragen des Privatrechts gegen den Standpunkt, den der Entwurf des BGB. einnahm. So wurde der Grundsatz „Kauf bricht nicht Miete" aufgestellt, in bezug auf die Eintragung der Grundgerechtigkeiten und die Aufhebung des Vindikationslegats kam man gegenüber dem Entwurfe zu einem ablehnenden Votum, auch bezüglich der Gewährleistung für Viehmängel entschied sich der Juristentag gegen das Prinzip des Entwurfes. Gebilligt wurde dagegen die Stellungnahme des Entwurfes zu der Frage der elterlichen Gewalt der Mutter. Weiterhin empfahl der Juristentag, in das BGB. eine Bestimmung über die Entmündigung einer Person wegen Trunksucht, sowie Vorschriften über die rechtlichen Voraussetzungen der Korporationsbildung aufzunehmen. Eine Anfechtung der Taxe bei Seeversicherungen wegen zu niedriger Bemessung wurde abgelehnt, ebenso die Vollstreckbarkeit des gegen eine offene Handelsgesellschaft lautenden Erkenntnisses in das Privatvermögen der Gesellschafter. Der Juristentag beschäftigte sich alsdann noch mit zwei Fragen strafrechtlichen Inhalts. Eine Ergänzung des Strafgesetzbuches wurde dahin empfohlen, daß der Verrat von Geschäfts- und Fabrikgeheimnissen unter dem Gesichtspunkte der Untreue strafbar sein solle; die Frage der Ausdehnung der prinzipalen Privatklage auf die Fälle der gefährlichen Körperverletzung sowie auf Sachbeschädigung und Hausfriedensbruch wurde für noch nicht spruchreif erachtet. Der Juristentag lehnte die Bezeichnung einzelner Delikte, auf welche die Privatklage erstreckt werden sollte, ab, da die Frage bei der demnächstigen Reform des Strafprozesses eine prinzipielle Lösung erfahren müsse.

Der 20. Juristentag (Straßburg 1889) stand ganz im Zeichen des BGB. Zunächst sprach er sich gegen die Beibehaltung der Anspruchsverjährung im Sinne des Entwurfes aus und verlangte den Ausschluß der Geltendmachung der Verjährung unterworfener Rechte im Wege der Feststellungsklage oder Einrede sowie die Gewährung der Aufrechnung mit verjährten Forderungen, wenn die Verjährung bei Eintritt der Möglichkeit der Aufrechnung noch nicht vollendet war. Bezüglich der Behandlung des Irrtums bei Rechtsgeschäften wollte der Juristentag die Anfechtung der Willenserklärung zulassen, wenn der Erklärende im Ausdruck seines Willens fehlgegriffen oder eine Verwechselung begangen hatte und dies einen verkehrswesentlichen Punkt betraf, jedoch sollte der Anfechtende dem auf die Gültigkeit der Erklärung Vertrauenden den durch ihre Ungültigkeit erlittenen Schaden ersetzen. Entstellte Wiedergabe einer Willenserklärung durch die zu ihrer Übermittelung gewählte Person oder Anstalt sollte in gleicher Weise zur Anfechtung berechtigen. Ein richterliches Ermäßigungsrecht wurde von dem Juristentage bei allen Konventionalstrafen für nötig erachtet. Bei der Regelung des Pertinenzverhältnisses hielt man eine Änderung der Bestimmungen des Entwurfes in dem Sinne für wünschenswert, daß dem Grundsatze sachenrechtlicher Verbindung zwischen Hauptsache und Zubehör in einer Reihe von Einzelvorschriften Rechnung getragen würde. Das die Zubehöreigenschaft begründende Verhältnis von Haupt- und Nebensache sollte nicht nur durch bestimmte Personen hergestellt werden können. Bezüglich der Anwendung des Grundsatzes „Kauf bricht nicht Miete" auf den Fall der Zwangsversteigerung des vermieteten Grundstücks unterschied der Juristentag zwischen im Grundbuche eingetragenen und nichteingetragenen Mietrechten. Die ersteren sollten auch dem neuen Erwerber gegenüber bestehen bleiben, während bei Subhastation auf Antrag eines im Grundbuche eingetragenen Gläubigers dem Ersteher die Aufkündigung eines nicht eingetragenen Mietrechts unter Innehaltung der gesetzlichen Kündigungsfrist zustehen sollte. Über die Frage, ob das gesetzliche Pfandrecht des Vermieters und Verpächters beizubehalten sei, fand eine sehr lebhafte Debatte statt. Diese führte schließlich dazu, die Beibehaltung mit der Maßgabe zu empfehlen, daß das Pfandrecht für künftigen Mietzins bei auf nicht mehr als ein Jahr lautenden Verträgen bis zu ihrem Ablaufe, anderenfalls auf das laufende Kalenderjahr und ein darauf folgendes Jahr, jedoch nur wegen künftiger Miet- und Pachtzinsen, nicht wegen anderer Forderungen aus dem Mietvertrage zu gewähren sei; daß der Verpächter und Vermieter der Entfernung der Pfandsachen nicht widersprechen dürfe, wenn die zurückbleibenden Mobilien zur Deckung seiner Forderung hinreichen; daß aber das Pfandrecht auf eingebrachte Sachen des Ehegatten und der Kinder des Schuldners auszudehnen sei. Die Erstreckung des dem Werkmeister durch den Entwurf eines BGB.

zugestandenen Pfandrechts an beweglichen Sachen auf Immobilien wurde mit einer Mehrheit von nur einer Stimme abgelehnt. — Die Beibehaltung eines Privatpfändungsrechts empfahl der Juristentag, soweit Beschädigung von Grundstücken durch Tiere in Frage kommt; die Regelung dieses Instituts sollte der Landesgesetzgebung überlassen bleiben. Zu eingehenden Erörterungen führte das Thema der Regelung der Ehescheidungsgründe. In der Debatte wurde hauptsächlich erwogen, ob die Scheidung bloß wegen Verschuldens oder auch aus anderen Gründen zuzulassen sei: auch die Frage der Ehetrennung wegen Geisteskrankheit wurde behandelt. Der Juristentag entschied sich dafür, die Ehescheidungsgründe nicht auf die Fälle der Verschuldung eines Ehegatten zu beschränken und jedenfalls wegen unheilbarer Geisteskrankheit die Scheidung zu gewähren. Alle Scheidungsgründe sollten im Gesetz bestimmt bezeichnet werden; eine clausula generalis in bezug auf Gewährung der Scheidung sollte nur für Fälle unmittelbarer Feindseligkeiten eines Ehegatten gegen den anderen, soweit dadurch die Fortsetzung der Ehe unerträglich gemacht erscheint, gegeben sein. Von den auf der Tagesordnung stehenden Fragen aus dem Gebiete des Erbrechts kamen nur zwei zur Verhandlung; sie betrafen das Verhältnis der Miterben und ihre Auseinandersetzung, sowie die Abschaffung der wechselseitigen Testamente. Der Juristentag empfahl, den Miterben vor der Auseinandersetzung nur ein gemeinschaftliches Verfügungsrecht über den Aktivnachlaß und seine Bestandteile zu gewähren. Für die Nachlaßverbindlichkeiten sollten die Miterben gemeinschaftlich und solidarisch haften, soweit sie den Nachlaß besitzen oder erwerben; doch sollte ihnen die Beschränkung dieser Haftung durch Aufgebot der Nachlaßgläubiger zugebilligt werden. Fast einstimmig entschied sich der Juristentag für die Zulassung gemeinschaftlicher Testamente von Ehegatten und Verlobten. Die Gültigkeit der von Verlobten errichteten gemeinschaftlichen Testamente sollte von der späteren Abschließung der Ehe abhängig gemacht werden.

Der 21. Juristentag (Köln 1891) beschäftigte sich wiederum vorwiegend mit Fragen aus dem Gebiete des Privatrechts. Man beschloß, dem Pflichtteilsberechtigten einen Schutz gegen Schenkungen zu gewähren, durch die der Erblasser bei Lebzeiten sein Vermögen und damit auch den Pflichtteil vermindert, indem der Pflichtteil von dem Nachlaß unter Hinzuziehung sämtlicher Schenkungen berechnet werden sollte. Mit Stimmeneinheit kam ein Beschluß zustande, der die Haftung des Erben für die Nachlaßverbindlichkeiten regelte. Die Behandlung der Testamentsvollstreckung durch den Entwurf eines BGB. wurde nicht gebilligt und die Stellung des Testamentsvollstreckers in einer Reihe von Einzelbestimmungen festgelegt:

dagegen wurde die Beibehaltung der Grundsätze des Entwurfes über Verschollenheit und Todeserklärung im wesenlichen empfohlen. Das Verhältnis des Gutsinventars zu den Rechten der Hypothekar- und Personalgläubiger wollte der Juristentag im Sinne des Entwurfes regeln, nur sollte das Erlöschen des Pfandrechtes nicht von der Entfernung der Inventarstücke vom Gute, sondern von ihrer Veräußerung abhängig gemacht werden. Dem Gutsverpächter wurde ein Pfandrecht an dem Inventar des Pächters zugestanden, das jedoch nicht geltend gemacht werden sollte, solange die Inventarstücke zur Bewirtschaftung des Gutes benötigt werden. Eine lebhafte Diskussion erhob sich über die Frage nach dem System des einzuführenden gesetzlichen Güterstandes. Man beschloß einstimmig, die deutsche eheliche Verwaltungsgemeinschaft an Stelle des vom Entwurfe aufgestellten Systems des ehemännlichen Nießbrauchs zu empfehlen. Im Hinblick darauf, daß in Deutschland Lagerpfandscheine nicht benutzt zu werden pflegen und daß die Verwendung des Lagerpfandscheines auch wirtschaftlich unangezeigt ist, hielt es der Juristentag nicht für empfehlenswert, das Institut des Lagerpfandscheins bei der Neuordnung des Lagerwesens einzuführen. Bezüglich der Rechtspflege in den Schutzgebieten beschloß man die für Europäer geltenden Grundsätze zunächst beizubehalten; für die unzivilisierten Eingeborenen sollten besondere Rechtsnormen aufgestellt werden. In größeren Zivil- und Strafsachen sollte das Reichsgericht die oberste Instanz bilden. Die wichtige Frage, ob im Strafverfahren die bedingte Verurteilung einzuführen sei, beantwortete der Juristentag im bejahenden Sinne. Die strafrechtliche Verfolgung der Trunksucht wurde bei der Abteilungsberatung mit geringer Mehrheit abgelehnt. Die nochmalige Erörterung im Plenum ergab zwar eine starke Strömung zugunsten der Bestrafung selbstverschuldeter, öffentlich kundgegebener, ärgerniserregender Trunksucht, doch hielt auch die Majorität der Plenarversammlung besondere strafrechtliche Bestimmungen gegen Trunkenheit nicht für geboten.

Der 22. Juristentag (Augsburg 1893) beriet über die bereits mehrfach vertagte Frage, welche Formen der kapitalistischen Liegenschaftsverschuldung zur Aufnahme in das BGB. geeignet seien. Man entschied sich für die Grundformen der Hypothek und Grundschuld, wollte daneben aber die dingliche Rentenschuld als ebenbürtiges Rechtsinstitut anerkennen. Die Anwendung des Begriffs der höheren Gewalt im künftigen Zivilgesetzbuche wurde abgelehnt. Das Erfordernis schriftlicher Form wurde von dem Juristentage für die Bürgschaft, den Kreditauftrag, die Schuldübernahme und den Leibrentenvertrag aufgestellt. Die Beibehaltung von Ehescheidungsstrafen im Sinne des gemeinen Rechts wurde abgelehnt, wesentlich deshalb, weil es dem Rechts- und Sittlichkeitsgefühl widerspreche, die Scheidung zum Gegenstande der Spekulation auf Vermögensvorteile zu machen. Der Juristentag stimmte jedoch dem Entwurf eines BGB. darin zu, daß dem unschuldigen Ehegatten ein Anspruch auf seinen Unterhalt gegen den schuldigen als Fortsetzung der während der Ehe bestehenden Unterhaltspflicht gewährt werden müsse. Um den Mißbräuchen bei Abzahlungsgeschäften entgegenzuwirken, befürwortete man ein Verbot der Veräußerung von Wertpapieren jeder Art im Wege des Abzahlungsgeschäfts, sowie aller Abzahlungsgeschäfte für das Hausiergewerbe. Ferner wurde eine besondere gesetzgeberische Regelung des Bankdepotwesens empfohlen. Die Klagbarkeit der Differenzgeschäfte wurde davon abhängig gemacht, daß die wirkliche Erfüllung nicht ausdrücklich oder stillschweigend ausgeschlossen war. Schließlich hielt der Juristentag in gewissem Umfange eine Vermehrung der Beschränkungen der Zwangsvollstreckung für geboten.

Die Frage, ob sich die Durchführung der Schöffengerichte durch die gesamte erstinstanzliche Strafgerichtsverfassung empfehle, wurde wegen ihrer Wichtigkeit in pleno verhandelt. Nach lebhaften Debatten wurde die Einführung der Schöffengerichtsverfassung für die Gerichte der mittleren Ordnung beschlossen. Der Juristentag sprach sich für Änderung des geltenden Rechts in betreff des Verhältnisses von Geld- und Freiheitsstrafen aus. Das Verfahren für die Geltendmachung des Entschädigungsanspruchs unschuldig Verurteilter sollte in dem Sinne geregelt werden, daß die Gerichte auf Grund öffentlicher kontradiktorischer Verhandlung über den Anspruch zu entscheiden haben sollten und zwar erfolge diese Entscheidung am besten durch die Strafgerichte in tunlichstem Anschluß an das Wiederaufnahmeverfahren.

Der 23. Juristentag (Bremen 1895) beschäftigte sich mit einigen Fragen des Seerechts. Er sprach sich gegen die gleichartige Behandlung von Bergung und Hilfeleistung in Seenot, gegen die Gewährung eines Lohnanspruchs für Rettung von Menschenleben in Seegefahr und für die Streichung des Erfolges als Voraussetzung der gemeinschaftlichen Havarie aus. Die von dem Entwurfe des BGB. zweiter Lesung aufgenommenen Bestimmungen über eingetragene Vereine wurden im wesentlichen gebilligt und namentlich die Wahl der Normativbedingungen mit Registerzwang anerkannt. Mit überwiegender Majorität erklärte sich der Juristentag für die Schaffung eines Intestatanerbenrechts. Die Verleihung von Wassernutzungen nach Maßgabe des Entwurfes des preußischen Wassergesetzes wurde empfohlen, doch sollte die Verleihung der Regel nach nur auf Zeit erfolgen und bei Vergebung der Wassernutzung Rücksicht auf die bestehenden

Wassernutzungsrechte und die Interessen der Anlieger genommen werden. Bei der Beratung über die Frage, ob sich die Kautelen der Aktiennovelle von 1884 gegen unsolide Gründungen bewährt hätten, kam man zu dem Ergebnis, daß ein abschließendes Urteil sich zurzeit noch nicht abgeben lasse.

Die Frage der Ersetzung der Eideszuschiebung und des richterlichen Eides im Zivilprozesse durch Vernehmung der Parteien als Zeugen wurde mit großer Mehrheit im Prinzip bejaht.

Mit der Reform des Strafvollzuges hingen die beiden letzten Fragen zusammen. Die Einführung von Verschärfungen der Freiheitsstrafe durch Kostentziehung und hartes Lager wurde für kurze Freiheitsstrafen, die für Roheits- und Sittlichkeitsdelikte verhängt werden, empfohlen. Schließlich sprach sich der Juristentag gegen die Umwandelung uneinbringlicher Geldstrafen in Freiheitsstrafen aus und befürwortete ein System des Abverdienens der Geldstrafen.

Der 24. Juristentag (Posen 1898) nahm nach eingehender Beratung einstimmig eine Resolution zum Schutze der Baugläubiger an. Die Frage, nach welchem Rechte auf Grund des internationalen Privatrechts die Vertragsobligationen zu beurteilen seien, gab gleichfalls zu lebhafter Diskussion Veranlassung. Für den Fall des Fehlens entsprechender Vereinbarungen der Parteien entschied man sich für das Recht des Erfüllungsorts. Einstimmig erklärte sich der Juristentag für die Verfolgbarkeit dinglicher Ansprüche auf Herausgabe gegen den mittelbaren Besitzer. Bezüglich der Einführung eines Heimstättenrechts und der Änderung der Vorschrift des § 296 ZPO. kam man zu einem non liquet. Die Regelung des Gewerbes der Grund- und Hypothekenmakler im Wege eines Spezialgesetzes wurde nicht empfohlen. Der Begriffsbestimmung des dolus eventualis und seiner Behandlung in Wissenschaft und Rechtsprechung trat der Juristentag vollkommen bei. In bezug auf die Verjährung der Strafverfolgung kam man zu dem Ergebnis, auch in Zukunft von dem bloßen Zeitablauf die Zulässigkeit oder Unzulässigkeit der Verfolgung einer strafbaren Handlung abhängig zu machen.

Nachdem in der Abteilungsberatung die Deportation als geeignetes Strafmittel für Deutschland abgelehnt worden war, kam bei der Erörterung im Plenum ein gleichlautender Beschluß mit großer Mehrheit zustande. Einstimmig sprach sich der Juristentag ferner dahin aus, daß die bedingte Begnadigung für den Fall der Auswanderung sich der gesetzlichen Regelung entziehe.

Der 25. Juristentag (Bamberg 1900) erkannte an, daß der Entwurf eines Gesetzes über den privaten Versicherungsvertrag eine geeignete Rechtsgrundlage für die Versicherungsvereine auf Gegenseitigkeit biete. Er erklärte mit Einstimmigkeit, daß das BGB. mit seinen Bestimmungen über den Familiennamen nicht auch die mit ihm verbundenen Adelszeichen ergreife. Mit Rücksicht auf die vielfach hervorgetretene sog. Irrenbewegung befaßte sich der Juristentag mit der Frage der Anstaltsunterbringung Geisteskranker. Man erkannte die Notwendigkeit an, den Irren ausreichenden Rechtsschutz zu gewähren, enthielt sich jedoch der Entscheidung darüber, ob dieser Schutz durch die Verwaltungsrechtspflege oder im Wege des Anrufens der ordentlichen Gerichte zu erreichen sei. Gegen die unbefugte öffentliche Mitteilung nicht veröffentlichter Privatbriefe vor Ablauf von zehn Jahren seit dem Tode des Verfassers hielt man einen urheberrechtlichen Schutz für geboten. Bezüglich der Frage, ob Eingriffe in das Urheberrecht auch im Falle bloßer Fahrlässigkeit des Täters oder nur bei Vorsätzlichkeit bestraft werden sollten, sprach sich der Juristentag dahin aus, daß es sich nicht empfehle, die strafrechtliche Folge der Urheberrechtsverletzungen auf wissentliche Eingriffe zu beschränken. Über die für den Buchhandel wichtige Frage der Übertragbarkeit des Verlagsrechts kam mit überwiegender Majorität ein Beschluß zustande, der sich im Prinzip auf den Standpunkt der Unübertragbarkeit ohne Einwilligung des Verfassers stellte, gleichzeitig aber davon ausging, daß die Anknüpfung der Übertragung an diese Einwilligung ihre Grenze dort finden solle, wo der Verfasser ein sachliches Interesse an dem Nichtübergang auf den neuen Erwerber nicht hat.

Eine gesetzliche Neuregelung wurde für die Verfolgung der durch die Presse begangenen strafbaren Handlungen gefordert. Danach sollte ein Gerichtsstand für die Preßvergehen mit Ausschluß des Gerichtsstandes des Ortes der begangenen Tat in dem bisherigen Sinne an demjenigen Orte gegeben werden, wo die Druckschrift erschienen ist. Dieser neue Gerichtsstand sollte für Privatklagen und für die im Auslande erschienenen Druckschriften keine Geltung haben.

In bezug auf die negativen Kompetenzkonflikte vertrat der Juristentag den Standpunkt, daß eine Zurückverweisung auf den Rechtsweg, nachdem das Reichsgericht seine Unzulässigkeit endgültig ausgesprochen, seitens des Preußischen Gerichtshofes für Kompetenzkonflikte nicht erfolgen könne.

Zu eingehenden Erörterungen in der Abteilung und im Plenum führte die Frage der Vereinheitlichung des juristischen Bildungsganges.

Der Juristentag hielt einheitliche Ordnung für geboten hinsichtlich des wissenschaftlichen Planes und des Mindestmaßes der Dauer des Universitätsstudiums, der Einteilung und Dauer des Vorbereitungsdienstes sowie des Maßes der Anforderungen an die erste und zweite juristische Prüfung. Gleichartigkeit des Bildungsganges für Justiz und Verwaltung wurde verlangt. Der landesherrlichen Regelung sollte der gesamte Unterrichtsbetrieb auf den Universitäten, die theoretische Fortbildung der im Vorbereitungsdienst stehenden Referendare und die Organisation und Form beider juristischen Prüfungen vorbehalten bleiben.

Der 26. Juristentag (Berlin 1902) beantwortete die Frage nach der Zweckmäßigkeit der juristischen Zwischenprüfungen im verneinenden Sinne. Man war der Ansicht, daß ein Zwischenexamen die notwendige Freiheit in der Anordnung des Studiums und ganz besonders die akademische Freizügigkeit in unzulässiger Weise beschränken würde. Zur Förderung der Ausbildung der Juristen wurde Festsetzung einer Studienzeit von mindestens sieben Semestern, ferner die Abhaltung seminaristischer Übungen und einer strengen ersten Prüfung erfordert. Die Bauhandwerkerfrage, die schon den 24. Juristentag beschäftigt hatte, wurde im Hinblick auf die inzwischen veröffentlichten Entwürfe eines Gesetzes über die Sicherung der Bauforderungen nochmals behandelt und dabei der Entwurf B als geeignete Grundlage für die gesetzgeberischen Maßnahmen empfohlen. Mit Rücksicht auf die besonderen Gefahren, die der Automobilbetrieb mit sich bringt, wurde die Schaffung gesetzlicher Spezialvorschriften zur Regelung der Haftpflicht für Automobile für notwendig erachtet.

Der Juristentag beschäftigte sich auch mit einer Frage des öffentlichen Rechts und erkannte nach eingehender Diskussion die Rechtskraft der verwaltungsgerichtlichen Urteile und der ihnen gleichstehenden Entscheidungen grundsätzlich an und zwar in der Weise, daß die Entscheidungen den Staat binden. Die Frage, welche Maßregeln sich für die rechtliche Behandlung der Ringe und Kartelle empfehlen, wurde nach langen Abteilungs- und Plenardebatten dem nächsten Juristentage zur Beratung und Beschlußfassung überwiesen.

Im Mittelpunkte des Interesses stand die Frage der Strafrechtsreform. Es herrschte völlige Einstimmigkeit hinsichtlich der Notwendigkeit einer Reform des Strafgesetzbuches. In Ansehung der äußeren Gestaltung der Revision wurde dem Gesetzgeber die Ausscheidung des Polizeistrafrechts aus dem Kriminalstrafrecht und die Einarbeitung des Stoffes der strafrechtlichen Ergänzungsgesetze geraten. Als durchaus notwendige Reformpunkte wurden bezeichnet: die strafrechtliche Behandlung der Jugendlichen und der geistig Minderwertigen, das rückfällige und gewerbsmäßige Verbrechertum, die richterliche Strafzumessung, das Strafmittelsystem, der Strafvollzug und die Strafausschließungsgründe.

Auch eine zivilprozessuale Reformfrage fand lebhafte Anteilnahme, nämlich die Frage, ob das Dispositionsrecht der Parteien über die Sistierung des Verfahrens und die Verlegung von Terminen durch weitere Ausgestaltung des richterlichen Offizialbetriebes beseitigt oder eingeschränkt werden sollte. Mit einer an Einstimmigkeit grenzenden Mehrheit gab der Juristentag sein Votum dahin ab, daß, wenn auch Terminsvereitelungen nach Möglichkeit vermindert werden und Maßnahmen nach dieser Richtung in Erwägung gezogen werden müßten, doch eine Antastung des Parteibetriebes, einer der Grundlagen, auf denen das Gebäude der deutschen Zivilprozeßordnung beruhe, hierbei nicht in Frage kommen dürfe.

Der 27. Juristentag (Innsbruck 1904) beschäftigt sich mit der Frage des Rechts am eigenen Bilde und verlangte gesetzlichen Schutz gegen die mißbräuchliche Verbreitung und öffentliche Schaustellung von Bildnissen. Weiterhin empfahl er, im Wege der Landesgesetzgebung für eine angemessene Denkmalspflege Vorsorge zu treffen und dem Staat ein Vorrecht auf den Erwerb beweglicher Altertumsfunde zu gewähren. Zu einer praktisch wichtigen Frage, die sich bei der Anwendung des bürgerlichen Gesetzbuchs ergeben hatte, nahm der Juristentag insofern Stellung, als er bezüglich des Schadensersatzes wegen Nichterfüllung eines gegenseitigen Vertrags seine Rechtsüberzeugung einstimmig dahin aussprach, daß, wenn die dem Schadensersatzberechtigten obliegende Leistung auf Geld gehe, er grundsätzlich als Schadensersatz den Geldbetrag begehren könne, der sich nach Anrechnung seiner Leistung als Überschuß ergibt; gehe seine Leistung nicht auf Geld, so könne er Schadensersatz wegen Nichterfüllung unter Einbehaltung und den Umständen entsprechender Anrechnung seiner Leistung dann verlangen, wenn ihm die Bewirkung dieser Leistung billigerweise nicht mehr zugemutet werden kann.

Eine Gesetzesauslegungsfrage betraf auch das Thema, wieweit sich Recht und Pflicht des Aufsichtsrates und des Vorstandes einer Aktiengesellschaft zur Einberufung einer Generalversammlung erstrecken. Der Juristentag nahm an, daß über die Frage, ob im Interesse der Gesellschaft die Einberufung einer Generalversammlung notwendig sei, das pflichtgemäße Ermessen von Vorstand und Aufsichtsrat, unter Anwendung der Sorgfalt eines ordentlichen Geschäftsmannes und unter Berücksichtigung aller einzelnen Momente der konkreten Angelegenheit zu entscheiden habe. Über die Frage nach der rechtlichen Behandlung der Ringe und Kartelle wurde auf dem

27. Juristentage die Beratung zu Ende geführt. Man hielt die gesetzliche Anerkennung des rechtsgültigen Bestandes der Kartelle für notwendig und sprach aus, daß die Gewährung der gleichen Koalitionsfreiheit, welche die Unternehmer genießen, an die Arbeitnehmer unerläßlich sei, daß auch die Rechtsfähigkeit der Arbeiterorganisationen anerkannt werden müsse. Normen und Geist des herrschenden Privatrechts sollten auch im Bereiche des Kartells uneingeschränkt zur Herrschaft kommen. Gegen etwaige übertriebene, wirtschaftlich ungerechtfertigte Preissteigerungen hielt der Juristentag ein staatliches Eingreifen für empfehlenswert. Bei der Beratung über die Frage der Bodenentschuldung und der Einführung einer gesetzlichen Verschuldungsgrenze ergab sich volle Übereinstimmung dahin, daß es nur einen möglichen Entschuldungsvorgang gibt, der darin besteht, daß die derzeitigen kündbaren Kapitalhypotheken möglichst allgemein in unkündbare amortisierbare Schulden, in Annuitätsschulden, verwandelt werden. Man war auch darin einig, daß man sich unter Entschuldung nicht gänzliche Befreiung des Bodens von allen darauf lastenden Schulden vorzustellen habe, sondern nur eine allmähliche Herabminderung der Schuldenlast auf ein wirtschaftlich zulässiges Maß.

Bei den lebhaften Debatten über die Frage der strafrechtlichen Behandlung der geistig Minderwerten erhob sich keine Stimme gegen die Berücksichtigung der geistigen Minderwertigkeit im Strafrecht, nur gingen die Meinungen über die Art der Durchführung weit auseinander. Nahezu einig war man allein in dem Anerkenntnis der Notwendigkeit, einen gesetzlichen Begriff der sog. verminderten Zurechnungsfähigkeit aufzustellen. Die überwiegende Mehrheit des Juristentages hielt es für ausgeschlossen, an dem Grundsatz der Strafbarkeit der verbrecherischen Minderwertigen zu rütteln; daß aber mildere Strafe bei ihnen eintreten müsse, als bei vollsinnigen Verbrechern, wurde nicht in Zweifel gezogen. Die Anwendung der Aussetzung des Strafvollzugs bei geistig Minderwertigen wurde in ausgedehntestem Maße empfohlen; auch über den Strafvollzug selbst wurden eine Reihe von Einzelbeschlüssen gefaßt.

Das Problem der strafrechtlichen Behandlung der Jugendlichen führte gleichfalls zu lebhaften Diskussionen. Die Hinaufsetzung des Alters der absoluten Strafmündigkeit von dem 12. auf das 14. Lebensjahr wurde beschlossen. Für die einfache Beseitigung der Einsichtsklausel fand sich keine Mehrheit. Es wurde anerkannt, daß sie als solche fortfallen, aber durch eine andere Bestimmung ersetzt werden müsse, welche dem Richter die Prüfung zur Pflicht macht, ob der Jugendliche bei Begehung der Straftat die erforderliche sittliche Reife gehabt habe und ob man sich von Anwendung der Strafe bei dem Jugendlichen einen Erfolg versprechen könne. Außer den Strafmitteln, welche schon nach der geltenden Strafprozeßordnung bei Jugendlichen nicht anwendbar waren, sollte Überweisung an die Landespolizeibehörde und Unterbringung in einem Arbeitshause ausgeschlossen werden. In der Jugend bei Abmessung der Strafe einen Milderungsgrund zu erblicken, wurde nicht für angezeigt erachtet. Da der Mißbrauch der elterlichen Gewalt oder der Machtbefugnis des Gewalthabers wesentlich Schuld an dem Verfall der Jugend in das Verbrechen trage, empfahl der Juristentag, die Gewalthaber für den Schaden, den der Jugendliche durch seine Straftat angerichtet hat, sowie für die Kosten des Verfahrens in weitestem Umfange haftbar zu machen. Weiterhin wurden für das Strafverfahren und den Strafvollzug gegen Jugendliche in Einzelthesen legislatorische Vorschläge gemacht.

Die Straflosigkeit der fahrlässigen falschen eidlichen Aussagen wurde mit überwiegender Mehrheit empfohlen.

Der 28. Juristentag (Kiel 1906) erklärte einstimmig die einheitliche Regelung der Haftung des Staates für den von seinen Beamten bei Ausübung ihrer Amtsgewalt Dritten zugefügten Schaden für ein dringendes Bedürfnis. Mit großer Mehrheit trat er für Aufrechterhaltung des Formzwanges bei obligatorischen Grundstücksveräußerungsverträgen ein. Nachdem der 17. Juristentag das Verbot der Befreiungsklauseln, welche die Haftung des Reeders für seemännisches Verschulden der Schiffsbesatzung ausschlossen, verlangt hatte, sprach sich der 28. Juristentag dahin aus, daß eine gesetzliche Ausschließung der Reederhaftung nicht zu empfehlen, vielmehr die Haftung für das Gebiet des Frachtvertrags nach dem Vorbilde der Harter-Akte durch zwingende Rechtssätze zu bestimmen sei. Ein Bedürfnis zum sofortigen gesetzlichen Eingreifen in der Frage der Verantwortlichkeit der Mitglieder des Aufsichtsrats einer Aktiengesellschaft hielt der Juristentag nicht für gegeben. Bei einer künftigen Regelung empfahl man, an dem Prinzip der Prüfungspflicht des Aufsichtsrats, wie es bisher geregelt ist, festzuhalten und die Festsetzung des Mindestmaßes der Kontrollpflichten in dem Gesellschaftsvertrage zu verlangen. Für große Aktiengesellschaften wurde die obligatorische Einführung jährlicher Bilanzrevisionen durch besondere, von der Gesellschaft unabhängige Sachverständige verlangt. Zu lebhaften Debatten kam es bei der Beratung über die Akkordarbeitsverträge. Eine gesetzliche Regelung der Akkordarbeit wurde von dem Juristentage mit Stimmenmehrheit für notwendig erachtet, da es diesem für die Industrie wichtigsten Arbeitsvertrage bisher an der gesetzlichen Regelung fehle. Es wurden auch die Hauptpunkte bezeichnet, die einer Festlegung durch Gesetz vor allen Dingen bedürften, nämlich die Akkordvereinbarung und Akkordabrechnung, die Pflichten der Parteien während der Akkordzeit und die rechtliche Stellung der Zwischenpersonen (Akkordmeister, Akkordanten, Kolonnenführer, Zwischenmeister). Da es zur Entwickelung und Ordnung des Akkordvertrages notwendig schien, über die rechtliche Wirkung der Tarifgemeinschaften Klarheit zu schaffen, wurde beschlossen, dieses Thema auf die Tagesordnung der nächsten Hauptversammlung zu setzen. Die in Innsbruck vertagte Frage, inwieweit bei Versicherungsverträgen die Vertragsfreiheit hinsichtlich der Verwirkungsklausel durch zwingende Rechtssätze zugunsten der Versicherten einzuschränken sei, nahm der 28. Juristentag wieder auf. Das Ergebnis der Beratungen war der einstimmige Beschluß, dem Versicherten die Abwendung der Verwirkung seines Rechts durch den Nachweis fehlenden Verschuldens zu gestatten und ihm das Recht der Aufkündigung des Versicherungsvertrages einzuräumen, wenn der Versicherer die Verwirkung gegen ihn geltend macht. Die über die Abwendung der Verwirkungsklausel aufgestellten Grundsätze sollten auch für öffentliche Versicherungsanstalten gelten. Bei der Behandlung der Frage des Rechts der Angestellten an ihren Erfindungen ging man davon aus, daß ein Angestellter in seinem Anstellungsvertrage lediglich verspreche, diejenigen Dienste zu leisten, die Angestellte gleicher Art und gleicher Gehaltsstufe gewöhnlich leisten und daß für derartige Dienste der Dienstherr die Vergütung durch Zahlung des entsprechenden Lohnes übernimmt; die von dem Angestellten gemachte Erfindung gehöre demnach dem Angestellten, sofern nicht die Vertragsabrede etwas anderes besagt. Die Beschränkung der Vertragsfreiheit zwischen Angestellten und Geschäftsherren wurde nicht empfohlen; die Frage der Aufnahme des Namens des angestellten Erfinders in die Patentschrift wurde für noch nicht spruchreif erachtet. Das Vorliegen eines dringenden Bedürfnisses nach Vereinheitlichung der deutschen und österreichischen Gesetzgebungen über die Warenbezeichnungen und Marken wurde verneint.

Der Haupt- und Kernpunkt der auch im Plenum stattgehabten Diskussion über die Frage der Haftung des Tierhalters war der mit überwiegender Mehrheit angenommene Satz, daß die Haftung des Tierhalters für unverschuldete Tierschäden zurzeit aufrechtzuerhalten sei oder wenigstens als Regel fortgelten müsse. Wenn jedoch von den Organen der Gesetzgebung eine alsbaldige Regelung der Frage für nötig erachtet würde, so sollte die Haftung des § 833 BGB. nur ausgeschlossen sein, wenn die Schädigung bei einer im Interesse des Beschädigten stattfindenden Verwendung des Tieres enstand; bei Tötung und Verletzung einer Person sollte eine Beschränkung des Schadensersatzes des § 833 nach dem Vorbilde der §§ 3 und 3a RHaftpflG. eintreten. Gleichzeitig wurde eine Ausdehnung der Unfallversicherungsgesetzgebung auf das bisher nicht versicherungspflichtige Fahr- und Stallpersonal empfohlen.

Eingehende Erörterung fand die strafrechtliche Behandlung des Rückfalls, sowie des gewohnheitsmäßigen und gewerbsmäßigen Verbrechertums. Der Juristentag erkannte an, daß eine wirksamere Bekämpfung des Rückfalls, als sie das geltende Recht darbietet, möglich und wünschenswert sei; jeder Rückfall, wie überhaupt das gewohnheits- und gewerbsmäßige Verbrechen sollte einen allgemeinen Strafschärfungsgrund bilden, jedoch mit der Maßgabe, daß beim Vorhandensein mildernder Umstände der Richter ermächtigt sein solle, die Strafe auch innerhalb des gewöhnlichen Rahmens zu wählen. Die Aufnahme der relativen Strafurteile in das künftige Recht, als Maßnahme zur Bekämpfung der gemeingefährlichen und gewohnheitsmäßigen Verbrecher, wurde von dem Juristentage nahezu einstimmig abgelehnt; er entschied sich jedoch dafür, daß der Richter die Befugnis erhalte, auf eine an die Strafe sich anschließende Sicherungsverwahrung von unbestimmter Dauer zu erkennen. Bei der gesetzlichen Regelung wäre eine Legaldefinition des Begriffs der gewohnheitsmäßigen oder gewerbsmäßigen Begehung zu vermeiden; die Aufnahme des Begriffs des sog. „unverbesserlichen Verbrechers" neben dem des gewohnheitsmäßigen sollte unterbleiben, weil die Prognose der Unverbesserlichkeit nicht mit Sicherheit gestellt werden könnte. Die „Vorbestrafung" des Täters in Unterscheidung von dem Rückfall im technischen Sinne sollte nicht als eine Voraussetzung für die Annahme des Begriffs „gewohnheits- und gewerbsmäßiger Begehung" aufgenommen werden. Die strafrechtliche Verwertung von Ehrenerklärung, Abbitte und Widerruf wurde von dem Juristentag nicht empfohlen. Dagegen hielt er es für angezeigt, die Publikationsbefugnis zu erweitern, und zwar in der Weise, daß auch in Fällen nichtöffentlicher Beleidigung der Richter die Veröffentlichung anordnen kann, und daß diese Veröffentlichung sich nicht nur auf den Urteilstenor zu erstrecken habe, sondern auch die Gründe mit enthalten könne.

Der 29. Juristentag (Karlsruhe 1908) beschäftigte sich mit der Frage, ob besondere Vorschriften zur Sicherung des Eigentumsvorbehalts an den mit einem Fabrikgebäude verbundenen Maschinen erforderlich seien. Man hielt eine Änderung der Gesetzgebung jedoch zurzeit nicht für nötig, weil das geltende Recht kein Hindernis biete, den berechtigten Interessen der Lieferanten von Maschinen zu genügen. Die Verhandlungen über die Folgen der Verrufserklärungen ergaben völlige Übereinstimmung dahin, daß der Boykott ein an sich zulässiges wirtschaftliches Kampfmittel sei, soweit er nicht die Grenzen überschreitet, welche nach dem Urteil gerecht und billig denkender Menschen auch im wirtschaftlichen Kampfe beobachtet werden müssen. Der einstimmige Beschluß des Juristentages sprach aus, daß sich die zivilrechtlichen Voraussetzungen und Folgen der unerlaubten Verrufserklärungen im allgemeinen nach § 826 BGB. bestimmen. Gleichfalls mit Einstimmigkeit empfahl der Juristentag 1) die Reform des gewerblichen Koalitionsrechtes im Sinne seiner früheren Beschlüsse (vgl. 28. DJT.), 2) die Beseitigung der Hindernisse, die nach dem BGB. dem Erwerbe der Rechtsfähigkeit durch gewerbliche Berufsvereine entgegenstehen; 3) eine gesetzliche Regelung des Rechtes der Arbeitstarifverträge unter Vermeidung jedes öffentlich-rechtlichen Zwanges, die volle Freiheit der Abschließung und Durchführung der Verträge gewährt und die Möglichkeit eröffnet, Arbeitstarifverträge bei den Gewerbegerichten öffentlich zu registrieren. Den vorstehenden Vorschriften entsprechende Tarifverträge sollten unmittelbare Rechtswirkung auf die in ihrem Geltungsbereiche abgeschlossenen Arbeitsverträge haben.

Eine Ergänzung des Gesetzes über den unlauteren Wettbewerb in Ansehung des Ausverkaufswesens hielt der Juristentag nicht für erforderlich, insbesondere nicht für empfehlenswert im Sinne des veröffentlichten Entwurfs des Reichsamts des Innern. Eine reichsgesetzliche Regelung des Rechts der Lagerscheine wurde in Verbindung mit einer zusammenfassenden gesetzlichen Ordnung des Lagergeschäfts überhaupt gefordert. Den Beteiligten sollte die Möglichkeit gewährleistet werden, sich des Doppelscheines zu bedienen. Auch für den Fall, daß es zu einer vollständigen reichsgesetzlichen Regelung zurzeit nicht kommen sollte, verlangte der Juristentag die Beseitigung des Erfordernisses der staatlichen Ermächtigung zur Ausgabe indossabler Lagerscheine. Die Frage des Erfinderrechts der Angestellten wurde von dem 29. Juristentage nochmals aufgenommen. Der Grundsatz, daß beim Fehlen entgegenstehender Vertragsbestimmungen die Erfindung dem angestellten Erfinder zukomme, wurde abermals ausgesprochen, trotzdem der Beschluß der Kieler Tagung energische Bekämpfung in der Literatur erfahren hatte. An der Ansicht des 28. Juristentages, daß die Vertragsfreiheit zwischen Unternehmer und Angestellten bezüglich des Eigentums an der von letzterem im Betriebe gemachten Erfindung nicht zu beschränken sei, wurde festgehalten, dagegen eine Abmachung für nichtig erklärt, durch die dem Unternehmer das Eigentumsrecht an den außerhalb des vertraglichen Tätigkeitsbereiches von dem Angestellten gemachten Erfindungen ohne entsprechende Vergütung gesichert werden sollte. Dem Erfinder wurde auch ein im Wege gerichtlicher Klage verfolgbarer Anspruch darauf zugebilligt, in allen auf die Erfindung bezüglichen Urkunden und Publikationen des Patentamts als Erfinder genannt zu werden, auch wenn die Anmeldung seiner Erfindung durch einen anderen erfolgte.

Eine Einschränkung des Kollegialprinzips zugunsten des Einzelrichtertums in bürgerlichen Rechtsstreitigkeiten hielt der Juristentag nicht für geboten. Auch wurde eine Umgestaltung des Amtsgerichtsprozesses ohne gleichzeitige Reform des ganzen Zivilprozesses als unangemessen, die dem Reichstage vorliegende Novelle zum Gerichtsverfassungsgesetz als ungeeignete Grundlage einer Reform des amtsgerichtlichen Verfahrens bezeichnet. Die Ziele, die eine Prozeßreform bei der Ausgestaltung des Verfahrens vor den Amtsgerichten zu verfolgen hätte, wurden in einzelnen Leitsätzen festgelegt. Man trat dabei insbesondere für Einfachheit, Volkstümlichkeit und Schleunigkeit des amtsgerichtlichen Verfahrens ein. Auch die Entscheidung über eine wesentliche Änderung, insbesondere eine Einschränkung des Rechtsmittels der Revision wollte der Juristentag der durchgreifenden Reform des gesamten Prozeßverfahrens vorbehalten. Für jeden Fall befürwortete er Beibehaltung des mündlichen Verfahrens in der dritten Instanz, Ausschließung der Sukkumbenzstrafen und des Erfordernisses der duae difformes. Um der Überlastung des Reichsgerichts abzuhelfen, wurde in erster Linie eine Vermehrung der Zivilsenate und daneben, abgesehen von sog. kleinen Mitteln, insbesondere die Aufhebung der Zuständigkeit des Reichsgerichts für die Berufungen und Beschwerden in Konsulargerichtssachen und in den in § 2 des Schutzgebietsgesetzes bezeichneten Sachen empfohlen.

Die in Kiel nicht behandelte Frage, ob die Aufnahme von Vorschriften über die Strafzumessung in das künftige deutsche Strafgesetzbuch ratsam sei, wurde bei den Beratungen auf dem 29. Juristentage zunächst dahin präzisiert, daß nicht die gesetzliche, sondern bloß die richterliche Strafzumessung zur Erörterung stehe. Es wurde ferner beschlossen, im Strafgesetzbuche neben den regelmäßig anzuwendenden ordentlichen Strafrahmen zwei außerordentliche für leichtere und schwerere Fälle aufzustellen. Die Aufzählung einzelner Strafzumessungsgründe wurde jedoch für unzweckmäßig erachtet. Kraft zwingender Gesetzesvorschrift sollte für den Richter die Verpflichtung statuiert werden, die Gründe der Strafzumessung und der Anwendung eines außerordentlichen Strafrahmens im Urteil eingehend darzulegen. Hinsichtlich der Frage, ob die Voruntersuchung im

Sinne der gegenwärtigen Strafprozeßordnung beizubehalten sei, konnte man sich nur dahin einigen, daß, wie auch das Verfahren gestaltet werden möge, dem Beschuldigten das Recht zu geben sei, stärker als bisher auf die Sammlung des Beweismaterials einzuwirken, daß seine Verteidigung erleichtert und er vor einer Verhaftung möglichst geschützt werden müsse. Zu langen und erregten Debatten sowohl in der Abteilung wie im Plenum kam es bei der Beratung über die Einschränkung des Legalitätsprinzips. Von der Mehrheit angenommen wurden schließlich Leitsätze, nach denen das Legalitätsprinzip das Verfahren wegen kriminell strafbarer Handlungen auf dem ganzen Gebiete der öffentlichen Anklage zu beherrschen habe; auch alle den Strafverfolgungsorganen vorgesetzten Behörden einschließlich der obersten Justizverwaltung sollen an diesen Legalitätsgrundsatz gebunden sein. Insoweit durch das Strafgesetz ein Rechtsgüterschutz nur im Interesse des einzelnen Verletzten gewährt wird, solle die Strafverfolgung durch Privatklage geschehen; bei einer Reform des materiellen Strafrechts müsse dann die Frage, in welchen Fällen Strafverfolgung nur auf Antrag einer Privatperson einzutreten habe, in grundsätzlicher Übereinstimmung mit der Frage der Zulässigkeit der Privatklage gelöst werden. Es wurde als Aufgabe der Reform des materiellen Strafrechts bezeichnet, ungerechten oder entbehrlichen Bestrafungen vorzubeugen, Übertretungen von rein polizeilichen Vorschriften sollten aus dem Gebiete des kriminellen Strafrechts ausgeschieden und sowohl materiell als auch bezüglich des Verfahrens besonderen Grundsätzen unterstellt werden.

Dritter Abschnitt.

Die Beschlüsse des Juristentages nebst den Gutachten und ihr Einfluß auf die Gesetzgebung.

I. Studium und praktische Ausbildung der Juristen.

1. Universitätsstudium.

4. DJT. Mainz 1863.

Es lagen folgende Anträge des JR. Volkmar (Berlin) vor:

Der Juristentag wolle als seine Überzeugung aussprechen:

Antrag. Das juristische Studium auf den Universitäten bedarf einer weiteren Entwickelung. Diese anzubahnen erscheinen folgende Maßregeln geeignet:

1. Die Exegese und die juristische Literaturgeschichte ist mehr zu berücksichtigen, als dies bisher geschehen.
2. Bei der Besetzung der Professuren ist auch auf die praktische Vorbildung des Dozenten Gewicht zu legen.
3. Es ist durch eine juristische Klinik den Bedürfnissen der Praxis zu genügen.
4. Die Studienzeit ist auf einen vierjährigen Zeitraum auszudehnen.
5. Ein einziges Examen genügt. Bei diesem wirken in gleicher Zahl als Examinatoren mit:
   a) Die Dozenten der Fakultät ohne Unterschied zwischen den ordentlichen und außerordentlichen Professoren und den Privatdozenten,
   b) die Mitglieder der Gerichte,
   c) die Mitglieder des Barreau.
   Die Personen der Examinatoren wechseln.
6. Die collegia publica sind ein wesentliches Moment des Unterrichts.
7. Die Lernfreiheit ist so notwendig als die Lehrfreiheit.
   Es fällt daher fort:
   jeder Kollegienzwang,
   jedes Monopol der Landesuniversität,
   jede Verkümmerung des Privatdozententums.

Gutachten	Berichterstatter
waren nicht erstattet.	Prof. Dr. v. Wächter (Leipzig) II. 152 ff.

Beschluß. a) Der Juristentag erklärt sich gegen jeden Kollegienzwang.

b) Es fallen weg die Zwangsatteste,

c) ferner das Monopol der Landesuniversität,

d) sowie jede Beschränkung des Privatdozententums durch Regierungskommissare, durch Erteilung der venia docendi, durch Widerruf und durch Beschränkung der Fächer, über welche der Privatdozent lesen darf.

e) Für diejenigen, welche in den Staatsdienst oder in die Advokatur einzutreten beabsichtigen, ist die Bestehung einer strengen Prüfung notwendig.

f) Es sollen aber höchstens zwei Examina stattfinden, ein theoretisches und ein praktisches.

g) Das erstere soll von akademischen Lehrern und Praktikern — Mitgliedern der Gerichte und der Advokatur — abgehalten werden.

2. Gleichmäßige Ausbildung der Juristen.

11. DJT. Hannover 1873.

Frage. Ist es wünschenswert und ausführbar, gleichmäßige Vorschriften für die theoretische und praktische Ausbildung aller Richter, Advokaten und Staatsanwälte des Deutschen Reiches zu geben?

Gutachter:	Berichterstatter:
Prof. Dr. Göppert (Breslau)	OAppGR. Becker (Oldenburg)
I. 75. 86.	II. 32 ff.

Das Gutachten gelangt zur Bejahung der Frage unter dem Hinweise, daß das Reichsgesetz sich auf Grundzüge werde beschränken müssen.

Beschluß. Auch die Abteilung gelangte fast einstimmig zur Bejahung der Frage.

3. Gemeinsame Prüfungsordnung.

14. DJT. Jena 1878.

Frage. Ist eine gemeinsame Prüfungsordnung für deutsche Richter und Anwälte nötig? und wie ist sie auf der Grundlage der §§ 2—6 des deutschen Gerichtsverfassungsgesetzes zu gestalten?

Gutachter:	Berichterstatter:
Prof. Dr. Gierke (Berlin) I. (1) 3—24.	Gen. StA. Dr. v. Schwarze (Dresden) II. 205 ff.
Prof. Dr. v. Gneist (Berlin) I. (1) 119—155.	Prof. Dr. v. Gneist (Berlin) II. 210 ff.
RA. Fürst (Heidelberg) I. (2) 77—88	

Von den Gutachtern empfiehlt Gierke den Erlaß eines Reichsgesetzes über die Prüfungen für deutsche Richter und Anwälte. Das Reichsprüfungsgesetz hat die Ordnung und Handhabung des Prüfungswesens den einzelnen Bundesstaaten zu überlassen, jedoch eine Reihe allgemein bindender Formen aufzustellen. Dabei sind die §§ 2—6 des deutschen Gerichtsverfassungsgesetzes zugrunde zu legen. Dieselben sind mit der einzigen Ausnahme, daß in § 2 die Forderung eines dreijährigen Studiums der Rechtswissenschaft durch die Forderung eines vierjährigen Studiums der Rechts- und Staatswissenschaft zu ersetzen ist, unverändert beizuhalten.

Einzelheiten hinsichtlich der ersten Prüfung werden auf S. 21, hinsichtlich der zweiten Prüfung auf S. 23 gegeben.

Gneists Gutachten gelangt zu folgenden Sätzen:

Die Zulassung zur zweiten (praktischen) Prüfung ist durch den Nachweis einer mindestens dreijährigen, dem deutschen Gerichtsverfassungsgesetz § 2, 3 entsprechenden Tätigkeit bedingt.

Der Bewerber hat von denjenigen Landgerichten, Amtsgerichten und Rechtsanwälten, bei welchen er beschäftigt gewesen, Zeugnisse über die Art, das Maß und den Erfolg seiner Beschäftigung beizubringen.

Gegenstand der Prüfung ist das Landesrecht in seiner praktischen Anwendung bei den Landesgerichten.

Zur Abhaltung der Prüfung ist eine ständige Prüfungskommission von der Landesjustizverwaltung zu ernennen.

Das Reichsjustizamt ist befugt, diesen Prüfungen durch einen Kommissiarius beizuwohnen und auf dessen Bericht die Erteilung der Fähigkeitszeugnisse zu beanstanden.

Die Zulassung zur ersten (wissenschaftlichen) Prüfung ist durch ein vierjähriges Studium der Rechts- und Staatswissenschaften auf einer Universität bedingt.

Gegenstand der Prüfung ist

I. das in Deutschland geltende römische und deutsche Privatrecht, einschließlich des Handelsrechts. Römische und deutsche Rechtsgeschichte.

II. das deutsche Staatsrecht mit Einschluß der Grundzüge des Verwaltungsrechts. Völkerrecht. Kirchenrecht. Strafrecht. Zivil- und Strafprozeß. Grundzüge der Staatswissenschaften.

Die erste Abteilung dieser Prüfungen kann nach Wahl des Kandidaten auch in einem früheren Zeitpunkt, jedoch erst nach Beginn des dritten Studienjahres bestanden werden.

Die Prüfung ist auf jedes der oben bezeichneten Gebiete zu erstrecken und bei jedem Prüfungsgegenstand wie in dem Schlußurteil ist auszusprechen, ob die Leistungen als ausgezeichnet, als gut oder als genügend zu erachten sind.

Die Prüfungskommission ist aus Mitgliedern eines Oberlandesgerichts und andern bewährten Justiz- und Verwaltungsbeamten, sowie aus einer Mehrheit von Universitätslehrern so zu bilden, daß für jedes Prüfungsfach ein oder mehrere geeignete Examinatoren vorhanden sind.

Die mündliche Prüfung ist öffentlich.

Der Vorsitzende und die Mitglieder der wissenschaftlichen Prüfungskommission werden von dem Minister der Justiz und des Unterrichts gemeinschaftlich ernannt und setzen durch kollegialischen Beschluß ihre Geschäftsordnung unter Bestätigung der vorgesetzten Minister fest.

Fürst stellt die Sätze auf:

1. Zur Erlangung einer Stelle als Richter, Staatsanwalt oder Rechtsanwalt ist ein dreijähriges Studium in den Rechtswissenschaften und die Ablegung zweier Prüfungen erforderlich.

2. Die erste Prüfung ist eine theoretische, sie wird vor den Mitgliedern der Landesjustiz-Verwaltung, unter Beiziehung von zwei Rechtslehrern der betreffenden Landesuniversität abgelegt.

3. Diese Prüfung ist eine schriftliche und eine mündliche.

4. Sie umfaßt die Erforschung der Kenntnis des römischen Privatrechts und der Rechtsgeschichte, des deutschen Privatrechts nebst Handels- und Wechselrecht, des gemeinen und deutschen Zivilprozesses, des Strafrechtes und Strafverfahrens und der Nationalökonomie, sowie die Grundzüge des in dem Bundesstaate des Kandidaten geltenden Zivilrechtes. Nach abgelegter erster Prüfung sind die in § 2 des Gerichtsverfassungsgesetzes vorgeschriebenen 3 Vorbereitungsjahre zur Beschäftigung bei den Gerichten, bei der Staatsanwaltschaft und bei einem Rechtsanwalte mit der Maßnahme zu verwenden, daß der Kandidat mindestens ein Jahr bei einem Einzelgericht oder bei einem Rechtsanwalte sich ausgebildet haben muß.

5. Die zweite oder große Staatsprüfung wird vor einer Zentral-Prüfungskommission, deren Mitglieder aus den höchsten Gerichten eines jeden Bundesstaates entnommen werden, abgelegt.

Die Ernennung der einzelnen Prüfungskommissare erfolgt durch den Reichskanzler.

6. Die zweite Prüfung ist ebenfalls eine schriftliche und eine mündliche; sie soll die Erforschung der praktischen Ausbildung des Kandidaten und seiner wissenschaftlichen Fortbildung bezwecken.

Die schriftliche Prüfung erstreckt sich auf die Bearbeitung von einem oder mehreren Rechtsfällen.

7. Die mündliche Prüfung hat Fragen und Rechtsfälle aus dem römischen Rechte, dem preußischen Landrechte und dem französischen Rechte, aus dem Strafrechte, aus dem Wechsel- und Handelsrechte, sowie aus dem Staatsrechte zu umfassen.

8. Jeder ordentliche öffentliche Lehrer des Rechtes an einer deutschen Hochschule ist zum Richteramte oder zur Ausübung der Anwaltschaft befähigt.

9. Wer die zweite Staatsprüfung bestanden, ist in jedem deutschen Bundesstaate zu jedem Richteramte und zur Ausübung der Anwaltschaft befähigt.

Beschluß. a) Reichsgesetzliche Vorschriften über das juristische Studium und über die juristischen Prüfungen sind ein dringendes Bedürfnis.

b) Eine Ausdehnung des dreijährigen Universitätsstudiums vorzuschreiben, ist nicht erforderlich.

Dagegen empfiehlt sich die Vorschrift, daß in der Mitte des akademischen Studiums die Studierenden ein Tentamen zu bestehen haben, nach welchem sie mindestens noch zwei Semester lang ihre Studien auf der Universität fortzusetzen haben, bevor sie zur ersten juristischen Prüfung zugelassen werden können.

Das militärische Freiwilligenjahr ist in die Studienzeit nicht einzurechnen.

c) Die in § 2 des deutschen Gerichtsverfassungsgesetzes vorgeschriebenen zwei Prüfungen bestehen je aus einer schriftlichen und einer mündlichen Prüfung.

d) Die mündlichen Prüfungen sind öffentlich.

e) Die Prüfungskommissionen werden von der Landesjustizwaltung eingesetzt.

Die Mitglieder derselben werden im voraus auf mindestens ein Jahr ernannt.

In der Kommission soll jedes Prüfungsfach durch mindestens ein Mitglied vertreten sein.

Die Kommission für die erste Prüfung ist aus Universitätslehrern und Praktikern zusammenzusetzen.

Die Kommission für die zweite Prüfung ist aus Justizbeamten und Advokaten zusammenzusetzen.

f) Den Gegenstand der ersten Prüfung bilden: Rechtsgeschichte, Rechtsphilosophie, römisches Privatrecht, deutsches Privatrecht, Landes-Privatrecht, Strafrecht, Zivil- und Strafprozeßrecht, Kirchenrecht, Völkerrecht, Volkswirtschaft und Staatsrecht.

Alle diese Materien sind bei der Prüfung zu berücksichtigen.

g) Die erste Prüfung ist auf Erforschung der positiven Kenntnisse des Kandidaten, seiner Einsicht in das Wesen und die geschichtliche Entwickelung der Rechtsverhältnisse, sowie darauf zu richten, ob der Kandidat sich die für seinen künftigen Beruf erforderliche allgemeine juristische Bildung erworben habe.

h) Die zweite Prüfung hat die Aufgabe, festzustellen, ob mit voller Sicherheit angenommen werden kann, daß der Kandidat diejenigen praktischen Kenntnisse und Fähigkeiten sich erworben habe, welche für die erfolgreiche Ausfüllung einer selbstständigen Stellung im Justizdienste erforderlich sind.

i) Den Gegenstand der zweiten Prüfung bildet das geltende öffentliche und Privatrecht in seiner praktischen Anwendung.

4. Reichsgesetzliche Regelung des Universitätsstudiums und Vorbereitungsdienstes.

25. DJT. Bamberg 1900.

Mit dem Herannahen der Einführung des BGB. trat eine erneute und verstärkte Bewegung für die Vereinheitlichung des juristischen Ausbildungswesens ein. Auf einer Konferenz zu Eisenach (1896) verständigten sich die Privatrechtslehrer sämtlicher deutscher Hochschulen über eine gleichmäßige Gestaltung der durch die Einführung des BGB. notwendig werdenden Änderung des juristischen Lehrplanes. In vielen Bundesstaaten waren darauf neue Prüfungsordnungen erlassen worden, welche die Beschlüsse der Eisenacher Professorenkonferenz berücksichtigten, im übrigen aber die Verschiedenheiten in der juristischen Ausbildung beibehielten. Der 14. deutsche Anwaltstag (1899) forderte die baldige Regelung des juristischen Universitätsstudiums, des Vorbereitungsdienstes und des Prüfungswesens im Wege der Reichsgesetzgebung; die 7. Landesversammlung der internationalen kriminalistischen Vereinigung, Landesgruppe Deutsches Reich, (1900) beschloß, daß es einem dringenden Bedürfnisse entspreche, die erste juristische Prüfung in sämtlichen Bundesstaaten, sei es im Wege der Reichsgesetzgebung, sei es durch Vereinbarung unter den einzelnen Regierungen, einheitlich zu gestalten. Deshalb nahm auch der Juristentag hierzu Stellung.

Frage: Empfiehlt es sich, das Universitätsstudium und den Vorbereitungsdienst der Juristen gemeinsam für das Deutsche Reich zu ordnen?

Gutachter:	Berichterstatter:
Prof. Dr. Wach (Leipzig) II. 3—21.	Prof. Dr. Kahl (Berlin) III. 75 ff.
OLGR. Unger (Jena) II. 88—117.	JR. Dr. Goldschmidt (Berlin) III. 96 ff.

Kurze gutachtliche Äußerungen lagen vor von SenPräs. Späing (Königsberg), Präs. d. OLKultG. Rintelen (Berlin), ORegR. Nöll (Berlin), OVerwGR. Schultzenstein (Berlin), II. 223 ff.

Der erste Gutachter Wach, verneint die gestellte Frage, empfiehlt dagegen, dem § 2 GVG. zu nachdrücklicher Geltung zu verhelfen, indem die landesgesetzliche Einführung eines dritten Examens ausdrücklich ausgeschlossen und vorgeschrieben wird, daß von dem dreijährigen, dem Vorbereitungsdienste bestimmten Zeitraum mindestens ein Jahr „bei den Rechtsanwälten" zu verwenden ist.

Unger hält die gemeinsame Ordnung des Universitätsstudiums und des Vorbereitungsdienstes der Juristen für das Reich nicht bloß im juristischen und nationalen Interesse für empfehlenswert, sondern auch für unbedingt notwendig zur Herbeiführung einer wirklichen deutschen Rechtseinheit.

Beide Berichterstatter hielten eine einheitliche Regelung für geboten und stimmten auch im wesentlichen bezüglich des Weges und der Form zur Durchführung der als notwendig erkannten Einheitlichkeit überein.

Mit Rücksicht auf die Wichtigkeit der Frage und das für dieses Thema bestehende allgemeine Interesse wurde nach eingehender Abteilungsberatung die Sache zur Verhandlung in das Plenum verwiesen.

Die Plenarversammlung beschloß fast einstimmig:

Beschluß. I. Einheitliche Ordnung ist geboten:

1. Hinsichtlich des Universitätsstudiums:
   a) Für seinen wissenschaftlichen Plan.
   b) Für ein Mindestmaß seiner Dauer von sieben Semestern.
   c) Für das Maß der Anforderungen an die erste juristische Prüfung.
2. Hinsichtlich des Vorbereitungsdienstes:
   a) Für seine Teilung unter Gerichte, Staatsanwaltschaft, Rechtsanwaltschaft und Behörden der inneren Verwaltung.
   b) Für seine Dauer.
   c) Für daß Maß der Anforderungen an die zweite juristische Prüfung.

Es ist zu fordern, daß jedenfalls hinsichtlich des Universitätsstudiums und des gerichtlichen Vorbereitungsdienstes der Bildungsgang für Justiz und Verwaltung der gleiche sei und daß die Gerichtsreferendare (Rechtspraktikanten usw.) während eines Teiles des Vorbereitungsdienstes bei einer Behörde der inneren Verwaltung beschäftigt werden.

II. Der landesrechtlichen Regelung sind vorzubehalten:

1. Der gesamte Unterrichtsbetrieb auf den Universitäten.
2. Die theoretische Fortbildung der im Vorbereitungsdienst stehenden Referendare (Rechtspraktikanten usw.).
3. Die Organisation und Form beider juristischen Prüfungen.

III. Die gebotene einheitliche Ordnung des juristischen Bildungsganges ist zweckmäßigerweise zunächst unter kommissarischer Zuziehung von Vertretern der Wissenschaft und Praxis auf dem Wege freier Vereinbarung unter den Regierungen der deutschen Einzelstaaten anzustreben.

IV. Der Juristentag hat schwere Bedenken gegen die Einführung von sog. Zwischenprüfungen, beschließt indessen, den Gegenstand nochmals auf die Tagesordnung des nächsten Juristentages zu setzen und durch eingehende Gutachten vorzubereiten. Als unerläßlich bezeichnet er es aber schon heute, daß, soweit in den einzelnen Staaten Zwischenprüfungen bereits eingeführt sind oder noch eingeführt werden sollten, im Interesse der Freizügigkeit unter den deutschen Universitäten Vereinbarungen der Regierungen über die gegenseitige Anerkennung dieser Prüfungen getroffen werden.

5. Zwischenprüfungen.

26. DJT. Berlin 1902.

Die Frage, ob es sich empfiehlt, innerhalb des akademischen Studiums der Juristen Zwischenprüfungen ablegen zu lassen, hatte den Juristentag bereits zweimal beschäftigt. Im Jahre 1878 hatte der 14. DJT. zu Jena sich für die Zweckmäßigkeit der Zwischenprüfungen ausgesprochen, dagegen hatte der 25. DJT. zu Bamberg im Jahre 1900 nicht nur in der Abteilungsberatung, sondern auch im Plenum schwere Bedenken gegen die Einführung von Zwischenprüfungen geäußert, jedoch die Frage als noch nicht spruchreif der nächsten Tagung überwiesen, und nur betont, daß, wenn überhaupt an Zwischenprüfungeu gedacht werden könnte, ihre Resultate jedenfalls für ganz Deutschland anerkannt werden müßten. Inzwischen war dem Preußischen Abgeordnetenhause am 21. Januar 1902 ein Gesetzentwurf über die juristischen Prüfungen und die Vorbereitung zum höheren Justizdienst vorgelegt worden, in dessen Begründung Zwischenprüfungen als unzweckmäßig abgelehnt wurden. Nach Vorbereitung durch Gutachten beriet daher der 26. Juristentag nochmals über dieses Thema.

Frage. Sind für die Ausbildung der Juristen Zwischenprüfungen zweckmäßig?

Gutachter:	Berichterstatter:
Prof. Dr. Rosin (Freiburg i. Br.) II. 148—204.	Prof. Dr. Enneccerus (Marburg) III., 120 ff.
Prof. Dr. Hiller (Graz) II. 263—293.	LGPräs. Dr. Dorner (Karlsruhe) III. 131 ff.

Das erste Gutachten führt aus, daß das Zwischenexamen eine Reihe ganz oder zum Teil unvermeidlicher Nachteile mit sich bringt, eine Vermehrung der Examina mit gesteigerter Examensfurcht, Nervosität, Hervorkehrung des Brotstudiums, Hinneigung zum Einpauksystem, eine Beschränkung der akademischen Lehr- und Lernfreiheit und der Freizügigkeit. Die Schäden, denen abgeholfen werden soll, der Unfleiß der Studierenden oder ihr unsystematisches Studium sind in der Gegenwart jedenfalls nicht so bedeutsam, um bedenkliche Kontrollmaßregeln zu rechtfertigen. Auch kann ihnen und ebenso einer befürchteten ungenügenden Hingabe an die historischen Grundlagen des Rechts auf andere Weise, namentlich durch eine Teilung und Vertiefung des ersten Examens wirksamer und ohne Zerreißung der Einheitlichkeit des Rechtsstudiums abgeholfen werden. Der gerühmten Entlastung der Studenten von einem Teil des sonst der Hauptprüfung zufallenden Examenstoffs steht schwerwiegender die auf das Vorexamen folgende Entschlagung von allem historischen Wissen gegenüber. Für die Ausbildung der Juristen sind daher Zwischenprüfungen entschieden unzweckmäßig.

Im Gegensatz hierzu tritt Prof. Dr. Hiller für die Einführung eines Zwischenexamens ein, das sich in Österreich aufs beste bewährt habe. Es müsse etwas geschehen, um den Fleiß und Ernst der lässigen unter den angehenden Juristen anzuspornen, den fleißigen und gewissenhaften aber die richtige Bildungsgrundlage für die folgende Studienzeit zu geben.

Vor die Alternative gestellt, ob eine Zwischenprüfung oder das von dem preußischen Gesetzentwurfe vom Jahre 1902 geplante Zwischenzeugnis zweckmäßig sei, würde man sich wohl oder übel für die erstere entscheiden müssen.

Bei der Beratung entwickelten die beiden Berichterstatter und zahlreiche andere Redner Gründe für die Verwerfung der Zwischenprüfungen.

Der Gesamtantrag der beiden Referenten wurde mit allen gegen sechs Stimmen angenommen.

> **Beschluß.** Zur Förderung der Ausbildung der Juristen bedarf es der Festsetzung einer Studienzeit von mindestens sieben Semestern, ferner der Pflege der Übungen und einer strengen ersten Prüfung. Zwischenprüfungen sind weder erforderlich noch zweckmäßig. Es ist dringend zu wünschen, daß hinsichtlich ihrer ein einseitiges Vorgehen einzelner Bundesstaaten vermieden werde.

Die früheren deutschen Entwürfe eines Gerichtsverfassungsgesetzes hatten über das juristische Studium keine Bestimmungen enthalten. Durch die Reichstagskommission sind jedoch mit den §§ 2 ff. des Gerichtsverfassungsgesetzes einige Vorschriften eingefügt worden, die den Beschlüssen des 4. und 14. Juristentages im wesentlichen entsprechen. Es wurden das Monopol der Landesuniversitäten beseitigt, ein mindestens dreijähriges Studium für erforderlich erklärt und zwei Prüfungen mit einer Vorbereitungszwischenzeit von mindestens drei Jahren vorgeschrieben. Im übrigen wurde jedoch der Landesgesetzgebung ein weiter Spielraum gelassen und der Wunsch des Juristentages, es möchten reichsgesetzliche Vorschriften die gesamte theoretische und praktische Vorbildung aller deutschen Richter, Staatsanwälte und Rechtsanwälte regeln, ist bis zum heutigen Tage nicht erfüllt worden. Es bestehen in den einzelnen Bundesstaaten Verordnungen, welche die Materie in verschiedener, zum Teile in einzelnen Punkten mit den Beschlüssen des 4. und 14. Juristentages übereinstimmender Weise regeln. Dem Beschlusse des 25. Juristentages, der sich hinsichtlich des Universitätsstudiums für ein solches von mindestens sieben Semestern ausgesprochen hatte, wollte Preußen entsprechen. Es wurde dort am 21. Januar 1902 dem Abgeordnetenhause der Entwurf eines Gesetzes über die juristischen Prüfungen und die Vorbereitung zum höheren Justizdienst vorgelegt, der unter ausdrücklicher Hervorhebung des Beschlusses des 25. DJT. in der Begründung die Dauer des Rechtsstudiums auf sieben Halbjahre festsetzte. Dieser Entwurf blieb aber unerledigt.

II. A. Gerichtsverfassung.

1. Grundlagen der Gerichtsverfassung.

4. DJT. Mainz 1863.

Es lagen folgende **Anträge** vor:

A. StadtGR. Dr. Eberty (Berlin).

1. Die erste Aufgabe nationaler Zivilgesetzgebung ist Einheit in der Gerichtsorganisation.

2. Die Gerichte sind gleichförmig in Deutschland zu organisieren.

3. Die Gerichtsorganisation muß auf

a) Inamovibilität der Richter,

b) deren Befreiung von allen Geschäften außer dem Rechtsprechen,

c) Ausschließlichkeit der richterlichen Befugnis auf dem Gebiete des Rechtsstreites,

d) Kollegialverfassung gegründet werden.

B. StA. Hauschteck (Stralsund).

1. Die für die erste Instanz zu errichtenden Kollegialgerichte sind von jeder verwaltenden Tätigkeit — auch der Justizverwaltung — zu befreien.

2. Eine Jurisdiktion von Einzelrichtern im bürgerlichen und Strafprozesse ist für unwichtigere Sachen, jedoch nur unter der Voraussetzung zulässig, daß dem Kollegialgerichte das Recht gesichert bleibt, jeden nach den gewöhnlichen Kompetenzbestimmungen vor den Einzelrichter gehörigen Prozeß vor sein eigenes Forum zu ziehen, sofern dieses von einer Partei oder der Staatsbehörde beantragt wird.

Gutachter:

RA. Ruhwandl (München)
I. 9—20.

StA. Lienbacher (Wien)
I. 263—275.

Berichterstatter:

OTrR. Faber (Stuttgart)
II. 330 ff.

Das Gutachten Ruhwandl erklärt sich im wesentlichen für die Anträge Eberty nnd den Antrag Hauschteck Nr. 1, gegen Eberty 3a in seiner Unbedingtheit sowie gegen Hauschteck Nr. 2.

Das Gutachten Lienbacher spricht sich für die Anträge Eberty Nr. 1, 2, 3a aus, für 3b und Hauschteck Nr. 1 mit der durch die Rücksicht auf die Selbständigkeit der Rechtspflege gegenüber Verwaltungseinflüssen und auf die Geschäftsförderung gebotenen Beschränkung, ferner für Kollegialgerichte und für Einzelrichter (je nach ihren Zuständigkeiten), als erste Instanzen.

Der Juristentag beschloß nach dem Antrage des Referenten:

Beschluß. I. Die Vorbedingung einer einheitlichen deutschen Prozeßgesetzgebung ist Einheit in den Grundzügen der Gerichtsverfassung.

II. Die Gerichtsverfassung sämtlicher deutschen Staaten soll auf folgenden Grundsätzen beruhen:

a) In allen wichtigeren bürgerlichen und Strafsachen entscheiden schon in erster Instanz kollegialisch gebildete Gerichte.

Den Einzelrichtern sind nur die leichteren Gesetzesübertretungen, ferner die Streitsachen von geringerem Belange, sowie Sachen von dringlicher Natur zuzuweisen.

b) Die Richter sind inamovibel. Hierbei sind folgende nähere Bestimmungen maßgebend:

1. Entlassung oder Zurücksetzung kann gegen die Richter nur durch Urteil des Strafgerichts verfügt werden.
2. Unfreiwillige Versetzung auf eine andere Richterstelle von gleichem Range und Gehalt kann nur im Interesse der Rechtspflege aus dringenden Gründen verfügt werden. Diese Verfügung soll, wofern sie nicht durch Änderungen in der Organisation der Gerichte oder Gerichtsbezirke veranlaßt ist, oder ein sonstiger im Gesetze bestimmter Ausnahmsfall vorliegt, von der Justizaufsichtsbehörde nur nach vorgängigem Ausspruche des höheren Gerichts, wodurch das Vorhandensein der gesetzlichen Erfordernisse anerkannt wird, getroffen werden.
3. Die unfreiwillige Zurruhesetzung eines Richters soll gleichfalls nur nach vorgängigem Ausspruche des höheren Gerichts, wodurch das Vorhandensein der gesetzlichen Erfordernisse anerkannt wird, erfolgen.

c) Das Richteramt ist von allen seiner Natur fremden Geschäften, namentlich aus dem Gebiete der Verwaltung, reinzuhalten, soweit nicht durch dringende Gründe der Zweckmäßigkeit Ausnahmen geboten sind.

Während die früheren deutschen Entwürfe über die Dienststellung des Richters keine Bestimmungen enthielten, wurde auf Anregung der Reichstagskommission in das Gerichtsverfassungsgesetz die Vorschrift aufgenommen, daß wider den Willen des Richters eine Entlassung, Versetzung an eine andere Stelle oder in den Ruhestand nur mittels richterlichen Ausspruches erfolgen könne (§ 8 GVG.). Auch im übrigen ist dem Beschlusse im wesentlichen durch das Gerichtsverfassungsgesetz entsprochen worden.

2. Zulässigkeit des Rechtsweges.

2. DJT. Dresden 1861.

Entsprechend einem Antrage des Stadtrichters Primcker (Breslau) (I. 229) sprach das Plenum (II. 641 ff.) nach einem Referate des Gerichtsassessors Hauck (Göttingen) Folgendes aus:

Beschluß. Die Unabhängigkeit der Rechtspflege ist nur dann gewahrt, wenn der alte, deutschrechtliche Grundsatz, daß die Gerichte in allen Fällen über ihre Kompetenz selbst und ausschließlich zu entscheiden haben, ungeschmälert Geltung hat.

Der Entwurf des GVG. enthielt sich einer Stellungnahme über die Frage, ob die Gerichte über ihre Kompetenz allein entscheiden sollen. In der Reichstagskommission wurde infolge eines, auf den Beschluß des Juristentages sich beziehenden Antrags (vgl. Pr. 481,583) der § 17 GVG. eingefügt, worin jener Grundsatz ausgesprochen wird, unter Vorbehalt jedoch besonderer partikularrechtlicher Kompetenzgerichtshöfe. Solche Kompetenzgerichtshöfe sind in fast allen größeren deutschen Staaten errichtet worden. Die deutschen Reichsgesetze enthalten keine Beschränkung der richterlichen Kompetenz, soweit das Reich selbst und die Reichsbehörden in Frage stehen, befinden sich also im Einklange mit der Ansicht des Juristentags.

3. Prüfung der Verfassungsmäßigkeit der Gesetze.

3. und 4. DJT. Wien—Mainz 1862—1863.

Dem 3. DJT. hatte ein Antrag Hiersemenzel (Berlin) vorgelegen, „der Juristentag wolle aussprechen, daß die Würde der Rechtspflege und die Handhabung wirklicher Gerechtigkeit nur da gesichert ist, wo der Richter auch die Frage, ob ein Gesetz verfassungsmäßig zustande gekommen ist, ohne Einschränkung zu prüfen hat“.

Nach einen Referate Iherings (**3** II. 10 ff.) und eingehender Debatte sprach der 3. DJT. aus:

Beschluß. Verordnungen und Erlasse des Staatsoberhauptes oder der Staatsregierung, deren Inhalt nur in der Form des Gesetzes mit Zustimmung der Stände hätte festgestellt werden können, haben für den Richter keine verbindliche Kraft.

Dagegen wurde die weitere

Frage: Hat der Richter auch darüber zu befinden, ob ein Gesetz verfassungsmäßig zustande gekommen ist?

als nicht gehörig vorbereitet der Deputation zur Einforderung von Gutachten übergeben.

Gutachter:	Berichterstatter:
Prof. Dr. v. Stubenrauch (Wien) **4** I. 201—211.	Prof. v. Wächter (Leipzig) **4** II. 11 ff.
Prof. Dr. v. Gneist (Berlin) **4** I. 212—239.	
VerwR. Dr. Jaques (Wien) **4** I. 240—257.	

Das Gutachten v. Stubenrauch verneint im wesentlichen die Kompetenz des Richters.

Gneist stellt folgende Sätze auf:

I. Die Gerichte haben im Gebiet ihrer Zivil- und Strafjustizsachen zu prüfen, ob die nach Einführung der Landesverfassung publizierten „Gesetze" verfassungsmäßig, namentlich mit der erforderlichen Zustimmung der Kammer promulgiert sind, anderenfalls solche nicht zur Anwendung zu bringen. Die Gerichte haben als entscheidende Norm dabei die Verfassungsurkunde selbst und allgemeine Rechtsgrundsätze zu befolgen, insbesondere auch den Grundsatz, daß instrumenta publica eine Vermutung der Wahrheit und Legalität begründen.

II. Die Gerichte haben im Kreise ihrer Kompetenz insbesondere zu ermessen, ob und wieweit die publizierten „Verordnungen" der Staatsregierung nach der Landesverfassung Gesetzeskraft haben oder nicht.

III. Den deutschen Gerichten steht dagegen keine Prüfung darüber zu, ob die verfassungsmäßigen Organe von ihrer Befugnis, Gesetze zu geben, den rechten Gebrauch gemacht haben.

Jaques kommt zu dem Schlusse:

Die Würde der Rechtspflege und die Handhabung der Gerechtigkeit ist nur da gesichert, wo der Richter auch die Frage über die Verfassungsmäßigkeit der Gesetzc (sowie der provisorischen Verordnungen) ohne Einschränkung zu prüfen hat.

Die mit großer Mehrheit gefaßte Resolution lautet:

Beschluß. a) Der Richter hat im gegebenen Falle über das verfassungsmäßige Zustandekommen der Gesetze und Verordnungen zu befinden.

b) Der Richter hat ein Gesetz nur insoweit zur Anwendung zu bringen, als sein Inhalt die Zustimmung der verfassungsmäßigen Stände erlangt hat.

c) Dringend ist zu wünschen, daß, sofern Zweifel über diese Zustimmung entstehen, endgültig ein unabhängiger Kassationshof auf Antrag eines bei einem Prozesse Beteiligten oder der Staatsbehörde über die Frage zu b zu entscheiden habe.

d) Werden Verfassung oder Wahlgesetz durch einen Akt der Staatsregierung einseitig geändert und auf Grund dieser Änderungen mit Zustimmung der hiernach zusammengesetzten Stände Gesetze erlassen, so soll jeder Beteiligte das Recht haben, gegen solche Gesetze ein unabhängiges Reichsgericht anzugehen, welches über die Anwendbarkeit der betreffenden Gesetze zu entscheiden hat.

In der Theorie wird in Deutschland die Frage, ob der Richter befugt ist, die Legalität eines vom Kaiser formell verkündeten Reichsgesetzes zu prüfen, heute grundsätzlich bejaht. Einige Verfassungen, z. B. die preußische Art 106, bestimmen jedoch, daß die Prüfung der Rechtsgültigkeit gehörig verkündeter Königlicher Verordnungen nicht den Behörden, sondern nur den Kammern zusteht.

4. Akademische Gerichtsbarkeit.

6. DJT. München 1867.

Von verschiedenen Studentenschaften Deutschlands war die Aufhebung der Universitätsgerichte beantragt worden, so z. B. von Breslau 1862, von Göttingen 1864 und von Berlin im Sommersemester 1867. Der DJT. beschäftigte sich deshalb mit folgendem Thema:

Frage. Empfiehlt sich die Beibehaltung einer besonderen Gerichtsbarkeit in Zivil- und Strafsachen (bei letzteren abgesehen von Disziplinarangelegenheiten) für Studierende auf höheren Schulen (Universitäten, Polytechniken)?

Gutachter:
Universitätsamtmann Courtin (Heidelberg) I. 3—15.
Prof. Dr. Geyer (Innsbruck) I. 423—427.

Berichterstatter:
Prof. Dr. v. Gneist (Berlin) III. 269 ff.

Courtin stellt folgende Sätze auf:

1. In strafrechtlicher Beziehung besteht, abgesehen von Duellen und Injurien und mit Ausnahme weniger Universitäten, schon jetzt keine eigene akademische Gerichtsbarkeit mehr.

2. Die bürgerliche Gerichtsbarkeit der Universitäten ist ein Vorteil, der nicht allein den Studenten, sondern auch den Gläubigern zugute kommt. Grundsätzlich steht deren Aufhebung nichts im Wege.

3. Die Trennung der Disziplinarstrafgewalt von der Polizeistrafgewalt ist nicht zu empfehlen, weil sie die Geltendmachung disziplinärer Rücksichten erschwert oder aufhebt. Die Aufstellung einer gemischten Behörde zum Vollzug jener Gewalten ist zweckmäßig, und das Verfahren derselben ist dem ordentlichen Strafprozesse tunlichst anzupassen.

4. Werden zu diesem Zwecke eigene Beamte oder Universitätsrichter beliebt, so fordert die gute Handhabung der exekutiven Polizei, daß keine besonderen Polizeibeamte, mit Ausnahme solcher zur Aufrechterhaltung der akademischen Disziplin im engeren Sinne, aufgestellt werden, und die Universitätsgerichte nur richterliche, aber keine polizeilichen Befugnisse haben.

5. Für manche Vergehen und Verhältnisse der Studierenden sind besondere Gesetze notwendig.

Das Gutachten Geyer erklärt sich für die Aufhebung der Universitätsgerichte, aus den Gründen, welche gegen alle Ausnahmegerichte sprechen.

Der Juristentag nahm mit großer Mehrheit die Thesen des Referenten an.

Beschluß. a) Die akademische Gerichtsbarkeit in Zivilsachen, ebenso die Ausnahmegesetze für die Schuldverhältnisse der Studenten sind aufzuheben, statt derselben genügt zu allen Zwecken, wenn die Gesetze über das Schiedsverfahren die akademischen Behörden als obligatorische Vermittelungsinstanz für die Schuldverhältnisse der Studenten anerkennen.

b) Die akademische Gerichtsbarkeit bezüglich der Uebertretungen der Studierenden, ebenso wie die Ausnahmegesetze für solche, sind aufzuheben. Es bedarf solcher auch für die Duelle und Verbindungen der Studierenden nicht.

c) Gesondert von der ordentlichen Strafgerichtsbarkeit des Staates und damit konkurrierend bedürfen die Universitäten einer eigenen Ordnung der Strafgewalt zur Aufrechterhaltung der Ehre, Ordnung und Sitte des Studentenlebens. Diese Ordnungsgewalt ist durch die Gesetze zu begrenzen, durch die Universitätsstatuten zu regeln und durch den Rektor und Senat zu handhaben.

Die eigentliche akademische Gerichtsbarkeit ist in Deutschland schon durch die Zivilprozeßordnung von 1877 beseitigt worden.

5. Zuständigkeit des Einzelrichters.

11. DJT. Hannover 1873.

Die Frage: Welche Stellung und Kompetenz ist den Einzelrichtern in der deutschen Gerichtsverfassung in Zivilsachen zu geben? Welches Verfahren erscheint für die den Einzelrichtern zugewiesenen Bagatellstreitigkeiten das zweckmäßigste?

beschäftigte zunächst die 4. Abteilung des 10. Juristentages; sodann stand sie auf der Tagesordnung des 11. DJT., nachdem im Jahre 1872 der Entwurf einer deutschen Zivilprozeßordnung veröffentlicht und am 27. April 1873 das österreichische Gesetz, betreffend das Verfahren in geringfügigen Rechtssachen ergangen war.

Gutachter:
KrGR. Roos (Lörrach)
9 II. 359—389.

Berichterstatter:
OHofGR. Wielandt (Mannheim)
10 II. 249 ff.
Fiskal Dr. Jung (Frankfurt a. M.)
11 II. 229 ff.
Adv. Dr. v. Kißling (Linz) **11** II. 235 ff.

Das Gutachten Roos erklärt sich im wesentlichen mit den betreffenden Bestimmungen des norddeutschen Entwurfes einverstanden und macht folgende Vorschläge:

1. Die Provokationen gegen unbestimmte Gegner, die Einhaltsverfügungen gegen Vollstreckungen wenigstens in dringenden Fällen, die Entscheidungen über Ernennung und Ablehnung von Schiedsrichtern, die Hilfeleistungen der ordentlichen Gerichte beim Verfahren der Schiedsrichter, und die Vollstreckbarkeitserklärung der Schiedssprüche sind ohne Rücksicht auf den Streitwert den Amtsgerichten zu übertragen.

2. Die Handelsganten sind den Handelsgerichten zu überweisen. Das sonstige Konkursverfahren, soweit die Eröffnung der Gant und das übrige nicht streitige Verfahren als Gegenstand gerichtlicher Tätigkeit erklärt wird,

eignet sich zur Zuständigkeit der Amtsgerichte; alle Rechtsstreitigkeiten über Vindikationsansprüche an die Masse, über Forderungen einzelner Gläubiger und über Vorrechte derselben sind mit Vorbehalt der nötigen näheren Vorschriften wegen möglichst gleichzeitiger Verhandlung und Abschneidung nutzloser Verhandlungen lediglich den allgemeinen Regeln über Zuständigkeit nach dem Streitwert zu unterwerfen.

3. Eine Berufungs- und Beschwerdeinstanz gegen die Entscheidungen und Verfügungen der Amtsgerichte ist notwendig und kann für Berufungen — vorbehaltlich der Kassationsbeschwerde und etwa zulässiger Ladungsversagungen — eine angemessen niedere Beschwerdesumme festgesetzt werden.

Berufungen und Beschwerden gegen die Amtsgerichte und gegen die Kollegialgerichte sind an ein und dasselbe Obergericht zu verweisen.

Das Plenum des Juristentages nahm, indem es sich im ganzen dem Entwurfe der deutschen ZPO. von 1872 anschloß, nachfolgende Sätze an:

Beschluß. A) Die Stellung des Einzelrichters soll diejenige eines selbständigen **judex ordinarius** erster Instanz mit örtlich abgegrenztem Gerichtssprengel sein.

B) Die Kompetenz des Einzelrichters soll umfassen:

I. Alle vermögensrechtlichen Ansprüche unter 300 Mark,

II. ohne Rücksicht auf den Streitgegenstand die durch Prorogation an den Einzelrichter gelangenden vermögensrechtlichen Ansprüche.

III. Die Rechtsstreitigkeiten zwischen Mieter und Vermieter ohne Rücksicht auf den Streitwert, ferner die Rechtsstreitigkeiten aus dem außerehelichen Beischlafe.

IV. Mit Rücksicht auf die besonderen Arten des Verfahrens sind dem Einzelrichter zuzuweisen:

1. Die Erlassung von Arresten und einstweiligen Verfügungen,
2. die Beweisaufnahme zum ewigen Gedächtnis,
3. das Mahnverfahren,
4. der Sühneversuch in Ehesachen und
5. die Zwangsvollstreckung.

V. Auch das Aufgebotsverfahren zum Zwecke der Amortisation von Urkunden, ohne Rücksicht auf den Wert, ist dem Einzelrichter zu überweisen.

C) Das Verfahren vor den Einzelrichtern betreffend, so

I. soll kein Anwaltszwang bestehen, doch soll die Vertretung durch Anwälte gestattet sein,

II. sind vorbereitende Schriftsätze nicht geboten, aber zulässig, und

III. sind die Bestimmungen des 1872er Entwurfes über das Verfahren bei den Einzelrichtern im allgemeinen zu billigen; die Frage wegen der Rechtsmittel vorbehalten.

Das GVG. und die ZPO. regeln die Stellung des Einzelrichters und das Verfahren vor demselben im wesentlichen übereinstimmend mit dem Juristentagsbeschlusse. Seit dem 1. April 1910 sind die Amtsgerichte jedoch für alle vermögensrechtlichen Ansprüche zuständig, deren Gegenstand die Summe von 600 M. nicht übersteigt. (Vgl. GVG. §§ 22, 23); Ferner sind zu vergleichen ZPO. §§ 919, 942 (Arreste und einstweilige Verfügungen); § 485, 486 (Sicherung des Beweises); § 689 (Mahnverfahren); § 609 (Sühneversuch in Ehesachen); §§ 764, 802, 828, 873, 899 (Zwangsvollstreckung); §§ 495 ff. (Verfahren vor den Amtsgerichten); §§ 1003—1023 (Aufgebotsverfahren zum Zwecke der Kraftloserklärung von Urkunden).

6. Kollegialprinzip und Einzelrichtertum.

29. DJT. Karlsruhe 1908.

Das Deutsche Recht beruht auf der Anschauung, daß auch für Zivilsachen erster Instanz die kollegialische Verfassung des Gerichts die an sich geeignetere ist. Es verweist nur die kleineren, minder wichtigen, präsumtiv leichteren Prozesse vor den Einzelrichter. Auch der dem Reichstage im Jahre 1908 vorgelegte Entwurf eines Gesetzes, betreffend Änderungen des Gerichtsverfassungsgesetzes und der Zivilprozeßordnung, wollte die erstinstanzliche Ziviljustiz nicht ganz dem Einzelrichter übertragen, sondern nur dessen normale Zuständigkeitsgrenze erhöhen.

Frage. Ist in bürgerlichen Rechtsstreitigkeiten das Kollegialprinzip zugunsten des Einzelrichtertums einzuschränken?

Gutachter:	Berichterstatter:
Prof. Dr. Walker (Innsbruck) IV. 270—303.	OLGPräs. Vierhaus (Breslau) V. 577 ff.
Prof. Dr. Heinsheimer (Heidelberg) IV. 304—330.	RA. beim RG. Dr. Wildhagen (Leipzig) V. 598 ff.

Der Gutachter Walker gelangt zu folgenden Sätzen:

1. Das Kollegialprinzip ist in bürgerlichen Rechtsstreitigkeiten zugunsten des Einzelrichtertums einzuschränken.
2. Die im Entwurfe vorgeschlagene Erhöhung der amtsgerichtlichen Zuständigkeit ist zu billigen.
3. Es ist empfehlenswert, die Zahl der Mitglieder der Senate der Oberlandesgerichte und des Reichsgerichts auf drei herabzusetzen.

Heinsheimer faßt seine Ausführungen dahin zusammen:

Die an sich bessere Form der Zivilgerichtsorganisation ist die kollegialische und zwar natürlich auch gerade für die erste Instanz, da es nicht angeht, das Schwergewicht des Prozesses in die Rechtsmittelinstanzen zu verlegen. Nur für kleinere Sachen ist es angängig und übrigens auch erforderlich, eine einzelrichterliche Organisation vorzuschieben, teils um der Kostenersparnis willen, teils um nicht die Kollegialgerichte mit den geringfügigen Prozessen zu belasten, die ihre Wirksamkeit für die wichtigeren beeinträchtigen würde. Zwingende Gründe dieser Art können dazu führen, die seinerzeit wohlerwogene geltende Zuständigkeitsgrenze der Amtsgerichte zu erweitern, obgleich hierdurch folgerichtig eine Verschlechterung der Rechtspflege für die der kollegialischen Garantien verlustiggehenden Sachen eintreten muß. Solche Gründe sind aber heute nicht ersichlich, die für die Änderung vorgebrachten Argumente vielmehr, wie im einzelnen dargelegt, teils unzutreffend, teils ohne entscheidendes Gewicht. Ich beantworte daher die an mich gerichtete Frage mit: Nein.

Der Berichterstatter vertrat die Anschauung, daß trotz der theoretischen Vorzüge des Kollegialsystems das Einzelrichtertum in gewissem Sinne und in ausgedehntem Maße eingeführt werden könnte, aber nicht im einfachen Wege der Ausdehnung der amtsgerichtlichen Zuständigkeit. Die Rücksichtnahme auf die bestehende Gerichtsverfassung und auf die Verhältnisse der Rechtsanwaltschaft könnten nicht entscheidend sein, wenn man zu der Überzeugung gelangte, daß eine Reform nötig und geboten sei. Einer grundlegenden Revision der ZPO. die Stellungnahme zu der Einzelrichterfrage vorbehaltend, empfahl der Berichterstatter Erhöhung der amtsgerichtlichen Zuständigkeit bis zu 500 M. und Ausdehnung derselben auf gewisse Streitigkeiten ohne Rücksicht auf den Wert des Streitgegenstandes, wobei er sich jedoch gegen die Ausdehnung der Zuständigkeit auf Wechselsachen aussprach.

Der Juristentag schloß sich mit großer Mehrheit dem Antrage des Korreferenten an.

> **Beschluß**. In bürgerlichen Rechtsstreitigkeiten ist für Deutschland gegenwärtig das Kollegialprinzip zugunsten des Einzelrichtertums nicht einzuschränken. Es ist deshalb eine Ausdehnung der amtsgerichtlichen Zuständigkeit nach Maßgabe des dem Reichstage vorliegenden Entwurfes einer Novelle zum Gerichtsverfassungsgesetze und zur Zivilprozeßordnung nicht empfehlenswert.

Durch die am 1. April 1910 in Kraft getretene deutsche Zivilprozeßnovelle hat die sachliche Zuständigkeit der Amtsgerichte insofern eine Erweiterung erfahren, als die Amtsgerichte für Streitigkeiten über vermögensrechtliche Ansprüche, deren Gegenstand die Summe von 600 M. nicht übersteigt, zu entscheiden haben.

7. Handelsgerichte.

5. DJT. Braunschweig 1864.

Der Ruf nach kaufmännischer Besetzung der Handelsgerichte hatte nach der Vollendung des HGB. an Intensität zugenommen. Auch der DJT. beschäftigte sich mit der

Frage der Errichtung und Organisation besonderer Gerichte zur Entscheidung von Handelsstreitigkeiten.

Antragsteller:

StadtGR. Borchard (Berlin) vgl. II. 134.

Dr. Reinach (Mainz) vgl. II. 134.

Gutachter:

OJR. Frhr. v. Holzschuher (Stuttgart) I. 37—42.

Prof. Dr. Anschütz (Halle) II. 3—9.

HGPräs. Röder (Mainz) II. 10—18.

Berichterstatter:

Senator Dr. Pfeiffer (Bremen) II. 134 ff.

v. Holzschuher empfiehlt, daß die Handelsgerichte aus Rechtsgelehrten und aus Kaufleuten, so daß letztere in der Minderzahl sind, und zwar in beiden Instanzen in ähnlicher Weise zusammengesetzt werden sollen;

Anschütz meint, daß zu den Handelsgerichten überall nur ausnahmsweise, namentlich nur da, wo der Kaufmannsstand die geeigneten Persönlichkeiten bietet, kaufmännische Mitglieder zugezogen werden möchten;

Röder will dem französischen Rechte entsprechend, in erster Instanz Kaufleute, im zweiten Rechtszuge rechtsgelehrte Richter in den Handelsgerichten vertreten sehen.

Die Thesen des Berichterstatters wurden mit großer Mehrheit angenommen.

Beschluß. a) Die Einführung besonderer, aus rechtsgelehrten und kaufmännischen Richtern gebildeter Handelsgerichte erscheint als ein dringendes Bedürfnis;

b) Die Handelsgerichte sind aus kaufmännischen Richtern und einem Juristen als Präsidenten zusammenzusetzen;

c) Die Gerichtsbarkeit in Handelssachen ist nur in solchen Bezirken, in welchen eine größere Zahl von Handelsstreitigkeiten nicht vorkommt oder die Zusammensetzung des Handelsstandes eine Auswahl tüchtiger Handelsrichter nicht bietet, den gewöhnlichen Gerichten zu übertragen, und zwar, wo es tunlich ist, besonderen Abteilungen derselben.

Während der Entwurf des GVG. die Einsetzung von Handelsgerichten statuierte, und zwar unter Erwähnung des Ausspruches des 5. Juristentages (vgl. Prot. 115), beschloß die Reichstagskommission anfänglich deren Beseitigung. Endlich wurden als eine Art Kompromiß die jetzigen Gesetzesbestimmungen (GVG. §§ 100—109) angenommen, nach denen die Kammern für Handelssachen zuständig sind für gewisse, den Landgerichten in erster Instanz zugewiesene bürgerliche Rechtsstreitigkeiten; sie bestehen aus kaufmännischen Richtern und einem rechtsgelehrten Vorsitzenden und fallen in den für ihre Einrichtung oder Wirksamkeit nicht geeigneten Bezirken weg.

8. Schaffung eines höchsten Gerichtshofes.

1. DJT. Berlin 1860.

OTrPräs. Dr. Bornemann (Berlin), hatte den **Antrag** auf Schaffung eines höchsten Gerichtshofs gestellt.

Der Juristentag sprach nach einem Referat des OTrR. Dr. Waldeck (Berlin), 278 ff., Folgendes aus:

> **Beschluß.** Zu einer Einheit der Rechtsanwendung kann nur ein höchster Gerichtshof führen, dessen sofortige Einführung bezüglich des bereits bestehenden gemeinschaftlichen deutschen Rechts sowie des noch zu schaffenden wünschenswert erscheint.

8a. Reichsoberhandelsgericht.

4. DJT. Mainz 1863.

Der **Antrag** des Advokaten Dr. Auerbach (Frankfurt) II. 211 f.:

> Zur Wahrung der durch Einführung einer Handels- und Wechselordnung gewonnenen Rechtseinheit ist die Errichtung eines gemeinsamen obersten Gerichthofes für ganz Deutschland im Gebiete des Handels- und Wechselrechtes ein dringendes Bedürfnis.

wurde in der Abteilung und im Plenum einstimmig zum **Beschlusse** erhoben.

8b. Reichsgericht.

10. DJT. Frankfurt a/M. 1872.

Nachdem die Überzeugung, daß eine einheitliche Rechtsentwickelung und die Erhaltung eines einheitlichen Rechts nur möglich sei, wenn ein höchster Gerichtshof über alle Streitigkeiten des Privatrechts entscheidet, schon in dem Beschlusse des 1. DJT. Ausdruck gefunden hatte, beschäftigte sich der 10. DJT. mit Rücksicht auf den preußischen Ministerialentwurf einer deutschen Zivilprozeßordnung mit der Frage der Abgrenzung der Kompetenz des höchsten Gerichtshofes.

Frage. Soll die Entscheidung über die richtige Anwendung der Landesgesetze den obersten Landgerichten überlassen und nur die Entscheidung über die richtige Anwendung der Reichsgesetze dem höchsten Reichsgerichte zugewiesen werden?

Gutachter:	Berichterstatter:
Prof. Dr. Zachariae (Göttingen) I. 3—12.	KrGDir. Dr. v. Stoeßer (Karlsruhe) II. 178 ff.
JR. v. Grodbeck (Bromberg) I. 13—17.	Prof. Dr. v. Gneist (Berlin) II. 189 ff.
OAGR. Becker (Oldenburg) I. 35—58.	
OAppGR. Dr. Bähr (Berlin) I. 98—111.	

Zachariae spricht sich dahin aus, daß ein oberstes Reichsgericht bestehen solle, welchem aber nur die Entscheidung über die richtige Anwendung von Reichsgesetzen, nicht von Landesgesetzen zugewiesen werden soll, aber auch nicht von allen Reichsgesetzen, sondern nur von solchen, welche das Reich selbst, seine Verfassung, seine Organe, Institute, Beamte, oder solche Einrichtungen und Verhältnisse betreffen, die eine gleichförmige, selbständige und von dem guten Willen der Einzelstaaten unabhängige Handhabung der darauf bezüglichen Gesetze ihrer Natur nach erheischen, nicht bloß innere Verhältnisse der Einzelstaaten ordnen.

v. Grodbeck will die Kompetenz des Reichsgerichts auf ausdrückliche Reichsgesetze und erheblichere Streitsachen beschränken.

Bähr kommt zu dem Ergebnis, daß neben den Reichsgesetzen das gemeine, das französische wie das preußische (Land-) Recht zur Kompetenz des Reichsgerichts gehören müssen.

Becker führt aus, daß die Zuständigkeit des höchsten Reichsgerichts nicht auf die Anwendung der Reichsgesetze beschränkt werden könne, sondern daß sich dieselbe auf richtige Anwendung desjenigen Landesrechts erstrecken müsse, welches einen größeren Geltungsbezirk hat, als der Bezirk des Gerichts 2. Instanz, dessen Erkenntnis angefochten wird.

Der Juristentag beschloß:

Beschluß. a) Es soll ein höchstes Reichsgericht bestehen.

b) Das Rechtsmittel, welches die Tätigkeit des höchsten Reichsgerichts eröffnet, bezweckt dessen Entscheidung über die richtige Anwendung des Gesetzes.

c) Dem deutschen Reichsgerichte ist die Entscheidung letzter Instanz zu übertragen nicht nur über die Reichsgesetze, sondern auch über die Landesrechte.

Für alle Staaten des Norddeutschen Bundes wurde durch Gesetz vom 12. Juni 1869 (zum Reichsgesetz erhoben durch Gesetz vom 16. April 1871 und vom 22. April 1871) das Bundes- spätere Reichsoberhandelsgericht eingeführt. Das Reichsoberhandelsgericht hat mit dem 1. Oktober 1873 zu existieren aufgehört. Von diesem Zeitpunkte an besteht das Reichsgericht, das durch das Gerichtsverfassungsgesetz vom 27. Januar 1877 geschaffen wurde.

Nach § 135 des Gerichtsverfassungsgesetzes ist das Reichsgericht seit dem 1. Juni 1910 in bürgerlichen Rechtsstreitigkeiten nur für die Verhandlung und Entscheidung über das Rechtsmittel der Revision gegen die Endurteile der Oberlandesgerichte zuständig. In Übereinstimmung mit dem Juristentagsbeschlusse bestimmt die Prozeßordnung (vgl. § 550), daß die Revision nur auf Nichtanwendung oder nicht richtige Anwendung einer Rechtsnorm gestützt werden kann. Nach § 549 ZPO. sind nur Reichsgesetze und Gesetze, deren Geltungsbereich sich über den Bezirk des Berufungsgerichts hinaus erstreckt, revisibel.

9. Gerichtsferien.

4. DJT. Mainz 1863.

Zu dem Antrage Hierl (München), der die Einführung von Gerichtsferien bezweckte, waren Gutachten nicht erstattet. Nach einem Referat des OLGR. Dr. Heller (Wien) II. 78 ff., wurde vom Plenum beschlossen:

Beschluß. In allen deutschen Ländern sind Gerichtsferien einzuführen, und zwar möglichst gleichzeitige.

Durch § 201 GVG. sind die Gerichtsferien auf die Zeit vom 15. Juli bis 15. September festgesetzt worden. In neuester Zeit machen sich jedoch in Deutschland Bestrebungen geltend, die auf Abschaffung des Instituts der Gerichtsferien hinzielen.

10. Mitwirkung der Staatsanwaltschaft in Zivilsachen.

3. u. 5. DJT. Wien—Braunschweig 1862, 1864.

Frage. Soll die Tätigkeit der Staatsanwaltschaft auch auf bürgerliche Rechtsstreitigkeiten ausgedehnt werden und wie weit?

Zu dem Thema lagen folgende **Anträge** vor:

Sabarth 1. Das Institut der Staatsanwaltschaft, wie sich dasselbe seither in Deutschland ausgebildet hat, ist kein Bedürfnis oder Förderungsmittel einer unparteiischen Rechtspflege.

2. Zum Wesen des Anklageprozesses sind ständige öffentliche Anklagebehörden nicht erforderlich.

Für die einzelnen Fälle sind Mitglieder des Richteramtes mit den Funktionen des öffentlichen Anklägers zu beauftragen und für diese Angelegenheiten der Funktion als Richter zu entbinden.

Hauschteck 1. Die Staatsanwaltschaft wird als eine Justizbehörde organisiert, bestimmt, namens der Staatsregierung dafür zu sorgen, daß die richterliche Gewalt den Gesetzen gemäß frei geübt werden könne.

2. Der Beruf der Staatsanwaltschaft umfaßt die gesamte Leitung aller für die Rechtspflege notwendigen, nicht richterlichen Geschäfte neben den Gerichten, insbesondere:

die Leitung der Justizverwaltung einschließlich der gerichtlichen (Kriminal-) Polizei;

die Anrufung der richterlichen Strafgewalt bei Verletzung von Strafgesetzen, — soweit nicht durch besondere Gesetze Privatpersonen Rechte gewährt sind, welche die Staatsbehörde ausschließen;

die Vertretung der Interessen der Staatsregierung vor den Gerichten im bürgerlichen Prozesse.

Gutachter:	Berichterstatter:
HofGR. Brauer (Bruchsal) 2 I. 96—99.	OGAss. Planck (Göttingen)
KGR. Plathner (Berlin) 2 I. 109—116.	3 II. 449 ff. u. 5 II. 210 ff.
OGVizeDir. Francke (Lüneburg) 3 I. 28—49.	OLGR. Dr. Keller (Wien)
JR. König (Cleve) 3 I. 50—56.	4 II. 243 ff.
StA. Schloß (Kornenburg) 3 I. 57—70.	
StA. Ruhwandl (München) 4 I. 9—20.	
FinR. Dr. Fierlinger (Wien) 4 I. 23—33.	
OGAnw. Bauermeister (Hannover) 4 I. 34—37.	
StA. Lienbacher (Wien) 4 I. 263—275.	
SenPräs. Dr. Heimsoeth (Köln) 4 I. 278—310.	
MinRat von Freydorf (Karlsruhe) 5 I. 119—165.	

Der Gutachter Brauer kommt zu folgendem Ergebnisse:

Eine Ausdehnung des staatsanwaltschaftlichen Wirkungskreises auf das Gebiet des bürgerlichen Prozesses erscheint allerdings nicht schlechthin notwendig, und wenn sie in bedeutendem Maß und Umfang geschieht, sogar bedenklich. In angemessener Beschränkung wird dieselbe aber gleichwohl zu empfehlen sein.

Plathner stellt folgende Sätze auf:

1. Die Staatsanwaltschaft ist nur als Partei zuzulassen.

II. Die Staatsanwaltschaft hat ein Recht zur Klage:

1. auf Nichtigkeitserklärung von Ehen,
2. auf Interdiktion;

sie ist als Mitverklagte zuzuziehen bei Klagen auf Nichtigkeitserklärung und Scheidung von Ehen.

III. Wieweit sie in anderen Fällen in Vertretung eines öffentlichen Interesses als Partei zugelassen ist, ist nach dem bezüglichen Landesrecht zu beurteilen.

Francke führt aus:

1. Der Staatsanwaltschaft, als einem Organe der Oberaufsicht, wird zweckmäßig auch für die bürgerliche Justizpflege eine überwachende und vermittelnde Tätigkeit — jedoch ohne die Befugnis zum Eingreifen in den einzelnen Prozeßfall — angewiesen. Damit sie die Überwachung ausüben kann, ist ihr das Recht zu gewähren,

allen Gerichtssitzungen, auch wenn die Öffentlichkeit ausgeschlossen ist, jedoch nicht den Beratungen der Richter beizuwohnen, und jederzeit die Mitteilung der Akten zu verlangen.

Die näheren Bestimmungen aber darüber, in welcher Weise sie als Organ der Oberaufsicht tätig zu werden hat, können nicht allgemein, sondern nur mit Rücksicht auf die Dienstorganisation in den einzelnen Staaten getroffen werden.

2. Es ist nicht zu empfehlen, der Staatsanwaltschaft als Organ des Gesetzes eine Tätigkeit im Prozesse zur Pflicht zu machen, oder auch nur zu gestatten.

3. Sie ist vielmehr im Prozesse nur in der Eigenschaft einer Prozeßpartei zuzulassen. Wann sie aber als solche auftreten kann, richtet sich nach der Zivilgesetzgebung der einzelnen Staaten und bleibt von dieser abhängig.

4. Es ist auch nicht zweckmäßig, die Vermittelung der im Prozesse sich ergebenden Geschäftsverbindung der Gerichte unter sich oder mit anderen Behörden ihr zu überweisen.

5. Ob sie bei Zustellungen im Auslande oder durch öffentliche Blätter — ingleichen bei den im Auslande auszuführenden Zwangsvollstreckungen — als Vermittlerin tätig werden soll, wird davon abhängen, ob überhaupt die prozessualischen Zustellungen, bzw. die Zwangsvollstreckungen der gerichtlichen Anordnung und Leitung entzogen werden.

6. Die Erteilung des Armenrechts im Prozesse und die Einziehung annotierter Kosten ist zweckmäßig in die Hand der Staatsanwaltschaft zu legen.

7. Daß auf Grund einer von ihr zu führenden speziellen Dienstaufsicht über die Geschäftsführung der Anwälte, Gerichtsschreiber und Vollziehungsbeamten einzelne prozessualische Funktionen ihr anvertraut werden, ist im allgemeinen nicht zu empfehlen. Eine Ausnahme kann hinsichtlich der Geschäftsführung der Vollziehungsbeamten dann rätlich werden, wenn die Gerichte der Leitung der Zwangsvollstreckungen enthoben werden.

König vertritt den Standpunkt, daß das Minimum der Tätigkeit des Staatsanwalts darin bestehen muß:

1. daß in den öffentlichen Sitzungen der kollegialischen Gerichte stets ein Staatsanwalt zugegen sein, und

2. daß es demselben gestattet sein soll, nach den Vorträgen der Rechtsanwälte und vor dem Urteile seine Ansicht über die in seiner Gegenwart verhandelte Sache zu äußern.

Schloß faßt seine Darlegungen dahin zusammen:

1. Die Staatsanwaltschaft hat bei sonstiger Nichtigkeit, versehen mit allen Parteirechten, sowohl im streitigen als nichtstreitigen Verfahren, zu intervenieren:

a) Bei Verhandlung über Trennung und Ungültigkeitserklärung der Ehe, sowie über Scheidung von Tisch und Bett.
b) Wo es sich um Ehelichkeit der Geburt handelt.
c) Bei Adoptionen und Legitimationen.
d) Bei Todeserklärungen.
e) Bei Verfahren wider Abwesende.
f) Bei Interdiktion wegen Geisteskrankheit oder Verschwendung.

2. Die Staatsanwaltschaft ist berechtigt, allen übrigen Verhandlungen beizuwohnen und hierbei das Wort zu ergreifen.

3. Die Staatsanwaltschaft hat bei wahrgenommener Inkompetenz Anträge zu stellen, und ist bei Kompetenzkonflikten der Gerichte mit anderen Behörden jederzeit zu hören.

4. Es soll der Staatsanwaltschaft das Aufsichtsrecht über Anwälte, Notare, Gerichtsschreiber, Gerichtsvollzieher, Bürgermeister und Friedensrichter als Zivilstandsbeamte und Beamte der freiwilligen Gerichtsbarkeit zustehen.

5. Alle Beschwerden gegen Gerichte, gegen richterliche Beamte und gegen die vorbenannten Personen sind an die Staatsanwaltschaft zu richten, welcher auch das Recht zukommt, auf Disziplinaruntersuchung Antrag zu stellen.

6. Die Staatsanwaltschaft hat jährlich über den Gang der Justizpflege und über wahrgenommene Gebrechen an den Generalprokurator oder an den Justizminister Bericht zu erstatten.

7. Der Staatsanwaltschaft soll die Mitwirkung bei Besetzungsvorschlägen und Prüfungen gewahrt sein; auch hat sie alle übrigen Justizverwaltungsgeschäfte zu besorgen.

Fierlinger führt aus, daß die Staatsanwaltschaft als Hauptpartei in bürgerlichen Rechtsstreitigkeiten nicht zuzulassen sei.

Ruhwandl und Lienbacher sind im wesentlichen für die Anträge, Hauschteck aber gegen die Anträge Sabarth.

Bauermeister meint, daß die Staatsanwaltschaft nur unter Voraussetzung der Entziehung jedes Oberaufsichtsrechtes über die Gerichte als Prozeßpartei zuzulassen, und daß die Bestimmungen der einzelnen Fälle, in welchen sie als solche zuzulassen, der Zivilgesetzgebung vorzubehalten sei.

v. Freydorf stellt folgende Thesen auf:

1. Die Amtsverrichtungen der Staatsanwaltschaft sind fortan durch ständige, eigens hierzu ernannte Beamte zu versehen.

2. Diese Staatsanwälte sollen nicht unbedingt, und nur unter denselben Voraussetzungen entlaßbar sein, wie die nichtrichterlichen Beamten des Landes.

Die Staatsanwälte bei den Kollegialgerichten sind dem Richterstande zu entnehmen oder mit Richtereigenschaft anzustellen, so zwar, daß sie mit der Entlassung oder dem Rücktritt aus der Staatsanwaltschaft mit denselben Rechten und in demselben Range in den Richterstand eintreten, als hätten sie in der Zwischenzeit diesem Stande angehört.

3. Die Staatsanwälte bleiben den Justizministern dienstlich untergeben.

4. Alle Beschwerden gegen Gerichte, gegen richterliche Beamte und gegen die vorbenannten Personen sind an die Staatsanwaltschaft zu richten, welcher auch das Recht zukommt, auf Disziplinaruntersuchung Antrag zu stellen.

5. Die Staatsanwaltschaft hat jährlich über den Gang der Justizpflege und über wahrgenommene Gebrechen an den Generalprokurator oder an den Justizminister Bericht zu erstatten.

6. Der Staatsanwaltschaft soll die Mitwirkung bei Besetzungsvorschlägen und Prüfungen gewahrt sein; auch hat sie alle übrigen Justizverwaltungsgeschäfte zu besorgen.

Das Gutachten Heimsoeths deckt sich mit den später ergangenen Beschlüssen zu 2a und b.

Der 3. Juristentag beschloß:

Beschluß. 1. Es ist nicht zweckmäßig, der Staatsanwaltschaft das Recht oder gar die Pflicht zu geben, in Zivilprozessen, sei es in allen oder einzelnen, oder bei Inzidenzverhandlungen, ihre Ansicht über die verhandelte Sache und die abzugebende Entscheidung zu entwickeln.

2. Ebenso ist eine Nichtigkeitsbeschwerde im Interesse des Gesetzes nicht zu empfehlen.

Auf dem 5. Juristentage wurden die Thesen des Berichterstatters angenommen.

Beschluß. 1. Die Amtsverrichtungen der Staatsanwaltschaft sind durch ständige, eigens damit betraute Beamte zu versehen.

2. Der Staatsanwaltschaft ist neben dem Amte des öffentlichen Anklägers in Strafsachen der Beruf zu überweisen:

a) in den Fällen, wo nach dem bisherigen Verfahren ohne Antrag einer Privatpartei von Amts wegen durch ein Zivilprozeßverfahren (zur Feststellung, Änderung oder Aufhebung eines den Gegenstand des Verfahrens bildenden Privat-Rechtsverhältnisses) einzuschreiten ist, als Prinzipalpartei das Verfahren bei den Gerichten anhängig zu machen, und unter Beibringung der Tatsachen mit den Prozeßmitteln einer Partei durchzuführen,

b) in den Fällen, in welchen im Zivilprozeßverfahren (über die Feststellung, Änderung oder Aufhebung eines den Gegenstand des Verfahrens bildenden Privat-Rechtsverhältnisses) zwar auf die Anträge einer oder mehrerer Parteien zu entscheiden, dabei jedoch die Tatsachen (welche die Voraussetzung bilden) nicht lediglich nach Lage der Behauptungen, Beweise und Zugeständnisse der Parteien sich bestimmen, sondern von Amtswegen darauf zu halten ist, daß der wirkliche Tatbestand der Entscheidung zugrunde gelegt wurde, als Prinzipalpartei an dem Verfahren beteiligt zu sein und selbständig im geeigneten Falle unter Beibringung des Tatbestandes mit den Prozeßmitteln und Rechtsmitteln einer Partei einzuwirken.

3. Das Personal der Entdeckungs- und Verfolgungspolizei ist der Staatsanwaltschaft unmittelbar zu untergeben.

4. Die Staatsanwaltschaft eignet sich nicht zu einem Organe der staatlichen Oberaufsicht über die Gerichte.

5. Es ist nicht notwendig, der Staatsanwaltschaft die sämtlichen Justizverwaltungsgeschäfte zu übertragen. Ob ihr einzelne derselben zu überweisen seien, ist Sache der Landesgesetzgebung.

6. a. Die Staatsanwaltschaften haben die ihnen im Straf- und Zivilprozesse zustehenden Funktionen (Nr. 2) selbständig auszuüben und können ihnen dabei Anweisungen von seiten des Justizministeriums nicht erteilt werden.

b) Als oberste Beschwerde- und Aufsichtsinstanz für alle Staatsanwälte treten an die Stelle des Justizministers — vorbehaltlich natürlich der demselben in Betreff der Staatsanwälte in demselben Umfange wie in betreff der Gerichte verbleibenden allgemeinen Oberaufsicht — die Anklagesenate der höheren Gerichtshöfe oder eine Abteilung des höchsten Gerichtshofes.

7. Die Staatsanwälte können nur unter denselben Voraussetzungen, wie Richter, entlassen, versetzt oder pensioniert werden.

Unter mehrfacher Bezugnahme auf die Verhandlungen des 3. und 5. Juristentages (vgl. z. B. Prot. GVG. 169, Prot. ZPO. 210, 399, 409) hat die Legislatur einerseits die Mitwirkung der Staatsanwaltschaft bei Zivilsachen grundsätzlich abgelehnt, nur in Ehe- und Entmündigungssachen der Staatsanwaltschaft eine Tätigkeit, und zwar eine prinzipale, zugewiesen, andererseits sie als selbständige Behörde neben die Gerichte gestellt und ihr die Beamten des Polizei- und Sicherheitsdienstes untergeordnet. Sodann hat die Reichstagskommission ebenfalls in Übereinstimmung mit dem Beschlusse des 5. Juristentages im § 152 GVG. den Satz hinzugefügt, daß den Staatsanwälten die Dienstaufsicht über die Richter nicht übertragen werden darf (vgl. Pr. 426).

II. B. Rechtsanwaltsordnung.

1. Anwaltschaft und Advokatur.

4. DJT. Mainz 1863.

Anträge des StadtGR. Dr. Eberty (Berlin):

1. Die Anwaltschaft ist freizugeben.
2. Die Trennung der Advokatur von der Anwaltschaft ist wünschenswert.

Gutachter:
OTrR. Faber (Stuttgart) I. 41—53.
Adv. Dr. Hoppe (Wien) I. 54—65.
OGAdv. Vissering (Aurich) I. 66—76.
Notar Euler (Düsseldorf) I. 313—342.

Berichterstatter:
OTrR. Frhr. v. Sternenfels (Stuttgart) II. 284 ff.

Faber empfiehlt im Interesse der Rechtspflege freie Advokatur, aber geschlossene Advokatanwaltschaft, letztere mit der Einrichtung, daß die freieste Konkurrenz auch unter den Advokatanwälten in Beziehung auf ihre ganze Berufstätigkeit eröffnet, und daß sowohl die Bestimmung der Zahl der Advokatanwälte als die Besetzung erledigter Anwaltsstellen in die Hand der höheren Gerichte, sei es der Appellationsgerichte oder des obersten Gerichtshofes, gelegt wird.

Koppe ist für den ersten Antrag Eberty, gegen den zweiten.

Vissering stimmt den Anträgen Eberty zu mit der Bedingung, daß ein Qualifikationsnachweis als unerläßlich zu erfordern sei.

Euler stellt folgende Sätze auf:

a) Die Trennung der Advokatur und der Anwaltschaft ist unzweckmäßig und dem Rechtsuchenden nachteilig.

b) Die Zahl der Anwälte in weiterer Bedeutung, ev. die Zahl der Advokaten und Anwälte in engerer Bedeutung ist nach den wahren Bedürfnissen zu beschränken.

Der Juristentag beschloß mit großer Mehrheit:

Beschluß. a) Die Frage der Organisation der Advokatur ist keine Frage des Gewerberechts, sondern der Justizverfassung.

b) Prozeßvertretung (Anwaltschaft) soll von der Rechtsverteidigung (Advokatur) nicht getrennt werden.

c) Die Ausübung der Advokatur ohne Unterscheidung zwischen den Gerichten und ohne Unterschied der Rechtssachen soll jedem geprüften Rechtsverständigen freigestellt werden.

2. Trennung von Anwaltschaft und Notariat.

4. DJT. Mainz 1863.

StadtGR. Dr. Eberty (Berlin) stellte für den zweiten Juristentag den **Antrag:**

Das Notariat ist von der Anwaltschaft zu trennen.

Gutachter:
OTrR. Faber (Stuttgart) I. 41—53.

Berichterstatter:
OTrR. Frh. v. Sternenfels (Stuttgart) II. 284 ff.

Adv. Dr. Kopp (Wien) I. 54—65.
OGAdv. Vissering (Aurich) I. 66—76.
Not. Euler (Düsseldorf) I. 343—350.

Die Gutachten Faber, Kopp, Euler sprechen sich für die Trennung aus. Vissering will daran festhalten, daß die jurisdictio voluntaria rechtsverständiger Leitung anvertraut werde und niemand in den Fällen als Notar fungieren dürfte, in denen er als Advokat tätig war.

Der Juristentag nahm die These des Berichterstatters an.]

Beschluß. Das Notariat soll von der Advokatur getrennt werden.

3. Reichsnotariatsgesetz.

9. DJT. Stuttgart 1871.

Auch der 9. DJT. beschäftigte sich mit dem Institut des Notariats und beriet insbesondere über folgende Fragen:

Frage. 1. Welche Kompetenz sollen die Notare in materieller Beziehung haben?

2. Welche Kompetenz soll den Notaren in räumlicher Beziehung gegeben werden?

3. Wie sind die Formen und Kautelen der Notariatsakte zu normieren?

4. Wie sind die Notariatskollegien und ihre Disziplinarbefugnisse zu organisieren?

5. Soll das Notariat von der Advokatur getrennt werden?

Gutachten	Berichterstatter:
waren nicht erfordert.	RA. Bohlmann (Berlin) III. 110 ff.

Dem Antrage des Berichterstatters gemäß wurde mit großer Mehrheit beschlossen:

Beschluß. a) Die sog. freiwillige Gerichtsbarkeit ist, als ihrem inneren Wesen und der praktischen Behandlung nach von der streitigen Gerichtsbarkeit grundverschieden, von dieser unbedingt und vollständig zu trennen.

b) Es ist wünschenswert, daß die deutschen Regierungen die Kompetenz des Reichstages hinsichtlich des Reichsnotariats-Gesetzes auch insoweit anerkennen, als das letztere bei Abgrenzung des materiellen Geschäftskreises der Notare in die dem Reichstage nicht unterworfenen Gebiete des Zivilrechtes eingreift.

c) Die Kompetenz der Notare muß im ganzen Reiche eine gleiche und hinsichtlich der Gegenstände der jurisdictio voluntaria im engeren Sinne eine uneingeschränkte sein.

d) Die räumliche Kompetenz der Notare soll über den unmittelbaren Gerichtsbezirk zwar hinausgehen, jedoch andererseits die Grenzen der Provinz bezw. des Appellationsgerichtes oder des Regierungsbezirkes nicht überschreiten, und es ist zweckmäßig, sie nach dem Umfange des betreffenden Disziplinarsprengels zu bemessen.

e) Die Form der Notariatsakte und die Kautelen bei denselben sind möglichst zu vereinfachen.

f) Dem Notariatsstande ist eine organische Gliederuug zu geben und sind zur Überwachung der Standesehre desselben Notariats- und Disziplinarkammern einzurichten.

g) Das Notariat soll von der Advokatur getrennt werden.

Das Notariatswesen ist in Deutschland noch nicht einheitlich geregelt. Die in den einzelnen deutschen Staaten bestehenden alten und neuen Partikulargesetze über das Notariatswesen zeigen eine bunte Mannigfaltigkeit und stehen in ihren einzelnen Bestimmungen mit den Detailbeschlüssen des 4. und 9. Juristentages bald im Einklange, bald im Widerspruche.

Die österreichische Notariatsordnung vom 25. Juli 1871 stimmt im wesentlichen mit den zum Teil späteren Beschlüssen des Juristentages überein, insbesondere auch bezüglich der Trennung von Notariat und Advokatur.

4. Ausübung der Advokatur.

7. DJT. Hamburg 1868.

Auf Antrag des VerwR. Dr. Jaques (Wien), beschäftigte sich der 7. DJT. nochmals mit der

Frage der Stellung der Advokatur.

Die **Anträge** Jaques lauten (vgl. II. 202):

Das Interesse der Gesamtheit an einer möglichst kräftigen und möglichst wohlfeilen Rechtspflege erheischt:

freie Konkurrenz unter allen zur Parteivertretung Befähigten,

Unabhängigkeit der Advokatur von den Verwaltungsbehörden und den Gerichten in dem Sinne, daß jedes Ernennungsrecht der ersteren, sowie jedes Überwachungs- und Expensen-Bestimmungsrecht der letzteren (die ihnen zustehende Sitzungspolizei beiseite gelassen) entfalle,

Überwachung der Advokatur ausschließlich durch die Öffentlichkeit und durch die von der Standesgenossenschaft in den Advokatenkammern autonom zu übende Disziplinargewalt,

Gleichheit der Vorbedingungen für das Richteramt und den Advokatenstand.

Hieraus gehen folgende Grundzüge der legislativen Organisation der Advokatur hervor:

1. Zur Ausübung der Advokatur ist jeder bürgerlich unbescholtene theoretisch und praktisch geprüfte Rechtsverständige berechtigt. Die Dauer der Vorbereitungspraxis ist nur nach dem unabweislichen Erfordernisse mit Ausschluß jeder anderen Rücksicht zu bemessen.

2. Alle Unterscheidungen verschiedener Erfordernisse rücksichtlich der Befugnis zur Parteivertretung vor Einzel-, Kollegial- oder vor Obergerichten, sowie alle Beschränkungen der Freizügigkeit in den unter gleicher Zivil- und Strafgesetzgebung stehenden Ländern entbehren der Begründung.

3. Die Überwachung der Advokaten und Advokaturskandidaten wird von den Advokatenkammern geübt. Gegen Erkenntnisse, welche auf Verweigerung der Zulassung zur Praxis, der Eintragung in die Liste der Advokaten oder auf Streichung aus der Liste lauten, steht die Berufung an den obersten Gerichtshof offen. In allen wichtigen, dem Plenum der Kammer vorbehaltenen Disziplinarfällen findet öffentliches akkusatorisches Verfahren statt.

Die Plenarversammlung (vgl. II. 203 ff.) beschloß nach einem Referate des JR. Dorn (Berlin):

Beschluß. 1. Zur Ausübung der Advokatur ist jeder geprüfte Rechtsverständige berechtigt.

2. Alle Unterscheidungen verschiedener Erfordernisse, rücksichtlich der Befugnis zur Parteivertretung vor Einzel-, Kollegial- oder vor Obergerichten, sowie alle Beschränkungen der Freizügigkeit entbehren der Begründung.

3. Die Überwachung der Advokaten wird durch die Advokatenkammer geübt, vorbehaltlich näherer Bestimmungen namentlich auch hinsichtlich der Beschwerdeführung.

Die Motive (A.) zur deutschen Rechtsanwaltsordnung wiederholen wörtlich die Beschlüsse des Juristentages und die in diesen ausgesprochenen Grundsätze sind mit verschiedenen Modifikationen bei der Durchführung gesetzlich sanktioniert worden. Insbesondere sind diejenigen Schranken gezogen, welche durch den Inhalt des Gerichtsverfassungsgesetzes und der beiden Prozeßordnungen, namentlich durch den Anwaltszwang bedingt sind.

In Österreich wurden diese Grundsätze bereits durch die Advokatenordnung vom 6. Juli 1868 durchgeführt und die Errichtung von Advokatenkammern als Organen der Disziplin erfolgte durch das Gesetz vom 1. April 1872.

5. Lokalisierung der Anwaltschaft.

14. DJT. Jena 1878.

Der von der Reichs-Justizkommission und dem Reichstage in den Entwurf des Gerichtsverfassungsgesetzes eingefügte Titel (§§ 155—175), welcher die Zulassung der Rechtsanwälte bei bestimmten Gerichten behandelte, war von dem Bundesrate für unannehmbar erklärt und von dem Reichstage fallen gelassen worden. Die das mündliche Verfahren zur Geltung bringende Zivilprozeßordnung aus dem Jahre 1877 ließ den Wunsch nach einer Lokalisierung der Rechtsanwälte rege werden.

Frage. Soll unter der Voraussetzung, daß die Zulassung zur Rechtsanwaltschaft bei einem bestimmten Gerichte erfolgt, der hier zugelassene Anwalt die in Zivilprozeßsachen gebotene Vertretung auch bei den anderen Gerichten unbeschränkt oder unter welchen Beschränkungen übernehmen können?

Gutachter:	Berichterstatter:
ROHGR. Dr. Wernz (Leipzig) I. (1) 25—41.	OGA. Erythropel (Celle) II. 186 ff.
AppGPräs. Dr. Kühne (Greifswald) I. (2) 3—55.	

Gutachter Wernz stellt folgende Unterfragen auf:

a) Ist es dem an einem bestimmten Gerichte zugelassenen Anwalte zu gestatten, auch bei Gerichten, die an anderen Orten bestehen, Parteien zu vertreten und zwar, zunächst abgesehen vom Falle, wo die Verfolgung des nämlichen Rechtsstreites in der höheren Instanz in Frage steht?

b) Ist etwa für den Fall eine Ausnahme zu machen, wo es sich um die Vertretung der nämlichen Sache in der Berufungsinstanz handelt?

c) Sind im Falle, wo verschiedene Gerichte am nämlichen Orte bestehen, die Anwälte des einen Gerichts auch bei den anderen zuzulassen?

d) Ist in der Revisionsinstanz (vor dem Reichsgerichte) die Wahl des Anwalts freizugeben?

Die Frage c wird bejaht für den Fall, daß mehrere Gerichte erster Instanz am nämlichen Orte bestehen, oder der Sprengel des Berufungsgerichts für volle Beschäftigung der Anwälte zu klein ist, im übrigen werden die Fragen verneint.

Kühne spricht sich für möglichst strenge Lokalisierung der Anwälte aus unter Kritisierung des „Entwurfs einer Rechtsanwaltsordnung" und unter Aufstellung folgender Sätze:

Der zu einem bestimmten Kollegialgerichte zugelassene Rechtsanwalt kann als Vertreter (Bevollmächtigter) einer Partei oder als Substitut eines bevollmächtigten Rechtsanwalts in Zivilprozessen, in welchen die Vertretung durch Rechtsanwälte geboten ist (Anwaltsprozessen), nur bei jenem bestimmten Gerichte fungieren.

Eine Ausnahme von dieser Regel ist nur statthaft für den Fall, daß der Rechtsanwalt bei einem Landgericht zugelassen ist, welches zum Bezirke eines mehreren Bundesstaaten gemeinschaftlichen Oberlandesgerichts gehört.

In diesem Falle kann er zugleich bei letzterem zugelassen werden, auch wenn dasselbe an einem anderen Orte seinen Sitz hat.

Für die Revisionsinstanz ist der Grundsatz der Lokalisierung der Rechtsanwaltschaft mit voller Strenge durchzuführen.

Der vereinigte Antrag der Berichterstatter wurde in folgender Fassung angenommen:

> **Beschluß.** Der bei einem bestimmten Gerichte zugelassene Rechtsanwalt soll bei einem andern Kollegialgerichte der Regel nach nicht zugelassen werden und in Zivilprozeßsachen, in welchen die Vertretung der Parteien durch Rechtsanwälte geboten ist, die Gesamtvertretung einer Partei (Anwaltschaft) nicht übernehmen können.
>
> In Ansehung etwaiger zweckmäßiger Ausnahmen ist die Abteilung der Ansicht, daß der Juristentag zurzeit die Bestimmungen der deutschen Anwaltsordnung nicht zu beanstanden, vielmehr die Erfahrung zu erwarten habe, wie das neue Gesetz sich im Leben bewährt.

In Übereinstimmung hiermit geht die deutsche Rechtsanwaltsordnung davon aus, daß die Zulassung eines Rechtsanwalts bei mehreren Gerichten, selbst wenn dieselben an einem Orte ihren Sitz haben, als Regel nicht wünschenswert sei. Die §§ 9 ff. gestatten jedoch die Zulassung bei einem anderen Kollegialgericht unter gewissen Voraussetzungen, wenn eine solche Zulassung dem Interesse der Rechtspflege förderlich ist.

III. Bürgerliches Recht.

A. Allgemeiner Teil.

1. Eintritt der Großjährigkeit.

2. DJT. Dresden 1861.

Die große Verschiedenheit der früheren partikularen Gesetzgebungen hatte häufig dazu geführt, daß Rechtsgeschäfte sich wegen Mangels der Handlungsfähigkeit eines der Kontrahenten hinterher als ungültig erwiesen. Die ständige Deputation des DJT. stellte darum die Frage zur Beratung:

Frage. Ist es wünschenswert, daß schon jetzt gemeinsame Bestimmungen getroffen werden:

a) über den Zeitpunkt der Großjährigkeit;

b) über die Handlungsfähigkeit der Personen unter väterlicher Gewalt;

c) über die Interzessionen der Personen weiblichen Geschlechts.

Gutachter:	Berichterstatter:
Prof. Dr. Unger (Wien)	GR. Abeken (Dresden)
I. 126—128.	II. 142 ff.

Der Gutachter Unger will die Mittel zur Abhilfe auf dem Boden des internationalen Privatrechts finden, spricht sich gegen eine stückweise Änderung des geltenden Rechtes aus und empfiehlt folgende Bestimmung:

Die Handlungsfähigkeit eines Ausländers wird in der Regel nach den Gesetzen seines Wohnsitzes beurteilt. Doch wird ein nach diesen Gesetzen nicht handlungsfähiger Ausländer durch die Abschließung von Rechtsgeschäften im Inlande verpflichtet, wenn er nach den Gesetzen des Inlandes handlungsfähig wäre.

Der hiervon abweichende einstimmige Abteilungsbeschluß wurde im Plenum mit großer Mehrheit angenommen.

Beschluß. Es ist wünschenswert:

a) daß über den Zeitpunkt der Großjährigkeit schon jetzt gemeinsame Bestimmungen getroffen werden,

b) daß schon jetzt eine gemeinsame Bestimmung dahin getroffen werde, daß die väterliche Gewalt mit dem Zeitpunkte der Großjährigkeit aufhöre,

c) daß schon jetzt die bei Interzessionen ausnahmsweise bestehenden, aus dem römischen Rechte stammenden Beschränkungen der Handlungsfähigkeit der Personen weiblichen Geschlechts (S. C. Vellejanum, Authentica si qua mulier und die daran sich anlehnenden Partikulargesetzgebungen), sowie auch die sog. cura sexus durch gemeinsame Bestimmungen aufgehoben werden.

Zu a) Schon vor dem BGB. war der Zeitpunkt der Großjährigkeit durch das PStG. vom 6. 2. 1875 einheitlich bestimmt worden. Jetzt tritt nach § 2 BGB. die Volljährigkeit mit Vollendung des einundzwanzigsten Lebensjahres ein.

Zu b) Vgl. die nächste Nummer.

Zu c) Die Aufhebung der cura sexus und der Beschränkung der Frauen bei der Interzession war schon bald nach dem Beschlusse des 2. DIT. mittels partikularrechtlicher Gesetze fast überall erfolgt. Das BGB. unterscheidet bei der Handlungsfähigkeit nicht zwischen Personen männlichen und weiblichen Geschlechts.

2. Erlöschen der väterlichen Gewalt mit der Großjährigkeit.

12. DIT. Nürnberg 1875.

Während die Gesetzgebung den Beschlüssen des 2. DIT. ad a und c vielfach praktische Folge gegeben und damit erhebliche Differenzen der Handlungsfähigkeit behoben hatte, war zu der Frage, ob die väterliche Gewalt kraft Gesetzes mit der Großjährigkeit des Hauskindes erlöschen soll, keine Stellung genommen worden, weshalb dieses Thema wiederum aufgestellt wurde.

Gutachter:	Berichterstatter:
Prof. Dr. Pfaff (Wien)	Adv. Dr. v. Kißling (Linz)
I. 158—170.	III. 82 ff.
OTrR. Dr. Struckmann (Berlin)	RA. Leonhard (Breslau)
II. 268—275.	III. 84 ff.

Während Struckmann die Frage unbedingt bejaht, tut dies Pfaff vorbehaltlich der dem Vater zu gewährenden Möglichkeit, die Fortdauer der väterlichen Gewalt ex justa causa vor Eintritt der physischen Großjährigkeit zu erwirken, und zwar so, daß der vorgeschlagene Rechtssatz gleichmäßig für Hauskinder beiderlei Geschlechts gelten solle und daß der Großjährigkeitserklärung in Ansehung der Handlungsfähigkeit die nämliche Rechtswirkung zukommen solle, wie der erreichten physischen Großjährigkeit.

Der Antrag der beiden Berichterstatter wurde einstimmig angenommen.

Beschluß. Die väterliche Gewalt, insbesondere als Grund der Beschränkung der Handlungsfähigkeit, soll kraft Gesetzes mit der Großjährigkeit des Hauskindes erlöschen.

Nachdem verschiedene Partikularrechte das Erlöschen der väterlichen Gewalt mit der Großjährigkeit des Hauskindes angeordnet hatten, erfolgte durch § 1626 BGB. eine entsprechende einheitliche Regelung.

3. Einfluß der Heirat auf die Großjährigkeit.

15. DJT. Leipzig 1880.

Zum 14. DJT. waren von KrGR. Lang (Rottweil) und Prof. Dr. Pfaff (Wien) [zu vgl. **14** I. 42—49 und 156—178] Gutachten erstattet worden über die

Frage: Erscheint es angemessen, mit der Verheiratung die Rechtswirkungen der Großjährigkeit zu verbinden?

Lang entscheidet sich für den Eintritt der Rechtswirkungen der Großjährigkeit, will jedoch nicht widersprechen, wenn man für die extremen, aber wohl nicht häufigen Fälle, wenn die Ehe einer kaum ehemündig gewordenen Frau sehr bald durch Tod oder Scheidung gelöst wird, und sie keine Eltern als natürliche Beschützer und Berater mehr hat, anordnen wollte, daß dieselbe unter Vormundschaft zu stellen sei oder nach dem Ermessen des Gerichtes gestellt werden könne.

Pfaff ist ebenfalls für den Eintritt der Rechtswirkungen der Großjährigkeit, und zwar als fortdauernd nach Auflösung der Ehe während der Minderjährigkeit, will aber nichts dagegen einwenden, wenn eine Gesetzgebung der schutzlosen minderjährigen Witwe gestatten würde, sich einen Vormund zu erbitten.

Der 15. DJT. beschloß nach einem Referate des OStA. v. Köstlin (Stuttgart) [zu vgl. **15** II. 38 ff.]:

Beschluß. Es erscheint angemessen, mit der Verheiratung die Rechtswirkungen der Großjährigkeit zu verbinden.

Nach dem deutschen BGB. tritt die Ehemündigkeit für das männliche Geschlecht erst mit der Volljährigkeit, d. h. mit Vollendung des 21. Lebensjahres, ein. Frauen dürfen nach vollendetem 16. Lebensjahre eine Ehe eingehen, auch kann ihnen Befreiung von dem Verbote der früheren Eheschließung gewährt werden (§ 1303). Die vor der Volljährigkeit verehelichte Frau wird nicht durch die Ehe mündig. Indessen ist anerkannt, daß, wenn auch nicht hinsichtlich der gesetzlichen Vertretung der minderjährigen Ehefrau, so doch bezüglich der tatsächlichen Sorge für die Person der Mann an Stelle des gesetzlichen Vertreters tritt (§ 1633) und die elterliche Nutznießung durch die Verheiratung beendigt wird (§ 1661). Eine minderjährige Witwe kann ohne Einwilligung des elterlichen Gewalthabers für volljährig erklärt werden (§ 4).

Das österreichische Recht kennt gleichfalls nicht den Satz: Heirat macht mündig.

4. Reichs-Irrengesetz.

25. DJT. Bamberg 1900.

Im Jahre 1897 hatte der Deutsche Reichstag einstimmig beschlossen: „die verbündeten Regierungen zu ersuchen, baldigst einen Gesetzentwurf vorzulegen, welcher Grundsätze feststellt, wodurch die Aufnahme, die Aufenthaltsverhältnisse und die Entlassung von Geisteskranken in bzw. aus den Anstalten reichsgesetzlich geregelt wird". Es erschien als eine Aufgabe des DJT., diese Frage, zu welcher die Volksvertretung bereits Stellung genommen hatte, auch vom juristischen Standpunkt einer Prüfung zu unterziehen.

Frage. Bedarf es gesetzlicher Vorschriften darüber, unter welcher Voraussetzung ein Geisteskranker vor der Entmündigung in eine Anstalt gebracht und ein entmündigter Geisteskranker dort festgehalten werden darf?

Gutachter:	Berichterstatter:
Prof. Dr. Bernhöft (Rostock)	Geh.O.JR. Vierhaus (Berlin)
II. 210—220.	III. 281 ff.

Prof. Bernhöft hält eine gesetzliche Regelung für ein unabweisliches Bedürfnis. Dieser muß sich auch derjenige fügen, der zu Unrecht für geisteskrank gehalten wird, ebenso wie sich derjenige der Untersuchungshaft fügen muß, der zu Unrecht eines Vergehens beschuldigt wird. Aber es sind auch ähnliche Garantien zu schaffen wie bei der Untersuchungshaft.

Die Sicherheitshaft soll da eintreten, wo sie zur Sicherheit des Kranken selbst oder anderer Personen erforderlich ist. Es ist gleichgültig, ob eine Entmündigung erfolgt oder auch nur beabsichtigt ist. Die Beurteilung steht dem Arzte zu; die Ausstellung der erforderlichen Bescheinigung ist nur dem Physikus des Wohnortes oder des Aufenthaltsortes des Kranken zu übertragen. In Fällen unmittelbarer Gefahr kann eine vorläufige Sicherungshaft auch ohne Physikatsbescheinigung eintreten, doch muß diese unverzüglich nachgesucht und nachgebracht werden.

widrigenfalls die Entlassung aus der Haft erfolgt. Gegen die Verweigerung der Physikatsbescheinigung können der Polizeibehörde und den interessierten Personen Rechtsmittel gegeben werden. Ähnliche Rechtsmittel müssen andererseits auch dem angeblich Kranken zu Gebote stehen. Als Ort der Verbringung müssen staatliche Anstalten gewählt werden. Eine besondere Beachtung fordern diejenigen Fälle, in denen der Kranke bereits Verbrechen oder Vergehen begangen hat und nur wegen seiner Unzurechnungsfähigkeit nicht zur Strafe gezogen werden kann. Die Sicherheitshaft könnte hier in ähnlicher Weise geregelt werden wie die Zwangserziehung Minderjähriger. Freilich empfiehlt es sich nicht, Kranke dieser Art in den gewöhnlichen Irrenanstalten unterzubringen; es müßten besondere Anstalten errichtet werden, die dann auch zur Aufnahme solcher Personen dienen könnten, die eine Straftat begangen haben und beobachtet werden sollen, damit ihre Zurechnungsfähigkeit festgestellt wird.

Der Berichterstatter faßte seine Darlegungen dahin zusammen, daß er einen wirksamen Schutz gegen die ungerechtfertigte Unterbringung in eine Anstalt für geboten halte, daß es auch wünschenswert erscheine, die allgemeine Richtung, in der sich der Schutz zu bewegen habe, kurz zu kennzeichnen, daß aber die weitere Ausbildung den Einzelstaaten zu überlassen sei. Ob diese nach ihrer Verfassung zur Durchführung der einzelnen Maßregeln des Gesetzes bedürfen oder ob Verwaltungsanordnungen angebracht seien, sei eine Sache des inneren Staatsrechts.

Folgende Leitsätze des Berichterstatters wurden von der Abteilung zum Beschlusse erhoben:

Beschluß. I. Die Frage nach der Entmündigung wegen Geisteskrankheit oder Geistesschwäche und die Frage nach der Unterbringung oder Festhaltung eines Geisteskranken in einer Irrenanstalt sind verschiedener Natur und voneinander zu trennen. Die erste Frage fällt in das Gebiet der gerichtlichen Tätigkeit, die zweite in das Gebiet der Medizinalverwaltung. Eine Befassung der Gerichte mit der zweiten Frage würde weder deren Aufgabe entsprechen, noch sachgemäß sein.

II. Bei der schwerwiegenden Bedeutung, welche die Unterbringung oder Festhaltung in einer Irrenanstalt für den Betroffenen hat, empfiehlt es sich (abgesehen von einer strengen Beaufsichtigung der Anstalten)

1. bezüglich aller dahin gehenden Maßnahmen ausreichenden Rechtsschutz zu gewähren;

2. Fürsorge zu treffen, daß ein strafrechtliches Einschreiten gegen Mißbräuche auf Grund des § 239 StGB. tunlichst erleichtert wird.

III. Die zu II. empfohlenen Maßregeln hängen aufs engste mit den Einrichtungen der Verwaltung, insbesondere der Medizinalverwaltung zusammen. Eine reichsgesetzliche Regelung ist daher, selbst wenn sie nach Art. 4 Nr. 15 der Reichsverfassung zulässig sein sollte, nicht empfehlenswert.

Zu einem Reichs-Irrengesetze, in welchem die vom Juristentag erörterten Fragen zu regeln wären, ist es bis jetzt in Deutschland noch nicht gekommen. Der Vorentwurf eines neuen Strafgesetzbuches gibt jedoch dem Gericht die Befugnis, freigesprochene Geisteskranke im Interesse der öffentlichen Sicherheit in einer Irrenanstalt unterbringen zu lassen. Auch vermindert Zurechnungsfähige können nach Verbüßung der Freiheitsstrafe einer öffentlichen Heil- oder Pflegeanstalt überwiesen werden. Die für die Unterbringung erforderlichen Vorschriften sollen vom Bundesrat erlassen werden.

5. Entmündigung wegen Trunksucht.

19. DJT. Stettin 1888.

Der Entwurf I des BGB. (§§ 28, 29) sah die Entmündigung nur für Personen vor, die des Vernunftsgebrauches beraubt waren oder durch verschwenderische Lebensweise oder verschwenderische Geschäftsführung die Besorgnis rechtfertigten, daß sie sich oder ihre Familie dem Notstande preisgeben. Seitens verschiedener Körperschaften waren Eingaben an den Reichstag gerichtet worden, um die Entmündigung von Gewohnheitstrinkern anzuregen. Der Juristentag hielt es daher für angezeigt, auch seinerseits zu der Frage Stellung zu nehmen:

Frage. Ob und eventuell unter welchen Voraussetzungen empfiehlt es sich, eine Bestimmung darüber, daß eine Person wegen Trunksucht entmündigt werden kann, in das BGB. aufzunehmen?

Gutachter:	Berichterstatter:
Lammers (Bremen) I. 157—162	JR. Makower (Berlin.)
RA. L. Fuld (Mainz) II. 85—120	III. 213 ff.

Die beiden Gutachter wollen Trunksucht als Entmündigungsgrund neben demjenigen wegen Geisteskrankheit und Verschwendung zulassen bei Gewohnheitstrinkern, deren Zustand bereits geeignet ist, sie oder andere zu gefährden. Da durch die Entmündigung verhindert werden solle, daß der Trunksüchtige völlig unzurechnungsfähig werde, müsse es zulässig sein, ihn in eine Heilanstalt zu bringen und dort eine gewisse Zeit auch gegen seinen Willen festzuhalten. Die Familie sei gegen ihn zu schützen; ihm seien daher die elterlichen und ehemännlichen Rechte mit Ausnahme der Nutznießung zu entziehen. Im Interesse der Familie und des unterstützungspflichtigen Verbandes sei er in der Verwaltung seines Vermögens zu beschränken. Gutachter und Referent erwogen die Kautelen für die Zulässigkeit einer Entmündigung wegen Trunksucht und besprachen die Formen des vorzuschreibenden Verfahrens. — Die Abteilung vermied ein Eingehen auf diese Detailfragen und bejahte nur prinzipiell die Zulässigkeit einer solchen Entmündigung.

Ohne Beratung wurde der Antrag des Referenten mit überwiegender Majorität angenommen.

Beschluß. Es empfiehlt sich, folgende Bestimmung in das BGB. aufzunehmen: Eine Person, welche infolge der Trunksucht sich oder andere gefährdet, kann entmündigt werden. Hört dieser Zustand auf, so ist die Entmündigung wieder aufzuheben.

Schon der Entwurf II des BGB. schlug die Entmündigung wegen Trunksucht vor. Bei den Verhandlungen der Kommission bezog man sich zur Unterstützung ausdrücklich auf den Beschluß des Juristentages. (Vgl. Mugdan, Materialien 949.) Der § 6 Abs. 4 BGB. gestattet dementsprechend die Entmündigung einer Person, die infolge von Trunksucht ihre Angelegenheiten nicht zu besorgen vermag oder sich oder ihre Familie der Notstandsgefahr aussetzt oder die Sicherheit anderer gefährdet. Bei Fortfall des Entmündigungsgrundes ist die Wiederaufhebung der Entmündigung vorgeschrieben.

6. Adelsrecht.

25. DJT. Bamberg 1900.

Das EGBGB. (Art. 57 ff.) hält dem BGB. gegenüber das bisherige Sonderrecht des *hohen Adels* für die regierenden Häuser und die standesherrlichen Familien in gewissem Umfange aufrecht. Auch wahrt es das Familien- und Güterrecht der ehemaligen *Reichsritterschaft* und der ihr gleichgestellten Familien des *niederen Adels*. Im übrigen macht das BGB. zugunsten des niederen Adels keinerlei Vorbehalte für die Landesgesetzgebung, insbesondere auch dort nicht, wo es über das Namenrecht und über Erwerb und Verlust des Familiennamens Bestimmungen trifft. Dies veranlaßte die Ausstellung des vorliegenden Themas.

Frage. Werden durch das BGB. die Vorschriften über den Übergang und die Führung adeliger Namen berührt?

Gutachter:	Berichterstatter:
RGSenPräs. Frhr. v. Bülow (Leipzig) 24 III. 117—150.	Prof. Dr. Gierke (Berlin) 25 III. 43 ff.
Prof. Dr. Paul Krückmann (Greifswald) 24 III. 151—190.	GehJR. Dr. Wilke (Berlin) 25 III. 54 ff.
PrivDoz. Dr. Opet (Bern) 24 III. 191—210.	

Der erste Gutachter, Frhr. v. Bülow, führt aus: Das BGB. enthält keine ausdrücklichen direkten Bestimmungen darüber, wie der Adel erworben wird. Dagegen regelt es, unter Beseitigung aller bis dahin bestehenden landesrechtlichen Vorschriften, die Frage des Erwerbes eines bestimmten Familiennamens durch die Ehefrau, die ehelichen, die legitimierten, die angenommenen und die unehelichen Kinder. Das Wort „von" gehört bei den bürgerlichen Familien, die es ihrem Namen von alters her beigefügt haben, zum Familiennamen. Das gleiche gilt von den uralten Adelsgeschlechtern, die den Adel und das „von" vor ihrem Namen nicht verliehen erhalten, sondern den Namen sich selbst beigelegt, und dabei das Wort „von" — zur Bezeichnung ihres Stammsitzes oder Herkunftsortes — bei der Bildung ihres Namens verwendet haben. In beiden bezeichneten Fällen erhält eine Person zugleich mit dem Rechte, den „Familiennamen" zu führen, auch das Recht, den Namen mit dem „von" zu führen, da dieses nur ein Teil des Namens ist. Zweifelhaft ist es, ob bei dem modernen Briefadel das „von" die Bedeutung eines verliehenen Adelsprädikats hat, so daß nur Adelige den Namen mit diesem Zusatze führen dürfen, oder ob bei der Verleihung des Adelsstandes der Landesherr mit dem Adel auch den Familiennamen (einschließlich des „von") verleiht. Da der Monarch sowohl den Adelsstand und Adelsprädikate, als auch neue Namen mit dem Zusatze „von", sei es mit, sei es ohne gleichzeitige Verleihung des Adels verleihen kann, so kommt es hier wesentlich auf die Willensmeinung des Verleihenden und die Fassung der Diplome an. Die beim höheren Adel vorkommenden Bezeichnungen: „Freiherr", „Graf", „Fürst", „Herzog" sind nicht bloßer Teil des Familiennamens, sondern auch Adelstitel oder Adelsprädikate, so daß nur Personen, die dem Adelsstand angehören, diese Titel führen dürfen. Die Frage, ob und wie das Recht zur Führung der Adelstitel eines Geschlechts (Fürst, Graf, Freiherr) erworben wird, ist im BGB. nicht geregelt; es bleiben also die bisherigen Vorschriften in Kraft. Bei dem hohen Adel finden die Bestimmungen über Legitimation, Adoption und uneheliche

Kinder gemäß Art. 57 EGBGB. nur insoweit Anwendung, als nicht die Hausverfassungen oder die Landesgesetze abweichende Vorschriften enthalten. Damit sind auch die bisher geltenden landesgesetzlichen Bestimmungen aufrecht erhalten.

Prof. Krückmann kommt zu dem Ergebnis: Die Wörter „von", „zu", „auf" allein oder in Verbindung mit einem Artikel sind Bestandteil des adeligen wie des bürgerlichen Namens; die Titulaturen „Freiherr", „Baron", „Graf" usw. sind kein Bestandteil, sondern nur Pertinenz des adeligen Namens. Wo der Familienname übergeht, gehen auch die Wörter „von", „zu" „auf" allein oder mit einem Artikel auf denjenigen über, der den Familiennamen erwirbt. Dies gilt für den Namen der Ehefrau, der ehelichen, unehelichen und legitimierten, unehelichen und für ehelich erklärten Kinder; es gilt auch für den Fall, wenn der Ehemann der unehelichen Mutter deren unehelichem Kinde seinen Namen erteilt (§ 1706 Abs. 2 BGB.). Sind die unehelichen Kinder nicht legitimiert durch nachfolgende Ehe ihrer Eltern oder durch staatliche Ehelichkeitserklärung oder hat ihnen der Ehemann ihrer Mutter nicht seinen Namen gegeben, so erhalten sie den Namen ihrer Mutter, wenn sie von Adel ist, mit dem Worte „von" usw. Die adoptierten Personen erhalten ebenfalls den ungeschmälerten Familiennamen des Adoptierenden. Adelstitulaturen, wie „Graf", „Baron", „Freiherr" gehen auf Ehefrau und eheliche Kinder über. Uneheliche Kinder erwerben die Adelstitulatur ihrer Mutter nicht, ebensowenig Adoptierte das Adelsprädikat des Adoptierenden. Bei der Namensgebung gemäß § 1706 BGB. erhält das uneheliche Kind die Adelstitulatur des Ehemannes seiner unehelichen Mutter. Bei der Legitimation durch nachfolgende Ehe wird von dem Legitimierten das Adelsprädikat des Vaters erworben, bei der Legitimation durch Gnadenakt (§ 1723 ff. BGB.) nur dann, wenn es ihm durch landesherrliche Gnade mitverliehen wird.

PrivDoz. Opet faßt das Ergebnis seiner Untersuchungen dahin zusammen: Übergang und Führung der adeligen Namen der dem unmittelbaren hohen und dem ihm gleichgestellten Adel angehörenden Personen bestimmt sich nicht nach dem BGB., sondern nach den für Übergang und Führung des hohen Adels maßgebenden Normen des zum Bestandteil des Landesgesetzes gewordenen Privatfürstenrechts. Im Kreise dieser Adelsgruppe vollzieht sich der Übergang des adeligen Namens demnach nur zugunsten der ebenbürtigen Ehefrau und der aus standesmäßiger Ehe geborenen Kinder, nicht auch auf Grund außerehelicher Geburt, Adoption oder irgendeiner Form der Legitimation. Ein Verzicht auf das Adelsprädikat ist in Verbindung mit dem Verzicht auf die Adelszugehörigkeit zulässig.

Die landesrechtlichen Bestimmungen — bzw. innerhalb dieses Rahmens die über die Familienzugehörigkeit entscheidende autonome Satzung der einzelnen Adelsfamilie — regeln ferner Übergang und Führung der adeligen Namen im Kreise des mittelbaren hohen und des ihm gleichgestellten Adels. Auch hier ist daher ein Erwerb des adeligen Namens regelmäßig nur mittels ebenbürtiger Ehe und Geburt aus standesmäßiger Ehe möglich, andererseits muß der Namensträger mit dem Verzicht auf den Adelsstand auch auf die Führung des Adelsprädikats Verzicht leisten.

Übergang und Führung des adeligen Namens der Mitglieder des modernen Adels unterliegen verschiedenem, durch den Charakter des Adelsprädikates bestimmtem Rechte: Für die adeligen Namen sämtlicher Angehörigen des bayerischen, badischen, hessischen und mecklenburgischen Adels und der einen Stand im Rechtssinn bildenden Mitglieder des preußischen Adels bleiben die landesrechtlichen Vorschriften in Kraft. Der adelige Name wird hier lediglich in Verbindung mit der Standesangehörigkeit, also durch eheliche Geburt, Legitimation durch nachfolgende Ehe, Heirat und Verleihung erworben, während sein Übergang durch Adoption, Legitimation, durch Ehelichkeitserklärung und außereheliche Geburt ausgeschlossen ist. Das Wahlkind, das durch Ehelichkeitserklärung legitimierte und das uneheliche, erhalten daher den Familien- oder Geschlechtsnamen des Annehmenden, des Anerkennenden und der Mutter ohne das Adelsprädikat als Familiennamen. Mit dem Verzicht auf die Zugehörigkeit zum Adelsstande tritt für die Mitglieder dieser Adelskategorie der Fortfall des Rechts zur Führung des Adelsprädikats ein.

Für die übrigen adeligen Namen gelten dagegen die Übergang und Führung des Familiennamens regelnden Bestimmungen des BGB. Der Übergang der adeligen Namen vollzieht sich demnach hier durch eheliche wie durch außereheliche Geburt, durch Heirat, Adoption und beide Formen der Legitimation, sowie durch die Namenserteilung gemäß § 1706 Abs. 2, während die den Übergang ausschließenden oder an die Erfüllung besonderer Voraussetzungen knüpfenden landesrechtlichen Vorschriften außer Kraft treten.

Der Antrag der beiden Berichterstatter:

Beschluß. Durch das BGB. werden die Vorschriften über den Übergang und die Führung von Adelszeichen nicht berührt.

Die höheren Adelstitel, wie Freiherr, Graf, Fürst, Herzog, sind bloße Adelszeichen, nicht Namensbestandteile. Überwiegende Gründe sprechen dafür, bei adeligen Familienamen auch das einfache „von“ heute als bloßes Adelszeichen zu betrachten.

wurde in seinem ersten Satze einstimmig, in den zwei folgenden Sätzen mit überwiegender Mehrheit zum Beschlusse erhoben.

Es wird jetzt — in Übereinstimmung mit dem Reichsgericht — allgemein angenommen, daß die landesrechtlichen Vorschriften über den Übergang und die Führung der Adelszeichen durch die Vorschriften des BGB., insbesondere durch den § 12, nicht berührt worden sind. Insoweit der adelige Name nicht nur die Zugehörigkeit zu einer besonderen Adelsklasse zum Ausdrucke bringt, sondern auch dem allgemeinen Namenszwecke dient, ist er nicht bloß Adelprädikat, sondern Name und daher durch § 12 BGB. geschützt.

7. Das Recht am eigenen Bilde.

27. DJT. Innsbruck 1904.

Seitdem KGR. Keyßner in seiner Abhandlung „Das Recht am eigenen Bilde“ die Notwendigkeit der Anerkennung eines dem Urbilde zustehenden Persönlichkeitsrechts an der Abbildung vertreten hatte, war dieses neue Recht vielfach in der Literatur erörtert worden. Mit Rücksicht darauf, daß eine Neuregelung des Urheberrechts an Photographien in Deutschland geplant wurde, setzte die ständige Deputation dieses Thema auf die Tagesordnung.

Frage. Wieweit ist ein Recht am eigenen Bilde anzuerkennen und zu schützen?

Gutachter:	Berichterstatter:
Prof. Dr. Karl Gareis (Königsberg i. Pr.) **26 I.** 3—17.	RA. beim RG. Dr. Wildhagen (Leipzig) **27 IV.** 28 ff.
KGR. Dr. Keyßner (Berlin) **26 I.** 72—85.	Prof. Dr. Rietschel (Tübingen) **27 IV.** 52 ff.

Prof. Gareis führt aus: Jeder freie Mensch hat ein Persönlichkeitsrecht ebenso wie an seinem Körper so auch an dessen Abbilde. Die photographische Abbildung einer Person als Individuum und die Verbreitung einer solchen Abbildung setzt entweder die Zustimmung dieser Person oder eine polizeiliche Anordnung der zuständigen Behörde voraus; ist die abgebildete Person geschäftsunfähig oder in der Geschäftsfähigkeit beschränkt, dann kann die erwähnte Zustimmung durch den gesetzlichen Vertreter erteilt werden.

Ist die Person, deren Körper abgebildet wurde, verstorben, so findet der Absatz 3 des § 189 des StGB. entsprechende Anwendung.

Die Beleidigung im Sinne des § 185 StGB. kann auch durch unbefugte Herstellung oder Verwendung eines Abbildes eines lebenden oder verstorbenen Menschen begangen werden.

Keyßner vertritt den Standpunkt, daß, abgesehen von dem im öffentlichen Sicherheitsdienst entnommenen Abbilde, das Persönlichkeitsrecht am eigenen Bilde ein allgemein unentziehbares sei. Da das Recht am eigenen Bilde in der Rechtsprechung bereits zur Geltung gebracht ist, bedarf es keiner gesetzlichen Maßnahmen.

Der Berichterstatter, JR. Wildhagen, empfahl, ein besonderes Recht am eigenen Bilde nicht anzuerkennen.

Gegen mißbräuchliche Verbreitung oder öffentliche Schaustellung von Porträts und Porträtbüsten sei durch folgende gesetzliche Bestimmungen Schutz zu gewähren:

„Wird eine Person dadurch, daß ein anderer ihr Bildnis oder das Bildnis eines Angehörigen ohne besonderen Rechtsgrund verbreitet oder öffentlich zur Schau stellt, in der gebührenden Achtung verletzt, so kann sie von dem anderen Beseitigung der Beeinträchtigung verlangen, und, wenn weitere Beeinträchtigungen zu besorgen sind, auf Unterlassung klagen.

Der Verletzte kann auch wegen des Schadens, der nicht Vermögensschaden ist, eine billige Entschädigung in Geld verlangen.

Als Verletzung der der Person gebührenden Achtung ist es auch zu betrachten, wenn ihr gegenüber durch die Verbreitung oder öffentliche Schaustellung dasjenige Maß von Rücksicht außer acht gelassen ist, welches nach der Verkehrssitte jedermann geschuldet wird, wenn insbesondere dadurch Tatsachen, Vorgänge oder dergleichen der Öffentlichkeit preisgegeben werden, deren Veröffentlichung nach den herrschenden Anschauungen allein den Beteiligten zusteht.

Angehörige im Sinne dieser Vorschrift sind Ehegatten, Eltern und Kinder. Solange der Abgebildete selbst lebt, stehen ihm die Ansprüche aus dieser Vorschrift allein zu."

Der Korreferent, Prof. Rietschel, wollte ein Recht am eigenen Bilde nur anerkennen, soweit ein Interesse des Abgebildeten oder seiner Angehörigen durch Verbreitung oder öffentliche Zurschaustellung des Bildnisses verletzt wird, und auch dann nur gegenüber der photographischen, nicht gegenüber der künstlerischen Wiedergabe. Wenn der Abgebildete dem Verfertiger eines künstlerischen oder photographischen Bildnisses „gesessen" hat, so sollten sich die Befugnisse des Verfertigers nach den getroffenen Vereinbarungen, in Ermangelung solcher nach der Verkehrssitte bestimmen.

Das Ergebnis der Diskussion war die einstimmige Annahme des folgenden Antrages Enneccerus:

> **Beschluß.** Gegen die mißbräuchliche Verbreitung und öffentliche Schaustellung von Bildnissen ist gesetzlicher Schutz zu gewähren, wenn sie schutzwürdige Interessen verletzt, insbesondere wenn sie die schuldige Achtung verletzt oder Tatsachen der Öffentlichkeit preisgibt, deren Veröffentlichung nach den herrschenden Auffassungen nur den Beteiligten zusteht.

Das Recht am eigenen Bilde ist jetzt in gewissem Umfange durch die §§ 22, 23, 24 des Gesetzes betreffend das Urheberrecht an Werken der bildenden Künste und der Photographie vom 9. Januar 1907 anerkannt. Hiernach dürfen Bildnisse nur mit Einwilligung des Abgebildeten verbreitet oder öffentlich zur Schau gestellt werden. Die Einwilligung gilt im Zweifel als erteilt, wenn der Abgebildete dafür, daß er sich abbilden ließ, eine Entlohnung erhielt. Ohne diese Einwilligung dürfen jedoch verbreitet werden Bildnisse aus dem Bereiche der Zeitschriften, Bilder, auf denen die Personen nur als Beiwerk neben einer Landschaft erscheinen, Bilder von Versammlungen und Aufzügen und endlich Bildnisse, die nicht auf Bestellung angefertigt sind, sofern die Verbreitung einem höheren Interesse der Kunst dient. Für Zwecke der Rechtspflege und der öffentlichen Sicherheit dürfen von Behörden Bildnisse ohne Einwilligung des Berechtigten sowie des Abgebildeten vervielfältigt und verbreitet werden.

8. Recht an Briefen.

25. DJT. Bamberg 1900.

Nach dem im Jahre 1899 von der deutschen Reichsverwaltung veröffentlichten Entwurf eines Gesetzes betreffend das Urheberrecht an Werken der Literatur und Tonkunst sollte Schadensersatzpflicht und Strafe eintreten, „wenn jemand vorsätzlich solche Privatbriefe, an denen ein geschütztes Urheberrecht nicht besteht, und die noch nicht erlaubter Weise veröffentlicht worden sind, wörtlich oder dem Inhalte nach unbefugt öffentlich mitteilt; unbefugt ist eine Mitteilung, die ohne Einwilligung des Verfassers und des Eigentümers der Schrift erfolgt“ (vgl. § 44 Abs. 2). Die Frage, ob ein so weitgehender Schutz des Verfassers von Briefen am Platze sei, gab die Anregung zu dem vorliegenden Thema.

> **Frage.** Inwieweit sind an die Veröffentlichung von Briefen ohne die Einwilligung des Verfassers, bzw. seiner Erben, Rechtsnachteile zu knüpfen?

Gutachter:	Berichterstatter:
Prof. Dr. L. Mitteis (Leipzig) II. 42—64.	LGPräs. v. Pfaff (Tübingen) III. 141 ff.
RA. beim RG. Dr. Wildhagen (Leipzig) II. 118—146.	

Prof. Mitteis empfiehlt, die unbefugte Veröffentlichung fremder Briefe, auch wenn sie nicht schon als literarische Werke nach den allgemeinen Grundsätzen des Urheberrechts gegen eine solche geschützt sind, dann zu untersagen, wenn sie eine wörtliche Wiedergabe enthält. Als unbefugt soll eine Veröffentlichung gelten, wenn sie ohne Zustimmung des Verfassers und des Eigentümers der Briefe erfolgt. Die Wiedergabe soll jedoch erlaubt sein, wenn sie zur Wahrnehmung berechtigter Interessen erfolgt, oder wenn seit dem Tode des Verfassers zehn Jahre abgelaufen sind. Ebenso soll auf bloße öffentliche Mitteilungen über den Inhalt der Briefe ein Rechtsnachteil nicht gesetzt werden, soweit dieselben nicht ein spezielles Delikt begründen, wie Bruch der ärztlichen, amtlichen oder sonst besonders vorgeschriebenen Pflicht zur Verschwiegenheit. Die verbotene Veröffentlichung wäre mit Geldstrafe bis zu 1500 M., sowie Beschlagnahme und Vernichtung etwaiger mechanischer Vervielfältigungen zu bedrohen.

Für das Strafgesetzbuch beantragt Mitteis einen besonderen Paragraphen:

„Wer sich fremder, wenn auch unverschlossener Briefe, Telegramme, Aufzeichnungen oder sonstiger Schriftstücke bemächtigt, um deren Inhalt kennen zu lernen, oder sie dritten unberechtigten Personen auszuliefern, desgleichen wer eine in dieser Weise erlangte Mitteilung veröffentlicht oder zum Nachteil des Verfassers oder anderer Personen ausnutzt, wird bestraft.“

Wildhagen faßt das Ergebnis seiner Erörterungen dahin zusammen:

An die Veröffentlichung von Briefen ohne Einwilligung des Verfassers bzw. seiner Erben sind insoweit Rechtsnachteile zu knüpfen:

1. als der Verfasser auch der Absender ist und als nach seinem Tode nicht aus besonderen Gründen auf andere Personen als seine Erben die Rechte an den von ihm versandten Briefen übergegangen sind,

2. als die Veröffentlichung vorsätzlich geschieht und durch sie ein persönliches oder wirtschaftliches Interesse des Verfassers bzw. seiner Erben, welches vom Rechte zu schützen ist, gefährdet wird,

3. als die Veröffentlichung bei Lebzeiten des Verfassers oder innerhalb von 30 Jahren nach seinem Tode erfolgt,

4. als die Veröffentlichung nicht zur Verteidigung von Rechten oder zur Wahrnehmung berechtigter Interessen dient.

Die Versammlung brachte für den § 44 Abs. 2 des Entwurfes eines Gesetzes betreffend das Urheberrecht an Werken der Literatur und der Tonkunst, soweit er sich auf Privatbriefe bezieht, folgende Fassung in Vorschlag:

Beschluß. Das gleiche gilt, wenn jemand vorsätzlich Privatbriefe, die noch nicht erlaubterweise veröffentlicht worden sind, wörtlich oder dem Inhalte nach unbefugt öffentlich mitteilt.

Unbefugt ist eine Mitteilung, die ohne Einwilligung des Verfassers bzw. des Absenders und des Empfängers der Schrift erfolgt.

Nach dem Tode des Verfassers haben an seiner Stelle, soweit er nicht besondere Bestimmungen getroffen hat, dessen Erben über die Einwilligung zu befinden. Dieselbe ist als nicht gegeben zu betrachten, wenn auch nur ein Erbe widerspricht.

Die Vorschriften der Absätze 1 und 2 finden keine Anwendung, soweit die Mitteilung zur Wahrnehmung berechtigter Interessen erfolgt, oder wenn seit dem Tode des Verfassers zehn Jahre abgelaufen sind.

Ein Persönlichkeitsrecht an eigenen Briefen ist — abgesehen von deren urheberrechtlichem Schutze — bisher nicht durchgedrungen. Ein Rechtsschutz der Persönlichkeit ist daher auf diesem Gebiete nur gegen unerlaubte Handlungen gegeben und zwar gegen begangene im Wege der Schadensersatz- und Wiederherstellungsklage, gegen in Aussicht stehende im Wege der Unterlassungsklage. Während der Entwurf eines Gesetzes, betreffend das Urheberrecht an Werken der Literatur und Tonkunst, eine Strafbestimmung gegen unbefugte Veröffentlichung von Briefen, an denen ein Urheberrecht nicht besteht, enthielt, hat das Gesetz vom 19. Juni 1901 eine solche Vorschrift nicht aufgenommen.

9. Todeserklärung Verschollener.

21. DJT. Köln a. Rh. 1891.

Der Entwurf I des BGB. verstand unter einem „Verschollenen" denjenigen, betreffs dessen die Voraussetzungen vorliegen, unter denen die Todeserklärung zulässig ist. Nach § 5 des Entwurfes sollte nur ein Deutscher für tot erklärt werden können und zwar wegen nachrichtloser Abwesenheit innerhalb eines bestimmten Zeitraums (§ 6), wegen Kriegsverschollenheit, bei Auszug mit der bewaffneten Macht des Deutschen Reichs (§ 7) und wegen Seeverschollenheit (§ 8). Das gerichtliche

Urteil, welches nach einem in den §§ 9 ff. geregelten Aufgebotsverfahren die Todeserklärung auszusprechen hatte, sollte nicht bloß deklarative, sondern konstitutive Wirkung haben. Die Todeserklärung begründete nur die Vermutung, daß der Verschollene das Datum ihrer Erlassung nicht überlebt habe, dagegen nicht die Vermutung, daß er bis dahin gelebt habe. Anders wurde es hinsichtlich der passiven Beerbung des Verschollenen gehalten; für diese galt als Todesdatum das Datum der Todeserklärung. Hinsichtlich der aktiven Beerbung und der dem überlebenden Ehegatten in einem Ehevertrage eingeräumten Vorteile stellte der Entwurf in § 4 eine besondere Lebenspräsumtion auf, nämlich die Vermutung, daß die Person, über deren Leben oder Tod keine Gewißheit besteht, bis zum Ablauf des 70. Lebensjahres gelebt habe. Die Anfechtung des Ausschlußurteils sollte nach §§ 22 f. jedem, der ein rechtliches Interesse an der Aufhebung der Todeserklärung hatte, zustehen.

Das System des Entwurfes hatte heftige Angriffe hervorgerufen. Der DJT. beschäftigte sich darum mit dem vorliegenden Thema.

Frage. Empfiehlt sich die Beibehaltung der Grundsätze des Entwurfes eines BGB. über Verschollenheit und Todeserklärung?

Gutachter:	Berichterstatter:
Prof. Dr. Ed. Hölder (Erlangen) **20** I. 258—270.	Prof. Dr. Brunner (Berlin) **21** III. 173 ff.
RA. Dr. Heinsen (Hamburg) **20** I. 280—284.	

Der erste Gutachter, Hölder, war mit dem Entwurf in den Hauptpunkten der konstitutiven Bedeutung der Todeserklärung und ihrer Bedingtheit durch eine bestimmte Dauer der Verschollenheit einverstanden, wünschte aber daneben eine durch ein bestimmtes Maximalalter ipso iure eintretende Todesvermutung, sowie Änderungen in Ansehung der Behandlung des Verschollenen bis zur Todeserklärung, in Ansehung des Eintritts der Verschollenheit unter besonderen, die Wahrscheinlichkeit des Todes begründenden Umständen und betreffs der nur auf Antrag des Verschollenen durch gerichtliches Urteil wieder aufzuhebenden Wirkung der Todeserklärung.

RA. Heinsen empfahl, die Grundsätze des Entwurfes im allgemeinen beizubehalten, jedoch die Lebenspräsumtion des § 4 zu streichen, im § 5 die Beschränkung auf Deutsche, sowie im § 7 die Beschränkung auf diejenigen, welche mit einer deutschen Macht in den Krieg gezogen waren, fortzulassen und im § 14, der das Aufgebot betraf, eine Aufforderung zur Meldung an die unbekannten Gläubiger und Erben aufzunehmen.

Berichterstattung und Beratung unterblieben wegen Zeitmangels bei den Verhandlungen des 20. Juristentages, auf dessen Tagesordnung das Thema zunächst gesetzt war. Innerhalb der drei Jahre, welche bis zur Tagung in Köln hingingen, hatte die zur zweiten Lesung des Entwurfes eingesetzte Kommission den Entwurf erster Lesung in der Frage der Todeserklärung in einschneidender Weise abgeändert. Die Beschränkung der Todeserklärung auf Angehörige des Deutschen Reiches war gestrichen worden; es sollte der Regelung des internationalen Privatrechts vorbehalten werden, unter welchen Voraussetzungen ein Ausländer von einem deutschen Gerichte für tot erklärt werden könne. Unter die selbständigen Anlässe der Todeserklärung war die Unfallsverschollenheit aufgenommen worden. Die prozessualen Vorschriften über die Todeserklärung waren aus dem BGB. ausgeschieden und einer Novelle zur ZPO. zugewiesen worden, welche in das EGBGB. aufgenommen werden sollte. Entgegen den Motiven der ersten Lesung sprachen sich die Beschlüsse der zweiten Lesung für die deklarative Wirkung der Todeserklärung aus. Der Zeitpunkt des Todes sollte in dem Urteil, das die Todeserklärung ausspricht, festgestellt werden; als solcher Zeitpunkt war anzunehmen: bei der Todeserklärung wegen Verschollenheit das Ende der Verschollenheitsfrist, bei der Unfallsverschollenheit der Zeitpunkt des Unfalls, bei Kriegsverschollenheit der Zeitpunkt des Friedensschlusses oder der Beendigung des Krieges, bei Seeverschollenheit der Zeitpunkt, in welchem das Schiff nachweislich oder vermutlich untergegangen ist. Die Todeserklärung sollte nicht nur in formeller Hinsicht, sondern auch aus materiellen Gründen angefochten werden können; anfechtbar war auch die Feststellung des Todestages. Der Todesvermutung gaben die Beschlüsse der zweiten Kommission entgegen dem Entwurf I einen absoluten Charakter. Der Verschollene wurde in jeder Beziehung als verstorben angesehen, als verstorben an dem durch das Urteil festgestellten Todestage; es wurde zugleich vermutet, daß er bis dahin gelebt habe. Die Beschlüsse der zweiten Lesung kannten ferner eine von der gerichtlichen Todeserklärung unabhängige Lebensvermutung. Solange die Todeserklärung nicht erfolgt ist, wurde präsumiert, daß der Verschollene bis zu dem Zeitpunkt gelebt habe, der im Falle der Todeserklärung als Todesdatum zu betrachten wäre.

Der Berichterstatter, Prof. Brunner, konnte sich bei dieser Sachlage im wesentlichen darauf beschränken, für die Beschlüsse der zweiten Kommission einzutreten. Sein Antrag wurde einstimmig angenommen.

Beschluß. Es empfiehlt sich, im Einklang mit den Beschlüssen der zur zweiten Lesung eingesetzten Kommission:

1. die Unfallverschollenheit unter die Anlässe der Todeserklärung aufzunehmen;
2. den Tod des Verschollenen von dem Zeitpunkte zu datieren, in welchem der gesetzliche Wahrscheinlichkeitsgrund des Todes eingetreten ist;
3. mit der Vermutung des Todes die Vermutung zu verknüpfen, daß der Verschollene bis zu jenem Zeitpunkt gelebt habe.

Die von dem DJT. gebilligten Beschlüsse der zweiten Kommission sind ohne wesentliche Änderung Gesetz geworden; der § 8 des Entwurfes II, der die Anfechtung der Todeserklärung oder der im Urteil festgestellten Todeszeit behandelte, wurde in das BGB. nicht aufgenommen. Die Anfechtung ist im § 973 ZPO. im Anschluß an das Aufgebot zum Zwecke der Todeserklärung geregelt.

10. Körperschaftsbildung.

19. DJT. Stettin 1888.

Schon vor der Veröffentlichung des Entwurfes I des BGB., der die Entscheidung über Bestand oder Nichtbestand einer gemeinheitlichen Persönlichkeit dem Partikularrechte überlassen wollte, soweit nicht bestimmten Gattungen von Personenvereinen durch Spezialgesetze eine selbständige Rechtssubjektivität gesichert würde, hatte der DJT. die Frage der Körperschaftsbildung auf die Tagesordnung gestellt.

Frage. An welche rechtlichen Voraussetzungen kann die freie Korporationsbildung geknüpft werden?

Gutachter:
Prof. Dr. Rosin (Freiburg i. Br.) II. 135—152.
Prof. Dr. Gierke (Berlin) II. 259—311.

Berichterstatter:
Prof. Dr. Gierke (Berlin) III. 220 ff.

Beide Gutachter stimmen darin überein, daß es ein bedauerlicher Mißgriff des Entwurfes sei, die Frage der Körperschaftsbildung ungelöst zu lassen, und halten das Prinzip der freien Korporationsbildung für allein geeignet, zur Grundlage der künftigen Gesetzgebung gemacht zu werden. Prof. Gierke geht davon aus, daß an sich an den bloßen Tatbestand einer körperschaftlichen Existenz die Anerkennung derselben durch das Recht geknüpft werden solle; das Gutachten Rosins will dagegen jede Anerkennung als juristische Persönlichkeit von einer öffentlichen Konstatierung des Erwerbes der Persönlichkeit durch Eintragung in ein Register abhängig machen. Übereinstimmend verlangen die Gutachter die Einrichtung eines allgemeinen Vereinsregisters bei den Gerichten, in das solche Vereine eingetragen werden könnten, die nicht unter ein spezielles Gesetz fallen. Nach dem Gutachten Gierkes soll von der Eintragung in dieses Register nicht der Erwerb der juristischen Persönlichkeit abhängen, sondern nur deren volle Entfaltung, vor allen Dingen die Fähigkeit, als Rechtssubjekt im Grundbuche eingetragen zu werden. Während Rosin dieses Vereinsregister nur zur Eintragung von Vereinen mit nicht wirtschaftlichen Zwecken für erforderlich hält, ist Gierke der Ansicht, daß man auch wirtschaftlichen Vereinen insoweit die Eintragung in das Register gestatten solle, als sie nicht auf einen kaufmännischen oder gewerblichen Geschäftsbetrieb gerichtet sind.

Die Abteilung schloß sich dem Antrag des Berichterstatters an.

Beschluß. 1. Das BGB. hat, unter Vorbehalt der besonderen Reichs- und Landesgesetze über einzelne Körperschaftsgattungen, allgemeine Bestimmungen über Erwerb und Verlust der Körperschaftsrechte zu treffen.

Es hat dabei das Prinzip der freien Körperschaftsbildung zugrunde zu legen.

2. Privatrechtliche Körperschaften, welche nicht unter ein Spezialgesetz fallen — Vereine für ideale Zwecke und wirtschaftliche Vereine, wenn sie nicht auf einen kaufmännischen oder gewerblichen Geschäftsbetrieb gerichtet sind, — erlangen die öffentliche Anerkennung ihrer Persönlichkeit, wenn sie auf Grund gesetzlicher Normativbestimmungen in ein von den Gerichten geführtes Vereinsregister eingetragen sind.

Der Beschluß zu 1 wurde vom Plenum einstimmig, der zu 2 mit großer Mehrheit angenommen.

In der zweiten Lesung des Entwurfes eines BGB. beschloß die Kommission, in Übereinstimmung mit den Beschlüssen des DJT., die Bedingungen der Entstehung und Beendigung der juristischen Persönlichkeit privatrechtlicher Körperschaften im BGB. zu regeln. In § 23 des Entwurfes II wurde bestimmt, daß Vereine zu gemeinnützigen, wohltätigen, geselligen, wissenschaftlichen, künstlerischen oder anderen nicht auf einen wirtschaftlichen Geschäftsbetrieb gerichteten Zwecken die Rechtsfähigkeit durch Eintragung in das beim Amtsgericht geführte Vereinsregister oder durch staatliche Verleihung, andere Vereine in Ermangelung besonderer reichsgesetzlicher Vorschriften nur durch staatliche Verleihung erhalten sollten.

11. Eingetragene Vereine.

23. DJT. Bremen 1895.

Frage. Sind die Bestimmungen des Entwurfes eines bürgerlichen Gesetzbuches zweiter Lesung über eingetragene Vereine zu billigen.

Gutachter:
Prof. Dr. Leonhard (Marburg)
I. 249—276.

Berichterstatter:
Prof. Dr. Gierke (Berlin)
II. 14 ff.
JR. M. Levy (Berlin) II. 22 ff.

Der Gutachter billigt zwar die Grundzüge der Bestimmungen des Entwurfes II, namentlich das System der Normativbestimmungen und des Registerzwanges, bekämpft dagegen die grundsätzliche Ausschließung der sogenannten wirtschaftlichen Vereine von dem Vereinsrechte und die im Entwurfe zugelassene Auflösung von eingetragenen Vereinen, welche, entgegen ihren ursprünglichen idealen Zwecken, sich einem wirtschaftlichen Geschäftsbetriebe widmen. Er schlägt an Stelle des der Staatsbehörde eingeräumten Einspruchsrechts gegen die Eintragung politischer, sozialpolitischer und religiöser Vereine vor, solche Vereine überhaupt nicht für eintragungsfähig zu erklären.

Der erste Berichterstatter beharrte dem zweiten Entwurfe gegenüber bei seinem schon bei den Beratungen des 19. DJT. geltend gemachten Standpunkte freier, von jeder Förmlichkeit unabhängiger Körperschaftsbildung, wollte jedoch von diesem Standpunkt aus keinen positiven Abänderungsantrag stellen. Dagegen trat er dem Gutachten in dem Angriffe gegen den Ausschluß der wirtschaftlichen Vereine bei und tadelte scharf das Einspruchsrecht der Verwaltungsbehörde gegen die Eintragung politischer und namentlich sozialpolitischer Vereine sowie die im Entwurfe angedrohte Auflösung derjenigen Vereine, welche als nicht politische eingetragen, sich demnächst in politische oder sozialpolitische umwandeln sollten. Der erste Berichterstatter stellte den Antrag:

„Die Grundsätze des Entwurfes II über eingetragene Vereine sind insofern unannehmbar, als sie durch die Sonderbestimmungen über Vereine für wirtschaftliche und für politische, religiöse oder sozialpolitische Zwecke dem Vereinsleben den Rechtsschutz entziehen.

Will der Entwurf II die Anerkennung der Rechtspersönlichkeit eines Vereines von der Eintragung in ein Vereinsregister abhängig machen, so muß er sich auf die Aufstellung formeller Erfordernisse der Eintragung beschränken und jedem Vereine, dessen Bestand vom öffentlichen Rechte anerkannt wird, den Erwerb der Privatrechtsfähigkeit ermöglichen."

Demgegenüber beantragte der Korreferent, die Billigung der Grundsätze des Entwurfes auszusprechen, erklärte sich jedoch alsdann mit folgendem von Prof. Enneccerus (Marburg) gestellten Antrag einverstanden, der nach eingehender Diskussion in seinem ersten Teile gegen nur zwei Stimmen, in seinem zweiten Teile mit überwiegender Majorität von der Abteilung zum Beschlusse erhoben wurde.

Beschluß. Die Bestimmungen des Bürgerlichen Gesetzbuchs zweiter Lesung über eingetragene Vereine sind im wesentlichen zu billigen, namentlich ist die Wahl des Systems der Normativbedingungen und des Registerzwanges anzuerkennen.

Das Einspruchsrecht gegen die Eintragung politischer, sozialpolitischer und religiöser Vereine sowie die behördliche Auflösung der Vereine bedürfen einer Veränderung oder Klarstellung, indem den Vereinen gegen ungerechtfertigte Einsprüche oder Auflösungen ein wirksamer Schutz zu gewähren ist.

Das BGB. unterscheidet nur zwischen Vereinen, deren Zweck nicht auf einen wirtschaftlichen Betrieb gerichtet ist, und solchen, deren Zweck auf einen wirtschaftlichen Betrieb gerichtet ist. Erstere erlangen Rechtsfähigkeit durch Eintragung in das Vereinsregister des zuständigen Amtsgerichts (§ 21 BGB.), letztere, in Ermangelung besonderer reichsgesetzlicher Vorschriften, durch staatliche Verleihung.

Einem Vereine, der durch gesetzwidrige Beschlüsse das Gemeinwohl gefährdet, oder dessen Zweck nach der Satzung nicht auf einen wirtschaftlichen Geschäftsbetrieb gerichtet ist und der dennoch einen solchen Zweck verfolgt, oder einem Verein, der seiner Satzung zuwider einen politischen, sozialpolitischen oder religiösen Zweck verfolgt, kann die Rechtsfähigkeit entzogen werden (§ 43 BGB.). Beruht die Rechtsfähigkeit auf Verleihung, so kann sie dem Verein auch entzogen werden, wenn er einen anderen als den in der Satzung bestimmten Zweck verfolgt.

Ferner ist ein Einspruchsrecht der Verwaltungsbehörde gegen die Eintragung eines Vereines, der nach öffentlichem Rechte unerlaubt ist oder verboten werden kann oder der einen politischen, sozialpolitischen oder religiösen Zweck verfolgt, vorgesehen. Der Einspruch kann im Wege des Verwaltungsstreitverfahrens oder, wo ein solches nicht besteht, im Wege des Rekurses nach Maßgabe des §§ 20, 21 der GewO. angefochten werden (vgl. §§ 61, 62 BGB.).

12. Eigentumsvorbehalt an Maschinen.

29. DJT. Karlsruhe 1908.

Die ständige Rechtsprechung des Reichsgerichts versagte dem Eigentumsvorbehalt an Maschinen die Gültigkeit, weil die Maschine durch die Verbindung mit der Fabrik aufhöre eine selbständige Sache zu sein und darum auch nicht mehr Träger eines selbständigen Eigentumsrechtes sein könne. Der heftige und fast einmütige Widerspruch, welchen diese Judikatur sowohl in den beteiligten industriellen Kreisen als auch in der juristischen Literatur gefunden hat, veranlaßte den DJT., sich mit der vorliegenden Frage zu beschäftigen.

Frage. Sind besondere Vorschriften erforderlich und wünschenswert, um die Wirksamkeit des Eigentumsvorbehaltes an den mit einem Fabrikgebäude zu verbindenden Maschinen zu sichern?

Gutachter:	Berichterstatter:
Prof. Dr. Lenel (Freiburg) III. 1—38.	Prof. Dr. Enneccerus (Marburg) V. 113 ff.
OLGR. Niedner (Kiel) III. 92—128.	Prof. Dr. v. Neumann-Ettenreich (Wien) V. 127 ff.

Prof. Lenel führt aus, daß ein entschiedenes Bedürfnis dafür besteht, dem Eigentumsvorbehalt an Maschinen die rechtliche Anerkennung zu sichern. Würde das Reichsgericht sich entschließen, bei Auslegung der §§ 93, 94 BGB. der ratio legis die unerläßliche Beachtung zu schenken, so könnte unbedenklich von jeder Gesetzesänderung Abstand genommen werden. Die unklare Fassung der Paragraphen gibt der Auslegung Spielraum; ihre ratio aber liegt klar zutage: Sonderrechte an wesentlichen Bestandteilen werden um deswillen nicht zugelassen, damit nicht durch deren Geltendmachung um eines relativ kleinen Vorteils willen weit größere Werte zerstört werden, an deren Erhaltung die Volkswirtschaft ein Interesse hat. Die Praxis des RG., die von der Fiktion ausgeht, daß Gebäude und Maschinen eine untrennbare Einheit bilden, führt zu Entscheidungen, die durch die Tatsachen Lügen gestraft werden. Eine Änderung der Praxis des RG. wäre das wünschenswerteste Ziel; aber so, wie sie zu wünschen und notwendig wäre, ist sie nicht zu erwarten, Abhilfe auf Umwegen, durch Vermietung der Maschinen oder Bestellung einer beschränkten persönlichen Dienstbarkeit für den Maschinenlieferanten auf dem Grundstück des Abnehmers scheint unmöglich; wirksame Abhilfe kann nur durch Änderung der Gesetzgebung erfolgen, die die Fortsetzung der bisherigen Rechtsprechung unmöglich macht.

Dem § 455 BGB. wäre als Zusatz beizufügen:

„Wird eine bewegliche Sache, deren Eigentum sich der Verkäufer bis zur Zahlung des Kaufpreises vorbehalten hat, dergestalt mit einem Grundstücke verbunden oder in ein auf dem Grundstück befindliches Gebäude eingefügt, daß sie nach Maßgabe der §§ 93, 94 BGB. wesentlicher Bestandteil des Grundstücks werden würde, so verliert der Vorbehalt seine Wirksamkeit, wenn nicht der Verkäufer vor der Verbindung oder Einfügung der Sache die Eintragung des Vorbehalts in das Eigentumsvorbehaltsregister beantragt hat und daraufhin die Eintragung erfolgt ist. Die Eintragung erfolgt auf Grund einer einstweiligen Verfügung oder auf Grund der Bewilligung desjenigen, der als Eigentümer des Grundstücks im Grundbuch eingetragen ist.

Der Eigentumsvorbehalt verliert trotz der Eintragung seine Wirksamkeit, wenn die Lostrennung der Sache von dem Grundstück oder Gebäude nicht ohne dessen Zerstörung oder erhebliche Beschädigung oder nur mit unverhältnismäßigen Aufwendungen möglich ist.

Der Eigentumsvorbehalt erlischt mit Ablauf von . . . Jahren nach seiner Eintragung.

Gläubiger, zu deren Gunsten das Grundstück mit einer Hypothek, Grundschuld oder Rentenschuld belastet ist, können eine Sperre in das Eigentumsvorbehaltsregister eintragen lassen. Der Eintrag erfolgt auf Grund einer einstweiligen Verfügung oder auf Grund der Bewilligung desjenigen, der als Eigentümer in das Grundbuch eingetragen ist. Während der Dauer der Sperre können neue Eigentumsvorbehalte wirksam nur mit Zustimmung der Gläubiger eingetragen werden, zu deren Gunsten die Sperre eingetragen wurde. Die Aufhebung der Sperre erfolgt bei Aufhebung der einstweiligen Verfügung oder auf Grund der Bewilligung des Gläubigers. Der Gläubiger ist zur Bewilligung der Aufhebung verpflichtet, sobald das Recht erloschen ist, zu dessen Schutz die Eintragung der Sperre erfolgt war."

Niedner faßt seine Untersuchungen dahin zusammen, daß die Rechtsprechung des RG. nicht dem Gesetze entspreche und zugleich ein allgemeines volkswirtschaftliches Interesse schädige. Der Rechtszustand, wie er sich bei richtiger Auslegung der §§ 93, 94 Abs. 2, 98 BGB. ergibt, würde eine solche Schädigung nicht zur Folge haben. Die auch mit der richtigen Anwendung des Gesetzes für den Rechtsnachfolger des Eigentümers und die Konkurs- und Realgläubiger verknüpften Nachteile sind nicht eine Folge der in den §§ 93, 94 Abs. 2, 98 BGB. getroffenen Regelung, vielmehr eine Konsequenz der im § 455 BGB. erfolgten gesetzlichen Anerkennung des Eigentumsvorbehalts überhaupt. Auch mit der richtigen Anwendung des Gesetzes sind Nachteile verbunden, insofern im Hinblick auf die möglichen Verschiedenheiten in der tatsächlichen Beurteilung des Einzelfalles eine gewisse Unsicherheit der Rechtsprechung sich ergeben muß. Diese Nachteile sind nicht zu vermeiden. Die einlenkende Haltung, welche das RG. in der Entscheidung Bd. 67, 30 eingenommen hat, in Verbindung mit der Souveränität der unteren Gerichte in der tatsächlichen Feststellung läßt jedoch erwarten, daß die richtige Anwendung des Gesetzes wieder zur Geltung gelangt. Diesem Rechtszustande gegenüber würden die vorgeschlagenen Gesetzesänderungen oder die Nachahmung ausländischer Vorbilder eine Besserung nicht herbeiführen.

Der Berichterstatter vertrat gleichfalls den Standpunkt, daß die Rechtsprechung des RG. auf unrichtiger Gesetzesanwendung beruhe, weil es durchaus nicht zutreffend sei, daß jederzeit durch die Verbindung der Maschine mit einem Fabrikgebäude diese zu einem Bestandteil des letzteren werde. Die notwendige Änderung schien dem Berichterstatter nur auf dem Wege der Gesetzgebung erreichbar. Er befürwortete die Zulassung eines Vermerks im Grundbuche, durch welchen die Bestandteilseigenschaft der mit dem Grundstück oder Gebäude zu verbindenden Sachen ausgeschlossen werden kann. Sind die Sachen zum Ersatz abgetrennter Bestandteile mit dem Grundstück oder Gebäude verbunden, oder ist ihre Wiederlostrennung nur unter Zerstörung oder erheblicher Beschädigung des Grundstücks oder Gebäudes möglich, so ist dem Vermerke gegenüber den schon vor der Eintragung des Vermerks im Grundbuch eingetragenen Rechten dritter Personen die Wirksamkeit zu versagen, wenn diese der Eintragung des Vermerks nicht zugestimmt haben.

Der Korreferent bekämpfte in Übereinstimmung mit dem zweiten Gutachter den Vorschlag einer Gesetzesänderung.

Die Abteilung beschloß nach einem Antrag des JR. Dr. Neumann (Berlin):

> **Beschluß.** In Erwägung, daß das bestehende Recht kein Hindernis bietet, den wirtschaftlichen Bedürfnissen in Ansehung des Eigentumsvorbehalts an Maschinen zu genügen, hält der Juristentag eine Änderung der Gesetzgebung zurzeit nicht für geboten.

Von einer Änderung der Vorschrift des BGB. hat die deutsche Reichsregierung, nachdem sich das Reichs-Justizamt mit einer Umfrage an die Interessenten gewandt hatte, vor der Hand Abstand genommen, zumal das Reichsgericht in neueren Entscheidungen eine den Maschinenlieferanten günstigere Stellung eingenommen hat.

13. Pertinenzen.

20. DJT. Straßburg 1889.

Der Entwurf I des BGB. vertrat den Standpunkt, daß Rechtsgeschäfte über die Hauptsache sich im Zweifel auch auf das Zubehör erstreckten. Diese Regel (vgl. § 790) war in den Motiven als die für das Pertinenzverhältnis fundamentale bezeichnet worden. Der Juristentag beschäftigte sich deshalb mit der rechtlichen Stellung des Zubehörs.

Frage. Ist die im Entwurfe des BGB. angenommene Behandlung der Pertinenzen zu billigen, oder eine Abänderung derselben wünschenswert und in welchem Sinne?

Gutachter:	Berichterstatter:
RA. Dr. Hachenburg (Mannheim)	Prof. Dr. Hanausek (Wien)
III. 122—144.	IV. 138 ff.
Prof. Dr. Kohler (Berlin)	LR. Dove (Frankfurt a. M.)
III. 145—151.	IV. 147 ff.

Die beiden Gutachter betonen, daß die im § 790 des Entwurfes enthaltene Normierung des Pertinenzverhältnisses eine unzureichende sei, daß das Pertinenzverhältnis vielmehr als ein Verhältnis sachenrechtlicher Verbindung zwischen der Hauptsache und der Zubehörsache zu konstruieren sei. Hachenburg schlägt vor, an Stelle des § 790 zu sagen: „Rechtlich erhebliche Vorgänge, welche die Hauptsache unmittelbar betreffen, gelten auch als für das Zubehör eingetreten, mit Ausnahme der Zubehörstücke, welche nicht Eigentum des Eigentümers der Hauptsache sind." Materiell wollte jedoch Hachenburg die Bestimmung des § 790 nicht ganz aufgeben, er brachte dieselbe im wesentlichen in einem anderen Zusammenhange unter, indem er als § 359a des Entwurfes einfügte: „Ist eine einzelne bestimmte Sache zufolge Vertrags zu leisten, so erstreckt sich die Leistungspflicht im Zweifel auch auf die Zubehör der Sache." Kohler empfiehlt die Fassung: „Rechtsschicksale, welche die Sache betreffen, betreffen im Zweifel auch die Pertinenzen. Pertinenzen können nur zugleich mit der Hauptsache Gegenstand der Vollstreckung sein." Beide Gutachter stimmen mit dem Entwurfe darin überein, daß nur Mobilien Pertinenzen sein könnten. Es sei aber unrichtig, mit dem Entwurfe zu sagen, daß die Pertinenz der Hauptsache „diene"; Pertinenz und Hauptsache dienten vielmehr zusammen einem gemeinsamen Zwecke. Kohler hält es für angezeigt, die Definition des Pertinenzbegriffes der Wissenschaft zu überlassen, schlägt aber subsidiär vor, zu sagen: Pertinenz ist eine bewegliche Sache, welche zu einer Immobilie, ohne ihr Bestandteil zu werden, in eine derartige Beziehung gesetzt wird, daß das Ganze eine wirtschaftliche Einheit bildet; vorausgesetzt, daß diese Verbindung durch den Eigentümer der Immobilie oder für denselben erfolgt ist. Auch eine Mobilie kann Pertinenzen haben, sofern sie in der wirtschaftlichen Zweckerfüllung eine ausschlaggebende Bedeutung hat.

Hachenburgs Vorschlag lautet: Eine bewegliche Sache wird Zubehör einer anderen Sache (Hauptsache), wenn sie in Übereinstimmung mit der Verkehrssitte entweder zur Ausübung eines landwirtschaftlichen oder gewerblichen Betriebes auf ein Grundstück eingebracht oder einer Sache mit der Bestimmung, der Erfüllung ihres Zweckes zu dienen, beigefügt ist.

Der Korreferent erblickte mit den beiden Gutachtern in der sachenrechtlichen Verbindung zwischen Hauptsache und Zubehörsache die entscheidende Wirkung des Zubehörverhältnisses.

Der erste Berichterstatter war der Meinung, daß das Verhältnis zwischen der Zubehörsache und der Hauptsache nicht hinreichend gekennzeichnet sei, wenn bloß die Regel des § 790 des Entwurfes beibehalten werde. Er empfahl, dem Prinzipe sachenrechtlicher Verbindung zwischen Hauptsache und Zubehörsache nicht in einem allgemein gehaltenen Satze zuzustimmen, sondern dasselbe, soweit ein Bedürfnis dafür vorliege, in Einzelbestimmungen anzuerkennen. Seine drei Anträge wurden von der Abteilung zum Beschlusse erhoben.

Beschluß. 1. Es ist im Gesetze nicht auszusprechen, daß das die Zubehöreigenschaft begründende äußere Verhältnis zwischen Hauptsache und Hilfssache nur durch bestimmte Personen hergestellt werden könne.

2. Dem Grundsatze sachenrechtlicher Verbindung zwischen Hauptsache und Zubehör ist in einer Reihe von Einzelbestimmungen Rechnung zu tragen; daneben wären die Bestimmungen des Entwurfes über die Wirkungen des Zubehörverhältnisses im wesentlichen beizuhalten.

3. Das Zubehör einer Sache kann grundsätzlich nur mit derselben Gegenstand der Zwangsvollstreckung sein.

Die Definition des Zubehörbegriffes, welche der Entwurf I im Sachenrecht in den §§ 789 und 791 gab, findet sich im BGB. im Allgemeinen Teile in den §§ 97, 98. Hiernach sind Zubehör bewegliche Sachen, die dauernd dem wirtschaftlichen Zwecke der Hauptsache dienen und zu ihr in einem dieser Bestimmung entsprechenden räumlichen Verhältnisse stehen. Ein weiteres Erfordernis des Zubehörbegriffes ist, daß die Sachen im Verkehr als Zubehör der Hauptsache angesehen werden. Die Auslegungsregel des Entwurfes I (§ 790) ist im zweiten Buche des BGB. als § 314 untergebracht; nach dieser Bestimmung erstreckt sich die Verpflichtung zur Veräußerung oder Belastung einer Sache im Zweifel auch auf das Zubehör. Anwendungsfälle des Grundsatzes der Miterstreckung der die Hauptsache betreffenden Rechtsgeschäfte auf das Zubehör finden sich in §§ 470 (Wandelung wegen Mängel), 498 (Wiederkauf), 926 (Übertragung des Eigentums an einem Grundstücke), 1031, 1062 (Bestellung und Aufhebung des Nießbrauchs), 1093 (Wohnungsrecht), 1096 (Vorkaufsrecht), 2164 (Vermächtnis einer Sache). Sachenrechtliche Wirkungen des Pertinenzverhältnisses sind vorgesehen bei Eigentumsübertragung an Grundstücken (§ 926), Nießbrauch (§ 1031), Wohnungsrecht (§ 1093), Vorkaufsrecht (§ 1036), bei der Erstreckung der Hypothek, Grundschuld und Rentenschuld auf das Zubehör (§§ 1120, 1192, 1199) und bei dem Pfandrecht an einem im Schiffsregister eingetragenen Schiffe und an einer Schiffspart (§§ 1265, 1272).

Die Zwangsvollstreckung in das Zubehör unbeweglicher Sachen ist in § 865 ZPO. geregelt; hiernach unterliegt die Pertinenz ebenso wie das Grundstück selbst lediglich der Immobiliarzwangsvollstreckung.

14. Anfechtung wegen Irrtums.

20. DJT. Straßburg 1889.

Der Bestimmungen des Entwurfes I des BGB. über den Irrtum bei Willenserklärungen waren von der Kritik, insbesondere von Bähr, auf das lebhafteste angegriffen worden. Der Juristentag stellte deshalb die Irrtumsanfechtung zur Erörterung.

Frage. Empfiehlt sich die Beibehaltung der Vorschriften, welche der Entwurf des BGB. im Allgemeinen Teil (§§ 98—102) über den Irrtum bei Willenserklärungen aufstellt?

Gutachter:	Berichterstatter:
OLGR. Heinsheimer (Karlsruhe) III. 3—22.	Prof. Dr. Hölder (Erlangen) IV. 83 ff.
Prof. Dr. R. Leonhard (Marburg) III. 23—101.	Prof. Dr. Zitelmann (Bonn) IV. 101.

Der erste Gutachter, Heinsheimer, gelangt zu dem Ergebnisse, daß sich die Beibehaltung der Vorschriften des Entwurfes mit kleinen Modifikationen empfehle.

Leonhard will die allgemeinen Grundsätze über die rechtliche Behandlung des Irrtums bei Rechtsgeschäften der wissenschaftlichen Feststellung nicht durch Gesetzesvorschriften entzogen wissen. Den Anschauungen des zweiten Gutachters schloß sich der Berichterstatter im wesentlichen an, während der Korreferent sich energisch dagegen erklärte, eine Lücke im Gesetze zu belassen. Sein Antrag — mit einem Abänderungsvertrage des Prof. Dr. Enneccerus (Marburg) — wurde fast einstimmig angenommen.

Beschluß. Die §§ 98—102 sind nach folgenden Grundsätzen zu ändern:

§§ 98, 99. Wer in dem Ausdrucke seines Willens fehl griff, oder wer eine Verwechselung beging, kann die Willenserklärung anfechten, wenn der Fehlgriff oder die Verwechselung einen nach der allgemeinen Verkehrssitte wesentlichen Punkt betraf.

Er muß jedoch demjenigen, der auf die Gültigkeit der Willenserklärung vertraute, den dadurch erlittenen Schaden ersetzen. Auch nicht vermögensrechtlicher Schaden kommt in Betracht. Der § 222, welcher eine Kompensation des gegenseitigen Versehens gestattet, findet Anwendung.

§ 101. Dem Fehlgriff im Ausdrucke steht es gleich, wenn die Willenserklärung durch die Personen oder Anstalten, welche der Erklärende zur Übermittelung seiner Erklärung gewählt hat, entstellt übermittelt wird, höhere Gewalt ausgenommen.

Die §§ 100 und 102 sind zu streichen.

In Übereinstimmung mit dem Juristentag, auf dessen Beschlüsse auch Bezug genommen wird (z. B. Prot. 232), ist im BGB. dem bei Abgabe einer Willenserklärung Irrenden oder demjenigen, dessen Erklärung durch die von ihm zur Übermittelung gewählte Person oder Anstalt unrichtig übermittelt ist, ein Anfechtungsrecht gewährt (§ 119 ff.), während der Entwurf I Nichtigkeit der Willenserklärung vorschrieb, wenn der Mangel der Übereinstimmung des wirklichen mit dem erklärten Willen auf einem Irrtum des Urhebers oder fälschlicher Mitteilung durch die benutzte Mittelsperson beruht. Die Schadensersatzpflicht des Erklärenden gegenüber dem auf Giltigkeit der Erklärung vertrauenden Empfänger ist, im Gegensatze zum Entwurf I, nach § 122 BGB. unabhängig von einem Verschulden des Irrenden gegeben; sie umfaßt nur das sog. negative Vertragsinteresse; die Berücksichtigung nicht vermögensrechtlichen Schadens ist durch § 253 BGB. ausgeschlossen. — Der § 102 des Entwurfes I, nach welchem der Irrtum im Beweggrund auf die Giltigkeit eines Rechtsgeschäfts ohne Einfluß sein sollte, ist nach dem Vorschlage des Juristentages im BGB. fortgelassen. Der § 100 des Entwurfes I ist entgegen dem Beschlusse des Juristentages nicht gestrichen worden; er findet sich modifiziert im § 155 BGB.

15a. Formfreiheit von Verträgen.

10. DJT. Frankfurt a. M. 1872.

Der 5. Juristentag (vgl. unten unter VI Ziff. 8) hatte sich dahin ausgesprochen, daß für die Beweislichkeit eines Rechtsgeschäfts die schriftliche Form nicht von Bedeutung sein sollte. Diese Frage des materiellen Prozeßrechtes berührt sich mit dem vorliegenden Thema.

Frage. Soll auch, abgesehen von Handelssachen, die Giltigkeit der Verträge von der Beobachtung der schriftlichen Form unabhängig sein?

Gutachter:
Prof. Dr. Harum (Wien)
I. 59—62.
Adv. Dr. v. Feistmantel (Wien)
I. 112—121.

Berichterstatter:
OTrDir. v. Kübel (Stuttgart)
II. 36 ff.

Die beiden Gutachter bejahen die gestellte Frage im Allgemeinen, jedoch mit dem Vorbehalt von Ausnahmen für gewisse Arten von Verträgen; als solche werden beispielsweise Schenkungen sowie Ehe- und Erbverträge genannt. Der zweite Gutachter fügt noch hinzu, daß, wo Ausnahmen aus Gründen der öffentlichen Sicherheit zu statuieren seien, die bloße Schriftlichkeit nicht genüge, sondern die Errichtung einer gerichtlichen oder notariellen Urkunde vorgeschrieben werden müsse.

Die überwiegende Mehrheit der Abteilung beschloß:

Beschluß. Die Giltigkeit von Verträgen soll, auch abgesehen von Handelssachen, von der Beobachtung der schriftlichen Form in der Regel unabhängig sein.

Das BGB. wird von dem Prinzipe der Formfreiheit beherrscht. Nur für einzelne bestimmte Verträge ist Schriftform (§ 126), gerichtliche oder notarielle Beurkundung (§ 128), Abgabe der Vertragserklärungen vor Gericht oder Notar bei gleichzeitiger Anwesenheit beider Teile sowie öffentliche Beglaubigung (§ 129) vorgeschrieben.

15b. Beschränkung des Grundsatzes der Formfreiheit der Verträge.

22. DJT. Augsburg 1893.

Von dem Grundsatze der Formfreiheit hatten die Entwürfe zum BGB. im Recht der Schuldverhältnisse nur wenige Ausnahmen gemacht.

Gerichtliche oder notarielle Beurkundung erforderten sie für den Vertrag, der die Verpflichtung zur Übereignung eines Grundstückes enthielt, für ein Abkommen, durch welches die Übertragung des ganzen Vermögens oder eines Bruchteils desselben auf einen anderen vereinbart oder ein Nießbrauch daran bestellt wurde, sowie für das Schenkungsversprechen; ferner sollten das abstrakte Schuldversprechen und der Anerkennungsvertrag der Schriftform unterstehen. Die Kritik vermißte jedoch einen Formzwang besonders bei der Bürgschaft. Die ständige Deputation des Juristentages stellte darum abermals die Formfreiheit von Verträgen zur Erörterung.

Frage. Empfiehlt es sich, den Grundsatz der Formlosigkeit der Verträge in bezug auf gewisse Verträge, z. B. die Bürgschaft zu beschränken?

Gutachter:	Berichterstatter:
LR. Dove (Frankfurt a. M.) I. 326—347.	Prof. Dr. Brunner (Berlin) IV. 56 ff. Prof. Dr. Enneccerus (Marburg) IV. 66 ff.

Der Gutachter beleuchtete Vorteile und Nachteile der Form in Anlehnung an die einzelnen dafür in Betracht kommenden Verträge und kam zu dem Ergebnis, daß überwiegende Bedenken gegen eine Beschränkung der Formfreiheit sprächen. Im Gegensatz zu ihm trat der Berichterstatter für die Einführung einer Vertragsform bei Bürgschaft, Kreditauftrag, Schuldübernahme und Leibrentenvertrag ein. Er forderte für die zu formalisierenden Verträge jedoch nicht beiderseitige Unterzeichnung derselben Urkunde, oder bei Aufnahme mehrerer gleichlautender Urkunden, Unterschrift der für den Vertragsgegner bestimmten durch jede Vertragspartei; die Schriftform sollte durch Begebung des schriftlichen Versprechens, also auch bei Vertragsschluß durch Briefwechsel oder Telegramm gewahrt sein. Der Korreferent sprach sich gegen jede weitere Beschränkung der Formfreiheit aus. Die Abteilung schloß sich dem Antrage des Referenten an.

Beschluß. Es empfiehlt sich, das Erfordernis einer schriftlichen Form für Eingehung von Verbindlichkeiten über die im Entwurfe zweiter Lesung gezogenen Schranken hinaus auszudehnen. Insbesondere scheint es angemessen, die Bürgschaft, den Kreditauftrag, die Schuldübernahme und die Leibrentenverträge unbeschadet der Heilung des Formmangels durch Ausführung des Vertrages an eine schriftliche Form zu binden.

Das BGB. schreibt zur Gültigkeit des Bürgschaftsvertrages schriftliche Erteilung der Bürgschaftserklärung vor; Erfüllung der Hauptverbindlichkeit durch den Bürgen heilt den Formmangel (§ 766). Für den Kreditauftrag und die Schuldübernahme ist im Gesetz eine Form nicht bestimmt. Die sog. kumulative Schuldübernahme ist vom Reichsgericht in ständiger Praxis der Formvorschrift des § 766 BGB. unterstellt worden. Die Rechtswirksamkeit eines Leibrentenvertrages ist in § 761 BGB. von der schriftlichen Erteilung des Leibrentenversprechens abhängig gemacht.

16. Anfechtung wegen laesio enormis.

7. DJT. Hamburg 1868.

Der **Antrag**:

Die Anfechtbarkeit der Verträge wegen Verletzung über die Hälfte (laesio enormis) ist aus den deutschen Zivilgesetzgebungen zu beseitigen,

wurde, da der Berichterstatter Gneist den Bericht nicht erstatten konnte, ohne Diskussion mit großer Majorität angenommen.

Das BGB. hat die Anfechtbarkeit von Veräußerungsverträgen wegen laesio enormis nicht aufgenommen.

17. Unvordenkliche Verjährung.

16. DJT. Kassel 1882.

Die Kommission zur Ausarbeitung eines BGB. hatte beschlossen, das Rechtsinstitut der unvordenklichen Verjährung nicht in das BGB. aufzunehmen und hinsichtlich der dem Landesrecht überlassenen Rechtsverhältnisse auch diesen Gegenstand landesgesetzlicher Regelung vorzubehalten. Noch vor der Publikation der Motive war deshalb das vorliegende Thema auf die Tagesordnung gesetzt worden.

Frage. Soll im deutschen Bürgerlichen Gesetzbuche die unvordenkliche Verjährung als Grund des Erwerbes, bzw. Verlustes von Rechten und eventuell bei welchen Aufnahme finden?

Gutachter:	Berichterstatter:
Prof. Dr. Strohal (Graz) I. 117—130.	Prof. Dr. Enneccerus (Marburg) II. 52 ff.
Prof. Dr. Leonhard (Göttingen) I. 241—309.	
Adv. Dr. Pann (Wien) I. 310—339.	

Strohal kommt in seinem Gutachten zu dem Ergebnis:

I. Die unvordenkliche Verjährung ist im deutschen BGB. weder als Grund des Erwerbes noch als Grund des Verlustes von Rechten anzuerkennen.

II. Insoweit die unvordenkliche Verjährung auf dem Gebiete des gemeinen Rechts wirklichen und auch im heutigen Rechtsleben als berechtigt anzuerkennenden Bedürfnissen entspricht, ist sie anderweitig zu ersetzen.

III. Demgemäß empfiehlt sich insbesondere

a) die Zulassung einer den Gemeingebrauch ganz oder teilweise ausschließenden Ersitzung bei solchen res publicae, die nur zufolge besonderer Widmung, also nicht schon vermöge ihrer natürlichen Beschaffenheit, dem Gemeingebrauche dienen,

b) die umfassende Anerkennung des Prinzips, daß solche Rechte, bei welchen dem Berechtigten ein dauernd Belasteter oder Verpflichteter gegenübersteht, durch Nichtgebrauch während bestimmter Zeit erlöschen.

Leonhard spricht sich zwar gegen das Institut der unvordenklichen Verjährung im technischen Sinne aus, empfiehlt aber für das Zivilgesetzbuch das Institut speziell nur bei der Privilegienersitzung auszuschließen, es im übrigen gar nicht zu erwähnen, um nicht mit den in der unvordenklichen Zeit liegenden Beweismomenten und den Grundsätzen über die Verteilung der Beweislast in Konflikt zu geraten.

Für den Fall, daß das Institut Erwähnung im Gesetze finden sollte, werden folgende Gesetzesparagraphen empfohlen:

1. Die Entstehung, Änderung oder Aufhebung von anderen Rechten kann durch einen unvordenklichen Zustand geschehen, welcher ihr Bestehen, ihre veränderte Gestalt oder ihr Nichtbestehen wahrscheinlich macht.

2. Unvordenklich im Sinne von Nr. 1 ist ein Zustand, dessen Beginn in keiner Weise mehr erwiesen werden kann.

3. Wer einen unvordenklichen Zustand behauptet, braucht nur zu erweisen, wie lange derselbe besteht. Es liegt in dem Ermessen des Richters, einen Zeitraum, welcher kürzer als 30 Jahre ist, zu dem Nachweise einer unvordenklichen Zeit für ungenügend zu erklären.

4. Der unter 3 aufgeführte Beweis wird entkräftet, falls der Beginn des angeblich unvordenklichen Zustandes erwiesen wird. Der bloße Nachweis, daß der gegenwärtige Zustand irgendeinmal angefangen haben müsse, genügt nicht.

Das Gutachten Pann erklärt das Institut der unvordenklichen Verjährung für vollkommen entbehrlich sowohl im öffentlichen wie im Privatrecht.

Die Abteilung beschloß:

Beschluß. a) Die unvordenkliche Verjährung ist im deutschen Zivilgesetzbuche als Grund des Erwerbes oder Verlustes von Rechten nicht anzuerkennen.

b) Wo die Begründung oder Aufhebung der Rechte oder der rechtlichen Bestimmung einer Sache durch Zeitablauf den Bedürfnissen des heutigen Rechtslebens — insbesondere nach der im Zivilgesetzbuch eintretenden Normierung des Grundbuchrechts — noch entspricht, ist eine Ersitzung oder Verjährung mit bestimmter Zeitdauer anzuerkennen.

Das BGB. hat den Begriff der unvordenklichen Verjährung nicht aufgenommen. Sie findet daher nur noch nach Maßgabe der Landesgesetze bei denjenigen Rechten statt, in betreff deren nach dem EGBGB. die Landesgesetze unberührt blieben.

18. Verjährung.

20. DJT. Straßburg 1889.

Der Entwurf I des BGB. war der Windscheid'schen Lehre insofern gefolgt, daß er an die Stelle der Klageverjährung eine Anspruchsverjährung gesetzt hatte. Die kritische Beurteilung, welche der Begriff der Anspruchsverjährung erfuhr, führte zu dem vorliegenden Thema.

Frage. Ist der Begriff der Anspruchsverjährung im Sinne des Entwurfes eines BGB. beizubehalten?

Gutachter:	Berichterstatter:
RGR. Dr. Bähr (Kassel)	Prof. Dr. Pfaff (Wien)
I. 285—305.	IV. 31 ff.
Prof. Dr. Hanausek (Wien)	Prof. Dr. Fischer (Greifswald)
I. 306—332.	IV. 44 ff.

Der erste Gutachter, Bähr, stellte folgende Thesen zur Beschlußfassung:

1. Die aus dem Begriffe der „Anspruchsverjährung" abgeleitete Folge, daß bei Verjährung dinglicher „Ansprüche" das „Recht" fortbestehe, entspricht keinem praktischen Bedürfnis, führt vielmehr zu Unzuträglichkeiten.

2. Die im Entwurf und noch mehr in den Motiven unklar gehaltene Lehre von der „Verjährung der Einreden" ist dahin zu beschränken, daß auf eine bereits vor Eintritt der eingeklagten Forderung verjährte Forderung keine Einrede der Aufrechnung gegründet werden kann; daß dagegen in gewissen Verhältnissen, wo man eine Befristung der Einrede eintreten lassen will, die Einrede auch schon durch eine Anzeige bei dem Gegner

erhalten werden kann. Vor allem aber ist zum Schutze wider ein gegen Treu und Glauben verstoßendes Handeln eine der römischen exceptio doli entsprechende Einrede im Entwurf aufzunehmen, welche keiner Verjährung unterliegt.

3. Der Grundsatz, daß die Aufrechnung, sobald sie geltend gemacht wird, als ipso jure eingetreten anzusehen sei, ist nicht bloß halb sondern ganz durchzuführen, und deshalb ist es, sobald beide Forderungen einander gegenüberstehen, ungerechtfertigt, die Verjährung derselben fortlaufen zu lassen.

Professor Hanausek faßt sein Gutachten dahin zusammen:

1. Dem Zwecke des Verjährungsinstituts und den eigenen Bestimmungen des Entwurfes entspricht es, die Verjährung als Klageverjährung zu bezeichnen und zu konstruieren. Durch diese Bezeichnung wird ausgedrückt, daß die primäre Wirkung der Verjährung die ist, das Begehren um Anspruchsbefriedigung durch Klage auszuschließen. Gegenstand der Klageverjährung ist nicht das prozessuale und darum den zivilistischen Verjährungsgrundsätzen nicht unterworfene Klagerecht (der Rechtsschutzanspruch), sondern der materiellrechtliche Anspruch. Durch die Aufnahme der Klageverjährung ist man aber keineswegs gehindert, behufs Bezeichnung des subjektiven Privatrechts in seiner Richtung gegen den Verpflichteten den Ausdruck Anspruch anzuwenden.

2. Die Verjährungseinrede ist gegenüber jeder klageweisen Geltendmachung des von der Verjährung betroffenen Anspruchs zuzulassen, also nicht nur gegenüber einer Klage auf Anspruchsbefriedigung, sondern auch gegenüber einer Klage auf Feststellung des Anspruchs. Und zwar soll die Verjährungseinrede auch die Feststellung des von der Verjährung betroffenen Anspruchs als eines naturalen, bzw. des trotz eingetretener Verjährung fortbestehenden dinglichen oder sonstigen absoluten Rechtes hindern. Akzeptiert man diese Sätze, dann umfaßt das Wort Klage in der Bezeichnung Klageverjährung sowohl die auf Anspruchsbefriedigung, wie die auf Anspruchsfeststellung gerichtete Klage.

3. Insoweit ein Bedürfnis vorliegt, auch die einredeweise Geltendmachung eines von der Verjährung betroffenen Anspruchs zu verwehren, ist dies für jede einzelne Einrede besonders zu normieren. Unselbständige Einreden, bezüglich welcher auszusprechen wäre, daß sie von der eingetretenen Verjährung mit betroffen werden, sind z. B. die Einreden zur Geltendmachung der in den §§ 383, 385, 404 Abs. 1 und 569 des Entwurfs (BGB. §§ 462, 463, 487, 633—636) normierten Ansprüche. Unselbständige Einreden, für welche sich diese Behandlung nicht empfiehlt,

sind die Einreden des nicht erfüllten Vertrages und des obligatorischen Retentionsrechts. Daß der Entwurf eine eigene Einredeverjährung, d. h. eine Verjährung selbständiger Einreden nicht kennt, ist zu billigen.

4. Der durch § 281 Abs. 2 (BGB. § 390) ausgesprochene Satz, daß eine Forderung, welcher die Verjährungseinrede entgegensteht, nicht aufrechenbar ist, verdient Billigung. Insofern es für zweckmäßig erachtet wird, für gewisse, einer kurzen Verjährungsfrist unterworfene Forderungen die Aufrechenbarkeit nach eingetretener Verjährung unter bestimmten Voraussetzungen zu wahren, wäre eine scharf begrenzte Ausnahmebestimmung in den Entwurf aufzunehmen.

In der Abteilung zeigte sich Einverständnis über den negativen Satz, der von dem Berichterstatter an erster Stelle beantragt war.

Beschluß. Die Anspruchsverjährung im Sinne des Entwurfes eines Bürgerlichen Gesetzbuchs ist nicht beizubehalten.

Von den fünf Grundsätzen über die Wirkung der Verjährung, welche die Berichterstatter übereinstimmend vorgeschlagen hatten, sind vier angenommen worden. Die beiden ersten:

Beschluß. Ein Pfandrecht braucht durch die bloße Schuldverjährung nicht zum Untergang gebracht zu werden.

und:

Es muß rechtlich möglich bleiben, auf die verjährte Schuld Leistungen zu machen, deren Rückforderung ausgeschlossen ist.

befanden sich in Übereinstimmung mit dem Entwurfe. Dagegen standen die beiden anderen Sätze mit ihm in Widerspruch.

Beschluß. Es muß die Geltendmachung der Verjährung unterworfener Rechte und Rechtsverhältnisse im Wege der Feststellungsklage oder Einrede ausgeschlossen sein.

und:

Die Aufrechnung mit verjährten Forderungen ist zu gewähren, wenn zur Zeit des Eintritts der Möglichkeit der Aufrechnung die Verjährung noch nicht vollendet war.

Das BGB. (§ 194) hat den Begriff der „Anspruchsverjährung" aus dem Entwurf I übernommen. Die von dem Juristentage gebilligte Stellungnahme des Entwurfes bezüglich der Fortdauer des Pfandrechts trotz der Schuldverjährung ist im BGB. (§ 223) beibehalten; die Rückforderung des zur Befriedigung eines verjährten Anspruchs Geleisteten wird in Übereinstimmung mit dem Entwurf und dem Beschlusse des Juristentages durch § 222 BGB. ausgeschlossen.

Dem vom Juristentag aufgestellten Grundsatz über die Möglichkeit der Aufrechnung mit verjährten Forderungen entspricht die gesetzliche Regelung in § 390 Satz 2 BGB.

19. Höhere Gewalt.

22. DJT. Augsburg 1893.

Der Entwurf I des BGB. wollte den Begriff der höheren Gewalt mehrfach anwenden. Die Haftung der Gastwirte für die von den Gästen eingebrachten Sachen sollte sich bis zu den Fällen der höheren Gewalt erstrecken (§ 626), die Hemmung der Verjährung sollte unter Anderem auch dann eintreten, wenn der Berechtigte an der Geltendmachung des Anspruchs durch höhere Gewalt verhindert war (§ 165), die Versäumung der dem Erben gesetzten Inventarfrist, die durch höhere Gewalt veranlaßt war, sollte keine rechtlichen Nachteile für den Säumigen haben (§ 2038). Diese zum Teil neuen Anwendungsfälle der vis major gaben Anlaß zur Erörterung dieser Materie.

Frage. Empfiehlt sich die Anwendung des Begriffes der höheren Gewalt im bürgerlichen Rechte?

Gutachter:	Berichterstatter:
RA. Dr. Gelpcke (Berlin) I. 348—385.	Prof. Dr. Pfersche (Graz) IV. 104 ff.
Prof. Dr. v. Schey (Graz) II. 42—62.	PrivDoz. Dr. Biermann (Berlin) IV. 111.

Beide Gutachter kommen von verschiedenen Standpunkten aus zur Verneinung der gestellten Frage. Auch die Berichterstatter wollten die vis major im bürgerlichen Rechte nicht aufgenommen wissen, weil sie im bisherigen Rechte in einer Reihe von Fällen nichts weiter sei als Zufall, also ein besonderer Name, aber kein besonderer Begriff, in anderen Fällen zwar ein engerer Begriff als Zufall, auf diesen engeren Begriff aber der Ausdruck vis major nicht passe, und weil ein einheitlicher Begriff der höheren Gewalt weder im bisherigen Rechte noch im Sprachgebrauch des täglichen Lebens sich gebildet habe.

Der Antrag der Referenten wurde von der Abteilung einstimmig zum Beschlusse erhoben.

Beschluß. Die Anwendung des Begriffes der höheren Gewalt im bürgerlichen Rechte ist nicht zu empfehlen; es muß vielmehr gefordert werden, daß das Gesetz überall, wo der Begriff der höheren Gewalt bisher in Frage gekommen ist, die jeweilig zugrunde liegenden Rechtsgedanken in positiver Weise zum Ausdruck bringe.

Das BGB. verwendet den Begriff der höheren Gewalt in Übereinstimmung mit dem Entwurfe bei der Hemmung der Verjährung (§ 203), bei der Ersatzpflicht des Gastwirts für Verlust oder Beschädigung der von den Gästen eingebrachten Sachen (§ 701) und bei der dem Erben für die Inventarerrichtung bestimmten Frist (§ 1996).

B. Recht der Schuldverhältnisse.

1. Gemeinsame Gesetzgebung für das Obligationenrecht.

1. DJT. Berlin 1860.

Es lag vor der **Antrag** des Prof. Dr. Unger (Wien) I. 128:

Der Juristentag wolle

1. aussprechen, es sei dringend wünschenswert, daß im Anschluß an das deutsche Wechsel- und Handelsrecht und zur Anbahnung eines gemeinsamen deutschen Zivilgesetzbuches sofort die Abfassung eines allgemeinen deutschen Gesetzes über das Obligationenrecht unternommen werde;
2. die ständige Deputation beauftragen, die deshalb erforderlichen Schritte bei den deutschen Regierungen zu tun.

Im Plenum referierte Prof Dr. Jhering (vgl. I. 225 ff.).

Beschluß. Es wird ausgesprochen, daß, da die Abfassung eines gemeinsamen Zivilgesetzbuches höchst wünschenswert, ja ein dringendes Bedürfnis sei, die Umstände zurzeit aber die Ausführung dieses Unternehmens nicht gestatten, es notwendig sei, mindestens eine gemeinsame Gesetzgebung für das Obligationenrecht herbeizuführen.

Die Plenarversammlung erklärte zugleich, daß der Juristentag nur seine Überzeugung über die an ihn gebrachten Anträge auszusprechen, nicht aber die Beschlüsse in irgendeiner offiziellen Weise an die Regierungen zu bringen habe.

Schon am 6. Februar 1862 beschloß der Deutsche Bundestag die Ausarbeitung eines allgemeinen Gesetzes über Rechtsgeschäfte und Schuldverhältnisse einzuleiten.

2. Wuchergesetzgebung.

6. DJT. München 1867.

In fast keinem deutschen Staate war das Prinzip der Zinsfreiheit konsequent durchgeführt. Die gesetzlichen Zinsbeschränkungen lasteten insbesondere auf den Gewerbetreibenden und Grundbesitzern, denen die Kapitalaufnahme beim Mangel an Kreditsicherungsmitteln unmöglich war. Die ständige Deputation des DJT. stellte darum die Frage der Aufhebung der Wuchergesetze zur Beratung.

Frage. Sind die Wuchergesetze aufzuheben, und ist die Feststellung des Zinsfußes lediglich der Vereinbarung des Paziszenten zu überlassen?

Gutachter:	Berichterstatter:
Prof. Dr. Goldschmidt (Heidelberg) I. 227—271.	Dr. Jaques (Wien) III. 82 ff., 325 ff.
Dr. Schaffrath (Dresden) I. 395—421	

Der erste Gutachter, Goldschmidt, bejaht unbeschränkt die zweite Frage, die erste mit Beschränkung der Zinsfreiheit bei öffentlichen und privilegierten privaten Pfandleihanstalten und beim Anatozismus.

Dr. Schaffrath bejaht beide Fragen, will aber formelle Beschränkungen zulassen, wenn nur die materielle Vertragsfreiheit dadurch unberührt bleibt.

Der auf Antrag des Berichterstatters einstimmig gefaßte Abteilungsbeschluß wurde vom Plenum mit Stimmeneinheit akzeptiert.

Beschluß. Die Wucherstrafgesetze und diejenigen Bestimmungen der Zivilgesetzgebung, welche bisher aus dem in Geltung bestehenden Grundsatze der Beschränkung der Zinsfreiheit erfließen, sind aufzuheben.

Die Festsetzung des Zinsfußes ist der Vereinbarung der Paziszenten zu überlassen.

Durch Gesetz vom 14. November 1867 wurden für Deutschland in Übereinstimmung mit dem Beschlusse des DJT. die Zinsfreiheit eingeführt und die Wucherstrafgesetze aufgehoben. Unerfreuliche Erfahrungen führten jedoch bald zu einer Reaktion. Zwar erfolgte nicht die Wiedereinführung eines gesetzlichen Höchstbetrags der Zinsen, wohl aber traten die Reichsgesetze vom 24. Mai 1880 und 19. Juni 1893 durch zivil- und strafrechtliche Vorschriften dem Wucher energisch entgegen. Die Strafstimmungen dieser Gesetze sind noch in Kraft als §§ 302a bis e des StGB.; die privatrechtliche Vorschrift des Art. 3 ist durch Art. 47 EGBGB. aufgehoben, so daß zurzeit die §§ 134, 138, 812 ff., 823 ff. BGB. die zivilrechtlichen Wirkungen des Wuchers regeln. Das Gesetz, betreffend die vertragsmäßigen Zinsen vom 14. November 1867 ist seit dem Inkrafttreten des BGB. außer Geltung (Art 39 EGBGB.). Seine Vorschriften sind durch das das Recht der Schuldverhältnisse beherrschende Prinzip der Vertragsfreiheit ersetzt.

Ganz ähnlich war die Entwickelung in Österreich. Hier war die Zinsfreiheit durch Gesetz vom 14. Juni 1868 eingeführt worden, worauf der Wucher in nie geahnter Weise wieder um sich griff. Nach dem Vorbilde des deutschen Gesetzes von 1880 erging sodann das Gesetz vom 28. Mai 1881, das darauf ausgeht, unter prinzipieller Wahrung der unbeschränkten Zinsfreiheit dem Wucher energisch zu begegnen.

3. Konventionalstrafe.

20. DJT. Straßburg 1889.

Der Entwurf I des deutschen BGB. ging davon aus, daß eine Beschränkung der Konventionalstrafe in Ansehung der Höhe der Strafe, sei es durch ein absolutes Verbot, sei es durch Bestimmung eines richterlichen Ermäßigungsrechtes nicht angezeigt sei, daß die Festsetzung ihrer Höhe vielmehr für alle Fälle, vorbehaltlich der Bestimmungen über den Wucher, der freien Vereinbarung der Parteien überlassen bleiben sollte. Der Juristentag stellte deshalb das vorliegende Thema zur Erörterung.

Frage. Soll die Konventionalstrafe im künftigen deutschen Gesetzbuche lediglich der freien Vereinbarung unterliegen oder an gesetzliche oder richterliche Schranken gebunden werden?

Gutachter:	Berichterstatter:
LR. Dr. Koffka (Berlin) II. 3—32.	Prof. Dr. Gierke (Berlin) IV. 66 ff.
RA. Dr. Simon (Berlin) II. 33—46.	JR. Makower (Berlin) IV. 69 ff.

Die beiden Gutachter stellten sich auf den Standpunkt des Entwurfes. In Übereinstimmung mit den Ausführungen der Motive hielten sie die bisherigen Beschränkungen der Konventionalstrafe für Ausflüsse veralteter Anschauungen, für Reste einer bevormundenden Fesselung des Verkehrs.

Im Gegensatze zu den Gutachtern hat die Abteilung den Antrag des Berichterstatters fast einstimmig zum Beschlusse erhoben.

Beschluß. Bei allen Konventionalstrafen bedarf es eines richterlichen Ermäßigungsrechtes.

Schon der Entwurf II des BGB. hat den Standpunkt des Entwurfes I verlassen. Die Protokolle (S. 1572) beziehen sich zugunsten einer richterlichen Beschränkung übermäßiger Konventionalstrafen ausdrücklich auf den Beschluß des Juristentages.

Im BGB. selbst findet sich im § 343 eine von der zweiten Kommission hinzugefügte Vorschrift, welche für verwirkte unverhältnismäßig hohe Vertragsstrafen auf Antrag des Schuldners Herabsetzung auf den angemessenen Betrag ermöglicht. Nach der Entrichtung der Strafe ist die Herabsetzung ausgeschlossen.

4. Haftung des Arbeitgebers für kontraktliches Verschulden seiner Arbeiter.

17. DJT. Würzburg 1884.

Den 17. DJT. beschäftigte eine der wichtigsten Fragen des Schadensersatzes und der Haftpflicht, welche die Jurisprudenz wie die Volkswirtschaft in gleicher Weise berührt.

Frage. Wieweit hat der Arbeitgeber für das Verschulden seiner Arbeiter zu haften?

Gutachter:

RGR. Dr. Dreyer (Leipzig) I. 46—124.

Prof. Dr. Otto Mayer (Straßburg i. E.) I. 125—136.

Prof. Dr. Rudolf Leonhard (Halle) I. 337—394.

Berichterstatter:

Adv. Dr. Jaques (Wien) II. 80 ff.

Prof. Dr. Enneccerus (Marburg) II. 95 ff.

Das Gutachten Dreyer kommt, wesentlich vom Französischen und Englisch-Amerikanischen Rechte ausgehend, zu folgenden Sätzen:

1. Der Anspruch auf Erfüllung einer Verbindlichkeit oder auf Schadensersatz wegen Nichterfüllung wird nicht dadurch beseitigt oder aufgehoben, daß die Nichterfüllung oder nicht gehörige Erfüllung auf das Verschulden eines zur Erfüllung verwendeten Arbeiters zurückzuführen ist.

2. Außerhalb eines obligatorischen Verhältnisses oder abgesehen von demselben hat der Arbeitgeber für das Verschulden seines Arbeiters insofern und insoweit zu haften, als das Verschulden in Ausführung der dem Arbeiter übertragenen Verrichtungen begangen worden ist.

3. Überdies haftet der Arbeitgeber aus seinem eigenen Verschulden; als solches kann auch die schuldhafte Auswahl des Arbeiters und unter besonderen Umständen der Mangel an Beaufsichtigung desselben angerechnet werden.

Zur Begründung dieser Sätze gibt das Gutachten unter Berücksichtigung der Gesetze und der Rechtsprechung nähere Ausführungen über die Haftung aus eigenem Verschulden, Übernahme der Haftung, Haftung auf Grund eines obligatorischen Verhältnisses und aus der Pflicht zur Vertretung.

Das Gutachten Mayer gelangt, besonders vom Standpunkte des Französischen Rechtes, zu dem Satze:

„der Arbeitgeber haftet für seine Leute, wenn sie in Ausführung seiner Aufträge rechtswidrigen Schaden zufügen",

jedoch mit der Maßgabe, daß für außerordentliche Verhältnisse, speziell für gefährliche Betriebe, noch besondere Bestimmungen notwendig seien.

Das Gutachten Leonhard geht vom Standpunkte des Römischen Rechtes aus, behandelt in doktrinärer und kasuistischer Weise die Haftung für Ausführung des Vertrages, die ausnahmsweise Haftung wegen Zufalls, und die Haftung aus dem Arbeiterverhältnis als solchem und stellt dann folgende Sätze auf:

1. Ein Arbeitgeber haftet für das Verschulden seiner Arbeiter nur insoweit er diese Haftung durch Vertrag übernommen hat oder ausnahmsweise aus besonderen Gründen auch für unverschuldeten Schaden einstehen muß.

   Über die bisherigen Ausnahmevorschriften des gemeinen Rechtes hinaus ist dieser Grundsatz nicht einzuschränken.

2. Inwieweit der Arbeitgeber durch Übernahme einer bestellten Arbeit eine Schadensersatzpflicht für das Verhalten seiner Arbeiter auf sich nimmt, ist im einzelnen Falle durch Vertragsauslegung zu bestimmen.

   Übernimmt jemand eine Arbeit, an welcher Gehilfen unter seiner Aufsicht tätig sein sollen, so gilt es im Zweifel als selbstverständlich (d. h. als stillschweigend verabredet), daß er für allen Schaden haftet, welchen die Gehilfen dem Besteller durch eine Nichtbeachtung der ihnen zu erteilenden Verhaltungsmaßregeln zufügen sollten.

Der Antrag der beiden Referenten wurde einstimmig angenommen.

Beschluß. In obligatorischen Verhältnissen haftet der Arbeitgeber für jedes von seinen Arbeitern in Ausführung der ihnen übertragenen Verrichtungen begangene Verschulden.

Nach § 278 BGB. haftet der Schuldner einer Leistung für Verschulden seiner Hilfspersonen bei der Erfüllung seiner Verbindlichkeit in gleichem Umfange wie für eigenes Verschulden.

5. Haftung des Arbeitgebers für außerkontraktliches Verschulden seiner Arbeiter.

18. DJT. Wiesbaden 1886.

Nachdem sich der 17. DJT. für die Haftpflicht des Arbeitgebers für Verschulden seiner Arbeiter innerhalb des obligatorischen Vertragsverhältnisses ausgesprochen hatte, beschäftigte sich der 18. DJT. mit der Haftung für außervertragliches Verschulden.

Frage. Wieweit soll der Arbeitgeber für außerkontraktliches Verschulden seiner Arbeiter haften?

Gutachter:	Berichterstatter:
RGR. Dr. Petersen (Leipzig)	RGR. Dr. Petersen (Leipzig)
I. 275—304.	II. 67 ff.
	OLGR. Heinsheimer (Karlsruhe)
	II. 83 ff.

Das Gutachten führt aus, es müsse von jedem, der sich mit der Rechtssphäre eines anderen in Berührung bringt, die Aufwendung derjenigen Sorgfalt verlangt werden, welche notwendig ist, um die Verletzung fremden Rechtes zu vermeiden. Ebenso wie aus der vertragsmäßigen Verpflichtung zur Erfüllung der übernommenen Verbindlichkeit die Haftung für die Vernachlässigung der Sorgfalt abgeleitet wird, der sich die Gehilfen in der Erfüllung der übernommenen Verpflichtung schuldig machen, ist aus der erwähnten Verpflichtung auch unabhängig von einem Vertragsverhältnisse eine Haftbarkeit gegenüber Dritten zu folgern, für die Vernachlässigung der Sorgfalt, der sich die Gehilfen schuldig machen und durch welche Dritte geschädigt werden. Schon im Haftpflichtgesetze wird eine derartige Verpflichtung aufgestellt. Namentlich wenn es sich um den Betrieb von gefährlichen Gewerben handelt, muß der Geschäftsherr, wenn er die Handlung nicht selbst vornimmt, sie durch Personen vornehmen lassen, für deren Diligenz er die Garantie übernehmen kann. Anderenfalls würde die im § 2 des Haftpflichtgesetzes enthaltene Vorschrift nicht zu rechtfertigen sein. Ein besonderes Verschulden des Arbeitgebers, z. B. eine culpa in eligendo vel custodiendo wird auch hier nicht vorausgesetzt. Insbesondere kann ein solches auch in dem Betriebe des gefährlichen Gewerbes, den das Gesetz ja gestattet, nicht gefunden werden. Wird die Haftbarkeit streng auf diejenigen Versehen der Arbeiter beschränkt, welche bei Ausführung der denselben übertragenen Dienstverrichtungen begangen wurden, so wird die Schadensersatzpflicht kaum je als Härte oder Ungerechtigkeit empfunden werden. Eventuell kann man den Arbeitgeber zwar in der Regel für das bei Ausführung der Dienstverrichtung begangene Verschulden des Arbeiters haften lassen, ihn aber von der Haftbarkeit dann befreien, wenn er nachweist, daß er seinerseits alles aufgeboten hat, um die für Dritte aus der mangelhaften Ausführung drohenden Gefahren abzuwenden.

Der Antrag der beiden Berichterstatter wurde von der Abteilung angenommen.

Beschluß. Es empfiehlt sich, die Arbeitgeber außerhalb obligatorischer Verhältnisse für den von ihren Arbeitern einem anderen zugefügten Schaden insoweit für haftbar zu erklären, als die Beschädigung in Ausführung der den Arbeitern übertragenen Verrichtungen begangen worden ist.

Die außerkontraktliche Haftung des Geschäftsherrn für Verschulden des von ihm mit einer Verrichtung Betrauten ist im § 831 BGB. im Sinne des Juristentagsbeschlusses geregelt. Dem Geschäftsherrn ist eine Ersatzpflicht für den Schaden auferlegt, den ein Angestellter bei Ausführung der ihm übertragenen Verrichtung einem Dritten widerrechtlich zufügt; der Geschäftsherr soll sich durch den Nachweis befreien können, daß er bei der Auswahl der bestellten Person und, sofern er Vorrichtungen oder Gerätschaften zu beschaffen oder die Ausführung der Verrichtung zu leiten hat, hierbei die erforderliche Sorgfalt beobachtet hat, oder daß der Schaden auch bei Anwendung der erforderlichen Sorgfalt entstanden sein würde.

6. Änderung des § 313 BGB.

28. DJT. Kiel 1906.

Gegen die Bestimmung des § 313 BGB., durch den für den obligatorischen Grundstücksveräußerungsvertrag gerichtliche oder notarielle Form eingeführt wurde, hatte bald nach dem Inkrafttreten des BGB. eine lebhafte Bewegung eingesetzt. Diese gab den Anstoß zur Aufstellung der

Frage: Empfiehlt sich die Änderung der Vorschrift des § 313 BGB., nach der die obligatorische Verpflichtung zur Übertragung eines Grundstückseigentums an gerichtliche oder notarielle Beurkundung des Vertrages geknüpft ist?

Gutachter:
JR. Drost (Köln) **26** I. 18—26.
JR. Dr. J. Stranz (Berlin) **26** II. 105—147.
RA. Karl Haenschke (Berlin) **26** 389—392.

Berichterstatter:
OLGPräs. Hamm (Bonn) **28** III. 22 ff.
JR. Dr. Stranz (Berlin) **28** III. 35 ff.

Die Gutachter kommen zu entgegengesetzten Ergebnissen. JR. Dorn tritt für die Beseitigung des § 313 ein und will für den obligatorischen Veräußerungsvertrag mündliche Abrede genügen lassen. Gleichzeitig befürwortet er, die Bestimmung des § 98 GBO., derzufolge durch Landesgesetz bestimmt werden kann, daß das Grundbuchamt die Erklärung der Auflassung nur entgegennehmen soll, wenn die nach § 313 BGB. erforderliche Urkunde vorgelegt wird, zum Reichsgesetze zu erheben, um durch die öffentliche Beurkundung darauf hinzuwirken, daß unklare Bestimmungen und absurde Abreden beseitigt und vermieden würden.

JR. Stranz und RA. Haenschke vertreten den Standpunkt, daß sich eine Änderung der Vorschrift des § 313 BGB. nicht empfiehlt, weder in bezug auf die Formfrage noch in bezug auf die Frage der Heilung des Formmangels. Selbst die Erwägung, ob der § 313 vielleicht auf die Veräußerung ländlicher Grundstücke zu beschränken ist, sei abzuweisen.

Der erste Berichterstatter verlangte für die obligatorischen Veräußerungsverträge die Einführung der schriftlichen Form, statt der gerichtlichen oder notariellen Beurkundung. Weiterhin empfahl er die Streichung des § 313 Satz 2 BGB. und des § 98 GBO., da der zweite Satz des § 313 BGB. die Heilung des Formmangels durch die Auflassung behandle, während § 98 GBO. die Landesgesetzgebung ermächtige, dem Grundbuchrichter die Auflassung ohne formgemäßen Vertrag und damit diese Heilung zu verbieten. In § 313 Satz 1 wollte Hamm hinter „zu übertragen" die Worte „oder zu erwerben" einschieben und den Zusatz machen: „Formlose Nebenabreden oder Änderungen des Vertrages gelten als nicht vereinbart."

Der Korreferent beharrte bei der in seinem Gutachten für den 26. DJT. vertretenen Ansicht, daß Änderungen des § 313 sich nicht empfehlen, und zwar zunächst aus wirtschaftspolitischen und sozialen Gründen. Überdies bedeute der Zwang zur öffentlichen Beurkundung einen Schutz gegen Übervorteilung und Ausbeutung, namentlich der bäuerlichen Bevölkerung, durch bodenwucherische Geschäfte. Endlich falle die Mitwirkung einer Amtsperson auch dafür ins Gewicht, daß sie eine größere Gewähr für Richtigkeit und Vollständigkeit der Beurkundungen gibt.

Der Antrag des Korreferenten wurde mit großer Mehrheit zum Beschlusse erhoben.

Beschluß. Änderungen des § 313 BGB. empfehlen sich nicht.

7. Schadensersatz wegen Nichterfüllung.

27. DJT. Innsbruck 1904.

Bei der Auslegung des BGB. stellte sich die Mehrzahl der Kommentatoren, insbesondere Planck, auf den Standpunkt, der Schadensersatz wegen Nichterfüllung bestehe bei einem gegenseitigen Vertrag in der Vergütung des Schadens, den der Schadensersatzberechtigte dadurch erleidet, daß die geschuldete Leistung nicht bewirkt wird; seinerseits aber habe der Schadensersatzberechtigte die ihm obliegende Leistung zu bewirken. Von anderer Seite (vgl. besonders Schöller, Gruchots Beitr. 44, 603; Staub HGB.: RG. 50, 262) wurde demgegenüber der Schadensersatzanspruch wegen Nichterfüllung als ein Differenzanspruch behandelt. Der Schadensersatzberechtigte sollte seine Leistung einbehalten und den Schaden einklagen können, den er dadurch erlitten hat, daß der Gegner seine Leistung nicht bewirkte, abzüglich des Wertes der einbehaltenen Leistung. Zur Klärung der Streitfrage sollte die Erörterung auf dem Juristentage beitragen.

Frage. Worin besteht der Schadensersatz wegen Nichterfüllung eines gegenseitigen Vertrages?

Gutachter:	Berichterstatter:
Prof. Dr. Kipp (Berlin) I. 249—296.	Prof. Dr. Strohal (Leipzig) IV. 112 ff.
PrivDoz. Dr. Robert v. Mayr (Wien) II. 167—200.	RA. Dr. Hugo Neumann (Berlin) IV. 134.

Die Ausführungen des ersten Gutachters gelangen zu den Thesen:

1. Nach den §§ 325, 326 BGB. kann der Berechtigte als Schadensersatz wegen Nichterfüllung die Differenz zwischen seinem Interesse an der Leistung des Gegners und dem Werte verlangen, den das Behalten der eigenen Leistung für ihn hat.

2. Soweit aber die sonstigen Vorschriften des BGB. dem Gläubiger ein Recht auf Schadensersatz wegen Nichterfüllung geben, steht dieses Recht dem Gläubiger auch auf Grund eines gegenseitigen Vertrages zu, und zwar in dem Sinne des Rechts auf Erfüllungsinteresse gegen Gegenleistung.

3. In jedem Falle, in welchem die Voraussetzungen des ersten und des zweiten Rechtes zusammentreffen, hat der Gläubiger zwischen beiden die Wahl.

Der zweite Gutachter, Dr. Mayr, versucht, die Frage, welche der beiden möglichen Auffassungen über den Schadensersatz wegen Nichterfüllung dem Gesetze entspricht, aus historischen, terminologischen und dogmatischen Momenten zu beantworten und kommt zu dem Ergebnis, daß das Gesetz den Schadensersatz als Surrogat der vereitelten Leistung, nicht als Resultante der beiderseitigen Leistungswerte angesehen wissen will.

Die beiden Berichterstatter stimmten darin überein, daß das deutsche BGB. unter Schadensersatz wegen Nichterfüllung eines gegenseitigen Vertrages denjenigen Schadensersatz verstehe, der je nach den Umständen dem Geschädigten gebühre. Das BGB. huldige weder der einen noch der anderen Theorie, es enthalte sich jeder positiven Regelung, so daß die konkrete Entscheidung nach Lage des einzelnen Falles zu gewinnen sei. Es gäbe Fälle, in welchen derjenige, welcher Schadensersatz wegen Nichterfüllung verlange, seinerseits erfüllen müsse, und es gäbe andere Fälle, wo der Differenzanspruch begründet sei.

Zur einstimmigen Annahme gelangte der Antrag der Berichterstatter.

Beschluß. Ohne der endgültigen und vollständigen Erledigung der Frage: Worin besteht der Schadensersatz wegen Nichterfüllung eines gegenseitigen Vertrages? durch Wissenschaft und Praxis vorgreifen zu wollen, spricht der 27. DJT. seine Rechtsüberzeugung dahin aus:

1. Geht die dem Schadensersatzberechtigten obliegende Leistung auf Geld, so kann er als Schadensersatz grundsätzlich denjenigen Geldbetrag begehren, welcher sich nach Anrechnung seiner Leistung als Überschuß ergibt. Unterläßt der Schadensersatzberechtigte diese Anrechnung, so kann, soweit das der Billigkeit entspricht, der Schadensersatzverpflichtete auf ihrer Vornahme bestehen. Die Voraussetzungen der Aufrechnung brauchen hierbei nicht gegeben zu sein.
2. Besteht die dem Schadensersatzberechtigten obliegende Leistung nicht in einer Geldleistung, so kann er Schadensersatz wegen Nichterfüllung unter Einbehaltung und den Umständen entsprechender Anrechnung seiner Leistung dann verlangen, wenn ihm die Bewirkung dieser Leistung billigerweise nicht mehr zugemutet werden kann. Letztere Erwägung wird bei Handelskäufen über Waren, die einen Börsen- oder Marktpreis haben, auch wenn diese Geschäfte nicht Fixgeschäfte sind, im Falle des Leistungsverzuges des Käufers regelmäßig zutreffen.

Die herrschende Meinung geht jetzt dahin, daß kraft des § 326 Abs. 1 Satz 2 BGB. an Stelle der ursprünglichen Vertragspflichten beider Teile ein Anspruch des Nichtsäumigen gegen den Säumigen auf Ersatz des Schadens dafür tritt, daß der Vertrag, so wie vereinbart, infolge Verzuges nicht zur Erfüllung gelangt. Diese Umwandelung in den Schadensersatzanspruch wegen Nichterfüllung erstreckt sich nicht nur auf den von dem Schuldnerverzuge betroffenen Bestandteil, sondern auf das ganze

Vertragsverhältnis, und zwar für und gegen beide Vertragsteile dergestalt, daß durch die Geltendmachung des Anspruchs auf Schadensersatz wegen Nichterfüllung die endgültige Erledigung des Vertragsverhältnisses herbeigeführt wird. (Vgl. hierzu RG. 61, 348; 66, 61.)

8. Lebensversicherungsverträge.

16. DJT. Cassel 1882.

Die bevorstehende Kodifikation des Versicherungsrechtes, ausschließlich des Seeversicherungsrechts, veranlaßte die Aufstellung der

Frage: Soll das Recht auf die Lebensversicherungssumme zum Nachlasse des Versicherten gehören?

Gutachter:	Berichterstatter:
Dr. Malß (Frankfurt a. M.) I, 141—144.	PrivDoz. Dr. Mayer (Straßburg) II, 102 ff.
PrivDoz. Dr. Elster (Halle a. S.) I, 200—216.	Prof. Dr. Leonhard (Göttingen) II, 114 ff.

Malß hält die Frage noch nicht für reif zur Kodifikation, spricht sich eventuell dahin aus:

es sei das Bedürfnis der heutigen Gesellschaft und die zweifellose Rechtsüberzeugung des deutschen Volkes, daß die Lebensversicherungssumme nicht dem Nachlasse des Versicherten, d. h. seinen Gläubigern, sondern denjenigen gehöre, zu deren Gunsten die Versicherung genommen ist — sofern nicht die paulianischen Grundsätze die Zahlung der Prämie anfechtbar erscheinen lassen.

Elster erklärt sich dahin, daß das Recht auf die Lebensversicherungssumme nicht zum Nachlasse des Versicherten zu rechnen sei, daß vielmehr dem Vertrage gemäß der Dritte ein unmittelbares, selbständiges Recht auf die Versicherungssumme erlange.

Auf Antrag des Korreferenten wurde beschlossen:

Beschluß. a) Es empfiehlt sich, bei der Abfassung des deutschen Zivilgesetzbuches Anordnungen zu treffen, nach welchen bei Lebensversicherungsverträgen, denen zufolge die Versicherungssumme entweder nach der ursprünglichen Vertragsbestimmung, oder nach einer später gültigen Verfügung nicht auf den Namen des Prämienzahlers, noch zugunsten seines Nachlasses, sondern zugunsten anderer Personen fällig wird, die Versicherungssumme nicht den Nachlaßgläubigern haftet, sondern jenen Personen unberührt von den Nachlaßschulden zufällt.

b) Durch die Anordnung zu a sollen die allgemeinen Rechte der Gläubiger auf Anfechtung betrüglicher Veräußerung sowohl dem Vertragsabschlusse als auch der einzelnen Prämienzahlung gegenüber nicht berührt werden.

Die §§ 330, 331 BGB. enthalten eine dem Juristentagsbeschlusse entsprechende Regelung. Danach erwirbt derjenige, zu dessen Gunsten die Versicherung abgeschlossen ist, im Zweifel unmittelbar mit dem Tode des Versicherten das Recht, die Leistung von dem Versicherer zu fordern. Der Dritte erwirbt den Anspruch auf die Leistung auf Grund des Vertrages; der Anspruch gehört nicht zum Nachlasse und haftet den Nachlaßgläubigern nicht. Auch der § 167 des Gesetzes über den Versicherungsvertrag vom 30. Mai 1908 bestimmt, daß für eine zugunsten „der Erben" abgeschlossene Lebensversicherung die zur Zeit des Todes des Versicherten berufenen Erben die Bezugsberechtigten sein sollen, selbst wenn sie die Erbschaft ausschlagen. Diese Auffassung wurde auch für das bisherige Recht schon von dem Reichsgericht vertreten. Da der Anspruch auf die Lebensversicherungssumme nicht zum Nachlasse gehört, ist der Erwerb der dritten Begünstigten aus dem Gesichtspunkte der Gläubigerbenachteiligung nicht anfechtbar; anders jedoch z. B. im Falle nachträglicher Benennung eines dritten Bezugsberechtigten bei einer von dem Versicherten zu seinen Gunsten oder zugunsten seines Nachlasses abgeschlossenen Versicherung. Auch können gezahlte Jahresprämien als Zuwendung an den Begünstigten der Anfechtung unterliegen.

9. Allgemeiner Mobiliarverkehr.

11. DJT. Hannover 1873.

Durch die Handelsgesetzgebung war in den bürgerlichen Mobiliarverkehr ein doppeltes Recht eingeführt worden, welches unverkennbare Nachteile zur Folge hatte. Um Gewißheit darüber zu erlangen, auf welche Weise eine Ausgleichung dieses Doppelrechts am besten angängig sei, wurde das vorliegende Thema zur Erörterung gestellt.

Frage. Ist es tunlich, die Vorschriften des HGB. im IV. Buche Titel 1 Abschnit 2—4 auf Geschäfte, welche keine Handelsgeschäfte sind und die Vorschriften im IV. Buche Titel 2 auf alle Kaufverträge über Mobiliargegenstände auszudehnen, und ist es wünschenswert, daß baldtunlich ein Gesetz dieses Inhalts für das Geltungsgebiet des HGB. erlassen werde?

Gutachter:	Berichterstatter:
Adv. Dr. Heinsen (Hamburg)	BezGR. Hauser (München)
I. 104--144.	II. 43 ff.

Der Gutachter hält die Ausdehnung der Bestimmungen des HGB. zu einem allgemeinen Mobiliarverkehrsrecht für wünschenswert und befürwortet speziell die baldmögliche Erlassung eines Gesetzes, welches die Vorschriften des IV. Buches des HGB. Tit. 1 Abschnitt 2—4 und Tit. 2 auf Rechtsgeschäfte des bürgerlichen Rechts ausdehnt.

Die Abteilung beschloß einstimmig:

Beschluß. Es ist wünschenswert, die Bestimmungen des HGB. unter entsprechenden Einschränkungen auf den allgemeinen Mobiliarverkehr auszudehnen.

Es ist insbesondere dringendes Bedürfnis, vorbehaltlich einzelner Ausnahmen, das HGB. IV. Buch, Tit. 1, Abschnitt 2—4 auf die Rechtsgeschäfte des bürgerlichen Mobiliarverkehrs und das IV. Buch, Tit. 2 auf alle Kaufverträge über bewegliche Sachen auszudehnen.

Die wesentlichsten Bestimmungen der in Rede stehenden Abschnitte des HGB. sind in das BGB. übernommen worden.

10. Abzahlungsgeschäfte.

21. und 22. DJT. — Köln a. Rh., Augsburg — 1891, 1893.

Seit der Mitte der achtziger Jahre hatte sich in Deutschland und in Österreich eine lebhafte Agitation gegen die Abzahlungsgeschäfte erhoben, die in Handelskammerberichten und auch in Petitionen an den Reichstag, und zwar zum ersten Male im Jahre 1886, ihren Ausdruck fand. Es wurde deshalb dieses Thema zunächst, nachdem die österreichische Regierung im April 1891 einen Gesetzentwurf betr. die Veräußerung beweglicher Sachen gegen Ratenzahlung vorgelegt hatte, auf die Tagesordnung des 21. und — da man sich hier über das Maß des gebotenen Eingriffs in die Vertragsfreiheit nicht einigen konnte — sodann auf die des 22. Juristentages gesetzt.

Frage. Wie ist den Mißbräuchen, welche sich bei den Abzahlungsgeschäften herausgestellt haben, entgegenzuwirken?

Gutachter:	Berichterstatter:
JR. Dr. Wilke (Berlin)	LR. Dove (Frankfurt a. M.)
21 II. 117—130	**21** III. 42 ff.

Gutachter:	Berichterstatter:
PrivDoz Dr. Heck (Berlin)	JR. Makower (Berlin)
21 II. 131—195.	**21** III. 59 ff.
AGR. Jastrow (Berlin)	Prof. Dr. Jacobi (Berlin)
22 I. 265—325.	**22** IV. 124 ff.
	RA. Dr. Fuld (Mainz) **22** IV. **144** ff.

Der Gutachter Wilke stellt folgende Sätze auf:

1. Verträge, welche den Eigentumserwerb an beweglichen Sachen gegen allmähliche (tageweise, wöchentliche, monatliche) Abzahlung zum Ziele oder zum Ergebnis haben, gelten, einerlei wie sie bezeichnet sind, als Kaufverträge.
2. Der Vorbehalt des Eigentums des Verkäufers an der verkauften Sache, der Rückfall des Eigentums des Käufers an den Verkäufer oder die Aufschiebung des Eigentumsüberganges an den Käufer dürfen in solchen Verträgen nicht ausbedungen werden, wenn der Kaufgegenstand in Wertpapieren, Aktien, Losen od. dgl. oder in einer Sache besteht, welche nach den Verhältnissen des Käufers, mag der Verkäufer sie gekannt haben oder nicht, als Luxusgegenstand anzusehen ist.
3. Verträge der zu 2 gedachten Art, wo sie überhaupt zugelassen sind, müssen schriftlich und in zwei Exemplaren abgefaßt werden, von denen jeder Teil ein Exemplar erhält, und es müssen alle Bedingungen des Vertrages darin aufgenommen sein.
4. Im Falle der Verkäufer von dem in solchem Vertrage ihm eingeräumten Rechte, die verkauften Sachen zurückzunehmen, Gebrauch macht, muß er nach seiner Wahl entweder die darauf erhaltenen Zahlungen zurückgewähren, oder die Sachen öffentlich meistbietend bis zur Deckung seines Kaufgeldes nebst fünf Prozent jährlicher Zinsen verkaufen lassen, sobald er aber gedeckt ist, das Eigentum der übrigen Sachen dem Verkäufer wieder überlassen, während der letztere ihm, sofern das Restkaufgeld nebst Zinsen durch den Erlös nicht gedeckt wird, für den Ausfall verhaftet bleibt.

   Der Verkäufer kann in dem gedachten Falle, wenn er durch Vorlegung des urschriftlichen Vertragsexemplars seinen Anspruch bescheinigt, den Erlaß einer einstweiligen Verfügung auf Herbeiführung des öffentlichen Verkaufes verlangen.
5. Nicht aufgenommen werden dürfen in Verträge der vorgedachten Art: die Vereinbarung eines besonderen Gerichtsstandes, die

Einräumung eines Rechtes des Verkäufers oder seiner Leute zum Betreten der Räume des Käufers oder zur Wegnahme der verkauften Sachen, die Verabredung von Konventionalstrafen und die Abrede, daß der Käufer verantwortlich sei für die Kosten von Prozessen zwischen dem Verkäufer und Dritten über Eigentum und Besitz der verkauften Sachen.

6. Verträge, welche eine der in Nr. 2—5 gedachten Bestimmungen verletzen, sind dem Käufer gegenüber ungültig, solange sie nicht von ihm vollständig erfüllt sind, sie erlangen auch keine Gültigkeit durch Anerkenntnis des Käufers.

7. Der Verkäufer verfällt in eine Geldstrafe bis zu 150 Mark oder Haft bis zu sechs Wochen, wenn er eine Vereinbarung trifft, welche auf Umgehung der vorgedachten Bestimmungen oder auf Bedrückung des Käufers abzielt.

Heck legt namentlich Wert darauf, daß die für die gewerbsmäßige Pfandleihe bestehenden Beschränkungen in sachgemäßer Auswahl und Umgestaltung auf die Abzahlungsgeschäfte übertragen werden. Ein von ihm ausgearbeiteter Gesetzentwurf enthält allgemeine Normen für alle Abzahlungsgeschäfte und besondere Normen für den gewerbsmäßigen Betrieb und den Betrieb von Haus zu Haus.

Jastrow faßt seine Erörterungen dahin zusammen:

Als die wesentlichsten Mißbräuche der Abzahlungsgeschäfte seien anzusehen: die Verfallklausel in den Abzahlungsverträgen, die hohen Warenpreise und der häufige Vertrieb schlechter Waren. Die Verfallklausel und deren Ausbeutung sei keine Eigentümlichkeit der Abzahlungsgeschäfte, sondern nur eine Seite des weitverbreiteten Mißbrauchs, durch formularmäßige Verträge, die im einseitigen Interesse des einen Teiles gearbeitet sind, den andern Teil zu bedrücken. Diesem Mißbrauche sei entgegenzuwirken durch Einführung größerer Berücksichtigung der Billigkeit innerhalb des allgemeinen Vertragsrechts.

Gegen die hohen Preise und die mangelhaften Waren der Abzahlungsgeschäfte lasse sich von direktem gesetzgeberischen Einschreiten kein Erfolg erwarten. Die Abhilfe sei in einer allgemeinen Richtung der sozialen Gesetzgebung zu suchen, welche die ärmeren Klassen kaufkräftiger gestaltet und dadurch von den Abzahlungsgeschäften unabhängiger stellt. Ein Abhilfemittel bilde die Errichtung gemeinnütziger Abzahlungsgeschäfte.

Jastrow findet daher ein Ausnahmegesetz gegen die Abzahlungsgeschäfte nicht für angezeigt, weil es Mißbräuche, welche einerseits isoliert beim Abzahlungsgeschäft vorkommen und andererseits sich bei demselben ohne Störung der sonstigen Lebensfunktionen beseitigen lassen, überhaupt nicht gäbe.

In der Abteilung bestand die Ansicht, daß gewisse Mißstände bei den Abzahlungsgeschäften hervorgetreten seien, jedoch war die Mehrheit der Meinung, daß die gegen den Gesetzentwurf vorgebrachten Bedenken so gravierend seien, daß es sich nicht empfehle, ihm im ganzen zuzustimmen. Auf Antrag des RA. Fuld wurde beschlossen:

> **Beschluß.** Die Veräußerung von Wertpapieren jeder Art, insbesondere Lotterielosen und Inhaberpapieren mit Prämien, im Wege des Abzahlungsgeschäfts, sowie alle Abzahlungsgeschäfte für das Hausiergewerbe sind zu verbieten.

Der dem Reichstag am 23. Dezember 1892 vorgelegte Gesetzesentwurf, betr. die Abzahlungsgeschäfte, enthielt keine besondere Vorschrift bezüglich der Lotterielose und Inhaberpapiere mit Prämien. In der Reichstagskommission wurde jedoch die Aufnahme einer derartigen Bestimmung beantragt, die dann als § 7 in das zur Zeit geltende Gesetz vom 16. Mai 1894 überging. Diese Vorschrift lautet: Wer Lotterielose, Inhaberpapiere mit Prämien (Gesetz vom 8. Juni 1871 RGBl. S. 210) oder Bezugs- oder Anteilscheine auf solche Lose oder Inhaberpapiere gegen Teilzahlungen verkauft oder durch sonstige auf die gleichen Zwecke abzielende Verträge veräußert, wird mit Geldstrafe bis zu fünfhundert Mark bestraft. Es begründet keinen Unterschied, ob die Übergabe des Papiers vor oder nach der Zahlung des Preises erfolgt.

11. Gewährleistung für Viehmängel.

19. DJT. Stettin 1888.

Bezüglich der Frage der Gewährleistung für Viehmängel waren in Deutschland vor dem Inkrafttreten des BGB. zwei Systeme zu unterscheiden: das gemeinrechtliche Prinzip, welches die allgemeinen Grundsätze über die Mängelhaftung auch auf die Veräußerung von Vieh zur Anwendung brachte, und das deutschrechtliche System, das den Verkäufer nur für einzelne Hauptmängel, die innerhalb bestimmter Fristen zum Vorschein kamen, haften ließ. Das PrALR., das im allgemeinen den Standpunkt des gemeinen Rechtes vertrat, kannte bei Hauptmängeln in dem Sinne eine Gewährfrist, daß das Hervortreten der Krankheit innerhalb derselben die Vermutung ihres Bestehens zur Zeit des Kaufabschlusses begründete. Die bevorstehende einheitliche Kodifikation des bürgerlichen Rechtes veranlaßte den DJT. zur Erörterung dieses Themas.

Frage. Welche Bestimmungen empfehlen sich zur Aufnahme in das BGB. bezüglich der Gewährleistung für Viehmängel?

Gutachter:	Berichterstatter:
MinR. Frh. v. Völderndorff (München)	RA. Dr. Simon (Berlin)
I. 57—70.	III. 170 ff.

Der Gutachter vertrat den deutschrechtlichen Standpunkt, auf welchen sich auch der inzwischen zur Veröffentlichung gelangte Entwurf I des BGB. stellte. Nach diesem (§§ 399 ff.) sollte beim Verkauf von Pferden, Eseln, Maultieren, Mauleseln, Rindvieh, Schafen und Schweinen die Haftung nur für Hauptmängel bestehen, welche sich innerhalb bestimmter Gewährfristen zeigten. Gewährfristen und Hauptmängel sollten nicht durch Gesetz, sondern durch Kaiserliche Verordnung festgesetzt werden. Eine Minderungsklage war bei der Haftung für Viehmängel ausgeschlossen.

Die Vorschläge des Berichterstatters fußten hingegen im wesentlichen auf dem gemeinen Rechte. Sein Antrag wurde von der Abteilung einstimmig angenommen.

Beschluß. 1. Der Juristentag erachtet es nicht für angemessen, die Gewährleistung für Mängel bei einzelnen Haustieren auf bestimmte gesetzlich oder durch Verordnung festzustellende Hauptmängel zu beschränken und die Gewährleistung an die Voraussetzung zu knüpfen, daß die Hauptmängel innerhalb bestimmter gesetzlich oder durch Verordnung festzustellender Fristen zum Vorschein kommen.

2. Vielmehr erachtet es der Juristentag für wünschenswert, daß die allgemeinen Grundsätze des Entwurfes eines bürgerlichen Gesetzbuches für das Deutsche Reich über die Gewährleistung bei Mängeln im wesentlichen auch auf die Veräußerung von lebenden Tieren Anwendung finden.

Das BGB. folgt in den Vorschriften über Gewährleistung wegen Viehmängel dem deutschrechtlichen Systeme, welches aus Zweckmäßigkeitsgründen beibehalten wurde. (Prot. 1452 ff.)

12. Vermieterpfandrecht.

20. DJT. Straßburg 1889.

Von den verschiedenen Vorrechten, welche die früheren partikularen deutschen Gesetze dem Vermieter eines Grundstückes wegen seiner Forderungen aus dem Mietverhältnis an den vom Mieter eingebrachten Sachen gewährten: Pfandrecht, Retentionsrecht, Vorzugsrecht, hatte der Entwurf I des BGB. das erste gewählt und ein gesetzliches Pfandrecht konstituiert. Der Juristentag stellte deshalb dieses Thema zur Beratung.

Frage. Ist das gesetzliche Pfandrecht des Vermieters und Verpächters beizubehalten?

Gutachter:	Referenten:
OLGR. Thomsen (Stettin) III. 152—206.	AR. Bunsen (Rostock) (IV. 156 ff.)
GerAss. Lewinsohn (Berlin) III. 207—260.	LR. Dr. Koffka (Berlin) (IV. 166 ff.)

Der erste Gutachter verneint die Frage unter ausführlicher Darlegung seiner Gründe. Er schlägt vor: „Es empfiehlt sich nicht, im Deutschen Bürgerlichen Gesetzbuch ein gesetzliches Pfandrecht oder ein sonstiges Vorrecht des Vermieters und Verpächters beizubehalten", eventuell: „Es empfiehlt sich, im Deutschen Bürgerlichen Gesetzbuche das gesetzliche Pfandrecht des Vermieters und Verpächters zwar beizubehalten, aber mit den im § 521 des Entwurfes bestimmten Beschränkungen, insbesondere mit der Beschränkung auf pfändbare Sachen."

Im Gegensatz hierzu kommt der zweite Gutachter, Lewinsohn, zu einer Bejahung der gestellten Frage. Er will das Pfandrecht nur im einzelnen mehr beschränken, als es im Entwurfe geschehen war, damit unnötige Härten dritten Gläubigern des Mieters gegenüber vermieden würden.

Die beiden Referenten schlossen sich den Ausführungen des zweiten Gutachters an. Ihr Antrag wurde nach lebhafter Debatte von der Abteilung angenommen.

Beschluß. Es empfiehlt sich, das gesetzliche Pfandrecht des Verpächters und Vermieters beizubehalten, und zwar in der diesem Rechte im § 521 Abs. 1—4 des Entwurfes gegebenen Gestaltung und mit folgenden Maßgaben:

1. daß einmal das Pfandrecht für den künftigen Mietzins, falls der Vertrag nicht mehr auf ein Jahr läuft, auf die Zeit bis zu seinem Ablaufe, anderenfalls auf das laufende Kalenderjahr und ein darauffolgendes Jahr zu gewähren;

2. daß ferner das Pfandrecht nicht wegen aller künftigen Forderungen, sondern nur wegen künftigen Miet- und Pachtzinses zu gewähren;

3. daß endlich der Verpächter und Vermieter nicht berechtigt ist, der Entfernung der Pfandsachen zu widersprechen, sofern so viele Pfandsachen auf dem Miet- bzw. Pachtgrundstücke zurückbleiben, als zur Deckung der Forderungen, für welche das Pfandrecht gewährt wird, hinreichen;

4. daß dagegen das Pfandrecht auch auszudehnen ist auf die dem anderen Ehegatten und den Kindern des Schuldners gehörigen eingebrachten Sachen, solange die häusliche Gemeinschaft derselben mit dem Schuldner dauert.

In Übereinstimmung mit dem Juristentagsbeschlusse bestimmt das BGB. (§ 559), daß das Pfandrecht des Vermieters an den Illaten für künftige Entschädigungsforderungen und für den Mietzins für eine spätere Zeit als das laufende und das folgende Mietjahr nicht geltend gemacht werden kann. Dem Vermieter ist auch untersagt, der Entfernung eingebrachter Sachen von dem Mietgrundstücke zu widersprechen, wenn die zurückgebliebenen Illaten zu seiner Sicherung ausreichen (§ 560). Eine Ausdehnung des Pfandrechts auf die dem Ehegatten und den Kindern des Mieters gehörigen eingebrachten Sachen ist nicht erfolgt.

13. Kauf bricht nicht Miete.

19. DJT. Stettin 1888.

Die Anerkennung des Grundsatzes „Kauf bricht Miete" im Entwurf I des BGB. hatte einmütige Verurteilung in der Literatur gefunden, weshalb auch der Juristentag sich mit diesem Thema beschäftigte.

Frage. Soll der Grundsatz: „Kauf bricht Miete" oder der entgegengesetzte Grundsatz des deutschen und preußischen Rechtes im Bürgerlichen Gesetzbuch aufgenommen werden? und mit welchen Modifikationen in dem einen oder anderen Falle?

Gutachter:	Berichterstatter:
RGR. a. D. Dr. v. Meibom (Kassel) II. 3—34.	Prof. Dr. Brunner (Berlin) III. 36 ff.
Prof. Dr. Eck (Berlin) II. 229—248.	RGR. Dr. Petersen (Leipzig) III. 45 ff.
Prof. Dr. Fischer (Greifswald) II. 312—449.	

Die Gutachter halten übereinstimmend die Vorschriften des Entwurfes für ungenügend. v. Meibom will nur eine Ergänzung, und zwar in zwei Beziehungen. Während der Entwurf es dem Belieben des Erwerbers überläßt, wann er das Verlangen der Räumung stellen wolle, empfiehlt v. Meibom dem Mieter das Recht zu geben, vom Erwerber binnen angemessener Frist die Erklärung, ob er die Räumung fordere, zu verlangen, mit der Wirkung, daß das Schweigen des Erwerbers als Eintritt in die Verbindlichkeiten des Vermieters gelte. Während der Entwurf die Eintragung des Mietrechts in das Grundbuch ausschließt, will

v. Meibom sie zulassen und damit dem Mieter die Möglichkeit verschaffen, sein Recht mit absoluter Wirksamkeit auszustatten.

Eck und Fischer lehnen den Grundsatz „Kauf bricht Miete" schlechthin ab. Eck will den Erwerber verpflichten, während des ganzen Restes der vertragsmäßigen Mietzeit den Gebrauch des Mieters zu gestatten. Fischer kommt zu dem Schlusse: Pacht und Miete sind, ohne daß es der Eintragung bedarf, als dingliche Rechte anzuerkennen. Jeder Rechtsnachfolger des Vermieters ist demzufolge an das Mietrecht gebunden.

Der zunächst von der Abteilung „fast einstimmig" angenommene Antrag der Berichterstatter wurde von der Plenarversammlung einstimmig zum Beschlusse erhoben.

Beschluß. Es empfiehlt sich, in das BGB. für den Fall der freiwilligen Übereignung einer Sache, die dem Mieter oder Pächter bereits vorher überlassen war, den Grundsatz „Kauf bricht nicht Miete" aufzunehmen.

Für die Miete von Grundstücken sowie von Wohn- und anderen Räumen gilt im BGB. im Gegensatz zum Entwurf I der Satz: „Kauf bricht nicht Miete", und zwar bei Veräußerung nach der Überlassung der Mietsache an den Mieter unbedingt (§ 571 ff), bei Veräußerung vor der Überlassung der Mietsache an den Mieter bedingt durch die seitens des Erwerbers dem Vermieter gegenüber erfolgte Übernahme der Verpflichtung zur Erfüllung des Mietvertrages (§ 578).

Ein gleichartiger Schutz wurde dem Mieter beweglicher Sachen nicht gewährt, da er, sobald ihm der Besitz der Sache eingeräumt ist, durch die Vorschriften des Sachenrechtes (§§ 931, 986 Abs. 2) zur Genüge gesichert erschien.

14. Das Mietrecht in der Zwangsversteigerung.

20. DJT. Straßburg 1889.

Der 19. Juristentag hatte den vom Entwurf I des BGB. angenommenen Grundsatz „Kauf bricht Miete" verworfen und einstimmig beschlossen, bei der freiwilligen Veräußerung den Satz „Kauf bricht nicht Miete" anzuerkennen. Da bei diesem Beschlusse der Fall der Zwangsversteigerung nicht mitberücksichtigt war, wurde dieses Thema besonders zur Beratung gestellt.

Frage. Wie soll der Satz „Kauf bricht nicht Miete" im Falle der Subhastation modifiziert werden?

Gutachter:	Berichterstatter:
OLGR. Jaeckel (Posen) II. 263—311.	RGSenPräs. Dr. Drechsler (Leipzig) IV. 205 ff.
Prof. Dr. Fischer (Greifswald) II. 312—352.	

Beide Gutachten kommen zu dem Ergebnis, daß der Satz: „Kauf bricht nicht Miete" bei der Subhastation Modifikationen unterliegen müsse. Prof. Dr. Fischer empfiehlt nachfolgende Regelung:

Im Falle der Versteigerung von Immobilien im Wege der Zwangsvollstreckung wegen Geldforderungen dauern Pacht und Miete nur bis zum Ablauf der gesetzlichen Kündigungs- oder Räumungsfrist

1. wenn das Pacht- oder Mietrecht weder angemeldet noch eingetragen ist,

2. wenn die weitergehende Berücksichtigung des eingetragenen oder angemeldeten Pacht- und Mietrechtes einem diesem Rechte im Range vorgehenden Realgläubiger Nachteil bringen würde.

Der Antrag der Berichterstatter wurde nach kurzer Beratung angenommen.

Beschluß. 1. Die in das Grundbuch eingetragenen Gläubiger sind berechtigt, den zwangsweisen Verkauf des Grundstücks ohne Rücksicht auf den bestehenden Mietvertrag zu begehren, falls das Mietrecht nicht eingetragen ist. Das Mietrecht endigt in diesem Falle mit dem Ablaufe der gesetzlichen Kündigungs- oder Räumungsfrist.

2. Das eingetragene Mietrecht bleibt bestehen, wenn die Zwangsversteigerung auf Antrag später eingetragener oder nicht eingetragener Gläubiger erfolgt. Der neue Erwerber tritt in den Mietvertrag ein.

3. Ist der Mietvertrag in einer öffentlichen Urkunde errichtet, so ist auf Antrag des Mieters das Mietrecht in das Grundbuch einzutragen.

4. Das nicht eingetragene Mietrecht ist im Falle einer Zwangsversteigerung anzumelden. Das angemeldete Mietrecht, sowie das in die Verkaufsbedingungen hereingezogene Mietrecht bleibt bestehen, wenn die Zwangsversteigerung auf den Antrag nicht eingetragener Gläubiger erfolgt.

5. Bei der Zwangsversteigerung ist das Grundstück mit und ohne Übernahme des Mietvertrages auszubieten. Das Mietrecht bleibt bestehen, wenn durch das bei Mitübernahme eines Mietvertrages abgegebene Gebot die vorgehenden Gläubiger befriedigt werden.

Miete und Pacht begründen nach dem BGB. kein dingliches Recht an der Sache; ihre grundbuchliche Eintragung ist nicht zugelassen.

Im Falle der Zwangsversteigerung finden, wenn das Grundstück dem Mieter oder Pächter bereits überlassen ist, die Vorschriften der §§ 571 ff. BGB. Anwendung, d. h. der Erwerber tritt an Stelle des Vermieters in die sich aus dem Mietverhältnis ergebenden Rechte und Verpflichtungen ein. Er ist jedoch berechtigt, das Mietverhältnis unter Einhaltung der gesetzlichen Frist für den ersten zulässigen Termin aufzukündigen. (§ 57 ZVG.)

15. Pfandrecht des Verpächters.

21. DJT. Köln a. Rh. 1891.

Vgl. unten zu C. 11.

16. Pfandrecht des Werkmeisters.

20. DJT. Straßburg 1889.

Im Geltungsgebiete des preußischen, des bayerischen, des württembergischen, des französischen und des badischen Rechtes bestand eine Schutzvorschrift für den Werkmeister, der durch Arbeiten und Materialien zur Bebauung eines Grundstücks beiträgt. Demgegenüber hatte der Entwurf I des BGB. dem Unternehmer wegen einer Forderung für Arbeit und Auslagen ein gesetzliches Pfandrecht nur bei beweglichen Sachen gewährt und ihm bei unbeweglichen Sachen einen entsprechenden Schutz versagt. Der schroffe Gegensatz, in den sich hierdurch das neue Gesetz zu dem geltenden Rechtszustande setzte, veranlaßte die Erörterung des Themas auf dem Juristentage.

Frage. Ist das durch § 574 des Entwurfes eines bürgerlichen Gesetzbuches zugestandene Pfandrecht des Werkmeisters an beweglichen Sachen auch auf unbewegliche Sachen zu erweitern und in welcher Gestalt?

Gutachter:	Berichterstatter:
KrGR. Dr. Benno Hilse (Berlin)	JR. M. Levy (Berlin)
I. 218—247.	IV. 215 ff.
RA. Dr. Staub (Berlin)	
I. 248—257.	

Die beiden Gutachter bejahen die gestellte Frage mit der Maßgabe, daß dem Unternehmer eines Bauwerks ein gesetzlicher Pfandtitel, also ein Recht zur Sache, auf die unbewegliche Sache einzuräumen sei; sie weichen jedoch in ihren praktischen Vorschlägen zur Verwirklichung dieses

Pfandrechts sowohl in materieller als auch in formeller Hinsicht voneinander ab.

Der Berichterstatter sprach sich, im Gegensatze zu den Gutachtern gegen die Ausdehnung des dem Werkmeister eingeräumten Pfandrechtes aus.

Bei der Diskussion zeigte sich eine starke Strömung zugunsten des Pfandrechtstitels; es meldete sich kein einziger Redner zur Unterstützung des Berichterstatters; dennoch wurde der Antrag des Berichterstatters, nachdem sich der Präsident für denselben erklärt hatte, mit 21 gegen 20 Stimmen angenommen.

Beschluß. Das durch § 574 des Entwurfes eines bürgerlichen Gesetzbuches zugestandene Pfandrecht des Werkmeisters an beweglichen Sachen ist auf unbewegliche Sachen nicht auszudehnen.

In das BGB. (§ 648) hat eine von der zweiten Kommission beschlossene Vorschrift Aufnahme gefunden, welche dem Unternehmer eines Bauwerks das Recht gewährt, für seine Forderungen aus dem Vertrage die Einräumung einer Sicherungshypothek an dem Baugrundstück des Bestellers zu verlangen.

17 a. Sicherung der Bauhandwerker.

24. DJT. Posen 1898.

Der durch § 648 BGB. dem Unternehmer eines Bauwerkes gewährte Schutz erschien namentlich bei betrügerischen und schwindelhaften Manipulationen des Bauherrn nicht ausreichend, da die Sicherheitshypothek keinen Vorzug vor schon bestehenden Hypotheken genießt. Die Interessenvertretungen der Bauhandwerker stellten weitergehende Forderungen und der deutsche Reichstag faßte am 22. Januar 1896 den Beschluß

„die verbündeten Regierungen zu ersuchen, einen Gesetzentwurf vorzulegen, durch welchen die Bauhandwerker und Bauarbeiter für ihre aus Arbeiten und Lieferungen an Neu- und Umbauten erwachsenden Forderungen gesichert werden."

Der Gesetzesvorschlag, den im Jahre 1896 die Kommission des Preußischen Abgeordnetenhauses machte, wollte den Bauhandwerkern Schutz durch Maßregeln gewähren, die sich im wesentlichen auf dem Gebiete des öffentlichen Rechtes bewegten. Dagegen versuchte der Ende 1897 veröffentlichte Entwurf eines Reichsgesetzes betreffend die Sicherung der Bauforderungen den Bauhandwerkern durch Einräumung einer dinglichen Sicherheit, einer Vorzugshypothek, zu helfen.

Frage. Empfiehlt es sich, zwecks Beseitigung der Mißstände im Baugewerbe die Bauherrn einer durch eine kommunale Behörde auszuübenden Kontrolle zu unterstellen oder den Bauhandwerkern eine bevorzugte Hypothek am Baugrundstück einzuräumen?

Gutachter:	Berichterstatter:
JR. Dr. Eckels (Göttingen) II. 173—187, III. 103—117.	Prof. Dr. Brunner (Berlin) IV. 35 ff.
LGR. Thinius (Berlin) III. 51—102.	Geh. JR. Dr. Wilke (Berlin) IV. 46 ff.

Der erste Gutachter führt aus, daß die Gewährung eines Vorzugsrechtes der Bauhandwerker vor den auf dem Baugrundstück eingetragenen Hypotheken im Widerspruch mit den durch das Grundbuchrecht geschaffenen Grundlagen des Realkredites und mit der freien Verfügung des Eigentümers über seinen Grundbesitz stände und daß sie zu einer Schädigung des legitimen Hypothekenverkehrs führen würde. Nach seiner Ansicht ließen sich die im Bauwesen bestehenden Mißstände im Wege der durch eine kommunale Behörde auszuübenden Kontrolle der Bauherren beseitigen. Im Gegensatze hierzu empfiehlt LGR. Thinius, den Bauhandwerkern ein beschränktes dingliches Vorrecht nach Maßgabe der im Entwurf eines Reichsgesetzes betreffend die Sicherung der Bauforderungen gemachten Vorschläge zu geben, jedoch unter der Bedingung, daß als Baugläubiger im Sinne des Entwurfes auch gelten, die Lieferanten von Baumaterialien und die Unternehmer des Bauwerkes oder einzelner Teile desselben, auch wenn die betreffenden Werkverträge nicht vom Eigentümer der Baustelle oder für dessen Rechnung geschlossen sind.

Der Antrag des Berichterstatters wurde mit erheblicher Majorität angenommen.

Beschluß. 1. Es empfiehlt sich, zum Schutze der Baugläubiger in Neubaubezirken die Bauerlaubnis von der Eintragung eines Bauvermerks in das Grundbuch abhängig zu machen, an den die Sicherung der Bauforderungen zu knüpfen ist.

2. Sind die Verträge mit den Baugläubigern und Arbeitern nicht im Namen oder für Rechnung des Bauherrn geschlossen, so können jene durch wirksame Anmeldung ihrer Ansprüche ein Pfandrecht an den angemeldeten Bauforderungen des Vormannes erwerben.

17b. 26. DJT. Berlin 1902.

Durch die im Jahre 1901 erfolgte Veröffentlichung von zwei neuen Gesetzentwürfen war die Angelegenheit der Sicherung der Bauhandwerker in ein neues Stadium getreten. Beide Entwürfe machten in Übereinstimmung mit dem Beschlusse des 24. DJT. die Bauerlaubnis von der Eintragung eines Bauvermerks in das Grundbuch abhängig. Dem Bauvermerke durften nur Belastungen in Höhe des Baustellenwertes vorgehen; im übersteigenden Betrage sollte Sicherheit geleistet oder von den den Baustellenwert übersteigenden Belastungen der Bauhypothek, die an Stelle des Bauvermerks rangieren sollte, Priorität eingeräumt werden. Der Entwurf B sah einen weitergehenden Schutz vor, indem er außer den Bauhandwerkern und Gewerbetreibenden auch die Lieferanten der zur Herstellung des Bauwerkes verwendeten Sachen zu den Baugläubigern zählte, indem er ferner nicht bloß diejenigen Baugläubiger schützte, welche direkt mit dem Unternehmer abgeschlossen hatten, sondern auch ihre Nachmänner, an welche die Bauleistungen weiter vergeben wurden.

Frage. Welchem der jetzt amtlich veröffentlichten Entwürfe eines Gesetzes zum Schutze der Bauhandwerker ist der Vorzug zu geben?

Gutachter:	Berichterstatter:
JR. Dr. Harnier (Kassel) II. 54—104.	Dr. Solmssen (Berlin) III. 56 ff.
Kfm. Heinrich Freese (Berlin) II. 205—236.	Prof. Dr. Heymann (Königsberg) III. 88 ff.

Der erste Gutachter vertritt die Ansicht, daß Entwurf A eine zweckmäßige Gestaltung des Baugläubigerschutzes biete, wenn die Bestimmungen über die Höhe der Differenzkaution, sowie diejenigen über die Baugelderhypothek ergänzt, die Bestimmungen über die Auskunftspflicht beseitigt und aus Entwurf B die Bestimmungen über den Schutz der Lieferanten aufgenommen würden. Eine Aufnahme der Vorschriften des Entwurfes B über den Schutz der Nachmänner hält der Gutachter nicht für empfehlenswert.

Der zweite Gutachter, Freese, beantwortet die gestellte Frage dahin:

1. Der Entwurf B ist vorzuziehen, weil er die mittelbaren Baugläubiger berücksichtigt und zweckmäßige Vorschriften für die Sicherung eines Teiles der Baugelder enthält.

2. Es wird empfohlen, die Abschätzung des Gebäudes und der Liegenschaften zu einem Teile des Zwangsvollstreckungsverfahrens zu machen und eine frühere Abschätzung nur auf Antrag der Beteiligten zuzulassen.

3. Bei der Eintragung des Bauvermerkes ist für das Gebäude ein besonderes Grundbuchblatt (vgl. § 7 GBO.) anzulegen. Erfolgt eine Zwangsverwaltung oder Zwangsversteigerung, so ist der Ertrag oder Erlös verhältnismäßig auf die Baustelle und das Gebäude zu verteilen.

Die Gläubiger des Grundstücks werden aus dem Erlöse des Grundstücks, die Gläubiger des Gebäudes aus dem Erlöse des Gebäudes nach ihrer Rangfolge befriedigt.

4. Die vom Eigentümer mit dem Übernehmer über die Herstelung des Bauwerkes abgeschlossenen Verträge sind nur dann bei dem Grundbuchamt einzureichen, wenn dem Übernehmer als Hauptunternehmer die Herstellung des ganzen Bauwerkes oder eines überwiegenden Teiles des Bauwerkes übertragen wird.

5. Das Gesetz ist auf Neubauten auszudehnen, die an Stelle von abgerissenen Gebäuden errichtet werden. Ebenso auf Umbauten und Reparaturen, durch die der Wert des Gebäudes um mehr als den füften Teil erhöht wird. Soweit dabei Gebäude in Betracht kommen, die aus Versicherungssummen wiederhergestellt werden, sind die Versicherungsgelder einem Treuhänder (§ 22 der Entwürfe) zu übergeben.

6. Die Bauforderungen der auf Grund eines Dienstvertrages an der Herstellung des Bauwerkes oder eines Teiles des Bauwerkes Beteiligten müssen, sofern die Dienstverträge von dem Eigentümer der Baustelle oder für dessen Rechnung geschlossen sind, gleichzeitig mit den im § 10 Nr. 2 des ZVG. aufgeführten Beträgen zur Hebung kommen. Wird für das Gebäude ein besonderes Grundbuchblatt angelegt, so gelten sie nur als Gläubiger des Gebäudes.

7. Das Baugelddarlehen muß, wenn nicht eine gegenteilige Verabredung getroffen wird, als Bauforderung gelten. Wird ihm bei der Eintragung ein Vorrang vor den später eingetragenen Bauforderungen eingeräumt, so sind die Baugelder durch Vermittelung eines Treuhänders zu zahlen.

8. Es ist vorzuschreiben, daß kein Baugläubiger aus dem Baugelde vor Ablauf der im § 21 Abs. 2 genannten Frist über das im Baugeldvertrage festzusetzende Verhältnis der Beleihung hinaus befriedigt werden darf.

9. Es ist zweckmäßig, mit der Zwangsversteigerung eines Grundstückes, auf das der Bauvermerk eingetragen ist, ein Konkursverfahren zu verbinden. Die Kosten dieses Verfahrens sind den Kosten des Zwangsvollstreckungsverfahrens anzurechnen.

Nach eingehender Diskussion nahm die Abteilung den Antrag des Korreferenten mit überwiegender Mehrheit an.

Beschluß: Der Deutsche Juristentag befürwortet von den beiden amtlich veröffentlichten Entwürfen den Entwurf B als geeignetere Grundlage für gesetzgeberische Maßregeln.

Das Reichsgesetz über die Sicherung der Bauforderungen vom 1. Juni 1909 sieht in den §§ 9 ff. eine dingliche Sicherung der Bauforderungen durch Eintragung eines Baubermerkes vor, mit der die Baugläubiger den Anspruch auf Eintragung einer Bauhypothek erwerben. In Übereinstimmung mit dem von dem DJT. zur Grundlage der gesetzlichen Regelung empfohlenen Entwurf B sind in § 18 des Gesetzes diejenigen, welche zur Herstellung des Gebäudes Sachen geliefert haben, neben den an der Herstellung des Gebäudes auf Grund eines Werk- oder Dienstvertrages Beteiligten zu den Baugläubigern gerechnet. Den Schutz der mittelbaren Bauforderungen enthält § 19 des Gesetzes. Im übrigen ist in den Materialien zum Bauforderungsgesetz (Übersicht der kritischen Äußerungen zu den beiden Entwürfen) auf die Gutachten und den Beschluß des DJT. wiederholt Bezug genommen worden.

18. Akkordverträge.

28. DJT. Kiel 1906.

Die Materie des Akkordvertrages hat im BGB. eine gesetzliche Regelung nicht gefunden. Jedoch schon bald nach Erlaß des Gesetzes wurden Stimmen laut, die energisch eine Regelung des Akkordvertrages verlangten. Je mehr die Akkordarbeit in der Großindustrie die herrschende Lohnform geworden ist, desto notwendiger macht sich die Stellungnahme der Gesetzgebung, weshalb auch der Juristentag sich mit dem Akkordvertrage beschäftigte.

Frage. Empfehlen sich gesetzliche Bestimmungen über den gewerblichen Arbeitsvertrag auf Geding (Akkordvertrag)?

Gutachter:	Berichterstatter:
MagistrAss. Wölbling (Berlin) I. 199—277.	Prof. Dr. Bernhard (Posen) III. 509 ff.
Prof. Dr. E. Francke (Berlin) II. 161—193.	JR. Dr. Meschelsohn (Berlin) III. 522 ff.

Der Gutachter Francke faßt seine Darlegungen in die folgenden Thesen zusammen:

1. Die Stücklöhnung in ihrer üblichen Form und in ihrer Entwickelung zu höheren Lohnsystemen ist für das Gedeihen unseres Wirtschaftslebens unentbehrlich. Jede Regelung des gewerblichen Arbeitsvertrages auf Geding muß sich diesen Grundsatz vorhalten.

2. Das Akkordwesen hat aber andererseits so starke Nachteile für den Arbeiter, unter Umständen auch für den Arbeitgeber und für Dritte

(Konsumenten) im Gefolge, daß Kautelen gegen Mißbrauch und Schädigung geschaffen werden müssen. Im Prinzipe hat dies die Gesetzgebung auch bereits anerkannt.

3. Die jetzt vorhandenen gesetzlichen Vorschriften reichen aber nicht aus, sondern bedürfen nach verschiedenen Richtungen der Ergänzung oder der Verschärfung nämlich:

a) Die Lohnschutzvorschriften der §§ 115—119 b der Gewerbeordnung sind dahin zu erweitern, daß sie auch auf die Führer und Vertreter der Gruppenakkorde (Kolonnen) Anwendung finden. Insbesondere ist weiter zu erwägen, ob nicht das Truckverbot (§ 115 Abs. 2) eine schärfere Fassung erhalten soll und willkürliche, oder vertrags- und tarifwidrige Lohnverkürzungen den Strafvorschriften wider Lohnschutzübertretungen zu unterstellen sind.

b) Die Arbeitsordnung (§ 134 a GO.) muß außer den in § 134 b GO. aufgeführten Bestimmungen weiter Vorschriften enthalten, aus denen hervorgeht, wer legitimierter Vertreter des Arbeitgebers ist und welche Stücklohnsätze als Norm gelten. Diese sind durch Aushängen bekannt zu geben.

c) Die ständigen Arbeitsausschüsse (§§ 134 b Abs. 3, 134 d und 134 h) haben ihr Einverständnis mit den Stücklohnsätzen zu erklären, ehe diese in der Arbeitsordnung veröffentlicht werden dürfen.

In Fabriken über 100 Arbeiter sind die Arbeitsausschüsse obligatorisch einzuführen. Wo keine Arbeitsausschüsse sind, müssen die großjährigen Arbeiter (§ 134 d) Gelegenheit erhalten, sich vor der Bekanntmachung der Akkordlohnsätze zu äußern; im Falle ihrer Weigerung darf die Veröffentlichung nicht erfolgen.

d) Die Vorschriften über Lohnbücher und Arbeitszettel (§ 114 a GO.) sind in der Richtung der englischen Gesetzgebung über Partikulars auszubauen und anzuwenden: Genaue Festsetzung, schriftliche Fixierung und Veröffentlichung der Lohnsätze, Bekanntgabe vor Austeilung der Arbeit, Spezialisierung der Bestimmungen für die einzelnen Gewerbe, Anwendung in allen Gewerben, wo besonders viele Schwierigkeiten beim Akkordwesen wahrzunehmen, Vorschriften über mechanische Meßapparate usw. Namentlich sind auch die Verschärfung der Strafbestimmungen und die Einführung einer behördlichen Überwachung erforderlich.

e) Der Bundesrat erhält in Erweiterung des § 120 e Abs. 3 GO. die Befugnis, in gefährlichen Betrieben die Stücklöhnung zu verbieten.

4. Auch diese gesetzlichen Schutzmaßnahmen genügen jedoch keineswegs, um den schädlichen Begleiterscheinungen und Folgewirkungen des

Stücklohnsystems mit vollem Erfolge entgegenzutreten. Darum verdienen die Bestrebungen der Arbeitgeber und der Arbeiter, den Gedingevertrag durch dauernde Vereinbarung zu regeln, die Unterstützung des Gesetzgebers und der Verwaltung. Dabei kommen vornehmlich in Betracht:

a) die Stärkung der Berufsvereine (Verleihung der Rechtsfähigkeit, Aufhebung der §§ 152 Abs. 2 und 153 GO.).

b) Sicherung und Ausbreitung der Tarifverträge und Tarifgemeinschaften.

c) Erweiterung der Kompetenz der Gewerbegerichte als Einigungsämter.

d) Errichtung von Arbeitskammern.

5. Eine umfassende gesetzliche Neuregelung des gewerblichen Arbeitsvertrages, unter Zurückdrängung der privatrechtlichen und Hervorkehrung der öffentlich rechtlichen Gesichtspunkte, mit dem Ziele der Verwirklichung der Gleichberechtigung der beiden vertragschließenden Parteien, ist zu erstreben. Dabei ist dem Arbeitsvertrag als Gedinge in allen seinen Formen als besonderer Art des Dienstvertrags die seinem Wesen und seiner Bedeutung zukommende Beachtung zu widmen und seine Stellung und Wirkung genau zu präzisieren.

Wölbling gelangt nach Untersuchung der wirtschaftlichen und rechtlichen Natur des Akkordvertrages gleichfalls zu dem Ergebnis, daß sich eine gesetzliche Regelung des Akkordvertrages empfehle, die sich im Rahmen der Gewerbeordnung leicht herbeiführen ließe. Er weist darauf hin, wie eine besondere Bestimmung dahin notwendig wäre, daß der Akkordarbeiter die Anweisungen des Arbeitgebers befolgen muß, daß dieser aber für allen Schaden aufkommt, der dem Arbeiter daraus erwächst, daß diese Anordnungen nicht zweckmäßig sind. Besondere Vorschriften würden z. B. auch darüber erforderlich sein, ob die Herstellung, Zu- oder Einrichtung von Maschinen im Zweifel zum Akkord gehört oder in Zeitlohn zu bezahlen ist.

Die beiden Berichterstatter hatten sich auf die folgenden Thesen geeinigt, die nahezu einstimmig angenommen wurden.

Beschluß. I. Der deutsche Juristentag ist der Überzeugung, daß eine gesetzliche Regelung des gewerblichen Akkordvertrages notwendig ist, da es diesem für die Industrie wichtigsten Arbeitsvertrage an einer hinreichenden rechtlichen Ordnung fehlt und infolgedessen zahlreiche Arbeitsstreitigkeiten entstehen.

II. Insonderheit hält der Juristentag für erforderlich:
1. die Sicherung der Akkordvereinbarung und Akkordabrechnung;
2. Bestimmungen über die Pflichten der Parteien bei Ausführung von Akkordarbeiten;
3. die rechtliche Stellung von Zwischenpersonen (Akkordmeister, Akkordanten, Kolonnenführer, Zwischenmeister) gesetzlich zu regeln.

III. Ferner aber ist zur Entwickelung und Ordnung des Akkordvertrages wünschenswert, über die rechtliche Wirkung der Tarifgemeinschaften (kollektiven Arbeitsverträge) Klarheit zu schaffen.

IV. Der Juristentag beschließt deshalb, über „das Recht der Tarifgemeinschaften“ Gutachten einzufordern und dieses Thema in Verbindung mit dem der Arbeitsordnungen auf die Tagesordnung seiner nächsten Hauptversammlung zu setzen.

19. Tarifverträge.

29. DJT. Karlsruhe 1908.

Entsprechend dem Beschlusse des 28. DJT. war das sozialpolitisch eminent wichtige Thema der Tarifverträge auf die Tagesordnung des 29. DJT. gesetzt worden. Wie überhaupt seit dem Jahre 1906 die literarische Arbeit über die Tarifverträge außerordentlich fruchtbar gewesen war — hatte doch auch das Kaiserliche Statistische Amt ein großes Werk veröffentlicht — so hatten auch vier Gutachter die Erörterung der Frage für den Juristentag vorbereitet.

Frage. Empfiehlt sich die gesetzliche Regelung der Tarifverträge, welche zwischen gewerblichen Arbeitgebern und Arbeitern geschlossen werden?

Gutachter:	Berichterstatter:
MagistrR. v. Schulz (Berlin) II. 201—340.	RA. beim RG. Dr. Junck (Leipzig) V. 20 ff.
PrivDoz. Dr. Zimmermann (Berlin) III. 187—252.	PrivDoz. Dr. Köppe (Marburg) V. 46 ff.
Prof. Dr. Kobatsch (Wien) IV. 3—82.	
GerAdv. Dr. Ettinger (Wien) IV. 83—198.	

Der erste Gutachter, v. Schulz, führt aus: Das geltende Recht bietet zwar den Tarifverträgen Rechtswirksamkeit, ist aber unübersichtlich, vielfach bestritten und dazu mit schwerwiegenden Mängeln behaftet. Eine Gesetzgebung über den Tarifvertrag ist deswegen um so mehr zu erstreben, als das Tarifvertragsrecht fast täglich von den Gewerbetreibenden und den gewerblichen Arbeitern, denen das bisherige Recht und außerdem die Kunst der Interpretation mehr oder minder fremd ist, angewendet werden soll. Schon jetzt aber für eine privatrechtliche Regelung des Tarifvertrages gesetzgeberisch einzutreten, dürfte nicht zweckmäßig sein. Der Tarifvertrag hat ziemlich feste Wurzeln im Handwerk und in der Industrie. Man trifft ihn dagegen erst vereinzelt im Handelsgewerbe und bei anderen Ständen. Hiernach ist die weitere Entwickelung abzuwarten, um später für alle Gewerbe, die Tarifverträge zu schließen in die Lage kommen, Rechtsvorschriften aufstellen zu können.

Trotzdem bedarf der Tarifvertrag schon jetzt der Hilfe des Gesetzgebers. Das Reichsvereinsgesetz und die beiden Gesetzentwürfe betr. die Rechtsfähigkeit der Berufsvereine und die Arbeitskammern versprechen keinen nennenswerten Nutzen für den Tarifvertrag. Sie lassen ferner auch die beiden Koalitionsparagraphen der Gewerbeordnung nicht verschwinden. Da nur starke, wenn möglich mit Rechtsfähigkeit begabte Organisationen die volle Durchführung des Tarifvertrages gewährleisten, so sind unter allen Umständen die in dem „Entwurf eines Antrages des Gewerbegerichts Berlin an die gesetzgebenden Körperschaften betreffend Tarifverträge“ gemachten Vorschläge zur Gesetzgebung reif und zum Gesetze zu erheben.

Dr. Zimmermann faßt das Ergebnis seiner Untersuchungen dahin zusammen:

Die Aufgabe der kommenden Tarifvertragsgesetzgebung wird, abgesehen von der Aufhebung des § 153 GO. und der Schaffung einer „gemeinen Arbeitsregel“, vorerst wesentlich privatrechtlicher Natur sein. Nur zur Erzeugung der Rechtswirksamkeit unbegrenzter Tarifverträge, zur rechtlichen Bindung der unorganisierten Tarifanhänger werden öffentlich-rechtliche Vorschriften nicht ganz zu entbehren sein. Die gesamte Gesetzgebung aber muß von dem Gedanken beherrscht sein, daß sie nur eine subsidiäre Rechtsregelung anstreben darf, die dem abweichenden Willen der Tarifvertragsparteien sich jederzeit unterzuordnen hat. Nur dann können sich die sozialrechtlichen Grundsätze des Tarifvertrages gegenüber den individualistischen Gesichtspunkten, die aller privatrechtlichen Ordnung bisher gemäß unserer Rechtsentwickelung nun einmal unlösbar anhaften, zur Genüge auswirken. Die gesetzliche Regelung soll nur für juristische Klarheit und Sicherheit da sorgen, wo die Parteien sie selbst zu schaffen unterließen. Eine Tarifvertragsgesetzgebung, die sich höherer Zwecke vermäße und etwa das Schicksal der praktischen Tarifvertragsentwickelung entscheidend beeinflussen wollte, wäre ein untauglicher Versuch am untauglichen Objekt.

Denn die Tarifvertragsbewegung kann, wie sie der freien Willenseinigung freier Unternehmer- und Arbeiterorganisationen entsprungen ist, auch fernerhin nur auf dem Grunde freier Vereinbarung gedeihen, es sei denn, daß das Staatswohl zur Verhütung von Arbeitskämpfen und Produktionsstörungen ausnahmsweise in gewissen gemeinnötigen Versorgungsgewerben nach Zwangsordnungen verlangte.

Weitergehende gesetzliche Eingriffe in die soziale Selbstverwaltung der übrigen Industrien, zünftisches Zwangstaxwesen und behördliches Zwangsschiedswesen würden nicht nur die Tarifverträge ihres elastischen Satzungscharakters berauben, sondern auch die organische Herausbildung friedlicher Gleichgewichtszustände zwischen Unternehmertum und Arbeiterschaft unterbinden. Die Gesetzgebung soll der Tarifvertragsbewegung folgen, ihr aber nicht Wege weisen wollen: sie würde ihr sonst allzuleicht nur den Weg verstellen.

Prof. Dr. Kobatsch kommt zu dem Resultat, daß den Tarifverträgen eine große volkswirtschaftliche und soziale Bedeutung zugesprochen werden muß, daß man einem ganz neuartigen Vertragstypus gegenüberstehe, dessen juristische Konstruktion und gesetzliche Regelung noch umstritten ist, aber im Sinne der Rechtsgültigkeit und der Sicherung dieser Verträge unternommen werden sollte. Den Tarifverträgen haften zwar manche Nachteile, insbesondere für die Unternehmer, an, sie stellen aber für viele Branchen das kleinere Übel gegenüber den Lohnkämpfen dar, und ihnen wohnt unleugbar eine für beide an dem Arbeitsverhältnisse interessierte Parteien wirksame erziehliche Mission inne, welche auch einen günstigen Ausblick in friedlichere soziale Verhältnisse gestattet.

Dr. Ettinger führt aus: 1. Die Gesetzgebung hat bloß die Aufgabe, der von der Tagesströmung beeinflußten Judikatur einen festen Halt auf der Basis der allgemeinen Vertragsfreiheit zu bieten, indem sie ausdrücklich anerkennt, daß auch der Arbeitsnormenvertrag vom Gesichtspunkte der allgemeinen Vertragsfreiheit zu behandeln ist.

2. Die Gesetzgebung hat aber mit Rücksicht auf den Zweck des Arbeitsnormenvertrages und das Bedürfnis der modernen Volkswirtschaft, im gewissen Sinne dem Arbeitsnormenvertrag einen öffentlich-rechtlichen Charakter des jus cogens zu sichern, indem sie die automatische Rechtswirkung desselben gewährleistet, so daß entgegenstehende individuelle Arbeitsverträge null und nichtig erscheinen und der Ersatz von Minderleistungen an den Arbeiter von den interessierten Verbänden zugunsten der Verbandskassen neben allfälligen Strafen nachgefordert werden könne.

3. Die Gesetzgebung hat aber auch die Aufgabe, zwecklose Störungen des gewerblichen Friedens durch Vervollkommnung der Technik bei Verhandlungen womöglich zu verhindern. Es muß somit statuiert werden, daß überhaupt Streik und Aussperrung erst nach vorgehendem Einigungsversuche, welcher von einer bestimmt zu fixierenden Instanz vorzunehmen ist, Platz greifen darf.

4. Das Gesetz müßte ferner sowohl die Gewerkschaftsbewegung als auch die Organisationsbewegung der Unternehmer dadurch fördern, daß eine Priorität in bezug auf die Arbeitsgelegenheit bzw. den Anspruch auf Arbeitskräfte zugunsten der dem Arbeitsnormenvertrage sich unterwerfenden Arbeiter und Unternehmer ausdrücklich geschaffen würde, wofür paritätisch organisierte Arbeitsnachweisstellen die entsprechende Grundlage bieten würden. Den Unternehmern müßte insbesonderk die Begünstigung der ausdrücklichen Anerkennung von Unternehmerkartellen eingeräumt werden, welche die Arbeitsnormenverträge respektieren und gleichzeing den eigenen Berufsgenossen für die Schädigung derselben durch Vereinheitlichung des Lohnniveaus den Umsatz gewährleisten, bzw. für den Minderumsatz entschädigen und bestimmte zu publizierende Gewinnaufschläge auf das Produkt nicht überschreiten. Die Begünstigung von Gewerkschaften wäre an die Bedingung des freien Zutritts von Berufsgenossen sowie einer Arbeitslosenunterstützung zu knüpfen, so daß der Staat sich bloß mit der Kranken-, Witwen- und Waisenversicherung zu befassen hätte. Die Beiträge zu den Arbeitslosenunterstützungskassen müßten eventuell auf Grund des Arbeitsnormenvertrags in Form einer Quote der jeweils erwirkten Lohnerhöhung direkt von den Unternehmern an die Kassen abgeführt werden können.

5. Strafgesetzlich müßten die Streiks vollständig mit der Verweigerung des Abschlusses von Verkaufsverträgen oder mit dem Bruche von Warenlieferungsverträgen gleichgestellt werden. Es könnte also die Androhung des Nichtabschlusses eines Arbeitsvertrages oder selbst des Bruches eines Arbeitsvertrages überhaupt keine rechtlichen Folgen haben; die Androhung des Bruches eines Arbeitsvertrages könnte demgemäß nur zivilrechtliche Folgen haben.

6. Was die Haftbarmachung der Arbeiter für die Einhaltung des Arbeitsnormenvertrages betrifft, so entspricht den Rechtsanschauungen und dem Rechtsgefühl der Bevölkerung folgende Norm: Die Gewerkschaftskasse als solche haftet nur für Verstöße, die auf Grund von Generalversammlungsbeschlüssen oder statutenmäßigen Vollmachten durch die Gewerkschaftsbeamten begangen worden sind, und zwar haftet sie dann mit den vertragsmäßig festzusetzenden Pönalien. Für sonstige Verstöße der Gewerkschaftsorgane

oder des einzelnen Arbeiters darf nur der Anteil dieser Arbeiter an dem Gesellschaftsvermögen haftbar gemacht werden, wobei selbstverständlich vertragsmäßig die Gewerkschaft verpflichtet werden kann, gegen solche Verstöße, welche nicht über statutenmäßige Anordnung der Gewerkschaft von dem einzelnen Arbeiter erfolgt sind, auch sonstige Strafen zu verhängen, wie etwa Ausschluß aus der Gewerkschaft, Verlust des Prioritätsrechtes auf Arbeitsgelegenheit, Verlust des Anspruchs.

Ganz analog müßte die Haftung für die Unternehmer normiert werden.

Das Plenum beschloß einstimmig:

Beschluß. Der Deutsche Juristentag empfiehlt:

1. wiederholt eine Reform des gewerblichen Koalitionsrechtes im Sinne seines früheren Beschlusses;
2. die Beseitigung der Hindernisse, die nach dem Bürgerlichen Rechte dem Erwerbe der Rechtsfähigkeit durch gewerbliche Berufsvereine entgegenstehen;
3. eine gesetzliche Regelung des Rechtes der Arbeitstarifverträge, in der
   a) jeder öffentlich-rechtliche Zwang vermieden,
   b) volle Freiheit der Abschließung und Durchführung der Verträge gewahrt,
   c) die Möglichkeit eröffnet wird, Arbeitstarifverträge bei den Gewerbegerichten öffentlich zu registrieren,
   d) festgesetzt wird, daß Arbeitstarifverträge, welche den vorstehenden Vorschriften entsprechen, unmittelbare Rechtswirkung auf die in ihrem Geltungsbereiche abgeschlossenen Arbeitsverträge haben.

20a. Differenzgeschäfte.

16., 17. und 18. DJT. — Kassel, Würzburg, Wiesbaden — 1882, 1884, 1886.

Dem 16. DJT. wurde zum ersten Male die Frage vorgelegt:

Frage. Sind Ansprüche aus Differenzgeschäften zu verbieten oder zu beschränken?

Berichterstatter waren RA. Dr. Heinsen (Hamburg) II. 165 ff. und Prof. Dr. Gareis (Gießen) II. 184 ff. Die Abteilung gelangte mit großer Mehrheit zu dem

Beschlusse: Es empfiehlt sich nicht, Differenzgeschäfte gesetzlich zu verbieten oder zu beschränken.

Abgelehnt wurde ein Antrag Westerkamp: Reine Differenzgeschäfte begründen weder Klage noch Einrede. Im übrigen sind Differenzgeschäfte weder zu verbieten noch zu beschränken.

Angenommen wurde dagegen folgender Antrag Brunner-Wiener:

Beschluß. Die ständige Deputation des Juristentages ist zu ersuchen, auf Grund einzuholender Gutachten dem nächsten Juristentage die Frage vorzulegen:

ob und in welcher Weise es im Wege der Gesetzgebung ausführbar sei, den schreiendsten Mißbräuchen des Spekulationsverkehres in Zeitkäufen durch eine Börsenordnung entgegenzuwirken, welche die Handhabung einer strafferen Disziplinargewalt von seiten der Börse und ihrer Organe sichert.

Deshalb wurde von der ständigen Deputation für den 17. DJT. über diese Frage ein Gutachten des Prof. Dr. Struck (Aachen) I. 250—274 eingeholt.

Das Gutachten zählt zunächst die mit dem Spekulationsgeschäft verknüpften Mißbräuche auf, erwartet Abhilfe derselben nicht von gesetzlichen Verboten oder Strafen, wohl aber von einer angemessenen Börsenorganisation mit strengen Disziplinarvorschriften, Beschränkung des Börsenbesuches, Kautionshinterlegung usw.

Vor dem Erlaß dahin zielender Gesetze soll aber eine amtliche Untersuchung der Verhältnisse der deutschen Börsen stattfinden.

Berichterstatter war wiederum RA. Dr. Heinsen (Hamburg) II, 172ff.

Die Abteilung beschloß:

Beschluß. I. Ein wirksamer Schutz gegen die beim Spekulationsverkehr in Zeitgeschäften vorkommenden Mißbräuche ist von einer im Wege der Gesetzgebung zu normierenden, auf Handhabung einer straffen Disziplinargewalt von seiten der Börsenorgane gerichteten Börsenordnung nicht zu erwarten.

II. Die Abteilung empfiehlt dagegen die Frage, ob nicht gesetzlich mit Strafe und eventuell dem Verlust der bürgerlichen Ehrenrechte zu bedrohen sei:

1. wer öffentlich in Bekanntmachungen wissentlich falsche Tatsachen vorspiegelt oder wahre Tatsachen entstellt, um zur Beteiligung an einem Anlehen zu bestimmen;
2. wer in betrügerischer Absicht auf Täuschung berechnete Mittel anwendet, um auf den Kurs von Effekten oder den Marktpreis von Waren einzuwirken;

3. wer für Personen oder mit Personen, welche öffentlich oder von Privaten angestellt sind, in Kenntnis dieser ihrer Eigenschaft ohne Vorwissen ihrer Vorgesetzten oder Prinzipale Zeitkaufgeschäfte abschließt;
4. wer unter wissentlicher Benutzung des Leichtsinns oder der Unerfahrenheit eines anderen für denselben oder mit demselben Zeitkaufgeschäfte abschließt,

der Prüfung des Juristentages und der Gesetzgebung.

Hierauf wurde über diese Fragen ein Gutachten des Dr. Hecht (Mannheim) eingeholt **18** I. 104—117.

Das Gutachten fiel bezüglich aller Fragen negativ aus; teils wurde das Bedürfnis für diese Strafbestimmungen, teils deren Zweckmäßigkeit verneint.

Auch auf dem 18. DJT. in Wiesbaden 1886 fungierte wiederum Dr. Heinsen als Berichterstatter (II. 153 ff.) und neben ihm RA. Dr. Rießer (Frankfurt a. M.) II. 164 ff. Der Antrag Heinsen ging zum Teil auf Einführung besonderer Strafbestimmungen. Insbesondere empfahl er folgende Vorschrift:

Mit Strafe und eventuell mit Verlust der bürgerlichen Ehrenrechte ist gesetzlich zu bedrohen:

wer in öffentlichen Bekanntmachungen wissentlich falsche Tatsachen vorspiegelt oder wahre Tatsachen entstellt, um zur Beteiligung an einem Anlehen zu bestimmen.

Ist die öffentliche Bekanntmachung im Inseratenteil einer periodischen Druckschrift erfolgt, so findet § 20 Nr. 2 des Gesetzes über die Presse vom 7. Mai 1874 keine Anwendung.

Die Abteilung konnte sich in keinem der Fälle entschließen, eine Strafbestimmung in Vorschlag zu bringen.

20 b. 22. DJT. Augsburg 1892.

Bei der im Frühjahre 1892 von der Reichsregierung veranlaßten Börsenenquete wurden auch die Differenzgeschäfte zum Gegenstand der Untersuchung gemacht. Während das RG. früher unter nicht klagbaren Differenzgeschäften nur solche verstand, bei welchen eine wirkliche Erfüllung von den Vertragschließenden ausdrücklich ausgeschlossen war, rechnete es seit 1891 auch solche Fälle dahin, in welchen ein solcher Ausschluß sich nur stillschweigend äußert. Bei dieser Sachlage erschien es angezeigt, die viel umstrittene und in das praktische Leben tief eingreifende Frage ohne Rücksicht auf die früheren Beschlüsse nochmals zum Gegenstand der Beratung zu machen.

Frage. Wie soll die Gesetzgebung Differenzgeschäfte behandeln, bei denen die effektive Erfüllung ausgeschlossen wird?

Gutachter: Prof. Dr. Cosack (Freiburg) III. 93—104.

Berichterstatter: OLGPräs. Dr. Struckmann (Köln) IV. 227 ff.

RA. Dr. Tiktin (Berlin) IV. 245 ff.

Das Gutachten Cosack spricht sich für die Klaglosigkeit der reinen Differenzgeschäfte aus, d. h. solcher Geschäfte, bei denen kein Teil die effektive Erfüllung will, sondern beide nur die Absicht haben, daß die Differenz zwischen dem von ihnen vertragsmäßig ausbedungenen Kaufpreise und dem am Endtage der Erfüllungsfrist geltenden Preise zwischen ihnen zur Auszahlung gelange. Den Beweis, daß ein Geschäft ein reines Differenzgeschäft sei, legt Cosack demjenigen auf, der solches behauptet. Dagegen wird nicht beanstandet die Klagbarkeit der effektiven Differenzgeschäfte, bei welchen beide Teile Erfüllung wollen, und die der gemischten Differenzgeschäfte, wenn nämlich das Geschäft auf der einen Seite einen Ernstcharakter, auf der anderen Seite Spielcharakter hat. Die Kommission zum effektiven und zum gemischten Differenzgeschäft wird für gültig, die zum reinen Differenzgeschäft für ungültig erklärt.

Mit großer Mehrheit schloß sich die Abteilung dem Antrag des ersten Berichterstatters an.

Beschluß. Differenzgeschäfte sind nicht klagbar, wenn die wirkliche Erfüllung entweder ausdrücklich oder stillschweigend ausgeschlossen ist.

§ 764 BGB. bestimmt: Wird ein auf Lieferung von Waren oder Wertpapieren lautender Vertrag in der Absicht geschlossen, daß der Unterschied zwischen dem vereinbarten Preise und dem Börsen- oder Marktpreise der Lieferungszeit von dem verlierenden Teile an den gewinnenden gezahlt werden soll, so ist der Vertrag als Spiel anzusehen. Dies gilt auch dann, wenn nur die Absicht des einen Teiles auf die Zahlung des Unterschiedes gerichtet ist, der andere Teil aber diese Absicht kennt oder kennen muß.

Entsprechend erklärt § 68 des deutschen Börsengesetzes den Abschluß von sog. Differenzgeschäften in Getreide und Erzeugnissen der Getreidemüllerei für rechtsunwirksam.

21. Abstraktes Schuldanerkenntnis.

8. und 9. DJT. — Heidelberg, Stuttgart — 1869, 1871.

Frage. Soll das künftige gemeinsame deutsche Obligationenrecht die verbindliche Kraft des Anerkennungsvertrags aufnehmen, und wie ist dieses Rechtsgeschäft zu regeln?

Gutachter:	Berichterstatter:
StadtGerR. Koch (Berlin) 8 I. 283—308.	Prof. Dr. v. Ihering
Prof. Dr. Götz (Leipzig) 8 I. 309—380.	(Göttingen) 8 II. 94 ff.

Das Gutachten Koch kommt zu dem Ergebnis, daß das künftige gemeinsame deutsche Obligationenrecht, um den Forderungen der Rechtsentwickelung, der Wissenschaft und des Verkehres zu genügen, folgende Grundsätze aufzunehmen haben werde:

1. Die vertragsmäßige Anerkennung eines bestehenden Schuldverhältnisses begründet die Verpflichtung zur Erfüllung der anerkannten Schuld, ohne daß es eines Nachweises des Rechtsgrundes dieser Schuld bedarf.

2. Ein Schuldverhältnis ist erloschen (ohne daß ein anderer Auflösungsgrund nachzuweisen ist), wenn der Gläubiger die Auflösung dem Schuldner gegenüber vertragsmäßig anerkennt.

3. Der Anerkennungsvertrag (ad 1 und 2) kann wegen Mangels der causa (des Verpflichtungs- oder Auflösungsgrundes) nur insofern angefochten werden, als die Voraussetzungen einer Klage wegen grundloser Bereicherung (condictio) vorhanden sind.

4. In der Ausstellung und Annahme eines schriftlichen, den Rechtsgrund der Schuld (causa) nicht angebenden Schuldbekenntnisses (Schuldscheins) bzw. einer den Tilgungsgrund nicht enthaltenden Befreiungsurkunde (Quittung) liegt die Abschließung eines Anerkennungsvertrages.

Götz schlägt für das künftige Obligationenrecht noch folgende Bestimmungen vor:

I. Wer einem anderen kraft Anerkennung eines Forderungsanspruchs verpflichtet sein will, hat auf Grund solcher erklärten Willenseinigung (Anerkennungsvertrag), die in ihr enthaltene Zusage zu erfüllen.

II. Desgleichen wird, wenn der eine vom anderen über seinen Anspruch eine Schuldverschreibung (Schuldbrief, Schuld- oder Gutschein, Schuldbekenntnis) erhält, mag der Rechtsgrund jenes Anspruchs darin mit beurkundet sein oder nicht, durch Ausstellung und Empfang der Urkunde ein Anerkennungsvertrag geschlossen.

III. Derselbe wird auch geschlossen, wenn Gläubiger und Schuldner mittels einer Berechnung oder Abrechnung unter sich das dem einen oder anderen Teil verbleibende Guthaben feststellen, bezüglich der zur Berechnung oder Abrechnung gekommenen Posten, gleich wie über das festgestellte Guthaben.

IV. Der Schuldner kann den Schuldanerkennungsvertrag anfechten, wenn er denselben in der irrigen Voraussetzung eines bestehenden wirksamen Schuldverhältnisses überhaupt oder des in dem Vertrage bezeichneten insbesondere geschlossen hat, oder wenn sonst die Voraussetzungen für die Rückforderung einer Leistung wegen ungerechtfertiger Bereicherung vorhanden sind.

V. Durch eine Willenseinigung zwischen Gläubiger und Schuldner, worin ersterer wegen eines Anspruchs an letzteren sich für befriedigt erklärt, wird dieser Anspruch gleich unmittelbar und in Ansehung etwa vorhandener Nebenberechtigter oder -verpflichteter in gleichem Umfang wie durch wirkliche Zahlung getilgt.

VI. Derjenige, welcher eine solche Erklärung erteilte, kann sie anfechten, wenn die Voraussetzungen für die Rückforderung einer Leistung wegen ungehöriger Bereicherung vorhanden sind.

Auf dem 8. Juristentage hatte Ihering folgende Thesen aufgestellt:

I. Ein auf bloßes „Schuldigsein" oder die Zahlung einer Geldsumme (oder eines sonstigen Gegenstandes) gerichteter (schriftlicher) Vertrag hat bindende Kraft ohne Angabe des Schuldgrundes.

II. Eine Einrede gegen diese Verpflichtung steht dem Schuldner nur nach den Grundsätzen der römischen Kondiktionentheorie zu.

III. Soweit die Intention der Parteien nicht auf das Gegenteil gerichtet war, hat der Gläubiger die Wahl, ob er aus dem Schuldversprechen oder dem ihm zugrunde liegenden Geschäfte klagen will.

Nach erfolgter Vertagung nahmen zu den Thesen Iherings Stellung: die Gutachten des Senators Dr. Dugge (Bützow) **9 II. 426—444**, des PrivDoz. Dr. Eck (Berlin) **9 II. 445—454** und des OAGR. Dr. Zimmermann (Lübeck) **9 II. 455—501.**

Dugge spricht sich dahin aus, daß der ersten These Iherings eine etwas veränderte Gestalt dahin zu geben sei:

„Ein auf bloßes ‚Schuldigsein' oder eine Zahlung oder sonstige Leistung gerichteter Vertrag hat bindende Kraft ohne Angabe des Schuldgrundes."

In der zweiten These sei zur Vermeidung eines Mißverständnisses das Wort „römischen" zu streichen, die dritte These aber, da das Wort „Schuldversprechen" in derselben nach Aufstellung der ersten These kaum einer Mißdeutung unterliegen könne, unverändert zur Annahme zu empfehlen.

Eck empfiehlt die Thesen zur Annahme mit der Maßgabe, daß in der These I. der Schuldvertrag nicht bloß auf die Leistung einer Geldsumme, sondern auch auf diejenige einer Quantität vertretbarer Sachen oder Wertpapiere zu erstrecken sei.

Zimmermann stimmt den Jheringschen Thesen I. und II. zu, will aber zu I. die Worte „oder die Zahlung einer Geldsumme" weglassen und hält zu II. die Verweisung auf die römische Kondiktionentheorie nicht für passend.

Zu III. spricht er aus: daß er eine Vermutung für den bloß akzessorischen Charakter der abstrakten Obligation nicht für begründet halte, sondern viel eher die entgegengesetzte. Da die Frage eine reine quaestio facti sei, werde der Gesetzgeber am richtigsten handeln, wenn er sich der Aufstellung von Präsumtionen ganz enthalte.

Nach einem Referate des BezGerR. Hauser (München) — 9 III. 64 ff. — beschloß der 9. DJT.:

> **Beschluß.** I. Ein ohne Angabe des Schuldgrundes ausschließlich auf ein Schuldigsein oder die Leistung eines Gegenstandes gerichteter Vertrag ist klagbar.
>
> II. Die Zulässigkeit von Einreden aus diesem Vertrage selbst richtet sich nach den allgemeinen Rechtsgrundsätzen. Einreden aus dem unterliegenden Verpflichtungsgrunde gegen die hiervon abgelöste Verbindlichkeit sind nur soweit zulässig, als sie selbständige Gegenforderungen oder ein Rückforderungsrecht seitens des Schuldners gegen den Gläubiger begründen.
>
> III. Soweit die Intention der Parteien nicht auf das Gegenteil gerichtet war, hat der Gläubiger die Wahl, ob er aus dem Schuldversprechen oder dem ihm zugrunde liegenden Geschäfte klagen will.

Das BGB. erkennt das abstrakte Schuldanerkenntnis als verbindlich an, macht aber die Gültigkeit des Vertrages von der Beobachtung der Schriftform abhängig (§ 781). Die Trennung des Schuldanerkenntnisses von seinem Rechtsgrunde ist keine absolute; das Schuldanerkenntnis kann wegen Mangel des Rechtsgrundes kondiziert werden (§§ 812 ff. BGB.). Der Gläubiger kann seine Ansprüche nach seiner Wahl entweder aus dem alten Schuldverhältnis oder aus dem abstrakten Schuldanerkenntnis geltend machen, da die Erteilung des Anerkenntnisses regelmäßig nicht als Erfüllung anzusehen ist (§ 364 Abs. 2).

22. Haftung aus Order- und Inhaberpapieren.

16. DJT. Cassel 1882.

Frage: Soll der Aussteller eines vor der Begebung gestohlenen oder verlorenen Wechsels oder sonstigen Order- oder Inhaberpapieres dem gutgläubigen Erwerber haften?

Gutachter:	Berichterstatter:
Prof. Dr. Kuntze (Leipzig)	Prof. Dr. Brunner (Berlin)
I. 131—140.	II. 227 ff.

Das Gutachten Kuntze bejaht die Frage, weil die Kreationstheorie dem Wesen des Wechsels und den Anschauungen des Handelsstandes entspreche, auch der deutschen Wechselordnung zugrunde liege.

Die Abteilung schloß sich ohne Debatte den Thesen des Berichterstatters an.

Beschluß. a) Mit Rücksicht auf die allgemeine Wechselfähigkeit erscheint es unzweckmäßig, den Aussteller eines vor der Begebung gestohlenen oder verlorenen Wechsels dem gutgläubigen Erwerber haften zu lassen.

b) Wenn Geldpapiere auf den Inhaber in Masse emittiert werden sollen, ist eine Haftpflicht des Ausstellers für das vor der Begebung abhanden gekommene Papier gerechtfertigt, falls die Emission öffentlich angekündigt worden oder der Beginn der Emission tatsächlich erfolgt ist.

Der Aussteller eines vor der Begebung gestohlenen oder verlorenen Wechsels haftet nach der ständigen Praxis des Reichsgerichts dem gutgläubigen Erwerber nicht, weil die Wechselverpflichtung nicht durch die Niederschrift, sondern erst durch die Begebung entsteht.

Dagegen schreibt das BGB. nicht nur für die Massenausgaben von Geldpapieren, sondern auch für die Ausstellung von Schuldverschreibungen auf den Inhaber überhaupt, im § 794 vor, daß der Aussteller aus der Schuldverschreibung auch dann verpflichtet sei, wenn sie ihm gestohlen worden oder verloren gegangen sei.

23. Außerkurssetzung von Inhaberpapieren.

7. DJT. Hamburg 1868.

Frage: Soll es zulässig sein, Inhaberpapiere außer Kurs zu setzen?

Gutachter:
Dr. v. Kerstorf (Augsburg)
I. 123—167.
Adv. Dr. Löhr (Köln)
I. 168—181.

Berichterstatter:
RA. Makower (Berlin)
II. 48 ff.

Das Gutachten v. Kerstorf formuliert den Antrag: Der deutsche Juristentag wolle — unter dem Ausdrucke des Bedauerns über den Fortbestand der sog. Außerkurssetzung von Inhaberpapieren mittels Privatvermerkes, als den Postulaten der Rechtswissenschaft, den Ansprüchen Einzelner auf Rechtssicherheit und den Bedürfnissen des Verkehrs widerstrebend — über die aufgeworfene Gesetzgebungsfrage zur motivierten Tagesordnung schreiten.

Das Gutachten Löhr erklärt vom gesetzgeberischen Standpunkt aus es nicht für zulässig Inhaberpapiere außer Kurs zu setzen.

Die Abteilung beschloß auf Antrag des Berichterstatters:

Beschluß. Es soll nicht zulässig sein, Inhaberpapiere außer Kurs zu setzen.

Die Außerkurssetzung von Schuldverschreibungen auf den Inhaber ist durch Art. 176 EGBGB. beseitigt, an ihre Stelle ist die Umschreibung auf den Namen eines bestimmten Berechtigten durch den Aussteller getreten (§ 806 BGB.).

24. Verrufserklärungen.

29. DJT. Karlsruhe 1908.

Die modernen Lohn- und Wirtschaftskämpfe haben neben Streik und Aussperrung auch den Boykott gezeitigt. Die Frage, ob und unter welchen Voraussetzungen derjenige, gegen den der Boykott sich richtet, der Verrufene, Schadensersatz und Unterlassung weiterer Verrufserklärungen von dem den Boykott einleitenden Verrufenden begehren kann, ist eine sehr umstrittene. Die neuere Judikatur des RG. (vgl. Bd. 51, 383 ff.; 54, 255 ff.; 57, 418 ff.; 61, 336 ff.; 64, 52 ff., 155 ff.; 65, 210 ff., 423 ff.; 66, 379 ff.) steht, ebenso wie die in der Literatur herrschende Theorie, auf dem Standpunkt, daß im allgemeinen eine Anwendbarkeit des § 823 BGB. ausgeschlossen und nur unter besonderen Umständen die Möglichkeit einer Anwendung der §§ 824, 826 BGB. gegeben sei. Die ständige Deputation des DJT. stellte darum das Thema zur Beratung.

Frage. Welche zivilrechtlichen Folgen knüpfen sich an die im modernen Lohnkampf üblichen Verrufserklärungen, insbesondere an das Verbot des Einkaufs und Verkaufs, des Arbeitgebens und Arbeitnehmens?

Gutachter:	Berichterstatter:
Prof. Dr. Oertmann (Erlangen)	OLGR. Dr. Lobe (Dresden)
28 II. 33—85.	**29** V. 173 ff.
KGR. Dr. Pape (Berlin)	Prof. Dr. Rosin (Freiburg)
29 IV. 246—269.	**29** V. 195 ff.

Beide Gutachter stimmen zwar darin überein, daß das geltende Recht hinsichtlich der Festlegung der zivilrechtlichen Folgen des Verrufes einer Reform nicht bedürfe, gelangen jedoch zu dieser Übereinstimmung von entgegengesetzten Ansichten aus. Oertmann hält Boykott und Verruf an sich für erlaubt und läßt zivilrechtliche Folgen nur im Falle eines dabei vorkommenden Verstoßes gegen die guten Sitten nach § 826 BGB. eintreten. Bei Feststellung des Merkmals des Verstoßes gegen die guten Sitten geht er davon aus, daß die angewendeten Schädigungsmittel, Boykott und Verruf als solche nicht als moralwidrig angesehen werden dürfen, ebensowenig wie das mit der Schädigung angestrebte Ziel als solches moralwidrig ist. Zur Feststellung des unsittlichen Verhaltens wird vielmehr darauf Wert gelegt, daß die Anwendung von Schädigungsmitteln in einer Weise erfolgt, bei der der herbeigeführte Schaden nicht mehr in gerechtem Verhältnisse zu dem umstrittenen Interesse, dem erstrebten Ziele steht.

Pape hält demgegenüber jeden Verruf und Boykott an sich für eine unerlaubte und nach § 823 Abs. 1 BGB. zu bekämpfende Handlung. Die Befugnis eines einzelnen, die in seinem eingerichteten Geschäftsbetriebe zum Verkauf gestellten Waren ungehindert und frei veräußern zu dürfen, ist ein schutzwürdiges, durch § 823 Abs. 1 geschütztes und durch die Einrichtung und Schaffung des betreffenden Gewerbebetriebes wohlerworbenes Recht; als ein „sonstiges Recht" im Sinne von § 823 Abs. 1 ist auch die zu schützende Befugnis, die für den Geschäftsbetrieb erforderlichen Waren bei jedem beliebigen Produzenten behufs ihrer Weiterveräußerung anzuschaffen, anzusehen. — Die freie Betätigung eines Gewerbes erfährt eine wesentliche Beeinträchtigung und Verletzung, wenn die Annahme geeigneter Arbeitskräfte gehindert wird. Wird diese Verhinderung durch Boykott hervorgerufen, so treten die Wirkungen des § 823 Abs. 1 BGB. ein. Das „sonstige Recht" ist das zu schützende und vom Gesetz geschützte Recht, den Gewerbebetrieb in normalen Arbeitsgrenzen frei ausüben zu können. Bei dem Boykott des Arbeitgebers kommt das Recht auf ungehinderte Arbeitsbetätigung in Betracht; auch ein derartiges Recht hat als Rechtsgut zu gelten, dessen Schutz § 823 Abs. 1 gewährt. Allerdings ist die allgemeine Befugnis, sich durch Arbeit zu betätigen, kein Sonderrecht bestimmter Einzelindividuen; das Individualrecht jedes in irgendeinem Fache kundigen Arbeiters ist aber als ein Sonderrecht zu erachten, das ihm zusteht und auf ihn individualisiert des Schutzes bedarf.

Der erste Berichterstatter befürwortete im Gegensatze zu den beiden Gutachtern eine gesetzliche Reform. Zwar sei auch schon de lege lata ein Recht auf die freie Ausübung des Gewerbebetriebes und der Arbeitstätigkeit anzuerkennen, jedoch nur in beschränktem Umfange, nämlich in bezug auf den bereits eingerichteten und ausgeübten Gewerbebetrieb. Dieses, dem Eigentume vergleichbare absolute Recht an einem gewerblichen Unternehmen sei aber etwas anderes, als ein Persönlichkeitsrecht für die freie Ausübung einer gewerblichen Tätigkeit, dessen Anerkennung de lege ferenda durch Einfügung folgender Vorschrift in das BGB. verlangt werde:

„Wer in Ausübung seiner Erwerbstätigkeit widerrechtlich beeinträchtigt wird, kann von dem Störer die Beseitigung der Beeinträchtigung verlangen. Sind weitere Beeinträchtigungen zu besorgen, so kann er auf Unterlassung klagen.

Wird die Beeinträchtigung vorsätzlich oder fahrlässig vorgenommen, so ist der Störer dem Verletzten zum Ersatze des daraus entstehenden Schadens verpflichtet.

Die Ansprüche sind ausgeschlossen, wenn die Beeinträchtigung durch eine Tätigkeit, zu der der Störer ebenso befugt ist, oder in Wahrung gleichberechtigter Interessen erfolgte."

Zur einstimmigen Annahme gelangte die These des Korreferenten.

Beschluß: Die zivilrechtlichen Voraussetzungen und Folgen unerlaubter Verrufserklärungen, insbesondere der auf Waren- oder Arbeitsboykott gerichteten, wie sie namentlich im Zusammenhange mit den modernen Lohn- und Wirtschaftskämpfen vorkommen, bestimmen sich im allgemeinen nach § 826 BGB. Der Juristentag hat das Vertrauen zu der deutschen Rechtsprechung, daß sie wie bisher so auch ferner verstehen wird, auf der Grundlage dieser Gesetzesbestimmungen die Interessen der individuellen Erwerbs- und Arbeitsbetätigung mit denen der freien gesellschaftlichen Selbsthilfe zu einer gerechten und sittlichen Ordnung zu vereinigen. In diesem Sinne hält der Juristentag eine Änderung oder Ergänzung des BGB. in dieser Materie zurzeit nicht für geboten.

25. Haftung des Tierhalters.

28. DJT. Kiel 1906.

Die Bestimmung des § 833 BGB., die dem Tierhalter die Haftung für den durch das Tier angerichteten Schaden auferlegte, auch wenn er es mit der nötigen Sorgfalt beaufsichtigt hatte, wurde in weiten Kreisen als unbillige Härte empfunden. An Stelle der reinen Kausalhaftung wollte man eine Haftung des Tierhalters nur eintreten lassen, wenn ihn ein Verschulden trifft oder wenn er wenigstens seine Schuldlosigkeit nicht dartun kann. Diese Bestrebungen hatten dazu geführt, daß dem Reichstag ein Gesetzentwurf vorgelegt und von ihm in zweiter Lesung angenommen wurde, nach welchem die Ersatzpflicht des Tierhalters, wenn dieser die erforderliche Sorgfalt beweisen kann, bei allen Haustieren ausgeschlossen sein sollte, welche dem Berufe, der Erwerbstätigkeit oder dem Unterhalte des Tierhalters zu dienen bestimmt sind. Vor der dritten Lesung des Gesetzentwurfes nahm auch der DJT. hierzu Stellung.

Frage. Empfiehlt sich eine Änderung der Vorschrift des § 833 BGB. über die Haftung des Tierhalters?

Gutachter:	Berichterstatter:
OLGR. Marwitz (Kiel) II. 86, 114.	Prof. Dr. Enneccerus (Marburg) III. 71 ff.
Prof. Dr. L. Traeger (Marburg) II. 115—161.	RA. Dr. Bitter (Kiel) III. 87 ff.

Der erste Gutachter kommt zu dem Ergebnis, daß überwiegende Gründe dafür sprechen, die bloße Kausalhaftung des Tierhalters, wie sie durch § 833 eingeführt ist, beizubehalten, daß es sich jedoch empfiehlt, sie nach zwei Richtungen einzuschränken, da sie insoweit offenbar unbillig sei. Er führt aus: Die reine Kausalhaftung hat ihre Berechtigung nur da, wo es sich um Verletzung solcher Personen handelt, die in keiner Beziehung zu dem Tiere stehen. Sie ist jedoch nicht gerechtfertigt zugunsten derjenigen, die sich durch einen Vertrag der Gefahr besonders ausgesetzt haben. Diese haben beim Vertragsschluß die Gefahr gekannt und es erscheint deshalb billig, daß sie auch die Folgen einer Verwirklichung der Gefahr tragen. Eine Ausnahme von der Regel des § 833 empfiehlt sich ferner in denjenigen Fällen, in denen die Geltendmachung der Kausalhaftung für jeden billig denkenden Menschen anstößig ist.

Auch der zweite Gutachter, Traeger, befürwortet eine Einschränkung der strengen Haftpflicht des Tierhalters und zwar in Beziehung auf den Kreis der ersatzberechtigten Personen und hinsichtlich des Umfangs des Schadensersatzes. Er empfiehlt, dem § 833 BGB. den folgenden zweiten Absatz hinzuzufügen:

„Entstand der Schaden durch die Verwirklichung einer Gefahr, der die getötete oder verletzte Person oder die beschädigte Sache infolge einer im Interesse des Geschädigten stattfindenden Verwendung des Tieres ausgesetzt war, so tritt die Ersatzpflicht — unbeschadet der Haftung des Tierhalters nach anderen gesetzlichen Vorschriften — nicht ein, vorausgesetzt, daß der Tierhalter die im Verkehr erforderliche Sorgfalt beobachtet hat, oder daß der Schaden auch bei Anwendung dieser Sorgfalt entstanden wäre"

und außerdem einen neuen Paragraphen 833 a einzuschalten:

„Im Falle der durch ein Tier verursachten Tötung eines Menschen ist außer dem Anspruch auf Ersatz der Kosten einer versuchten Heilung sowie des Vermögensnachteils, den der Getötete dadurch erlitten hat, daß während der Krankheit seine Erwerbstätigkeit aufgehoben oder gemindert oder eine Vermehrung seiner Bedürfnisse eingetreten war, ein Schadensersatzanspruch nur nach § 844 begründet.

Im Falle der durch ein Tier verursachten Körperverletzung oder Gesundheitsschädigung ist außer dem Anspruch auf Ersatz der Kosten der Heilung ein Schadensersatzanspruch nur nach § 843 begründet.

Im Falle einer Sachbeschädigung ist der Schadensersatzanspruch des einzelnen Ersatzberechtigten auf den Höchstbetrag von 1000 Mark (oder 2000, oder 3000 Mark) beschränkt.

Weiterhin regt der Gutachter eine Ausdehnung der Unfallversicherungsgesetzgebung auf das bisher nicht versicherungspflichtige Fahr- und Stallpersonal bei Pferde- und Viehhaltung an.

Der erste Berichterstatter beantragte als Hauptsatz die These: „Es empfiehlt sich, die Vorschrift des § 833 als Regel aufrecht zu erhalten;" wenn man aber zu einer Änderung der Gesetzesbestimmung schreiten wolle, so sei die Haftung für Tierschaden auszuschließen, wenn der Geschädigte der Gefahr der eingetretenen Schädigung infolge einer in seinem Interesse stattfindenden Verwendung des Tieres ausgesetzt war.

Der Korreferent gelangte im wesentlichen zu demselben Ergebnis wie der erste Gutachter. Er erklärte sich zwar als grundsätzlicher Gegner der absoluten Haftung, wie sie im § 833 für den Tierhalter statuiert ist, und hätte prinzipiell eine Regelung der Tierhalterhaftung auf der Grundlage des Verschuldungsprinzipes für wünschenswert erachtet. Lediglich der parlamentarischen Lage Rechnung tragend, beschränkte er sich auf einen Antrag, der die absolute Haftung wesentlich einschränken sollte.

Die Abteilung erklärte sich mit großer Majorität für die Thesen des Berichterstatters, faßte jedoch den Beschluß, das Thema dem Plenum zur Erörterung und Entscheidung zu überweisen.

Die überwiegende Mehrheit in der Plenarversammlung nahm die Anträge des Berichterstatters an.

Beschluß. A. Es empfiehlt sich, die Vorschrift des § 833 BGB. aufrecht zu erhalten und von Einzeländerungen in der Erwartung abzusehen, daß die Rechtsprechung zu einer freieren Auslegung der Vorschrift gelangen werde, welche den Haftungsgrund und die daraus sich ergebenden Beschränkungen der Anwendbarkeit berücksichtigt.

B. Sollte indes von den Organen der Gesetzgebung eine alsbaldige gesetzliche Regelung der Frage für nötig gehalten werden, so empfiehlt der Juristentag:

1. Die Vorschrift des § 833 als Regel beizubehalten.
2. Die Haftung aus § 833 — unbeschadet der Haftung nach anderen Vorschriften — nur dann auszuschließen, wenn der Geschädigte der Gefahr der eingetretenen Schädigung infolge einer in seinem Interesse stattfindenden Verwendung des Tieres ausgesetzt war.
3. Den Schadensersatz aus § 833 bei Tötung und Verletzung einer Person nach dem Vorbilde der §§ 3 und 3a des Reichshaftpflichtgesetzes zu beschränken.

C. Die Unfallversicherungsgesetzgebung ist auf das bisher nicht versicherungspflichtige Fahr- und Stallpersonal bei Pferde- und Viehhaltung auszudehnen.

Durch das Gesetz betr. Änderung des § 833 BGB. vom 30. Mai 1908 ist dem § 833 der zweite Satz angefügt worden: „Die Ersatzpflicht tritt nicht ein, wenn der Schaden durch ein Haustier verursacht wird, das dem Berufe, der Erwerbstätigkeit oder dem Unterhalte des Tierhalters zu dienen bestimmt ist, und entweder der Tierhalter bei der Beaufsichtigung des Tieres die im Verkehr erforderliche Sorgfalt beobachtet oder der Schaden auch bei Anwendung dieser Sorgfalt entstanden sein würde.“

Die Begründung des am 10. Dezember 1907 dem Reichstag zum zweiten Male vorgelegten Entwurfes betr. Änderung des § 833 wies darauf hin, daß die preußischen Landwirtschaftskammern sämtlich eine

Änderung des § 833 befürwortet haben, der Juristentag hierzu zwar im Gegensatze stehe, aber auch dieser für den Fall, daß eine Änderung des § 833 von der Regierung für notwendig erachtet würde, gewisse Einschränkungen der im übrigen beizubehaltenden strengen Haftung empfehle.

26. Wildschaden.

18. DJT. Wiesbaden 1886.

Die bevorstehende Kodifikation des bürgerlichen Rechtes gab für den Juristentag die Anregung zur Aufstellung des vorliegenden Themas.

Frage. Soll in das deutsche BGB. die Entschädigungspflicht für Wildschaden aufgenommen werden?

Gutachter:	Berichterstatter:
AR. Francke (Berlin)	Prof. Dr. Enneccerus (Marburg)
I. 161—212.	II. 39ff.

RA. Mörschell (Würzburg) II. 213—253.

Der erste Gutachter führt aus, daß eine generelle Schadensersatzpflicht für jeden Wildschaden nicht existiere, daß vielmehr für Wildschäden niemand aufzukommen habe, es sei denn, daß dieselben durch objektiv oder subjektiv rechtswidrige Handlungen jemandes veranlaßt sind und hieraus nach allgemeinen Rechtsgrundsätzen eine Schadensersatzpflicht für dieselben folgt. Eine generelle Ersatzpflicht ist nur unter Umständen aus Billigkeitsgründen bei Zwangsverpachtung der Enklavejagd und bei Bildung von Jagdzwangsgenossenschaften gegeben. Der Gutachter sucht nachzuweisen, daß je nachdem der Schaden ein externer oder interner, und je nachdem er durch Hege- oder Streifwild oder dolo, culpa, luxuria herbeigeführt ist, verschiedene allgemeine Rechtsgrundsätze zur Begründung der Ersatzpflicht herangezogen werden müssen.

Vorbehaltlich der etwa bei der parlamentarischen Beratung des Gesetzbuches noch zu stellenden Amendements, kann zurzeit nur der negative Schritt geschehen, die Bahn für die Anwendung der allgemeinen Rechtsgrundsätze auch auf den Wildschaden frei zu machen, indem die partikularrechtlichen Vorschriften, welche deren Anwendung ausschließen, für unstatthaft erklärt werden. Höchstens würde die Verjährungsfrist für Wildschadensansprüche partikularrechtlich über das allgemeine Maß hinaus verkürzt werden dürfen, weil die Spuren der Beschädigung hier zu rasch verschwinden.

Der zweite Gutachter, Mörschell, kommt zu einer Entschädigungspflicht für Wildschaden unabhängig von einem Verschulden. Da das

Gesetz durch Jagdrecht und Schonzeit gewissen Personen einen Vorteil gewähre, mit dem für andere Personen ein Schaden untrennbar verbunden ist, so müsse das Gesetz auch den Ersatz dieses Schadens ausgleichsweise den ersteren Personen in demselben Verhältnis auferlegen, in welchem sie an dem Vorteile partizipieren. Der Erlaß gesetzlicher Bestimmungen über die Entschädigungspflicht soll durch das Reichszivilgesetzbuch erfolgen.

Der Berichterstatter vertrat im wesentlichen den von dem zweiten Gutachter eingenommenen Standpunkt. Seine These wurde einstimmig angenommen.

Beschluß. Als Hauptgesichtspunkt für die in das deutsche bürgerliche Gesetzbuch aufzunehmende Regelung des Wildschadens ist der Grundsatz anzuerkennen, daß diejenigen, welche an dem durch Jagdrecht und Schonzeit gesicherten Nutzen der Jagd teilnehmen, in gleichem Verhältnisse auch den durch jagdbares Wild angerichteten Schaden zu tragen haben.

Das BGB. hat in seinem § 835 die Entschädigungspflicht für Wildschaden im Sinne des Juristentagsbeschlusses geregelt.

27. Automobilhaftung.

26. DJT. Berlin 1902.

Die zunehmende Verbreitung der Kraftfahrzeuge mußte eine Erhöhung der Unfallgefahr im Straßenverkehr zur Folge haben. Es erhob sich daher die Frage, ob die Haftung nach dem bestehenden Rechtszustande zum Schutze der Allgemeinheit genüge oder ob eine Ausdehnung der Haftpflicht durch besondere gesetzliche Maßnahmen geboten sei.

Frage. Empfiehlt sich und in welchem Umfange die Ausdehnung der Haftpflicht auf Fahrzeuge, die unabhängig von Schienensträngen auf öffentlichen Straßen durch elementare Kraft fortbewegt werden?

Gutachter:
Prof. Dr. Karl Hilse (Berlin)
I. 27—55.

Berichterstatter:
Geh.RegR. Dr. Eger (Berlin)
III. 163 ff.
RA. Leo Bossen (Cöln)
III. 174 ff.

Der Gutachter hält eine Ausdehnung der Haftpflicht auf Kraftfahrzeuge für dringend erwünscht. Als verantwortlicher Unternehmer des Betriebes soll stets der Eigentümer des Fahrzeugs gelten; ihm sind die Einreden eigener Verschuldung des Verunglückten und höherer Gewalt zu gestatten. Sind bei einem Unfalle mehrere haftpflichtige Fahrzeuge beteiligt, so hat unabhängig davon, ob das eine von ihnen an Schienen gebunden ist, der Unternehmer desjenigen Betriebes für den Schaden einzutreten, auf dessen Seite die alleinige oder überwiegende Schuld liegt.

Zur größeren Sicherung der beim Betriebe von Kraftfahrzeugen Verunglückten gegenüber mittellosen Kraftfahrern empfiehlt der Gutachter, daß die Kraftfahrer zu einer Genossenschaft nach Vorbild der Unfallberufsgenossenschaften vereinigt und beitrittspflichtig erklärt werden und diese Genossenschaft den Verunglückten für deren Schaden aufzukommen habe.

Die Ausführungen des Berichterstatters stimmten im wesentlichen mit denen des Gutachters überein, während der Korreferent die Ansicht vertrat, daß eine Verschärfung der Haftung der Automobilisten nicht geboten sei.

Die Abteilung schloß sich mit großer Majorität dem Antrage des Berichterstatters an.

Beschluß. Der Juristentag empfiehlt 1. die Ausdehnung der Eisenbahnhaftpflicht auf die Betriebsunternehmer von Kraftfahrzeugen nach Maßgabe der §§ 1, 3—10 des Reichshaftpflichtgesetzes vom 7. Juni 1871 und des § 25 des Preußischen Eisenbahngesetzes vom 3. November 1838.

2. Einführung von Zwangsgenossenschaften der Kraftfahrzeugunternehmer behufs Tragung von Schadensersatzleistungen nach Maßgabe der Unfallversicherungsgesetze.

Die Begründung des am 1. März 1906 dem deutschen Reichstag vorgelegten ersten Entwurfes eines Gesetzes über die Haftpflicht für den bei dem Betriebe von Kraftfahrzeugen entstehenden Schaden wies auf den Beschluß des Juristentages hin und führte aus, daß die Haftpflicht nach dem Vorbilde der Vorschriften des Reichshaftpflichtgesetzes vom 7. Juni 1871 geregelt werden solle. Der zweite — nach der Auflösung des Reichstags — im Jahre 1908 vorgelegte Entwurf sah jedoch davon ab, die Grundsätze der Eisenbahnhaftpflicht auf die Automobile anzuwenden, da der frühere Entwurf in der Reichstagskommission auf erhebliche Bedenken gestoßen war und in den Kreisen der Automobilinteressenten lebhaftesten Widerspruch gefunden hatte.

Eine ganz ähnliche Entwickelung ist in Österreich zu beobachten. Auch dort wurden zwei Entwürfe vorgelegt, von denen der zweite gleichfalls weitgehende Milderungen und Erleichterungen hinsichtlich der Haftung enthielt.

Das deutsche Gesetz über den Verkehr mit Kraftwagen datiert vom 3. Mai 1909, das österreichische vom 9. August 1908. Nach den §§ 7 ff.

des deutschen Gesetzes haftet der Automobilhalter grundsätzlich ohne Rücksicht auf Verschulden, jedoch ist die Haftung ausgeschlossen, wenn der Unfall durch ein unabwendbares Ereignis verursacht worden ist. Unbedingt hat jedoch der Automobilhalter für Unfälle einzustehen, die auf einem Fehler in der Beschaffenheit des Fahrzeugs oder auf einem Versagen seiner Vorrichtungen beruhen. Die Insassen und das Betriebspersonal der Kraftfahrzeuge sind von dem besonderen Haftpflichtschutze ausgenommen. Neben dem Personenschaden wird auch Sachschaden ersetzt. Ähnlich ist die Regelung des österreichischen Rechtes.

Hinsichtlich der Bildung von Zwangsgenossenschaften heißt es in der Begründung des deutschen und des österreichischen Entwurfes, daß eine solche Regelung zweifellos gewisse Vorzüge böte, aber z. B. noch erheblichen technischen Schwierigkeiten unterliege, und daß im übrigen auch noch nicht hinreichend Erfahrungen gesammelt seien.

28a. Haftung des Staates für seine Beamten.

6. und 9. DJT. — München, Stuttgart — 1867, 1871.

Schon im Jahre 1867 war dem Juristentage zum ersten Male die **Frage** vorgelegt worden:

> Soll der Staat, bzw. die Gemeinde, für Schäden und Nachteile, welche die von ihnen angestellten Beamten durch vorsätzliche oder kulpose Verletzung ihrer Dienstpflichten einem Dritten zufügen, überhaupt haften und bejahendenfalls in erster Reihe unbedingt oder nur subsidiär?

Gutachter:	Berichterstatter:
Prof. Dr. Bluntschli (Heidelberg) **6 I 45—52.**	KrGerDir. v. Stoesser (Lörrach) **6 II 54ff.**

Bluntschli ist der Ansicht, der deutsche Juristentag solle sich, wenn er überhaupt in dieser schwierigen Frage einen Ausspruch wagen will, gegen eine allgemeine Ersatzpflicht des Staates und der Gemeinde aussprechen für Schaden, der durch vorsätzliche oder kulpose Verletzung der Dienstpflicht von seiten seiner Beamten einem Dritten zugefügt wurde, und nur ausnahmsweise aus besonderen Gründen eine derartige Ersatzpflicht anerkennen, wobei es von der Art des besonderen Rechtsgrundes, z. B. geschäftsmäßige Übernahme der Verantwortlichkeit im Gegensatz zur Deliktsschuld, abhängt, ob die Ersatzpflicht in erster Reihe oder nur subsidiär eintritt.

Beschluß des 6. DJT.: Der Staat und die Gemeinde haftet für Schäden und Nachteile, welche die von ihnen angestellten Beamten durch vorsätzliche oder kulpose Verletzungen ihrer Dienstpflicht einem Dritten zufügen.

Da die Vorbedingungen der Haftung einer nochmaligen Erörterung im einzelnen bedurften, wurde die Frage, ob der Staat in erster Linie unbedingt oder nur subsidiär haften solle, auf die Tagesordnung eines späteren Juristentages gesetzt.

Das von dem Advokaten Dr. v. Kißling (Linz) **8 I 388—411** erstattete Gutachten spricht sich dahin aus, daß bei der Haftung vorausgesetzt werden müsse:

1. dem Beschädigten war entweder nicht möglich, den ihm durch den Beamten zugefügten Schaden auf andere gesetzmäßige Weise abzuwenden; oder
2. dem Beschädigten konnte weder die Ungesetzlichkeit der Verfügung, noch der erlittene Schaden, insolange er noch ein Rechtsmittel zu dessen Abwendung hatte, bekannt sein, und
3. die beschwerende Handlung muß innerhalb der dem Beamten zustehenden Machtsphäre geschehen sein.

Es soll der Staat primär haftbar sein.

Nach einem Referate des JR. Primker (Berlin) **9 III 26** ff. beschloß der **9.** DJT.

Beschluß. Der Staat hat bei seiner Gesetzgebung in betreff der Schadenzufügung seiner Beamten das Prinzip der direkten Haftsverbindlichkeit des Staates zur Grundlage zu nehmen.

28 b. Einheitliche Regelung der Haftung des Staates für seine Beamten.

28. DJT. Kiel 1906.

Hatte sich der Juristentag bereits vor 40 Jahren mit der Frage der Haftung des Staates für von seinen Beamten Dritten zugefügte Schäden beschäftigt, so war doch bei den früheren Verhandlungen die Frage überhaupt noch nicht berührt worden, ob die einheitliche Regelung der Haftung des Staates und der übrigen öffentlich-rechtlichen Korporationen sich empfehle.

Das BGB. hat die Haftung des Staates und anderer öffentlich-rechtlicher Verbände für ihre Beamten nur insofern geregelt, als es sich um Verfehlungen in Ausübung rein privatrechtlicher Verrichtungen handelt. Sobald der Beamte in Ausübung der ihm anvertrauten Gewalt tätig wird, überläßt das EGBGB. Art. 77 die Frage der Haftung des Staates und der sonstigen juristischen Personen des öffentlichen Rechtes der Landesgesetzgebung. Nur im Falle von Versehen der Grundbuchbeamten ist durch

§ 12 GBO. die Haftung dem Staate auferlegt. — Die Landesgesetzgebung der Einzelstaaten weist eine verschiedenartige Regelung auf: Mecklenburg und Anhalt lehnen die Haftung des Staates grundsätzlich ab, Bayern, Württemberg, Baden, Sachsen-Koburg-Gotha und Reuß j. L. lassen den öffentlichen Verband dem Geschädigten an Stelle des Beamten haften, Hessen, Sachsen-Weimar, Schwarzburg-Sondershausen, Reuß ä. L. und Elsaß-Lothringen schreiben eine Haftung des Staates neben oder hinter dem Beamten vor. In Preußen war für die Rheinlande die auf Grund des Art. 1384 code civil bestehende Haftung aufrecht erhalten worden, für das übrige Preußen, sowie für alle nicht genannten Bundesstaaten, fehlte es an einer die Staatshaftpflicht begründenden Vorschrift.

Die Erkenntnis, daß dieser Rechtszustand unerträglich sei, veranlaßte den Juristentag sich mit dem Thema zu beschäftigen.

Frage. Empfiehlt sich eine einheitliche Regelung der Haftung des Staates und anderer juristischer Personen des öffentlichen Rechtes für den von ihren Beamten bei Ausübung der diesen anvertrauten öffentlichen Gewalt zugefügten Schaden?

Gutachter:	Berichterstatter:
Prof. Dr. Gierke (Berlin) I. 102—144.	RA. beim RG. Dr. Wildhagen (Leipzig) III. 133.
Prof. Dr. v. Herrnritt (Wien) II. 324—351.	

Der erste Gutachter beantwortet die gestellte Frage dahin, daß in der Tat ein dringendes Bedürfnis vorliege, die Haftung des Staates und der übrigen juristischen Personen des öffentlichen Rechtes für den von ihren Beamten bei Ausübung der diesen anvertrauten öffentlichen Gewalt zugefügten Schaden nach einem einheitlichen Grundprinzip zu regeln. — Um dieses Ziel zu erreichen, empfiehlt er, den Art. 77 EGBGB. reichsrechtlich abzuändern und ihm etwa folgenden Wortlaut zu geben:

„Auf die Haftung des Staates, der Gemeinden und anderer Kommunalverbände und der sonstigen juristischen Personen des öffentlichen Rechtes für den von ihren Beamten in Ausübung der diesen anvertrauten öffentlichen Gewalt zugefügten Schaden finden die Vorschriften des § 839 Abs. 1 BGB. Anwendung.

Ausländern kann die hiernach vom Staate oder einer anderen juristischen Person des öffentlichen Rechtes zu leistende Entschädigung versagt werden, wenn in ihrem Heimatstaat nicht eine entsprechende oder mindestens aushilfsweise eintretende Haftung des Staates und der anderen Personen des öffentlichen Rechtes Deutschen gegenüber anerkannt ist.

Unberührt bleiben die landesgesetzlichen Vorschriften, welche das Recht des Beschädigten, von dem Beamten den Ersatz eines in Ausübung öffentlicher Gewalt verursachten Schadens zu verlangen, insoweit ausschließen, als der Staat oder eine andere juristische Person des öffentlichen Rechtes haftet.

Unberührt bleiben die landesgesetzlichen Vorschriften über das Recht des Staates und der anderen juristischen Personen des öffentlichen Rechtes, von dem schuldigen Beamten Ersatz zu verlangen.

Unberührt bleiben die landesgesetzlichen Vorschriften, welche die Haftung des Staates für solche Beamte, deren Bezüge lediglich in Gebühren bestehen, insbesondere für Notare und für Gerichtsvollzieher, ausschliessen oder beschränken.

Unberührt bleiben die landesgesetzlichen Vorschriften, welche die Haftung des Staates oder einer anderen juristischen Person des öffentlichen Rechtes auch dann eintreten lassen, wenn der Beamte für den in Ausübung der ihm anvertrauten öffentlichen Gewalt zugefügten Schaden nur deshalb nicht verantwortlich ist, weil er sich im Zustande der Bewußtlosigkeit oder in einem die freie Willensbestimmung ausschließenden Zustande krankhafter Geistesstörung befunden hat."

Auch der zweite Gutachter, Dr. v. Herrnritt, empfiehlt eine reichsgesetzliche Feststellung der unmittelbaren Haftung des Staates und der anderen juristischen Personen des öffentlichen Rechtes für jede, die rechtmäßigen Interessen des einzelnen rechtswidrig verletzende Amtshandlung ihrer zuständigen Organe.

Die Abteilung schloß sich mit Stimmeneinheit dem Antrage des Berichterstatters an.

Beschluß. Es liegt ein dringendes Bedürfnis vor, die unmittelbare Haftung des Staates und anderer juristischer Personen des öffentlichen Rechtes für den von ihren Beamten in Ausübung der diesen anvertrauten öffentlichen Gewalt zugefügten Schaden durch Reichsgesetz grundsätzlich auszusprechen.

Durch das preußische Gesetz über die Haftung des Staates und anderer Verbände für Amtspflichtverletzungen von Beamten bei Ausübung der öffentlichen Gewalt, vom 1. August 1909 ist zunächst für Preußen seit dem 1. Oktober 1909 die unmittelbare Haftung des Staates eingeführt worden, indem nach § 1 dieses Gesetzes die im § 839 BGB. bestimmte Verantwortlichkeit an Stelle des Beamten den Staat trifft.

Für das Reich ist die gleiche Regelung durch das Gesetz über die Haftung des Reichs für seine Beamten, vom 22. Mai 1910, getroffen worden. Die Begründung des Entwurfes zu diesem Gesetze nimmt ebenso wie die des preußischen Gesetzes ausdrücklich auf den Beschluß des 28. DJT. Bezug.

In Österreich besteht keine allgemeine Norm, daß der Staat für Handlungen seiner obrigkeitlichen Beamten haftet. Eine solche Haftpflicht ist nur für einzelne besondere Fälle anerkannt, so z. B. für das Verschulden richterlicher Beamten durch Gesetz vom 12. Juli 1872, für durch eine ungerechtfertigte strafgerichtliche Verurteilung zugefügte Vermögensnachteile nach dem Gesetze vom 16. März 1892.

C. Sachenrecht.

1. Eigentumsverfolgung gegen den mittelbaren Besitzer.

24. DJT. Posen 1898.

Das BGB. kennt neben dem aus selbständiger Inhabung für den Inhaber sich ergebenden Besitze noch einen Besitz anderer Art, der durch die selbständige Inhabung einer Person für eine andere vermittelt wird, den sog. mittelbaren Besitz (§ 868 BGB.). Es war streitig geworden, ob der Eigentumsanspruch und verwandte Ansprüche auf Herausgabe der Sache auch gegen den mittelbaren Besitzer gerichtet werden können.

Frage. Ist nach den Vorschriften des BGB. die Verfolgung des dinglichen Rechtes auch gegen den mittelbaren Besitzer zulässig?

Gutachter:	Berichterstatter:
Prof. Dr. Wendt (Tübingen) III. 3—28.	Prof. Dr. Strohal (Leipzig) IV. 129 ff.
Prof. Dr. Gierke (Berlin) III. 29—50.	OLGR. Dr. Meisner (Posen) IV. 140 ff.

Während der erste Gutachter, Wendt, die Ansicht vertritt, daß der Eigentumsanspruch auf Herausgabe der Sache nur gegen den körperlichen Besitzer, nicht auch gegen den mittelbaren Besitzer gerichtet werden könne, verteidigt Gierke die Zulässigkeit jenes Anspruchs auch gegen den mittelbaren Besitzer.

Der gemeinsame Antrag der Berichterstatter wurde ohne Diskussion einstimmig angenommen.

Beschluß. Nach den Vorschriften des BGB. ist die Verfolgung des dinglichen Anspruchs auf Herausgabe der Sache auch gegen den mittelbaren Besitzer zulässig.

Die herrschende Ansicht hat sich für die Zulässigkeit der Verfolgung des dinglichen Rechtes gegen den mittelbaren Besitzer entschieden.

2. Eigentumserwerb an beweglichen Sachen.

14. DJT. Jena 1878.

Für den Erwerb des Eigentums an Mobilien galt in Deutschland, insoweit nicht das französische Recht Aufnahme gefunden hatte, das römische und zugleich germanische Recht, nach welchem der Eigentumserwerb nur durch Besitzübertragung möglich ist. Auch das PrALR. erforderte die Tradition zur Übertragung des Eigentums. Dagegen ließen das französische und englische Recht den Eigentumserwerb an Mobilien auch durch Vertrag zu.

Frage. Soll nach dem Deutschen Bürgerlichen Gesetzbuche das Eigentum an einer beweglichen Sache durch Vertrag, sobald solcher abgeschlossen, oder erst durch Übergabe der Sachen erworben werden?

Gutachter:
AGR. Bornemann (Naumburg) I. (1) 113—118.
BezGR. Dr. Seitz (Lohr a. M.) I. (2) 56—76.
KammerPräs. Petersen (Straßburg i. E.) I. (2) 163—186.

Berichterstatter:
Dr. Albrecht (Hamburg) II. 26 ff., 242 ff.

Das Gutachten Bornemann spricht sich für das Erfordernis der Tradition aus, in der Erwägung, daß die Traditionstheorie die theoretisch richtigere und die Rechtsregel, daß das Eigentum an einer beweglichen Sache mit Abschluß des Veräußerungsvertrages erworben werde, praktisch in ihrer vollen Konsequenz nicht durchführbar ist, und daß, sobald dieselbe nicht in voller Konsequenz durchgeführt wird, sie tatsächlich jeder Bedeutung entkleidet wird und nur zu Zweifeln und Inkorrektheiten Veranlassung gibt.

Seitz hält dagegen das Vertragsprinzip für sowohl den Bedürfnissen des Verkehrs als auch der juristischen Konsequenz unseres Zivilrechts entsprechend, will jedoch die Ausnahmen beibehalten, in welchen schon unter der Herrschaft des bisherigen römischen und gemeinrechtlichen

Traditionssystems der Eigentumsübergang nicht bloß von der **traditio** ex justa causa abhängig war.

Petersen empfiehlt die Übertragung des Eigentums an beweglichen Gegenständen im Bürgerlichen Gesetzbuch in der Weise zu regeln, daß dasselbe schon durch den Abschluß des Vertrages erworben werden kann und die Übergabe der Sache hierzu nicht notwendig ist.

Die Abteilung und das Plenum gelangten zu folgendem

Beschlusse: Die Übertragung des Eigentums an beweglichen Sachen ist in dem deutschen Bürgerlichen Gesetzbuch in der Weise zu regeln, daß das Eigentum nicht schon durch Vertrag, sondern erst durch Tradition erworben wird.

Das BGB. verlangt zur Übertragung des Eigentums an einer beweglichen Sache neben der Einigung, daß das Eigentum übergehen soll, grundsätzlich, daß der Eigentümer die Sache dem Erwerber übergibt (§ 929 Satz 1). Die Übergabe fällt jedoch fort, wenn der Erwerber bereits im Besitze der Sache ist (§ 929 Satz 2). Die Übergabe kann ersetzt werden, wenn sich die Sache im Besitze des Veräußerers befindet, durch constitutum possessorium (§ 930); wenn ein Dritter im Besitze der Sache ist, durch Abtretung des Anspruchs auf Herausgabe der Sache (§ 931).

Bei Seeschiffen kann die Übergabe durch die Vereinbarung des sofortigen Eigentumsüberganges ersetzt werden (vgl. HGB. § 474 und EG. Art. 6).

3. Constitutum possessorium.

15. DJT. Leipzig 1880.

Bereits bei den Verhandlungen des 14. DJT., der die Übergabe für den Eigentumsübergang an Mobilien für erforderlich erklärte, hatte das constitutum eine große Rolle gespielt; wegen seiner erheblichen praktischen Bedeutung wurde es jedoch noch besonders zur Beratung gestellt.

Frage. Ob und unter welchen Voraussetzungen ist das constitutum possessorium mit der Wirkung der Besitzübertragung für bewegliche Sachen auszustatten?

Gutachter:	Berichterstatter:
Prof. Dr. Exner (Wien) I. 3—12.	RGR. Dr. Wiener (Leipzig) II. 84 ff.
Prof. Dr. Behrend (Greifswald) I. 72—90.	
Prof. Dr. Leonhard (Göttingen) I. 91—110.	

Der Gutachter Exner kommt zu dem Ergebnis:

Das const. poss. hat allerdings als besitzbegründende Tatsache zu gelten, Voraussetzung dabei ist, daß aus der Gesamtheit der Parteiverhandlungen, oder aus der sonstigen Sachlage der rechtliche Zweck (causa) erhelle, zu welchem die Detention der Sache beim Tradenten (mit dessen Zustimmung) zurückgelassen werden soll. Ob der Tradent den Besitz, welchen er durch c. p. übertragen will, bis dahin selbst oder durch Stellvertretung ausgeübt hatte, und ob letzterenfalls der Stellvertreter um die erfolgte Veränderung weiß, ist gleichgültig.

Behrend stellt folgende Thesen auf:

I. Bei der Veräußerung beweglicher Sachen ist das constitutum possessorium der Übergabe gleichzustellen.

Die Rechtsbeständigkeit des constitutum possessorium ist an die Voraussetzung zu knüpfen, daß zugleich mit der Veräußerung ein Rechtsverhältnis begründet wird, welches dem Veräußerer die Befugnis zum Gebrauche der veräußerten Sache gewährt.

II. Zur Begründung eines Pfandrechtes an Mobilien ist das constitutum possessorium nicht für ausreichend zu erachten.

III. In bezug auf die Stellung des redlichen Erwerbers gegenüber Vindikationsansprüchen ist, wenn der Grundsatz: Hand wahre Hand oder ein Prinzip zugrunde gelegt wird, nach welchem der redliche Erwerber Eigentum erlangt, das constitutum possessorium nicht als Übergabe anzusehen. Wird dagegen nach dem Vorbild des preußischen Landrechts dem redlichen Erwerber nur ein Anspruch auf Erstattung des Erwerbspreises gewährt, so ist dem constitutum possessorium dieselbe Wirkung beizulegen, wie der körperlichen Übergabe.

IV. Es empfiehlt sich nicht, daß demjenigen, der eine bewegliche Sache vermittelst eines constitutum possessorium erworben hat, die Befugnis entzogen werde, im Konkurse über das Vermögen des Veräußerers oder bei einer Beschlagnahme der veräußerten Sache seitens der Gläubiger des letzteren als Vindikant aufzutreten. Dagegen erscheint es ratsam, daß die Gläubiger gegen fraudulöse Geschäfte dieser Art, durch Gewährung einer Anfechtungsbefugnis unter erleichterten Bedingungen geschützt werden. Und zwar dürfte es angemessen sein, das Anfechtungsrecht bei entgeltlichen Veräußerungen nach Analogie von § 24 Nr. 2 KO. und § 3 Nr. 2 AnfG. für den Fall einzuräumen, daß das Veräußerungsgeschäft innerhalb einer bestimmten Frist vor Eröffnung des Konkursverfahrens, bzw. der Rechtshängigkeit des Anfechtungsanspruches geschlossen ist, sofern durch den Abschluß des Vertrages die Gläubiger benachteiligt werden und der Erwerber nicht beweist, daß ihm zur Zeit des Vertragsabschlusses eine Absicht des Gemeinschuldners, die Gläubiger zu benachteiligen, nicht bekannt war.

Eine gleiche Anfechtungsbefugnis wird den Gläubigern auch dann einzuräumen sein, wenn die Sache zwar nicht von vornherein in dem Gewahrsam des Veräußerers belassen, aber demselben alsbald nach der Übergabe wieder zurückgegeben worden ist.

Leonhard erklärt sich dahin, daß das bisherige gemeine deutsche Recht in der Behandlung des constitutum possessorium aufrecht zu erhalten ist, daß somit der erwähnte Vertrag ohne jede besondere Voraussetzung die Wirkungen einer sichtbaren Tradition haben soll.

Auf Antrag des Berichterstatters wurde beschlossen:

Beschluß. a) Es erscheint als gebotene Konsequenz einer Aufrechthaltung des Erfordernisses der Übergabe für den Eigentumsübergang bei Mobiliarveräußerungen, das constitutum possessorium nur unter der Voraussetzung als Übergabe wirken zu lassen, daß neben der Veräußerung ein besonderes Rechtsverhältnis begründet ist, welches den Veräußerer zur Wiederübernahme des Gewahrsams an der veräußerten Sache berechtigt oder verpflichtet.

b) Der Besitz durch constitutum darf nicht zum Nachteil früherer dinglich Berechtigter auf diejenigen Vorteile Anspruch machen, welche das einzuführende Vindikationssystem gutgläubigem Besitz zum Nachteil eines vorher erworbenen dinglichen Rechtes zuerkennen sollte.

c) Gegenüber den Konkurs- und Pfändungsgläubigern des Veräußerers ist dem Erwerb durch constitutum das Vindikationsrecht nicht grundsätzlich zu versagen, noch derselbe mit einer rechtlichen Präsumtion des Scheines oder Betruges zu behaften.

d) Zur Begründung eines Pfandrechts an Mobilien ist das constitutum nicht ausreichend.

Das BGB. erkennt das constitutum possessorium für den Fall der Veräußerung einer Sache durch den Eigentümer als Ersatz der Übergabe an. Zur Wirksamkeit des constitutum genügt nicht eine allgemeine abstrakte Abrede, daß der Veräußerer fortan für den Erwerber besitzen soll, sondern es muß ein bestimmtes Rechtsverhältnis begründet werden, welches geeignet ist, die Belassung des Besitzes bei dem Veräußerer zu erklären (vgl. § 930). Bei Veräußeruug der Sache durch einen Nichteigentümer erwirbt der redliche Erwerber durch das constitutum allein nicht Eigentum, es muß vielmehr die Übergabe der Sache hinzukommen (vgl. § 933). Ist die veräußerte Sache mit dem Rechte eines Dritten belastet, so erlischt dieses Recht nicht schon mit dem Eigentumserwerbe durch das constitutum, sondern gleichfalls erst mit der Übergabe der Sache (§ 936).

Für die Begründung des Pfandrechts an beweglichen Sachen ist das constitutum als Ersatz der Übergabe nicht anerkannt (vgl. § 1205 BGB.).

4. Eigentumserwerb des gutgläubigen Erwerbers beweglicher Sachen.

15. DJT. Leipzig 1880.

Hinsichtlich der Vindikation beweglicher Sachen bestanden in Deutschland drei verschiedene Systeme: das System des gemeinen Rechtes, das ohne Rücksicht auf einen etwaigen redlichen Erwerb dritter Personen dem bisherigen Eigentümer die Vindikationsbefugnis ohne Einschränkung verlieh, das in Art. 306 des alten HGB. niedergelegte System, welches — abgesehen von dem Vorbehalt bezüglich gestohlener und verlorener Sachen — eine Vindikation von seiten des bisherigen Eigentümers ausschließt und den gutgläubigen Erwerber wirklichen Eigentümer werden läßt, und das System des PrALR., das dem bisherigen Eigentümer das Vindikationsrecht nicht entzog, aber dem redlichen Erwerber die Verpflichtung zur Herausgabe der Sache nur gegen Ersatz der aufgewendeten Anschaffungskosten auferlegte. Die Frage, für welches dieser Systeme sich das Bürgerliche Gesetzbuch entscheiden sollte, veranlaßte die Aufstellung des vorliegenden Themas.

Frage. Was ist im deutschen Zivilgesetzbuche über die Vindikation beweglicher Sachen im Verhältnisse zum redlichen Erwerbe zu bestimmen?

Gutachter:	Berichterstatter:
Prof. Dr. Franken (Greifswald)	RA. Dr. Reuling (Leipzig)
I. 13—51, 131—212.	II. 62 ff.

Das Gutachten Franken gelangt zu folgenden Vorschlägen:

§ 1. Durch Veräußerungsgeschäfte wird das Eigentum beweglicher Sachen erst im Augenblick der erfüllten Gegenleistung erworben.

Übergabe ist nicht erforderlich, vorbehaltlich der ausdrücklichen gesetzlichen Ausnahmen.

§ 2. Ist die Erfüllung der Gegenleistung durch eine bei Geschäften der fraglichen Art übliche Sicherheit garantiert, so geht im Augenblick der Übergabe der letzteren an den Veräußerer auf den Erwerber das Eigen=

tum der veräußerten Sachen unter der auflösenden Bedingung des Nichteingehens der Gegenleistung über.

§ 3. Schenkung beweglicher Sachen überträgt Eigentum nur dann, wenn der Schenker Eigentümer ist und der Beschenkte den Gewahrsam der geschenkten Sachen erlangt und behält.

Ist die Schenkung gesetzlich behufs ihrer Gültigkeit behördlicher Verlautbarung oder Bestätigung unterworfen, so ersetzen diese den Übergang des Gewahrsams.

§ 4. Pfandrechte an beweglichen Sachen können nur vom Inhaber des Gewahrsams geltend gemacht werden.

§ 5. Vindikation beweglicher Sachen findet nicht statt, doch steht demjenigen, welcher durch ein von einem Unbefugten vorgenommenes Veräußerungsgeschäft sein Eigentum eingebüßt hat, jedem Besitzer gegenüber das Recht der Einlösung gegen Ersatz des Anschaffungspreises zu.

§ 6. Wer eine fremde bewegliche Sache in rechtswidriger Absicht oder unter grober Fahrlässigkeit bei Prüfung der Rechtmäßigkeit seines Erwerbes von einer zur Verfügung über dieselbe nicht befugten Person an sich bringt, erwirbt kein Recht an derselben und ist dem Eigentümer zur Herausgabe und zum Ersatze seines Schadens verpflichtet.

§ 7. Wer in rechtswidriger Absicht oder unter grober Fahrlässigkeit bei Prüfung seines Verfügungsrechtes eine fremde bewegliche Sache, über die zu verfügen er nicht berechtigt ist, veräußert, ist dem Eigentümer zur Herausgabe der Sache und der für den kreditierten Preis erhaltenen Sicherheiten, sowie zum Ersatz alles Schadens verpflichtet.

Der Berichterstatter sprach sich für die Übertragung der Grundsätze des Handelsgesetzbuches aus, jedoch unter Fortfall des Vorbehalts bezüglich gestohlener und verlorener Sachen.

Beschluß. Es ist angemessen, im deutschen Zivilgesetzbuche die Statthaftigkeit der Vindikation nach den Grundsätzen des Handelsgesetzbuches zu gestalten.

Im wesentlichen dementsprechend ist im BGB. die Frage des Eigentumserwerbes durch den gutgläubigen Erwerber geregelt worden. Das Eigentum an beweglichen Sachen wird durch den gutgläubigen Erwerber auch vom Nichteigentümer erworben, wenn nicht die Sache dem Eigentümer gestohlen worden, verloren gegangen oder sonst abhanden gekommen ist. Geld, Inhaberpapiere sowie Sachen, die im Wege öffentlicher Versteigerung erworben werden, gehen in das Eigentum des redlichen Erwerbers über, auch wenn der bisherige Eigentümer den Besitz an ihnen unfreiwillig verloren hat (vgl. §§ 932—935).

5. Fruchterwerb.

17. DJT. Würzburg 1884.

In der Lehre vom Fruchterwerb bestand ein scharfer Gegensatz zwischen dem deutschen und dem römischen Rechte. Das deutsche Recht gab die Früchte als verdientes Gut dem Produzenten zum Eigentum, es befolgte das sog. Produktionsprinzip, während das römische Recht die Früchte als Teil der Muttersache ansah und daher dem Eigentum desjenigen unterwarf, der an der Muttersache Eigentum oder dingliches Nutzungsrecht hatte. Weiterhin ließ das deutsche Recht das Eigentum des Produzenten an der Frucht schon im Stadium der Pendenz beginnen, während das römische Recht zum Erwerbe der Frucht Separation derselben oder sogar einen Perzeptionsakt des Berechtigten forderte.

Frage. Sind die deutschrechtlichen oder römischrechtlichen Grundsätze hinsichtlich des Fruchterwerbs im deutschen Bürgerlichen Gesetzbuch aufzunehmen?

Gutachter:	Berichterstatter:
PrivDoz. RA. Dr. Otto Mayer (Straßburg) **16** I. 218—240.	Prof. Dr. Eck (Berlin) **17** II. 35 ff.
OLGR. Thomsen (Stettin) **17** I. 288—333.	RGR. Petersen (Leipzig) **17** II. 48 ff.

Der Gutachter Mayer geht von der Tatsache aus, daß die neuere Rechtsbildung als **jus commune modernum** vom römischen Recht abweicht in der Beseitigung der Bedeutung der Perzeption, in der Erteilung definitiven Eigentums der Früchte an den **bona fide possessor** und in der Anerkennung der sachenrechtlichen Selbständigkeit der Früchte. Er kommt zu folgendem legislatorischen Ergebnisse:

1. daß der Fruchterwerb durch den Berechtigten nicht mittels eines besonderen Erwerbsaktes, sondern unmittelbar kraft eines Nutzungsrechtes an der Hauptsache erfolge,

2. daß die Grundlage dieses Fruchterwerbes in einem abstrakten Fruchtziehungsrechte bestehe, welches im Eigentum enthalten sei, aber auch außerhalb desselben bestehen könne, und beim Pächter und b. f. p. auf den obligationsfreien Besitz sich stütze,

3. daß das Fruchtziehungsrecht das Eigentum gewähre schon im Stadium der Pendenz, sobald die Früchte in äußerlich selbständiger Gestalt hervortreten.

Thomsen führt aus, daß im älteren römischen Rechte wie im germanischen Rechte das Produktionsprinzip und in gewisser Weise das damit zusammenhängende Prinzip der sachenrechtlichen Selbständigkeit der Früchte geherrscht habe, daß erst durch die klassischen Pandektenjuristen das Substantial- (Partial-) Prinzip im Wege abstrakter Konstruktion eingeführt, aber nicht konsequent durchgesetzt sei, daß die vielen Antinomien im corpus juris bezüglich des Fruchterwerbes, sowie die Bestimmungen über Perzeption, Separation, fructus extantes beim b. f. p. u. dgl. aus dem langen Kampfe beider Prinzipien herrühren, sich historisch erklären und auflösen lassen, und die Justinianeische Gesetzgebung teilweise zum alten Produktionsprinzip zurückgekehrt sei. Im Anschlusse an jene im neueren Rechte wiederum mehr und mehr zur Geltung gebrachten und weiter ausgebildeten Grundsätze des älteren römischen sowie des germanischen Rechtes empfiehlt der Gutachter, im bürgerlichen Gesetzbuche die Lehre vom Fruchterwerbe nach dem Produktionsprinzip und nach dem Prinzip der sachenrechtlichen Selbständigkeit der Früchte zu regeln, und zwar nach folgenden speziellen Gesichtspunkten:

1. Das Produktionsprinzip d. h. der Fruchterwerb durch die gutgläubige, auf einem Rechtsverhältnis beruhende Produktion ist als erste Grundlage beizubehalten.

2. Das Prinzip der sachenrechtlichen Selbständigkeit der Früchte ist als die zweite Grundlage anzuerkennen.

3. Das römische Partial- (Substantial-) Prinzip muß gänzlich aufgegeben werden.

4. Der Unterschied zwischen Separations- und Apprehensionserwerb, sowie zwischen Industrial- und Naturalfrüchten fällt weg (vgl. Nr. 6).

5. Der Eigentümer der Muttersache erwirbt die Früchte, sofern ein anderes Recht nicht entgegensteht.

6. Der Produktions- (Nutzungs-) Berechtigte (gutgläubige Besitzer) erhält an den Früchten sofortiges Eigentumsrecht mit ihrer Entstehung.

7. Der Fruchterwerb ist gesetzlich als abstrakte Folge tunlichst an das die bona fides des Produzenten begründende Rechtsverhältnis anzuknüpfen.

Der Antrag des Berichterstatters wurde mit überwiegender Majorität angenommen.

Beschluß. Der Deutsche Juristentag erachtet es für wünschenswert, den Fruchterwerb im deutschen BGB. dahin zu regeln, daß die Früchte einer Sache von dem Eigentümer der letzteren, bzw. an dessen Stelle von demjenigen, welcher ein dingliches Nutzungsrecht an der Sache hat, einschließlich des Pächters, unmittelbar und ohne besonderen Besitzergreifungsakt zu Eigentum erworben werden, und zwar nicht erst mit der Lostrennung der Früchte, sondern von dem Zeitpunkt an, mit welchem dieselben in äußerlich sichtbarer Gestalt hervortreten.

Das BGB. geht beim Fruchterwerbe von dem Substantialprinzip des römischen Rechtes aus. Die zum Fruchtbezuge Berechtigten erwerben das Eigentum an den Früchten unmittelbar mit der Trennung; einer Besitzergreifung bedarf es in der Regel nicht (vgl. §§ 953 ff. BGB.).

6. Fund.

16. DJT. Cassel 1882.

In dem weitaus größten Teile Deutschlands war vor dem Inkrafttreten des BGB. die Kodifikation des Fundrechts bereits vollzogen. Neben dem französischen Rechte war die Quelle des Rechtes meist altgermanischen Ursprungs. Soweit das Fundrecht aber noch nicht partikularrechtlich kodifiziert war, galt römisches bzw. gemeines Recht. Die bereits eingeleiteten Vorarbeiten für ein deutsches bürgerliches Gesetzbuch gaben den Anlaß, die Behandlung gefundener Sachen zur Erörterung zu stellen.

Frage. Wie ist die Behandlung gefundener Sachen zivilrechtlich einheitlich zu regeln?

Gutachter:	Berichterstatter:
Prof. Dr. Eck (Berlin) I. 41—64.	LGPräs. Dr. Bardeleben (Berlin)
StA. Dr. Daube (Berlin) I. 65—116.	II. 33 ff.
AR. Dr. Bonitz (Berlin) I. 170—199.	

Die drei Gutachter wie der Berichterstatter kommen in den wesentlichsten Punkten zu folgendem, vom Juristentage auch zum Beschlusse erhobenen Ergebnis.

Beschluß. Der deutsche Juristentag erachtet es für wünschenswert, daß im deutschen Zivilgesetzbuche die Behandlung gefundener Sachen, abgesehen von der Entscheidung über Streitigkeiten, der Polizeibehörde des Fundortes oder einer anderen geeigneten Verwaltungsstelle übertragen werde, auch dem Finder die Pflicht zur Anzeige und Abgabe des Fundes auferlegt, für ihn ein bestimmtes Fundgeld festgesetzt, wenn aber der Verlierer nicht ermittelt wird, dem Finder das Eigentum der gefundenen Sache übertragen werde.

Die Behandlung gefundener Sachen regelt das BGB. in Übereinstimmung mit dem Beschlusse des Juristentages. Nach § 965 ist der Finder zur Anzeige des Fundes an den Verlierer, den Eigentümer, einen sonstigen Empfangsberechtigten, oder gegebenenfalles an die Polizeibehörde verpflichtet. Der Finderlohn ist im § 971 gesetzlich festgesetzt. Ist ein Empfangsberechtigter innerhalb Jahresfrist nach der Fundmeldung dem Finder nicht bekannt geworden, oder hat er sein Recht bei der Polizeibehörde während dieser Zeit nicht angemeldet, so erwirbt der Finder Eigentum an der Fundsache.

7. Staatliches Vorrecht an Altertumsfunden.

27. DJT. Innsbruck 1904.

Die Frage, ob mit der Regelung des Eigentumserwerbes an Schatzfunden durch § 984 BGB. dem öffentlichen Interesse an der Erhaltung der Altertumsfunde von seiten des bürgerlichen Rechtes eine genügende Berücksichtigung zuteil geworden ist, war schon bei den Vorarbeiten zum Gesetzbuche u. a. von Gierke und Bähr aufgeworfen worden. In der zweiten Lesung des Entwurfes wurde sie durch den Hinweis auf den Vorbehalt zugunsten der landesrechtlichen Vorschriften über die Enteignung (vgl. EGBGB. Art. 109) als erledigt angesehen.

Frage. Empfiehlt es sich, reichsrechtlich oder landesrechtlich dem Staate ein Vorrecht an Altertumsfunden zu gewähren?

Gutachter:	Berichterstatter:
Prof. Dr. Pappenheim (Kiel) II. 3—22.	Prof. Dr. Enneccerus (Marburg) IV. 88 ff.
Prof. Dr. Clemen (Bonn) II. 23—27.	Prof. Dr. v. Luschin-Ebengreuth (Graz) IV. 96 ff.

Der erste Gutachter hält eine Änderung des § 984 BGB. in dem Sinne, daß statt des Grundeigentümers und des Entdeckers oder neben ihnen der Staat das Eigentum von Altertumsfunden erwürbe, nicht für empfehlenswert; er befürwortet jedoch, dem Staate einen gesetzlichen Anspruch auf Überlassung der nach Maßgabe des § 984 erworbenen Funde gegen deren Eigentümer zu gewähren. Eine Unterscheidung der Altertumsfunde nach dem Stoffe, aus dem sie bestehen, soll mit Bezug auf die Anbietungspflicht des Finders und das Aneignungsrecht des Staates nicht gemacht werden. Die Pflicht zur Anbietung des Fundes ist denen aufzuerlegen, die nach den Vorschriften des § 984 BGB. Eigentum an ihm erworben haben. Durch die Anbietung seitens eines von mehreren Verpflichteten werden auch die übrigen befreit. Die Verletzung der Anbietungspflicht hat die Einziehung des dem Verpflichteten gehörigen Fundes, die Verwirkung des Vergütungsanspruchs und eine Geldbuße zur Folge; ist die Einziehung infolge eines von dem Verpflichteten zu vertretenden Umstandes unmöglich geworden, so ist er schadensersatzpflichtig. Der Staat ist berechtigt, innerhalb einer bestimmten Frist von der Erstattung der Anzeige ab die Überlassung des Fundes von dem Eigentümer zu verlangen. Findet vor Ablauf dieser Frist ein Eigentümerwechsel in Ansehung des Fundes statt, so bleibt der Überlassungsanspruch des Staates jedem neuen Eigentümer gegenüber bis zum Ablauf einer gleichen Frist von dem Zeitpunkt an bestehen, in dem der Staat von dem Eigentümerwechsel und der Person des neuen Eigentümers Kenntnis erlangt hat. Die vom Staate für die Überlassung des Fundes zu leistende Vergütung wird bestimmt durch dessen Materialwert und einen angemessenen Zuschlag für seinen wissenschaftlichen Wert. Der Staat, dem das Aneignungsrecht einzuräumen wäre, würde der Bundesstaat sein, in dessen Gebiet der Fund entdeckt worden ist. Für eine Regelung der vorgedachten Art ist der Landesgesetzgebung der Vorzug vor der Reichsgesetzgebung zu gewähren.

Der zweite Gutachter, Clemen, verspricht sich eine gedeihliche Weiterentwickelung der Altertumspflege gleichfalls nur auf dem Wege der Landesgesetzgebung. Die Enteignung würde in Frage kommen bei allen Altertümern, die als unbewegliche Denkmäler im Boden festliegen, also bei architektonischen Resten einschließlich der Mosaiken und Großskulpturen; dann aber auch für den Grund und Boden, in welchem solche Altertümer gefunden werden könnten und in welchem solche vermutet werden. Die Enteignung stellt in jedem Falle den einzigen Weg dar, auf welchem eine Überführung von im Privateigentum entdeckten kunstgeschichtlich wichtigen Denkmälern in Staatsbesitz möglich erscheint.

Die Abteilung nahm einstimmig den von beiden Berichterstattern gemeinsam gestellten Antrag an.

Beschluß. 1. Es empfiehlt sich, im Wege der Landesgesetzgebung überall, wo dies bisher noch nicht geschehen ist, für eine angemessene Denkmalspflege durch Bestellung staatlicher Organe vorzusorgen.

2. Es empfiehlt sich, durch Reichsgesetz oder, bis ein solches erfolgt, durch Landesgesetz dem Staate ein durch Anzeigepflicht gesichertes Vorrecht auf den Erwerb beweglicher Altertumsfunde gegen Vergütung zu gewähren.

Von gewisser Bedeutung für die Denkmalspflege ist das in Preußen am 15. Juli 1907 ergangene Gesetz gegen die Verunstaltung von Ortschaften und landschaftlich hervorragenden Gegenden. Nach den §§ 2—7 dieses Gesetzes können Gemeinden durch Erlaß von Ortsstatuten für bestimmte Straßen und Plätze von geschichtlicher und künstlerischer Bedeutung, sowie zum Schutze einzelner Bauwerke erhöhte Anforderungen für die Ausführung von Bauten vorschreiben.

Ein besonderes Gesetz zum Schutze von Altertumsfunden ist bis heute in Preußen nicht ergangen. Doch ist im Jahre 1907 im Herrenhause vom Kultusminister die Absicht ausgesprochen worden, einen Gesetzentwurf über den Schutz von prähistorischen Denkmälern, von Ausgrabungen und Funden von Altertümern vorzulegen.

8. Erwerb von Grundgerechtigkeiten.

13. DJT. Stettin 1888.

Der Entwurf I des BGB. hatte aus prinzipiellen Gründen die Eintragung der Grundgerechtigkeiten in größter Schärfe und Unbedingtheit zur Geltung zu bringen gesucht und jeden Einfluß der Zeit auf bestehende Servituten zurückgewiesen. Der DJT. stellte deshalb zur Erörterung die

Frage: Sollen Servituten an Grundstücken nur durch Eintragung im Grundbuche erworben werden können? und welche Ausnahmen sind zuzulassen?

Gutachten	Berichterstatter:
waren nicht erstattet.	Prof. Dr. Dernburg (Berlin) III. 105 ff.

Der Berichterstatter vertrat den Standpunkt, daß die deutsche Produktion durch den Entwurf gehemmt würde, indem die Begründung nützlicher, notwendiger Servituten oft durch den Eintragungszwang erschwert würde, und daß ihr eine noch größere Hemmung aus der Erschwerung der Aufhebung von Grundgerechtigkeiten erwachsen würde.

Sein Antrag wurde mit geringer Mehrheit angenommen.

Beschluß. Die Durchführung des Grundsatzes, wonach Grundgerechtigkeiten nur durch Eintragung im Grundbuch erworben werden können, wie sie im Entwurfe des Bürgerlichen Gesetzbuches geschieht, ist aus wirtschaftlichen Gründen nicht zu empfehlen.

Das BGB. (§§ 1018 ff.) unterwirft die Begründung und Aufhebung von Grunddienstbarkeiten dem Eintragungsprinzip. Für Dienstbarkeiten an einem Grundstück, das im Grundbuche nicht eingetragen ist und nach § 90 GBO. nicht eingetragen zu werden braucht, enthält Art. 128 EGBGB. einen landesgesetzlichen Vorbehalt. Die am 1. Januar 1900 bestehenden

Grunddienstbarkeiten bedürfen zur Erhaltung ihrer Wirksamkeit gegenüber dem öffentlichen Glauben des Grundbuchs nicht der Eintragung, soweit die Landesgesetzgebung sie nicht vorschreibt (Art. 187 EGBGB.).

9. Hypothekenwesen.

2. und 3. DJT. — Dresden, Wien — 1861, 1862.

Antragsteller:

Adv. König (Cleve) **1** 126.

OTrR. Meyer (Berlin) **1** 125 und **2** I. 232.

Präs. Dr. Bornemann (Berlin) **2** I. 229.

Gutachter:

Adv. Dr. von Kerstorf (Augsburg) **3** I. 74—84.

Dr. Lührsen (Hamburg) **3** I. 85—97.

Berichterstatter:

GerAss. Mayer (Berlin) **2** II. 220 ff. u. **3** II. 143 ff.

Anträge:

I. König:

1. Das dem preußischen und anderen germanischen Hypothekenrechten zugrunde liegende Legalitätsprinzip ist verwerflich.

2. Das französische Recht huldigt diesem Prinzipe nicht; hierin besteht ein Vorzug desselben, wiewohl es sonst an erheblichen Mängeln leidet.

3. Ausmerzen läßt sich in denjenigen Gesetzgebungen, wo das Legalitätsprinzip gilt, dieses Prinzip ohne Revision des ganzen Zivilrechtes nicht; auch muß darüber, welches Hypothekensystem an die Stelle eines aufzuhebenden zu setzen ist, hauptsächlich die Erfahrung entscheiden.

4. Deshalb ist anzuraten, daß in denjenigen Landesteilen, wo das Legalitätsprinzip gilt, vorläufig daran festzuhalten, und in denjenigen Landesteilen, wo das französische Hypothekensystem Geltung hat, auf der Basis des Anti-Legalitätsprinzips die sonstige Reform des Hypothekengesetzes vorgenommen wird, damit demnächst und dereinst, wenn es sich um die Einführung eines deutschen Zivilgesetzbuches handelt, die Zeit mehr berufen und reifer sei, über die Art der Beseitigung des Legalitätsprinzipes ein Urteil zu fällen.

II. Meyer:

1. Die Einrichtung eines Grund- und Hypothekenbuches ist wünschenswert, die des letzteren notwendig, doch hängt die Berichtigung der Folien vom Betreiben der Interessierten ab.

2. Eigentum und dingliche Rechte, sowie Servituten werden nur durch Eintragung erworben und durch Löschung verloren.

3. Der Inhalt des Hypothekenbuches entscheidet über Existenz und Umfang des eingetragenen Rechtes. Für die Vollständigkeit und Übereinstimmung der Auszüge haftet das Hypothekenamt und zwar dessen Mitglieder solidarisch und in subsidium der Staat.

4. Die Eintragungen geschehen in der Regel nur auf Antrag der Interessierten.

5. Alle Anträge sind entweder persönlich oder durch beglaubigte Erklärungen zu stellen.

6. Es ist das Prinzip der Publizität festzuhalten.

7. Ebenso der Grundsatz der Spezialität. Korrealhaftungen sind zu beseitigen ev. angemessen zu beschränken.

8. Das Prinzip der Legalität ist nur soweit begründet, als das Hypothekenamt die Prüfung der Form und des Inhalts der Erklärungen der Legitimation und der aus dem Hypothekenbuche hervorgehenden Beschränkungen vorzunehmen hat.

9. Die Eintragung erfolgt auf Grund der Übertragung durch den eingetragenen Eigentümer, auf Grund von Urteilen oder auf Grund der Ersitzung.

10. Die Präsentation des Antrages entscheidet über das Vorzugsrecht der Eintragungen — gleichzeitig präsentierte Anträge haben gleiches Vorrecht.

11. Das Hypothekenrecht ist ein selbständiges Recht. Der neue Erwerber wird aber persönlich verhaftet, der frühere unter Umständen liberiert.

12. Hypotheken müssen einen bestimmten Geldwert betreffen und können nicht au porteur ausgestellt werden.

13. Der einlösende Eigentümer kann, außer dem Falle des Konkurses, der notwendigen Subhastation, oder wenn er sonst in der Verfügung beschränkt war, über die Hypothek verfügen.

14. Bei Expropriationen sollen die Hypotheken und dinglichen Rechte in der Regel erlöschen und die Feuersozietätsgelder in bezug auf die Gläubiger an die Stelle der Gebäude treten.

15. Die Eintragung begründet den Mandatsprozeß.

16. Dem Hypothekenamte steht entweder eine zum Richteramte qualifizierte Person vor, oder es wirkt ein Richter bei rechtlichen Fragen mit. Alle Hypothekenämter unterstehen der Kontrolle der Obergerichte und des obersten Gerichtshofes.

III. Bornemann:

1. Das Hypothekenrecht wird nur durch Eintragung in das Hypothekenbuch auf Grund einer persönlichen oder beglaubigten Erklärung des

Eigentümers oder einer Verfügung des Prozeßrichters erworben. Es erlischt erst mit der Löschung im Hypothekenbuche.

2. Die Hypothekenbehörde hat nur Form und Inhalt der Erklärung und die Legitimation des Erklärenden zu prüfen und nicht auf das Rechtsgeschäft einzugehen.

3. Die Beurkundung der Eintragung erfolgt durch den Eintragungsvermerk unter der Erklärung (Verfügung).

4. Das Hypothekenrecht setzt zwar eine persönliche Forderung voraus, ist aber ein selbständiges Recht.

5. Der neue Erwerber des Grundstückes haftet persönlich, der frühere persönliche Schuldner so lange, bis der neue Erwerber als persönlicher Schuldner vom Gläubiger ausdrücklich oder stillschweigend anerkannt wird.

6. Die Abtretung oder Verpfändung einer hypothekarischen Forderung ist ohne Eintragung wirksam, der spätere redliche Erwerber oder Pfandnehmer schließt jedoch den früheren aus, wenn ihm die in Ziff. 3 bezeichnete Beurkundung ausgefolgt ist.

7. Die Eintragung des neuen Rechtes kann nur auf Grund einer auf die zu 3 gedachte Urkunde gesetzten Übertragungserklärung oder Verfügung geschehen.

8. Der Eigentümer kann die getilgte Hypothek selbst erwerben, kann sie in der Regel nach Belieben löschen oder fortbestehen lassen, sie kann einem anderen von ihm übereignet, oder vom Prozeßrichter überwiesen werden. Im Falle der notwendigen Subhastation oder des Konkurses kann aber das ungelöschte Hypothekenrecht nicht geltend gemacht werden.

9. Die Korrealhypothek ist entweder zu beseitigen oder am angemessensten dahin zu beschränken, daß jedes Grundstück nach seinem ursprünglichen Werte hafte.

10. Die Feuerversicherungsgelder treten zugunsten der eingetragenen Gläubiger an die Stelle der abgebrannten Gebäude.

Das Gutachten v. Kerstorf erklärt sich dahin, daß es im Interesse gleicher Rechte und Rechtszustände in ganz Deutschland liege, dem auf die Prinzipien der Publizität und Spezialität gebauten selbständigen Hypothekensysteme, wie es sich in der neueren Gesetzgebung und insbesondere in dem bayerischen Hypothekengesetze vom Jahre 1822 gestaltet hat, in allen deutschen Staaten gesetzliche Geltung zu verschaffen, und daß hierbei vom Standpunkte der Wissenschaft sowie des praktischen Bedürfnisses eine vollkommen konsequente Durchführung dieses Systems dringend zu empfehlen sei.

Der Gutachter Lührsen kommt zu dem Ergebnis:

1. Der Besitz von Grundeigentum kann nur vor dem kompetenten Gerichte übertragen und erworben werden.

2. Die deutsche Hypothek ist als Reallast des Grundstückes, auf dessen Folium sie eingetragen ist, aufzufassen und nach den deutschrechtlichen Grundsätzen über diese zu beurteilen, mit der Ausdehnung einer durch das Gesetz zu bestimmenden persönlichen Haftverbindlichkeit des jedesmaligen Besitzers des belasteten Grundstücks, wenn durch Zwangsverkauf die Hypothek durch den erzielten Kaufpreis nicht gedeckt wird.

3. Eine Hypothek entsteht nur durch Eintragung in die von dem Gerichte der gelegenen Sache geführten Hypothekenbücher, kann rechtsgültig nur vor dem Gerichte, in dessen Protokolle sie eingetragen, übertragen werden, und erlischt nur durch Tilgung in denselben.

4. Nur auf Antrag desjenigen, welcher in den Eigentums- oder Hypothekenbüchern als Besitzer von Grundeigentum oder einer Hypothek darauf eingetragen steht, eventualiter dessen gesetzlichen Vertreters oder in Gemäßheit eines, den Konsens supplierenden rechtskräftigen Erkenntnisses, darf in diese Bücher etwas eingetragen oder darin verändert, umgeschrieben oder getilgt werden.

5. Im Konkurse bildet jedes auf einem Folium eingetragene Grundstück mit seiner Belastung eine Spezialmasse für sich, aus welcher nur der Überschuß des von den eingetragenen hypothekarischen Gläubigern und den Kosten nicht in Anspruch genommenen Verkaufspreises in die Generalmasse fällt.

Beschluß. a) Eine gemeinsame deutsche Gesetzgebung über das Hypothekenwesen bzw. den Immobiliarkredit ist ein Bedürfnis.

b) Die konsequente Durchführung der allgemeinen für das Hypothekenwesen anerkannten Prinzipien der Spezialität und der Öffentlichkeit ist zugrunde zu legen.

c) Die neue Hypothekengesetzgebung ist auf der Grundlage des sachenrechtlichen Grundbuchsystems zu errichten.

Die gesetzliche Regelung des Hypothekenwesens im Sinne des Juristentagsbeschlusses war für Preußen schon durch das Gesetz vom 5. Mai 1872 über den Eigentumserwerb und die dingliche Belastung von Grundstücken sowie durch die Grundbuchordnung erfolgt. Andere deutsche Staaten führten dann ähnliche Grundbuchgesetze ein.

Das neue Liegenschaftsrecht des BGB. und der GBO. beruht auf den vom DJT. empfohlenen Prinzipien, ebenso auch das österreichische Grundbuchgesetz vom 25. Juli 1871.

10. Pfandrecht an Grundstücken.

20. und 22. DJT. — Straßburg, Augsburg — 1889, 1893.

Der Entwurf I des BGB. unterschied für die Verpfändung des Grundbesitzes zwei Hauptformen, erstens die Hypothek und zwar in der Eigenschaft eines Akzessoriums für eine Forderung, und zweitens die Grundschuld als einen rein abstrakten, dinglichen Anspruch, bei welchem es auf die individuelle causa nicht ankommt und bei welchem die Haftung auf den Grundwert des verpfändeten Objektes beschränkt ist. Bezüglich der Hypothek stellte der Entwurf drei Arten auf: die Buchhypothek, bei der sich alle Konsequenzen des Publizitätsprinzips an den Eintrag in das Grundbuch knüpfen, die Briefhypothek, bei der sich das Publizitätsprinzip wesentlich an Rechtshandlungen, die in der Urkunde vorgetragen werden, knüpft, so daß beim Wechsel des Schicksals der bereits eingetragenen Hypothek ein Eintrag in das Grundbuch nicht mehr nötig ist, und die Sicherheitshypothek, welche die Publizität auf die Forderung selbst keine Anwendung finden läßt.

Frage. Sind die vom Entwurfe des BGB. vorgesehenen Arten des Pfandrechts an Grundstücken einschließlich der Grundschuld beizubehalten?

Gutachter:	Berichterstatter:
JR. M. Levy (Berlin) **20** III. 261—286.	Prof. Dr. Dernburg (Berlin) **20** IV. 238ff.
Prof. Dr. Klein (Wien) **22** I. 431—490.	OLGSenPräs. Dr. v. Stoesser (Karlsruhe) **20** IV. 250ff.
RGR. Loebell (Leipzig) **22** I. 491—528.	Prof. Dr. Gierke (Berlin) **22** IV. 23ff.

Das Gutachten Levy kommt zu folgendem Ergebnis: Die in dem Entwurf eines BGB. vorgesehenen Arten des Pfandrechts an Grundstücken einschließlich der Grundschuld sind, mit Ausnahme der Buchhypothek, als normaler Verkehrshypothek, beizubehalten, sofern nicht eine gründlichere Reform des Hypothekenrechtes zum Zwecke der Sonderung des reinen Immobiliarkredites von dem durch Immobiliarsicherheit verstärkten Personalkredit schon jetzt durchführbar erscheint, unter Zulassung nur zweier Gattungen von Hypotheken: der Briefhypothek, als rein dinglicher Geldforderung, mit allen für den Immobiliarkredit und die Begebungsfähigkeit möglichen Privilegien (auch als Eigentümerhypothek) in ausschließlich unbedingter Form, und der Sicherungshypothek ohne Hypothekenbrief und ohne solche Privilegien, als Akzessorium einer persönlichen Geldforderung sowohl in unbedingter Form als in bedingter (Kautionshypothek, Arresthypothek usw.).

Der Berichterstatter, Dernburg, wollte nur eine Form der Hypothek anerkennen, nämlich die der Briefhypothek. Diese sollte den Schutz und die Förderung der Interessen der Grundbesitzer nicht minder als die Wahrung der berechtigten Anforderungen des Verkehres erstreben. Der Korreferent beantragte die im Entwurfe vorgesehenen Arten des Pfandrechts an Grundstücken einschließlich der Grundschuld beizubehalten.

Nach kurzer Beratung wurde gemäß einem Antrag Levy die Entscheidung über das Thema dem nächsten Juristentage überlassen. Inzwischen waren über den Beratungsgegenstand zwei neue Gutachten erfordert worden.

Prof. Dr. Klein faßt das Ergebnis seiner Ausführungen dahin zusammen: Von den im Entwurfe vorgesehenen Liegenschaftskreditformen ist nur die Buchhypothek beizubehalten. Dieselbe kann auch zugunsten einer vollstreckbaren Geldforderung im Wege der Zwangsvollstreckung erworben werden. Bei Regelung der Buchhypothek ist auf die besonderen Bedürfnisse entsprechend Bedacht zu nehmen, welche in der Richtung der Sicherstellung von künftigen Forderungen (Kautions- Kreditverhältnisse usw.), ferner der Sicherung des Rechtes auf Eintragung von Hypotheken und der Vollziehung des Arrestes in Grundstücke vorhanden sind.

Im Gegensatz zu Klein macht RGR. Loebell folgenden Vorschlag: Die im Entwurfe des BGB. vorgesehenen vier Arten des Pfandrechts an Grundstücken sind in zwei nach Form und Inhalt verschiedene Arten zu vereinigen: 1. die Buchhypothek als rein akzessorisch, also ohne Erstreckung des öffentlichen Glaubens des Grundbuchs auf die Forderung, aber unter Zulassung der als Eigentumshypothek zu gestaltenden Sicherungshypothek. 2. die Briefhypothek als selbständige, der Anfechtung der Forderung durch den Eigentümer und gleich- oder nachstehende Realberechtigte entzogene Verkehrshypothek, unter Beschränkung der persönlichen Verpflichtung des Schuldners auf das Grundstück und unter Zulassung der von vornherein als solche begründeten Eigentumshypothek.

Der Berichterstatter, Gierke, schloß sich im wesentlichen den Gutachtern Levy und Loebell an. Seine Anträge wurden mit einem Amendement Levys von der Abteilung angenommen.

Beschluß. I. Statt der im Entwurfe vorgeschlagenen vier Grundformen der kapitalistischen Liegenschaftsverschuldung sind zwei Grundformen für ausreichend zu erachten, von denen die eine den Gedanken der Verpfändung eines Grundstücks für eine persönliche Schuld zum Ausdruck bringt, die andere den Gedanken der rein dinglichen Schuld verwirklicht.

1. Die pfandrechtliche Hypothek ist ihrem auf Sicherstellung einer persönlichen Forderung gerichteten Zwecke gemäß akzessorisch zu gestalten. Der öffentliche Glaube des Grundbuches erstreckt sich nicht auf die Forderung. Ein Wertpapier wird über sie nicht ausgegeben. Verfügungen über sie werden nur durch Bucheintrag wirksam. Kautionshypothek, Arresthypothek und Zwangshypothek sind als Anwendungsfälle dieser Hypothek zuzulassen.
2. Die Grundschuld ist als selbständige liegenschaftliche Schuld nach Art der Reallast auszugestalten, so daß für sie nur das Grundstück, nicht die Person haftet. Sie kann als Eigentümergrundschuld eingetragen werden. Über sie wird ein Grundschuldbrief ausgegeben, der als Wertpapier Träger des Rechtes ist und insbesondere dessen Übertragung vermittelt. Der öffentliche Glaube des Buches steht ihr voll zur Seite. Doch schützt er nur den redlichen und entgeltlichen Erwerber.
   a) Zulässig ist ein Verzicht auf den Grundschuldbrief; dann erfolgt die Übertragung der Grundschuld nur durch Bucheintrag.
   b) Mit der Grundschuld kann durch Eintragung des Schuldgrundes eine persönliche Forderung verbunden werden. Dann ist die Grundschuld in dem Umfange, in dem sich dies mit dem öffentlichen Glauben des Buches verträgt, aus Mängeln der persönlichen Forderung anfechtbar. Als abstrakte Schuld wirkt sie nur, wenn kein Schuldgrund eingetragen ist.

II. Neben den Formen der kapitalistischen Liegenschaftsverschuldung ist die Form der dinglichen Rentenschuld als ebenbürtiges Rechtsinstitut anzuerkennen und (insbesondere durch Zulassung von Rentenbriefen) eingehend zu regeln.

Das BGB. stellt im achten Abschnitt des dritten Buches zwei Hauptarten der Belastung eines Grundstücks auf: Die Hypothek (§§ 1113 ff.) und die Grundschuld (§§ 1191 ff.); als Unterart der Grundschuld ist die Rentenschuld (§§ 1199 ff.) zugelassen. Die Hypothek unterscheidet sich von der Grundschuld dadurch, daß letztere schlechthin die Zahlung einer bestimmten Geldsumme aus dem Grundstücke zum Inhalte hat, während bei der Hypothek die Geldsumme an den Berechtigten zur Befriedigung wegen einer ihm zustehenden Forderung zu zahlen ist. — Die Rentenschuld ist wie die Grundschuld unabhängig von dem zugrunde liegenden Forderungsrecht. Der wesentliche Unterschied zwischen der Grundschuld und der Rentenschuld besteht darin, daß diese nicht auf Zahlung eines Kapitales, sondern auf Zahlung einer seitens des Gläubigers unkündbaren Geldrente in regelmäßig wiederkehrenden Terminen gerichtet ist.

Bei der Hypothek, die entweder Buch- oder Briefhypothek ist, hat die eingetragene Forderung die Vermutung ihres Bestehens für sich und steht unter dem öffentlichen Glauben des Grundbuchs; bei der Sicherungshypothek, die nur als Buchhypothek zulässig ist, bestimmt sich dagegen das Recht des Gläubigers nur nach der Forderung, er kann sich zum Beweis ihres Bestehens und ihrer Höhe nicht auf die Eintragung im Grundbuche berufen. Die Grundschuld kann gleichfalls als Briefgrundschuld und Buchgrundschuld bestellt werden; auch kann sie in der Weise bestellt werden, daß der Grundschuldbrief auf den Inhaber ausgestellt wird, wie sie auch von vornherein auf den Namen des Eigentümers eingetragen werden kann. (Vgl. §§ 1195, 1196). Die Rentenschuld ist grundsätzlich als Briefrentenschuld geregelt; die Ausschließung der Erteilung des Briefes und die Bestellung als Buchrentenschuld ergibt sich aus der entsprechenden Anwendung der Vorschriften über die Hypothek (§ 1192).

11. Stellung des Gutsinventares und Pfandrecht des Verpächters.

21. DJT. Köln a. Rh. 1891.

Nach dem Entwurf I des BGB. haftete das Gutsinventar zwar den Hypothekengläubigern, der Eigentümer konnte jedoch frei darüber verfügen und es dieser Haftung vor der Beschlagnahme entziehen, indem er es von dem Grundstück entfernte. Ebenso konnten die Personalgläubiger, bevor für den Hypothekengläubiger die Beschlagnahme erfolgt war, die Zwangsvollstreckung in das Gutsinventar verlangen, jedoch nur insoweit, als dasselbe nicht zur Fortführung der Landwirtschaft unentbehrlich war. Begann der Schuldner die Sicherheit der Hypothek durch Entfernung oder Verschlechterung des Inventares zu gefährden, so waren dem Hypothekengläubiger Sicherungsmaßregeln gegeben. Das Pfandrecht des Verpächters erstreckte sich nach dem Entwurf I nicht auf diejenigen Gutsinventarstücke, die der Pfändung entzogen waren. Die Frage, ob diese Regelung im ganzen anzuerkennen sei, wurde mit vorliegendem Thema zur Erörterung gestellt.

Frage. In welcher Weise ist die Stellung des Gutsinventares zu den Rechten der Real- und Personalgläubiger und zu dem Pfandrecht des Verpächters zu regeln?

Gutachter:	Berichterstatter:
GehRegR. Dr. Hermes (Berlin) I. 276—296.	Prof. Dr. Enneccerus (Marburg) III. 186 ff.
AR. Bunsen (Rostock) II. 34—48.	RA. Mörschell (Würzburg) III. 194 ff.

Die beiden Gutachter stellten die Frage: Soll das Gutsinventar dem Real- oder dem Personalkredit dienen? in den Vordergrund, beantworteten sie aber in entgegengesetztem Sinne. Hermes hält den Realkredit für wichtiger für den Grundbesitzer als den Personalkredit. Um das Inventar dem Realkredit nutzbar zu machen, verlangt er, daß das Gesetz den Hypothekargläubiger gegen ein absichtliches Beiseiteschaffen der Inventarstücke durch den Schuldner und gegen den Zugriff der Personalgläubiger sicherstelle. Das Erlöschen der Pfandhaftung müsse davon abhängig gemacht werden, daß die Entfernung der Inventarstücke in ordnungsmäßiger Wirtschaftsführung erfolgt sei. Die in nicht ordnungsmäßiger Wirtschaftsführung geschehende Veräußerung oder Verpfändung sollte dem Hypothekargläubiger gegenüber unwirksam sein; gegen jede Zwangsvollstreckung in ein Inventarstück sollte ihm ein Widerspruchsrecht zustehen.

Der zweite Gutachter, Bunsen, wollte das Gutsinventar gar nicht für die Hypotheken haften lassen, sondern es dem Personalkredit des Besitzers überweisen.

Die beiden Berichterstatter waren übereinstimmend der Ansicht, daß die Bestimmungen des Entwurfes in Verbindung mit § 2 des Entwurfes eines Gesetzes über die Zwangsvollstreckung in das unbewegliche Vermögen einen Mittelweg eingeschlagen hätten, der der Förderung des Real- und des Personalkredites diene. Sie empfahlen darum die Beibehaltung der Vorschriften des Entwurfes I über die Stellung des Gutsinventares zu den Rechten der Hypothekar- und Personalgläubiger, jedoch mit der Beschränkung, daß nur dann das Recht des Pfandgläubigers an von dem Besitzer entfernten Gegenständen aufgehoben sein sollte, wenn eine Veräußerung der Sachen stattgefunden habe.

Bei der Frage, in welcher Weise das Pfandrecht des Verpächters am Gutsinventar geregelt werden solle, waren Gutachter und Berichterstatter darüber einig, daß die vom Entwurfe vorgeschlagene gleichartige Behandlung des Rechtes des Vermieters an den von dem Mieter eingebrachten Sachen und des Rechtes des Verpächters an den eingebrachten Sachen des Pächters ungerechtfertigt sei. Hermes empfahl, das Pfandrecht des Verpächters am Gutsinventar nicht auf die nach der Zivilprozeßordnung pfändbaren Sachen zu beschränken, und es auf die eingebrachten Sachen der Ehefrau und der Kinder, soweit diese mit dem Pächter in häuslicher Gemeinschaft leben, auszudehnen. Auch Bunsen wollte das Pfandrecht des Verpächters auf die nach der ZPO. unpfändbaren Gegenstände erstrecken, es dem Verpächter jedoch, solange das Pachtverhältnis besteht, nicht gestatten, diese Gegenstände in Ausübung seines Pfandrechts in Besitz zu nehmen, zu veräußern oder dieselben im Wege der Zwangsvollstreckung pfänden zu lassen. Neben der Ausdehnung des Pfandrechts auf die Sachen des Ehegatten und der Kinder des Pächters befürwortete der zweite Gutachter, auch Dritten gehörige Gegenstände, welche zum Betriebe einer Landwirtschaft unentbehrliche Inventarien sind und zu diesem Zwecke dem Pächter von dem Eigentümer übergeben wurden, dem Pfandrecht des Verpächters zu unterwerfen.

Die Berichterstatter sprachen sich gleichfalls für Erstreckung des Pfandrechts des Verpächters auf das unentbehrliche Gutsinventar aus, jedoch sollte während der Dauer des Pachtverhältnisses die Inanspruchnahme dieses Pfandrechts nicht zulässig sein.

Die Anträge der Berichterstatter wurden mit erheblicher Mehrheit angenommen.

Beschluß. 1. Die Bestimmungen des Entwurfes eines BGB. über die Stellung des Gutsinventares zu den Rechten der Real- und Personalgläubiger sind in der Hauptsache zu billigen, jedoch empfiehlt es sich, das Erlöschen der Haftung davon abhängig zu machen, daß die Inventarstücke veräußert und von dem Grundstück entfernt sind.

2. Das Pfandrecht des Verpächters ist auf die der Pfändung entzogenen Inventarstücke auszudehnen, jedoch ohne die Befugnis, diese Gegenstände, solange das Pachtverhältnis dauert, der Bewirtschaftung des Gutes zu entziehen.

Die gesetzliche Regelung der Stellung des Gutsinventares zu den Rechten der Real- und Personalgläubiger und zu dem Pfandrecht des Verpächters ist im BGB. im wesentlichen im Sinne des Juristentagsbeschlusses erfolgt. Die Hypothek erstreckt sich nach § 1120 BGB. auf das Zubehör; Zubehörteile werden von der Haftung frei, wenn sie veräußert und von dem Grundstück entfernt werden, bevor sie zugunsten des Gläubigers in

Beschlag genommen worden sind (§ 1121). Zubehörstücke werden ohne Veräußerung von der Haftung frei, wenn die Zubehöreigenschaft innerhalb der Grenzen einer ordnungsmäßigen Wirtschaft vor der Beschlagnahme aufgehoben wird (§ 1122 Abs. 2).

Das Pfandrecht des Verpächters eines landwirtschaftlichen Grundstücks erstreckt sich nach § 585 BGB. auch auf die nach § 811 Abs. 1 Nr. 4 ZPO. der Pfändung nicht unterworfenen Sachen, also z. B. auf das zum Wirtschaftsbetrieb erforderliche Gerät, Vieh, Dünger sowie landwirtschaftliche Erzeugnisse.

12. Hypothekenbankwesen und Rechte der Besitzer von Schuldverschreibungen.

24. DJT. Posen 1898.

Die Veranlassung zur Aufstellung der

Frage: Ist die reichsgesetzliche Regelung des Hypothekenbankwesens und die der gemeinsamen Rechte der Besitzer von Schuldverschreibungen zu empfehlen?

bildete der Umstand, daß im Sommer 1897 im Reichsjustizamte Sachverständige aus den Kreisen der Hypothekenbanken und Vertreter der Interessen des Grundbesitzes zu Beratungen über die Grundzüge eines Hypothekenbankgesetzes und eines Gesetzes betr. die gemeinsamen Rechte der Besitzer von Schuldverschreibungen zusammengetreten waren. Die aus diesen Beratungen hervorgegangenen Entwürfe wurden, ehe sie dem Bundesrat vorgelegt wurden, am 26. und 27. Mai 1898 durch den Reichsanzeiger der öffentlichen Kritik unterbreitet.

Gutachter:	Berichterstatter:
Dr. Hecht (Mannheim)	JR. Dr. Rießer (Berlin)
III. 211—220.	IV. 203 ff.

Das Gutachten legt zunächst die wirtschaftliche Bedeutung der Hypothekenbanken dar und weist sodann auf die nicht unerheblichen Vorarbeiten für eine reichsgesetzliche Regelung der Materie hin. Die Frage, ob es empfehlenswert sei das Hypothekenbankwesen und die gemeinsamen Rechte der Besitzer von Schuldverschreibungen reichsgesetzlich zu regeln, glaubt der Gutachter in vollem Umfange bejahen zu sollen.

Die Abteilung schloß sich einstimmig dem Antrage des Berichterstatters an.

Beschluß. Eine reichsgesetzliche Regelung des Hypothekenbankwesens und der gemeinsamen Rechte der Besitzer von Schuldverschreibungen ist dringend empfehlenswert.

Die in diesen beiden Materien seitens des Reichsjustizamts ausgearbeiteten und veröffentlichten Gesetzentwürfe bilden, unbeschadet des auf dem Gebiete der Schuldverschreibungen (Obligationen) auch nach anderen Richtungen vorliegenden Kodifikationsbedürfnisses und vorbehaltlich der gegen einzelne Vorschriften zu erhebenden Bedenken, eine gute und sachgemäße Grundlage für das gesetzgeberische Vorgehen.

Von den geltend gemachten Bedenken sind zu dem Entwurf eines Hypothekenbankgesetzes nachstehende hervorzuheben:

a) die Aufsicht über die Hypothekenbanken sollte dem Reich übertragen und nicht den Landesregierungen überlassen werden;

b) mindestens aber sind die Anweisungen über die Wertermittelungen der zu beleihenden Grundstücke oder Kleinbahnunternehmungen von dem Bundesrat oder von einer durch letzteren zu bestellenden Kontrollbehörde zu erlassen.

Das Hypothekenbankgesetz für das Deutsche Reich ist am 13. Juli 1899 ergangen. Die Aufsicht über die Hypothekenbanken steht nach § 3 dem Bundesstaate zu, in welchem die Bank ihren Sitz hat. In der Reichstagskommission war von einer Seite der Bundesrat als die für die Aufsicht geeignete Stelle bezeichnet worden. Die Regierung vertrat aber den Standpunkt, daß die Reichsgesetzgebung ohne ausreichende Gründe nicht in die Hoheit der Bundesstaaten eingreifen solle. Hinsichtlich der Anweisungen über die Wertermittelungen ist auf Beschluß der Reichstagskommission hin dem § 13 der jetzige Abs. 2 hinzugefügt worden, welcher lautet:

Nimmt die Bank hypothekarische Beleihungen in dem Gebiet eines Bundesstaats vor, in dem sie nicht ihren Sitz hat, so ist die Anweisung auch der Aufsichtsbehörde dieses Bundesstaats einzureichen. Über Beanstandungen, die von der Behörde erhoben werden, beschließt, wenn die Erledigung in anderer Weise nicht zu erreichen ist, der Bundesrat.

Das Gesetz, betreffend die gemeinsamen Rechte der Besitzer von Schuldverschreibungen, ist am 4. Dezember 1899 ergangen.

13. Bodenentschuldung.

27. DJT. Innsbruck 1904.

Besonders in Österreich wandte man der Frage der Bodenverschuldung, welche in nuce die seit einem Menschenalter weite Kreise erregende

Agrarfrage in sich birgt, größere Aufmerksamkeit zu. War man doch dort schon seit dem Jahre 1868 bestrebt, durch regelmäßige statistische Erhebungen sich ein reiches Material auf dem Gebiete der landwirtschaftlichen Grundverschuldung zu beschaffen. Auf eine aus Österreich stammende Anregung hin wurde deshalb die Bodenentschuldnng zur Erörterung gestellt.

Frage. Empfiehlt es sich, gesetzliche Vorschriften zwecks Befreiung des Grund und Bodens von den darauf haftenden Lasten und Schulden zu treffen und eine Verschuldungsgrenze festzusetzen?

Gutachter:	Berichterstatter:
PrivDoz. Dr. Dade III. 3—126.	Dr. v. Grabmayr (Meran) IV. 550 ff.
RegR. Ritter v. Hattingberg (Salzburg) II. 201—425.	Prof. Dr. Schmid (Innsbruck) IV. 579 ff.

Beide Gutachten gehen davon aus, daß eine allgemeine Bodenüberschuldung weder in Deutschland noch in Österreich bestehe, jedoch habe in vielen Gebieten sowohl Deutschlands wie Österreichs die Bodenüberschuldung eine bedenkliche Höhe erreicht. Es mache sich der jährliche Verschuldungszuwachs dermaßen geltend, daß man besorgen müsse, es werde, wenn dieser Prozeß ungehindert fortschreite, in größeren Gebieten zu schweren wirtschaftlichen und sozialen Krankheitserscheinungen kommen.

Dade will alle landwirtschaftlichen Hypothekarschulden in unkündbare Annuitätsschulden verwandeln, weshalb landesgesetzlich bestimmt werden solle, daß bei jedem Besitzwechsel eine Reinigung der Liegenschaft von den kündbaren Hypotheken durch Umwandelung derselben in unkündbare Annuitätsschulden seitens eines Kreditinstituts eintrete. Die Wahl dieses Instituts soll dem neuen Eigentümer vorbehalten bleiben, und nur wenn andere Kreditinstitute sich der Aufgabe nicht unterziehen sollten, soll das gemeinwirtschaftliche Institut des betreffenden Gebietes verpflichtet sein, diese Operation durchzuführen.

v. Hattingberg lehnt jede Änderung des Kreditrechts ab und erhofft alles von der Erziehung und Belehrung der Landwirte, die zum richtigen Kreditgebrauch angeleitet werden sollen. Er bringt verschiedene Maßregeln auf dem Gebiete der Verwaltung in Vorschlag. So empfiehlt er z. B.:

1. Normen, welche die Konvertierung kündbarer Hypotheken mit wechselndem Zinsfuße in unkündbare Rentendarlehen mit Zwangstilgung erleichtern.

2. Anordnungen, welche die Zwangsamortisation aller von zur öffentlichen Rechnungslegung verpflichteten Kreditanstalten bereits hinausgegebenen und in Zukunft hinauszugebenden landwirtschaftlichen Hypothekardarlehen verfügen.

3. Gesetzliche Bestimmungen, welche Sparkassen und Waisenkassen verpflichten, in Zukunft nur Pfandbriefdarlehen zu gewähren.

4. Gesetzliche Verfügungen über die einheitliche Ausgestaltung des landwirtschaftlichen Besitzkredites der Landeshypothekenanstalten vom volkswirtschaftlichen Standpunkt aus.

Mit überwiegender Majorität wurden die Anträge v. Grabmayer zum Beschlusse erhoben.

Beschluß. 1. Eine im öffentlichen Interesse durchzuführende Bodenentschuldungsaktion, die als dringende Aufgabe staatlicher Wohlfahrtspflege erklärt wird, soll sich zum Ziele setzen, die landwirtschaftlichen Besitzungen von allen jenseits der Beleihungsgrenze solider Kreditinstitute stehenden Hypotheken (Nachhypotheken) zu befreien. Zu diesem Ziele ist die möglichst allgemeine Umwandelung aller landwirtschaftlichen Hypotheken in unkündbare Annuitätsschulden (Tilgungsrenten) durchzuführen.

2. In jenen Ländern, wo vollkommen entsprechende Organisationen für den Real- und Personalkredit bestehen und wo sich ein gemeinwirtschaftliches Kreditinstitut zur ausreichenden Belehnung aller landwirtschaftlichen Grundstücke verpflichtet, soll landesgesetzlich verfügt werden, daß neue landwirtschaftliche Hypotheken nur in Form unkündbarer Annuitätsschulden entstehen dürfen. Dieser gesetzlichen Beschränkung ist nicht nur die Vertragshypothek, sondern auch die exekutive Hypothek zu unterwerfen. Eine Ausnahme von dieser Regel ist nur in Erbfällen und bei Gutsübergaben zugunsten naher Verwandter des Erblassers oder Gutsübergebers zu gestatten.

3. In Gebieten, wo die ungeteilte Vererbung der Güter auf einen Erben der herrschenden Sitte entspricht, ist die gesetzliche Regelung der Anerbenerbfolge geboten. Bei Anerbengütern sind Abfindungshypotheken nur in Form von Amortisationsrenten zuzulassen, wobei jedoch für die kapitalistische Ablösbarkeit dieser Renten durch eine gemeinwirtschaftliche Kreditanstalt gesorgt werden muß.

D. Familienrecht.

I. Zivilehe.

8. DJT. Heidelberg 1869.

Antrag des PrivDoz. Dr. Hilse (Berlin):

Der Juristentag wolle seine Überzeugung dahin aussprechen, daß vom juristischen Standpunkte

1. die Zivilehe die einzig berechtigte Eheschließungsform und
2. das Konnubium zwischen Christen und Nichtchristen unbedenklich freizugeben sei.

Gutachter:	Berichterstatter:
Prof. Dr. Wasserschleben (Gießen) I. 253—270.	Prof. Dr. v. Gneist (Berlin) II. 29 ff., 329 ff.
Prof. Dr. Friedberg (Freiburg i. Br.) I. 271—282.	

Der Gutachter Wasserschleben empfiehlt beide Sätze zur Annahme, wobei er als selbstverständlich betrachtet, daß bei Zulassung solcher Mischehen nicht die Bedingung der Erziehung aller Kinder in der christlichen Religion gestellt werden dürfe, da der Staat die bisherige Bevorzugung der christlichen Kirchen aufzugeben und das Prinzip der rechtlichen Parität anzuerkennen und konsequent durchzuführen verbunden sei.

Dr. Friedberg kommt zu dem Ergebnis: Zurzeit (d. h. beim Mangel der vollen Herrschaft des Staates über die Kirche) ist in Deutschland die Zivilehe als juristisch einzig berechtigte Eheschließungsform hinzustellen. Das Konnubium zwischen Christen und Nichtchristen ist staatlich unbedenklich freizugeben. Die Form für die Schließung solcher Ehen ist die Zivilehe.

Auf Antrag des Referenten beschloß die vereinigte 1. und 2. Abteilung einstimmig:

Beschluß. a) Die Zivilehe ist als die dem Verhältnis von Staat und Kirche in Deutschland entsprechende notwendige Form der Eheschließung anzuerkennen.

b) Mit allgemeiner Einführung der Zivilehe ist auch das Ehehindernis wegen Religionsverschiedenheit aufzuheben.

Der Abteilungsbeschluß wurde bei der Beratung im Plenum gegen eine Stimme angenommen.

Die Einführung der Zivilehe, sowie die Beseitigung des Ehehindernisses wegen Religionsverschiedenheit ist in Deutschland durch das PStG. vom 6. Februar 1875 erfolgt. Das BGB. hat an dem Standpunkte des PStG. festgehalten.

2a. Eheliches Güterrecht.

12. DJT. Nürnberg 1875.

Schon im Jahre 1862 hatte KrGR. Geck (Verden) den Antrag gestellt: Der DJT. wolle erklären, daß ein gemeinsames Ehegüterrecht für Deutschland anzustreben und die Gütergemeinschaft als das der deutschen Ehe vorzugsweise entsprechende System zu empfehlen sei. Der 3. DJT. war über diesen Antrag mit der Begründung zur Tagesordnung übergegangen, daß der Juristentag schon früher eine gemeinsame Gesetzgebung für wünschenswert erklärt habe und darunter auch das eheliche Güterrecht inbegriffen sei. Auch auf dem 11. DJT. hatte die Frage, auf welcher Grundlage das eheliche Güterrecht zu kodifizieren sei, zur Erörterung gestanden. Nach einem Referate des OLGR. Becker (Oldenburg) **11 II. 61** ff. wurde jedoch eine sachliche Entscheidung nicht getroffen, vielmehr die Einholung neuer Gutachten und die Verweisung an die nächste Tagung des DJT. beschlossen. Erst der 12. DJT. kam zur Beratung und Beschlußfassung über das eheliche Güterrecht.

Frage. Ist es wünschenswert und ausführbar, das eheliche Güterrecht für ganz Deutschland durch ein einheitliches Gesetz zu kodifizieren, und auf welcher Grundlage?

Gutachter:	Berichterstatter:
OAGR. v. Beaulieu-Marconnay (Oldenburg) **11** I. 46—74.	Prof. Dr. Schröder (Würzburg) **12** III. 33 ff.
Prof. Dr. Schröder (Würzburg) **12** I. 29—40.	HandGerPräs. Dr. Albrecht (Hamburg) **12** III. 47 ff.

JR. Dr. Euler (Frankfurt a. M.) **12** I. 41—45.
Prof. Dr. v. Roth (München) **12** II. 276—284.
AGR. Dr. Agricola (Eisenach) **12** II. 285—328.

v. Beaulieu-Marconnay ist der Ansicht, daß die Kodifikation des Rechtes im Reich sich auch auf das ganze Familienrecht, speziell auf das eheliche Güterrecht, erstrecken muß. Er meint, daß dem ehelichen Güterrecht ausschließlich das System der Gütereinheit zugrunde zu legen, daß aber durch Formulierung eines Systems der Gütergemeinschaft, bzw. verschiedener Systeme allgemeiner und partikulärer Gütergemeinschaft, dem

Privatwillen Gelegenheit zu geben sei, abweichend vom gesetzlichen Rechte, Gütergemeinschaft innerhalb gewisser vom Gesetze zu ziehender Grenzen vertragsweise festzusetzen.

Schroeder stellt folgende Sätze auf:

1. Die Regelung des ehelichen Güterrechts für ganz Deutschland durch ein einheitliches Gesetz ist nicht ausführbar, weil die Vertragsfreiheit doch bleiben müßte, die Einheit also nur eine relative sein würde.

2. Sie ist auch nicht wünschenswert, weil keines der drei Systeme so erhebliche Vorzüge vor den anderen besitzt, daß man zwei Dritteln unserer Bevölkerung das Recht nur eines Drittels aufnötigen dürfte.

3. Dagegen ist notwendig, daß zur Ergänzung der in den Eheverträgen hervortretenden Hauptrichtungen eine gesetzliche Regelung der drei in Deutschland herrschenden Systeme, der partikulären und der allgemeinen Gütergemeinschaft und (namentlich für den Fall der Ausschließung der Gütergemeinschaft) der Verwaltungsgemeinschaft erfolge.

4. Es ist wünschenswert und ausführbar, daß jedes dieser drei Systeme, für sich durch ein einheitliches Gesetz kodifiziert, innerhalb bestimmter Gebiete, deren geographische Abgrenzung dem Bundesrat oder den einzelnen Landesgesetzgebungen zu überlassen wäre, gesetzliche Geltung erhalte.

Euler erklärt sich für das System der Verwaltungsgemeinschaft als gesetzliches System, will aber auch die beiden Systeme der partikulären und der allgemeinen Gütergemeinschaft daneben kodifiziert sehen, für den Fall, daß die Eheleute eines der letzteren Systeme wählen.

v. Roth empfiehlt die drei Systeme nach territorialer Abgrenzung zu kodifizieren, alle partikularrechtlichen Gestaltungen und alle Enklaven zu beseitigen, und in jedem Rechtsgebiete die Güterordnungen der beiden anderen Rechtsgebiete als subsidiär für die Eheverträge zu erklären.

Agricola kommt zu folgenden Sätzen:

1. Die Kodifikation des deutschen ehelichen Güterrechts ist durch ein „einheitliches Gesetz“ und zwar durch die Reichsgesetzgebung ins Werk zu setzen, nicht aber der Landesgesetzgebung zu überlassen und vorzubehalten.

2. Die Kodifikation hat nicht auf einheitlicher, sondern auf vierfacher Grundlage zu erfolgen, nämlich

a) auf der der Verwaltungsgemeinschaft,

b) auf der der beschränkten Gütergemeinschaft,

c) auf der der allgemeinen Gütergemeinschaft mit gesamter Hand,

d) auf der der allgemeinen Gütergemeinschaft mit unbeschränkter Disposition des Ehemannes und communio prorogata.

3. Die Auswahl unter diesen vier Systemen ist den für das Landesrecht kompetenten Gesetzgebungsgewalten zu überlassen.

Zur Annahme gelangte folgender Antrag des Korreferenten:

Beschluß. Das eheliche Güterrecht ist für das ganze Reichsgebiet auf einheitlicher Grundlage zu kodifizieren, und zwar nach dem System der Verwaltungsgemeinschaft.

Es ist jedoch zugleich festzusetzen, daß das Vermögen der Frau, insoweit dasselbe nicht auf deren Namen angelegt ist und beständig angelegt bleibt, für die Schulden des Mannes haftet.

2b. 13. DJT. Salzburg 1876.

Der Beschluß des 12. DJT. hatte die Frage offen gelassen, ob eine subsidiäre Kodifikation der anderen Systeme, insbesondere des Systems der allgemeinen Güter- und der Errungenschaftsgemeinschaft notwendig sei. Die ständige Deputation stellte daher dieses Thema auf die Tagesordnung des 13. DJT.

Frage. Ist es wünschenswert, in einem gemeinsamen bürgerlichen Gesetzbuche für Deutschland neben dem einheitlichen Systeme des ehelichen Güterrechts noch subsidiäre Systeme für die Privatautonomie aufzustellen?

Gutachter:	Berichterstatter:
KammPräs. Petersen (Straßburg i. E.) I. 3—12.	HandGerPräs. Dr. Albrecht (Hamburg) II. 65 ff.
	JR. Mecke (Berlin) II. 79 ff.

Das Gutachten kommt zur Bejahung der gestellten Frage und hält eine subsidiäre Aufstellung des Systems der Gütergemeinschaft insbesondere dann für notwendig, wenn das gesetzliche Güterrecht auf der Grundlage der Verwaltungsgemeinschaft geregelt wird.

Der Berichterstatter beantragte im Gegensatze zu dem Gutachter:

Abänderungen des ehelichen Güterrechts durch Ehevertrag sind von der Gesetzgebung nicht zuzulassen, insofern durch dieselben die Interessen Dritter gefährdet werden, und ist daher jedenfalls auch insoweit von der Aufstellung subsidiärer Güterrechtssysteme für die Privatautonomie abzusehen. Im übrigen kommt es für die Beantwortung der Frage, ob und in welchem Umfange die Aufstellung solcher subsidiärer Systeme wünschenswert ist, wesentlich darauf an, welches System als das gesetzliche zugrunde gelegt wird.

Auch der Antrag des Korreferenten ging dahin:

Abänderungen des ehelichen Güterrechts durch Eheverträge sind von der Gesetzgebung nicht zuzulassen, insofern durch dieselben die Interessen Dritter gefährdet werden. Auch im übrigen ist von der Aufstellung subsidiärer Güterrechtssysteme für die Privatautonomie abzusehen, jedoch eine Vorschrift dahin zu empfehlen, daß die Eheleute bei Strafe der Ungültigkeit des Ehevertrages in diesem über die vom Gesetze zu bezeichnenden wesentlichsten Punkte der Güterordnung, insbesondere

1. Art der Güterordnung,
2. Feststellung des gemeinschaftlichen und nicht gemeinschaftlichen Vermögens,
3. Dispositionsbefugnisse der Ehegatten während der Ehe,
4. Regelung der Verhaftung für die Schulden,
5. Ordnung der Verhältnisse nach aufgelöster Ehe,

Verfügung treffen.

Beschluß. a) Es ist notwendig, in einem gemeinsamen bürgerlichen Gesetzbuche Deutschlands neben dem Systeme des gesetzlichen Güterrechts die übrigen Hauptsysteme des deutschen ehemaligen Güterrechts zur Ergänzung genereller Eheverträge dispositiv zu normieren.

b) Vertragsmäßige Bestimmungen, durch welche die Vermögenshaftung des gesetzlichen Güterrechts Dritten gegenüber beschränkt wird, sind von der Eintragung in öffentliche Register abhängig zu machen.

2c. 21. DJT. Köln a. Rh. 1891.

In Übereinstimmung mit den Beschlüssen des 12. und 13. DJT. hatte der Entwurf I des BGB. das System der ehelichen Verwaltungsgemeinschaft als den gesetzlichen Güterstand normiert, gleichzeitig aber für die vertragsmäßigen Güterstände der Gütertrennung, der allgemeinen Gütergemeinschaft, der Errungenschaftsgemeinschaft, sowie der Gemeinschaft des beweglichen Vermögens und der Errungenschaft subsidiäre Normen aufgestellt. Der gesetzliche Güterstand war jedoch nicht im Sinne der deutschen Verwaltungsgemeinschaft, sondern im Anschlusse an das System des Nießbrauches gestaltet.

Frage. Bedarf das System des gesetzlichen Güterstandes in dem Entwurfe des BGB. einer grundsätzlichen Änderung, und in welcher Richtung?

Gutachter:	Berichterstatter:
Prof. Dr. Richard Schröder (Heidelberg)	JR. Dr. Elven (Köln)
I. 167—171.	III. 260 ff.
LGR. Brühl (Bautzen)	AR. Bunsen (Rostock)
I. 172—205.	III. 268 ff.

Der erste Gutachter vertrat den Standpunkt, daß das im Entwurf aufgestellte System des gesetzlichen Güterstandes einer grundsätzlichen Änderung bedürfe, in der Richtung, daß das aus dem sächsischen BGB. entlehnte System des ehemännlichen Nießbrauchs in dem Sinne der deutschen ehelichen Verwaltungsgemeinschaft in der Art des preußischen ALR. ausgestaltet würde.

Der zweite Gutachter, Brühl, stellte für die Neuordnung des ehelichen Güterrechts die folgenden allgemeinen Grundsätze auf:

1. Die Rechte der ehelichen Verwaltung umfassen das beiderseitige Kapital- und Arbeitsvermögen der Ehegatten und sind unter diese zweckentsprechend zu verteilen.

2. Zur Verwaltung des Mannes gehört u. a. die Erhebung der Früchte des Ehegutes einerseits, die Berichtigung der denselben gegenüberstehenden Lasten andererseits, jene zu eigenem Recht und diese zu eigener Pflicht.

3. Der Frau steht außer der Schlüsselgewalt, welche in ihren sachen- und obligationenrechtlichen Wirkungen genauer zu bestimmen ist, die eheliche Verwaltung ihres Arbeitsvermögens und der Früchte desselben (zum besten der Ehe) zu.

Auch die beiden Berichterstatter sprachen sich gegen das vom Entwurf aufgestellte System des gesetzlichen Güterstandes aus. JR. Elven empfahl in erster Linie den Güterstand der Erwerbsgemeinschaft als gesetzlichen Güterstand. Da sich aber der Juristentag hierdurch in Gegensatz zu den Beschlüssen der Tagungen in Nürnberg und Salzburg setzen würde, gab er anheim, ev. nach dem Schlußantrag in dem Gutachten Schröders zu beschließen. Die Anträge des Korreferenten gingen dahin, die Bestimmungen des Entwurfes eines BGB. in folgender Richtung zu ändern:

„1. Die den Rechten der Ehefrau an dem Ehegute entsprechenden Befugnisse, insbesondere das Recht der Innehabung, des Gebrauches und des Genusses, der Verfügung und der Veräußerung, gehen mit der Schließung der Ehe in der Weise auf den Ehemann über, daß dieser solche Befugnisse und die denselben entsprechenden Rechte und Verbindlichkeiten auch Dritten gegenüber auszuüben und zu erfüllen hat. 2. Auf das Verhältnis des Ehemannes zu dem Ehegute finden die Bestimmungen des BGB. über das Nießbrauchsrecht und das Auftragverhältnis keine Anwendung. 3. Bezüglich der zum Ehegute gehörigen Grundstücke und der auf den Namen der Ehefrau angelegten Kapitalforderungen steht dem Ehemanne das Recht der Veräußerung nur mit Zustimmung der Ehefrau zu. 4. Das Ehegut haftet, insoweit der Ehemann zur Veräußerung desselben befugt ist, für die Schulden des Ehemannes.

In der Verhandlung herrschte Einstimmigkeit darüber, daß die Vorschriften des Entwurfes einer grundsätzlichen Änderung bedürften, doch erhob sich eine lebhafte Diskussion über die Frage, wie die Änderung zu treffen sei. Es wurde auf die von den früheren Juristentagen bereits behandelte Frage zurückgegangen, ob dem gesetzlichen Güterstande nicht das System einer engeren oder weiteren ehelichen Gütergemeinschaft zugrunde zu legen sei. Demgegenüber wurde der Gesichtspunkt geltend gemacht, daß es sich nicht empfehle, die Frage, zu welcher der DJT. in Nürnberg und Salzburg bereits Stellung genommen habe, der Versammlung nochmals zu unterbreiten.

Zur einstimmigen Annahme gelangte der Eventualantrag des Berichterstatters in einer von Prof. Brunner (Berlin) empfohlenen Fassung.

Beschluß. Das in dem Entwurf aufgestellte System des gesetzlichen Güterstandes bedarf, möge es nun gesetzliches Gütersystem bleiben oder nicht, einer grundsätzlichen Änderung in der Richtung, daß das System des ehemännlichen Nießbrauchs in dem Sinne der deutschen ehelichen Verwaltungsgemeinschaft ausgestaltet werde.

Das BGB. hat als prinzipalen gesetzlichen Güterstand das System der ehemännlichen Verwaltung und Nutznießung normiert. Während der Entwurf I bei der rechtlichen Stellung des Ehemannes das Hauptgewicht auf die Nutznießung legte, stellt das BGB. das Recht der Verwaltung in den Vordergrund und regelt es selbständig als ein aus dem persönlichen Verhältnisse der Ehegatten zueinander entspringendes Recht. Die Nutznießung ist die Form, in der der Mann die Früchte des eingebrachten Gutes erwirbt. Die im § 1292 des Entwurfes enthalten gewesene allgemeine Verweisung auf die Vorschriften über den Nießbrauch ist beseitigt; nur bezüglich des Erwerbes und Umfanges der ehemännlichen Nutzungen (§ 1383 BGB.) sowie bezüglich der mit der Verwaltung und Nutznießung verbundenen Lasten (§ 1384 BGB.) ist auf die Bestimmungen über den Nießbrauch verwiesen. Die Ehegatten können ihre güterrechtlichen Verhältnisse durch Vertrag regeln (§ 1432); das BGB. enthält Bestimmungen über die vertraglich eingeführten Güterstände der Gütertrennung (§ 1436), allgemeinen Gütergemeinschaft (§§ 1437 ff.), Errungenschaftsgemeinschaft (§§ 1513 ff.) und Fahrnisgemeinschaft (§§ 1549 ff.).

3. Ehescheidung.

20. DJT. Straßburg 1889.

Gegenüber dem in großen Rechtsgebieten Deutschlands geltenden Rechte beschränkte der Entwurf I. des BGB. die Ehescheidungsgründe dahin, daß nur wegen eines schweren Verschuldens des einen der Ehegatten Scheidung erfolgen dürfe. Wegen der absoluten Scheidungsgründe (vollendeter Ehebruch, Bigamie, widernatürliche Unzucht, Lebensnachstellung gegenüber dem anderen Ehegatten) sollte jederzeit Scheidung begehrt werden können. Die relativen Gründe (schwere Verletzung der Ehepflichten, insbesondere schwere Mißhandlung sowie ehrloses und unsittliches Verhalten, wenn sie eine so tiefe Ehezerrüttung verschuldeten, daß dem unschuldigen Eheteil die Fortsetzung der Ehe nicht zugemutet werden könne) [vgl. § 1444 des Entwurfes] sollten jedoch nur dann Klage auf alsbaldige Scheidung begründen, wenn keine Aussicht auf Wiederherstellung des ehelichen Lebens bestand. In der Regel sollte nur auf Trennung von Tisch und Bett für längstens zwei Jahre erkannt werden. Führte die Trennung nicht zur Aussöhnung der Ehegatten, so konnten sie nach Ablauf der Trennungsfrist auf Grund des bedingten Scheidungsurteils die Scheidungsklage anstellen.

Da diese Grundsätze des Entwurfes von der Wissenschaft lebhaft angegriffen wurden, wurde das Thema der Ehescheidung vom Juristentage zur Beratung gestellt.

Frage. Empfiehlt es sich, die Ehescheidungsgründe in der vom Entwurfe des Bürgerlichen Gesetzbuches beabsichtigten Weise zu beschränken?

Gutachter:	Berichterstatter:
Prof. Dr. Mayer (Straßburg) II. 92—109.	OLG.SenPr. v. Köstlin (Stuttgart) IV. 339 ff.
Priv.Doz. Dr. Jacobi (Berlin) II. 110—234.	MinistR. Förtsch (Straßburg) IV. 363 ff.

Dem ersten Gutachter ging die clausula generalis des § 1444 des Entwurfes zu weit. Er befürchtete eine Vermehrung der Ehescheidungen, da die Beurteilung dem freien richterlichen Ermessen anheimgestellt sei. Die Teilung der Scheidungsgründe in absolute und relative erschien ihm nicht angezeigt, vielmehr sollten fest präzisierte Scheidungsgründe nach Gestalt der absoluten aufgestellt werden, wobei aber die Bedürfnisse des Lebens und die Gestaltung der Verhältnisse berücksichtigt werden müßten.

Dem zweiten Gutachter, Jacobi, waren dagegen die Bestimmungen des Entwurfes zu eng. Er schlug vor, als absolute Ehescheidungsgründe außer Ehebruch, Lebensnachstellung und böslicher Verlassung: Fortsetzung verdächtigen Umganges gegen richterliches Verbot bei dringender Vermutung der Treuverletzung, Versagung der ehelichen Pflicht, unheilbares Unvermögen oder den Ehezweck vereitelndes körperliches Gebrechen, unheilbare Geisteskrankheit, wenn sie gefahrbringend ist, oder den ehelichen Verkehr aufhebt. Als relative Ehescheidungsgründe: Beleidigungen, Tätlichkeiten, Unverträglichkeit, Zanksucht, Verübung grober Verbrechen, falsche Anschuldigung, Gefährdung von Leben, Ehre, Amt oder Gewerbe, schimpfliches Gewerbe, unordentliches Leben, Versagung des Unterhalts, heftigen und tiefen Widerwillen. Der Richter sollte ermessen, ob durch diese Verletzungen der Ehepflichten eine so tiefe Zerrüttung der Ehe herbeigeführt ist, daß entweder der Zweck der Ehe als vereitelt zu erachten, oder dem klagenden Teile nach seinen persönlichen Verhältnissen die Fortsetzung einer solchen Ehe nicht zuzumuten ist. Der Gutachter wollte in diesen Fällen die vom Entwurfe vorgesehene Trennung von Tisch und Bett ausschließen und nur die Scheidungsklage gewähren, zugleich aber dem Richter die Befugnis geben, das Verfahren auf höchstens ein Jahr auszusetzen. Außerdem sollte auf Grund der erwähnten Tatbestände eine kinderlose oder seit mindestens drei Jahren bestehende Ehe auch dann geschieden werden können, wenn beide Ehegatten übereinstimmend (eidesstattlich) versichern, daß ein gesetzlicher Scheidungsgrund zwischen ihnen vorliege, daß sie jedoch Bedenken tragen, denselben namhaft zu machen, und daß keine Hoffnung auf Aussöhnung vorhanden sei, und auch dann, wenn das Gericht die Überzeugung gewinnt, daß die Ehe in der Tat zerrüttet sei, und die beiderseits abgegebene Erklärung weder auf Leichtsinn oder Übereilung, noch auf heimlichem Zwange beruhe.

Bösliche Verlassung sollte nach Erlassung des Rückkehrmandats und fruchtlos verstrichener Rückkehrfrist das Recht, sogleich auf Scheidung zu klagen, begründen, und der im Entwurfe vorgeschriebene Prozeß auf Herstellung des ehelichen Lebens als zweckwidrig in Wegfall kommen. Jedoch sollte die Rückkehrbereitschaft der inzwischen geschlechtlich bescholtenen Ehefrau den Scheidungsgrund der böslichen Verlassung nicht beseitigen.

Der erste Berichterstatter, v. Köstlin, wollte an Stelle der im Entwurfe vorgesehenen Klage auf Trennung von Tisch und Bett die Ehescheidungsklage setzen und dem Richter die Befugnis erteilen, wenn eine Aussöhnung nicht unwahrscheinlich, Trennung von Tisch und Bett bis zu einem Jahre auszusprechen. Demgegenüber befürwortete der Korreferent außer den vom Entwurf anerkannten Ehescheidungsgründen auch unheilbare Geisteskrankheit als Ehescheidungsgrund zuzulassen.

Der Antrag des Gutachters Mayer wurde mit einem Zusatzantrag der Professoren Merkel und Gierke von der Abteilung angenommen.

Beschluß. 1. Eine clausula generalis in bezug auf Gewährung der Ehescheidung im Sinne des § 1444 des Entwurfes soll nur gegeben werden für die Fälle unmittelbarer Feindseligkeit des Ehegatten gegen den andern (schwere Mißhandlungen, Beleidigungen und sonstige Verfolgungen), insoweit dadurch nach richterlichem Ermessen die Ehe unerträglich erscheint.

2. Alle anderen Ehescheidungsgründe sind nach Art der sog. absoluten Ehescheidungsgründe genau und bestimmt zu bezeichnen. Jedoch sind die Ehescheidungsgründe nicht auf die Fälle der Verschuldung eines Ehegatten zu beschränken. Jedenfalls ist unheilbare Geisteskrankheit als Ehescheidungsgrund anzuerkennen.

Das BGB. geht mit dem Entwurf I davon aus, daß die Scheidung der Ehe regelmäßig ein Verschulden eines Ehegatten voraussetzt, macht jedoch von diesem Verschuldungsprinzip eine Ausnahme, indem es im § 1569 die Scheidung wegen Geisteskrankheit gewährt, wenn diese während der Ehe mindestens drei Jahre gedauert hat und die geistige Gemeinschaft der Gatten aufgehoben ist. Die relativen Scheidungsgründe des Entwurfes hat das BGB. im § 1568 übernommen; auch diese geben das Recht sogleich auf Scheidung zu klagen. Die im Entwurfe vorgesehene zeitliche Trennung von Tisch und Bett kennt das Gesetz nicht. Der zur Scheidungsklage berechtigte Eheteil kann jedoch statt der Scheidung Aufhebung der ehelichen Gemeinschaft beanspruchen. Dem beklagten Ehegatten ist aber das Recht gewährt, zu verlangen, daß für den Fall, daß die Klage als begründet erkannt wird, nicht Aufhebung der ehelichen Gemeinschaft, sondern Scheidung ausgesprochen wird (§ 1575 BGB.). Ist die Aufhebung der Gemeinschaft ausgesprochen, so kann jeder Ehegatte im Wege einer neuen Klage die Umwandelung des Aufhebungsurteils in ein Scheidungsurteil herbeiführen (§ 1576 BGB.).

4. Ansprüche des geschiedenen unschuldigen Ehegatten.

22. DJT. Augsburg 1893.

Mehrere früher in Deutschland geltende Rechte hatten an die Ehescheidung erhebliche vermögensrechtliche Nachteile (sog. Ehescheidungsstrafen) für den schuldigen Teil geknüpft, die dem unschuldigen Ehegatten zugute kamen. Der Entwurf I des BGB. wollte diese Nachteile beseitigen und dem unschuldigen Gatten außer dem Rechte zum Widerruf der während des Ehestandes dem anderen gemachten Schenkungen nur einen auf Notfälle beschränkten Unterhaltsanspruch gegenüber dem schuldigen Teile gewähren, der mit dem Tode des Unterhaltspflichtigen erlöschen sollte. Die Frage, ob diese Bestimmungen des Entwurfes Billigung verdienten, führte zur Aufstellung des Themas.

Frage. Ist es gerechtfertigt, an Stelle der Ehescheidungsstrafen in der Weise, wie der Entwurf des Bürgerlichen Gesetzbuches dies beabsichtigt, nur eine Verpflichtung des für den schuldigen Teil erklärten Ehegatten zur Gewährung des Unterhalts an den anderen, der Unterstützung bedürftigen Ehegatten einzuführen?

Gutachter:	Berichterstatter:
Prof. Dr. Brie (Breslau)	Geh.JR. Dr. v. Wilmowski (Berlin)
20 II. 235—262.	**22** IV. 273 ff.

Der Gutachter, Prof. Brie, führte aus, daß der Charakter einer Privatstrafe für die Schuld an einer Ehescheidung, sofern sie nicht bloß eine Ausgleichung oder Aufrechterhaltung der durch das bisherige eheliche Verhältnis begründeten Vermögensrechtsvorteile, sondern eine Begünstigung über diese hinaus auf Kosten des anderen Teils festsetzt, dem Sittlichkeitsbegriffe widerspreche. Daß der Entwurf grundsätzlich von eigentlichen vermögensrechtlichen Ehescheidungsstrafen zugunsten des unschuldigen Ehegatten absehe, sei daher berechtigt. Das Recht des Unschuldigen auf Widerruf der Schenkungen betrachtete der Gutachter als Privatstrafe, erklärte jedoch die in dieser Bestimmung enthaltene Ausnahme für gerechtfertigt, weil sie ebenso wie jeder Widerruf einer Schenkung wegen Undanks eine zulässige Entziehung der Fortdauer des Rechtes wegen Unwürdigkeit bedeute. Für erforderlich erachtete der Gutachter eine Bestimmung, welche in den Fällen der allgemeinen Gütergemeinschaft oder der Mobiliargemeinschaft eine Bereicherung des schuldigen Ehegatten auf Kosten des unschuldigen verhütet, auch sollte dem unschuldigen Ehegatten gegen den schuldigen ein Unterhaltsanspruch nach Maßgabe desjenigen

Unterhalts, der ihm während der Ehe gegenüber dem anderen Teile zukam, gewährt werden. Diesem Gesichtspunkte zufolge sollten vor allem die von dem Entwurf in betreff der Bedürftigkeit des unschuldigen Ehegatten aufgestellten Voraussetzungen zugunsten der unschuldigen Ehefrau in eingreifender Weise modifiziert werden.

Der Antrag des Berichterstatters v. Wilmowski, der in der Beurteilung des Entwurfes im wesentlichen mit dem Gutachter übereinstimmte, wurde einstimmig angenommen.

Beschluß. I. Es ist zu billigen, daß der Entwurf des deutschen BGB. für den Fall der Ehescheidung dem unschuldigen Ehegatten das Recht des Widerrufs der von ihm dem schuldigen Ehegatten gemachten Schenkungen einräumt, im übrigen die Vermögensstrafen für die Ehescheidung beseitigt und dem unschuldigen Ehegatten einen Anspruch auf Unterhalt gegen den schuldigen gewährt.

II. Es ist indes wünschenswert, abweichend von den Bestimmungen des Entwurfes:

1. bei der Vermögensauseinandersetzung im Falle der allgemeinen oder Mobiliargütergemeinschaft dem unschuldigen Ehegatten das Recht einzuräumen, statt der Halbteilung die Absonderung nach den ursprünglichen Vermögensbestandteilen zu verlangen;
2. der unschuldigen Ehefrau das Recht auf standesgemäßen Unterhalt dann zu gewähren, wenn sie denselben aus den Einkünften ihres eigenen Vermögens nicht ausreichend erhalten kann;
3. diesen Anspruch auch nicht davon abhängig zu machen, daß dadurch der eigene standesgemäße Unterhalt des schuldigen Ehegatten nicht beeinträchtigt wird;
4. dem Unterhaltsanspruch eines neuen Ehegatten des schuldigen Teiles und seiner Kinder aus neuer Ehe kein Vorrecht zu gewähren;
5. den Unterhaltsanspruch des unschuldigen Ehegatten nicht von der Geltendmachung im Konkurse über das Vermögen des schuldigen auszuschließen;
6. die gerichtliche Zuerkennung einer Kapitalabfindung statt einer Unterhaltsrente und die gerichtliche Anordnung einer Sicherstellung einer Rente auf Antrag des Unschuldigen zu gestatten.

Das BGB. gewährt dem unschuldig geschiedenen Ehegatten, für dessen Ehe allgemeine oder Mobiliargütergemeinschaft bestand, zwar nicht das Recht auf Absonderung des von ihm Eingebrachten, auf sein Verlangen muß ihm jedoch der Wert desselben zurückerstattet werden. Reicht das Gesamtgut zur Rückerstattung nicht aus, so trägt jeder Ehegatte die Hälfte des Fehlbetrags (§ 1478 BGB.).

Unterhaltsbedürftigkeit der unschuldigen Ehefrau nimmt § 1578 BGB. an, wenn sie ihren standesmäßigen Unterhalt nicht aus den Einkünften ihres Vermögens oder bei Erwerbsüblichkeit durch Arbeit der Frau, aus dem Ertrag ihrer Tätigkeit bestreiten kann. Die Unterhaltspflicht des geschiedenen Ehegatten ist im Gesetze nicht davon abhängig gemacht, daß er sie ohne Beeinträchtigung des eigenen standesmäßigen Unterhalts zu erfüllen vermag. Eine Begrenzung der Leistungspflicht ist nur in der Weise erfolgt, daß der Unterhaltspflichtige von den zu seinem und des geschiedenen Ehegatten verfügbaren Einkünften nicht mehr als ein Drittel abzugeben genötigt ist. Verbleibt dem Unterhaltspflichtigen infolge der Unterhaltsleistung an den geschiedenen Ehegatten nicht der eigene notdürftige Unterhalt, so kann er von den verfügbaren Einkünften soviel zurückbehalten, als zur Bestreitung seiner notdürftigen Unterhaltung erforderlich ist. Bei Konkurrenz des Unterhaltsanspruchs des geschiedenen Ehegatten mit dem eines neuen Ehegatten oder minderjähriger unverheirateter Kinder des Unterhaltspflichtigen, beschränkt sich die Unterhaltspflicht dem geschiedenen Ehegatten gegenüber auf das der Billigkeit entsprechende Maß. Kann die Frau ihren Unterhalt aus dem Stamme ihres Vermögens erlangen, so soll der allein für schuldig erklärte Mann von seiner Alimentationspflicht ganz befreit sein (§ 1579).

Sicherheitsleistung für die Unterhaltsrente und Abfindung des Unterhaltsberechtigten in Kapital beim Vorliegen eines wichtigen Grundes sind in § 1580 BGB. vorgesehen.

Der unschuldige Ehegatte kann seinen zukünftigen Unterhaltsanspruch im Konkurse nur geltend machen, soweit der Gemeinschuldner als Erbe des Verpflichteten haftet. (KO. § 3 Abs. 2).

5. Elterliche Gewalt.

19. DJT. Stettin 1888.

Nach dem Entwurf I des BGB. sollte die elterliche Gewalt dem Vater und nach dessen Tode der Mutter für die Dauer der Minderjährigkeit der Kinder zustehen. Unter elterlicher Gewalt wurde die Pflicht und das Recht, für Person und Vermögen der Kinder zu sorgen sowie das Nutznießungsrecht an dem Kindesvermögen verstanden.

Frage. Soll an Stelle der väterlichen Gewalt eine der Mutter subsidiär zustehende elterliche Gewalt im bürgerlichen Gesetzbuche aufgenommen werden und mit welchen Modalitäten?

Gutachter: Prof. Dr. L. Pfaff (Wien) II. 153—219.
Prof. Dr. Kohler (Berlin) II. 220—228.

Berichterstatter: RGSenPräs. Dr. Drechsler (Leipzig) III. 132 ff.

Der erste Gutachter billigte im Prinzipe die Bestimmungen des Entwurfes. Er empfiehlt schärfer zu betonen, daß Vater und Mutter die elterliche Gewalt gleichzeitig haben, daß aber mit dem Tode des Vaters oder bei dessen Behinderung ohne weiteres das Recht der Mutter eintritt. Prof. Kohler führte aus, daß die Frage, ob bei Wegfall des Vaters die väterliche Gewalt auf die Mutter übergehen solle, strikt zu bejahen sei; die Mutter beiseitesetzen hieße auf ein Hauptelement und ein Hauptferment der sittlichen Kultur verzichten. — Auf die Frage, mit welchen Modalitäten die elterliche Gewalt der Mutter eingeräumt werden solle, gingen beide Gutachter nicht ein. Der Berichterstatter verwies hierzu auf die Vorschriften des § 1538 E. I, wonach ein Beistand für die die elterliche Gewalt ausübende Mutter durch das Vormundschaftsgericht bestellt werden sollte, wenn der Vater die Bestellung letztwillig angeordnet hatte, wenn die Mutter selbst sie beantragte und wenn das Vormundschaftsgericht sie wegen Umfangs oder Schwierigkeit der Vermögensverwaltung oder im Interesse des Kindes für nötig erachtete.

Einstimmig wurde folgender Antrag des Berichterstatters angenommen.

Beschluß. Die Bestimmungen des Entwurfes eines bürgerlichen Gesetzbuches für das Deutsche Reich über die elterliche Gewalt der Mutter, insbesondere auch die im § 1538 des Entwurfes vorgesehenen Anordnungen über die Bestellung eines Beistandes der Mutter sind zu billigen.

Die von dem Juristentage gebilligten Bestimmungen des Entwurfes sind in das BGB. (§§ 1684 ff.) übernommen worden.

6. Paternitätsklage.

3. und 4. DJT. — Wien, Mainz — 1862, 1863.

Antrag des Prof. Unger (Wien):

Die Klage auf Anerkennung der unehelichen Vaterschaft ist im Prinzipe für zulässig zu halten; sie ist jedoch

1. auf eine ganz kurze Anstellungsfrist zu beschränken,

2. sie ist auszuschließen, wenn der als Vater in Anspruch Genommene zur Unzucht verführt oder zur Zeit der Beiwohnung verehlicht war, sowie wenn die Mutter notorisch eine liederliche Weibsperson ist,

3. sie kann durch die exceptio plurium concumbentium entkräftet werden.

Darauf hatte die 1. und 2. Abteilung des 3. Juristentages nach einem Referate des Advokaten Dr. Kohlschütter (Dresden) **3** II. 220 ff. beschlossen:

> **Beschluß.** Die Klage auf Anerkennung der unehelichen Vaterschaft ist im Prinzipe für zulässig zu halten, sie ist jedoch in angemessener Weise zu beschränken und kann insbesondere durch die exceptio plurium concumbentium entkräftet werden.

Das Plenum des 3. DJT. überwies jedoch die Frage dem 4. DJT., dessen Plenum nach einem Referate des Bürgermeisters Dr. Drechsler (Parchim) **4** II. 132, beschloß:

> **Beschluß.** Die Paternitätsklage ist in denjenigen Gegenden Deutschlands, wo sie zur Zeit noch im Prinzipe besteht, in die engsten Grenzen einzuschränken, in einem gemeinsamen deutschen Gesetzbuche ist sie jedoch nur in Ausnahmefällen zuzulassen.

Zur Erleichterung des Nachweises der unehelichen Vaterschaft bei der Paternitätsklage ist im BGB. eine gesetzliche Vermutung aufgestellt (vgl. § 1717). Gegen diese ist der Gegenbeweis zulässig, insbesondere ist die exceptio plurium concumbentium gestattet.

7. Familienrat.

5. DJT. Braunschweig 1864.

Es lagen dem Juristentage folgende das Vormundschaftswesen betreffende Anträge vor:

> **Anträge.** 1. Dr. Heller: Die gedeihliche Entwickelung des deutschen Vormundschaftsrechtes erfordert die Bildung eigener, aus dem Schoße der Gemeinden hervorgehenden Vormundschaftsbehörden mit dem Familienrat als vorwiegend beratendem Organe zur Seite.
>
> 2. Dr. Schenk: A. Das deutsche Familienrecht beruht auf dem altdeutschen Gedanken des Mundiums.
>
> Daraus folgt:

a) die Vormundschaft ist Sache der Familie,

b) in deren Ermangelung der Gemeinde.

Es ist daher

B. die Vormundschaft auf das Familienprinzip zurückzuführen.

Zu diesem Ende ist erforderlich:

a) die Schaffung einer Familienversammlung,

b) die Stellung derselben in einer Weise, daß der Schwerpunkt der Vormundschaft in ihr liegt.

C. Übrigens ist mit dem staatlichen Aufsichtsrechte immer nur ein Gericht zu betrauen.

3. Dr. Bernays: Es ist ein Familienrat zu schaffen.

Gutachter:	Berichterstatter:
Bez.GerR. Aull (Mainz)	Not. Euler (Düsseldorf)
I. 14—28.	II. 100ff.
Adv. Heyßler (Wien) I. 43—53.	

Der Gutachter Aull ging von demselben Grundgedanken wie der Antragsteller Schenk aus und schlug folgendes vor:

A. Es ist die Vormundschaft auf das Familienprinzip zurückzuführen. Zu diesem Ende ist erforderlich:

a) Die Schaffung einer besonderen Familienversammlung für jede Pflegschaft, welche aus den vom Gesetze zu bezeichnenden Familienangehörigen des Pflegebefohlenen und in deren Ermangelung aus den vom Gesetze zu bezeichnenden Angehörigen der Gemeinde, in welcher der Mündel wohnt, zu bestehen, den Vormund zu wählen und alle weiteren vom Gesetze der Obervormundschaft zugewiesenen Rechte und Pflichten auszuüben hat.

b) Diesem Familienrat ist ein Richter beizugeben, welcher den Vormund zu verpflichten, die Familienversammlung zu berufen, deren Beratungen zu leiten und an diesen teilzunehmen, aber keine entscheidende Stimme hat.

B. In den vom Gesetze zu bezeichnenden Fällen ist dem Vormunde sowohl als den bei den Entscheidungen des Familienrates in der Minderheit gebliebenen Mitgliedern desselben ein Rekursrecht gegen jene Entscheidungen an ein Kollegialgericht zu gewähren.

C. Jedenfalls ist mit dem staatlichen Aufsichtsrecht immer nur ein Gericht zu betrauen.

Im Falle der DJT. sich für Überweisung der Vormundschaften an eigene aus den Gemeinden zu bildende Behörden erklären sollte, wolle derselbe seine Überzeugung dahin aussprechen:

D. daß es in diesem Falle nicht ratsam sei, diesen Behörden einen Familienrat an die Seite zu geben.

Heyßler vertrat die Ansicht: Die Vormundschaft ist ein Recht und eine Obliegenheit der Familie. Sie wird ausgeübt durch den Vormund und durch den Familienrat, welcher dem Vormunde teils mit beratender, teils mit beschließender Stimme zur Seite steht.

Die Obervormundschaft ist ein Recht und eine Obliegenheit der Gemeinde; sie wird ausgeübt durch Entscheidung in gewissen vorbehaltenen Fällen, sei es wegen der Wichtigkeit des Gegenstandes, sei es wegen Meinungsverschiedenheit der vormundschaftlichen Organe, und durch die Oberaufsicht über die Führung der Vormundschaft.

Jede Administrativtätigkeit der Gerichte in Vormundschaftssachen hat aufzuhören; die Gerichte haben in diesen Angelegenheiten ausschließlich in den Grenzen und nach den Formen ihrer allgemeinen (Zivil- und Straf-) Gerichtsbarkeit einzuschreiten.

Der einstimmige Abteilungsbeschluß lautete:

Beschluß. Es ist ein Familienrat, d. h. ein Organ aus Familienmitgliedern ev. Freunden für jede Vormundschaft zu schaffen, welches unter Vorsitz des Ortsrichters teils beratend, teils beschließend in die Vormundschaftsverwaltung einzuführen ist, und dessen Beschlüsse in wichtigen vom Gesetze zu bestimmenden Fällen von dem Kollegialgerichte zu bestätigen sind.

Ein Familienrat wird nach § 1858 ff. BGB. nur dann eingesetzt, wenn der Vater oder die eheliche Mutter des Mündels die Einsetzung angeordnet oder ein Verwandter oder Verschwägerter des Mündels oder der Vormund oder Gegenvormund sie beantragt hat.

8. Vormundschaft.

12. DJT. Nürnberg 1875.

Nachdem schon der 5. DJT. sich mit der Frage der Beteiligung der Familie und der Gemeinde bei der Vormundschaft befaßt hatte, gab der Entwurf einer preußischen Vormundschaftsordnung im Jahre 1874 der ständigen Deputation des Juristentages die Veranlassung zur Aufstellung folgender

Fragen: 1. Soll die Obervormundschaft, soweit sie dem Staate obliegt, durch Einzelrichter oder durch Kollegialgerichte ausgeübt werden?

2. Soll die Obervormundschaft dem Staate allein vorbehalten werden oder eine Mitwirkung der Familie oder Gemeinde stattfinden?

3. Soll das Institut eines beaufsichtigenden Gegenvormundes überhaupt, für alle oder nur für einzelne Fälle eingeführt werden?

4. Empfiehlt sich die Beibehaltung der Depositalverwaltung für Mündelgelder? und welche Grundsätze rechtfertigen sich hinsichtlich der Kautionsbestellung der Vormünder?

Gutachter: StadtGerDir. Anton (Berlin) I. 3—28.
RA. Leonhard (Breslau) I. 171—192.

Berichterstatter: AGR. Dr. Hauser (München) II. 87 ff.

Das Gutachten Anton stellt folgende Sätze auf:

I. Die Obervormundschaft ist durch Einzelrichter auszuüben.

II. Die Obervormundschaft soll allein dem Staate vorbehalten werden; aber bei Führung der Vormundschaft ist der Familie sowie der Gemeinde eine Mitwirkung begutachtender Natur einzuräumen:

a) beim Vorschlage eines Vormundes, der nicht durch das Gesetz dazu berufen ist,

b) durch Abgabe ihrer Meinung bei der Erziehung und Vermögensverwaltung, so oft der Vormund oder der Obervormund (Vormundschaftsrichter) ihren Rat einholt oder nach gesetzlicher Vorschrift in besonders zu bezeichnenden Fällen einholen muß,

c) dadurch, daß der Vormund die eingeholte Meinung der Familie und Gemeinde dem Obervormunde vorzulegen verpflichtet ist, dieser also sie zu prüfen hat, und nur nach ihrer Berücksichtigung seine entscheidende Genehmigung ausspricht.

III. Das Institut eines beaufsichtigenden Gegen- (Ehren-) Vormundes überhaupt ist einzuführen, aber nicht für alle, sondern nur für einzelne, mit wirklicher Vermögensverwaltung verbundene, vom Obervormund als solche, aus freien Stücken oder auf Antrag von irgendeiner Seite, anerkannte Fälle.

IV. Die Depositalverwaltung empfiehlt sich nicht, wohl aber eine bedingte außergerichtliche Depositalverwahrung; Kautionsbestellung kann als

Regel von den Vormündern nicht gefordert werden, sondern nur ausnahmsweise in den vom Obervormund als geeignet befundenen Fällen.

Leonhard kommt zu dem Ergebnis:

I. Die Obervormundschaft ist durch Einzelrichter auszuüben.

II. Die Ausübung der Obervormundschaft soll dem Staate allein vorbehalten werden, nur eine Mitwirkung begutachtender Natur ist der Familie und subsidiär der Gemeinde einzuräumen.

III. Das Institut des beaufsichtigenden Gegen- (Ehren-) Vormundes soll nicht eingeführt werden.

IV. a) Die Beibehaltung der Depositalverwaltung empfiehlt sich nicht, wohl aber die Einführung der gerichtlichen Verwahrung des Mündelvermögens, zu welcher jeder nicht befreite Vormund verpflichtet sein soll, sofern er nicht ausreichende Kaution bestellt hat.

b) Im übrigen soll es dem Ermessen der Vormundschaftsbehörde überlassen werden, ob und in welchem Umfang, auch in welcher Art vom Vormunde Kaution zu bestellen ist.

Mit überwiegender Majorität wurden folgende Thesen des Berichterstatters angenommen:

Beschluß. I. Die Obervormundschaft ist durch Einzelrichter auszuüben.

II. Hierbei empfiehlt sich zur Beaufsichtigung der vormundschaftlichen Geschäftsführung eine Mitwirkung der Familie in der Art, daß auf Anordnung der Eltern, oder auf Verlangen der Verwandten, oder auf Antrag des Vormundes ein Familienrat gebildet wird, welcher unter dem Vorsitze des Vormundschaftsrichters in wichtigen, vom Gesetze zu bestimmenden Angelegenheiten entscheidet.

Ferner ist in allen Vormundschaften eine Unterstützung des Vormundschaftsrichters durch die Gemeindebehörde wünschenswert und zu diesem Zwecke für jede Gemeinde oder für Teile derselben ein Gemeindewaisenrat zu bestellen, welcher über das persönliche Wohl und die Erziehung der Mündel Aufsicht zu führen, die hierbei wahrgenommenen Mängel oder Pflichtwidrigkeiten anzuzeigen, sowie auf Verlangen über die Person eines Mündels Auskunft zu erteilen hat.

III. Die Aufstellung eines Gegenvormundes von Gesetzes wegen ist nicht zu empfehlen.

IV. Die Depositalverwaltung von Mündelvermögen ist nicht beizubehalten; dagegen eine bloße Verwahrung besonderer Wertgegenstände bei einer hierfür bestimmten Kasse nicht auszuschließen.

V. Ein Zwang zur Sicherheitsleistung der Vormünder ist nicht zu rechtfertigen.

Die partikularrechtlichen Vormundschaftsordnungen stimmten in den meisten Punkten mit den Beschlüssen des Juristentages überein. Auch das Vormundschaftsrecht des BGB. ist im wesentlichen auf dieser Grundlage geordnet. Die Obervormundschaft wird nach § 35 FGG. durch die Amtsgerichte ausgeübt. Landesgesetzlich kann die Zuständigkeit anderer Behörden angeordnet sein (Art. 147 EGBGB.). Unter gewissen Voraussetzungen (§§ 1858 ff. BGB.) ist die Obervormundschaft auf einen Familienrat übertragen (§ 1872). Der Gemeinde kommt eine Mitwirkung bei der Führung der Obervormundschaft durch den Waisenrat zu (§§ 1849 ff.). Die Familie nimmt, abgesehen von den Fällen, in denen ein Familienrat eingesetzt ist, an der Führung der Obervormundschaft teil, indem das Vormundschaftsgericht vor einer Entscheidung Angehörige des Mündels hören muß (§ 1847). Das Vormundschaftsgericht ist nach § 1792 Abs. 2 zur Bestellung eines Gegenvormundes befugt; der Vater oder die Mutter können jedoch die Bestellung eines Gegenvormundes ausschließen (§§ 1852 ff.). Sichere Anlegung von Mündelgeld und die Hinterlegung von Inhaberpapieren sind in den §§ 1806 ff., 1814 ff. vorgesehen. Zur Sicherheitsleistung ist der Vormund nur in Ausnahmefällen verpflichtet (§ 1844).

E. Erbrecht.

1. Erbschaftserwerb.

13. DJT. Salzburg 1876.

Es handelte sich für das BGB. um die Frage, ob es sich betreffs des Erbschaftserwerbes dem römischen Rechte anschließen, oder ob es den Grundsatz des deutschen Rechtes annehmen sollte, daß der Erbe von Rechts wegen die Erbschaft erwirbt, ohne daß es hierzu einer besonderen Handlung bedarf.

Frage. Soll in dem gemeinsamen Bürgerlichen Gesetzbuche für Deutschland bestimmt werden, daß der Erbschaftserwerb ipso jure stattfinde?

Gutachter:	Berichterstatter:
KonsPräs. Dr. Mommsen (Kiel) I. 13—21.	KammerPräs. Petersen (Straßburg) II. 138 ff.
Fiskal. Dr. Jung (Frankfurt a. M.) I. 22—28.	JR. Makower (Berlin) II. 154 ff.
Prof. Dr. Randa (Prag) I. 198—215.	

Mommsen kommt zu dem Ergebnis, daß der Erschaftserwerb von einer Willenserklärung des zur Erbfolge Berufenen abhängig zu machen ist und also nicht ipso jure stattzufinden hat.

Jung befürwortet, daß im gemeinsamen Bürgerlichen Gesetzbuche für Deutschland der Erbschaftserwerb nicht ipso jure stattfinden, sondern daß für alle Erben zum Erwerb der Erbschaft eine Willenserklärung erfordert werden solle, jedoch unter gleichzeitiger Aufnahme des Grundsatzes, daß der Anfall der Erbschaft ein allgemeines Transmissionsrecht für die Erben des Delaten mit sich bringt.

Randa schlägt unter Festhaltung des bisherigen (römischen) Prinzipes vor: Die Erbschaft kann gerichtlich oder außergerichtlich, ausdrücklich oder stillschweigend angetreten werden. Der Vorbehalt der Rechtswohltat des Inventars kann nur in der gerichtlichen Erbeserklärung geschehen. Die gerichtliche Aufforderung zur Erbeserklärung und Ausweisung des Erbrechtes binnen bestimmter Frist soll bei deren Versäumung die Annahme vorbehaltlosen Antritts zur Folge haben, unter Umständen jedoch auf Antrag der Erbinteressenten das Präjudiz des Verlustes des Erbrechtes enthalten.

Dem Antrage des Berichterstatters schloß sich die Abteilung an.

Beschluß. In dem gemeinsamen Bürgerlichen Gesetzbuche für Deutschland ist zu bestimmen, daß der Erbschaftserwerb ipso jure stattfindet.

Das BGB. erfordert zum Erwerbe der Erbschaft keinen Willensakt des Berufenen, er vollzieht sich kraft Gesetzes, unbeschadet des Rechtes der Erbausschlagung durch den Erben (§§ 1922 Abs. 1, 1942 Abs. 1).

2. Inventarrecht.

21. DJT. Köln a. Rh. 1891.

Der Entwurf I des BGB. ging davon aus, daß der Erbe für alle Nachlaßverbindlichkeiten persönlich und an sich unbeschränkt, nicht bloß mit dem Nachlasse, sondern mit seinem ganzen Vermögen hafte. Das „Inventarrecht" sollte ihm die Möglichkeit verschaffen, seine Haftung auf die Summe herabzumindern, welche die Gläubiger bei einer konkursmäßigen Befriedigung aus dem Nachlasse erlangen würden. Es war somit grundsätzlich eine Haftung des Erben pro viribus hereditatis in Aussicht genommen. Zur Durchführung der Aufgabe, die Gläubiger konkursmäßig zu befriedigen, waren dem Erben zwei Wege eingeräumt, der Konkurs über den Nachlaß (§§ 2110ff.) und die Abzugseinrede (§§ 2133ff.), als aushilfsweise ergänzende Rechtsbehelfe stellten sich die Einstellung der Zwangsvollstreckung bis zur Inventarerrichtung oder dem Erlöschen des Inventarrechtes (§ 2143) und das Aufgebotsverfahren (§ 2120ff.) dar. Das Inventarrecht war eine dem Erben als solchem innewohnende Eigenschaft, dergestalt, daß es ihm weder durch Anordnung des Erblassers noch durch Vertrag mit demselben entzogen werden konnte (§ 2093). Dagegen konnte es verloren gehen, allen Nachlaßgläubigern gegenüber durch Verzicht (§ 2094), unbenutztes Verstreichenlassen der auf Antrag eines Gläubigers gesetzten Inventarfrist (§ 2095), dolose Unvollständigkeit des Inventars (§ 2106), oder einem einzelnen Nachlaßgläubiger gegenüber durch Vertrag, Nichtvorbehalt oder Aberkennung im Urteile (§ 2108), Verweigerung des Offenbarungseides im Rechtsstreit über die Abzugseinrede (§ 2142). Eine Inventarfrist sollte dem Erben nur auf Antrag eines Nachlaßgläubigers gesetzt werden (§ 2096).

Die Frage, ob mit den Bestimmungen des Entwurfes der Schutz des Erben und die Sicherung der Nachlaßgläubiger erreicht sei, gab die Anregung zu dem Thema des Inventarrechts.

Frage. Welches ist die zweckmäßigste Regelung des Inventarrechts?

Gutachter:	Berichterstatter:
LGR. Munk (Berlin)	Prof. Dr. R. Leonhard (Marburg)
20 I. 30—87.	**21** III. 124ff.
LR. Dove (Frankfurt a. M.)	JR. Richard Wilke (Berlin)
20 I. 88—131.	**21** III. 140ff.

Beide Gutachter stimmen darin überein, daß die Regelung des Inventarrechts im Entwurfe des BGB. nicht annehmbar sei. Munk kommt zu einem formulierten Gegenentwurfe, in welchem der Grundsatz, daß der Erbe den Nachlaßgläubigern nur mit den Mitteln des Nachlasses zu haften habe, in schärfster Konsequenz zur Durchführung gebracht war. Dove faßt seine Vorschläge in folgende Sätze zusammen: 1. Die auf den Betrag des Nachlasses beschränkte Haftung des Erben für die Nachlaßverbindlichkeiten (Inventarrecht) ist bedingt durch die binnen gesetzlicher Frist seit dem Erbanfall vorzunehmende Inventarerrichtung. 2. Die Aufnahme des Inventars ist mit einer Schätzung der Nachlaßgegenstände zu verbinden. Die Vollständigkeit und Zuverlässigkeit des Verzeichnisses und der Taxe ist durch alle nur denkbaren Garantien zu sichern. Insbesondere ist jedem Nachlaßgläubiger und Vermächtnisnehmer das Recht zuzusprechen, die Ableistung des Offenbarungseides vom Erben zu verlangen, dessen

Weigerung gleich der dolosen Unvollständigkeit des Inventars den Verlust des Inventarrechts nach sich zieht. 3. Ist der Nachlaß zur Befriedigung sämtlicher bekannten Gläubiger nicht zureichend, wohl aber zur Deckung der Kosten, so ist der Konkurs das Mittel, die anteilmäßige Befriedigung der Gläubiger zu bewirken. Das Recht, den Konkurs herbeizuführen, ist jedem Nachlaßgläubiger und jedem Erben zuzusprechen. Ersterem auch dann, wenn über das Vermögen des Erben Konkurs eröffnet wird. 4. Außerhalb des Konkurses haben nur die mit Vorrecht versehenen Gläubiger einen Anspruch auf Berücksichtigung ihres Vorrechts und Befriedigung in der gesetzlichen Reihenfolge ihrer Forderungen. Die nicht bevorrechtigten Gläubiger kann der Erbe befriedigen, wie sie sich melden. Ein besonderes Liquidationsverfahren neben dem Konkurse ist entbehrlich. Dem Erben ist der Stillstand der Zwangsvollstreckung während der Inventaraufnahme und ein Aufgebotsverfahren behufs Abwendung des Nachlaßkonkurses zu gewähren.

Die Ausführungen und ursprünglichen Anträge der beiden Berichterstatter deckten sich in einigen Punkten, während sie sich in anderen widersprachen. Leonhard ging mit dem Entwurfe von der unbeschränkten Haftung des Erben für die Nachlaßverbindlichkeiten aus, während Wilke Gewicht darauf legte, es als Regel auszusprechen, daß der Erbe die Nachlaßschulden nicht aus eigenen Mitteln zu bezahlen brauche; er wollte sogar dem Erben, welcher der Inventarfrist ungetreu war, nicht die volle Schuldenhaftung aufbürden, sondern nur eine Schadensersatzpflicht. Der erste Berichterstatter wollte dem Erben eine Einmischung in die Nachlaßmasse nur unter der Bedingung erlauben, daß der Nachlaßbestand von Amts wegen festgestellt wird. Diese Feststellung vertraute er mit dem Entwurfe nur einer Behörde an. Der Korreferent hielt die gesetzliche Inventarfrist fest und verteidigte das Privatinventar des preußischen Rechtes als das minder kostspielige und umständliche. Darin waren beide Berichterstatter einig, daß die Inventarisationspflicht in einem früheren Zeitpunkte beginnen müsse, als der Entwurf vorschrieb, d. h. nicht erst, nachdem die Gläubiger die Aufnahme des Verzeichnisses beantragt haben. Einigkeit herrschte auch in dem Streben nach Vereinfachung des das Inventarrecht behandelnden Abschnitts des Entwurfes, insbesondere im Gebiete der Abzugseinrede.

Da Übereinstimmung in den Hauptfragen feststand, ließen beide Berichterstatter ihre ursprünglichen Anträge fallen. Fast einstimmig angenommen wurden die folgenden vom ersten Berichterstatter formulierten Thesen.

Beschluß. 1. Das Inventarrecht des Entwurfes muß vereinfacht werden.

2. Der den Nachlaßgläubigern von dem Entwurfe gewährte Schutz ist ungenügend.

3. Für unzulängliche Nachlaßmassen ist den folgenden Entwurfssätzen zuzustimmen:

a) der Möglichkeit eines gefahrlosen Erbschaftserwerbes für den Erben,

b) der Pflicht einer konkursrechtlichen Schuldentilgung,

c) der Möglichkeit, bei dieser Schuldentilgung ein Konkursverfahren zu vermeiden.

Die zweite Kommission des BGB. hat die Vorschriften über die Haftung des Erben für die Nachlaßverbindlichkeiten erheblich umgestaltet und zahlreiche Bestimmungen des Entwurfes I in die ZPO. und KO. verwiesen. Die von der Kritik bekämpfte allgemeine Abzugseinrede des ersten Entwurfes wurde beseitigt und neben dem Nachlaßkonkurs in der Nachlaßverwaltung ein Mittel geschaffen, durch welches die Erbenhaftung gegenständlich auf den Nachlaß beschränkt wird. Auch wo Nachlaßverwaltung und Nachlaßkonkurs nicht stattfinden, ist das Prinzip der Haftung cum viribus hereditatis durchgeführt; nur in gewissen Ausnahmefällen steht dem Erben das Recht zu, die Herausgabe der Nachlaßgegenstände durch Zahlung des Wertes abzuwenden (§§ 1992, 1973, 1974, 1989 BGB.). Die Geltendmachung der beschränkten Erbenhaftung ist an sich von der Errichtung eines Nachlaßinventars unabhängig, der Erbe kann jedoch das Recht verlieren, sich auf die Beschränkung seiner Haftung zu berufen, wenn er gegen bestimmte Vorschriften über die Inventarerrichtung verstößt (vgl. §§ 1994 Abs. 1 S. 2, 2005 Abs. 1, 2006 Abs. 3, 2013 BGB.). Der Erbe kann das Inventar unter Zuziehung der zuständigen Behörde oder eines zuständigen Beamten oder Notars selbst aufnehmen oder die Inventaraufnahme durch Vermittelung des Nachlaßgerichts bewirken lassen. Eine Verpflichtung zur Inventarerrichtung tritt für den Erben nur ein, wenn ihm auf Antrag eines Nachlaßgläubigers von dem Nachlaßgericht eine Frist zur Errichtung des Inventars bestimmt wird.

3. Miterben.

20. DJT. Straßburg 1889.

Die Stellungnahme des Entwurfes I des BGB. bezüglich der Rechtsverhältnisse der Miterben, welche in den wesentlichsten Beziehungen im

Anschluß an das römische Recht geregelt werden sollten, veranlaßte die Aufstellung der

Frage: Welche Grundsätze sind im künftigen deutschen Bürgerlichen Gesetzbuch über das Verhältnis der Miterben und ihre Auseinandersetzung aufzustellen?

Gutachter:	Berichterstatter:
KGR. Strützki (Berlin) I. 132—198.	RA. Dr. Reatz (Gießen)
Prof. Dr. Cosack (Berlin) I. 199—217.	IV. 289 ff.

Strützki gelangt zu dem Resultat, 1. daß auf das Rechtsverhältnis der Miterben, soweit nicht aus dem Gesetz ein anderes sich ergibt, die Vorschriften über Miteigentum Anwendung zu finden haben, sonach der einzelne Miterbe zwar in der Verfügung über seinen Erbteil durch das Miterbenverhältnis nicht beschränkt werde, aber die einzelnen zur Erbschaft gehörigen Gegenstände den Miterben nicht nach Bruchteilen zustehen und eine Verfügung über dieselben nur den Miterben gemeinschaftlich gebühre, und 2. daß die Teilung der Erbschaft erst dann statthaft ist, wenn die Person der Erben und deren Erbteile, sowie die Nachlaßschulden und Vermächtnisse feststehen, deren Deckung bei der Teilung zu regeln ist.

Der zweite Gutachter, Cosack, zerlegt seine Aufgabe in zwei Fragen: „In welcher Art soll jeder Miterbe für die Nachlaßschulden haften?“ und „Darf jeder Miterbe über seinen Anteil an den einzelnen zum Nachlasse gehörigen Vermögensstücken frei verfügen, noch ehe der Nachlaß zwischen den Miterben geteilt ist, oder steht die Verfügung über den Nachlaß vor dessen Teilung nur den Erben gemeinsam zu?“ Bezüglich der ersten Frage geht er von dem Grundsatze aus, daß die Nachlaßschulden als eine Last zu behandeln seien, welche auf dem Gesamtnachlasse ruhe, und gelangt zu einer ungeteilten Haftung des Nachlasses und zu einer Haftung der sämtlichen Miterben mit den gesamten ungeteilten Kräften des Nachlasses. Im übrigen hält der Gutachter eine Sicherung der Miterben wegen der ihnen gegeneinander zustehenden Ansprüche für geboten und will diese Sicherung durch Verfügungsbeschränkungen erreichen. Als die einfachste Form der Sicherung erscheint ihm ein gesetzliches Pfandrecht jedes Erbengläubigers am Erbteil jedes Erbenschuldners.

Der Berichterstatter nahm im wesentlichen den vom PrALR. vertretenen deutsch-rechtlichen Standpunkt ein, schlug jedoch nach dem Prinzipe des römischen Rechtes vor, daß die einzelnen Erben an den einzelnen Nachlaßobjekten feste Rechte erhalten und daß die Forderungen und Schulden ipso jure geteilt werden sollten.

Auf Antrag Dr. v. Wilmowskis wurden folgende allgemeinen Grundsätze aufgestellt:

Beschluß. 1. Die Miterben können über den Aktivnachlaß und dessen Bestandteile bis zu der unter ihnen erfolgten Auseinandersetzung nur gemeinschaftlich verfügen.

2. Die Miterben haften für die Nachlaßschulden gemeinschaftlich und solidarisch, soweit sie den Nachlaß besitzen oder erwerben. Die Miterben können diese Haftung durch die Aufforderung an die Gläubiger zur Anmeldung ihrer Forderung ablehnen oder beschränken.

Im Gegensatz zum Entwurfe I, jedoch in Übereinstimmung mit dem Juristentagsbeschlusse, ist das Verhältnis der Miterben im BGB. nach der deutschen Rechtsform der Gemeinschaft zur gesamten Hand geregelt. Das Gesetz gewährt jedem Miterben das Recht zur Verfügung über seinen Anteil am Nachlasse, versagt es ihm dagegen in Ansehung seines Anteils an den einzelnen Nachlaßgegenständen (§ 2033). Für Nachlaßgegenstände ist vor der Teilung des Nachlasses nur die gemeinschaftliche Verfügung der Erben zugelassen (§ 2040).

Während der erste Entwurf die Haftung jedes Miterben für die Nachlaßverbindlichkeiten von vornherein nur auf den seiner Erbquote entsprechenden Teil der Nachlaßschulden festsetzte, stellt das BGB. den Grundsatz der gesamtschuldnerischen Haftung der Erben auf, durchbricht die Geltung dieses Satzes aber durch Ausnahmevorschriften, vermöge welcher unter bestimmten Voraussetzungen nur anteilige Haftung eintritt (§ 2058). Für die Gestaltung der Miterbenhaftung ist von ausschlaggebender Bedeutung, ob die Teilung des Nachlasses bereits stattgefunden hat oder nicht. Bis zur Teilung haftet jeder Miterbe grundsätzlich als Gesamtschuldner, die Gesamthaftung bleibt jedoch auf seinen Anteil am Nachlasse begrenzt; jedem Miterben steht das Recht zu, die Nachlaßgläubiger auf seinen Erbteil zu verweisen (§ 2059 Abs. 1 S. 1) und er hat, wenn er wegen Verlustes der Haftungsbeschränkung unbeschränkt haftet, mit seinem Vermögen nur für den seinem Erbteil entsprechenden Teil der Nachlaßverbindlichkeiten einzustehen (§ 2059 Abs. 1 Satz 2). Daneben steht es den Gläubigern frei, alle Miterben auf Befriedigung aus dem ungeteilten Nachlasse gemeinschaftlich in Anspruch zu nehmen. Nach der Teilung tritt der Grundsatz der Gesamthaftung in volle Geltung. Dagegen besteht eine nur anteilmäßige Haftung jedes Miterben gegenüber den im Aufgebotsverfahren ausgeschlossenen Gläubigern (§ 2060 Nr. 1), gegenüber Gläubigern, die ihre Forderungen erst nach dem Ablaufe von fünf

Jahren seit dem Erbfalle geltend machen, sofern sie sich nicht im Aufgebotsverfahren gemeldet haben, oder den Erben sonst bekannt gewesen sind (§ 2060 Nr. 2), gegenüber Gläubigern, die mit ihren Ansprüchen hervortreten, nachdem der Nachlaßkonkurs eröffnet und durch Verteilung der Masse oder durch Zwangsvergleich beendigt worden ist (§ 2060 Nr. 3) und gegenüber Gläubigern, die sich auf eine von den Erben öffentlich erlassene Privataufforderung nicht gemeldet haben und den Erben nicht anderweit bekannt gewesen sind (§ 2061).

Mit dieser Regelung der Miterbenhaftung ist das BGB. im wesentlichen dem Beschlusse des Juristentages gefolgt.

4. Vermächtnisse.

19. DJT. Stettin 1888.

Die geplante einheitliche Kodifikation des bürgerlichen Rechtes in Deutschland veranlaßte die Aufstellung der

Frage: Soll die Wirkung aller Legate, unter Aufhebung des legatum vindicationis, nur eine obligatorische sein?

Gutachter:	Berichterstatter:
GerAss. Friedensburg (Breslau) II. 35—68.	LGPräs. Becker (Oldenburg) IV. 77 ff.
	Prof. Dr. Dernburg (Berlin) IV. 94 ff.

Der Gutachter setzte sich in seinen Ausführungen mit dem inzwischen veröffentlichten Entwurfe I des BGB. auseinander. Er kam zu dem Ergebnis, daß es nicht empfehlenswert sei, mit dem Entwurf unter Aufhebung des legatum vindicationis allen Legaten nur eine rein obligatorische Wirkung beizulegen, daß jedoch der dingliche Effekt des Vermächtnisses auf gewisse Nachlaßgegenstände zu beschränken und nur als ein dingliches Recht auf die vermachte Sache auszugestalten sei. Der erste Berichterstatter trat für die Stellungnahme des Entwurfes ein. Im Gegensatze zu ihm erklärte sich der DJT. entsprechend einem Antrage des Korreferenten mit der Bestimmung des Entwurfes nicht einverstanden.

Beschluß. Durch das Vermächtnis wird für den Vermächtnisnehmer nicht nur eine Forderung gegen die Beschwerten auf Leistung des Gegenstandes des Vermächtnisses begründet.

Im BGB. (§ 2174) wird der unmittelbare dingliche Anfall des vermachten Gegenstandes an den Bedachten ausgeschlossen und die Wirkung des Vermächtnisses auf die Begründung eines Forderungsrechts beschränkt.

5. Testamentsvollstrecker.

21. DJT. Köln a. Rh. 1891.

Der Entwurf 1 des BGB. hatte die Befugnisse des Testamentsvollstreckers nicht aus dem Willen des Erblassers hergeleitet, sondern sie gesetzlich formuliert und den Testamentsvollstrecker deshalb als gesetzlichen Vertreter des Erben bezeichnet; der Erblasser hatte das Recht, die gesetzlichen Befugnisse einzuschränken, konnte sie jedoch nur in der Richtung erweitern, daß er dem Testamentsvollstrecker die Auseinandersetzung unter mehreren Miterben übertrug. Eine Pflicht zur Ausführung der letztwilligen Verfügungen des Erblassers war dem Testamentsvollstrecker nur gegenüber dem Erben auferlegt. Widerspruch des Erben gegen die Vollziehung eines Vermächtnisses oder einer Auflage verpflichteten den Testamentsvollstrecker zur Aussetzung der Vollziehung bis zur rechtskräftigen Verurteilung des Erben. Eine Klage des Vollstreckers gegen den Erben auf Gestattung der Vollziehung eines Vermächtnisses war ausgeschlossen (§ 1897). Zur Geltendmachung eines zum Nachlasse gehörenden Rechtes sollte der Testamentsvollstrecker legitimiert sein, dagegen war ein Rechtsstreit, durch welchen eine Nachlaßverbindlichkeit geltend gemacht wurde, gegen den Erben zu erheben.

Frage. Ist die vom Entwurfe des Bürgerlichen Gesetzbuches angenommene Stellung des Testamentsvollstreckers zu billigen, und wie ist sie nötigenfalls zu regeln?

Gutachter:	Berichterstatter:
Prof. Dr. Hartmann (Tübingen)	Prof. Dr. Gierke (Berlin)
I. 3—42.	III. 223 ff.
Prof. Dr. von Cuny (Berlin)	JR. M. Levy (Berlin)
I. 43—54.	III. 234 ff.

Der erste Gutachter faßt seine Ausführungen dahin zusammen: 1. Die Auffassung, daß der Testamentsvollstrecker seinem Grundcharakter nach nur ‚ein gesetzlicher Vertreter des Erben' sei, ist aus dem Gesetzentwurfe völlig auszumerzen. Vielmehr ist derselbe, im Dienste der ethischen Pflichten gegen den Erblasser, welche von der Rechtsordnung in gewissem Umfange auch juristisch gewährleistet werden, als Träger eines erbrechtlichen Eigenrechtes anzuerkennen. Diese letztere juristische Konstruktion ist zwar nicht im Gesetz als solche prinzipiell vorzuschreiben. Aber die einzelnen aufzustellenden positiven Normen werden sich, wenn sie selbständig dem historisch hergebrachten, vernünftigen inneren Zweck der Sache angepaßt sein sollen, mit ihr nicht im Widerstreit befinden können. 2. Als maßgebendes Prinzip ist der Wille des Erblassers an die Spitze zu stellen. Danach sind auch Erweiterungen der rechtlichen Macht des Testamentsvollstreckers durch den letzten Willen über den gesetzlich zu definierenden typischen Willensinhalt hinaus zulässig, doch innerhalb bestimmter Maximalgrenzen. 3. Es sind zwei Formen des typischen Willensinhalts gesetzlich abzugrenzen. Es empfiehlt sich aber nicht, dafür als technische Ausdrücke im Gesetze selber die des ‚überwachenden' und des ‚verwaltenden' Testamentsvollstreckers anzuwenden, da eine Beschränkung auf bloße Überwachung auch für jene erstere Form unstatthaft sein würde. 4. Im Zweifel wird für den ernannten ‚Testamentsvollstrecker' die geringere, einen schwächeren Pflichtenkreis umfassende Form des typischen Willensinhalts anzuerkennen sein. 5. In den stärkeren, umfassenderen Typus ist auch die selbständige Legitimation des Testamentsvollstreckers für Passivprozesse hineinzulegen. Seine Macht ist naturgemäß begrenzt auf die zur ordnungsmäßigen Verwaltung und redlichen Ausführung des letzten Willens erforderlichen Verfügungen, darf indes innerhalb dieser Grenzen nicht durch jeden noch so unmotivierten Widerspruch der Erben obligationsmäßig gefesselt werden können. Ein Klagerecht auch gegen die Erben selber ist dem Vollstrecker allenthalben da einzuräumen, wo die sichere Erreichung der vom Erblasser letztwillig hingestellten und ihm anvertrauten Zwecke es erfordert. 6. Im einzelnen ist noch insbesondere das freie willkürliche Rücktrittsrecht des Testamentsvollstreckers zu beseitigen, vielmehr ist ihm nur aus triftigen Gründen unter Mitwirkung des Nachlaßgerichts das Verlassen seiner Stellung zu gestatten. Hinsichtlich seiner Pflichten zu ordnungsmäßiger Geschäftsführung ist er nicht bloß gegenüber den Erben als solchen, sondern überhaupt gegenüber den Erbschaftsinteressenten für verantwortlich zu erklären.

v. Cuny will das Verhältnis des Testamentsvollstreckers zum Erben dahin regeln, daß der Erbe nicht schon durch bloßen Widerspruch, sondern nur durch Erwirkung eines Urteils die Tätigkeit des Vollstreckers hindern könne. Die Testamentsvollstreckung soll nicht durch den Zugriff der Gläubiger des Erben beeinträchtigt werden. Der Erblasser soll dem Testamentsvollstrecker außer den im Gesetzbuche bezeichneten Rechten auch noch weitere Rechte in Ansehung des Nachlasses übertragen können.

Die beiden Berichterstatter waren mit den Gutachtern darin einig, daß die Lehre von dem Testamentsvollstrecker einer grundsätzlichen Umgestaltung bedürfe. Der Antrag der Berichterstatter wurde mit einer von

Prof. Dr. Brunner (Berlin) vorgeschlagenen Abänderung fast einstimmig angenommen.

Beschluß. Die vom Entwurfe des Bürgerlichen Gesetzbuches angenommene Stellung des Testamentsvollstreckers ist nicht zu billigen. Bei der Umarbeitung ist von folgenden Gesichtspunkten auszugehen:

I. Der Testamentsvollstrecker ist nicht als „gesetzlicher Vertreter des Erben" zu behandeln, vielmehr ist ihm auf Grund einer den Erben gegenüber selbständigen Vollmacht eine freiere und unabhängigere Stellung einzuräumen. Insbesondere muß das dem Erben zugedachte Recht, durch seinen Widerspruch Ausführungshandlungen des Testamentsvollstreckers zu hemmen, beseitigt, und der Erbe auf den Weg der Klage gegen den Testamentsvollstrecker verwiesen werden. Dem Testamentsvollstrecker selbst gebührt in allen Fällen, in denen die Erreichung der ihm vom Erblasser anvertrauten Zwecke es fordert, ein selbständiges Klagerecht gegen den Erben.

Andererseits ist der Testamentsvollstrecker nicht nur dem Erben, sondern allen Beteiligten gegenüber zur Ausführung des letzten Willens zu verpflichten und für die gehörige Erfüllung seines Amtes verantwortlich zu machen.

II. Die Bestimmung des Umfanges der rechtlichen Macht des Testamentsvollstreckers ist in erster Linie in den Willen des Erblassers zu stellen. Der Wille des Erblassers kann, vorbehaltlich gewisser Schranken, die Befugnisse des Testamentsvollstreckers auch über den im Gesetze begrenzten Kreis erweitern.

III. Im Zweifel ist er zur Verwaltung und Regulierung des Nachlasses nicht berufen.

Ist ihm die Verwaltung des Nachlasses eingeräumt, so ist dieselbe vom Gesetz im Sinne der freien Vertrauensstellung des Testamentsvollstreckers auszugestalten. Dem Testamentsvollstrecker gebührt der Besitz. Er ist nicht nur als rechter Kläger, sondern auch als rechter Beklagter in Ansehung des Nachlasses zu behandeln. Auch ist während der Dauer seiner Verwaltung die Zwangsvollstreckung in den Nachlaß nur auf Grund eines gegen ihn vollstreckbaren Titels zuzulassen.

IV. Wer sich dem Erblasser gegenüber zur Übernahme der Testamentsvollstreckung bereit erklärt hat, darf nach Eintritt des Erbfalles mindestens die nächste Fürsorge für die Ausführung des letzten Willens nicht mehr ablehnen. Wer das Amt förmlich übernommen hat, darf es nicht einseitig, sondern nur aus erheblichen Gründen mit Bewilligung des Nachlaßgerichts niederlegen.

Das BGB. hat die Konstruktion der Testamentsvollstreckung der Rechtswissenschaft überlassen. Die Bezeichnung des Testamentsvollstreckers als gesetzlichen Vertreters des Erben ist in dem BGB. fortgefallen, ebenso ist das Widerspruchsrecht des Erben gegen Ausführungshandlungen des Testamentsvollstreckers beseitigt worden. Für die Machtbefugnisse des Testamentsvollstreckers ist der Wille des Erblassers entscheidend; nur von der Verpflichtung zur Inventarisierung der Nachlaßgegenstände und Nachlaßverbindlichkeiten (§ 2215), zur ordnungsmäßigen Verwaltung des Nachlasses (§ 2216), zur jährlichen Rechnungslegung (§ 2218), zum Schadensersatze für Verschulden bei der Amtsführung (§ 2219) kann der Erblasser den Testamentsvollstrecker nicht befreien (§ 2220). Die gesetzliche Aufgabe des Testamentsvollstreckers besteht in der Ausführung der letztwilligen Verfügungen des Erblassers (§ 2203) und, beim Vorhandensein mehrerer Erben, in der Bewirkung der Auseinandersetzung unter ihnen (§ 2204). Zum Zwecke der Verwirklichung dieser Aufgaben überträgt ihm das BGB. die Nachlaßverwaltung, den Besitz und das Verfügungsrecht an den Nachlaßgegenständen (§ 2205), die Berechtigung zur Eingehung von Verbindlichkeiten für den Nachlaß (§§ 2206 f.) und die Legitimation zur Prozeßführung (§§ 2212 ff.) In Ansehung des seiner Verwaltung unterliegenden Nachlasses ist der Testamentsvollstrecker allein zur Klage legitimiert (§ 2212); ein Anspruch gegen den Nachlaß kann sowohl gegen ihn als gegen den Erben geltend gemacht werden, doch ist in letzterem Falle die Zwangsvollstreckung in Nachlaßgegenstände nur auf Grund eines gegen den Testamentsvollstrecker wirksamen Titels auf Duldung der Zwangsvollstreckung zugelassen (§ 2213).

Die nach dem Entwurfe zum BGB. nur gegenüber dem Erben bestehende Schadenshaftung des Testamentsvollstreckers für Pflichtverletzungen ist nach § 2219 BGB. auch gegenüber dem Vermächtnisnehmer gegeben.

Die Annahme und Kündigung des Testamentsvollstreckeramtes ist in das freie Belieben des Ernannten gestellt.

6. Gemeinschaftliches Testament.

20. DJT. Straßburg 1889.

Der Entwurf I des BGB. wollte das gemeinschaftliche Testament ganz beseitigen, da er in dem Erbvertrage einen ausreichenden Ersatz erblickte. Die Stellungnahme der Kritik gegen die Auffassung des Entwurfes gab die Anregung zur Erörterung des Themas.

Frage. Verdient die vom Entwurfe des Bürgerlichen Gesetzbuches vorgeschlagene Abschaffung der wechselseitigen Testamente Zustimmung?

Gutachter: Geh.JR. Laué (Berlin) 1. 3—12.
JR. Wilke (Berlin) 1. 13—29.

Berichterstatter: Prof. Dr. Enneccerus (Marburg) 4. 314 ff.

Die beiden Gutachten kommen, wenn auch in Einzelheiten voneinander abweichend, übereinstimmend zu dem Resultate, daß die gemeinschaftlichen Testamente für Ehegatten beizubehalten, für andere Personen nicht beizubehalten seien. Der Antrag des Referenten wurde fast einstimmig angenommen.

Beschluß. Gemeinschaftliche Testamente können nur von Ehegatten oder Verlobten errichtet werden. Die Gültigkeit der von Verlobten errichteten gemeinschaftlichen Testamente ist durch das Zustandekommen der Ehe bedingt.

Das BGB. (§ 2265) hat das gemeinschaftliche Testament in der Beschränkung auf Ehegatten aufgenommen. Die Protokolle (7339) erwähnen, daß der Juristentag sich für die Erstreckung der gemeinschaftlichen Testamente auf Verlobte ausgesprochen, zugleich aber anerkannt habe, daß eine solche Ausdehnung praktisch nicht sehr erheblich sein würde.

7. Pflichtteilsrecht.

14. DJT. Jena 1878.

Frage. Ob und wieweit soll die Testierfreiheit mit Rücksicht auf eine Pflichtteilsberechtigung eingeschränkt werden?

Bei Stellung der Frage war davon ausgegangen worden, daß die Testierfreiheit, d. h. die Befugnis, über den Nachlaß letztwillig zu verfügen, als eine Grundlage des künftigen Erbrechts anzusehen sei. Als legislativ noch nicht abgeschlossen wurde jedoch mit Rücksicht darauf, daß England und Nordamerika im Gegensatz zu dem übrigen Europa absolute Testierfreiheit haben, die weitere Frage angesehen, ob nicht gewissen Personen an einem Nachlasse bestimmte unentziehbare Rechte zugestanden werden sollen.

Gutachter: RA. Meyersburg (Celle) I. 50—71.
Prof. Dr. Bruns (Berlin) I. 72—112.

Berichterstatter: KammerPräs. Petersen (Straßburg) II. 60 ff.

Das Gutachten Meyersburg macht folgende Vorschläge:

1. Statt des bisherigen Pflichtteilsrechts ist nach Analogie der §§ 765, 766, 795 des österreichischen Gesetzbuches ein Recht auf Alimente aus

dem Nachlasse für bedürftige Abkömmlinge, Aszendenten und Ehegatten einzuführen, im übrigen die volle Verfügungsfreiheit unter den sub 2 und 3 enthaltenen Modifikationen zu gewähren.

2. Nach Analogie des römischen Rechtes und des code civil ist vorzuschreiben, daß ein zweiter Ehegatte vor den Kindern erster Ehe letztwillig oder durch Schenkungen nicht bevorzugt werden darf, insoweit nicht gegen diese Vorkinder einer der nach Analogie der bisherigen Enterbungsgründe zu konstruierenden Vorwürfe vorliegt.

3. Die bisherigen etwa wie im sächsischen Gesetzbuche §§ 2575 und 2576 und 2582 zu fixierenden Enterbungsgründe sind als Indignitätsgründe, also mit der Wirkung des vollständigen Ausschlusses von der Erbschaft zum Vorteil der übrigen Erben, beizubehalten, jedoch mit der Modifikation, daß der Erblasser berechtigt ist, jene Verstöße, soweit sie gegen ihn gerichtet waren, durch letztwillige Verfügung zu verzeihen.

Eventuell, wenn man einen näheren Anschluß an das römische Pflichtteilsrecht behalten will, müssen die wesentlichsten Mängel desselben durch folgende Veränderungen gemildert werden. Es empfiehlt sich alsdann, die Bestimmungen sub 1 wegen der Alimentationsrechte als eines Anspruchs beizubehalten, der auch wegen etwaiger Pflichtteilsverletzung von konkurrierenden Noterben nicht angefochten werden kann, ebenso den Vorschlag sub 2 festzuhalten und zwar die Enterbungsgründe als solche wie ad 3 zu regeln, daneben auf eine Erweiterung der Indignitätsfälle Bedacht zu nehmen, ferner

4. die Pflichtteilsquote in Konkurrenz mit Abkömmlingen für Abkömmlinge auf $^1/_4$ der Intestatportion zu beschränken, Aszendenten und Ehegatten aber nur ein unentziehbares Recht auf den Nießbrauch des auf $^1/_4$ zu bemessenden Pflichtteils zu gewähren, dagegen wo Abkömmlinge mit entfernten Verwandten oder mit Fremden konkurrieren, den Pflichtteil auf $^3/_4$ der Intestatportion festzustellen,

5. zu gestatten, daß, wo konkurrierende Abkömmlinge in Frage kommen, die Auszahlung des Pflichtteils bis etwa zehn Jahre nach dem Ableben des Erblassers gegen einstweilige landesübliche Verzinsung letztwillig angeordnet werden darf,

6. bei Abkömmlingen für den Fall des Versterbens ohne leibliche Nachkommen die fideikommissarische Belastung auch des Pflichtteils zu gestatten,

7. die Kollationspflicht bei dem Pflichtteile dahin zu erweitern, daß Abkömmlinge in Konkurrenz mit anderen Abkömmlingen alles sich anrechnen lassen müssen, was von dem Erblasser für dieselben nachweislich verwendet ist.

Bruns kommt zu dem Resultate, daß vom Standpunkte der realen Verhältnisse aus eine Ausdehnung der Testierfreiheit mit Aufhebung oder Beschränkung der Pflichtteilsrechte der Kinder, wenn auch nicht unbedenklich, doch überwiegend als zweckmäßig erscheint, jedoch nur zugunsten einzelner Kinder oder des Ehegatten, zugunsten Fremder nur bezüglich eines Kindesteils. Geschwister und Aszendenten sollen kein Pflichtteilsrecht haben. Der Pflichtteilsanspruch ist eine Geldschuld der Erbschaft. Es sind bestimmte Enterbungsgründe aufzustellen.

Auf Antrag des Referenten wurde beschlossen:

Beschluß a) Unbeschränkte Testierfreiheit ist in Deutschland nicht einzuführen, sondern die Beibehaltung von Pflichtteilsrechten geboten.

b) Ein Pflichtteilsrecht ist den Deszendenten, den Aszendenten und dem Ehegatten des Erblassers einzuräumen.

c) Der Anspruch auf den Pflichtteil soll kein unbedingter sein, es sind bestimmte Enterbungsgründe aufzustellen, welche die Entziehung des Pflichtteils rechtfertigen.

d) Das Pflichtteilsrecht soll nur Anspruch auf Zuwendung einer bestimmten Geldsumme oder eines bestimmten Geldwertes, nicht aber ein Recht auf die zur Erbmasse gehörigen Gegenstände geben.

In Übereinstimmung mit dem Beschlusse des Juristentages hat das BGB. den Abkömmlingen, den Eltern und dem Ehegatten des Erblassers ein Pflichtteilsrecht gewährt, das seiner Natur nach die Testierfähigkeit des Erblassers einschränkt. Der Pflichtteilsanspruch ist nicht als Erbfolgerecht gestaltet, sondern als ein persönlicher Anspruch auf Zahlung der Hälfte des Wertes des gesetzlichen Erbteils (§ 2303 BGB.). Als Gründe für die Entziehung des Pflichtteils sind einzelne schwere Verfehlungen des Pflichtteilsberechtigten anerkannt (§§ 2333 ff.); die exheredatio bona mente ist im § 2338 geregelt.

8. Anfechtung von Schenkungen wegen Verletzung des Pflichtteilsrechts.

21. DJT. Köln a. Rh. 1891.

Der Entwurf I des BGB. hatte den Pflichtteilsberechtigten wegen einer vom Erblasser getätigten Schenkung unter Lebenden ein Recht auf Erhöhung ihres Pflichtteils, einen „außerordentlichen Pflichtteil“ eingeräumt. Er schrieb die Hinzurechnung des Schenkungsbetrages zu dem für die Pflichtteilsermittelung maßgebenden Nachlasse vor, ohne Rücksicht darauf, ob die Freigebigkeit des Erblassers nach seinem damaligen Vermögensstande eine Verletzung des Pflichtteilsrechts enthielt. Für die Befriedigung des Anspruchs aus dem außerordentlichen Pflichtteil sollte der Erbe vor dem Beschenkten, der früher Beschenkte vor dem später Beschenkten haften.

Mit Rücksicht auf diese Regelung wurde vorliegendes Thema zur Diskussion gestellt.

Frage. Empfiehlt es sich, im künftigen deutschen Gesetzbuche die Anfechtbarkeit der Schenkungen aus dem vom Entwurf aufgestellten Gesichtspunkt des außerordentlichen Pflichtteils oder aus dem des Übermaßes festzusetzen?

Gutachter:	Berichterstatter:
Prof. Dr. Endemann (Königsberg)	Prof. Dr. Kipp (Kiel)
20 II. 46—69.	**21** III. 87 ff.
RA. Dr. Reatz (Gießen)	PrivDoz. Dr. v. Thur (Heidelberg)
20 II. 70—91.	**21** III. 106 ff.

Der erste Gutachter, Endemann, geht davon aus, daß der Pflichtteil sich als ein Mitrecht der Familie am Gute des einzelnen darstelle, das vom Erbrechte ausginge, aber gegen alle Freigebigkeiten gleichartig Schutz finden müsse. Er meint, daß der Entwurf das für die Schenkungsanfechtung richtige Prinzip enthalte, daß dagegen die von ihm gewählte Bezeichnung eines außerordentlichen Pflichtteiles nicht zu empfehlen sei. Es sei angebracht, allen beim Tode des Erblassers vorhandenen Pflichtteilsberechtigten einen Anspruch auf Ergänzung des Wertbetrages des Pflichtteils zu geben, den Beschenkten jedoch durch Herausgabe des Geschenkes klaglos zu stellen.

Reatz ist der Meinung, daß es ungerecht sei, den Erben vor dem Beschenkten und den jüngeren Beschenkten vor dem älteren haften zu lassen, er empfiehlt vielmehr Haftung pro rata. Die Bestimmung des Entwurfes, daß Schenkungen, welche aus einer sittlichen Pflicht oder der auf den Anstand zu nehmenden Rücksicht hervorgehen, außer Ansatz bleiben sollten, hält er nur insoweit für gerecht, als derartige Schenkungen nicht anfechtbar seien, dagegen sollten sie bei Bestimmung des Pflichtteiles in Rechnung gestellt werden.

Der Berichterstatter, Kipp, empfahl, die Anfechtbarkeit der Schenkungen im Interesse der Pflichtteilsberechtigten nach folgenden Grundsätzen zu regeln: 1. Die Schenkung wird ohne Rücksicht auf ihre Höhe zum Zwecke der Bestimmung des Pflichtteils in den Nachlaß eingerechnet. Anfechtbar aber ist sie nur insoweit, als sie nach dem Stande des Vermögens zur

Zeit ihrer Errichtung, unter Berücksichtigung früherer Schenkungen, eine Verletzung des Pflichtteils enthielt; die Anfechtung von Schenkungen an Ehegatten und Abkömmlinge des Erblassers unterliegt dieser Schranke nicht. 2. Die Einrechnung der Schenkungen in den Nachlaß findet statt zum Zwecke der Bestimmung des Pflichtteils aller Pflichtteilsberechtigten; anfechtbar sind die Schenkungen nur zugunsten der im § 2009 des Entwurfes eines bürgerlichen Gesetzbuches genannten Personen. 3. Für die aus der Einrechnung der Schenkungen in den Nachlaß sich ergebende Erhöhung des Pflichtteils haften die Erben vor dem Beschenkten, der später Beschenkte vor dem früher Beschenkten; der letztere haftet jedoch auch für die Insolvenz des ersteren. 4. Der Beschenkte haftet nicht auf mehr als den Wert des Geschenkes zur Zeit der Schenkung und im übrigen nach den Grundsätzen von der ungerechtfertigten Bereicherung. Er kann den Gegenstand der Schenkung zum Zwecke der Befriedigung des Pflichtteilsberechtigten herausgeben. 5. Wenn die unter 1. genannte Schranke nicht angenommen wird, so sind Schenkungen an andere Personen als Ehegatten und Abkömmlinge von der Anfechtbarkeit auszunehmen, sofern sie länger als etwa zehn Jahre vor dem Tode des Erblassers errichtet sind. — Neben diesen Bestimmungen empfahl der Berichterstatter noch folgende Grundsätze aufzustellen: 1. Schenkungen sind insoweit nichtig, als sie den standesgemäßen Unterhalt des Schenkers oder die Erfüllung seiner Unterhaltspflicht gegen Ehegatten und Verwandte beeinträchtigen. 2. Tritt eine solche Beeinträchtigung infolge späterer Umstände ein, so kann von dem Beschenkten ein angemessener Unterhaltsbeitrag oder eine angemessene Rückleistung aus dem Geschenke gefordert werden.

Nachdem mehrere Anträge, welche Einzelheiten des Entwurfes betrafen, wegen zu großer Spezialisierung zurückgezogen waren, wurde von der Abteilung folgender Antrag Endemann-v. Tuhr angenommen:

Beschluß. 1. Abzulehnen ist der Standpunkt des gemeinen Rechtes, die Anfechtbarkeit der Schenkungen aus der Verletzung eines angemessenen Verhältnisses zu dem damaligen Vermögen zu begründen.

2. Der Pflichtteil ist zu berechnen von dem Nachlasse, dem sämtliche Schenkungen hinzuzurechnen sind.

Das BGB. sichert den Pflichtteilsberechtigten gegen Schenkungen des Erblassers, indem es ihm einen Anspruch auf denjenigen Betrag gewährt, um welchen sich sein Pflichtteil erhöht, wenn der verschenkte Gegenstand dem Nachlasse hinzugerechnet wird. Entgegen dem Entwurfe sind im Gesetze Schenkungen von der Berücksichtigung ausgeschlossen, wenn seit ihrer Vollziehung zehn Jahre bis zum Erbfalle verstrichen sind (§ 2325). Die Pflichtteilsergänzung kann jeder Pflichtteilsberechtigte fordern, der beim Tode des Erblassers vorhanden ist; der Anspruch auf die Ergänzung richtet sich gegen den Erben (§§ 2325, 2303). Subsidiär besteht ein Recht gegen den Beschenkten auf Herausgabe des Geschenkes nach den Vorschriften über die Herausgabe einer ungerechtfertigten Bereicherung; durch Zahlung des zur Pflichtteilsergänzung fehlenden Betrages kann der Beschenkte die Herausgabe abwenden. Die Haftung des später Beschenkten vor dem früher Beschenkten ist auch im BGB. vorgeschrieben (§ 2329).

F. Gewohnheitsrecht, Internationales Privatrecht und den Landesgesetzen vorbehaltene Materien.

1. Gewohnheitsrecht.

5. DJT. Braunschweig 1864.

Frage. Soll von der Gesetzgebung das Gewohnheitsrecht als giltige Rechtsquelle anerkannt werden, und bejahendenfalls in welchem Umfange?

Gutachter:	Berichterstatter:
Prof. Dr. Beseler (Berlin) I. 102—110.	Prof. Dr. Gneist (Berlin) II. 84ff.
OAppGR. Becker (Oldenburg) I. 3—13.	

Der erste Gutachter hält eine Aufhebung des Gewohnheitsrechtes ohne ein besonderes Bedürfnis nicht für gerechtfertigt. Dem Gewohnheitsrecht ist eine derogatorische Kraft nicht zuzusprechen, es kann aber als ergänzende Rechtsquelle neben dem Gesetzesrecht in Geltung bleiben und ist nur aus besonderen Gründen auszuschließen oder zu beschränken.

Der zweite Gutachter beantwortet die gestellte Frage dahin: Die Gesetzgebung darf dem Gewohnheitsrechte die Anerkennung als gültige Rechtsquelle im allgemeinen nicht versagen, nur bei allgemeinen Gesetzen ist die Bildung abändernden partikularen Gewohnheitsrechtes nicht zu gestatten, wenn das Interesse der Allgemeinheit die absolute Unterwerfung der Einzelnen fordert.

Die Abteilung entschied sich für folgende von Beseler aufgestellte Thesen:

Beschluß. a) Gesetz und Gewohnheitsrecht bestehen als selbständige Rechtsquellen ursprünglich in gleicher Kraft und Bedeutung nebeneinander.

b) Die Aufhebung des Gewohnheitsrechts durch die Gesetzgebung ist ohne ein besonderes Bedürfnis nicht gerechtfertigt.

c) Eine umfassende Gesetzgebung (Kodifikation) hat die derogatorische Kraft des Gewohnheitsrechtes nicht anzuerkennen.

d) Das Gewohnheitsrecht als ergänzende Rechtsquelle kann auch neben einer umfassenden Gesetzgebung in Geltung bleiben und ist nur aus besonderen Gründen und soweit diese reichen, auszuschließen oder zu beschränken.

Der Entwurf I des BGB. bestimmte, daß gewohnheitsrechtliche Rechtsnormen nur insoweit, als das Gesetz auf Gewohnheitsrechte verweist, gelten sollten. Bei der von der zweiten Kommission beschlossenen Streichung dieser Vorschrift wurde in Aussicht genommen, eine Vorschrift über das Gewohnheitsrecht in das EGBGB. aufzunehmen. Indessen sind bei der Beratung des EGBGB. alle dahingehenden Anträge abgelehnt worden und es wurde beschlossen, keine Bestimmungen über das Gewohnheitsrecht zu treffen. Nach Art. 2 EGBGB. ist Gesetz im Sinne des BGB. jede Rechtsnorm. Die Rechtswissenschaft zählt darunter auch gewohnheitsrechtliche Normen, soweit solche nach dem Inkrafttreten des BGB. in Kraft bleiben oder neu entstehen können.

2. Kollisionsfälle des internationalen Privatrechtes.

18. DJT. Wiesbaden 1886.

Vor der einheitlichen Kodifikation des bürgerlichen Rechtes wurde in Deutschland in bezug auf die Verhältnisse des persönlichen Rechtes bei der Behandlung der Inländer im Auslande und der Ausländer im Inlande das Recht des Wohnsitzes zugrunde gelegt. Dem steht gegenüber das französisch-belgisch-italienische System, welches in bezug auf die angegebenen Verhältnisse davon ausgeht, daß das Recht der Staatsangehörigkeit entscheidend sei. Das Institut für internationales Recht hatte im Jahre 1880 zu Oxford den Satz angenommen: Der Status und die Fähigkeit einer Person werden beurteilt nach den Gesetzen desjenigen Staates, dem die Person nach ihrer Nationalität angehört. Die Frage, ob sich das künftige deutsche Zivilgesetzbuch in dieser Beziehung für Wohnsitzrecht oder Heimatrecht entscheiden sollte, wurde deshalb dem Juristentage zur Erörterung vorgelegt.

Frage. In welchen Kollisionsfällen des internationalen Privatrechtes ist das Recht des Wohnortes durch das vermöge der Staatsbürgerschaft eintretende Recht zu ersetzen?

Gutachter:	Berichterstatter:
RGR. a. D. Dr. Bähr (Kassel)	Adv. Dr. Jaques (Wien)
I. 82—94.	II. 107 ff.
Prof. Dr. v. Bar (Göttingen)	JR. Dr. Dorn (Leipzig)
I. 95—103.	II. 120.

Die beiden Gutachten gehen im Resultat und wesentlich auch in der Begründung übereinstimmend dahin, daß in allen Fällen, in denen es nicht auf die Interpretation des Parteiwillens ankommt, das Recht anzuwenden sei, welches durch die Staatsangehörigkeit bedingt wird, daß aber unter Umständen und im Interesse des allgemeinen Verkehrs gewisse Ausnahmen gemacht werden könnten.

Auf demselben Standpunkte standen die Berichterstatter. Ihr gemeinschaftlicher Antrag wurde mit erheblicher Majorität zum Beschlusse erhoben.

Beschluß. In den die Rechts- und Handlungsfähigkeit, ferner die familienrechtlichen und die erbrechtlichen Verhältnisse betreffenden Kollisionsfällen des internationalen Privatrechtes ist als Regel der Grundsatz aufzustellen, daß das Recht des Wohnsitzes durch das vermöge der Staatsangehörigkeit eintretende Recht zu ersetzen sei.

Das im BGB. (vgl. Art. 7—31 des EG.) geregelte deutsche internationale Privatrecht beruht im wesentlichen auf dem Nationalitätsprinzip.

3. Das im Konfliktsfalle auf Vertragsobligationen anzuwendende Recht.

24. DJT. Posen 1898.

Mit dem Inkrafttreten des BGB. ist das bisher im Deutschen Reiche geltende internationale Privatrecht, soweit dasselbe die im BGB. behandelten Rechtsmaterien betraf, außer Kraft getreten. Die Vorschriften des BGB. ließen jedoch über die Behandlung der Vertragsobligationen Zweifel bestehen. Den Juristentag beschäftigte deshalb die

Frage: Nach welchem örtlichen Rechte sind auf Grund internationalen Privatrechtes die Vertragsobligationen zu beurteilen?

Gutachter:	Berichterstatter:
RA. Dr. Hugo Neumann (Berlin) I. 169—200.	Prof. Dr. Enneccerus (Marburg) IV. 77 ff.
Prof. v. Seeler (Kiew) II. 33—52.	Prof. Dr. Mitteis (Wien) IV. 91 ff.

Der erste Gutachter kommt bezüglich der Bestimmung des für die Beurteilung von Vertragsobligationen maßgebenden Rechtes zu nachfolgendem Ergebnis:

1. Es ist — sofern eine Übereinstimmung der Parteien über den Ort des Abschlusses nicht vorhanden ist — auf Grundlage des inländischen Rechtes festzustellen, an welchem Orte der Vertrag zustande gekommen ist.

2. Ist der Vertrag zustande gekommen

a) im Inlande, so ist anzuwenden in erster Linie dasjenige Recht, dessen Anwendung von den Parteien verabredet oder nach den Umständen, insbesondere nach der Natur des Schuldverhältnisses, vorausgesetzt werden mußte; aushilfsweise das Recht desjenigen Ortes, an welchem der Schuldner zur Zeit der Geschäftsvornahme seinen Wohnsitz hatte, sofern sich aus den obwaltenden Umständen nicht ergibt, daß die Anwendung dieses Rechtes von den Parteien nicht vorausgesetzt wurde; in diesem Falle ist das an dem Orte der Geschäftsvornahme geltende Recht maßgebend;

b) im Auslande, so ist das anzuwendende Recht nach dem am Orte der Geschäftsvornahme geltenden internationalen Privatrechte zu bestimmen.

Die ihm zur Begutachtung vorgelegte Frage beantwortet Neumann demnach dahin:

Es sind Schuldverhältnisse aus Verträgen, welche im Inlande abgeschlossen sind, wenn das für ihre Beurteilung maßgebende Recht weder bestimmt noch aus den Umständen zu entnehmen ist, nach dem Rechte des Ortes zu beurteilen, an welchem der Schuldner zur Zeit des Vertragsschlusses seinen Wohnsitz hatte. Ergeben die Umstände, daß die Anwendung dieses Rechtes von den Parteien nicht vorausgesetzt worden ist, so hat die Beurteilung nach dem am Orte des Vertragsschlusses geltenden Rechte zu erfolgen. Ist der Vertrag im Gewerbebetriebe des Schuldners abgeschlossen, so tritt, wenn der Schuldner seine gewerbliche Niederlassung an einem anderen Orte hatte, der Ort der Niederlassung an die Stelle des Wohnsitzes.

Seeler hält eine Antwort auf die gestellte Frage für verfrüht, da sich über die internationale Behandlung der Vertragsobligationen zur Zeit keine allgemeinen, auch nur einigermaßen erschöpfenden Grundsätze aufstellen ließen. Für sämtliche vom BGB. geregelten Tatbestände soll nach dem Geiste des heimischen Rechtes, den Aufgaben der Rechtssprechung, den Anforderungen der **bona fides, aequitas** und **utilitas** und den Bedürfnissen des internationalen Verkehres das maßgebende Recht ermittelt werden. Erst dann können die Resultate zu Gruppen vereinigt werden und diese Gruppen können Grundlagen für ein zu schaffendes System, für abstrakte Theorien bilden.

Der Berichterstatter entschied sich im Zweifel für das Recht des Erfüllungsortes, da die Erfüllungshandlung das Hauptanknüpfungsmoment für die Bestimmung des internationalen Privatrechts der Vertragsobligationen sei.

Demgegenüber vertrat der Korreferent den Standpunkt, daß im Zweifel das Wohnsitzrecht des Schuldners gelten müsse, da die Person des Schuldners es sei, welche die Obligation trage. Die Person des Schuldners aber sei da verkörpert, wo der Schuldner wohne.

Dem Antrage des Berichterstatters gemäß wurden folgende Thesen angenommen:

Beschluß. 1. Inhalt und Wirkung der Vertragsobligationen ist, soweit nicht zwingende Rechtsnormen entgegenstehen, nach demjenigen Rechte zu beurteilen, dessen Anwendung die Parteien vereinbart oder stillschweigend vorausgesetzt haben.

2. Ist eine hiernach maßgebende Absicht der Parteien nicht vorhanden oder nicht erkennbar, so entscheidet das Recht des Erfüllungsortes.

3. Die Rück- und Weiterverweisung findet auf dem Gebiete der Vertragsobligationen keine Anwendung.

Beim Mangel einer entsprechenden Parteivereinbarung hatten die Gerichte sich in der ersten Zeit nach dem Inkrafttreten des BGB. im Sinne des Juristentagsbeschlusses für die Anwendbarkeit des Rechtes des Erfüllungsortes entschieden. Neuerdings scheint jedoch die Ansicht des ersten Gutachters, wonach der Wohnsitz des Schuldners beim Vertragsschlusse maßgebend ist, mehr an Raum zu gewinnen (vgl. z. B. RG. 62, 379, 65, 357).

4. Privatpfändungsrecht.

20. DJT. Straßburg 1889.

Die Motive zum Entwurf I des BGB. erklärten die Beibehaltung des Privatpfändungsrechtes (Tierpfändung und Personalpfändung) für gerechtfertigt. Die nähere Regelung sollte jedoch der Landesgesetzgebung überlassen bleiben. Die ständige Deputation des DJT. stellte deshalb dieses Thema zur Beratung.

Frage. Aufnahme und Gestaltung des Privatpfändungsrechtes im künftigen deutschen Gesetzbuche.

Gutachter:	Berichterstatter:
RA. Mörschell (Würzburg)	OLGR. Thomsen (Stettin)
III. 287—300.	IV. 277 ff.

Der Gutachter kommt zu dem Vorschlage:

1. Die Privatpfändung wegen des durch fremdes Vieh oder Personen an einem Grundstück zugefügten Schadens ist, soweit sie nicht unter den folgenden Satz fällt, überhaupt zu beseitigen;

2. Die im § 189 des Entwurfes eines bürgerlichen Gesetzbuches aufgestellten Sätze über Selbsthilfe zur Sicherung eines Anspruchs sind als dem Bedürfnisse entsprechend zu erachten.

Der Berichterstatter war mit dem Gutachter darin einverstanden, daß die im Entwurf enthaltenen Bestimmungen über den Besitz im allgemeinen ein Privatpfändungsrecht nicht mehr erforderlich erscheinen ließen. Er wollte jedoch nur die persönliche Pfändung beseitigen, dagegen die Tierpfändung beibehalten. Die Thesen des Gutachters wurden zum Beschluß erhoben.

Beschluß. 1. Das Privatpfändungsrecht ist insoweit und nur insoweit beizubehalten, als es sich auf die Beschädigung von Grundstücken durch Tiere bezieht,

2. Die nähere Regelung dieses Instituts ist den Landesgesetzgebungen zu überweisen.

Das BGB. behält im Art. 89 des EG. die Regelung des Privatpfändungsrechtes der Landesgesetzgebung vor, begrenzt das Recht jedoch insofern, als die Pfändung nur zum Schutze von Grundstücken und Erzeugnissen von Grundstücken gestattet und nur die Wegnahme von Sachen, nicht die Festnahme von Menschen erlaubt wird.

5. Anerbenrecht.

23. DJT. Bremen 1895.

Die Reform des bäuerlichen Erbrechtes hatte Anfang der neunziger Jahre das öffentliche Interesse in ungewöhnlichem Maße erregt. In verschiedenen Staaten Norddeutschlands waren Gesetze erlassen worden, welche das Anerbenrecht neu regelten. Das Vorgehen der Landesgesetzgebungen ergab das Bedürfnis, das Institut des Anerbenrechtes auch im BGB. zu berücksichtigen. Den DJT. beschäftigte daher folgende

Frage: Sind Maßregeln zur Einführung des Anerbenrechtes vorzuschlagen?

Gutachter	Berichterstatter:
Bürgermeister Dr. André (Chemnitz)	Prof. Dr. Enneccerus (Marburg)
I. 3—72.	II. 68ff.

Der Gutachter kommt zu dem Ergebnis, daß die Festsetzung von gesetzlichen Bestimmungen über das Anerbenrecht nicht in einem Gesetzbuche für ganz Deutschland erfolgen, sondern den einzelnen Staaten überlassen werden sollte.

Der Berichterstatter führte aus, daß, wenn ein leistungsfähiger Bauernstand erhalten bleiben soll, für die Gegenden, in denen der Übergang des Gutes auf einen Erben die Regel bildet, eine Intestaterbfolge geschaffen werden müsse, welche dasjenige, was die Eltern in den meisten Fällen durch Übergabevertrag bewirken, auch in den Fällen zur Ausführung bringt, wo der Erblasser die Verfügung durch Übergabevertrag oder Testament versäumt hat, daß jedoch ein Anerbenrecht, welches sich gegen den Willen des Erblassers geltend macht, mit den Anschauungen des deutschen Bauernstandes in Widerspruch stehe. Er meint, daß die Aufnahme eines Anerbenrechtsprogramms in das BGB. im Interesse des Anerbenrechtes selbst und im Interesse des großen Gesetzgebungswerkes zu vermeiden sei.

Fast einstimmig angenommen wurden die geringfügig modifizierten Thesen des Berichterstatters.

Beschluß. 1. Ein Anerbenrecht, welches gegen den Willen des Erblassers zwangsweise in Wirkung tritt, ist vorbehaltlich der zu erwägenden besonderen Verhältnisse bei Ansiedelungs- und Rentengütern nicht zu empfehlen.

2. Ein Intestatanerbenrecht für solche Landgüter, welche einer Familie vollauf Beschäftigung und Nahrung zu geben vermögen, empfiehlt sich für diejenigen Gegenden, in denen der Übergang des Gutes auf einen Erben der Sitte entspricht.

Die Gestaltung desselben hat sich auch an die Ortssitte anzuschließen und muß demgemäß für die einzelnen Gegenden eine verschiedene sein.

Die Abfindungen der Miterben sind, sofern der Erblasser nichts anderes bestimmt hat, nach dem Ertragswerte, nicht nach dem Verkaufswerte des Gutes, tunlichst in Renten zu bestimmen. Das Pflichtteilsrecht der Miterben ist zu beschränken und das eheliche Güterrecht entsprechend zu ordnen.

3. Für die übrigen Gegenden empfiehlt sich ein derartiges Anerbenrecht für die auf Antrag des Eigentümers in die Höferolle oder in das Grundbuch eingetragenen Güter.

4. Die Ordnung des Anerbenrechtes ist der Landesgesetzgebung zu überlassen.

Das Bürgerliche Gesetzbuch hat zugunsten einer wirksamen Landesgesetzgebung die erforderlichen Vorbehalte aufzunehmen.

Im BGB. (vgl. Art. 64 des EG.) ist bestimmt, daß die landesgesetzlichen Vorschriften über das Anerbenrecht in Ansehung land- und forstwirtschaftlicher Grundstücke unberührt bleiben. Die Landesgesetze können jedoch das Recht des Erblassers, über das dem Anerbenrecht unterliegende Grundstück von Todes wegen zu verfügen, nicht beschränken. Dem Anerbenrecht verwandt sind die Bestimmungen der §§ 2049, 2312 BGB., nach denen ein Landgut zum Ertragswert angesetzt werden soll, wenn der Erblasser einem Miterben das Übernahmerecht gewährt hat, und auch für die Pflichtteilsberechnung der Ertragswert maßgebend ist, wenn von dem Übernahmerecht Gebrauch gemacht wurde.

6. Wasserrecht.

23. DJT. Bremen 1895.

Der im Jahre 1894 veröffentlichte Entwurf eines preußischen Wassergesetzes gab für den Juristentag den Anlaß, sich mit dem Wasserrechte zu befassen. Da die Verleihung der Wassernutzungsrechte die privatrechtlich wichtigste Neuerung des Entwurfes ist, wurde folgende Frage zur Verhandlung gestellt:

Frage. Empfiehlt sich die Verleihung der Wassernutzungen nach Maßgabe des Entwurfes des preußischen Wassergesetzes?

Gutachter:	Berichterstatter:
RA. Dr. Baumert (Spandau)	Prof. Dr. Brunner (Berlin)
I. 73—126.	II. 114ff.

Der Gutachter Baumert stellt folgende Sätze auf:

1. Es empfiehlt sich die Einführung der Verleihung von Wassernutzungsrechten.

2. Hauptzweck der Verleihung ist, den Wassernutzungsrechten Rechts-

schutz zu gewähren, sie muß daher die jetzt bestehenden Wassernutzungen ebenso berücksichtigen, wie die erst künftig verliehenen.

3. Die im Entwurf eines preußischen Wassergesetzes geplante Verleihung von Wassernutzungsrechten empfiehlt sich in der vorgeschlagenen Form nicht, denn

a) es ist die Genehmigung und ein besonderes Aufgebotsverfahren neben der Verleihung mit vorangehendem Aufgebot unzweckmäßig und überflüssig, wenn auch eine vorläufige jederzeit frei widerrufliche Verleihung neben der endgültigen Verleihung zu schaffen ist;

b) die Einführung eines Wasserbuches erweist sich neben der Verleihung als notwendig;

c) es widerspricht dem Wesen der Verleihung, im Gesetz noch ein Eigentum der Anlieger an den Wasserläufen zu begründen;

d) die durch die Verleihung begründeten Rechte müssen dem wohlerworbenen Privatrechten gleichgestellt werden;

e) die Verleihung darf nur auf eine Zeit erteilt werden, wenn der Antragsteller dies so begehrt, anderenfalls müßte sie unwiderruflich sein;

f) das verliehene Recht darf in letzter Instanz nur durch ein Kollegium, nicht durch den bloßen Beschluß eines Verwaltungsbeamten aberkannt werden;

g) die Enteignung und die Einräumung notwendiger Dienstbarkeiten dürfen nur dem gewährt werden, welcher eine Verleihung begehrt;

h) einen Unterschied in den einzelnen Landesteilen bezüglich des Widerspruchsrechtes gegen die Verleihung zu machen, ist nicht gerechtfertigt und ist § 296 des Entwurfes unhaltbar.

Die vom Berichterstatter aufgestellten Grundsätze wurden zum Beschluß erhoben.

Beschluß. Der Grundsatz der Verleihung der Wassernutzungsrechte ist zu empfehlen.

Die Verleihung soll in der Regel nur auf Zeit erfolgen. Bei einer Erneuerung der Verleihung nach Ablauf der Zeit ist der bisherigen Benutzung unter bestimmten Voraussetzungen ein Vorrecht zu gewähren.

Die Einrichtung von Wasserbüchern ist wünschenswert. Auf bestehende Wassernutzungsrechte und auf die Interessen der Anlieger ist größere Rücksicht zu nehmen, als der Entwurf vorsieht.

In Preußen ist der Entwurf des Wassergesetzes von 1894 bisher noch nicht Gesetz geworden. Jedoch sind in anderen Bundesstaaten neuere Wassergesetze erlassen worden, z. B. in Sachsen das Gesetz vom 12. März 1909. Während nach dem sächsischen Entwurfe von 1905 Sonderrechte an öffentlichen Gewässern nur durch staatliche Verleihung erworben werden konnten, geht das Gesetz selbst davon aus, daß die Wassernutzung demjenigen zusteht, der sie kraft Eigentums am Ufergrundstück oder kraft eines anderen dinglichen oder persönlichen Rechtes ausüben kann. Eine große Reihe von Wassernutzungen ist aber behördlicher Erlaubnis unterstellt (§ 23). Die Nutzungen sind in Wasserbücher einzutragen; über diese handeln die §§ 50—53.

Auch das neue bayerische Wassergesetz vom 23. März 1907 macht die besonderen Benutzungen des Wassers von der Erlaubnis der Verwaltungsbehörde abhängig (Art. 42 ff.). Wasserbücher sind auch auf Grund dieses Gesetzes zu führen (Art. 196—200).

IV. Handels-, Versicherungs- und Wechselrecht.

A. Handelsrecht.

1. Einführung des Handelsgesetzbuches.

4. DJT. Mainz 1863.

Nach einem Referate des Prof. Anschütz-Halle (II. 127 ff.) wurde beschlossen:

Beschluß. a) Der Juristentag spricht den Wunsch aus, daß diejenigen deutschen Bundesstaaten, in welchen das allgemeine deutsche Handelsgesetzbuch, einschl. des Seerechts, noch keine Gesetzeskraft hat, dasselbe alsbald unverändert einführen.

b) Der Juristentag spricht den Wunsch aus, daß diejenigen deutschen Bundesstaaten, welche die in Nürnberg beschlossene und bereits von mehreren Staaten publizierte Novelle zur allgemeinen deutschen Wechselordnung noch nicht publiziert haben, baldigst mit der Publikation vorgehen möchten.

Dem Handelsgesetzbuch wurde in den einzelnen deutschen Bundesstaaten mittels sogenannter Einführungsgesetze, welche zwischen dem Oktober 1861 und dem Dezember 1865 erlassen worden sind, Gesetzeskraft verliehen. Die Nürnberger Novellen wurden Anfang der sechziger Jahre von den einzelnen Regierungen als Landesgesetze verkündet.

2. Fortführung eines Handelsgeschäftes mit Firma.

15. DJT. Leipzig 1880.

In dem früheren deutschen Handelsgesetzbuche war nur der Fall geregelt, daß in eine bestehende Sozietät ein neuer Teilnehmer eintritt, nichts aber darüber gesagt, welche Rechtswirkung es hat, wenn ein Kaufmann das Geschäft eines Einzelkaufmanns oder das einer Gesellschaft übernimmt. Dies hatte zur Folge gehabt, daß in dieser Beziehung in der Doktrin wie in der Praxis Zweifel entstanden waren.

Frage. Rechtfertigt sich eine allgemeine Vorschrift des Inhalts, daß, wer ein Handelsgeschäft übernimmt, oder in ein solches als offener Teilhaber eintritt, falls die Firma unverändert bleibt, ohne weiteres activa und passiva übernimmt?

Gutachter: Adv. Dr. Heinsen (Hamburg) 14 I. 215—244.

Berichterstatter: JR. Makower (Berlin) II. 132 ff.

Das Gutachten gelangt zu dem Resultate, daß vorbehaltlich des Rechtes des Geschäftsveräußerers gewisse ausstehende Forderungen von dem Übergange auszuschließen, wenn er dies den Geschäftsschuldnern ausdrücklich bekannt macht, ein Gesetz des Inhalts sich empfehle:

Wer ein Handelsgeschäft übernimmt oder in ein solches als offener Teilhaber eintritt, übernimmt ohne weiteres die Forderungen des Geschäftes an diejenigen Schuldner, denen das Gegenteil nicht bekannt gemacht ist, und haftet für alle vor seinem Eintritt oder der Übernahme des Geschäftes bezüglich desselben begründeten Verbindlichkeiten. Ein entgegenstehender Vertrag ist gegen Dritte ohne rechtliche Wirkung.

Die Abteilung erhob diesen Vorschlag zum Beschluß; es wurde jedoch zur Voraussetzung gemacht, daß die Firma bei der Übernahme unverändert bleibt.

Beschluß. Wer ein Handelsgeschäft übernimmt oder in ein solches als offener Teilnehmer eintritt, übernimmt, falls die Firma unverändert bleibt, ohne weiteres die Forderungen des Geschäftes an diejenigen Schuldner, denen das Gegenteil nicht bekannt gemacht ist, und haftet für alle vor seinem Eintritt oder der Übernahme des Geschäftes bezüglich desselben begründeten Verbindlichkeiten.

Ein entgegenstehender Vertrag ist gegen Dritte ohne rechtliche Wirkung.

In dem neuen Handelsgesetzbuch vom 10. Mai 1897 ist die Frage, unter welchen Voraussetzungen der Erwerber eines Handelsgeschäfts in die Schulden und Forderungen des bisherigen Inhabers eintritt, in den §§ 25—27 im wesentlichen im Einklange mit dem Beschlusse des Juristentages geregelt worden, nachdem sich die Denkschrift zum Nachweise der Notwendigkeit einer gesetzlichen Normierung ausdrücklich auf den Ausspruch des Juristentages berufen hatte.

3a. Handelsmakler.

7. DJT. Hamburg 1868.

Zum ersten Male befaßte sich der 7. DJT. mit der

Frage: Empfiehlt sich die Beibehaltung des Institutes der Handelsmakler?

Gutachter:	Berichterstatter:
Ass. Puscher (Nürnberg)	Dr. Albrecht (Hamburg)
I. 92—99.	II. 69 ff.

Das Gutachten empfiehlt das Institut der Handelsmakler beizubehalten und deren Befugnisse durch Abänderung des Artikels 69 des Handelsgesetzbuches in Absatz 6 mittels folgender Bestimmungen zu erweitern:

Die Vorschrift, durch welche den Handelsmaklern untersagt ist, zu den unter ihrer Vermittelung zustande kommenden Geschäften die Einwilligung der Parteien, oder deren Bevollmächtigten anders anzunehmen, als durch persönliche Erklärung, und von Abwesenden Aufträge zu übernehmen, wird aufgehoben.

Ist eine durch schriftliche Erklärung abgegebene Einwilligung angenommen worden, so hat der Handelsmakler das betreffende Schriftstück aufzubewahren und im Falle der Vorlegung seines Tagebuchs mit diesem vorzulegen.

Entgegen dem Gutachten gelangte die Abteilung auf Grund der Darlegungen des Berichterstatters zu dem Beschlusse:

Beschluß. Überwiegende Gründe sprechen für die Aufhebung des Instituts der Handelsmakler.

3b. 18. DJT. Wiesbaden 1886.

Dem Ausspruche des 7. DJT. war nicht Folge gegeben worden, darum wurde dem 18. DJT. die anderweit formulierte Frage vorgelegt:

Frage. Empfiehlt es sich, die Vorschrift des Allgemeinen Handelsgesetzbuches, daß die Handelsmakler keine Handelsgeschäfte auf eigene Rechnung machen sollen, zu beseitigen oder abzuändern? Und welche Vorsichtsmaßregeln sind eventuell zu bestimmen, um die Stellung der Handelsmakler zu wahren?

Gutachter:	Berichterstatter:
Prof. Dr. Grünhut (Wien)	KrGDir. Beisert (Berlin)
I. 35—39.	II. 201 ff.

Das Gutachten von Professor Grünhut empfiehlt in erster Linie, das Institut der beeidigten Handelsmakler überhaupt zu beseitigen. Wolle man aber das Institut beibehalten, so könne man auch die Kautelen nicht entbehren, welche das Handelsgesetzbuch durch die den Maklern auferlegten Verpflichtungen geschaffen habe. Insbesondere dürfe nicht aufgehoben werden das Verbot von Geschäften für eigene Rechnung, weil nur dadurch die zu verlangende Neutralität und Unparteilichkeit des Maklers gesichert werde.

Der Referent unterschied zwischen Geschäften über individuelle Gegenstände, wie Grundstücke und Hypotheken, und Geschäften über Gattungssachen, die hauptsächlich Gegenstand des Börsenverkehrs sind, wie Geschäften über Fonds und Effekten. Bezüglich der ersteren erklärte er sich für Beseitigung des Institutes der vereidigten Makler, weil bei diesen Geschäften eine Feststellung von Marktpreisen nicht in Frage komme und eine Überwachung nicht recht ausführbar sei. Bei den eigentlichen Börsengeschäften dagegen erachtete er das Institut der beeidigten Makler für erforderlich, weil nur durch diese eine amtlich genügende Gewähr der Richtigkeit der Kursnotiz geboten werde. Einen Ersatz hierfür durch Vertrauensmänner zu schaffen, welche aus der Zahl der unbeeideten Vermittler erwählt würden, hielt der Referent für untunlich. Das Verbot für die Makler, sich für die von ihnen vermittelten Geschäfte verbindlich zu machen und Bürgschaften für dieselben zu übernehmen, sollte nicht aufrechterhalten werden. Ebenso sei es notwendig, daß man Schlußnoten zulasse, die erteilt würden ohne Namennennung des Kontrahenten, und auch in diesem Falle habe der Makler an Stelle des unbekannten Kontrahenten zu haften.

Die Ausführungen des Berichterstatters fanden jedoch nicht die Zustimmung der Abteilung.

Beschluß. Der Juristentag spricht wiederholt seine Überzeugung dahin aus, daß überwiegende Gründe für Aufhebung des Instituts der beeidigten Handelsmakler sprechen.

Das Handelsgesetzbuch von 1897 kennt keine amtlichem Handelsmakler mehr; Handelsmakler im Sinne des neuen Handelsgesetzbuches sind vielmehr die nach dem früheren Sprachgebrauch als Privathandelsmakler bezeichneten Personen. Hiermit hat sich das Handelsgesetzbuch, wie es in der Denkschrift heißt, auf den Standpunkt gestellt, den bereits das Börsengesetz vom 22. Juni 1896 einnimmt, denn durch dieses ist in Übereinstimmung mit den Vorschlägen der Börsenenquetekommission und mit den von verschiedensten Seiten geäußerten Wünschen das Institut der amtlichen Handelsmakler für das Gebiet des Börsenhandels ganz beseitigt worden.

Der Grundsatz des Artikels 69 des alten Handelsgesetzbuches, daß die Handelsmakler weder unmittelbar noch mittelbar für eigene Rechnung Handelsgeschäfte machen dürfen, war bereits durch das Börsengesetz als zu weitgreifend und praktisch undurchführbar verlassen worden. § 34 des Börsengesetzes beschränkt das Verbot des Abschlusses von Geschäften für eigene Rechnung auf den Geschäftszweig, in welchem der Kursmakler bei der amtlichen Feststellung des Börsenpreises mitwirkt, und gestattet dem Kursmakler ausnahmsweise auch hier für eigene Rechnung oder im eigenen Namen Handelsgeschäfte zu schließen, wenn dies zur Ausführung des ihm erteilten Auftrages erforderlich ist. Im neuen Handelsgesetzbuche findet sich die Vorschrift des Artikel 69 überhaupt nicht mehr.

4. Immobilienmakler.

24. DJT. Posen 1898.

In den Kreisen der Immobilienmakler beschäftigte man sich viel damit, ob ein Ausbau der auf diese Personen bezüglichen Vorschriften im Wege der Spezialgesetzgebung angezeigt sei.

Frage. Empfiehlt sich die gesetzliche Regelung des Gewerbes der Grund- und Hypothekenmakler?

Gutachter:	Berichterstatter:
PrivDoz. Dr. Tezner (Wien) II. 124—133.	JR. Dr. Goldschmidt (Berlin) IV. 246 ff.
PrivDoz. Dr. Burchard (Berlin) II. 235—300.	RA. Dr. Fuld (Mainz) IV. 254 ff.

Gutachter Tezner gelangt, im wesentlichen vom Standpunkte der österreichischen Verhältnisse und der österreichischen Gesetzgebung ausgehend, zu dem Ergebnisse, daß ein legislatorisches Einschreiten nicht erforderlich sei; trotzdem in Österreich eine sehr spezialisierte Reglementierung des Grundstücksmaklerwesens bestehe, seien dort dieselben Mißstände zutage getreten, wie man sie augenblicklich in Deutschland beklage.

Burchard meint dagegen, das Immobilienmaklerwesen habe Übelstände zutage gefördert, die ein Vorgehen der Gesetzgebung unbedingt erheischten. Vor allem müsse im Mittelpunkt der Reform die Konzessionspflicht des Gewerbes stehen, auch seien den lokalen Verwaltungsbehörden umfangreiche Kontrollbefugnisse einzuräumen. Burchard stellt deshalb einen detaillierten Gesetzesentwurf auf.

Die Abteilung folgte den Ausführungen des Referenten.

Beschluß. Die Regelung des Gewerbes der Grund- und Hypothekenmakler im Wege eines Spezialgesetzes ist nicht zu empfehlen; die gegenwärtig in Kraft befindlichen Bestimmungen der Gewerbeordnung §§ 35—38 in Verbindung mit den §§ 652—656 BGB. gewähren eine ausreichende Grundlage für den Ausbau der das Immobilienmaklerwesen beherrschenden privatrechtlichen und öffentlichrechtlichen Grundsätze durch die Rechtsprechung und die Verwaltungspraxis.

5. Vollstreckung des gegen eine offene Handelsgesellschaft ergangenen Urteils.

19. DJT. Stettin 1888.

Das RG., wie auch schon das ROHG., hatte sich wiederholt mit der Frage der Vollstreckbarkeit der gegen eine offene Handelsgesellschaft gerichteten Urteile in das Privatvermögen der Gesellschafter beschäftigt und dahin erkannt, daß aus dem gegen die Firma ergangenen Urteile keine Exekution gegen die Gesellschafter zu gestatten sei. Die Praxis der Gerichte stand im Einklang mit dem bei Beratung des HGB. in Nürnberg eingenommenen Standpunkte. Die Frage, ob die Auffassung der höchsten Gerichte dem Gesetze entspricht und ob ev. eine Änderung der Gesetzgebung in diesem Punkte Bedürfnis sei, wurde deshalb dem Juristentage zur Erörterung vorgelegt.

Frage. Soll das eine offene Handelsgesellschaft verurteilende Urteil ohne weiteres, bzw. unter welchen Modalitäten, namentlich betreffs der persönlichen Einreden, in das Privatvermögen der Teilnehmer vollstreckbar sein?

Gutachter:	Berichterstatter:
Prof. Dr. Wach (Leipzig)	RA. Dr. Boyens (Stettin)
II. 69—84.	III. 140 ff.
	RA. Werner (Stettin) III. 149.

Der Gutachter Wach geht davon aus, daß ein von den Gesellschaftern verschiedenes Rechtssubjekt in der offenen Handelsgesellschaft nicht vorhanden sei und daß deshalb bereits nach geltendem Rechte ein die offene Handelsgesellschaft verurteilendes Erkenntnis auch gegen die einzelnen

Gesellschafter und in deren Privatvermögen vollstreckbar sei. Da aber die herrschende Meinung hiermit im Widerspruche stehe, empfiehlt er die Aufnahme einer besonderen Vorschrift in die Zivilprozeßordnung, welche die Vollstreckbarkeit des Gesellschaftsurteils gegen den Gesellschafter ausspricht. Betreffs der den einzelnen Gesellschaftern zustehenden Individualeinreden nimmt Wach an, daß diese in dem Prozesse gegen die Firma nicht vorgeschützt werden könnten.

Die Abteilung ist dem Gutachten nicht beigetreten, war vielmehr der Ansicht, daß nach geltendem Rechte Urteile, die gegen die Firma einer offenen Handelsgesellschaft ergangen sind, nicht in das Privatvermögen der einzelnen Sozien vollstreckbar seien und daß ein Bedürfnis, den bestehenden Zustand zu ändern, sich in keiner Weise ergeben habe. Es wurde deshalb einstimmig folgender Beschluß gefaßt:

Beschluß. Eine gesetzliche Vorschrift dahin, daß ein die offene Handelsgesellschaft verurteilendes Erkenntnis ohne weiteres in das Privatvermögen der Teilnehmer vollstreckbar sei, ist nicht zu empfehlen.

Das HGB. vom 10. Mai 1897 bestimmt ausdrücklich, daß aus einem gegen die Gesellschaft gerichteten vollstreckbaren Schuldtitel die Zwangsvollstreckung gegen die Gesellschafter nicht stattfindet (vgl. § 129 Abs. 4).

6a. Gründung von Aktiengesellschaften. Rechte der Aktionäre.

8. DJT. Heidelberg 1869.

Antrag des Adv. Dr. Jaques (Wien):

I. Zur Errichtung von Aktiengesellschaften und Kommanditgesellschaften auf Aktien soll es staatlicher Genehmigung nicht bedürfen.

II. Die Gesetzgebung über Erwerbs- und Wirtschaftsgenossenschaften soll auf nachfolgenden Grundlagen beruhen:

1. auf dem Grundsatze, daß es zur Errichtung einer Genossenschaft staatlicher Genehmigung nicht bedürfe;
2. auf dem Grundsatze obligatorischer Solidarbürgschaft der Genossenschaftsmitglieder.

Gutachten	Berichterstatter:
waren nicht erstattet.	Prof. Dr. Goldschmidt (Heidelberg) II. 43 ff., 60 ff.

Der Berichterstatter befürwortete die Annahme der Anträge Jaques zu I und II. Dem Antrage, daß die Gesetzgebung über die Erwerbs- und Wirtschaftsgenossenschaften auf dem Grundsatze der obligatorischen Solidarbürgschaft der Genossenschaftsmitglieder beruhen solle, wollte er sich jedoch nicht anschließen. Er führte aus, es dürfe kein Genossenschafter innerhalb einer dem Zeitpunkte seines Austritts folgenden, zweijährigen Verjährungsfrist befugt sein, seinen vertragsmäßigen Minimalbeitrag zurückzuziehen, und es habe ein jeder Genossenschafter innerhalb dieses zweijährigen Zeitraums den noch rückständigen Teil seines Minimalbeitrages zur Befriedigung der Genossenschaftsgläubiger für die zurzeit seines Austritts bereits bestehenden Verbindlichkeiten der Genossenschaft einzuschießen. Die Genossenschaft sei zur Einziehung dieser Beiträge zu verpflichten.

Die Anträge Jaques' wurden in Verbindung mit einem Antrage Gneist von der Abteilung mit großer Mehrheit angenommen:

Beschluß. I. Zur Errichtung von Aktiengesellschaften und Kommanditgesellschaften auf Aktien soll es staatlicher Genehmigung nicht bedürfen.

II. Die Gesetzgebung über Erwerbs und Wirtschaftsgenossenschaften soll auf dem Grundsatze beruhen, daß es zur Errichtung einer Genossenschaft staatlicher Genehmigung nicht bedürfe.

III. Es ist wünschenswert, daß für die Verpflichtung der Genossenschaft der einzelne Genossenschafter solidarisch und mit seinem ganzen Vermögen einstehe. Die darauf bezügliche Bestimmung des norddeutschen Bundesgesetzes erscheint als angemessen.

IV. Es steht jedoch prinzipiell der Bildung von Genossenschaften mit nur beschränkter Haftpflicht und mit freiem Austrittsrecht der Genossenschafter nichts entgegen, sofern dafür Sorge getragen wird, daß den Genossenschaftsgläubigern ein jederzeit bestimmtes und bekanntes Minimalkapital haftet.

Das Erfordernis der staatlichen Genehmigung zur Errichtung von Aktiengesellschaften wurde schon durch das Gesetz vom 11. Juli 1870 beseitigt.

Genossenschaften mit beschränkter Haftpflicht sind in Deutschland seit dem Gesetze vom 1. Mai 1889 zugelassen. (Vgl. unten zu 9.)

6b.

11. DJT. Hannover 1873.

Infolge der Entfesselung des Aktienwesens durch das Bundesgesetz vom 11. Juni 1870 war trotz der darin enthaltenen Normativbestimmungen für die Errichtung von Aktiengesellschaften eine Flut von unsoliden Gründungen eingetreten, welche eine allgemeine wirtschaftliche Krisis hervorgerufen hatte. Der DJT. nahm darum Veranlassung zur Erörterung der

Frage: Kann die Gesetzgebung Vorsichtsmaßregeln zur Verhinderung unsolider Begründung oder mißbräuchlicher Verwaltung von Aktiengesellschaften treffen und welche?

Gutachten	Berichterstatter:
waren nicht erstattet.	Adv. Dr. Wolffson (Hamburg) II. 71 ff.
	Präs. Dr. Albrecht (Hamburg) II. 90 ff.

Der Juristentag schloß sich dem Antrage des ersten Berichterstatters an.

Beschluß. Zur tunlichsten Verhinderung unsolider Begründungen oder mißbräuchlicher Verwaltung von Aktiengesellschaften empfiehlt es sich, die betreffenden gesetzlichen Bestimmungen namentlich in folgenden Punkten zu ändern:

a) Die Gründer einer Aktiengesellschaft zu verpflichten, die für die Begründung wichtigsten Angaben, namentlich diejenigen über nicht in Geld bestehende Einlagen, mittels unterschriftlich vollzogener Prospekte kund zu geben;

b) die Gründer für jede veranlaßte Täuschung in bezug auf die Angaben der unter a erwähnten Prospekte, das Vorhandensein und den Wert der Aktienzeichnungen, sowie in bezug auf die geleisteten Einzahlungen solidarisch verhaftet zu erklären;

c) die Bestimmung aufzuheben, nach welcher es gestattet ist, nach erfolgter Einzahlung von 40% die Zeichner von Inhaberaktien von der Haftung für fernere Einzahlungen zu befreien;

d) die Gerichte zu ermächtigen, jederzeit auf Antrag einzelner Aktionäre, wenn wichtige Gründe vorliegen, die Mitteilung einer Bilanz oder sonstiger Aufklärungen nebst Vorlegung der Bücher und Papiere anzuordnen, auch eine Untersuchung der Geschäftsführung zu veranlassen;

e) auch dem einzelnen Aktionär, soweit es sein Interesse erheischt, ein Klagerecht auf Innehaltung der gesetzlichen und statutarischen Vorschriften über Geschäftsführung, Bilanz und Gewinnverteilung zu gewähren.

6 c. 15. DJT. Leipzig 1880.

Die Vorschriften des HGB. über das Aktienrecht hatten sich nicht als zureichend erwiesen, um den im Aktienverkehr hervorgetretenen Mißständen zu begegnen. An die Gesetzgebung trat darum die Aufgabe heran, den eingetretenen Übelständen im Wege legislatorischer Bestimmungen für die Zukunft entgegenzuarbeiten. Der DJT. beschäftigte sich daher mit der

Frage: In welchem Umfange sind gesetzlich Sonderrechte der Aktionäre anzuordnen und welche Schutzmittel sind ihnen dafür zu gewähren?

Gutachten	Berichterstatter:
waren nicht erstattet.	Adv. Dr. Jaques (Wien) II. 153 ff.

Bei der Erörterung des Beratungsgegenstandes in der Abteilung war man darin einig, daß eine Erweiterung der Rechte der Aktionäre gegenüber der Gesellschaft und gegenüber den Generalversammlungen unerläßlich sei. Zweifel walteten ob, wieweit man darin zu gehen habe. Die Versammlung entschloß sich deshalb nach eingehender Debatte, nur dasjenige in Form bestimmter Sätze zu proponieren, worüber man zu einer communis opinio gelangen konnte, alles dasjenige aber beiseite zu lassen, was noch als Gegenstand weiterer Forschung zu betrachten war.

Nach dem Antrage des Berichterstatters erging folgender

Beschluß: Der Juristentag erkennt an, daß das Maß der dem einzelnen Aktionär gegen die Gesellschaft und die Gesellschaftsorgane zustehenden Rechte gegenüber den Vorschriften des deutschen Handelsgesetzbuches erweitert werden muß und daß dabei wesentlich folgende Grundsätze zu berücksichtigen sind:

a) Jedem Aktionär soll das Recht zustehen, die Einberufung der statutengemäßen Generalversammlung gegen sich weigernde oder zögernde Gesellschaftsorgane durch kollegialgerichtlichen Beschluß zu erwirken.

Rechtzeitig vor Abhaltung der ordentlichen Generalversammlung ist jedem Aktionär Einsicht in die Jahresrechnung und Bilanz sowie in den Bericht des Vorstandes, des Aufsichtsrats und der Revisoren zu gewähren.

b) Jedem Aktionär soll das Recht zustehen, Beschlüsse der Generalversammlung wegen Verletzung wesentlicher Förmlichkeiten oder Überschreitung der, der Generalversammlung durch Gesetz oder Gesellschaftsvertrag erteilten Befugnisse im Wege der Klage gegen die Gesellschaft anzufechten.

Ebenso soll es jedem Aktionär zustehen, gegen den Vorstand auf Ausführung eines Generalversammlungsbeschlusses zu klagen.

c) Ein Aktionär oder mehrere, deren Aktien zusammen mindestens den zehnten Teil des Grundkapitals darstellen, sollen berechtigt sein, sofern sie die Behauptung glaubhaft machen können, daß bei der Errichtung oder Geschäftsführung der Gesellschaft Unredlichkeiten oder gröbliche Verletzungen des Interesses der Aktionäre untergelaufen sind, beim zuständigen Kollegialgericht unter Hinterlegung ihrer Aktien nebst Zins- und Dividendenscheinen, auch nach Befinden des Gerichtes unter Leistung genügender Sicherheit, die Vornahme einer Untersuchung der von ihnen behaupteten Tatsachen während eines bestimmten Zeitraums zu beantragen.

Im Falle doloser oder mutwilliger Aufstellung ihrer Behauptungen haften die Antragsteller der Gesellschaft für den derselben durch die Stellung des Antrages und die Verhandlung über denselben entstandenen Schaden.

d) Jedem Aktionär soll das Recht zustehen, die bei dem Beschlusse über die Decharge vorbehaltenen Entschädigungsansprüche gegen Gesellschaftsorgane, wenn sie nicht innerhalb bestimmter Zeit geltend gemacht sind, sowie, trotz erfolgter Decharge durch die Generalversammlung, auf Vorsatz oder grobem Versehen beruhende Beschädigungen geltend zu machen.

Schon die deutsche Aktiennovelle vom 18. Juli 1884 hat eine dem Beschlusse des DJT. im wesentlichen entsprechende Regelung gebracht unter vielfacher Bezugnahme auf die Verhandlungen des Juristentages (vgl. Motive 254, 264, 273, 289, 295, 298). Es sind hier besonders hervorzuheben namentlich die Annahme der Prospektstheorie und die Verantwortlichkeit der Gründer, die Aufhebung der Haftung des Aktionärs auf nur 40 %, sodann die Erhöhung der Rechte des einzelnen Aktionärs und der Minderheit bezüglich der Einberufung von Generalversammlungen, der Untersuchung von Gesellschaftsvorgängen, der Anfechtung von Beschlüssen der Generalversammlungen und der Verfolgung von Ansprüchen der Gesellschaft aus der Gründung und Geschäftsführung.

In Österreich waren zwar schon in einem Entwurfe von 1882 ähnliche Bestimmungen enthalten, aber bis zum heutigen Tage ist ein neues Aktiengesetz immer noch nicht zustande gekommen. Den dringendsten Forderungen einer modernen Aktiengesetzgebung ist wenigstens durch das sog. Aktienregulativ vom 20. Dezember 1899 entsprochen worden.

6 d. 23. DJT. Bremen 1895.

Nachdem sich unter anderem die Börsenenquetenkommission und der Handelsgesetzgebungsausschuß der Handelskammer zu Leipzig mit der Frage beschäftigt hatten, ob die Bestimmungen der Aktiennovelle ausreichten, um die Zahl der auf Täuschung des Publikums berechneten Gründungen nach Möglichkeit zu beschränken, stellte die ständige Deputation des Juristentages zur Erörterung folgende

Frage: Haben sich die durch die Aktiennovelle vom 18. Juli 1884 geschaffenen Kautelen gegen unsolide Gründungen bewährt, oder empfiehlt sich eine anderweitige Gestaltung derselben?

Gutachter:	Berichterstatter:
Bankdir. Dr. Felix Hecht (Mannheim)	JR. Dr. Reatz (Gießen)
22 I. 123—195.	**23** II. 221 ff.
JR. M. Levy (Berlin)	JR. Dr. Goldschmidt (Berlin)
22 I. 196—239.	**23** II. 228 ff.

Der erste Gutachter gelangte zu dem Ergebnis, daß derzeit ein abschließendes Urteil nicht möglich sei, Reformvorschläge für die sofortige Umgestaltung der Aktiennovelle mithin verfrüht wären, daß sich aber die von der Aktiennovelle geschaffenen Kautelen im wesentlichen bewährt hätten. Nur eine schärfere und dem Zwecke der Novelle mehr entsprechende Handhabung der Kautelen sei in der Praxis geboten; diese Abänderungen und Ergänzungen könnten bei einer künftigen Revision des Handelsgesetzbuchs, insbesondere der Novelle getroffen werden.

JR. Levy führt aus, daß sich diese Kautelen nicht hinlänglich bewährt hätten, daß es sich darum empfehle, dieselben nach zwei Richtungen zu erweitern: Einmal dahin, daß der Mindestbetrag des Grundkapitals einer Aktiengesellschaft auf 5 Millionen Mark und der Mindestnominalsatz einer Aktie auf 5000 Mark festgesetzt werde, sodann, daß zwischen der Eintragung der Aktiengesellschaft in das Handelsregister und der Einführung der Aktien an der Börse eine obligatorische Sperrfrist von angemessener Dauer (etwa sechs bis neun Monate) eingeführt werde.

Die Abteilung stimmte dem Antrage des Berichterstatters zu.

Beschluß. Ein abschließendes Urteil über die Frage, ob sich die durch die Aktiennovelle vom 18. Juli 1884 geschaffenen Kautelen gegen unsolide Gründungen bewährt haben, ist zurzeit nicht möglich, und auch eine anderweite Gestaltung derselben empfiehlt sich zurzeit nicht.

Das Handelsgesetzbuch vom 10. Mai 1897 hat die Grundsätze der Aktiennovelle vom 18. Juli 1884, betreffend die Verantwortlichkeit der Gründer, die Erhöhung der Rechte der einzelnen Aktionäre und der Minderheit bezüglich der Einberufung von Generalversammlungen, der

Untersuchung von Gesellschaftsvorgängen, der Anfechtung von Generalversammlungsbeschlüssen und der Verfolgung von Ansprüchen der Gesellschaft aus der Gründung und Geschäftsführung, übernommen.

7. Einberufung der Generalversammlung bei Aktiengesellschaften.

27. DJT. Innsbruck 1904.

Ein Urteil des Reichsgerichts vom 3. März 1902 hatte den Satz aufgestellt: „Vorstand und Aufsichtsrat einer Aktiengesellschaft sind nach bestehendem Rechte verpflichtet, vor Eingehung wichtiger, kostspieliger, riskanter und darum das Interesse der Aktionäre in besonderem Maße berührender Geschäfte sich der Zustimmung der Generalversammlung zu versichern. Tun sie es nicht, so handeln sie auf eigene Gefahr.“ Hieraus war das vorliegende Thema entstanden.

Frage. Wieweit erstrecken sich Recht und Pflicht des Aufsichtsrats und Vorstandes einer Aktiengesellschaft zur Einberufung einer Generalversammlung?

Gutachter:	Berichterstatter:
Prof. Lehmann (Rostock) I. 57—79.	Prof. Dr. Rehm (Straßburg) IV. 166 ff.

JR. Dr. Staub (Berlin) I. 80—88.

Der erste Gutachter hält grundsätzlich die Einberufung des obersten Gesellschaftsorganes bei allen außergewöhnlichen Handlungen und Ereignissen für geboten. Wenn Gefahr im Verzuge ist, soll die Einberufung der Generalversammlung unterbleiben können, sofern der Vorstand Grund zu der Annahme hat, die Generalversammlung werde die Maßnahme billigen. Er will es auch zulassen, daß durch Statut die Zustimmung der Mitgliederversammlung durch die des Aufsichtsrats ersetzt wird.

Der zweite Gutachter, Staub, führt aus, daß ungewöhnliche Geschäfte und Ereignisse als solche noch nicht die Berufung des Mitgliederplenums notwendig machen, daß diese Notwendigkeit jedoch bei außerordentlichen Maßnahmen eintrete, wenn der Vorstand Anlaß habe oder haben müsse, zu zweifeln, ob die Generalversammlung sie genehmigen würde. Dies folge aus der Stellung des Vorstandes als Verwalter fremden Vermögens.

Der Berichterstatter kam zu dem Ergebnis, daß Vorstand und Aufsichtsrat das Recht zur Berufung der Generalversammlung haben, sofern sie bei Anwendung der Sorgfalt eines ordentlichen Geschäftsmannes sich nicht sagen müssen, daß die Berufung, sei es, weil der Gegenstand rasches Handeln oder Geheimhaltung erheischt, sei es aus irgendeinem anderen Grunde, der Gesellschaft schaden werde. Eine Pflicht zur Berufung der Generalversammlung bestände nach geltendem Rechte für Vorstand und Aufsichtsrat nur dann, wenn Gesetz, Statut, einfacher Generalversammlungsbeschluß oder Anstellungsvertrag es erfordern, jedoch mit der Ausnahme, daß, wenn die Generalversammlung die ausdrückliche Weisung erteilte, vor Eingehung des Geschäftes ihre Zustimmung einzuholen, Vorstand bzw. Aufsichtsrat berechtigt sind, von deren Einberufung abzusehen, sobald Gefahr im Verzuge ist und sie den Umständen nach annehmen dürfen, die Generalversammlung würde bei Kenntnis der Sachlage das Unterlassen der Einberufung billigen. Weiterhin sollen Vorstand und Aufsichtsrat verpflichtet sein, die Generalversammlung zu berufen, wenn ein Ereignis oder eine beabsichtigte Maßnahme geeignet ist, den ganzen Bestand der Gesellschaft zu gefährden.

Die überwiegende Mehrheit des Juristentages beschloß:

Beschluß. Die Einberufung einer Generalversammlung gehört zu den in erster Linie dem Vorstande der Aktiengesellschaft obliegenden Handlungen der Geschäftsführung. Demgemäß hat, wie über alle anderen Fragen der Geschäftsführung, so auch über die Frage, ob und wann die Einberufung einer Generalversammlung im Interesse der Gesellschaft erforderlich ist, der Vorstand und ev. der Aufsichtsrat der Aktiengesellschaft nach seinem pflichtgemäßen Ermessen im Rahmen der Sorgfalt eines ordentlichen Geschäftsmannes je nach der Lage des einzelnen Falles und unter Berücksichtigung aller Interessen der Gesellschaft zu entscheiden.

Durch diesen Beschluß des DJT. wurde den beteiligten Kreisen im wesentlichen die Beunruhigung genommen, welche durch die erwähnte reichsgerichtliche Entscheidung entstanden war.

8. Haftung des Aufsichtsrats.

28. DJT. Kiel 1906.

Vielfach war die Frage nach der Notwendigkeit, der Möglichkeit, der Nützlichkeit oder eventuellen Schädlichkeit einer näheren Bestimmung oder Verschärfung der gesetzlichen Pflichten des Aufsichtsrats in der Presse wie in juristischen Fachzeitschriften erörtert worden.

Frage. Empfiehlt es sich, die Verantwortlichkeit der Mitglieder des Aufsichtsrats einer Aktiengesellschaft genauer zu bestimmen?

Gutachter:	Berichterstatter:
Prof. Dr. Rehm (Straßburg) I. 20—41.	RGR. Dr. Düringer (Leipzig) III. 202 ff.
	Prof. Dr. Rießer (Berlin) III. 212 ff.

Rehm faßt seine Darlegungen dahin zusammen:

Es empfiehlt sich,

1. eine nähere Bestimmung der Überwachungspflicht des Aufsichtsrats teils unmittelbar durch Gesetz, teils zwangsweise durch Gesellschaftsvertrag,
2. die zwangsweise Einführung einer mindestens alle zwei Jahre zu wiederholenden formellen und materiellen Prüfung der Rechnungsführung der Gesellschaft durch außerhalb des Unternehmens stehende sachverständige Rechnungsprüfer,
3. eine Erleichterung der Rückgriffsklage gegen Vorstands- und Aufsichtsratsmitglieder für Aktionärminderheiten.

Die Thesen der beiden Berichterstatter wurden fast einstimmig angenommen:

Beschluß. 1. Ein dringliches Bedürfnis zu einem sofortigen gesetzlichen Eingreifen — d. h. dahin, ob die Verantwortlichkeit genauer bestimmt werden soll — ist nicht anzuerkennen, sondern eine weitere Klärung der vielfach stark voneinander abweichenden Ansichten und Reformvorschläge abzuwarten.

2. Bei einer künftigen Regelung ist vorzusehen, daß im Gesellschaftsvertrage selbst das Mindestmaß der Kontrollpflichten mit Rücksicht auf die besondere Art und Branche der einzelnen Gesellschaften bestimmt ist; den Mitgliedern der demzufolge im Gesellschaftsvertrage in ihrem Mindestumfange festzusetzenden Dezernate oder Kommissionen sollen selbständige Kontrollbefugnisse zustehen, aber auch schärfere Verpflichtungen in der Weise auferlegt werden, daß jedes Kommissionsmitglied für die Erfüllung seiner besonderen Kontrollpflichten den übrigen Mitgliedern des Aufsichtsrates verantwortlich ist.

3. Für größere Aktiengesellschaften mit einem Grundkapital von mindestens 1 Million Mark empfiehlt sich die obligatorische Einführung jährlicher Bilanzrevisionen durch besondere von der Generalversammlung zu wählende, von der Gesellschaft unabhängige Sachverständige, welche für sorgfältige Ausführung ihrer Pflichten verantwortlich zu machen sind.

9. Haftung der Mitglieder eingetragener Genossenschaften.

18. DJT. Wiesbaden 1886.

Die Absicht der Reichsregierung, dem Reichstag einen Entwurf vorzulegen, nach dem Genossenschaften mit beschränkter Haftpflicht zugelassen werden sollten, veranlaßte den Juristentag, sich mit dem vorliegenden Thema zu beschäftigen. (Vgl. schon oben zu 6a.)

Frage. Ist eine Beschränkung der Haftung der Mitglieder eingetragener Genossenschaften zu empfehlen?

Gutachter:	Berichterstatter:
Prof. Dr. Cosack (Berlin) I. 19—34.	Prof. Dr. Cosack (Berlin) II. 235 ff.

Das Gutachten Cosack empfiehlt, ausschließlich Genossenschaften mit solidarer Haft zuzulassen. Er meint, daß bei dem System beschränkter Haftpflicht die Gläubiger der Genossenschaft geschädigt würden, bei dem der Solidarhaft aber jeder Genosse in dem Gefühl der Verantwortung für die Genossenschaft lebendig bleiben und die Genossenschaft wirkliches Leben erhalten würde. Es sei kein Bedürfnis vorhanden, um der Genossenschaften von großer Mitgliederzahl halber, die völlig den Charakter von Aktiengesellschaften angenommen hätten, eine neue Gesellschaftsform zu schaffen.

Der Juristentag beschloß mit 14 gegen 11 Stimmen:

Beschluß. Eine Beschränkung der Haftung der Mitglieder eingetragener Genossenschaften ist nicht zu empfehlen.

Durch das Gesetz, betreffend die Erwerbs- und Wirtschaftsgenossenschaften vom 1. Mai 1889, sind neben den Genossenschaften mit unbeschränkter Haftpflicht auch solche mit beschränkter Haftpflicht zugelassen worden, da nach lebhaftem Meinungsstreit sich die Überzeugung Bahn gebrochen hatte, daß der unbedingte Zwang zur Annahme der Gesellschaftsform der unbeschränkten Solidarhaft in vielen Fällen über das Bedürfnis hinausgehe und auch geeignet sei, die Genossenschaftsbewegung in ihrer Entwickelung zu gefährden.

10. Kontokurrentverkehr.

18. DJT. Wiesbaden 1886.

Der Kontokurrentverkehr verdankte seine Entstehung, seine Fortbildung und seinen Inhalt ausschließlich dem Handelsgewohnheitsrechte. Die in Aussicht genommene Kodifikation des Zivilrechtes gab den Anlaß zu der

Frage: Sind im deutschen Bürgerlichen Gesetzbuche Grundsätze über den Kontokurrentverkehr aufzustellen?

Gutachter:	Berichterstatter:
RA. Dr. J. Rießer (Frankfurt a. M.)	JR. Makower (Berlin)
I. 3—18.	II. 145 ff.

Der Gutachter verneinte die gestellte Frage schon um deswillen, weil eine etwaige Kodifikation des Kontokurrentvertrages ihren Platz im Handelsgesetzbuche und nicht im Bürgerlichen Gesetzbuche haben müßte. Eine Kodifikation des Kontokurrentvertrages sei aber auch weder erforderlich noch wünschenswert; sie würde sogar direkt schädlich wirken, weil dadurch derogierende Handelsgebräuche unmöglich gemacht und ergänzende erschwert würden, was bei einem in der Entwickelung begriffenen Institute des Handelsverkehrs bedauerlich wäre. Wissenschaft und Rechtsprechung seien über den Begriff des Kontokurrentvertrages und die wesentlichen daraus herzuleitenden Konsequenzen einig, wenngleich über die beste Fassung der Definition noch gestritten werde. Es sei aber nicht ratsam, daß der Gesetzgeber eine Definition festlege. Eine große Anzahl von Fragen die in der Literatur bei der Erörterung des Kontokurrentvertrags angeregt seien, müßten überdies ihre Regelung bei anderen Materien, namentlich in der Lehre vom Anerkennungsvertrage und der Anfechtung anerkannter Decharge finden.

Der Berichterstatter schloß sich dem Gutachter vollkommen an und empfahl dementsprechend keine Grundsätze aufzustellen.

Beschluß. Es empfiehlt sich nicht, gesetzlich Grundsätze über den Kontokurrentverkehr aufzustellen.

Dieser Beschluß sollte besagen, daß es nach der Meinung der Abteilung nicht ratsam sei, mehr Grundsätze, als sie das geltende HGB. hatte, in ein künftiges HGB. aufzunehmen.

Das Kontokurrentverhältnis wird in den §§ 355—357 HGB. vom 10. Mai 1897 geregelt, während das alte HGB. hierüber nur einzelne Bestimmungen betreffend die Verzinsungspflicht und die Zeit des Rechnungsabschlusses enthielt.

11. Bankdepotgeschäfte.

22. DJT. Augsburg 1892.

Umfangreiche Depotunterschlagungen, welche im Herbst des Jahres 1891 bei Gelegenheit des in rascher Aufeinanderfolge sich vollziehenden Zusammenbruches einer Anzahl teilweise bedeutender Bankgeschäfte aufgedeckt wurden, bildeten die Veranlassung zu dem Thema.

Frage. Empfiehlt sich eine besondere gesetzgeberische Regelung der sogenannten Bankdepotgeschäfte und eine Sonderung der verschiedenen Arten?

Gutachter:	Berichterstatter:
JR. Lesse (Berlin) I. 386—400.	JR. Berg (Berlin) IV. 174 ff.
RA. Dr. Goldschmidt (Berlin) I. 401—430.	Prof. Dr. Strohal (Göttingen) IV. 189 ff.

Goldschmidt ist der Ansicht,

daß es einer besonderen gesetzgeberischen Regelung der sogenannten Depotgeschäfte und einer Sonderung ihrer verschiedenen Arten in zivil- und strafrechtlicher Beziehung nicht bedarf;

daß es dagegen einer besonderen gesetzgeberischen Regelung dieser Geschäfte und einer Sonderung ihrer verschiedenen Arten und zwar:

a) des Bankkommissionsdepots

b) des Gelddepositums

insoweit bedarf, als deren Verbindung mit anderen, ihrer Natur nach mit ihnen unvereinbaren Geschäften, insbesondere Börsenspekulationen jedweder Art, prinzipiell zu verwerfen und letztere daher da, wo sie besteht, dem interessierten Publikum durch periodische Statuspublikationen bekannt zu geben ist, wenn und insoweit der betreffende Geschäftsbetrieb sich der Aufforderung des Publikums durch die Öffentlichkeit bedient.

Lesse hält nach drei Richtungen ein gesetzgeberisches Einschreiten bezüglich des Bankdepotgeschäftes für angezeigt.

Erforderlich sei zunächst eine Revision der Bestimmungen des HGB. über das Kommissionsgeschäft unter Aufnahme einer Bestimmung, daß die Anzeige des Selbsteintritts zugleich mit der Nachricht über die Ausführung des Auftrags zu geschehen habe.

Ferner ermangele das Rechtsverhältnis der Parteien in betreff des Depots bei demjenigen Bankier, welcher gleichzeitig als Kommissionär des Kunden den Einkauf von Werten und als Bankier die Aufbewahrung der Werte besorgt, nach der Richtung der erforderlichen Klarheit, von welchem Momente an die in Kommission eingekauften Werte die Natur des Depots annehmen und in das Eigentum des Kommittenten übergehen. Lesse schlägt die folgende Formulierung vor:

Der Kommissionär ist zum Zwecke der genaueren Spezialisierung des angekauften Objektes zur Nummernaufgabe und zur abgesonderten Verwahrung für den Kommittenten oder wenigstens zur Verzeichnung der aufgegebenen Nummern im Depotkonto des Kommittenten oder sonst in den Handelsbüchern des Kommissionärs verbunden. Kommt der Kommissionär der vorstehenden Verpflichtung innerhalb vier Tagen nach der Anzeige vom Verkauf von in seinem Besitze befindlichen Papieren oder nach der Lieferung der vom Dritten gelieferten Papiere nicht nach, so ist der Kommittent berechtigt, von dem Geschäfte zurückzutreten und Schadensersatz zu fordern.

Drittens schlägt Lesse, um das Recht des Bankkunden besser, als es bisher möglich war, zu schützen, folgenden Satz vor:

Wird der Auftrag zum Ankauf von Wertpapieren ausgeführt, so wird in Ermangelung anderweiter Vereinbarung angenommen, daß diejenigen Papiere, welche der Kommissionär von den in seinem Besitze befindlichen an den Kommittenten verkauft hat, von der Anzeige der Ausführung ab, diejenigen aber, welche der Kommissionär behufs Ausführung des Auftrages von Dritten geliefert erhalten hat, von dem Zeitpunkt dieser Lieferung ab, von dem Kommissionär für den Kommittenten als dessen Eigentum besessen werden.

Die Berichterstatter waren in den wesentlichen Punkten gleicher Ansicht. Differenzen entstanden nur dadurch, daß der Korreferent nicht bloß das depositum regulare von dem depositum irregulare allein unterscheiden wollte, sondern daß er auch noch verschiedene Zwischenstufen als legitimierte Depotarten anerkannte und dementsprechend die Garantien für eine Dispensation von denjenigen Vorschriften, welche für das depositum regulare als angemessen angesehen wurden, abstufen wollte.

Der Juristentag akzeptierte die Anträge des Berichterstatters und außerdem einen Vorschlag des Korreferenten, der das Aussonderungsrecht des Kommittenten im Konkurs, ohne Rücksicht auf den Gegenstand des Kommissionsgutes, betraf.

Beschluß. Eine gesetzliche Regelung der Bankdepotgeschäfte ist nach folgenden Gesichtspunkten zu empfehlen:

1. Denjenigen Personen (Kaufleuten, Vorstehern von Handelsgesellschaften und Genossenschaften), welche gewerbsmäßig Wertpapiere zur Aufbewahrung oder in Pfand nehmen oder für fremde Rechnung, kommissionsweise anschaffen oder umtauschen, ist die Verpflichtung aufzuerlegen:

a) solche Papiere, soweit sie nicht sofort an die Empfangsberechtigten ausgeantwortet werden, abgesondert unter erkennbarer Bezeichnung der Empfangsberechtigten aufzubewahren;

b) über alle Depots dieser Art ein besonderes Verwahrungsbuch unter Spezialisierung der Stücke und der Empfangsberechtigten zu führen.

Zuwiderhandlungen sind im Falle einer Benachteiligung der Empfangsberechtigten mit Strafe zu bedrohen.

2. Rechtswidrige Verfügungen der zu 1. genannten Personen über die von ihnen aufzubewahrenden Wertpapiere sind auch für den Fall, daß sie nicht den Tatbestand der Unterschlagung oder Untreue enthalten, mit Strafe zu bedrohen.

3. Dem Einkaufkommissionär ist ohne Unterschied, ob er für den Kommittenten in Vorschuß gegangen ist, oder nicht, die Verpflichtung aufzuerlegen:

a) binnen einer angemessenen, aber kurzen Frist von der Ausführungsanzeige dem Kommittenten ein spezialisiertes Verzeichnis der angeschafften oder von ihm als Selbstkontrahenten zu liefernden Wertpapiere (Nummernaufgabe) zu übermitteln;

b) wenn er den Auftrag als Selbstkontrahent ausführen will, dies spätestens zugleich mit der Ausführungsanzeige zu erklären.

Zuwiderhandlungen gegen a) sind mit dem Verluste aller Rechte des Kommissionärs aus dem Geschäft und der Verbindlichkeit zum Schadenersatz zu bedrohen, wenn der Kommittent vom Geschäfte zurücktritt. Bei Übertretungen zu b) ist der Selbsteintritt des Kommissionärs gegen den Willen des Kommittenten für unzulässig zu erklären.

4. Parteiverabredungen, welche den zu 1. und 3. genannten Verpflichtungen zuwiderlaufen, oder dem Inhaber der Depots eigenmächtige Verfügungen über dasselbe zum eigenen Vorteil gestatten, sind nur so weit gelten zu lassen, als sie schriftlich und für jeden einzelnen Fall besonders getroffen sind.

5. Mit dem Zeitpunkt der Überlieferung oder Absendung der Nummernaufgabe (3 a), ebenso mit der Eintragung des angeschafften Wertpapiers in das Verwahrungsbuch oder der Absonderung desselben für den Kommittenten (1 a und b) ist diesem das Eigentumsrecht an den für ihn bestimmten, im Besitze des Kommissionärs oder desjenigen, welcher die Gewahrsam für ihn ausübt, befindlichen Papieren zuzusprechen.

6. Bei Ausantwortung fremder Wertpapiere an einen anderen zu irgendeinem für den Eigentümer vorzunehmenden Akte ist den

zu 1 genannten Personen die Verpflichtung aufzuerlegen, dem Empfänger Mitteilung davon zu machen, daß die Papiere einem Dritten gehören. Zuwiderhandlungen sind im Falle einer Benachteiligung des Eigentümers mit Strafe zu bedrohen.

7. Es empfiehlt sich, festzusetzen, daß dem Kommittenten in Konsequenz des Art. 368 des Handelsgesetzbuches in Ansehung derjenigen Sachen, welche der Kommissionär erweislich auf Rechnung seines Kommittenten von einem Dritten erworben hat, auch wenn rücksichtlich derselben eine Indepotnahme noch nicht erfolgt ist, ein Aussonderungsrecht im Konkurse des Kommissionärs zusteht.

Die in dem Beschlusse enthaltenen Grundsätze hat das Gesetz, betreffend die Pflichten der Kaufleute bei Aufbewahrung fremder Wertpapiere, vom 5. Juli 1896 übernommen. Die gesonderte Aufbewahrung des Depots unter äußerlich erkennbarer Bezeichnung des Hinterlegers und die Führung eines Handelsbuches ist im § 1 dieses Gesetzes angeordnet; eine Strafandrohung für Zuwiderhandlungen ist im § 10 enthalten. Rechtswidrige Verfügungen über zur Aufbewahrung oder als Pfand übergebene sowie für Kommittenten in Besitz genommene Wertpapiere sind im § 9 mit Gefängnisstrafe bis zu einem Jahre und Geldstrafe bis zu 3000 Mark oder mit einer dieser Strafen bedroht. Die Pflicht des Kommissionärs zur Übersendung eines spezialisierten Stückeverzeichnisses an den Kommittenten ist in § 3 statuiert; die Folgen der Zuwiderhandlung gegen diese Bestimmung sind in den §§ 4 und 6 im Sinne des Juristentagsbeschlusses geregelt. Im § 2 des Gesetzes ist die Gültigkeit von den gesetzlichen Vorschriften abweichender Abreden von der Beobachtung der Schriftform abhängig gemacht und eine solche Vereinbarung nur für das einzelne Geschäft zugelassen. Das Eigentumsrecht an den angeschafften Wertpapieren geht nach § 7 mit der Absendung des Stückeverzeichnisses auf den Kommittenten über. Die Verpflichtung, Dritten, denen der Verwahrer als Pfandgläubiger fremde Wertpapiere ausantwortet, von dem fremden Eigentum Mitteilung zu machen, enthält § 8 des Depotgesetzes; ein Verstoß gegen diese Vorschrift ist nach § 9 strafbar, wenn er zum eigenen Nutzen oder zum Nutzen eines Dritten vorsätzlich erfolgt.

12. Bergung und Hilfeleistung in Seenot.

23. DJT. Bremen 1895.

Das Handelsgesetzbuch vom 5. Juni 1869 unterschied zwischen Bergung des in Seenot verloren gegangenen Gutes und Hilfeleistung in

Seenot und setzte bei der Bergung den Lohn in ein direktes Verhältnis zum Werte des Geborgenen. Diesem Werte legte es jedoch bei der Bemessung des Hilfslohnes nur eine untergeordnete Bedeutung bei und bestimmte, daß der Hilfslohn in jedem Falle geringer anzusetzen sei, als in einem gleichen Falle der Bergelohn gewesen wäre. Der Reichstag hatte bei der Beratung der Strandungsordnung (1874) eine Resolution angenommen, die dahin ging, diese ungleichartige Behandlung künftig abzuschaffen. Die Revision des HGB. gab Veranlassung zur Erörterung dieses Themas.

Frage. Empfiehlt sich die gleichartige rechtliche Behandlung von Bergung und Hilfeleistung in Seenot?

Gutachter:	Berichterstatter:
PrivDoz. Dr. Burchard (Berlin)	JR. Boyens (Stettin)
I. 205—225.	II. 194ff.
	RA. Dr. Fuld (Mainz) II. 212ff.

Der Gutachter tritt für Beseitigung des Unterschiedes zwischen Bergung und Hilfeleistung ein. Er erblickt in dem Umstand, daß das Gut bereits verloren war, nur ein die Gefahr steigerndes Moment, beide Löhne seien im wesentlichen Arbeitslöhne, und daher sei eine ungleichartige Behandlung, wie das HGB. sie statuiert, nicht gerechtfertigt. Er verweist besonders auf die skandinavischen Gesetze, die den Unterschied auch nicht beibehalten haben.

Im Widerspruche hierzu sprach sich der Berichterstatter gegen die gleichartige Behandlung von Bergung und Hilfeleistung aus. Es ist nicht lediglich ein Arbeitslohn, der dem Berger gewährt wird, sondern im wesentlichen handelt es sich bei dem Bergelohn um einen Fundlohn, während beim Hilfslohn lediglich ein Arbeitslohn vorliegt. Dies führt schon zur ungleichartigen Behandlung beider Fälle. Dazu tritt der Gesichtspunkt, daß bei Beseitigung der Unterscheidung für die bloße Hilfeleistung zum Schaden des Handels übertriebene Ansprüche nach Art der Bergelöhne gemacht werden würden.

Die Abteilung trat den Gründen des Berichterstatters bei.

Beschluß. Die gleichartige rechtliche Behandlung von Bergung und Hilfeleistung in Seenot empfiehlt sich nicht.

Das neue HGB. hat die verschiedenartige Behandlung von Bergung und Hilfeleistung in Seenot beibehalten. Im § 747 ist bestimmt, daß der Hilfslohn stets unter dem Betrage festzusetzen sei, welchen der Bergelohn unter sonst gleichen Umständen erreicht haben würde.

13. Rettung von Menschenleben in Seenot.

23. DJT. Bremen 1895.

Die Rettung von Menschenleben in Seenot behandelte das HGB. vom Jahre 1869 nur insoweit, als neben Gütern, wie Schiff und Ladung, in derselben Gefahr auch Menschenleben gerettet werden. Es sollen diejenigen Personen, welche sich der Rettung der Menschen gewidmet haben, berechtigt sein, an dem Lohne teilzunehmen, der für die Rettung der Güter gewährt wird. Unter Hinweis auf die neuere englische Gesetzgebung, welche eine besondere Lohnzahlung für Menschenrettung vorsah, waren die Bestimmungen des HGB. von einer Reihe von Schriftstellern angegriffen worden.

Frage. Empfiehlt es sich, einen gesetzlichen Anspruch für Rettung von Menschenleben in Seenot zu gewähren?

Gutachter:	Berichterstatter:
Prof. Dr. Pappenheim (Kiel) I. 186—204.	PrivDoz. Dr. Burchard (Berlin) II. 161ff.
	Syndikus Dr. Nebelthau (Bremen) II. 172ff.

Das Gutachten tritt für die Gewährung eines Lohnanspruchs ein. Dem Retter soll als verpflichtetes Subjekt der Reeder gegenübergestellt werden, so daß derselbe nur beschränkt verhaftet wäre, dafür aber dem Retter wegen seiner Lohnforderung die Rechte eines Schiffsgläubigers eingeräumt würden. Der Retter würde hiermit regelmäßig die Möglichkeit haben, sich mit der durch den dinglichen Rechtsschutz gewährleisteten Sicherheit wegen seines Anspruchs Befriedigung zu verschaffen. Für die Ausnahmefälle, in denen dies nicht möglich wäre, könnte durch eine subsidiäre Haftung des Staates vorgesorgt werden. Um die für den Reeder durch diese Regelung entstehende Belastung zu erleichtern, soll ihm ein Regreßanspruch gegen den vermögenden Geretteten gewährt werden. Vor allen Dingen müßte ihm der Staat haftbar gemacht werden.

Der erste Berichterstatter vertrat demgegenüber die Ansicht, daß es besser sei, wenn auch in Zukunft die Rettung von Menschenleben, die als sittliche Pflicht erscheine, von diesem Standpunkte aus behandelt werde, und sprach sich deshalb gegen die Gewährung eines Lohnanspruchs aus. Seine Ausführungen fanden die Zustimmung der Abteilung.

Beschluß. Es empfiehlt sich nicht, einen gesetzlichen Lohnanspruch für Rettung von Menschenleben in Seegefahr zu gewähren.

Auch das neue HGB. gibt keinen Anspruch auf Belohnung für Rettung von Menschen in Seenot, sondern nur eine Teilnahme an dem Berge- oder Hilfslohn für diejenigen, die sich in derselben Gefahr der Rettung von Menschenleben unterziehen (vgl. § 748).

14. Gemeinschaftliche Havarie.

23. DJT. Bremen 1895.

Nach dem Handelsgesetzbuche von 1869 sollte, wenn zur Errettung von Schiff und Ladung aus einer gemeinsamen Gefahr ein Opfer gebracht, z. B. ein Teil der Ladung über Bord geworfen wurde, damit der Rest derselben und das Schiff gerettet werden konnte, der dadurch entstehende Schaden, welcher nach dem Grundsatz der Havarie über Schiff und Ladung zu verteilen war, nur dann von dem Eigentümer des geretteten Schiffes und von dem der geretteten Restladung gemeinsam getragen werden, wenn die Rettung auch tatsächlich durch das Opfer bewirkt worden war.

Frage. Soll der Erfolg als gesetzliche Voraussetzung der gemeinschaftlichen Havarie beibehalten werden?

Gutachten	Berichterstatter:
waren nicht erstattet.	Prof. Dr. Pappenheim (Kiel) II. 287 ff.

Pappenheim empfahl, die Havarieverteilung auf das Opfer allein zu gründen, da hiermit den Gefahren vorgebeugt würde, die sich aus der Kollision der Pflichten mit Bezug auf die Wahrung der verschiedenen Interessen durch den Schiffer ergeben. Wenn dieser weiß, daß das Geopferte ohne Rücksicht auf den Erfolg gemeinsam getragen werden muß, so hat er keinen Anlaß, bei der Auswahl des zu Opfernden ein Interesse dem anderen gegenüber, insbesondere das Schiff vor der Ladung zu bevorzugen. Unter der Herrschaft der Erfolgstheorie dagegen könnte er die Chance ins Auge fassen, die sich für die nicht geopferten Interessen daraus ergäbe, daß sie trotz des Opfers wegen mangelnden Erfolges an der Schadenstragung nicht teilzunehmen hätten. Dieses Risiko des Erfolges der Opferhandlung würde die geopferten Interessen dauernd ungünstiger stellen, als die verschonten, während das ganze Institut der Havarieverteilung dazu dienen soll, beide Interessengruppen im Ergebnis gleichzustellen.

Der Antrag des Berichterstatters wurde von der Abteilung zum Beschlusse erhoben:

Beschluß. Der Erfolg soll als gesetzliche Voraussetzung der gemeinschaftlichen Havarie nicht beibehalten werden.

Im Handelsgesetzbuch vom 10. Mai 1897 ist der Eintritt der Havarieverteilung nur für den Fall der gänzlichen oder teilweisen Rettung von Schiff und Ladung vorgesehen (vgl. § 703).

15. Haftung des Verfrachters zur See.

17. DJT. Würzburg 1884.

Während in früheren Zeiten vertragsmäßige Beschränkungen der Haftpflicht des Verfrachters nur in solchen Fällen vereinbart wurden, in denen dazu besondere, in der Natur oder Beschaffenheit der zu verschiffenden Güter liegende Gründe vorhanden waren, wurden in neuerer Zeit durch eine weitausgedehnte Vermehrung der zur Anwendung gebrachten Befreiungsklauseln die gesetzlich den Befrachtern zustehenden Kontraktrechte so erheblich beschränkt, daß Veranlassung gefunden wurde, die daraus hervorgehenden Bedenken zu einem der von dem deutschen Juristentage zu behandelnden Gegenstände zu machen.

Frage. Empfiehlt es sich, für die Haftung der Verfrachter zur See absolute Vorschriften nach Analogie der für das Eisenbahnfrachtgeschäft bestehenden Gesetzesvorschriften zu geben?

Gutachter:	Berichterstatter:
ROHGR. a. D. Dr. Voigt (Hamburg)	Dr. Voigt (Hamburg)
I. 137—162.	II. 158 ff.

Das Gutachten gelangt zur Bejahung der Frage, indem es ausführt, daß die in das moderne Seefrachtrecht übergegangenen Prinzipien des römischen Rechtes über das Rezeptum in neuerer Zeit durch Vertragsklauseln abgeändert und die Befrachter durch vertragsmäßige Beschränkung der Haftbarkeit der Reeder fast rechtlos gemacht seien, ein spezielles Einschreiten der deutschen Gesetzgebung daher als notwendig erscheine.

Der Antrag des Berichterstatters wurde mit großer Mehrheit angenommen.

Beschluß. Es empfiehlt sich, gesetzlich zu bestimmen, daß der Befrachter zur See nicht befugt sei, die in Gemäßheit des Art. 607 des HGB. auf ihm ruhende Verantwortlichkeit für einen durch Verlust oder Beschädigung der Frachtgüter seit deren Empfangnahme bis zu deren Ablieferung entstandenen Schaden, insofern derselbe absichtlich oder durch Fahrlässigkeit von einer Person der Schiffsbesatzung verursacht sein sollte, auszuschließen oder zu beschränken, oder an der durch jenen Artikel ihm auferlegten Beweislast eine Änderung herbeizuführen, und daß eine diesen Vorschriften entgegenstehende Vertragsbestimmung keine rechtliche Wirkung habe.

Das neue Handelsgesetzbuch (§ 606) hat eine dem § 471 HGB. entsprechende, den Ausschluß oder die Beschränkung der Haftung des Verfrachters verbietende Bestimmung für das Seefrachtrecht nicht aufgenommen.

16. Haftung des Reeders für seemännisches Verschulden der Schiffsbesatzung.

28. DJT. Kiel 1907.

Die Bestrebungen auf internationale Regelung der Haftung des Reeders — im Jahre 1893 war ein wesentlich auf Kompromissen von Reedern und Befrachtern beruhendes Gesetz, die sog. Harterakte, zustande gekommen — bildeten die Veranlassung für den DJT., sich abermals mit der Frage der Haftung des Reeders zu beschäftigen. Hatte sich doch der 17. DJT. überdies nur mit der Haftung des Verfrachters und nicht mit der Haftung des Reeders außerhalb des Frachtvertrags befaßt.

Frage. Empfiehlt es sich, die Haftung des Reeders für seemännisches Verschulden der Schiffsbesatzung gesetzlich auszuschließen oder durch zwingende Rechtssätze festzusetzen?

Gutachter:	Berichterstatter:
RA. beim RG. Boyens (Leipzig)	Prof. Dr. Pappenheim (Kiel)
I. 42—102.	III. 164 ff.
OLGR. Mittelstein (Hamburg)	LGR. Dr. Colm (Flensburg)
I. 278—316.	III. 183 ff.

Mittelstein gelangt zu dem Ergebnis, daß es nicht empfehlen werden könne, die Haftung des Reeders für seemännisches Verschulden der Schiffsbesatzung — auch nicht für das Gebiet des Seefrachtvertrages allein — auszuschließen oder durch zwingende Rechtssätze festzusetzen. Im übrigen erachtet er den vom 17. DJT. gefaßten Beschluß für zu weitgehend, insbesondere bemängelt er, daß nicht zwischen dem seemännischen und dem kommerziellen Verschulden unterschieden worden sei.

Er meint, daß man sich nur im Falle dringendsten und zweifellos nachgewiesenen Bedürfnisses dazu entschließen dürfe, ein in langjähriger Geltung stehendes Gesetz zu ändern.

Boyens dagegen fordert für den allein von ihm besprochenen Frachtvertrag zum Teil zwingendes Recht, namentlich mit Bezug auf die Haftung für Verschulden anläßlich der Vorbereitung der Reise und für kommerzielles Verschulden des Kapitäns während der Reise. Andererseits verlangt er die gesetzliche Ausschließung der Haftung kraft nachgiebigen Rechtes, soweit es sich um nautisches Verschulden während der Reise, außer in den Fällen der Kollision und der großen Havarie, handelt.

Der Antrag der beiden Gutachter gelangte zur Annahme.

Beschluß. Es empfiehlt sich nicht, die Haftung des Reeders für seemännisches Verschulden der Schiffsbesatzung gesetzlich auszuschließen. Es empfiehlt sich, die Haftung des Reeders für seemännisches (nautisch-technisches und kommerzielles) Verschulden der Schiffsbesatzung auf dem Gebiete des Frachtvertrags nach dem Vorbilde der Harterakte durch zwingende Rechtssätze festzustellen. Erwünscht ist, daß diese Regelung auf Grund internationaler Verständigung erfolgt.

B. Versicherungsrecht.

1. Gesetz über das Versicherungswesen.

3. DJT. Wien 1862.

Antrag der Adv. Kuntzsch (Chemnitz) und Miller (Dresden) sowie des GAss. Bernau (Magdeburg):

Es sei dringend wünschenswert, daß im Nachtrag und zur Vervollständigung des allgemeinen deutschen Handelsgesetzbuches baldigst auch ein das gesamte Versicherungswesen umfassendes Gesetz mit Zugrundelegung des in den Art. 327 ff. des Entwurfes eines Handelsgesetzbuches für die preußischen Staaten von 1857 befolgten Prinzipes zustande komme.

Gutachten	Berichterstatter:
waren nicht erstattet.	RA. Kohlschütter (Dresden) II. 278 ff.

Der Juristentag beschloß einstimmig:

Beschluß. Es liegt ein dringendes Bedürfnis vor, daß über das gesamte Versicherungswesen, soweit es noch nicht durch das HGB. reguliert ist, ein gemeinsames deutsches Gesetz erlassen werde.

Durch das Reichsgesetz über den Versicherungsvertrag vom 30. Mai 1908 ist das ganze Gebiet des privaten Versicherungsrechtes, mit Ausnahme der Seeversicherung und der Rückversicherung, geregelt worden.

2. Lebensversicherung.

16. DJT. Kassel 1882.

Vgl. oben unter III. B. Ziff. 8.

3. Seeversicherung.

19. DJT. Stettin 1888.

Das Handelsgesetzbuch vom Jahre 1869 hatte für die Seeversicherung den Grundsatz aufgestellt, daß der Versicherungswert des versicherten Gegenstandes auch durch Vereinbarung der Parteien auf eine bestimmte Summe (Taxe) festgestellt werden könnte (taxierte Police), und daß in diesem Falle die Taxe unter den Parteien maßgebend für den Versicherungswert sei (vgl. Art. 797). Es ließ jedoch von diesem Grundsatze eine Ausnahme zu, indem es dem Versicherer in dem von ihm zu beweisenden Falle, daß die Taxe wesentlich übersetzt sei, die Befugnis einräumte, die Taxe anzufechten und eine Herabsetzung derselben auf den wahren Wert des versicherten Gegenstandes zu fordern. Die Frage, ob der Versicherer berechtigt sein solle, eine Versicherungstaxe als zu niedrig anzufechten, war bei der Beratung des HGB. nicht aufgeworfen worden.

Frage. Ist die Vorschrift des Art. 797 HGB. dahin zu ergänzen, daß es zulässig ist, die Taxe bei Seeversicherungen auch deshalb anzufechten, weil die Taxe unter dem Werte bestimmt ist?

Gutachter:	Berichterstatter:
OLGPräs. Dr. Sieveking (Hamburg) I. 1—34.	RGSenPräs. Dr. Drechsler (Leipzig) III. 153 ff.
RA. Dr. Reatz (Gießen) I. 35—56.	

Der erste Gutachter verneint die Frage, weil die Vereinbarung der Taxe ein Vertrag ist, welcher den Versicherer ebenso bindet wie den Versicherten und von ersterem nicht aus dem Grunde angefochten werden darf, weil er für ihn Folgen mit sich bringt, welche nachteiliger sind, als er erwartet hatte. Um solche Folgen aber kann es sich nur handeln, da ein öffentliches Interesse, wie es für die Anfechtung übersetzter Taxen besteht, bei der in Rede stehenden Frage nicht in Betracht kommt.

Reatz empfiehlt, dem Artikel 797 hinzuzufügen: Außerdem ist der Versicherer befugt, eine Erhöhung der Taxe auf den wahren Wert des versicherten Gegenstandes zu fordern, wenn er beweist, daß derselbe unterschätzt sei, es sei denn vereinbart worden, der Versicherer solle trotz untersetzter Taxe den gesamten den versicherten Gegenstand treffenden Schaden bis zum Belaufe der Taxe bzw. nach Verhältnis der Versicherungssumme zur Taxe ersetzen.

Auf Antrag des Berichterstatters wurde beschlossen:

Beschluß. Es empfiehlt sich nicht, die Vorschrift des Artikels 797 des Handelsgesetzbuches dahin zu ergänzen, daß es zulässig sei, die Taxe bei Seeversicherungen auch deshalb anzufechten, weil die Taxe unter dem Werte bestimmt sei.

Das Handelsgesetzbuch vom 10. Mai 1897 läßt wie das alte Handelsgesetzbuch bloß eine Anfechtung der übersetzten Taxe zu (vgl. § 793).

4. Versicherungsgesellschaften auf Gegenseitigkeit.

25. DJT. Bamberg 1900.

Im deutschen Reichstag war mehrfach, zuletzt im Jahre 1896 bei Abschluß des BGB., angeregt worden, das private Versicherungswesen reichsgesetzlich zu regeln, um die in allen Versicherungsverhältnissen herrschende große Rechtsunsicherheit zu beseitigen. Es wurde deshalb das vorliegende Thema aufgestellt.

Frage. Welche Stellung ist in dem zu erwartenden Versicherungsgesetze den Versicherungsgesellschaften auf Gegenseitigkeit zu gewähren?

Bereits zum 24. DJT. hatte Prof. Dr. Ehrenberg (Göttingen) der in seinem Handbuch für Versicherungsrecht die Gegenseitigkeitsgesellschaft nach allen Richtungen beleuchtet hatte, in einem Gutachten die Sonderrechte ihrer Mitglieder näher untersucht, indem er ihre Eigenart scharf kennzeichnete und einer schablonenhaften Gleichstellung mit der Aktiengesellschaft entgegentrat. Die mündliche Erörterung des Themas war dem 25. DJT. überwiesen und durch ein neues Gutachten vorbereitet worden.

Inzwischen war die Frage in ein neues Stadium gerückt, indem der im November 1898 erschienene Entwurf eines Gesetzes über die privaten Versicherungsunternehmungen auch die Versicherungsgesellschaften auf Gegenseitigkeit behandelte.

Gutachter:	Berichterstatter:
Prof. Dr. Ehrenberg (Göttingen)	BankDir. Dr. Sommer (Gotha)
24 I. 63—89.	**25** III. 24 ff.
Prof. Dr. Weyl (Kiel)	RA. Dr. Fuld (Mainz)
25 I. 3—27.	**25** III. 33 ff.

Weyl nimmt in seinem Gutachten den Entwurf zum Ausgangspunkt und empfiehlt nach einer Prüfung der gegen ihn geäußerten Bedenken, den Gegenseitigkeitsvereinen im wesentlichen diejenige rechtliche Stellung zu gewähren, die der Entwurf in Aussicht genommen hat. Wegen der Hauptfragen: Vereinscharakter der Gegenseitigkeitsversicherungseinrichtungen, Erlangung der Rechtsfähigkeit im Augenblick der Konzessionierung, Anpassung der Versicherungsvereine an das Aktienrecht und Sonderstellung der kleinen Versicherungsvereine, steht der Gutachter vollständig auf dem Boden des Entwurfes, desgleichen wegen der Gleichstellung der Versicherungsvereine mit den Kaufleuten. Neutral verhält er sich wegen des Maßes legislatorischer Behandlung der Sonderrechte der Vereinsmitglieder. Wegen der Nebenfragen: Eintragung der Vereine in das Handelsregister und Anwendung der Vorschriften des HGB. über die Handelsagenten auf die Agenten der Gegenseitigkeitsvereine, billigt Weyl gleichfalls den Standpunkt des Entwurfes. Hingegen führt er im Gegensatz zum Entwurfe aus: Der Gegenseitigkeitscharakter eines Vereines muß in der Firma deutlicher als durch die Abkürzung „e. V. a. G." zutage treten; das Konkurrenzverbot ist nicht auf Handelsgewerbebetriebe überhaupt und auf die Zugehörigkeit zum Aufsichtsrat eines Konkurrenzunternehmers zu erstrecken; als oberstes Organ hat die Generalversammlung (statt der Bankausschüsse u. dgl.) zu fungieren, ev. muß innerhalb des obersten Organes die Dreiviertelmehrheit der „abgegebenen" Stimmen entscheiden. Die Voraussetzungen der Zulassungen zur Prämienversicherung müssen gesetzlich geregelt werden; die Limitierung der Ersatzansprüche im Falle der Zulässigkeit eines Ausschlusses oder einer Beschränkung der Nachschußpflicht ist im Statut genauer zu regeln, besser wird aber von dieser Möglichkeit statutarischer Beschränkung bzw. Ausschlusses der Nachschußpflicht Abstand genommen; für ältere Versicherungszweige sind die Prämientarife von der Aufsichtsbehörde derart festzustellen, daß der Gefahr einer späteren Nachschußerhebung möglichst vorgebeugt wird; endlich muß die Bildung eines Gründungsfonds obligatorisch bleiben.

Beide Referenten waren der Ansicht, daß der Entwurf bei der Regulierung der Stellung der Versicherungsvereine auf Gegenseitigkeit in der Hauptsache der Lage und den praktischen Bedürfnissen der Versicherungsvereine durchaus entsprechende Bestimmungen getroffen habe. Die von ihnen vorgeschlagene Resolution wurde einstimmig angenommen.

Beschluß. Der DJT. erkennt an, daß der Entwurf eines Gesetzes über die privaten Versicherungsunternehmungen eine geeignete Rechtsgrundlage für die Versicherungsvereine auf Gegenseitigkeit bietet.

Das Gesetz über die privaten Versicherungsunternehmungen vom 12. Mai 1901 stimmt in seinen wesentlichsten Teilen mit dem Entwurfe vom Jahre 1898 überein.

5. Verwirkungsklausel bei Versicherungsverträgen.

28. DJT. Kiel 1906.

Der in Deutschland und in Österreich seitens der Regierungen vorgelegte Entwurf eines Gesetzes über den Versicherungsvertrag gab die Veranlassung zur Aufstellung des vorliegenden Themas.

Frage. Wieweit ist bei Versicherungsverträgen die Vertragsfreiheit hinsichtlich der Verwirkungsklausel durch zwingende Rechtssätze zugunsten des Versicherten einzuschränken?

Bereits für den 27. DJT. waren Gutachten erstattet worden über die allgemeine Frage, wieweit bei Versicherungsverträgen die Vertragsfreiheit durch zwingende Rechtssätze zugunsten der Versicherten einzuschränken sei. Auf Anordnung der ständigen Deputation bezogen sich aber die Referate und Verhandlungen des 27. DJT. nicht auf dieses sehr weitgreifende Thema, sondern nur auf den wirtschaftlich bedeutsamsten Teil desselben, nämlich die Frage der Beschränkung der Vertragsfreiheit hinsichtlich der Verwirkungsklausel. Ein materieller Beschluß wurde jedoch in Innsbruck nicht gefaßt, vielmehr gelangte die Frage durch Nachtragsgutachten weiter vorbereitet, auf dem 28. DJT. von neuem zur Verhandlung.

Gutachter:	Berichterstatter:
Prof. Dr. Julius Gierke (Königsberg) 27 II. 57—166 u. 28 II. 379—404.	OLGR. Schneider (Stettin) 27 IV. 209 ff., 28 III. 234 ff.
Direktor Dr. Sammer (Gotha) 27 III. 127—135 u. 28 II. 405—411.	PrivDoz. Dr. Hupka (Wien) 27 IV. 223 ff.
	Direktor Stichling (Gotha) 28 III. 251 ff.

Die ersten beiden Gutachten von Gierke und Sammer hatten die auf dem 28. DJT. zur Erörterung stehende Frage nur gestreift. In dem Nachtragsgutachten stellt Gierke folgende Sätze auf:

1. Trifft den Versicherten bei nicht vertragsgemäßen Handlungen oder Unterlassungen kein Verschulden, so kann eine Vernichtung des Versicherungsanspruchs nur in Gestalt einer Kündigung mit angemessener Kündigungsfrist eintreten. — Der erworbene Versicherungsanspruch kann nur durch Arglist oder grobe Fahrlässigkeit zerstört werden (Allgemeines Verschuldungsprinzip).

2. Über das allgemeine Verschuldungsprinzip hinaus ist der Versicherte namentlich bei der Veräußerung der versicherten Sache zu begünstigen. Dagegen ist das Verschuldungsprinzip einzuschränken bei nicht rechtzeitiger Zahlung der Eintrittsprämie.

3. Eine Anspruchsvernichtung ist selbst bei verschuldeten Handlungen oder Unterlassungen unzulässig, wenn der Versicherer nicht innerhalb angemessener Frist von seinen Vernichtungshandlungen Gebrauch macht.

4. Der Nachweis des fehlenden Kausalzusammenhanges zwischen Verwirkungsfall und Versicherungsfall ist dem Versicherten insoweit zu gestatten, als der deutsche Entwurf ihn zuläßt.

Sammer gelangt in seinem späteren Gutachten zu dem Ergebnis, daß grundsätzlich die Verwirkungsklausel nicht anzuwenden ist, wenn 1. den Versicherten kein Verschulden trifft oder 2. der Kausalzusammenhang zwischen fahrlässiger Pflichtverletzung und Versicherungsfall fehlt oder 3. der Versicherer auf die Geltendmachung der Klausel verzichtet hat.

Auf Grund der Ausführungen der Berichterstatter wurde beschlossen:

Beschluß. 1. a) Vereinbarungen des Inhalts, daß der Versicherer wegen Verletzung einer Obliegenheit des Versicherten seine Leistung verweigern oder vom Vertrage zurücktreten darf, sind nur mit der Einschränkung zuzulassen, daß dem Versicherten unter allen Umständen gestattet bleiben muß, die Verwirkung seines Rechtes durch den Nachweis fehlenden Verschuldens abzuwenden. Bei Verletzung von Obliegenheiten, die nach Eintritt des Versicherungsfalles zu erfüllen sind, hat der Nachweis zu genügen, daß weder Vorsatz noch grobe Fahrlässigkeit vorliegt.

b) Daneben muß bei der Verletzung solcher Obliegenheiten, die ausschließlich auf die Abwendung des Versicherungsereignisses abzielen, dem Versicherten der Nachweis offen bleiben, daß der Versicherungsfall mit der Verletzung in keinerlei Zusammenhange stehe.

2. Mithin sind die Vorschriften des deutschen Gesetzentwurfes über die Verwirkungsklausel im engeren Sinne (§ 6, § 32) zu billigen.

3. Dem Versicherungsnehmer ist das Recht der Aufkündigung des Versicherungsvertrages auf den Schluß der laufenden Versicherungsperiode unentziehbar einzuräumen, wenn der Versicherer die Verwirkung gegen ihn geltend macht.

4. a) Eine Beschränkung der unter 1. mitgeteilten Grundsätze auf die mit privaten Versicherungsunternehmungen abgeschlossenen Versicherungsverträge entbehrt des Grundes.
   b) Auch besteht kein Bedürfnis, die Geltung dieser Sätze für einzelne Versicherungsarten oder Versicherungszweige auszuschließen.

Das Reichsgesetz über den Versicherungsvertrag vom 30. Mai 1908 enthält im § 6 folgende Vorschrift:

Ist im Vertrage bestimmt, daß bei der Verletzung einer Obliegenheit, die vor dem Eintritt des Versicherungsfalls dem Versicherer gegenüber zu erfüllen ist, der Versicherer zum Rücktritt berechtigt oder von der Verpflichtung zur Leistung frei sein soll, so tritt die vereinbarte Rechtsfolge nicht ein, wenn die Verletzung als eine unverschuldete anzusehen ist.

Ist eine solche Bestimmung für den Fall getroffen, daß eine Obliegenheit verletzt wird, die nach dem Eintritte des Versicherungsfalls dem Versicherer gegenüber zu erfüllen ist, so tritt die Rechtsfolge nicht ein, wenn die Verletzung weder auf Vorsatz noch auf grober Fahrlässigkeit beruht.

Auf eine Vereinbarung, durch welche von diesen Vorschriften zum Nachteile des Versicherungsnehmers abgewichen wird, kann sich der Versicherer nicht berufen.

Der österreichische Entwurf eines Gesetzes über den Versicherungsvertrag ist Ende 1907 an das Herrenhaus gelangt, bisher aber noch nicht erledigt.

C. Wechsel- und Scheckrecht.

1. Einführung der Nürnberger Novellen zur Wechselordnung.

4. DJT. Mainz 1863.

Vgl. oben unter IV. A. Ziff. 1.

2. Wechselfähigkeit.

15. DJT. Leipzig 1880.

Gegen das seit Einführung der deutschen Wechselordnung in Deutschland geltende Prinzip der allgemeinen Wechselfähigkeit war im Anschluß an die Agitation gegen den Wucher eine lebhafte Bewegung entstanden. Nachdem dieser Gegenstand in verschiedenen Landtagen angeregt war, wurde auch im Reichstag von dem Abgeordneten Reichensperger im Jahre 1879 ein Antrag gegen die allgemeine Wechselfähigkeit gestellt; die hierauf eingesetzte Kommission erklärte jedoch jede Beschränkung der Wechselfähigkeit für ungerechtfertigt. Nach Annahme des Wuchergesetzes beantragte Graf Wilhelm v. Bismarck eine Resolution, wonach amtliche Ermittelungen in Deutschland vorgenommen werden sollten, ob eine Beschränkung der Wechselfähigkeit notwendig oder empfehlenswert sei. Der Juristentag sah sich daher veranlaßt, hierzu Stellung zu nehmen.

Frage. Empfiehlt es sich, die gesetzliche allgemeine Wechselfähigkeit zu beschränken?

Gutachten	Berichterstatter:
waren nicht erstattet.	LGR. Thomsen (Hannover) II. 306 ff. u. 361 ff.

Ohne Debatte wurde in der Abteilung wie im Plenum folgende These des Berichterstatters einstimmig angenommen:

Beschluß. Es empfiehlt sich nicht, die gesetzliche allgemeine Wechselfähigkeit zu beschränken.

Die Wechselfähigkeit ist reichsgesetzlich uneingeschränkt geblieben. Schon die Begründung zu dem Gesetze, betreffend den Wucher aus dem Jahre 1880 spricht sich dahin aus, daß dem von manchen Seiten gemachten Vorschlage, die Wechselfähigkeit in positiver Weise zu beschränken, gewichtige Bedenken entgegenständen. Es sei größte Zurückhaltung geboten, in das bei fast allen Nationen geltende Recht der allgemeinen Wechselfähigkeit einzugreifen. Seit diesem Beschlusse des DJT. ist die bis dahin in verschiedenen Kreisen lebhaft betriebene Agitation für die Beschränkung der allgemeinen Wechselfähigkeit völlig eingestellt worden.

3. Weltwechselrecht.

10. DJT. Frankfurt a. M.

Antrag des Adv. Dr. Jaques (Wien):

Die Herstellung eines gemeinsamen Wechselrechtes aller europäischen Staaten, sowie der Vereinigten Staaten von Nord-Amerika entspricht dem heutigen Stande der Wissenschaft und ist ein Bedürfnis des internationalen Handelsverkehrs und Kredites.

Der Juristentag beauftragt seine ständige Deputation, eine Denkschrift in diesem Sinne an die kaiserlichen Regierungen von Deutschland und Österreich zu dem Ende zu richten, damit durch die Initiative derselben die Einsetzung eines internationalen Delegiertenkongresses und die Durchführung der Kodifikation des gemeinsamen Wechselrechts erzielt werden möge.

Gutachten	Berichterstatter:
waren nicht erstattet.	GehJR. Borchardt (Berlin) II. 171 ff.

Der Berichterstatter empfahl eindringlich die Annahme des ersten Teiles des Antrages Jaques, erklärte sich jedoch gegen den zweiten Teil, weil dadurch eine Abweichung von dem bisherigen Verfahren des Juristentages herbeigeführt werden würde.

Im Anschluß an die Ausführungen des Berichterstatters sprach sich der Juristentag fast einstimmig dahin aus:

Beschluß. Die Herstellung eines gemeinsamen Wechselrechts aller europäischen Staaten sowie der Vereinigten Staaten von Nordamerika entspricht dem heutigen Stande der Wissenschaft und ist ein Bedürfnis des internationalen Handelsverkehrs und Kredites.

Im Jahre 1907 ist im deutschen Reichstag eine Resolution auf Vereinheitlichung des Wechselrechts angenommen worden, nachdem seitens des Reichskanzlers erklärt worden war, daß er es mit Freuden begrüßen würde, wenn es gelänge, auf dem Gebiete des Wechselrechts einheitliche Bestimmungen über den ganzen Erdkreis zu schaffen. Im Juni 1910 ist auf Veranlassung der Niederländischen Regierung eine internationale Wechselrechtskonferenz im Haag zusammengetreten.

4. Regreß bei verweigerter Annahme des Wechsels.

14. DJT. Jena 1878.

Im Jahre 1877 hatte der Antwerpener Kongreß der mit der Feststellung der Grundzüge eines gemeinsamen europäisch-amerikanischen Wechselrechts beschäftigten Gesellschaft für Reform und Kodifikation des Völkerrechts beschlossen:

Im Falle der verweigerten Annahme oder einer bedingten Annahme hat der Wechselinhaber sofort den Regreß gegen den Aussteller und die Indossanten auf Zahlung der verschriebenen Summe und der Auslagen abzüglich des Diskontos.

Dies gab Veranlassung zur Aufstellung der

Frage: 1. Soll bei verweigerter Akzeptation eines Wechsels der Regreß auf Sicherheit, wie nach deutschem und französischem Rechte, oder auf sofortige Zahlung, wie nach englischem oder nordamerikanischem Rechte, gerichtet werden;

2. und soll die Protestfrist wegen höherer Gewalt für die Dauer der Störung, aber niemals über eine kurze, ein für allemal durch das Wechselgesetz zu bestimmende Frist hinaus erstreckt werden?

Gutachter:	Berichterstatter:
Adv. Dr. Jaques (Wien)	ROHGR. Wiener (Leipzig)
I. 187—214.	II. 86ff.

Das Gutachten Jaques entscheidet sich für den Zahlungsregreß, verneint die zweite Frage und schlägt folgende Bestimmungen vor:

Sollte in einem der Staaten, für welche das Wechselgesetz gilt, wegen öffentlicher Kalamitäten eine Hinausschiebung der Protest- oder Verfallfristen verfügt werden, so ist dieselbe für alle diejenigen Wechselverpflichteten verbindlich, welche einem der diesem Gesetze unterworfenen Staaten angehören.

Der Juristentag nahm folgende Thesen des Referenten an:

Beschluß. a) Bei verweigerter Annahme eines Wechsels soll der Regreß gegen den Aussteller und die Indossanten statt auf Sicherstellung lediglich auf sofortige Zahlung der verschriebenen Summen abzüglich des Diskontos, im übrigen den Bestimmungen beim Regreß mangels Zahlung entsprechend gerichtet werden.

b) Dem Vorschlage des Bremer Kongresses der Gesellschaft für Reform und Kodifikation des Völkerrechts (1876):

Die Protestfrist soll wegen höherer Gewalt für die Dauer der Störung, aber niemals über eine kurze, ein für allemal durch das Wechselgesetz zu bestimmende Frist (etwa 14 Tage) hinaus erstreckt werden,

ist nicht beizustimmen.

Abgelehnt wurde ein fernerer Antrag des Referenten:

Der höheren Gewalt kann nur in der Richtung eine Berücksichtigung zuteil werden, daß die Unausführbarkeit der Präsentation oder Protestierung des Wechsels aus bestimmt spezialisierten, den Präsentationsort betreffenden Notstandsgründen als: Seuchen, Krieg, Unruhen, elementarische Ereignisse, sofern sie durch bestimmt bezeichnete Behörden bescheinigt wird, sowie ein von der gesetzgebenden Gewalt erlassenes Präsentations- oder Protestverbot der erfolgten Präsentation oder Protesterhebung gleich erachtet werden. Ist der Ort der Präsentation im Auslande, so würde es behufs der Wirkung dieser Gleichstellung für das Inland noch der diesseitigen Bestätigung der Bescheinigungen der ausländischen Behörden durch das auswärtige Amt, bzw. die diesseitigen Vertreter im Auslande, und falls ein Präsentations- bzw. Protestverbot des auswärtigen Staates vorliegt und der Präsentationspflichtige ein Ausländer ist, der Anerkennung des Verbotes als begründet durch den diesseitigen Staat bedürfen.

Die deutsche Wechselordnung hat bei verweigerter Annahme des Wechsels an dem Sicherheitsregreß festgehalten (vgl. Art. 25).

5. Haftung für vor der Begebung gestohlene Wechsel.

16. DJT. Kassel 1882.

Vgl. oben unter III. B. Ziff. 22.

6. Scheckgesetz.

17. DJT. Würzburg 1884.

Im Jahre 1882 hatte der 11. deutsche Handelstag sich dahin ausgesprochen, daß der Erlaß eines Scheckgesetzes zur Förderung des Scheckverkehrs angezeigt sei. Der 17. DJT. beschäftigte sich daher mit der

Frage: Empfiehlt sich eine gesetzgeberische Regelung des Scheckverkehrs?

Gutachter:	Berichterstatter:
GehOFinR. Dr. Koch (Berlin)	RGR. Dr. Dreyer (Leipzig)
I. 1—31.	II. 139 ff.
Prof. Dr. Behrend (Greifswald) I. 32—45.	

Das Gutachten Koch kommt, nachdem es die Natur des Schecks, die Geschichte und die Bedürfnisse des Scheckverkehrs und die bestehenden (ausländischen) Scheckgesetze dargestellt hat, zu folgender Resolution:

1. Der Juristentag hält im Interesse des bestehenden Scheckverkehrs und der weiteren Entwickelung desselben den baldigen Erlaß eines deutschen Scheckgesetzes für wünschenswert.

2. Als Hauptpunkte, welche das Scheckgesetz zu ordnen haben würde bezeichnet derselbe folgende:

a) die Bestimmung des Scheckes als eines in Anweisungs- oder Quittungsform ausgestellten Auftrages zur Zahlung einer bestimmten, zur sofortigen Verfügung des Ausstellers bei dem Bezogenen stehenden Geldsumme an eine bestimmte Person oder deren Order oder an den Überbringer bei Sicht;

b) die Festsetzung von Geldstrafen wegen unberechtigter Ausstellung von Schecks;

c) die Bestimmung einer kurzen Präsentationsfrist;

d) die Anwendung der für den Scheck passenden Regeln des Wechselrechts, namentlich der vom Regresse mangels Zahlung;

e) die Bestimmung, in welcher Weise und mit welchen Folgen das sog. Kreuzen der Scheckes gestattet sein soll;

f) die Anerkennung der Stempelfreiheit der Scheckes.

Das Gutachten Behrend hält mit Rücksicht auf die bestehenden Rechtsbestimmungen über Zahlungsanweisungen und auf die derzeitige Entwickelung des Scheckverkehrs eine besondere gesetzliche Regelung des Scheckverkehrs gegenwärtig für inopportun, will aber einer späteren Regelung, etwa bei der Gesamtrevision des HGB., nicht entgegentreten.

Mit einer Stimme Mehrheit beschloß die Abteilung:

Beschluß. Es empfiehlt sich eine gesetzgeberische Regelung des Scheckverkehrs.

Ein Scheckgesetz ist in Österreich am 3. April 1906, in Deutschland am 11. März 1908 erlassen worden.

V. Gewerbliche Schutzgesetze.

1. Urheberrechtsgesetze.

2. DJT. Leipzig 1862.

In Österreich war im Jahre 1860 der Entwurf eines Gesetzes zum Schutze des litterarischen Eigentums von der Regierung vorgelegt worden. Dieser Entwurf wurde der preußischen Regierung mitgeteilt; gegen die von Österreich gewünschten Verhandlungen am deutschen Bundestage erhob die preußische Regierung aber Bedenken.

Prof. Dr. Heydemann (Berlin) stellte darauf folgenden

Antrag: Der DJT. wolle sich für die baldige Herstellung eines gemeinsamen deutschen Gesetzes zum Schutze des Urheberrechts an Werken der Literatur und Kunst gegen Nachdruck sowie gegen unbefugte Nachbildung und Aufführung aussprechen.

Gutachten	Berichterstatter:
waren nicht erstattet.	Prof. Dr. Unger (Wien) II. 264 ff.

Beschluß. Abteilung und Plenum beschlossen entsprechend dem Antrage.

Schon in den Jahren 1870 und 1876 wurden in Deutschland Gesetze, betr. das Urheberrecht an Schriftwerken, Abbildungen, musikalischen Kompositionen, dramatischen Werken sowie an Werken der bildenden Künste und der Photographie erlassen. Zur Zeit sind folgende Gesetze in Geltung: das Gesetz, betr. das Urheberrecht an Werken der Literatur und der Tonkunst vom 19. Juni 1901 und dasjenige, betr. das Urheberrecht an Werken der bildenden Künste und der Photographie vom 9. Januar 1907.

2. Strafrechtliche Verfolgung von Urheberrechtsverletzungen.

25. DJT. Bamberg 1900.

Das deutsche Gesetz vom 11. Juni 1870 hatte für die Strafbarkeit von Eingriffen in das Urheberrecht den Vorsatz nicht zum Tatbestandsmerkmal gemacht. Dagegen fordert das österreichische Gesetz vom 26. Dezember 1895, betr. das Urheberrecht an Werken der Literatur, Kunst und Photographie grundsätzlich die Wissentlichkeit des Eingriffs. Der deutsche Entwurf eines Gesetzes, betr. das Urheberrecht an Werken der Literatur und Tonkunst vom 13. Juli 1899, der nur die vorsätzliche Begehung der Urheberrechtsdelikte unter Strafe stellte, gab die Anregung zu dem Thema.

Frage. Empfiehlt es sich, die strafrechtlicht Verfolgung der Verletzung des Urheberrechts nach dem Vorbilde des österreichischen Gesetzes vom 26. Dezember 1895 (§ 51) auf wissentliche Eingriffe einzuschränken?

Gutachter:
GehRegR. Dr. Daude (Berlin)
I. 28—40.

Berichterstatter:
Prof. Dr. Pfaff (Wien)
II. 222 ff.
Dr. Osterrieth (Berlin) II. 235 ff.

Der Gutachter führt aus, daß die bestehenden Vorschriften zum Schutze des Urheberrechts durchaus dem Bedürfnisse des deutschen Buch-, Kunst- und Musikalienhandels entsprächen, daß sich auch niemals aus den Kreisen der Buchhändler eine Stimme gegen die Strafbarkeit der Fährlässigkeit erhoben habe. Zu einer Abänderung der gesetzlichen Bestimmungen nach dem Vorbilde des österreichischen Gesetzes liege um so weniger Veranlassung vor, als sich in Österreich selbst bereits gewichtige Stimmen gegen die Beschränkung der strafrechtlichen Verfolgbarkeit auf wissentliche Eingriffe erhoben hätten.

In Übereinstimmung mit dem Gutachten sprechen sich beide Berichterstatter für die Bestrafung fahrlässiger Urheberrechtsverletzungen aus. Ihr gemeinsamer Antrag wurde fast einstimmig angenommen.

Beschluß. Es empfiehlt sich nicht, die strafrechtliche Verfolgung der Verletzung des Urheberechtes nach dem Vorbilde des österreichischen Gesetzes vom 26. Dezember 1895 (§ 51) auf wissentliche Eingriffe einzuschränken.

Das deutsche Gesetz betr. das Urheberrecht an Werken der Literatur und Tonkunst vom 19. Juni 1901 hat die fahrlässigen Verletzungen des

Urheberrechts aus dem Kreise der strafbaren Handlungen ausgeschieden, weil es mit den Grundsätzen, die sonst durch die Strafgesetze des Reichs anerkannt sind, nicht im Einklang stehe, wenn der Nachdruck und die widerrechtliche öffentliche Aufführung im Falle der Fahrlässigkeit bestraft werden.

3. Erfinderrecht von Angestellten.

28. DJT. Kiel 1906.

In den Kreisen der technischen Angestellten industrieller Etablissements wurde seit Jahren darüber Klage geführt, daß für sie, die häufig die eigentlichen Urheber der von den Etablissements verwerteten Erfindungen seien, der Erfinderschutz nahezu illusorisch sei, weil alle Vorteile den Etablissements und nicht den eigentlichen Urhebern zufallen. Deshalb hatte, nachdem der deutsche Verein für den Schutz des gewerblichen Eigentums wie die Société Internationale pour la protection de la Propriété Industrielle und Vereinigungen technischer Angestellten sich verschiedentlich mit dieser Frage befaßt hatten, die ständige Deputation das vorliegende Thema zur Beratung gestellt.

Frage. Empfehlen sich besondere gesetzliche Bestimmungen zum Schutze des Erfinderrechtes von Angestellten?

Gutachter:
Prof. Dr. Osterrieth (Berlin) II. 194—213.
RA. Dr. Alexander Katz (Berlin) II. 282—323.

Berichterstatter:
JR. Dr. Edwin Katz (Berlin) III. 469 ff.

Osterrieth geht in seinem Gutachten davon aus, daß man sich zurzeit noch nicht über die Frage schlüssig machen könne, weil der Gegenstand ein patentrechtlicher sei und die Untersuchung notwendig mache, wer der eigentliche Erfinder der Anmeldung sei, die dem Patentamt zur Patentierung überreicht würde. Das deutsche Patentgesetz stehe aber gerade auf dem Standpunkt, daß das Patent demjenigen erteilt wird, der es anmeldet, ohne daß untersucht wird, ob der Betreffende, der das Patent anmeldet, auch der wirkliche Erfinder ist.

Dagegen stellt Dr. Alexander Katz folgende Sätze auf:

I. Es empfiehlt sich eine gesetzliche Bestimmung dahin:

1. Das Eigentum der von Angestellten und Arbeitern gemachten Erfindungen und Gebrauchsmuster gehört diesen und nicht dem Dienstherrn, sofern letzterer nicht durch ausdrückliche Vereinbarung

sich dieses Eigentum ausbedungen hat oder die Erfindung im Auftrage des Dienstherrn für denselben gemacht ist.

2. Im Zweifel ist die Vereinbarung und der Auftrag dahin auszulegen, daß die Erfindung von dem Dienstherrn nur für die Zwecke seines Betriebes angewendet und ausgebeutet werden darf, während im übrigen der Erfinder selbst die Rechte aus der Erfindung behält.

II. Es empfiehlt sich nicht, die Vertragsfreiheit des Dienstherrn und der Angestellten über die Erfindungen der letzteren zu beschränken.

III. Es empfiehlt sich ein Zusatz zum § 20 und § 23 des Patentgesetzes, wonach der Anmelder, wenn er nicht der Erfinder ist, und die Erfindung auch nicht aus der gemeinsamen Arbeit mehrerer Personen in seinem Betriebe hervorgegangen ist, verpflichtet ist, den Erfinder in seiner Anmeldung zu benennen, und das Patentamt bei der Bekanntmachung der Erfindung den Namen des Erfinders mit bekannt zu machen hat.

Der Berichterstatter führte aus, daß schon das geltende Recht bei richtiger Anwendung dazu führe, dem angestellten Erfinder das Eigentum an der Erfindung zuzugestehen. Das Verhältnis zwischen dem Geschäftsherrn und dem Angestellten stelle sich nicht als Werkvertrag, sondern als Dienstvertrag dar. Der Angestellte verspreche beim Abschlusse des Dienstvertrages lediglich diejenigen Dienste zu leisten, die Angestellte gleicher Art und gleicher Gehaltsstufe gewöhnlich zu leisten pflegen; der Dienstherr übernehme die Zahlung des entsprechenden Lohnes für derartige Dienste. Nach den Grundsätzen des Dienstvertrages sei der Angestellte mangels einer ausdrücklichen Vereinbarung nicht verpflichtet, die im Betriebe des Geschäftsherrn gemachte Erfindung diesem zu übereignen. Eine vertragliche Abmachung, nach welcher dem Dienstherrn das Eigentum an den von dem Angestellten gemachten Erfindungen zufallen soll, hielt der Berichterstatter für rechtlich zulässig; er empfahl, es auch fernerhin den Parteien zu überlassen, ihre Rechtsverhältnisse nach ihrem eigenen besten Ermessen zu regeln.

Nach eingehender Erörterung der Frage wurde mit großer Mehrheit beschlossen:

Beschluß. 1. Die Erfindung des Angestellten gehört dem Angestellten, sofern nicht durch Vertrag das Gegenteil bestimmt ist.

2. Die Beschränkung der Vertragsfreiheit zwischen Angestellten und Geschäftsherrn empfiehlt sich nicht.

3. Die Frage, ob der Name der Angestellten, wenn sie Erfinder sind, in die Patentschrift aufgenommen werden soll, ist noch nicht spruchreif.

Im deutschen Reichstag ist die Frage des Erfinderrechts der Angestellten des öfteren erörtert worden. Am 21. April 1909 beschloß der Reichstag entsprechend einem Antrag Lattmann-Behrens den Reichskanzler zu ersuchen, einen Gesetzentwurf vorzulegen, durch den das Patentgesetz dahin abgeändert wird, daß die Erfindungen der technischen Angestellten und Arbeiter diesen in geistiger und materieller Beziehung mehr als bisher geschützt werden. Am 4. März erklärte der Staatssekretär des Innern Delbrück auf eine Anfrage des Abg. Dr. Junck, daß der Versuch gemacht werden solle, im Rahmen des Patentgesetzes auch das Erfinderrecht der Angestellten zu regeln.

4. Übertragung des Verlagsrechtes.

25. DJT. Bamberg 1900.

Der Widerstreit der kollidierenden Interessen von Autor und Verleger beim Verlagsvertrage forderte einen Ausgleich durch die Rechtsordnung. Der Verfasser verlangt, daß nicht im Wege einseitigen Handelns des Verlegers durch Übertragung seiner Vertragsrechte ein Dritter in das Verhältnis eingeführt werden könne, der nicht imstande oder nicht willens sei, den Pflichten des Verlegers in gleicher Weise wie dieser selbst zu entsprechen; andererseits beansprucht der Verleger, daß nicht durch Vorenthaltung der freien Übertragbarkeit ein Teil seines Vermögens, das in den erworbenen Verlagsrechten ruht, eine wesentliche Wertverminderung erfahre. Die ständige Deputation des DJT. stellte darum die Übertragbarkeit des Verlagsrechtes zur Beratung.

Frage. Soll der Verleger berechtigt sein, das Verlagsrecht ohne Zustimmung des Autors zu übertragen?

Gutachter:	Berichterstatter:
RA. Dr. Richard Alexander Katz (Berlin) II. 147—175.	Prof. Dr. Pappenheim (Kiel) III. 173 ff.
Dr. Osterrieth (Berlin) II. 183—205.	RA. beim RG. Dr. Wildhagen (Leipzig) III. 185 ff.

Bei manchen Verschiedenheiten im Einzelnen kommen beide Gutachter übereinstimmend zu dem Ergebnis, daß die gestellte Frage im allgemeinen verneinend zu beantworten sei, insbesondere auch für den Fall der Zwangsvollstreckung und des Konkurses. Eine gesetzliche Ausnahme hiervon sei zu machen für den Fall der Übertragung des Verlagsgeschäfts im ganzen, eine weitere für den Fall der abweichenden Vereinbarung. Beide Gutachter sind darin einig, daß das zu schaffende Recht jedenfalls dispositiver Art sein müsse. Als ein besonderer Fall der Übertragbarkeit kraft abweichender Vereinbarung wird derjenige der Lieferung eines Werkes auf Bestellung behandelt.

Nach Abgabe der Gutachten war der Entwurf zu einem Gesetze über das Verlagsrecht erschienen, der sich im Prinzip auf den Standpunkt der Übertragbarkeit des Verlagsrechtes gestellt hatte. Der Verhandlung in der Abteilung wurde dieser Entwurf zugrunde gelegt. Der Berichterstatter sprach sich für die Nichtübertragbarkeit aus, während der Korreferent den Standpunkt des Entwurfes teilte. In der Diskussion wurde von Vertretern der Nichtübertragbarkeit gefordert, daß diese zum zwingenden Rechte gemacht würde, da die Autoren den Verlegern gegenüber wirtschaftlich schwächer und minder geschäftskundig und deshalb unter der Herrschaft nachgiebigen Rechtes genötigt seien, die ihnen von den Verlegern diktierten Bedingungen schlechthin anzunehmen.

Folgender Kompromißantrag der beiden Berichterstatter gelangte zur Annahme:

Beschluß. Die Übertragung des Verlagsrechtes durch den Verleger auf Dritte kann nicht ohne Einwilligung des Verfassers erfolgen.

Der Verfasser ist zur Erteilung der Einwilligung verpflichtet, es sei denn, daß sie ihm nach den Umständen des Falles, insbesondere mit Rücksicht auf den Ruf und die Vermögensverhältnisse des Erwerbers, nicht zugemutet werden kann.

Eine Abänderung dieser Bestimmungen kann, insoweit durch sie die Rechte des Verfassers beschränkt oder aufgehoben werden sollen, nur ausdrücklich oder durch geschriebene Vereinbarung erfolgen.

Die reichsrechtliche Regelung des Verlagsrechtes ist durch das Gesetz vom 19. Juni 1901 erfolgt. § 28 dieses Gesetzes erklärt die Rechte des Verlegers für übertragbar, soweit die Übertragbarkeit nicht durch Parteivereinbarung ausgeschlossen ist; der Verleger kann jedoch durch einen Vertrag, der nur über einzelne Werke geschlossen wird, seine Rechte nicht ohne Zustimmung des Verfassers übertragen. Die Zustimmung kann nur verweigert werden, wenn ein wichtiger Grund vorliegt.

5. Schutz von Warenzeichen.

28. DJT. Kiel 1906.

Das österreichische Markenschutzgesetz vom 6. Januar 1890 wurde nach Erlaß des deutschen Gesetzes zum Schutze der Warenbezeichnungen vom 12. Mai 1894 durch eine Novelle vom 30. Juli 1895 in mehreren Punkten in Anlehnung an das deutsche Gesetz abgeändert und ergänzt.

Die Bestrebungen des mitteleuropäischen Wirtschaftsvereins nach Vereinheitlichung des Wirtschaftsrechts in den mitteleuropäischen Staaten gaben die Anregung zu vorliegendem Thema.

Frage. Empfiehlt sich eine Übereinstimmung oder Annäherung der deutschen und österreichischen Gesetzgebungen über die Warenbezeichnungen oder Marken, und welche Grundsätze wären zu diesem Zwecke aufzustellen?

Gutachter:	Berichterstatter:
JR. Dr. Seligsohn (Berlin) II. 214—223.	RA. Paul Schmid (Berlin) III. 441 ff.
GerAdv. Schuloff (Wien) II. 276—281.	

Die beiden Gutachten stimmen darin überein, daß der Gesetzgebung keines der beiden Staaten zugemutet werden könne, lediglich um eine Übereinstimmung mit dem Zeichenschutzgesetz des anderen Staates zu erzielen, die innere Gesetzgebung zu ändern. Maßgebend könnten nur die wirtschaftlichen Verhältnisse, die Forderungen des Handels und der Industrie an ein Warenzeichengesetz sein. Nur dann, wenn die Forderungen des Wirtschaftslebens eine ähnliche Kodifikation erfordern, würde es sich empfehlen, die innere Gesetzgebung mit Rücksicht auf das fremde Gesetz auszugestalten. Der bisher in dieser Richtung betretene Weg des Staatsvertrags habe sich als ausreichend erwiesen.

Der Berichterstatter kam zu dem Ergebnisse, daß eine Unifikation der Warenzeichengesetzgebung etwa in dem Sinne, daß ein einheitliches Gesetz für beide Staaten geschaffen werde, oder in dem Sinne, daß die Eintragung eines Warenzeichens in dem einen Staate die Eintragung in dem anderen sichern sollte, nicht zu empfehlen sei, daß dagegen eine allmähliche Ausgestaltung der inneren Gesetzgebung beider Staaten im Sinne eines möglichst wirksamen Schutzes gegen den durch Warenzeichenverletzung betriebenen unlauteren Wettbewerb durch Aufnahme der diesbezüglichen besseren Vorschriften des einen Gesetzes in das andere anzustreben sei. Für den Fall, daß entweder beide Staaten oder aber einer der beiden Staaten dem Madrider Abkommen nicht beitreten sollte, nachdem entsprechende Modifikationen des Abkommens getroffen sind, empfahl der Berichterstatter die Herbeiführung eines Separatabkommens zwischen beiden Staaten im wesentlichen im Sinne des Madrider Abkommens, d. h. in dem Sinne, daß die Anmeldung in dem einen Staate von diesem selber unmittelbar an den anderen Staat weiter geleitet wird, selbstverständlich vorbehaltlich der

Eintragungsfähigkeit auf Grund der inneren Gesetzgebung nach Maßgabe des Übereinkommens.

Der von den Gutachtern und dem Berichterstatter gemeinsam gestellte Antrag wurde fast einstimmig angenommen.

Beschluß. Ohne berechtigten Bestrebungen nach einer Reform der deutschen Gesetze über die Warenbezeichnungen und des österreichischen Markenschutzgesetzes entgegenzutreten, erklärt der Juristentag: Zurzeit liegt kein dringendes Bedürfnis nach einer Vereinheitlichung dieser Gesetzgebung vor.

6. Unlauterer Wettbewerb.

23. DJT. Bremen 1895.

Eine Verschärfung der Reaktion gegen den unlauteren Wettbewerb wurde in den letzten anderthalb Dezennien in Deutschland wie in Österreich mehrfach in der Literatur wie auch in Petitionen und Anträgen verlangt, die in Parlamenten gestellt wurden. Auch die Regierungen konnten sich dieser Strömung nicht entziehen. Österreich erließ ein Gesetz über die Regelung der Ausverkäufe und publizierte einen Gesetzentwurf, enthaltend Bestimmungen gegen Quantitäts- und Qualitätsverschleierungen im Detailwarenverkehr, Deutschland veröffentlichte im Januar 1894 im Reichsanzeiger den Entwurf eines Gesetzes zur Bekämpfung des unlauteren Wettbewerbs. Auch der DJT. wollte nicht unterlassen, hierzu Stellung zu nehmen.

Frage. Empfiehlt sich die Einführung gesetzlicher Maßnahmen gegen den unlauteren Wettbewerb?

Gutachter:	Berichterstatter:
RA. Dr. Richard Alexander Katz (Berlin) I. 127—185.	Prof. Dr. Pfaff (Wien) II. 461 ff.
RA. Dr. Scherer (Bremen) I. 226—248.	OStA. Hamm (Köln) II. 484 ff.

Beide Gutachter kommen zu dem Ergebnis, daß ein Einschreiten der Gesetzgebung gegen den unlauteren Wettbewerb Bedürfnis sei, daß diesem Bedürfnisse durch ein Spezialgesetz Genüge zu leisten, nicht aber das BGB. für das Deutsche Reich abzuwarten sei. Der Entwurf eines Gesetzes zur Bekämpfung des unlauteren Wettbewerbs wird von den Gutachtern in seinen Grundzügen gebilligt, im einzelnen aber werden mehrfache Abänderungen empfohlen.

Das Plenum des Juristentages beschloß fast einstimmig nach dem Antrage der beiden Berichterstatter.

Beschluß. Es empfiehlt sich, im Wege der Gesetzgebung einen wirksamen Schutz zur Bekämpfung des unlauteren Wettbewerbs zu schaffen. Die Frage, in welcher Weise dieser Schutz zu gewähren ist, insbesondere ob durch zivilrechtliche oder strafrechtliche Bestimmungen, bleibt einer späteren Beschlußfassung vorbehalten.

Die spätere Erörterung der Frage unterblieb, weil inzwischen, am 27. Mai 1896, das Gesetz zur Bekämpfung des unlauteren Wettbewerbs erlassen wurde. Dieses Gesetz ist jetzt durch das Gesetz gegen den unlauteren Wettbewerb vom 7. Juni 1909 ersetzt worden.

7. Ausverkaufswesen.

29. DJT. Karlsruhe 1908.

In einem in weitesten Kreisen bekannt gewordenen Urteil aus dem Jahre 1897 (RGStr. Bd. 30 S. 257) hatte das RG. sich dahin ausgesprochen, daß ein Ausverkauf, der seinem Wesen nach eine Veräußerung der vorhandenen Vorräte zum Zwecke der Beendigung, sei es des Geschäftsbetriebes im ganzen, sei es des Verkaufes einer gewissen Warengattung sei, eine Nachschiebung von Waren an sich zwar nicht zulasse, daß aber eine harmlose Nachschiebung in geringem Umfange wohl möglich sei und nicht ohne weiteres eine Rechtsverletzung bedeute. Diese Rechtsprechung des RG. hat in den Kreisen der dadurch bedrohten Konkurrenten zu Klagen Anlaß gegeben, die sich zu einer starken Agitation verdichteten und die auch von einer Reihe bürgerlicher Parteien des Reichstags aufgenommen worden ist. Schon der 28. DJT. im Jahre 1906 befaßte sich deshalb mit der

> **Frage**: Empfiehlt es sich, das Reichsgesetz zur Bekämpfung des unlauteren Wettbewerbs in Ansehung des Ausverkaufswesens zu ergänzen?

Ein Beschluß kam im Jahre 1906 aber nicht zustande. Darauf trat das Reichsamt des Innern im Jahre 1907 mit dem Entwurf einer Novelle zu dem Gesetze gegen den unlauteren Wettbewerb an die Öffentlichkeit, der zwar eine Neuredaktion des ganzen Gesetzes enthielt, dessen Schwerpunkt aber gerade in der gesetzlichen Ordnung des Ausverkaufswesens lag. In dieses Stadium war die Frage getreten, als der 29. DJT. sich von neuem mit ihr beschäftigte.

Gutachter:	Berichterstatter:
OLGR. Dr. Lobe (Dresden) 28 I. 317—332.	OLGR. Dr. Leppel (Kiel) 28 III. 275 ff.
RA. Magnus (Berlin) 28 II. 352—378.	RA. Dr. Wassermann (Hamburg) 28 III. 305 ff. und 29 V. 248 ff.
	Prof. Dr. Heymann (Marburg) 29 V. 233 ff.

Beide Gutachter sind prinzipiell gegen jede Ergänzung des Gesetzes. Dr. Lobe empfiehlt jedoch vorbeugende Maßregeln zu treffen, um die

Vornahme von Scheinausverkäufen möglichst von vornherein zu verhindern. Er meint aber, daß eine solche Regelung vermöge ihres polizeilichen Charakters nicht in das Gesetz zur Bekämpfung des unlauteren Wettbewerbs gehöre, sondern besser in einem Spezialgesetz oder vielleicht in der Gewerbeordnung vorgenommen würde.

Auch der Berichterstatter Dr. Heymann sprach sich uneingeschränkt für die Verneinung der gestellten Frage aus; insbesondere wandte er sich gegen das absolute Nachschubverbot, gegen die sog. Präventivmaßregeln des Regierungsentwurfes und die Strafverschärfung bei der unlauteren Reklame.

Im teilweisen Gegensatz zu dem Berichterstatter kam der Korreferent zu dem Ergebnisse:

1. Es ist zu begrüßen, daß die Novelle zum Wettbewerbsgesetz die Veranstaltung von Ausverkäufen nicht von einer behördlichen Genehmigung abhängig macht.

2. Die obligatorische Ankündigung der Gründe eines Ausverkaufs ist unbedenklich, aber auch nicht geeignet, unreelle Ausverkäufe zu erschweren.

3. Die Vorschrift, daß der Grund und der Zeitpunkt des Beginnes der Behörde in gewissen Fällen vorher angezeigt werden muß, ist unbedenklich, verspricht aber keinen Erfolg.

4. Die Vorschrift, daß in gewissen Fällen ein Verzeichnis der auszuverkaufenden Waren der Behörde eingereicht werden muß, enthält eine unberechtigte Beeinträchtigung des reellen Handels und begründet die Gefahr, ein Denunziantentum zu züchten.

5. Das absolute Nachschubverbot und die Strafverschärfung des § 10 ist zu begrüßen, jedoch ist die Fassung des § 10 in einer Weise zu ändern, welche bei Teilausverkäufen die Fortsetzung des regelmäßigen Geschäftes ermöglicht.

6. Die für den Ausverkauf geltenden Bestimmungen dürfen keine Anwendung finden auf die im ordentlichen Geschäftsverkehr üblichen Inventur- und Saisonausverkäufe.

Der Juristentag schloß sich dem Antrag des Berichterstatters an.

Beschluß. Im Vertrauen auf die energische Durchführung und Befolgung der namentlich in den neueren Entscheidungen des Reichsgerichts geschaffenen Judikatur, nach welcher insbesondere klarsteht, daß das Nachschieben von Waren bei Ausverkäufen nur im geringsten Maße und lediglich in dem zum Zwecke der Abwickelung der Geschäfte erforderlichen Umfange zulässig ist, hält der Juristentag die Ergänzung des Gesetzes über den unlauteren Wettbewerb in Ansehung des Ausverkaufswesens nicht für erforderlich, insbesondere nicht für empfehlenswert im Sinne des veröffentlichten Entwurfes. Sollte es doch zu einer gesetzlichen Regelung kommen, so ist die erwähnte Judikatur des Reichsgerichts über die Nachschübe zum Gesetz zu erheben.

Das neue Gesetz gegen den unlauteren Wettbewerb vom 7. Juni 1909 hat das Ausverkaufswesen in den §§ 6 bis 10 eingehend geregelt. Es muß z. B. bei der Ankündigung eines Ausverkaufs der Grund, der den Ausverkauf veranlaßt hat, ausdrücklich angegeben werden. Vor allem aber wird nach § 8 mit Gefängnis bis zu einem Jahre und mit Geldstrafe bis zu 5000 Mark oder mit einer dieser Strafen bedroht, wer im Falle der Ankündigung eines Ausverkaufs Waren zum Verkaufe stellt, die nur für den Zweck des Ausverkaufs herbeigeschafft worden sind.

8. Kartelle.

26. und 27. DJT. — Berlin, Innsbruck — 1902, 1904.

Der 26. Juristentag in Berlin war es, der sich zum ersten Male mit den Kartellen beschäftigte.

Frage: Welche Maßregeln empfehlen sich für die rechtliche Behandlung der Ringe und Kartelle?

Die Abteilung gelangte nach einer eingehenden, siebenstündigen Beratung zu dem

Beschlusse: Für eine gesetzliche Regelung der Industriekartelle wird vorerst empfohlen, die Statuierung einer Auskunftpflicht gegenüber der Staatsverwaltung seitens der kartellierten Unternehmer, ihrer Organe und Kommissionäre.

Entsprechend einem einstimmig gefaßten Beschlusse der Abteilung gelangte darauf die Frage auch im Plenum zur Erörterung. Hier kam es jedoch nicht zu einem sachlichen Beschlusse, sondern es wurde das Thema auf die Tagesordnung des nächsten Juristentages gesetzt.

Gutachter:	Berichterstatter:
Prof. Dr. Waentig (Greifswald) **26** I. 63—71.	Prof. Dr. Menzel (Wien) **26** III. 277 ff.
Adv. Dr. Landsberger (Wien) **26** II. 294—388.	LGPräs. Rentwig (Gleiwitz) **26** III. 290 ff.
OLGR. Schneider (Stettin) **27** I. 3—56.	SektChef. Prof. Dr. Klein (Wien) **27** IV. 467 ff. u. 667 ff.

RA. Dr. Scharlach (Hamburg) **27** II. 28—44.
Syndikus Dr. Dove (Berlin) **27** II. 45—56.

Waentig vertritt die Auffassung, daß die Kartelle zwar einen großen Fortschritt in der Organisation der Volkswirtschaft bedeuten, daß sie mancherlei Vorteile mit sich bringen, aber auch große Gefahren in sich bergen.

Das Gutachten Landsbergers gibt zunächst eine sehr eingehende nationalökonomische Kritik der Kartelle und gelangt sodann zu dem Ergebnisse, daß es im wirtschafts- und sozialpolitischen Interesse liegt, die Kartelle, ihre konkrete Gestaltung, ihre Gebahrung und Politik der öffentlichen Kontrolle, der Staatsaufsicht zu unterstellen, sie aus dem Dunkel zu führen, welches heute nur durch wissenschaftliche Forschung erleuchtet wird, und ihnen die etwa noch fehlende Sicherheit rechtlichen Bestandes und rechtlicher Wirksamkeit zu verleihen, soweit nicht ihre Vereinbarungen oder ihre Tätigkeit gegen zwingende allgemeine Normen der Rechtsordnung verstoßen; daß aber unter den heutigen Verhältnissen die rechtliche Regelung des Kartellproblems auf diese Aufgabe und ihre möglichst zweckmäßige Lösung beschränkt bleiben muß.

Dove führt aus, daß Ringe und Kartelle an sich unter allen Umständen zu beanstandende Erscheinungen des Wirtschaftslebens seien. Mißbräuchliche Betätigung dieser Verbindungen sei sehr wohl möglich und tatsächlich auch oft vorgekommen. Sofern darunter das Interesse der einzelnen als Mitkontrahenten oder in sonstigen Rechtsbeziehungen stehenden Personen in Betracht komme, reichten die in den modernen Gesetzgebungen der Rechtsprechung gewährten allgemeinen Rechtsbehelfe zur Verhütung der Mißbräuche bei freier Handhabung aus. Sofern allgemeine volkswirtschaftliche Interessen durch die Geschäftsgebahrung von Ringen und Kartellen gefährdet werden, sei Abhilfe nicht auf dem Boden der Rechtsgesetzgebung möglich, sondern durch wirtschaftspolitische Maßregeln zu treffen. Solche würden auf dem Gebiete der Zoll- und Steuergesetzgebung, in vertragsmäßigen Vereinbarungen mit anderen als Wirtschaftsgebieten beteiligten Staaten, in der eigenen gewerblichen Betätigung des Staates zu erblicken sein. Sie könnten aber nicht generell bestimmt werden, seien vielmehr je nach den konkreten Verhältnissen inhaltlich zu bestimmen. Schon die Internationalität des modernen Wirtschaftslebens weise auf den Weg der vertragsmäßigen Verständigung als allein Erfolg versprechendes Mittel hin. Doch lägen alle diese Maßregeln außerhalb der Zuständigkeit des deutschen Juristentages. Dove beantwortet deshalb die gestellte Frage dahin, daß neue Maßnahmen für die rechtliche Behandlung der Ringe und Kartelle nicht zu empfehlen seien.

Auch Dr. Scharlach spricht sich gegen jeden Eingriff der Gesetzgebung in die Regelung des Kartellwesens überhaupt, jedenfalls aber zur Zeit für Deutschland aus.

Ebenso meint Schneider, daß das jetzige deutsche Zivil- und Strafrecht den Gefahren der Kartellierung gewachsen sei, so sehr diese unter Umständen wirtschaftspolitische Gesetze und wirtschaftliche Maßnahmen herausfordern möchten.

Der Berichterstatter, Klein, führte aus, daß von einem Verbote der Kartelle, von deren zivil- oder strafrechtlicher Unterdrückung, von einer verwaltungsrechtlichen Regelung des Kartellwesens und von der Einführung einer einheitlichen obligatorischen Rechtsform für Kartellvereinigungen unter den obwaltenden Verhältnissen keine Rede sein könne. Die staatliche Kartellpolitik müsse dahin gehen, durch die Kartellierung etwa hervorgebrachte Schädigungen abzustellen. Es müsse der Vorteil der Organisation tunlichst mit der gegebenen Interessengliederung in Einklang gebracht werden. Um etwaigen Auswüchsen oder schädlichen Rück- und Nebenwirkungen der Kartelle entgegenzutreten seien hauptsächlich verwaltungspolitische oder Akte der wirtschaftlichen Gesetzgebung notwendig. Da die Kartelle in vielen Zweigen des Wirtschaftslebens unentbehrliche Behelfe einer geordneten geschäftlichen Tätigkeit geworden seien, müßten sie von der Fessel befreit werden, die ihnen in einzelnen Staaten, wie in Österreich, durch Aberkennung der Rechtsgültigkeit des Kartellvertrages und der Rechtsfähigkeit des Kartells auferlegt sind. Wenn man auf der einen Seite im Rahmen der Gesetzgebung und Rechtsordnung zulasse, daß durch Assoziationen und Verbände große wirtschaftliche Machtzentren entstehen, so sei es auf der anderen Seite ein Gebot der Gerechtigkeit, auch dafür zu sorgen, daß die Bediensteten und Angestellten kartellierter Unternehmungen nicht durch ein Übermaß an Macht der Arbeitgeber und dadurch allzu ungünstig beeinflußt werden, daß die Kartelle nebst dem Warenmarkt auch noch den Arbeitsmarkt beherrschen. Dazu sei vor allem die Möglichkeit paralleler Gegenorganisationen der Arbeitnehmer notwendig, die zur Macht der Verbände ein Gegengewicht bilden könnten. Nach der Besonderheit der einzelnen territorialen Rechtsordnungen müsse sich bestimmen, ob Änderungen oder Ergänzungen des geltenden Rechtes erforderlich seien, um im Verhältnisse des Kartells zu seinen Mitgliedern und in Ansehung der dem Entstehen des Kartells dienenden Schritte jedermann den vollen Schutz seiner Verfügungsfreiheit, seines Willens und seiner Interessen zu gewährleisten. Zum Schutze gegen exzessive Steigerung der Preise von Artikeln, die für den allgemeinen Bedarf oder für die weiter verarbeitenden Industrien und Gewerbe von Belang sind, empfahl der Berichterstatter die Einführung einer unter Zuziehung von Sachverständigen entsprechend zusammengesetzten staatlichen Kommission, die auf Anrufen einer Gemeindevertretung, eines größeren Produzentenkreises oder Händlerverbandes über die gegen die Preisfestsetzung des Kartells vorgebrachten Beschwerden verhandelt.

Nach sehr lebhaften Debatten wurden die geringfügig modifizierten Thesen des Berichterstatters mit überwiegender Mehrheit angenommen.

Beschluß. Der Juristentag ist der Ansicht, daß die Ordnung der Fragen, die bisher durch den Kartellierungsprozeß und die Tätigkeit der Kartelle hervorgerufen wurden, hauptsächlich der Verwaltungspolitik und der Wirtschaftsgesetzgebung zufällt.

Er hält jedoch staatliches Eingreifen gegen etwaige übertriebene, wirtschaftlich ungerechtfertigte Preissteigerungen für empfehlenswert und die Gewährung der gleichen Koalitionsfreiheit, welche die Unternehmer genießen, an die Arbeitsnehmer für unerläßlich.

Was die eigentliche Behandlung der Kartelle anlangt, so hält der Juristentag die gesetzliche Anerkennung des rechtsgültigen Bestandes der Kartelle für notwendig und ist der Überzeugung, daß auch im Bereiche des Kartells Normen und Geist des herrschenden Privatrechtes uneingeschränkt zur Herrschaft kommen und jedermann hier den vollen und gleichen Schutz seiner Interessen und seiner Persönlichkeit genießen müsse wie im übrigen Rechtsverkehr.

Inwiefern zu diesem Zwecke Änderungen oder Ergänzungen des geltenden Rechtes erforderlich sind, hat sich nach der Besonderheit der einzelnen territorialen Rechtsordnungen zu bestimmen.

Ein Antrag des RA. Dr. Scharlach (Hamburg), den Beschluß der Abteilung im Plenum nochmals zur Erörterung zu stellen, wurde nach einem eingehenden Referate von Exz. Klein und zum Teile äußerst lebhaften Debatten schließlich abgelehnt.

Der deutsche Reichstag hat sich wiederholt mit der gesetzlichen Regelung der Kartelle befaßt und zuletzt im Frühjahre 1910 die verbündeten Regierungen ersucht, einen Gesetzentwurf, betreffend Kartelle, Trusts und ähnliche Vereinigungen vorzulegen. Auch ist vom Reichsamt des Innern eine umfangreiche Denkschrift über das Kartellwesen herausgegeben worden.

VI. Zivilprozeß.

1a. Erlaß einer deutschen Zivilprozeßordnung.

1. DJT. Berlin 1860.

Antrag des RA. Dr. Straß (Berlin):

Der deutsche Juristentag wolle die deutschen Regierungen ersuchen, ein allgemeines deutsches Zivilprozeßgesetz zu erlassen.

Gutachten	Berichterstatter:
waren nicht erstattet.	OTrR. Dr. Waldeck (Berlin) I 280.

Davon ausgehend, daß es nicht angezeigt sei, wenn der Juristentag sich mit Gesuchen unmittelbar an die Regierungen wende, wurde folgender Satz vom Plenum zum Beschluß erhoben.

Beschluß. Es ist wünschenswert, daß ein allgemeines deutsches Zivilprozeßgesetzbuch erlassen werde und zwar auf Grundlage der Öffentlichkeit und Mündlichkeit.

Schon durch eine Kabinettsorder vom 26. Februar 1861 wurde in Preußen eine Sachverständigenkommission eingesetzt zur Revision des preußischen Zivil- und Strafprozeßrechts. Ein Jahr später, am 6. Februar 1862, beschloß der deutsche Bundestag, die Ausarbeitung von Entwürfen einer allgemeinen Zivilprozeßordnung für die deutschen Bundesstaaten und eines allgemeinen Gesetzes über Rechtsgeschäfte und Schuldverhältnisse einzuleiten und zu diesem Zwecke Kommissionen nach Hannover und Dresden zu berufen. Die eingesetzten Kommissionen lieferten in ihren Entwürfen schätzbare Vorarbeiten zu den späteren gemeinsamen deutschen Gesetzen. Daß die Niedersetzung dieser Kommissionen mit den Beschlüssen des Juristentages in engem Zusammenhange stand, erhellt wohl auch daraus, daß an die Spitze der Zivilprozeßkommissionen frühere Präsidenten der ständigen Deputation des Juristentages, nämlich Bornemann und v. Rizy, gestellt wurden. Nachdem durch die politischen Ereignisse des Jahres 1866 alles mit einem Schlage sich geändert hatte, trat dann die vom Bundesrat eingesetzte Zivilprozeßkommission zusammen und am 30. Januar 1877 wurde die Zivilprozeßordnung als Reichsgesetz publiziert.

1b.

2. DJT. Dresden 1862.

Der erste Juristentag hatte das Bedürfnis nach einer gemeinsamen Gesetzgebung über den Zivilprozeß und das Obligationenrecht ausgesprochen.

Auch die deutschen Regierungen hatten diesen Beschluß gebilligt, es war aber bezüglich des Vorgehens unter ihnen eine Meinungsverschiedenheit entstanden. Die einen legten Wert darauf, daß die Einleitung dieser Gesetzgebungswerke durch Vermittelung des deutschen Bundestags geschehe, die anderen dagegen wünschten die Vermittelung des deutschen Bundestags zu vermeiden und strebten statt dessen eine unvermittelte, freie Vereinbarung der Regierungen an. Hieraus erklärt sich der folgende nach einem Referate des Prof. Dr. Bluntschli (München) II 100ff. gefaßte Beschluß des Plenums:

Beschluß. a) Nachdem die Mehrzahl deutscher Regierungen sich bereit erklärt hat, die Begründung einer gemeinsamen deutschen Zivilprozeßordnung und den Erlaß eines gemeinsamen Gesetzes über das deutsche Obligationenrecht einzuleiten, spricht der deutsche Juristentag seine Überzeugung aus, daß die erfolgreiche Förderung dieses Zweckes des allgemeinen Dankes des Vaterlandes sicher ist.

b) Wenn über die Form der Einleitung zu diesem Werke zurzeit noch eine Meinungsverschiedenheit unter den deutschen Regierungen besteht, indem von der einen Seite auf die Vermittelung des Bundestags Wert gelegt, von der andern Seite aber die freie und unvermittelte Vereinbarung der Regierungen vorgezogen wird, so erachtet der deutsche Juristentag diese Meinungsverschiedenheit in keiner Weise für so erheblich, daß dadurch das Zustandekommen des Werkes selbst gefährdet oder auch nur verzögert werden könnte. Vielmehr drückt er den lebhaften Wunsch aus, daß durch allseitiges Entgegenkommen diese Frage zur baldigen Lösung gebracht werde.

c) Zu diesem Wunsche hält sich der Juristentag um so mehr für berechtigt, als es sich zurzeit nur erst um die Vorarbeiten für jenes Werk handelt und der deutsche Juristentag der Überzeugung ist, daß zum endlichen Zustandekommen einer gemeinsamen Gesetzgebung auf dem Gebiete des Prozeß- und Obligationenrechtes die Einleitung zu einer gemeinsamen, von den Regierungen und den Kammern der einzelnen Staaten anerkannten, wenn auch lediglich zu diesem nationalen Werke festgesetzten Einrichtung notwendig ist.

Diese Stimme des Juristentages mußte zufolge der politischen Verhältnisse zunächst wirkungslos bleiben und erst nach mehreren Jahren sollte jene ersehnte gemeinsame legislatorische Einrichtung in der Gestalt des deutschen Reichs zur Existenz gelangen.

2. Öffentlichkeit und Mündlichkeit des Verfahrens.

2. DJT. Dresden 1861.

Nachdem der 1. Juristentag einstimmig den Entwurf einer deutschen Zivilprozeßordnung empfohlen hatte, beschäftigte sich der 2. Juristentag mit der

Frage: Soll der Schwerpunkt des nach dem Grundsatz der Öffentlichkeit und Mündlichkeit zu regelnden Verfahrens in bürgerlichen Streitsachen in der mündlichen Verhandlung oder in dem als Grundlage dienenden schriftlichen Vorverfahren liegen, namentlich was das Verfahren in erster Instanz betrifft?

Gutachter:	Berichterstatter:
HofGR. Brauer (Bruchsal) I. 99—104.	OGAnwalt André II. 453 ff., 608 ff.
KrGR. Plathner (Berlin) I. 116—122.	

Brauer spricht sich für das hannoversche System aus, wonach der Schwerpunkt in die mündliche Hauptverhandlung verlegt wird mit Schriftsätzen als Vorbereitung.

Plathner stellt folgende Sätze auf:

I. Es ist ein Recht, nicht eine Verpflichtung der Partei, ihre Sache dem entscheidenden Gerichte mündlich vorzutragen.

II. Nur die durch die Schrift erkennbar gemachten Erklärungen der Parteien dürfen die Grundlage der Entscheidung bilden.

III. Es ist in der Regel zweckmäßig, die mündliche Verhandlung erst nach beendetem Schriftwechsel eintreten zu lassen.

IV. Das Vortragen des Streitstandes durch ein Mitglied des Gerichtes vor dem Beginne der mündlichen Verhandlung seitens der Parteien verstößt nicht gegen das Prinzip der Mündlichkeit; ob es statthaben soll oder nicht, ist eine Frage praktischer Zweckmäßigkeit.

Das Plenum des Juristentages beschloß mit großer Mehrheit:

Beschluß. Es soll der Schwerpunkt des nach den Grundsätzen der Öffentlichkeit und Mündlichkeit zu regelnden Verfahrens in bürgerlichen Streitsachen unter Voraussetzung einer kollegialischen Gerichtsverfassung in der mündlichen Verhandlung liegen.

Die Mündlichkeit der Verhandlung bildet einen Fundamentalsatz der deutschen und der österreichischen Zivilprozeßordnung.

3. Klageänderung.

12. u. 13. DJT. — Nürnberg, Salzburg — 1875, 1876.

Mit Rücksicht darauf, daß im Jahre 1873 der Entwurf der Zivilprozeßordnung der Reichstagskommission vorlag, wurde das Thema der Klageänderung zur Erörterung gestellt.

Frage. Wie ist die Zulässigkeit der Klageänderung in der deutschen Zivilprozeßordnung sachgemäß zu bestimmen?

Gutachten	Berichterstatter:
waren nicht erstattet.	Präs. Kühne (Greifswald) **12** II. 266 ff.

Der Berichterstatter führte aus, daß die Bestimmungen im Eingange des § 232 des Entwurfes der deutschen Zivilprozeßordnung und in Nr. 1 dieses Paragraphen wegen der Zweifel über die Bedeutung derselben und der danach für die Prozeßverhandlung zu befürchtenden unnützen Weiterungen nicht zweckmäßig seien und daß es sich empfiehlt, an Stelle dieser Bestimmungen die folgende zu setzen:

Als eine Änderung der Klage ist es nicht anzusehen, wenn unter Festhaltung des geltend gemachten Anspruchs (Identität des Objektes) die neuen tatsächlichen oder rechtlichen Anführungen des Klägers den Beklagten nicht zu einer neuen Rechtsverteidigung nötigen.

Eine Mehrheit fand sich nur für die These:

Beschluß. Die richterliche Entscheidung über die Zulässigkeit der Klageänderung ist durch ein Rechtsmittel nicht anfechtbar.

Zugleich beschloß der 12. DJT., die Frage der Klageänderung dem nächsten Juristentage zur nochmaligen Beratung zu überweisen.

Gutachter:	Berichterstatter:
Präs. Kühne (Greifswald)	KrGDir. von Stoeßer (Karlsruhe)
13 I. 216—259.	**13** III. 301 ff.

Das Gutachten Kühne gibt auf die Frage: „Was soll über die Zulässigkeit oder Unzulässigkeit der Klageänderung in der deutschen Zivilprozeßordnung bestimmt werden?" die Antwort: Nichts! und schlägt vor, nur diejenigen Bestimmungen in dem Entwurfe stehen zu lassen, welche bezwecken, daß die Identität des beanspruchten Objektes festgehalten werde, die Vorschriften insbesondere, welche den Begriff des Klagegrundes zum Ausgangspunkte nehmen, zu streichen und den Grundsatz des § 241 des Entwurfes auch auf die Klagetatsachen auszudehnen.

Der Juristentag beschloß, nachdem der Entwurf der ZPO. in der Justizkommission des Reichstags bereits die zweite Lesung passiert hatte,

Beschluß. I. Nach der Erhebung der Klage darf der Gegenstand des geltend gemachten Anspruchs nur insoweit geändert werden als

1. der Klageantrag in der Hauptsache oder in Beziehung auf Nebenforderungen erweitert oder beschränkt wird,
2. statt des ursprünglichen geforderten Gegenstandes wegen einer später eingetretenen Veränderung ein anderer Gegenstand oder das Interesse gefordert wird.

II. Im übrigen ist eine Änderung der Klage zulässig, auch in der Berufungsinstanz.

III. Die Einwilligung des Beklagten ist ohne Einfluß.

IV. Der Beschluß des vorigen Juristentages über die Nichtanfechtbarkeit der richterlichen Entscheidung über die Zulässigkeit der Klageänderung wird aufrecht erhalten.

Die deutsche Zivilprozeßordnung stimmt im wesentlichen mit diesem Beschlusse überein (vgl. §§ 267, 268); in der Berufungsinstanz ist eine Änderung der Klage jedoch nur mit Einwilligung des Gegners statthaft (§ 527). Die Bestimmung, daß die richterliche Entscheidung über die Zulässigkeit der Klageänderung durch ein Rechtsmittel nicht anfechtbar sei, wurde zufolge eines auf den Beschluß des Juristentages sich berufenden Antrags in der Reichstagskommission in Form des § 270 ZPO. gesetzlich sanktioniert.

Ähnlich sind die österreichischen Vorschriften (vgl. §§ 235, 483 ZPO.).

4. a) Einzelheiten des Verfahrens.

2. DJT. Dresden 1861.

Anträge des OTrR. Dr. Waldeck (Berlin):

1. Die Angabe der Beweismittel für die Behauptungen der Parteien erster Instanz in Klage, Klagebeantwortung, Replik usw. braucht erst nach ergangenem Beweisinterlokute zu geschehen, mit Ausnahme der Urkunden.
2. Beweisinterlokute sind nicht appellabel.
3. Streitführende Parteien müssen sich beim Gerichte durch Rechtsanwälte vertreten lassen.
4. Eine Zurückweisung der Klage per decretum wegen offenbarer Nichtbegründung ist unzulässig.
5. Das Rechtsmittel letzter Instanz bringt nicht die Sache in ihrer Totalität, sondern neben Kompetenzüberschreitungen und gewissen Prozedurfehlern nur die behauptete fehlerhafte Anwendung und

Auslegung des Gesetzes mit Ausschluß der tatsächlichen Würdigungen des zweiten Richters zur Entscheidung des für ein größeres Gebiet bestimmten höchsten Gerichtshofes.

Gutachter:	Berichterstatter:
OTrR. v. Sternenfels (Stuttgart) I. 3—35.	Präs. Kühne (Greifswald)
OGA. Dr. André (Osnabrück) I. 36—65.	II. 503 ff.
Prof. Dr. Planck (Kiel) I. 36—92.	

Das Gutachten v. Sternenfels stimmt mit den Waldeckschen Grundsätzen 1, 2, 3, 5 im wesentlichen überein, will jedoch zu 1 dem Gerichte das Recht beilegen, die Produktion der Urkunde zu verlangen, wünscht ferner zu 2 die Angabe von Gründen. Die Frage, ob eine Klage ohne Gehör des Beklagten abgewiesen werden könne, wird bejaht.

André tritt gleichfalls den Grundsätzen 1 und 3 bei, ferner 4, sowie 5 unter der Beschränkung, daß die Kassation wegfällt, wenn die beiden ersten Instanzen übereinstimmen, will zu 2 Gebundenheit des Richters erster Instanz, vorbehaltene Berufung, bei Übereinstimmung der Parteien Gestattung sofortiger Berufung.

Planck ist der Ansicht, daß sich über die einzelnen Fragen keine Entscheidung treffen läßt, ehe man sich nicht über die allgemeinen Grundzüge der Gerichtsverfassung und des Verfahrens überhaupt geeinigt hat. Es wird ausgeführt, daß je nach der verschiedenen Art und Weise der Gerichtsorganisation, insbesondere, ob die Gerichte kollegialisch seien, wie weit das Prinzip der Mündlichkeit gehe, ob die höheren Instanzen nur über Rechtsfragen in abstracto oder auch über Tatfragen zu entscheiden haben unter Ausschließung oder Zulassung sog. nova, sich auch eine verschiedene Beantwortung der Waldeckschen Fragen ergebe.

Plenarbeschluß. Es ist empfehlenswert, daß:

a) die Ausführung eines vom Richter angeordneten Beweises durch Rechtsmittel nicht aufgehalten werden kann;
b) die Vertretung durch einen Rechtsanwalt in allen bürgerlichen ordentlichen Rechtsstreitigkeiten vor kollegialisch formierten Gerichten obligatorisch ist;
c) eine Zurückweisung der Klage per decretum unzulässig,
d) das Rechtsmittel dritter Instanz nur als Kassation zu verstehen ist.

Der norddeutsche Entwurf hatte durch eine besondere Bestimmung (§ 218) als Konsequenz des Prinzipes der Mündlichkeit die Abweisung der

Klage per decretum für unzulässig erklärt, eine solche Vorschrift wurde jedoch später (vgl. Entw. III. Mot. S. 158) als selbstverständlich für überflüssig erachtet.

4b.

9. DJT. Stuttgart 1871.

Einige der Punkte, die nach Maßgabe des revidierten Entwurfes den status causae et controversiae bildeten, beschäftigten den 9. Juristentag.

Fragen: 1. Inwieweit sollen im mündlichen Verfahren die der Verhandlung vorangehenden Schriftsätze und schriftlichen Anträge für die Feststellung des Tatbestandes maßgebend sein?

2. Sollen neue Tatsachen und Beweismittel bis zum Schlusse der Verhandlung, auf welche das Endurteil ergeht, zugelassen werden?

3. Kann die Berufung gegen die tatsächlichen Feststellungen der Kollegialgerichte erster Instanz aufgegeben und demnach das Rechtsmittel auf eine revisio in jure beschränkt werden?

Gutachten	Berichterstatter:
waren nicht erstattet.	Prof. Dr. Gneist (Berlin)
	III. 247 ff., 271 ff., 295 ff.

Die Abteilung schloß sich im wesentlichen den folgenden Thesen des Berichterstatters an.

Beschluß. A. Die im mündlichen Verfahren der Verhandlung vorangehenden Schriftsätze haben die Hauptbestimmung einer gegenseitigen Information der Parteien.

B. Nur die gestellten Anträge sind aus den Schriftsätzen zu verlesen.

C. Es bedarf keiner schriftlichen Fixierung des Tatbestandes durch einen motivierten Beweisbeschluß.

D. Der Tatbestand des Endurteils ist aus dem Gesamtinbegriffe der mündlichen Verhandlung durch den Richter festzustellen, mit Vorbehalt eines summarischen Berichtigungsverfahrens.

E. Die in dem revidierten Entwurfe der deutschen Prozeßordnung gewählte Konstruktion ist demgemäß als Grundlage einer gemeinsamen Prozeßordnung annehmbar.

F. Neue Tatsachen und Beweismittel sind bis zum Schlusse der Verhandlung, auf welche das Endurteil ergeht, mit solchen Maßgaben zuzulassen, wie sie der revidierte Entwurf der deutschen Prozeßordnung enthält.

G. Das Recht der unbedingten Berufung ist als Regel im neuen Prozeßgesetze schlechterdings aufrecht zu erhalten und es kann die bloße revisio in jure dafür nicht genügen.

Die in dem Juristentagsbeschlusse unter A—D. gebilligten Bestimmungen des revidierten Entwurfes sind in die ZPO. übergegangen (vgl. §§ 129 ff., 137, 313, Ziff. 3 ZPO.).

Der Grundsatz, daß nova bis zum Schlusse der mündlichen Verhandlung, auf welche das Urteil ergeht, im Prinzipe zulässig seien, wurde gesetzlich sanktioniert.

Trotz des Beschlusses des Juristentages zugunsten der unbedingten Berufung blieb im Entw. II. der ZPO. das Rechtsmittel der Berufung gegen die Endurteile der Kollegialgerichte auf eine revisio in jure beschränkt. Die Motive (S. 403) erwähnen die Verhandlungen des Juristentages, bemerken aber, daß die gegen die Vorschrift ins Feld geführten Gründe nicht durchschlagend seien. Der Entwurf III. jedoch (vgl. Motive S. 140) erklärte in Übereinstimmung mit dem Beschlusse des Juristentages die Berufung auch wegen Tatfragen für zulässig.

5. Beweisantritt.

6. DJT. München 1867.

Schon der 2. Juristentag hatte sich mit der Angabe der Beweismittel und dem Beweisinterlokute befaßt (vgl. oben 4a). Da sich inzwischen in wissenschaftlichen Bearbeitungen und in gesetzgeberischen Vorarbeiten ein Umschwung der Meinungen gebildet hatte, wurde die Frage nochmals zur Erörterung gebracht.

Frage. Ist es für das mündliche Verfahren im Zivilprozeß angemessen, daß der Beweisantritt in der ersten mündlichen Verhandlung erfolge und daß der vorbereitende Schriftenwechsel sich auch auf die Benennung der Beweismittel über die unter den Parteien bestritten gebliebenen Tatsachen erstreckt?

Gutachter:	Berichterstatter:
OGPräs. v. Düring (Celle)	Frh. v. Sternenfels (Stuttgart)
I. 24—34.	III. 288 ff.
RA. Ruhwandl (München) I. 105—133.	

v. Düring kommt zu folgendem Resultate:

Die Verbindung der Beweisantretung der tatsächlichen Behauptungen zugleich mit deren Aufstellung empfiehlt sich nicht für ein Verfahren, in welchem die Beweisführung zuvor durch eine Interlokut oder Resolut reguliert wird; sie ist dagegen sehr zu empfehlen für ein Verfahren, in dem den Parteien allein es überlassen wird, zu beurteilen, was von den aufgestellten Behauptungen zu beweisen ihnen obliegt; sie wird indeß auch in diesem Verfahren nur dann auf eine raschere Erledigung des Rechtsstreits kräftig hinwirken, wenn nicht bloß den Parteien versagt wird, nach dem Schlusse des mündlichen Verfahrens über die Behauptungen und deren Beweisantretung in der betreffenden Instanz mit neuen Behauptungen und Beweisen hervorzutreten, sondern wenn daneben auch möglich ist, daß regelmäßig schon im ersten Verhandlungstermin die Sache völlig, sofern es sich um Beweismittel handelt, die schon zur Stelle geschafft sind, sonst aber doch bis zur Beweisaufnahme erledigt werde.

Letzteres ist als Regel zu ermöglichen, wenn vorgeschrieben wird, daß schon in den vorbereitenden Schriftsätzen die Beweise gleichzeitig mit den betreffenden Behauptungen angetreten werden müssen und zwar unter dem Präjudize, daß derjenige, welcher durch neues Vorbringen im Termine die Aussetzung des Verfahrens veranlaßt, die Kostenvermehrung zu tragen hat, und wenn Aussetzungen der mündlichen Verhandlungen zum Zwecke von Erklärungen oder neuen Behauptungen, womit die Partei schon im ersten Termine hätte hervortreten können, wider den Willen der Gegenpartei überhaupt nicht zugelassen werden. Bei einem Verfahren, bei dem am Schlusse der Verhandlung über die Beweisantretung oder gar am Schlusse der Beweisaufnahme dem Gerichte die Pflicht obliegt, Vervollständigung des Beweises da, wo dies zur erschöpfenden Ermittelung der relevanten Tatumstände erforderlich, nachträglich anzuordnen, geht der Vorteil der gleichzeitigen Behauptung der Tatsache und der Beweisantretung zum größten Teil wieder verloren.

Ruhwandl gibt dem Systeme des negativen Beweisdekretes den Vorzug. Er gelangt daher zu dem in dem mit großer Majorität gefaßten Beschlusse zum Ausdruck gekommenen Ergebnisse.

Beschluß. Es ist für das mündliche Verfahren im Zivilprozeß angemessen, daß der Beweisantritt in der ersten mündlichen Verhandlung erfolgt und daß der vorbereitende Schriftenwechsel sich auch auf die Benennung der Beweismittel über die unter den Parteien bestritten gebliebenen Tatsachen erstreckt.

Die vorbereitenden Schriftsätze sollen nach der deutschen ZPO. die Bezeichnung der Beweismittel, welcher sich die Partei zum Nachweise oder zur Widerlegung tatsächlicher Behauptungen bedienen will, sowie die Erklärung über die von dem Gegner bezeichneten Beweismittel enthalten (vgl. § 130 Ziff. 5 ZPO.).

Ähnlich sind die österreichischen Bestimmungen; auch hier sollen die Beweismittel in den vorbereitenden Schriftsätzen angegeben werden; jedoch können — ebenso wie in Deutschland, (§ 283 ZPO.) — bis zum Schlusse der mündlichen Verhandlung neue auf den Gegenstand dieser Verhandlung bezügliche Beweismittel vorgebracht werden (vgl. §§ 78, 179).

6a. Beweisinterlokut.

3. DJT. Wien 1862.

Auf dem 2. Juristentage (vgl. oben 4a) wurde die Frage, ob Beweisurteil oder Beweisverfügung nicht zum Austrage gebracht, darum wurde das Thema, das bereits zweimal den Juristentag beschäftigt hatte, abermals zur Erörterung gestellt.

Frage. Soll der erste Richter an ein von ihm erlassenes Beweisinterlokut bei der Hauptentscheidung gebunden sein?

Gutachter:	Berichterstatter:
RA. Beschorner (Dresden)	JR. Volkmar (Berlin)
I. 98—112.	II. 558 ff.
OTrR. Prof. Dr. Heffter (Berlin) I. 113—118.	

Beschorner will, vom mündlichen Verfahren und von der Inappellabilität des Beweisinterlokutes ausgehend, den Richter an sein Beweisinterlokut binden, ihm aber das Recht geben, vor der Entscheidung ein anderweites Beweisdekret zu erlassen.

Heffter verneint das Gebundensein des Richters nach dem Prinzipe der vollen Freiheit und Selbständigkeit in der Instanz.

Die Plenarversammlung nahm mit großer Mehrheit die Thesen des Berichterstatters an.

Beschluß. Das Gericht hat in einem mit Gründen versehenen Dekrete die Beweislast zu regeln und den Beweis anzuordnen.

Das Gericht ist bei der Endentscheidung an dieses Beweisdekret nicht gebunden.

Schon die Ende 1862 in Hannover tagende Prozeßkommission entschied sich für den Charakter des Beweisbeschlusses als einer lediglich prozeßleitenden Verfügung sowie für die Verbindung des Beweises mit den Behauptungen. In dem norddeutschen Entwurf und sodann in den

Reichsentwürfen zur ZPO. ist das System eines einheitlichen mündlichen Hauptverfahrens bis zum Endurteile immer folgerichtiger durchgeführt worden. Den gleichen Standpunkt teilt das österreichische Recht. Dieses sagt ausdrücklich, daß das Gericht an die einem Beweisbeschlusse zugrunde liegende Auffassung im weiteren Verlaufe des Rechtsstreites nicht gebunden ist (vgl. § 277 ZPO.).

6b.

6. DJT. München 1867.

Auf dem 3. Juristentage (vgl. 6a) war entgegen einem Antrag, der bezweckte, die Beweislast unberührt zu lassen, beschlossen worden, daß auch die Beweislast in dem Beweisdekrete zu regeln sei. Da die diesem Beschlusse vorausgegangene Diskussion sich fast ausschließlich mit der bindenden Kraft des Beweisinterlokutes beschäftigt hatte und die Frage nach der Beweislast nur nebenher berührt worden war, so sollte die letztere Frage dem Juristentage nochmals zur Entscheidung vorgelegt werden.

Frage. Soll im Zivilprozesse durch die Beweisverfügung, unter der Voraussetzung, daß dieselbe für das Enderkenntnis nicht bindend ist, neben der Bezeichnung der relevanten, bestrittenen Tatsachen und der Anordnung des Beweiseinzuges ausgesprochen werden, welcher Partei die Beweislast obliegt, oder soll das auf die Endentscheidung ausgesetzt bleiben, soweit es zur Begründung derselben noch nötig ist?

Gutachter:	Berichterstatter:
OGAss. Struckmann (Hannover)	Adv. Dr. Ruhwandl (München)
I. 209—226.	II. 296 ff.

Das Ergebnis des Gutachtens geht dahin, daß die vorgelegte Frage im Sinne der ersten in ihr enthaltenen Alternative zu beantworten sei, soweit der Grundsatz der Beweisverbindung keine Aufnahme finde und eine Trennung des Verfahrens in einen Abschnitt der Beweise und der Behauptungen statthabe, im Sinne der zweiten jedoch, sofern jener Grundsatz durchgeführt und damit eine Trennung jener beiden Abschnitte aufgehoben werde.

Beschluß. Im Zivilprozesse soll unter der Voraussetzung, daß die Beweisverfügung für das Enderkenntnis nicht bindend ist, der Ausspruch darüber, welcher Partei die Beweislast obliegt, auf die Endentscheidung ausgesetzt bleiben, soweit es zur Begründung derselben noch nötig ist.

Während der hannoversche und der preußische Entwurf, dem Beschlusse des 3. DJT. folgend, sich dahin entschieden hatten, daß der Beweisbeschluß mit Gründen zu versehen sei und daß er sich über die Beweislast aussprechen solle, beseitigte dann der norddeutsche Entwurf (§ 471) in Gemäßheit des Beschlusses des 6. DJT. die Gründe und die Verteilung der Beweislast aus dem Beweisbeschlusse. Die Motive des III. Entwurfes beziehen sich (S. 202) dabei ausdrücklich auf die Verhandlungen des 6. Juristentages. Auch nach österreichischem Rechte sind in dem Beweisbeschlusse, der mit einem Rechtsmittel nicht anfechtbar ist, nur die Tatsachen, über welche Beweis zu erheben ist und die Beweismittel aufzunehmen (vgl. § 277 ZPO.)

7. Präklusivfrist für Einreden und Beweismittel.

6. und 7. DJT. — München, Hannover — 1867, 1868.

Nachdem der von der deutschen Zivilprozeßkommission zu Hannover ausgearbeitete Entwurf erster Lesung der Öffentlichkeit übergeben war, auch die für Preußen, Sachsen, Bayern, Österreich aufgestellten Entwürfe vorlagen, waren die Gegensätze in der Gestaltung des Prozeßverfahrens klar hervorgetreten. Der preußische und bayerische Entwurf schlossen sich an das rheinisch-französische Verfahren an, während der hannoversche Entwurf auf dem gemeinen deutschen Prozeßrechte beruhte und das gemeinrechtliche Beweisinterlokut beibehielt. Der 6. Juristentag beschäftigte sich deshalb mit der

Frage: Soll im Zivilprozesse für das Vorbringen von Tatsachen, Einreden und Beweismitteln in erster Instanz eine Präklusivfrist bestehen und, bejahendenfalls, welche?

Gutachter:
Adv. Dr. Barth (Kaufbeuren) 6 I. 35—39, III. 301 f.
OGAss. Dr. André (Osnabrück) 6 I. 143—163.

Berichterstatter:
JR. König (Kleve) 6 III. 302 ff.

Beide Gutachter sprechen unter der Voraussetzung, daß der Richter an sein Beweisinterlokut gebunden ist, sich übereinstimmend dahin aus, daß nach dem Beweisinterlokute neue Einreden nicht mehr zugelassen werden können, dagegen beantworten sie unter derselben Voraussetzung die Frage in betreff der Beweismittel nicht in gleicher Weise. Während André verlangt, daß nach dem Erlasse des bindenden Beweisinterlokuts in einem ferneren Termine unter Zugrundelegung vorbereitender Schriftsätze die Beweisantretung dergestalt erfolge, daß nach diesem Termine ohne besondere Gründe (Erfordernisse der Restitutionsklage, Wegfallen von Beweismitteln) keine ferneren Beweismittel mehr angegeben werden dürfen, glaubt Barth, daß selbst da, wo das Prozeßsystem ein bindendes Interlokut kenne, bis zum Schlusse des Prozesses noch solche Beweismittel zuzulassen seien, deren Berücksichtigung möglich sei, ohne daß ihretwegen ein besonderes Beweisverfahren nötig werde.

Noch mehr weichen die beiden Gutachter für den Fall voneinander ab, wenn die Voraussetzung gemacht werde, daß der Richter nicht an die Beweisverfügung gebunden sei. Dann werde man, so meint André, weiter zum französischen Verfahren überzugehen, Beweis und Behauptungen zu verbinden und vor dem Endurteile (von prozeßhindernden Einreden abgesehen) keine Einreden und Beweise zu präkludieren haben, es sei denn, daß der Richter sie als vexatorisch verwerfe. Dagegen stellt Barth die Ansicht auf, daß auch da, wo das System des bindenden Beweisinterlokutes nicht adoptiert sei, nach dem Schlusse der ersten mündlichen Verhandlung neue Einreden zwar zuzulassen seien, aber nur unter der Bedingung, daß ihre Berücksichtigung im Endurteile möglich sei, ohne daß ihretwegen ein besonderes Beweisverfahren notwendig werde. An dieselbe Bedingung knüpft er auch die Zulassung neuer Beweismittel.

Die Abteilung gelangte zur Annahme folgender These:

> Im Zivilprozesse soll für das Vorbringen von Tatsachen und Beweismitteln in erster Instanz eine Präklusivfrist nicht bestehen.

Bei der Wichtigkeit der Frage wurde jedoch von dem Plenum die nochmalige Verhandlung auf dem nächsten Juristentage beschlossen. Nach einem Referate von Dr. Ruhwandl (München) 7 II 185 ff. wurde eine dem Beschlusse des vorigen Juristentages entgegengesetzte Resolution angenommen.

> **Beschluß.** Für das Vorbringen sowohl von Einreden als von Beweismitteln soll in der Regel eine Präklusivfrist bestehen.

Der norddeutsche Entwurf einer deutschen Zivilprozeßordnung (§§ 446 ff.) wollte mit dem Beweisbeschlusse, als einer Cäsur in facto, die Zulässigkeit der Nova in der Instanz abschneiden. Der I. („revidierte") deutsche Entwurf (§ 228) wiederum erklärte Nova bis zum Schlusse der mündlichen Verhandlung, auf welche das Urteil ergeht, im Prinzipe für zulässig. Dieser Grundsatz wurde dann schließlich auch gesetzlich sanktioniert (vgl. auch 9. DJT. oben Ziff. 4b).

Auch nach der österreichischen Zivilprozeßordnung steht es der Partei frei, bis zum Schlusse der Verhandlung neue Anführungen und Beweise vorzubringen.

8. Beschränkung des Zeugenbeweises.

5. DJT. Braunschweig 1864.

Der code civil bestimmt, daß der Beweis eines jeden Rechtsgeschäfts, dessen Gegenstand 150 Fr. übersteigt, unter Ausschluß von Zeugen durch eine öffentliche oder Privaturkunde geführt werden muß. Dieses französische System der Beschränkung des Zeugenbeweises war auch in den im Jahre 1861 publizierten bayerischen Entwurf einer Prozeßordnung in bürgerlichen Rechtsstreitigkeiten übergegangen. Hierdurch war das vorliegende Thema veranlaßt worden.

Frage. Erscheint es für das deutsche bürgerliche Verfahren geboten oder auch nur zweckmäßig, daß die Zulässigkeit des Zeugenbeweises auf Rechtsgeschäfte von verhältnismäßig nur geringem Betrage beschränkt und daß derselbe von dem Inhalte einer Urkunde oder zur Ergänzung des Inhalts oder zur Herstellung von Reden, die vor, während oder nach Abfassung einer Urkunde vorgefallen sein sollen, ausgeschlossen werde?

Gutachter:

OHofGKanzler Haaß (Mannheim) I. 62—77.

Prof. Dr. Hinschius (Halle a. S.) I. 166—176.

Berichterstatter:

StadtR. Hiersemenzel (Berlin) II. 232 ff.

Abh: Dr. Creizenach (Mainz) II. 19—31.

Haaß meint,

a) daß die Frage der Beschränkung des Zeugenbeweises für besondere Fälle vorwiegend zivilrechtlicher Natur sei;
b) daß die Aufnahme solcher Bestimmungen in den deutschen bürgerlichen Prozeß durch die übrige Einrichtung des letzteren nicht als geboten erscheine;
c) daß aber eine solche Aufnahme wenigstens zweckmäßig sei.

Hinschius spricht sich gegen die Beschränkung des Zeugenbeweises aus.

Creizenach stellt folgende Sätze auf:

1. Ohne die Bedenken gegen die unbedingte Zulässigkeit des Zeugenbeweises zu verkennen, ist doch ebensowenig außer acht zu lassen, daß die Ergebnisse der Zeugenverhöre in den meisten Fällen eine zur Entscheidung des Tatsächlichen überaus wichtige Überzeugungsquelle sind, die dem Richter, auch wo es sich um Verträge und Zahlungen handelt, so

wenig verschlossen werden darf, wie die induktive Logik und der darauf beruhende künstliche Beweis überhaupt.

2. Der Zeugenbeweis ist als Spezies des künstlichen Beweises oder als Mittel dazu überall gestattet.

3. Eben deshalb ist aber auch die richtige Stellung der Gerichte gegenüber den Zeugenverhören lediglich die einer Ziviljury, indem es auf der einen Seite dem Gerichte in allen Prozessen freistehen soll, Zeugenverhöre anzuordnen, andererseits aber auch ganz dem vernünftigen richterlichen Ermessen anheimgegeben sein soll, welcher Wert auf die Aussagen der Zeugen zur Ermittelung des Tatsächlichen zu legen ist.

4. Dem Gerichte die nötige Vorsicht und Strenge zu empfehlen, wenn Zeugen und Urkunden einander widersprechen, ist nicht Sache der Gesetzgebung, sondern diese Vorsicht ergibt sich als Pflicht schon aus der Natur und dem Wesen des Richteramtes.

5. Der Stellung des Richters als Ziviljury den Zeugenaussagen gegenüber muß das Verfahren entsprechen, insbesondere müssen die Zeugenverhöre vor dem versammelten Gerichte stattfinden und das Recht der Zeugenverwerfung ist zu beschränken.

Die Abteilung beschloß:

Beschluß. Es erscheint weder notwendig, noch auch nur zweckmäßig, daß, wenn die zivilrechtlichen Folgen einer Handlung Gegenstand eines Prozeßverfahrens sind, die Zulässigkeit des Zeugenbeweises auf Rechtsgeschäfte von verhältnismäßig nur geringem Betrage beschränkt, und der Zeugenbeweis von dem Inhalte einer Urkunde, sowie zur Ergänzung des Inhalts und zur Herstellung von Reden, welche vor, bei oder nach Abfassung einer Urkunde vorgefallen sein sollen, ausgeschlossen werde.

Dagegen erscheint es geboten, daß die Zeugenverhöre, soweit es sich um ein streitiges Rechtsgeschäft handelt, im Zivilprozesse, mit Beschränkung der Ausnahmen auf die ganz unvermeidlichen, vor den erkennenden Richter stattfinden.

Der preußische Zivilprozeßentwurf (vgl. Mot. 104) wollte durch eine besondere Bestimmung für das rheinische Recht die Frage der Beschränkung des Zeugenbeweises erledigen, der hannoversche Entwurf in erster Lesung (§ 343) durch einen Vorbehalt für die Landesgesetzgebung. Nachdem der 5. Juristentag sich demgegenüber für die unbeschränkte Zulässigkeit des Zeugenbeweises erklärt hatte, beschloß die hannoversche Prozeßkommission in der zweiten Lesung, unter Beseitigung des § 343 von jeder Beschränkung des Zeugenbeweises abzusehen. Dem folgten die anderen Entwürfe, und der III. Entwurf (Mot. 200) bezieht sich zur Rechtfertigung ausdrücklich auch auf den Beschluß des Juristentages.

Das österreichische Recht steht gleichfalls auf dem Standpunkt der unbeschränkten Zulässigkeit des Zeugenbeweises. Wie nach deutschem Rechte sollen Beweise, die das Gericht für erheblich hält, in der Regel vor dem erkennenden Gerichte aufgenommen werden.

9 a. Eidliche Vernehmung der Parteien.

8. DJT. Heidelberg 1869.

Die neueren deutschen Gesetze und Gesetzentwürfe hatten neben dem Haupteide der Parteien über eigene Handlungen den Nichtwissens- und Glaubenseid über fremde Handlungen in einer dem gemeinen Rechte gegenüber beschränkten, aber im einzelnen sehr verschiedenen Weise beibehalten. Dem Juristentag unterbreitete man deshalb folgende

Fragen: 1. Inwieweit soll eine eventuelle Eidesdelation gestattet werden?

2. Ist unter Voraussetzung freier richterlicher Beweiswürdigung die eidliche Vernehmung der Parteien als Zeugen in eigener Sache in den deutschen Zivilprozeß einzuführen?

3. Soll die künftige deutsche ZPO. den Ignoranz- und Kredulitätseid aufnehmen?

Gutachter:	Berichterstatter:
Prof. Dr. v. Bar (Breslau) I. 12—38 u. 47—61.	OAGR. Becker (Oldenburg) II. 254 ff.
AGR. Dr. Schmitt (München) I. 39—46.	
JR. v. Mittelstaedt (Neuwied) I. 69—99.	

Der erste Gutachter, v. Bar, bejaht die Frage zu 2, hält aber weitere Erörterungen darüber für notwendig, ob nicht im Exekutiv- und Wechselprozesse die bisherigen Parteieide beizubehalten seien. Den Ignoranz- und Kredulitätseid habe die künftige deutsche Zivilprozeßordnung nicht aufzunehmen, insoweit zum Ersatze für diese Beweismittel das eidliche Verhör der Parteien als Zeugen in eigener Sache eingeführt werden könne.

Schmitt spricht sich dahin aus, daß die eidliche Vernehmung der Parteien als Zeugen nicht zuzulassen, jedoch die nicht ganz entbehrlichen Parteieide möglichst zu beschränken seien. Der Ignoranz- und Kredulitätseid sei nur bei den persönlich-eigenen Handlungen und Wahrnehmungen der schwurpflichtigen Partei zuzulassen, jedoch sei eine Ausnahme zu gestatten, wenn bei angeblich eigenen Handlungen oder Wahrnehmungen des Schwurpflichtigen Verhältnisse vorkommen, welche bewirken, daß derselbe hiervon kein genaues Wissen hat.

v. Mittelstädt meint, die eventuelle Eidesdelation in einer künftigen deutschen Prozeßgesetzgebung sei unbedingt zulässig und jeder Eidesdelation, welche nicht durch Einverständnis der Parteien zur Erledigung der Beweisfrage führt, gleichstehend zu behandeln.

Beschluß. a) Die eventuelle Eideszuschiebung ist in demselben Umfange zu gestatten wie die prinzipiale.

b) Die Frage, ob die eidliche Vernehmung der Parteien als Zeugen in eigener Sache einzuführen sei, wird verneint.

c) Unter Voraussetzung freier richterlicher Beweiswürdigung soll die künftige deutsche Zivilprozeßordnung den Ignoranz- und Glaubenseid nicht aufnehmen.

9 b.

23. DJT. Bremen 1895.

Die erneute Aufstellung der

Frage: Ist die Eideszuschiebung im Zivilprozesse durch Vernehmung der Parteien als Zeugen zu ersetzen?,

erfolgte, weil sich in Literatur und Praxis inzwischen die Reformbedürftigkeit des Systemes des Parteieides geltend gemacht hatte.

Gutachter:	Berichterstatter:
Prof. Frhr. v. Canstein (Graz) **22** I. 3—66.	GehJR. Dr. v. Wilmowski (Berlin) **23** II. 305 ff.
PrivDoz. Dr. Kleinfeller (München) **22** I. 67—107.	OStA. Hamm (Köln) **23** II. 314 ff.

Frhr. v. Canstein gibt sein Gutachten dahin ab:

I. Eine Ersetzung der Eideszuschiebung durch die Vernehmung der Parteien als Zeugen im Zivilprozesse ist nicht zu empfehlen.

II. Empfohlen wird:

1. Eine Reform des Schiedseides durch folgende Rechtssätze:

§ 1. Die Eideszuschiebung ist über jede Tatsache zulässig, welche nicht auf Grund spezieller Normen durch bestimmte andere Beweismittel (Urkunden, Sachverständige) bewiesen werden muß.

§ 2. Die Partei, welcher der Eid zugeschoben ist (Delat), hat sich zu erklären, ob sie den Überzeugungseid über die Unwahrheit des Beweisthemas und den Wahrheitseid über die von ihr als Ergänzungen und Berichtigungen des Beweisthemas vorgebrachten Tatsachen oder statt des Überzeugungseides den Ignoranzeid schwören oder aber den Eid zurückschieben will. Sie kann auch ihre (eidliche) Vernehmung als Zeuge in eigener Sache anbieten.

Gibt diese Partei keine Erklärung ab oder leistet sie den angenommenen Überzeugungs- und Wahrheitseid nicht, so wird der Eid als verweigert angesehen. Leistet sie den angebotenen Ignoranzeid nicht, so gilt der Eid als zurückgeschoben.

§ 3. Der zurückgeschobene Eid sowie der Eid des Delaten über die von ihm vorgebrachten Ergänzungen und Berichtigungen des Beweisthemas ist als Wahrheitseid stets dahin zu leisten: daß die (positive oder negative) Tatsache wahr sei.

Der Überzeugungseid ist von derjenigen Partei, welcher der Eid zugeschoben wurde, dahin zu leisten: daß der Schwurpflichtige nach sorgfältiger Prüfung und Erkundigung die Überzeugung erlangt habe, daß die (positive oder negative) Tatsache unwahr sei.

Der Ignoranzeid ist von derjenigen Partei, welcher der Eid zugeschoben wurde, dahin zu leisten: daß der Schwurpflichtige nach sorgfältiger Prüfung und Erkundigung die Überzeugung nicht erlangt habe, ob die Tatsache wahr oder unwahr sei.

§ 4. Der Ignoranzeid ist während der Verhandlung zu leisten.

§ 5. Durch Leistung des zurückgeschobenen Eides und ebenso durch Leistung des Eides des Delaten über die von ihm vorgebrachten Ergänzungen und Berichtigungen des Beweisthemas wird voller Beweis der beschworenen Tatsache begründet.

Infolge der Leistung des zugeschobenen Überzeugungseides wird die Tatsache, welche nach der beschworenen Überzeugung des Schwurpflichtigen unwahr sein soll, als unwahr behandelt. Die Leistung des Ignoranzeides berechtigt diejenige Partei, welcher der Eid zugeschoben wurde, den Eid zu verweigern. In diesem Falle kann der Gegner seine Vernehmung als Zeuge in eigener Sache beantragen.

2. Jede der beiden Parteien ist berechtigt, ihre (eidliche) Vernehmung als Zeuge in eigener Sache zu beantragen. Eine derartige falsche Aussage wird wie ein falsches gerichtliches Zeugnis Dritter von den Parteien verschiedener Personen bestraft.

Der zweite Gutachter, Kleinfeller, bejaht die gestellte Frage unbedingt. Er empfiehlt die Vernehmung der Parteien als Zeugen derartig, daß sie nicht bloß subsidiär in Ermangelung anderer Beweismittel, sondern auch ohne vorgängige andere Beweisführung zulässig ist; dem Antrage auf zeugeneidliche Vernehmung des Gegners solle gesetzlich die Bedeutung beigelegt werden, daß stets beide Parteien, zunächst unbeeidigt, zu vernehmen sind und der Richter dann prüft, welche Partei zu vereidigen ist. Der Richter soll die Vernehmung auch von Amts wegen anordnen können, die Beeidigung beider Parteien und einen provisorischen Eid vor der Vernehmung vermeiden, keine Zwangsmaßregeln zur Erwirkung einer Aussage anwenden und die Weigerung des Eides und der Aussage im ganzen oder einzelnen nicht mit der Wirkung der Annahme des Gegenteils ausstatten, sondern stets nach freier Überzeugung unter Würdigung aller Umstände entscheiden, und nach diesem Grundsatze auch mit unbeeidigten Aussagen sich begnügen, sowie die Parteienvernehmung bei Anbietung anderer Beweismittel seitens einer Partei unterlassen oder aussetzen dürfen. Er findet den Hauptvorzug darin, daß die vor eingehender Erklärung der Parteien erfolgende Zuspitzung der Kernfrage in einem oft unvollständigen oder mehrfacher Deutung unterworfenen Eidessatz beseitigt und statt dieser denkbar schlechtesten Garantie für die Zuverlässigkeit der Aussage die für die Wahrheitserforschung beste in der zeugenartigen Vernehmung der Parteien geboten wird.

Der Berichterstatter v. Wilmowski empfahl die Eideszuschiebung im Zivilprozesse durch Vernehmung der Parteien als Zeugen zu ersetzen und zwar derartig, daß ohne Änderung der Verhandlungsmaxime und der Beweislast, statt der Eideszuschiebung der Antrag auf Vernehmung der Parteien gestellt werden kann, und ohne Anwendung von Zwangsmaßregeln gegen die Parteien die Vereidigung einer der Parteien, die Würdigung der beeidigten oder unbeeidigten Aussagen, sowie die Würdigung einer Ablehnung der Vernehmung oder des Eides der richterlichen Beweiswürdigung zu überlassen ist. Die Vereidigung einer Partei sollte durch Beweisbeschluß (nicht durch bedingtes Urteil) bestimmt werden.

Die Abteilung schloß sich den Thesen des Korreferenten an.

Beschluß. Es empfiehlt sich, die Eideszuschiebung im Zivilprozesse durch Vernehmung der Parteien als Zeugen zu ersetzen, und zwar derartig, daß ohne Änderung der Verhandlungsmaxime und der Beweislast nach der formalen Beweiskraft des Eides die Abnahme des Eides durch Vernehmung der betreffenden Partei geschieht.

Das Gleiche gilt von der Abnahme des richterlichen Eides.

Unter Hinweis auf den Beschluß des 8. Juristentages (III. E. Mot. 330, 334) hat die deutsche Gesetzgebung die Einführung der zeugeneidlichen Vernehmung der Parteien abgelehnt, ferner das vom norddeutschen Entwurfe beseitigte Institut der eventuellen Eidesdelation wieder hergestellt.

Bezüglich des Glaubens- und Ignoranzeides schlug die Gesetzgebung einen Mittelweg ein, indem sie die Eideszuschiebung über solche Tatsachen zuließ, welche in Handlungen des Gegners, seiner Rechtsvorgänger oder Vertreter bestehen, oder welche Gegenstand der Wahrnehmungen dieser Personen gewesen sind. Die Motive (E. II. 352, E. III. 246) erklären: „So wünschenswert es auch sein würde, im Anschlusse an das Votum des 8. Juristentages die Eideszuschiebung über facta aliena gänzlich zu beseitigen, so erscheint doch ein solches Vorgehen den Anforderungen des Verkehres gegenüber nicht durchführbar.“

Die österreichische Zivilprozeßordnung kennt den Beweis durch Eid und die Auferlegung eines richterlichen Eides nicht; statt dessen findet Beweiserhebung durch eidliche Vernehmung der Partei statt.

10. Eidesformel.

1. DJT. Berlin 1860.

Der Gerichtsassessor Sutro (München) hatte die Einführung einer allgemeinen Eidesformel beantragt, die mit den Worten: „Ich schwöre bei Gott, dem Allmächtigen und Allwissenden“ beginnen und mit den Worten: „So wahr mir Gott helfe“ enden sollte.

Nach einem Referate des OTrR. Dr. Waldeck (Berlin) faßte das Plenum folgenden

Beschluß: Die Einführung einer allgemeinen Eidesformel ist wünschenswert.

Die spezielle Festsetzung der Formel wurde abgelehnt.

Die deutsche Zivilprozeßordnung (vgl. § 481) hat eine für alle Konfessionen geltende Eidesformel eingeführt, nachdem schon vorher manche Staaten, z. B. Preußen im Jahre 1869, die besondere Eidesformel der Juden beseitigt hatten. Das Gleiche ist für Österreich durch das Gesetz vom 3. Mai 1868 bestimmt worden.

11. Freie Beweiswürdigung.

4. DJT. Mainz 1863.

Nachdem bereits der 3. Juristentag (vgl. Ziff. 6a) sich im ganzen für das Prinzip ausgesprochen hatte, daß der Richter die Wahrheit der Tatsachen, soweit sie unter den Parteien streitig sind, nach freier Überzeugung zu prüfen habe, wurde, da das Plenum Verweisung an den nächsten Juristentag beschlossen hatte, abermals zur Diskussion gestellt die

Frage: Soll, was den Beweis in bürgerlichen Streitsachen betrifft, das Urteil nach freier richterlicher Überzeugung, ohne fest bindende Beweisregeln erfolgen?

Gutachter:	Berichterstatter:
HofGR. Brauer (Bruchsal) 2 I. 104—108.	KrGR. Kühne (Berlin) 2 II. 527 ff.
KGR. Plathner (Berlin) 2 I. 122—125.	OGAnw. Dr. Pfeifer (Bremen) 3 II. 515 ff.
GAss. Dr. Bornemann (Berlin) 3 I. 121—127.	HofGR. v. Stoeßer (Karlsruhe) 4 II. 277 ff.
Adv. Dr. Bernays (Mainz) 3 I. 128—131.	
GAss. Makower (Berlin) 4 I. 111—115.	
OLGR. Dr. Frh. v. Sacken (Wien) 4 I. 116—132.	

Plathner kommt zu folgendem Ergebnis:

I. Es ist notwendig, für bestimmte Fälle bestimmte, den Richter verpflichtende Beweisregeln aufzustellen.

II. Soweit das Gesetz solche bestimmte Regeln nicht enthält, hat der Richter über die Kraft des geführten Beweises zu entscheiden.

III. Erachtet er einen Beweis für unvollständig geführt, so darf der Beweis nur durch einen notwendigen Eid ergänzt werden.

Brauer, Bornemann, Bernays und Makower sind für freie Beweiswürdigung unter Aufstellung bestimmter Ausnahmen.

v. Sacken spricht sich im allgemeinen dahin aus, daß allerdings eine bedeutende Verminderung und Vereinfachung der Beweisregeln, eine ausgedehnte Wirksamkeit der freien richterlichen Überzeugung — welche ja niemals ganz ausgeschlossen war — eintreten könne und solle, daß jedoch das unbedingte Aufgeben aller gesetzlichen Regeln für die Würdigung der Beweiskraft nicht zu befürworten wäre.

Beschluß. Der 4. Juristentag spricht sich — ohne damit bestimmten Vorschriften über die Zulässigkeit einzelner Beweismittel und über die Art ihrer Erhebung vorzugreifen, sowie mit Vorbehalt der nötigen Bestimmungen über den Beweis durch Urkunden und den Eid — für den Grundsatz aus, daß der Richter die Wahrheit der Tatsachen, soweit sie unter den Parteien streitig ist, nach freier Überzeugung zu prüfen habe.

Das Prinzip der freien Beweiswürdigung ist von sämtlichen deutschen Prozeßentwürfen übernommen worden; die Motive (vgl. Entw. II S. 263,

Entw. III S. 206) beziehen sich ausdrücklich auf das Votum des Juristentages. Auch nach dem österreichischen Zivilprozesse bildet der ganze Inhalt der mündlichen Verhandlung das Substrat der von Beweisregeln entbundenen richterlichen Würdigung.

12. Verfahren in Schadenprozessen.

6. DJT. München 1867.

Antrag des RegAss. Linke (Glauchau):

I. Das Verfahren in Schadenprozessen, wie es in den meisten Teilen Deutschlands besteht, bedarf einer gründlichen Umgestaltung.

II. Insbesondere gilt dies nach folgenden Richtungen:

a) Sowohl bei Ermittelung der Existenz des Schadens als bei Bestimmung der Höhe des Schadenersatzes hat der erkennende Richter bei Prüfung der von den Parteien gegebenen Unterlagen in der Hauptsache und an erster Stelle seinem freien Ermessen zu folgen;

b) Sachverständige sind nur als Gehilfen des Richters, nicht als Beweismittel in der Hand der Parteien herbeizuziehen;

c) Der Schätzungseid hat nur eine subsidiäre Geltung — er ist nicht aufzulegen, nur nachzulassen;

d) Das Verfahren soll ein von dem strengen Beweiszwange befreites summarisches sein;

e) Gegen die Entscheidung des ersten Richters ist nur eine einmalige Einwendung eines Rechtsmittels zulässig.

Gutachter:	Berichterstatter:
Adv. Dr. Lehmann (Dresden)	Dr. Schaffrath (Dresden)
III. 7—35.	III. 250 ff.

Der Gutachter Lehmann spricht sich im allgemeinen für die Sätze des Antragstellers aus, wendet sich aber gegen dessen These II e.

Beschluß. Sowohl bei Ermittelung der Existenz des Schadens als bei Bestimmung der Höhe des Schadenersatzes hat der erkennende Richter bei Prüfung der von den Parteien gegebenen Unterlagen seinem freien Ermessen zu folgen.

Bezüglich der Schadenprozesse enthielt der preußische Entwurf keine besondere Bestimmung und der hannoversche Entwurf (§ 307) überwies nur die Höhe des Schadens dem Ermessen des Richters. Nachdem der 6. Juristentag auch die Existenz des Schadens dem freien richterlichen Ermessen unterworfen hatte, wurde diese Erweiterung von dem norddeutschen Entwurfe und später von der ZPO. (vgl. § 287) ebenfalls statuiert, wobei die Motive (Entw. III. S. 209) auf das Votum des Juristentages hinwiesen.

Die österreichische Prozeßordnung (§ 273) schreibt vor, daß wenn der Beweis über den streitigen Betrag des einer Partei zu ersetzenden Schadens oder Interesses gar nicht oder nur mit verhältnismäßigen Schwierigkeiten zu erbringen ist, das Gericht von Amts wegen selbst mit Übergehung eines von der Partei angebotenen Beweises diesen Betrag nach freier Überzeugung festsetzen kann.

13. Bedeutung des Strafurteils für den Zivilrichter.

7. DJT. Hamburg 1868.

Im Jahre 1856 hatte die Justizkommission des preußischen Abgeordnetenhauses einstimmig die Aufnahme einer Bestimmung über die Beweiswirkung des Strafurteils abgelehnt, weil der Zivilrichter in freier Weise das im Strafurteil enthaltene Zeugnis über das Vorkommen oder Nichtvorkommen von Tatsachen benutzen solle. Die bayerische Abgeordnetenkammer hatte jedoch den Beschluß gefaßt, daß dem verurteilenden Straferkenntnis volle gesetzliche Beweiswirkung beigelegt werden solle. Hieraus nahm der Juristentag die Veranlassung zur Erörterung des vorliegenden Themas.

Frage. Soll einem prozeßordnungsgemäß erlassenen strafrichterlichen Urteile, durch das eine Frage entschieden ist, welche der Entscheidung einer Zivilsache präjudiziert, für diese letztere die Kraft eines vollen Beweises eingeräumt werden?

Gutachter:	Berichterstatter:
Prof. Dr. Planck (München)	Prof. Dr. Seuffert (München)
I. 3—44.	II. 165 ff.

OLGR. Dr. v. Liszt (Wien) I. 45—53.

Planck ist der Ansicht, daß einem prozeßordnungsgemäß erlassenen strafrichterlichen Urteil, durch das eine Frage entschieden ist, welche der Entscheidung einer Zivilsache präjudiziert, für diese letztere unter Umständen die Kraft eines genügenden Beweises zuzugestehen ist, daß indes die Beurteilung dieser Beweiskraft in jedem einzelnen Falle der freien Würdigung des Zivilrichters überlassen bleiben muß, daß es endlich zur Herbeiführung dieses Resultates eines Einschreitens der Gesetzgebung nicht bedarf.

v. Liszt kommt zu folgendem Ergebnisse:

1. Ein strafrichterliches Urteil, das am Schlusse des ordnungsmäßigen Prozeßverfahrens nach Vernehmung des Angeklagten erlassen worden ist, schafft hinsichtlich aller darin als erwiesen angenommenen Tatsachen, welche der Entscheidung einer Zivilsache präjudizieren, für diese letzere vollen Beweis.

2. Kontumazialurteile, welche ohne Vernehmung des Angeklagten gefällt werden, sind bezüglich der darin als erwiesen angesehenen Tatsachen ohne Einfluß auf die (spätere) Entscheidung des Zivilrichters.

3. Zivilgerichtliche Urteile, in welchen Fragen entschieden wurden, welche später durch ein strafrichterliches Erkenntnis in einem anderen oder im entgegengesetzten Sinne gelöst wurden, werden durch das letztere nicht berührt.

Beschluß. Die Erlassung einer gesetzlichen Bestimmung über die Beweiswirkung der Strafurteile in bürgerlichen Rechtsstreitigkeiten ist nicht für angebracht zu erachten.

Der preußische Entwurf einer Zivilprozeßordnung (§ 273) hatte im wesentlichen die bindende Kraft der Strafurteile statuiert, der hannoversche Entwurf (§ 308) die Entscheidung der Frage den Landesgesetzgebungen vorbehalten. Die norddeutsche Kommission faßte in der Sitzung vom 4. Mai 1868 ebenfalls den Beschluß, daß die verurteilenden Straferkenntnisse unbedingt bindend seien. Nachdem der 7. Juristentag die Erlassung einer gesetzlichen Bestimmung über die Beweiswirkung der Strafurteile in bürgerlichen Rechtsstreitigkeiten nicht für angezeigt erklärt hatte, verblieb zwar der norddeutsche Entwurf (§ 462) bei dem früheren Beschlusse, aber die folgenden Entwürfe stimmten mit dem Juristentag überein, und zwar weisen die Motive (Entw. III S. 286) auf die energische Bekämpfung jener Ansicht durch den Juristentag hin. Auch bei den Debatten der Reichstagskommission über diese Frage beriefen sich sowohl Kommissionsmitglieder als auch der Vertreter der Regierung auf den Juristentag. Im Einführungsgesetze zur Zivilprozeßordnung (§ 12 Nr. 1) ist sodann die ausdrückliche Aufhebung aller Vorschriften der Landesgesetze über die bindende Kraft der Strafurteile für die Zivilrichter ausgesprochen.

Nach österreichischem Rechte ist der Inhalt eines ergangenen, verurteilenden strafgerichtlichen Erkenntnisses hinsichtlich der erfolgten Tatsachenfeststellung für den Zivilrichter bindend (vgl. § 268 ZPO.).

14. Parteibetrieb und Offizialbetrieb.

26. DJT. Berlin 1902.

Um die Zweckmäßigkeit der Einschränkung des Parteibetriebes im Zivilprozesse, der eine der Grundlagen des deutschen Zivilprozesses bildet, handelte es sich bei der

Frage: Bedarf die ZPO. einer Änderung in der Richtung, daß dem Richter eine größere Mitwirkung bei dem Prozeßbetriebe gewährt wird?

Gutachter:	Berichterstatter:
OLGR. Dr. Neukamp (Köln)	OLGPräs. Hamm (Köln)
I. 125—258.	III. 491 ff.
Prof. Dr. Wach (Leipzig)	JR. Heinitz (Berlin)
II. 3—31.	III. 511 ff.

Neukamp stellt in seinem äußerst umfangreichen Gutachten zunächst die herrschenden Ansichten über die Abgrenzung von Richterrecht und Parteibetrieb und ihre Verwirklichung in der ZPO. dar, um sodann an der Hand zahlreicher justizstatistischer Tabellen den Nachweis zu erbringen, daß der durch den Parteibetrieb verursachten Prozeßverschleppung im Rahmen der bestehenden Gesetzgebung nicht abzuhelfen sei. Er befürwortet die Einführung der ausschließlichen richterlichen Prozeßleitung, da dann der Staat energisch einer jeglichen Prozeßverschleppung entgegentreten könne und macht im einzelnen eine größere Zahl von Reformvorschlägen

Wach faßt seine Ausführungen dahin zusammen:

Der Parteibetrieb des Zivilprozesses in seiner heutigen Gestalt ist eine schädliche Übertreibung, welche wesentlich zur Verschleppung der Prozesse beiträgt. Daher ist er zugunsten des Offizialbetriebes einzuschränken.

Das hat zu geschehen vor allem:

a) indem dem Gerichte die Leitung des Prozesses außerhalb der mündlichen Verhandlung zu übertragen ist. Es muß Subjekt der Ladung und Zustellung werden. Damit kann sich verbinden prozeßleitende Regelung des Schriftenwechsels;

b) indem in der mündlichen Verhandlung die prozeßleitende Gewalt intensiver gestaltet wird. Dazu gehört

   1. die Unabhängigkeit der Präklusionsgewalt der Zivilprozeßordnung §§ 279, 283, 374, 402, 433 vom Antrag und dem Erfordernisse groben Verschuldens,

2. die größere Energie der Kostenpression, insbesondere als normaler, beide Teile treffender Kostennachteil bei Umgehung der Termine,

3. die Befreiung des Richters von aller Disposition der Parteien über Termine und Vertagungen. Diese unterstehen allemal richterlicher Kognition und bedürfen genugsamer Rechtfertigung.

Dagegen sind zurückzuweisen Präjudizien der Peremtion des Prozesses bzw. der Instanz oder der Dilation des Prozesses als Folge der Terminsumgehung.

c) Innerhalb der mündlichen Verhandlung empfiehlt sich im kollegialgerichtlichen Verfahren der als Einlassungstermin gedachte, der Erledigung der Sache durch Versäumnisurteil oder Disposition (Vergleich, Verzicht, Anerkenntnis) und eventuell der Streiteinlassung und Ordination des Verfahrens dienende Vortermin.

Wenngleich das den Gutachtern gestellte Thema ganz allgemein gelautet hatte: „Abgrenzung von Richterrecht und Parteibetrieb im Zivilprozeß", so wurden die Verhandlungen doch im wesentlichen beschränkt auf die eine besondere Frage, ob dem Richter im Zivilprozesse eine größere Mitwirkung gegeben werden solle bei der Vertagung und Verlegung von Verhandlungsterminen und beim Sistieren und Ruhenlassen des Verfahrens.

Mit an Stimmeneinheit grenzender Stimmenmehrheit wurde beschlossen:

Beschluß. Eine Änderung der deutschen Zivilprozeßordnung dahin, daß dem Richter eine größere Mitwirkung im Prozeßbetriebe gewährt wird, ist nicht empfehlenswert. Dagegen ist in Erwägung zu nehmen, in welcher Weise der Vereitelung von Verhandlungsterminen vorgebeugt werden kann.

Der Frage, ob dem Richter eine größere Mitwirkung im Prozeßbetriebe zu gewähren ist, ist die deutsche Regierung, soweit es sich um den Anwaltsprozeß handelt, in den neuesten Novellen zur Zivilprozeßordnung noch nicht näher getreten, weil die Meinungen über eine allgemeine Reform des Prozesses noch zu weit auseinandergingen und auf eine Ausgleichung der Gegensätze vorerst nicht zu rechnen sei.

Nach der österreichischen Prozeßordnung erfolgt der Betrieb des Prozesses von Amts wegen. Erscheinen in der mündlichen Verhandlung beide Parteien nicht, so ruht das Verfahren.

15. Revision.

(Vgl. auch oben unter II Ziff. 8 b.)

29. DJT. Karlsruhe 1908.

Trotz der Zivilprozeßnovelle vom 5. Juni 1905, die eine Erhöhung der Revisionssumme auf 2500 M. und eine Einschränkung der auf Unzuständigkeit des Instanzgerichts gestützten Revision brachte, hatte die Überlastung der Zivilsenate des Reichsgerichts in den folgenden Jahren immer von neuem zugenommen. Es mußte deshalb auf alle Fälle für eine Herabsetzung der Zahl der Revisionen gesorgt und eine Erleichterung der Geschäftslast des Reichsgerichts herbeigeführt werden. Der Juristentag beschäftigte sich deshalb mit der

Frage: Empfiehlt sich eine Änderung des Rechtsmittels der Revision in Zivilsachen?

Gutachter:	Berichterstatter:
WGehR. Dr. Hamm (Bonn)	RGR. Dr. Peters (Leipzig)
III. 39—50.	V. 700 ff.
RA. beim RG. Syring (Leipzig)	Prof. Dr. Rich. Schmidt (Freiburg)
III. 129—186.	V. 732 ff.

Hamms Vorschläge zur Änderung des Rechtsmittels der Revision in Zivilsachen lauten dahin:

1. Der § 545 ZPO. erhält folgende Fassung:

„Die Revision findet gegen die in der Berufungsinstanz von den Oberlandesgerichten erlassenen Endurteile statt, soweit durch dieselben die der Rechtskraft fähige Entscheidung des Urteils erster Instanz abgeändert oder die Berufung als unzulässig verworfen ist.

In Rechtsstreitigkeiten über Ansprüche, für welche die Landgerichte ohne Rücksicht auf den Wert des Streitgegenstandes ausschließlich zuständig sind, findet die Revision auch statt, wenn durch das von dem Oberlandesgericht erlassene Endurteil die der Rechtskraft fähige Entscheidung des Urteils erster Instanz nicht abgeändert ist.

Bei allen Rechtsstreitigkeiten ist die Revision gegen gleichlautende Endurteile der beiden Instanzen zulässig, wenn diese auf einer Rechtsanschauung beruhen, die einem von dem Reichsgericht ausgesprochenen Grundsatz widerspricht."

2. In § 551 sind die Worte:

„7. wenn die Entscheidung nicht mit Gründen versehen ist",

in § 554 die Worte:

„c) insoweit die Revision darauf gestützt wird, daß unter Verletzung des Gesetzes Tatsachen festgestellt, übergangen oder als vorgebracht angenommen seien, die Bezeichnung dieser Tatsachen"

zu streichen.

3. Es ist folgender § 551a einzuschalten:

„Eine Entscheidung ist wegen anderer Verletzungen von Rechtsnormen über das Verfahren, als der im § 551 aufgeführten, nur anfechtbar, wenn der Verletzung eine rechtsirrtümliche Auslegung der Rechtsnorm zugrunde liegt."

Syrings Gutachten spricht sich dahin aus:

1. Zur Entlastung des Reichsgerichts ist in erster Linie die Errichtung zweier Zivilsenate geboten; wenn dieser Maßregel unüberwindliche Hindernisse im Wege stehen sollten, dann ist in zweiter Linie die Erhöhung der Revisionssumme notwendig.

2. Neben der Errichtung zweier Zivilsenate oder der Erhöhung der Revisionssumme empfiehlt sich zur weiteren Entlastung des Reichsgerichts die vollständige oder teilweise Beseitigung der Berufungen, der Beschwerden und der Anträge auf Bestimmung des zuständigen Gerichts sowie die vorläufige Vollstreckbarkeit der Berufungsurteile und endlich eine Anzahl Änderungen des Rechtsmittels der Revision.

3. Ohne Rücksicht auf die Geschäftslage des Reichsgerichts sind diejenigen Verschlechterungen der Revision, welche die Einführung des Begründungszwanges zur Folge hatte, zu mildern.

4. Weitere Abänderungen der Revision sind bis zur durchgreifenden Reform des Gerichtsverfassungsgesetzes und der Zivilprozeßordnung abzulehnen.

Der erste Berichterstatter empfahl die Ausschließung der Revision in Arrestsachen und in Sachen betreffend den Erlaß oder die Aufhebung einer einstweiligen Verfügung. Die Zulassung der Revision sollte, abgesehen von den Fällen, in denen dem Revisionskläger das Armenrecht bewilligt oder der Fiskus Revisionskläger ist, von der vorgängigen Einzahlung einer besonderen Gebühr abhängig gemacht werden. Bei auch nur teilweisem Durchdringen der Revision sollte diese Gebühr dem Revisionskläger zurückgezahlt werden, während sie bei gänzlicher Zurückweisung des Rechtsmittels in doppeltem Betrage der Reichskasse verfallen sollte. Ohne Einführung einer allgemeinen sachlichen Vorprüfung des Rechtsmittels sollte dem Reichsgericht die Befugnis gewährt werden, das

Rechtsmittel durch Beschluß ohne mündliche Verhandlung abzuweisen, wenn die schriftliche Revisionsbegründung ergibt, daß in prozessual unstatthafter Weise nur die tatsächlichen Feststellungen des Berufungsgerichts angegriffen werden sollen. Außerdem wird zur Entlastung des Reichsgerichts empfohlen: Ausschließung der Zuständigkeit des RG. zur Entscheidung über Beschwerden gegen Beschlüsse des OLG. überhaupt in bürgerlichen Rechtsstreitigkeiten, mindestens aber in denjenigen Sachen, in denen nach dem Werte des Streitgegenstandes die Revision ausgeschlossen ist, über die Berufungen und Beschwerden in Konsulargerichtssachen und in den im § 2 des Schutzgebietsgesetzes bezeichneten Sachen und über die Bestimmung des zuständigen Gerichts, soweit dabei nur Gerichte in Frage kommen, die einem und demselben Bundesstaate angehören, in welchem mehrere Oberlandesgerichte errichtet sind, deren einem in Ermangelung eines obersten Landgerichts die Bestimmung des zuständigen Gerichts übertragen werden kann.

Beschluß. Die Entscheidung über eine wesentliche Änderung, insbesondere eine gesetzliche Einschränkung des Rechtsmittels der Revision ist der durchgreifenden Reform des ganzen Prozeßverfahrens vorzubehalten. Eine im wesentlichen dem jetzigen Umfange entsprechende Mitwirkung des Reichsgerichts bei der Einführung des neuen Rechtes in die Praxis kann gegenwärtig noch nicht entbehrt werden.

Jedenfalls ist das mündliche Verfahren auch für die dritte Instanz beizubehalten und die Sukkumbenzstrafen und das Erfordernis der duae difformes auszuschließen.

Soweit die Einschränkung des Rechtsmittels künftig wird erfolgen müssen, wird auf eine Verminderung der Zahl der Revisionen hinzuwirken, nicht aber die freie Entschließung des Reichsgerichts in der Rechtsfindung in größerem Umfang als bisher einzuengen sein.

Zur Beseitigung der gegenwärtigen Überlastung ist eine Vermehrung der Zivilsenate des Reichsgerichts nicht zu umgehen und ist durch die sog. kleinen Mittel im Sinne des Gutachtens XIV Bd. 3 der Verhandlungen des deutschen Juristentages Abhilfe zu schaffen.

Auszuschließen ist die Zuständigkeit des Reichsgerichts zur Entscheidung über

1. die Berufungen und Beschwerden in Konsulargerichtssachen und in den im § 2 des Schutzgebietsgesetzes vom 10. September 1900 bezeichneten Sachen. Die Entscheidung hierüber ist einem Oberlandesgerichte zu übertragen;

2. für die Bestimmung des zuständigen Gerichts, soweit dabei nur Gerichte in Frage kommen, die einem und demselben Bundesstaate angehören, in welchem mehrere Oberlandesgerichte errichtet sind, deren einem, in Ermangelung eines obersten Landgerichts, die Bestimmung des zuständigen Gerichts übertragen werden kann (Preußen, Bayern).

Im März 1910 war dem deutschen Reichstag der Entwurf eines Gesetzes, betr. die Zuständigkeit des Reichsgerichts, vorgelegt worden, der als Hauptmittel der Entlastung unter Aufrechterhaltung der gegenwärtigen Revisionssumme die Einführung des Difformitätsprinzips, d. h. den Ausschluß der Revision beim Vorliegen konformer Entscheidungen, vorschlug. Die Regierung glaubte an eine Reform des Rechtsmittels der Revision unabhängig von der allgemeinen Reform der Zivilprozeßordnung herantreten zu können, weil die Hauptfragen einer allgemeinen Reform, wie z. B. die, ob die Einführung des Vortermins sich empfiehlt, ob der Parteibetrieb einzuschränken, für die Revisionsinstanz ohne Bedeutung seien. Der Reichstag hat aber die Einführung des Difformitätsprinzips schon in der Kommission einstimmig abgelehnt und statt dessen die Revisionssumme auf 4000 Mark erhöht. Dieses Gesetz ist am 22. Mai 1910 ergangen und am 1. Juni 1910 in Kraft getreten. Eine Entlastung des Reichsgerichts wird, abgesehen von der Erhöhung der Revisionssumme, dadurch erreicht, daß ihm die Entscheidungen über die Anträge auf Bestimmung des zuständigen Gerichts abgenommen werden und die Zuständigkeit des Reichsgerichts als Beschwerdegericht in bürgerlichen Rechtsstreitigkeiten beseitigt wird.

Außerdem sollen für die Zeit bis längstens zum 31. Dezember 1913 Hilfsrichter zum Zwecke der Erledigung der Geschäfte der Zivilsenate an das Reichsgericht berufen werden.

Was den Vorschlag des Juristentages betrifft, die Rechtsprechung in Konsularsachen dem Reichsgericht abzunehmen, so ist ein Eingehen hierauf zurzeit nicht erfolgt, weil in einem besonderen Gesetzentwurf die Einsetzung eines obersten Konsulargerichtshofes in Aussicht genommen ist.

16. Amtsgerichtliches Verfahren.

29. DJT. Karlsruhe 1908.

Die Gestaltung des amtsgerichtlichen Verfahrens war von der Kritik in mehrfacher Hinsicht als unzulänglich bezeichnet worden. Man fand das Verfahren zu kompliziert für einen durch Laien selbständig zu führenden

Parteiprozeß, nicht schleunig genug und zu kostspielig für einen, kleine Objekte betreffenden Rechtsstreit. Da auch der dem Reichstag am 28. Februar 1908 vorgelegte Gesetzentwurf eine Umgestaltung des amtsgerichtlichen Verfahrens anstrebte, wurde dem Juristentage die Frage unterbreitet:

Frage. Bedarf das amtsgerichtliche Verfahren einer Reform und nach welchen Richtungen?

Gutachter:	Berichterstatter:
AGR. Dr. Jastrow (Berlin) II. 102—133.	OAR. Dr. Levis (Pforzheim) V, 647 ff.
RA. Dr. Dittenberger (Halle a. S.) IV. 331—355.	Prof. Dr. Stein (Leipzig) V. 664 ff.

Dittenberger führt in seinem Gutachten aus:

1. Eine Reform des amtsgerichtlichen Verfahrens darf nur im Wege einer Gesamtreform des Zivilprozeßverfahrens überhaupt erfolgen, weil einerseits die Gemeinschaftlichkeit der Grundlagen der verschiedenen Verfahrensarten eine gemeinsame Behandlung derselben erfordert und weil andererseits die bestehenden Mängel des amtsgerichtlichen Verfahrens durch geeignete Maßnahmen im Rahmen der geltenden gesetzlichen Regelung so weit behoben werden können, daß die Notwendigkeit einer sofortigen Reform dieser Regelung entfällt.

2. Bis zur Erledigung der durchgreifenden Reform des Zivilprozeßverfahrens ist auf eine Besserung der bestehenden Übelstände in dem Verfahren vor den Amtsgerichten namentlich durch eine Vermehrung des Richterpersonals hinzuwirken.

Für eine künftige Reform des amtsgerichtlichen Verfahrens im Rahmen einer Gesamtrevision der ZPO. werden eine Reihe einzelner Vorschläge gemacht.

Jastrow geht davon aus, daß das Verfahren vor den Amtsgerichten in einem besonderen, in sich vollständigen Gesetz und nicht als Anhang zum landgerichtlichen Verfahren zu regeln sei. Er erachtet daher die vorgelegte Zivilprozeßnovelle nicht für eine geeignete Grundlage für die Zivilprozeßreform.

In bezug auf Einzelheiten für eine Reform des amtsgerichtlichen Verfahrens empfiehlt er folgendes:

I. 1. Das System, wonach die Parteiakte im Prozesse durch Zustellung von Partei zu Partei errichtet werden, ist zu beseitigen.

2. Die Erhebung der Klage und die Einlegung von Rechtsmitteln (einschließlich des Einspruchs) sollen durch Erklärung der Partei an das

Gericht erfolgen. Die Mitteilung an den Gegner und die Ladung der Parteien erfolgt durch das Gericht.

II. 1. Eine Erhöhung der amtsgerichtlichen Zuständigkeitssumme ist abzulehnen; dagegen empfiehlt sich eine Erweiterung der Zuständigkeit der Amtsgerichte nach folgenden Richtungen:

2. Der Wechselprozeß soll zur unbeschränkten Zuständigkeit der Amtsgerichte gehören; das Nachverfahren folgt den allgemeinen Zuständigkeitsregeln.

3. Alle Klagen sind ohne Rücksicht auf die Höhe des Streitgegenstandes beim Amtsgericht einzureichen.

Dieses hat den ersten Termin abzuhalten und ist zuständig für Erlaß des Anerkenntnis- und des Versäumnisurteils sowie für die Vornahme eines Vergleichs und im Falle der Vereinbarung für die volle Entscheidung des Rechtsstreits.

4. Wird die Sache beim Amtsgericht nicht erledigt, so gibt dieses sie an das Landgericht ab.

5. Zur Begünstigung der Vereinbarung ist zu bestimmen:

a) daß die Gerichtsgebühren vor dem Amtsgericht geringer sind als vor dem Landgericht;

b) daß die Berufung bei einem die amtsgerichtliche Zuständigkeitssumme übersteigenden Objekt an das Oberlandesgericht geht.

III. 1. Der Gerichtsstand der Gesellschaft und des Erfüllungsortes (ZPO. §§ 22, 29) ist zu beseitigen.

2. Die Vereinbarung eines örtlich unzuständigen Gerichts ist nur zuzulassen für einen konkreten Rechtsstreit und muß auch im Versäumnisverfahren urkundlich nachgewiesen werden.

3. Ausnahmen sind zuzulassen für Klagen, die sonst im Ausland erhoben werden müßten.

IV. 1. Die Verhandlung der Parteien vor dem erkennenden Gericht soll auch in Zukunft mündlich sein. Jede Partei ist zum Vortrag in freier Rede berechtigt. Insoweit der Vortrag nicht in freier Rede erfolgt, hat der Richter das Streitverhältnis mit den Parteien mündlich zu erörtern.

2. Bei der mündlichen Verhandlung ist eine Bezugnahme auf Schriften gestattet, insoweit die Parteien einverstanden sind und das Gericht das Verfahren für angemessen hält.

V. 1. Die Grundsätze der §§ 227, 251 ZPO. über die Aufhebung von Terminen und das Ruhenlassen des Verfahrens durch Parteivereinbarung sind beizubehalten.

2. Dem Nachteil der durch das Ausbleiben der Parteien entstehenden Terminsvereitelungen ist entgegenzuwirken durch eine geringe Ordnungs-

gebühr (etwa 1—2 Mark, für die niedrigste Wertstufe 50 Pf.), welche die ausbleibenden oder nicht verhandelnden Parteien trifft, ausgenommen, wenn sie ihr Ausbleiben oder ihre Vereinbarung, nicht zu verhandeln, tags zuvor angezeigt haben oder wenn ein sachlicher Grund für ihre plötzliche Entschließung vorliegt.

3. Für die Beschleunigung des Verfahrens können im übrigen gesetzliche Maßnahmen nur in beschränktem Maße wirken. Als hauptsächliches Mittel hierfür ist zu fordern eine sehr erhebliche Vermehrung des Richterpersonals.

VI. 1. Der Kreis der unbeeidet zu vernehmenden Personen ist erheblich zu erweitern. Insbesondere sind dahin zu zählen alle am Ausgang des Rechtsstreits rechtlich oder tatsächlich interessierten Personen, wenn ihr Interesse auch kein unmittelbares, sondern nur ein entfernteres ist, sowie alle Personen, welche als Rechtsvorgänger oder Vertreter einer Partei über ihre Handlungen aussagen sollen, falls sie von der Partei benannt sind, deren Vorgänger oder Vertreter sie waren.

2. Es ist auf eine Vorschrift Bedacht zu nehmen, daß auf das Zeugnis einer der erwähnten interessierten Personen nur ausnahmsweise eine Feststellung gegründet wird.

3. Der Zedent einer eingeklagten Forderung soll von dem Zessionar als Zeuge überhaupt nicht angerufen werden können.

VII. 1. Die Eideszuschiebung ist als Beweismittel zu beseitigen.

2. An ihre Stelle tritt die Benennung der Gegenpartei als Zeuge.

3. In dem Umfang, in welchem nach geltendem Rechte die Gegenpartei zur Zurückschiebung des Eides befugt ist, soll sie befugt sein, ihr Zeugnis zu verweigern. Macht sie hiervon Gebrauch, so kann der Beweisführer sich selbst als Zeugen benennen.

4. An die Stelle des richterlichen Eides tritt der Beschluß des Gerichts, eine Partei oder auch beide Teile als Zeugen zu vernehmen. Das Gericht entscheidet nach der Vernehmung nach freiem Ermessen darüber, ob eine Aussage zu beeiden ist. Es kann die Beeidung auf einen Teil der Aussage beschränken. Eine Anordnung, daß beide Teile ihre Aussagen beeiden sollen, ist nur insoweit zulässig, als nicht Widersprüche in den Aussagen vorhanden sind.

5. Eine unberechtigte Verweigerung des Zeugnisses oder seiner Beeidigung hat dieselben Folgen wie jetzt die Eidesverweigerung. Das abgegebene Zeugnis dagegen unterliegt den allgemeinen Regeln der freien Beweiswürdigung.

VIII. 1. Die Einführung einer Berufungssumme ist abzulehnen.

2. Für den Fall, daß das jetzige Berufungsverfahren für kleine Objekte als zu kostspielig befunden wird, ist für diese statt der Berufung die sofortige Beschwerde einzuführen, jedoch mit obligatorischer mündlicher Verhandlung, falls in der Beschwerdeinstanz eine neue Beweisaufnahme stattfindet.

IX. 1. Der Urkundenprozeß ist auf den bloßen Wechselprozeß zu beschränken. Für diesen sollen die folgende Grundsätze gelten.

2. Die einzige Besonderheit für die Klageschrift soll in der Erklärung bestehen, daß im Wechselprozeß geklagt wird. Die Beifügung der Urkunden ist nicht erforderlich. Das Versäumnisurteil soll allgemeinen Regeln folgen. Erst wenn eine Tatsache bestritten wird, sollen die jetzt bestehenden Beweisregeln des Urkundenprozesses zur Anwendung kommen.

3. Wird ein Wechselanspruch im Mahnverfahren geltend gemacht, so kann der Kläger in den Zahlungsbefehl die Erklärung aufnehmen lassen, daß die Verfolgung im Wechselprozesse geschieht.

X. 1. Das Mahnverfahren ist — für die dazu qualifizierten Ansprüche — obligatorisch zu machen.

Macht der Kläger glaubhaft, daß ein Widerspruch zu erwarten ist oder daß ihm sonst durch die Beschreitung des Mahnverfahrens ein Nachteil droht, so kann das Gericht durch unanfechtbare Verfügung die sofortige Klageerhebung gestatten.

2. Die örtliche Zuständigkeit für das Mahnverfahren soll keine ausschließliche sein, sondern lediglich allgemeinen Grundsätzen folgen.

3. Wird Widerspruch erhoben, so soll das Gericht von Amts wegen beide Teile zur mündlichen Verhandlung laden. Der Termin ist nur so weit hinauszusetzen, als zur Wahrung der Ladungsfrist erforderlich ist.

XI. 1. Bei der vorläufigen Vollstreckbarkeit der Urteile sollen zwei Gruppen von Urteilen unterschieden werden: solche, bei denen die innere Natur des Gegenstandes eine vorläufige Vollstreckbarkeit rechtfertigt, und solche, bei denen nur äußerliche Zweckmäßigkeitsgründe eine Begünstigung des Klägers rätlich machen.

2. Zu der ersten Gruppe sollen hauptsächlich gehören: Alimentensachen, Exmissions- und Immissionssachen, Lohnklagen (§§ 708 Nr. 6; 709 Nr. 1/2). Bei diesen ist die vorläufige Vollstreckbarkeit von Amts wegen auszusprechen; eine Abwendung der Vollstreckung durch Sicherheitsleistung ist nur unter besonderen Umständen zu gestatten und eine Schadensersatzpflicht für den Fall späterer Aufhebung des Urteils ist — abgesehen von schuldhaftem Verfahren — auszuschließen.

3. Zu der zweiten Gruppe sollen vornehmlich gehören: die Urteile im Urkunden- und Wechselprozeß (§ 708 Nr. 4) und die Urteile, bei welchen bloß die Geringfügigkeit des Gegenstandes maßgebend ist (§ 709 Nr. 4). Hier ist die vorläufige Vollstreckbarkeit nur auf Antrag und nur in der Form auszusprechen, daß der Kläger ermächtigt wird, auf seine Gefahr das Urteil vor der Rechtskraft in Vollstreckung zu setzen. Für diese Gruppe ist die Befugnis zur Sicherheitsleistung und die eventuelle Schadenspflicht im bisherigen Umfang (§§ 713 Abs. 2; 717 Abs. 2) beizubehalten. Der Satz, daß die Sicherheitsleistung des Gläubigers der des Schuldners vorgeht (§ 713 a. E.) ist indessen zu beseitigen.

XII. 1. Für Widerspruchsprozesse Dritter in der Zwangsvollstreckung (§ 771 ZPO.) ist zu bestimmen, daß die Klage beim Vollstreckungsorgane (Gerichtsvollzieher, Vollstreckungsgericht) einzureichen und von diesem dem Gläubiger mit Fristbestimmung zur Erklärung mitzuteilen ist. Erst nach fruchtlosem Fristablauf ist die Klage an das Prozeßgericht abzugeben.

2. Der Beklagte, welcher innerhalb der Frist nicht die Zwangsvollstreckung aufhebt, soll sich durch sofortiges Anerkenntnis (§ 93 ZPO.) von der Kostenpflicht nicht befreien können. Dagegen soll der Beklagte, welcher fristgemäß das Pfandstück freigibt, von jeder prozessualen Kostenpflicht frei sein.

Mit an Einstimmigkeit grenzender Mehrheit faßte die Abteilung folgenden

Beschluß: Die Umgestaltung des amtsgerichtlichen Verfahrens ohne gleichzeitige Reform des ganzen Zivilprozesses ist unangemessen. Die dem Reichstag vorliegende Novelle ist daher keine geeignete Grundlage für eine Reform des amtsgerichtlichen Verfahrens.

Eine Prozeßreform für die Amtsgerichte, die sich an die eigenartigen Verhältnisse des amtsgerichtlichen Verfahrens anschließen sollte, hätte folgende Ziele zu verfolgen:

A. Die nicht kontradiktorischen Sachen sind möglichst an das Amtsgericht zu leiten. Deshalb ist namentlich das Mahnverfahren umzugestalten, insbesondere durch Einführung eines Wechselmahnverfahrens und dadurch, daß im übrigen das Verfahren beschleunigt wird, unbegründeten Widersprüchen vorgebeugt wird und ein Zahlungsbefehl in allen Gerichtsständen des ordentlichen Prozesses gelöst werden kann. Auf Benutzung des Mahnverfahrens ist durch geeignete Kostenvorschriften hinzuwirken.

B. Das amtsgerichtliche Verfahren muß einfach und volkstümlich gestaltet sein. Es sind alle verwickelten Formen zu beseitigen, auch ist die Mündlichkeit den jeweiligen Fähigkeiten der Parteien durch elastische Vorschriften anzupassen und der Richter anzuweisen, die Parteien innerhalb und außerhalb der mündlichen Verhandlung zu belehren und anzuleiten, soweit Rechtsunkunde und Mangel geeigneter Vertretung es erforderlich machen. Insbesondere müssen die Parteien auf die Folgen ihrer Unterlassungen und auf die Form und Frist von Rechtsmitteln hingewiesen werden.

Das Rechtskonsulententum ist zu bekämpfen, insbesondere durch Erweiterung der jetzigen Zurückweisung von der Verhandlung zum vollen Verbote der Vertretung.

Die am 1. April 1910 in Kraft getretene deutsche Zivilprozeßnovelle bezweckte in der Hauptsache eine Reform des amtsgerichtlichen Verfahrens, weil die Regierung den Zeitpunkt für eine auf das gesamte Gebiet des Zivilprozesses sich erstreckende Reform noch nicht für gekommen hielt. Hinsichtlich des Mahnverfahrens hat die Novelle verschiedene Änderungen gebracht, die darauf abzielen, dem Mahnverfahren, dessen Anwendung immer mehr abnimmt, durch eine straffere Gestaltung in der Praxis größere Beliebtheit zu verschaffen. Das amtsgerichtliche Verfahren ist durch Annäherung an das Verfahren vor den Gewerbe- und Kaufmannsgerichten einfacher und schleuniger gestaltet worden. Der Bekämpfung des Rechtskonsulententums dienen zwei Änderungen und Ergänzungen des § 157 ZPO.

17. Mandatsverfahren.

8. DJT. Heidelberg 1869.

Appellationsgerichtsrat v. Kräwel (Naumburg) hatte bei dem Juristentage die Frage angeregt:

Frage. Soll das unbedingte Mandatsverfahren in die Prozeßordnung für Deutschland aufgenommen werden?

Gutachten	Berichterstatter:
waren nicht erstattet.	Prof. Dr. von Bar (Breslau) II. 247 ff.

Die Abteilung faßte, entsprechend einem Antrag des Berichterstatters, folgenden

Beschluß: Das unbedingte deutsche Mandatsverfahren, wonach eine Verurteilung ohne vorheriges Gehör des Gegners zulässig ist, soll in die Prozeßordnung für Deutschland nicht aufgenommen werden.

Man gelangte zu diesem Ergebnisse, weil es den Prinzipien des modernen mündlichen Verfahrens widersprechen würde, den Richter zu einem Ausspruch, wenn auch möglicherweise nur zu einem provisorischen Ausspruch über eine Rechtssache zu veranlassen, ohne vorgängiges Gehör des Gegners und ohne mündliche Verhandlung.

Das unbedingte Mandatsverfahren ist von der Gesetzgebung nicht aufgenommen worden.

18. Wechselprozeß.

15. DJT. Leipzig 1880.

Es war von verschiedenen Seiten die Ansicht vertreten worden, daß zur Begründung der Wechselklage in allen Fällen die Präsentation des Wechsels behauptet werden müsse und deren urkundlicher Nachweis durch den Protest notwendig sei. Der Juristentag befaßte sich deshalb mit der

Frage: Ist zur Begründung der Wechselklage im Urkundenprozeß gegen den Akzeptanten des gezogenen bzw. den Aussteller des eigenen Wechsels auch die unter urkundlichen Beweis zu stellende Präsentation des Wechsels erforderlich?

Gutachter:	Berichterstatter:
KrR. a. D. Dr. Schulze-Delitzsch (Potsdam) I, 52—59.	OLGPräs. Becker (Oldenburg) II, 241 ff.
AR. Mosse (Berlin) I. 111—130.	JR. Dorn (Leipzig) II. 252 ff.

Beide Gutachter sprechen sich gegen das Erfordernis der Behauptung der Präsentation aus, wobei Mosse folgende Thesen aufstellt:

1. Die Präsentation zur Zahlung ist zur Begründung des Anspruchs auf die Wechselsumme gegen den Akzeptanten und den Aussteller des eigenen Wechsels, sowie gegen deren Mitunterzeichner, nicht erforderlich. Zur Begründung der Wechselklage im Urkundenprozesse bedarf es mithin nicht der unter urkundlichen Beweis zu stellenden Behauptung der Präsentation.

Eine Ausnahme bildet nur der Domizilwechsel mit benanntem Domiziliaten und der Sichtwechsel.

2. Wird der Mangel der Präsentation eingewendet, so ist sie vom Kläger zu beweisen; als Beweismittel ist im Urkundenprozesse auch Eideszuschiebung zulässig.

3. Der Einwand ist nur zu berücksichtigen, wenn der Beklagte den Anspruch an sich sofort anerkennt und ferner sofort Zahlung leistet, sobald die gehörige Präsentation bis zum Urteile nachgeholt wird.

4. Ist der Einwand begründet, so hat das Urteil nur die Prozeßkosten dem Kläger zur Last zu legen und die Vollstreckung von vorheriger, durch denselben zu beweisender, Präsentation abhängig zu erklären.

5. Soweit Verzug nicht durch Ableugnung der Schuld oder auf Grund besonderer Klauseln mit dem Verfalltage eintritt, kommt der Wechselschuldner ohne Präsentation des Wechsels in seinem Geschäftslokale bzw. in seiner Wohnung nicht in Verzug. Zur Begründung des Anspruchs auf Verzugszinsen ist mithin im Urkundenprozesse der urkundliche Nachweis der gehörigen Präsentation erforderlich.

6. Von der Klageerhebung ab sind Zinsen auch ohne Beweis vorheriger Präsentation zuzuerkennen, wenn nicht der Beklagte den Hauptanspruch sofort anerkennt nnd mit Recht den Mangel der Präsentation eingewendet hat.

Der gemeinsame Antrag der beiden Berichterstatter wurde einstimmig angenommen.

Beschluß. Im Interesse des Verkehres ist es erforderlich, daß zur Begründung der Wechselklage im Urkundenprozesse gegen den Akzeptanten eines gezogenen bzw. den Aussteller eines eigenen Wechsels das Erfordernis einer unter urkundlichen Beweis zu stellenden Behauptung der Präsentation des Wechsels nicht aufzustellen sei.

Soweit die Präsentation des Wechsels einen Teil des Klagegrundes für die Wechselforderung bildet, z. B. bei Geltendmachung eines Regreßanspruchs, ist die Präsentation durch Urkunden zu beweisen (§ 592 ZPO.). Soweit es jedoch zur Erhaltung des wechselmäßigen Anspruchs der rechtzeitigen Protesterhebung nicht bedarf, ist jetzt (vgl. § 605 ZPO.) als Beweismittel bezüglich der Präsentation des Wechsels Eideszuschiebung zulässig.

19. Vollstreckbarkeit von Zivilurteilen.

1. DJT. Berlin 1860.

Entsprechend einem Antrage des Adv. Dr. Mayersohn (Aschaffenburg) wurde auf das Referat des OTrR. Dr. Waldeck (Berlin) von dem Plenum des Juristentages einstimmig der Erlaß eines Gesetzes über die gegenseitige Vollstreckbarkeit der Zivilurteile empfohlen (vgl. 141 ff. und 290 ff.).

Beschluß. Der baldige Erlaß eines für alle deutschen Staaten geltenden Gesetzes über die gegenseitige Vollstreckbarkeit der Zivilerkenntnisse ist ein dringendes Bedürfnis.

Das Gerichtsverfassungsgesetz und die Zivilprozeßordnung beruhen auf dem Gedanken, daß die Gerichtsgewalt eines jeden deutschen Gerichts sich im allgemeinen auf jede im deutschen Reiche sich aufhaltende Person erstreckt. Die Entscheidung eines jedes deutschen Gerichtes ist im ganzen deutschen Reiche vollstreckbar.

20. Durchführung der Zwangsvollstreckung.

8. DJT. Heidelberg 1869.

Die deutschen Gesetzgebungsarbeiten zeigten fast alle das Bestreben, die Durchführung der Exekution den Gerichten abzunehmen; in Ansehung der Organe aber, welche an Stelle der Gerichte mit dieser Aufgabe betraut werden sollten, herrschte große Verschiedenheit. Dies veranlaßte die Aufstellung des vorliegenden Themas.

Frage. Ist es zweckmäßig, die Exekution den Gerichten oder selbständigen Beamten nach Art der Gerichtsvollzieher zu übertragen?

Gutachter:	Berichterstatter:
StadtGR. Dr. Gad (Berlin)	JR. Dorn (Berlin)
I. 100—108.	II. 226 ff.

Adv. Dr. Barth (Kaufbeuren) I. 109—115.
OGAnw. Götting (Hildesheim) I. 116—129.
Ref. im JustMin. Frh. v. Sacken (Wien) I. 381—387.

Der erste Gutachter, Gad, erachtet es für zweckmäßiger, die Exekution nicht selbständigen Beamten nach Art der Gerichtsvollzieher, sondern den Gerichten zu überlassen.

Die drei anderen Gutachter wollen die Zwangsvollstreckung selbständigen Beamten nach Art der Gerichtsvollzieher übertragen, jedoch mit einigen Modifikationen. Bei der Subhastation, Sequestration, Einweisung in Forderungen sei der Natur der Sache nach die Mitwirkung der Gerichte nötig.

Mit überwiegender Majorität wurde der Antrag des Referenten angenommen.

Beschluß. Es ist zweckmäßig, daß die Exekution selbständigen Beamten nach Art der Gerichtsvollzieher übertragen wird.

Die Ausführung der Zwangsvollstreckung erfolgt in Deutschland regelmäßig durch die Gerichtsvollzieher auf Grund der vollstreckbaren Ausfertigung des Schuldtitels, und zwar in unmittelbarem Auftrage der Partei ohne Ladung oder Dazwischenkunft des Gerichtes.

In Österreich liegt die Vollstreckung der Urteile dem Exekutionsgericht ob. Dieses läßt die Vollstreckung durch einen Amtsdiener vornehmen.

21a. Zwangsversteigerung von Grundstücken.

11. DJT. Hannover 1873.

In der Literatur wie in gesetzgeberischen Körperschaften und landwirtschaftlichen Vereinen erörterte man lebhaft die

Frage: Ist es angemessen, daß durch die Subhastation sämtliche auf dem Grundstück ruhenden Hypotheken fällig werden?

Gutachter:	Berichterstatter:
OTrR. Struckmann (Köln) **10** I. 63—89.	Adv. Dr. v. Kißling (Linz) **10** II. 220 ff.
Adv. Dr. Johanny (Wien) **10** I. 136—143.	ROHandGVizePräs. Dr. Drechsler (Leipzig) **11** II. 260 ff.

Beide Gutachter bejahten die Frage und billigten mithin das, was damals in Preußen und den meisten deutschen Territorien Rechtens war.

Der Berichterstatter des 10. Juristentages trat, indem er sich an die österreichische Gesetzgebung anschloß, für die Verneinung der Frage ein.

Da man sich bei der Frankfurter Tagung nicht einigen konnte, wurde beschlossen, das Thema dem nächsten Juristentage zur nochmaligen Beratung zu überweisen.

Auf dem 11. Juristentage wurden die Thesen des Berichterstatters Dr. Drechsler angenommen.

Beschluß. a) Es ist nicht angemessen, daß durch den Verkauf eines Grundstücks im Subhastationsverfahren auch die Hypothek erlösche, welche aus dem Kostenpreise sollte gedeckt werden.

b) Für den gerichtlichen Verkauf im Subhastationsverfahren sind Normativbedingungen festzustellen, welche geeignet sind, bei Sicherung der Interessen des Gläubigers und Schuldners einen tunlichst hohen Kostenpreis für das Grundstück herbeizuführen.

21b.

12. DJT. Nürnberg 1875.

Im Laufe der Debatten bei den Verhandlungen des 11. Juristentages war mehrfach die Frage angeregt worden, wie es mit denjenigen Hypotheken werden solle, welche durch den Kaufpreis nicht gedeckt werden. Auf Antrag des OAppGR. Dr. v. Salpius (Celle) war dieses Thema auf die Tagesordnung des 12. Juristentages gesetzt worden.

Frage. Soll eine Reform des Zwangsversteigerungsverfahrens dahin erstrebt werden, daß der Zuschlag nicht erteilt werden darf, wenn das Gebot den Betrag der dem betreibenden Gläubiger vorgehenden Hypotheken nicht übersteigt?

Gutachter:	Berichterstatter:
OAppGR. Dr. v. Salpius (Celle) I. 117—133.	ROHandGVizePräs. Dr. Drechsler (Leipzig) II. 253 ff.
Adv. Dr. Heinsen (Hamburg) I. 134—157.	HandGerPräs. Dr. Albrecht (Hamburg) II. 258 f.

Beide Gutachter sprechen sich für den im Beschlusse angenommenen Grundsatz aus, Heinsen jedoch mit der Modifikation „außerhalb des Konkurses". Die Gutachter führen näher aus, daß juristisch der Nachhypothekar kein unbedingtes Verkaufsrecht habe und sein Interesse wegen der Subhastationskosten und der Möglichkeit, selbst das Grundstück zu kaufen, einen rechtlichen Schutz auf Kosten des Vorhypothekars nicht verdiene, daß wirtschaftlich der Realkredit vor allem die Sicherstellung der ersten Hypothek verlange, auch die moderne Rechtsentwickelung die Durchführung einer Reform ermögliche.

Mit überwiegender Mehrheit wurde der Antrag des Berichterstatters angenommen.

Beschluß. Bei der Zwangsversteigerung von Grundstücken ist der Zuschlag nur zu erteilen, wenn das Gebot den Betrag der dem betreibenden Gläubiger vorangehenden Hypotheken übersteigt.

21c.

16. DJT. Kassel 1882.

Nachdem die Gesetzgebung des größten deutschen Staates, die bisher in der Subhastationsordnung die von dem Juristentage reprobierten Prinzipien festgehalten hatte, in dem Entwurf eines preußischen Gesetzes über Zwangsversteigerung der Grundstücke die Grundsätze angenommen hatte, welche von dem Juristentage wiederholt als richtig anerkannt waren, regte OLGPräs. **Kühne** (Celle) die Stellung der Frage an:

Frage. Unter welchen Voraussetzungen soll ein nachstehender Gläubiger das Recht haben, den Zwangsverkauf eines Grundstücks seines Schuldners zu veranlassen?

Gutachten	Berichterstatter:
waren nicht erstattet.	RGSenPräs. Dr. **Drechsler** (Leipzig) II. 73 ff.

Mit Stimmeneinheit wurde nachfolgende Resolution angenommen.

Beschluß. Der deutsche Juristentag bestätigt in Beantwortung der Frage: unter welchen Voraussetzungen soll ein nachstehender Gläubiger das Recht haben, den Zwangsverkauf eines Grundstücks seines Schuldners zu veranlassen? die hierüber vom 10., 11. und 12. Juristentage gefaßten Beschlüsse und spricht seine Befriedigung darüber aus, daß damit übereinstimmende Grundsätze in dem neuesten preußischen Entwurfe eines Gesetzes, betreffend die Zwangsvollstreckung in das unbewegliche Vermögen, Aufnahme gefunden haben.

Schon das preußische Zwangsvollstreckungsgesetz vom 13. Juli 1883 hatte sich den Grundsatz zu eigen gemacht, daß es nicht angemessen sei, auch diejenigen Hypotheken erlöschen zu lassen, welche aus dem Kaufpreise völlig gedeckt werden und daß der Zuschlag nur zu erteilen sei, wenn das Gebot den Betrag der dem betreibenden Gläubiger vorangehenden Hypotheken übersteigt. In den Motiven des ersten Entwurfes von 1878 wurde ausdrücklich hervorgehoben, daß die Verhandlungen des Juristentages Veranlassung gegeben haben, die bisherigen Grundlagen der preußischen Subhastationsordnung nochmals einer Prüfung zu unterwerfen und daß man sich überzeugt habe, daß die bisherigen Prinzipien zu verlassen seien und man diejenigen Grundlagen annehmen müsse, welche der Juristentag empfohlen habe.

Gleiche Grundsätze waren bereits 1879 in Württemberg und im Königreich Sachsen im Jahre 1884 gesetzlich festgelegt worden, bezüglich des Zuschlages auch in Oldenburg und (modifiziert) in Sachsen-Weimar. In Baden hatte die Ständeversammlung von 1884 unter Hinweis auf die Beschlüsse des Juristentages die erwähnten Grundsätze allgemein gebilligt, jedoch kam es nicht zu einer gesetzlichen Durchführung.

Auch das Reichsgesetz über die Zwangsversteigerung und die Zwangsverwaltung vom 24. März 1897 beruht auf dem sog. Deckungsprinzip, indem nach § 44 nur ein solches Gebot zugelassen wird, durch welches die dem Anspruche des Gläubigers vorgehenden Rechte gedeckt werden.

22. Beschränkungen der Zwangsvollstreckung.

22. DJT. Augsburg 1893.

JR. Dr. Humser und Stadtrat Dr. Flesch hatten an den Juristentag den Antrag gerichtet, es möge einer Untersuchung unterzogen werden, ob und in welcher Beziehung unser Recht der Zwangsvollstreckung, insbesondere der § 715 ZPO. — jetzt § 811 — einer Änderung bedürfe. Die Antragsteller hielten eine Erweiterung der durch das Gesetz getroffenen Begrenzung des Zwangsvollstreckungsrechts für angezeigt.

Frage. Empfiehlt sich eine grundsätzliche Vermehrung der bestehenden Beschränkungen der Zwangsvollstreckung, etwa in der Richtung einer allgemeinen Kompetenzwohltat?

Gutachter:	Berichterstatter:
AR. Falkmann (Liegnitz) I. 240—264.	HofAdv. Dr. Millanich (Wien) IV. 87 ff.
AR. Bunsen (Rostock) II. 29—40.	JR. Dr. Humser (Frankfurt a. M.) IV. 96 ff.

Falkmann empfiehlt eine Vermehrung der bestehenden Beschränkungen der Zwangsvollstreckung nur nach der Richtung hin, daß dem Schuldner außer den sonstigen im § 715 ZPO. bezeichneten Sachen ein kleiner Betrag an barem Gelde belassen wird. Im übrigen hält er die derzeitigen Pfändungsbeschränkungen für ausreichend und als angemessenen Ausgleich zwischen den Interessen des Schuldners, des Gläubigers und der Allgemeinheit. Die Ausdehnung der Exekutionsexemtionen sei kein geeignetes Mittel zur Besserung der sozialen Lage der Arbeiter, mindestens nicht ohne gleichzeitige Einschränkung der privaten Dispositionsfreiheit. Zu einer Übernahme der mehrfach empfohlenen, allerdings weitergehenden Pfändungsbeschränkungen des amerikanischen Rechtes liege kein Bedürfnis vor

Bunsen stellt folgende Sätze auf:

1. Die Einführung einer allgemeinen Kompetenzwohltat empfiehlt sich nicht.

2. Eine weitere Beschränkung der Zwangsvollstreckung als auf die dem Schuldner zur augenblicklichen Erhaltung für sich und seine Familie

unentbehrlichen beweglichen Gegenstände, sowie auf die übrigen im § 715 und 749 ZPO. und in den sonstigen Reichsgesetzen bestimmten Sachen und Rechte empfiehlt sich grundsätzlich nicht.

3. Es dürfte jedoch zu billigen sein, wenn die Zwangsvollstreckung, auch abgesehen von dem Fall Nr. 7 im § 715 ZPO., in jedem Falle bezüglich eines näher zu bestimmenden, zur Ernährung des Schuldners und seiner Familienangehörigen auf etwa eine Woche erforderlichen Geldbetrages für unzulässig erklärt wird.

Einstimmig wurde die folgende Resolution angenommen:

Beschluß. Die Bestimmungen der ZPO. über die Beschränkungen der Zwangsvollstreckung sind revisionsbedürftig. Aufgabe der Revision muß die bessere Sicherung derjenigen Vermögensteile sein, die zur Führung einer geordneten Wirtschaft und zur ausgiebigen Verwertung der persönlichen Arbeitskraft des Haushaltungsvorstandes erforderlich sind.

Eine allgemeine Kompetenzwohltat ist zu verwerfen.

Dem Beschlusse des Juristentages wurde im wesentlichen entsprochen durch das Gesetz, betr. Änderungen der Zivilprozeßordnung vom 17. Mai 1898, welches die einzelnen Ziffern des § 715 verschiedenen Abänderungen unterzog, die verhüten sollen, daß die Pfändung zu einem Ergebnisse führt, das für den Schuldner das häusliche Zusammenleben mit seiner Familie und seinem Gesinde in Frage stellt. Außerdem wurde die Bestimmung des jetzigen § 812 neu eingefügt, derzufolge Gegenstände, welche zum gewöhnlichen Hausrate gehören und im Hausrate des Schuldners gebraucht werden, nicht gepfändet werden sollen, wenn ohne weiteres ersichtlich ist, daß durch deren Verwertung nur ein Erlös erzielt werden würde, welcher zu dem Werte außer allem Verhältnisse steht.

23. Arrest auf Arbeits- und Dienstlohn.

7. DJT. Hamburg 1868.

Die Frage des Verbotes der Beschlagnahme unverdienter Arbeitslöhne war häufig in Gesetzen und Entwürfen wie in der Theorie und Praxis der sechziger Jahre aufgetaucht und hatte auch den norddeutschen Reichstag und das preußische Abgeordnetenhaus beschäftigt. Es war deshalb dieses sozial besonders wichtige Thema auch auf die Tagesordnung des Juristentages gesetzt worden.

Frage. Soll die Gesetzgebung Arrest auf künftig zu verdienenden Lohn gestatten und in welchem Umfang?

Gutachter:	Berichterstatter:
StadtGR. Koch (Berlin)	OLGR. Becker (Oldenburg)
I. 100—122.	II. 81 ff.
Dr. Otto (Heilbronn)	RA. Lipke (Danzig)
I. 182—187.	II. 259 ff.

Koch empfiehlt eine Vorschrift, wonach die noch nicht fälligen (künftigen) Arbeits- und Dienstlöhne, Privatbesoldungen und Gehalte jeder Art nur zu einem Viertel ihres Betrages der Beschlagnahme im Wege des Arrestprozesses oder der Exekution unterliegen.

Otto spricht seine Ansicht dahin aus:

Der Staat fordert als Voraussetzung für sein Einschreiten gegen Löhne, seien es schon verfallene oder künftig zu verdienende, zugunsten eines Gläubigers, daß beim Eingehen des Kreditgeschäfts eine schriftliche Anweisung auf den Lohn und vom Arbeitgeber die Zusage erteilt worden ist, diese Anweisung seinerzeit zu vollziehen.

Wie es mit gesetzlichen Verpflichtungen (Geldstrafen, Alimenten, Schadensersatzforderungen) zu halten, wie der Staat mit seinen Angestellten zu verfahren habe, das bleibt besonderer Feststellung vorbehalten, wie auch bei Privatbediensteten, die auf längere Dauer oder lebenslang angestellt sind, Ausnahmen gemacht werden mögen. Um den Umfang des angewiesenen Lohnes hat sich aber bei Annahme dieses Systems der Staat nicht zu bekümmern.

Das Plenum des Juristentages faßte folgenden

Beschluß: Es ist nicht gerechtfertigt, im Wege der Gesetzgebung Arrest auf künftig zu verdienenden Arbeits- oder Dienstlohn zu verbieten, wohl aber ist bei Beschlagnahme von Arbeits- oder Dienstlohn das Recht auf die Belassung einer Kompetenz dem Schuldner einzuräumen.

Nach dem Gesetze vom 21. Juni 1869 (abgeändert durch Gesetz vom 29. März 1897) ist die Beschlagnahme des künftig geschuldeten, insbesondere des noch nicht verdienten Arbeits- oder Dienstlohnes grundsätzlich ausgeschlossen. Im übrigen ist die Pfändung von Gehalt und Dienstbezügen nur insoweit zulässig, als der Gesamtbetrag die Summe von 1500 Mark für das Jahr übersteigt (vgl. § 850 Abs. 1 Nr. 8, Abs. 2 ZPO. und §§ 1—3, § 4 Nr. 2, 3 und § 4a des Lohnbeschlagnahmegesetzes).

24. Personalarrest.

4. DJT. Mainz 1863.

Antrag des StadtGR. Eberty (Berlin):

Der Personalarrest wegen Schulden findet statt

a) in Wechselsachen;

b) wegen verweigerter Offenlegung des Vermögens;

c) sonst nur bei nachgewiesenem Betruge.

Gutachter:	Berichterstatter:
RA. Calm (Bernburg) I. 79—95.	JR. Dorn (Berlin) II. 197 ff.
StadtR. Primker (Breslau) I. 96—107.	

Der Gutachter Calm ist der Ansicht, daß im Prinzipe der Personalarrest an und für sich, namentlich in den Fällen b und c, die der Ebertysche Antrag anführt, zu verwerfen, jedoch vorläufig in Beziehung auf Wechselsachen beizubehalten sei.

Primker erklärt sich für Beibehaltung der Schuldhaft und will die in dem Antrage Eberty angestrebte Reform nur dahin befürworten, daß es für wünschenswert erachtet wird, in Handelssachen die Personalexekution als prinzipales Exekutionsmittel und gleichzeitig mit der Vermögensexekution zu gestatten.

Beschluß. Wegen Privatschulden kann der Personalarrest vollstreckt werden.

Das Norddeutsche Bundesgesetz vom 29. Mai 1868 beseitigte die Schuldhaft, sofern dadurch die Zahlung einer Geldsumme oder die Leistung einer Quantität vertretbarer Sachen oder Wertpapiere erzwungen werden soll. Durch die ZPO. ist die Haft zugelassen als persönlicher Sicherungsarrest (§ 918), ferner zur Erzwingung einer Potestativhandlung (§ 888), einer Unterlassung (§ 890) und des Offenbarungseides (§ 901).

25. Aufgebot von Wertpapieren.

16. DJT. Kassel 1882.

Die neuere deutsche Partikulargesetzgebung, welche mit der Einleitung eines Amortisationsverfahrens eine Zahlungssperre verband oder eine selbständige, gerichtliche Zahlungssperre gestattete, gab den Anstoß zu der

Frage: Empfiehlt es sich, im Falle eines Verlustes von Wertpapieren (bei Einleitung eines Aufgebotsverfahrens oder selbständig)

eine vorläufige Zahlungssperre eintreten zu lassen? und unter welchen Voraussetzungen?

Gutachter:	Berichterstatter:
Dir. Dr. Ladenburg (Mannheim) I. 33—40	KrGDir. Beisert (Berlin) II. 134 ff.
	Prof. Dr. Brunner (Berlin) II. 143 ff.

Das Gutachten hält die Einführung einer Zahlungssperre deshalb für überflüssig, weil eine einfache Anzeige des Verlustes beim Aussteller des Inhaberpapiers genüge, um einer etwaigen Zahlung an einen Dritten die befreiende Kraft zu nehmen.

Der Referent hatte beantragt:

1. Es empfiehlt sich nicht, im Falle eines Verlustes von solchen Wertpapieren, welche durch Massenkreationen entstanden sind, eine Zahlungssperre oder eine Umlaufssperre eintreten zu lassen.

2. Ein Aufgebot von Wertpapieren der bezeichneten Art behufs Kraftloserklärung derselben ist nur zu erlassen, wenn die Vernichtung des Papieres glaubhaft gemacht wird (behufs Ergänzung des unvollständig geführten Beweises); dagegen empfiehlt es sich nicht, ein solches Aufgebot auch für den Fall des Verlustes derartiger Wertpapiere zu erlassen.

3. Dem Besitzer von Inhaberpapieren ist die Möglichkeit, sich gegen die Gefahren eines Verlustes zu schützen, durch rationellen Ausbau eines Systems kostenfreier Umschreibung von Inhaberpapieren in Namenpapiere und kostenfreier Rückumwandelung solcher Namenpapiere in Inhaberpapiere zu gewähren.

Der Juristentag schloß sich mit überwiegender Majorität dem Antrag des Korreferenten an.

Beschluß. 1. Es erscheint als zweckmäßig, mit der Einleitung des Aufgebotsverfahrens über Wertpapiere, welche auf den Inhaber lauten oder welche durch Indossament übertragen werden können, und mit einem Blankoindossament versehen sind, auf Ansuchen des Antragtellers eine gerichtliche Zahlungssperre zu verbinden.

2. Für Zinsscheine und Gewinnanteilscheine empfiehlt sich unter den Voraussetzungen des § 840 der ZPO. die Zulässigkeit einer selbständigen gerichtlichen Zahlungssperre, welche bewirkt, daß der Verlierer nach Ablauf der sogenannten Verjährungsfrist den Anspruch aus dem verlorenen Papiere geltend machen kann, wenn sich bis dahin ein Inhaber nicht gemeldet hat.

Die von der Novelle zur ZPO. vom 17. Mai 1898 eingefügten §§ 1019—1022 enthalten die Regelung der schon im BGB. §§ 799 Abs. 2, 802 und im HGB. v. 10. Mai 1897 (§ 228) bei Inhaberpapieren vorgesehenen Zahlungssperre.

VII. Konkursrecht.

1. Erlaß einer Konkursordnung.

6. DJT. München 1867.

Kreisrichter Lesse hatte auf dem 5. Juristentage den Antrag gestellt, ein gemeinsames deutsches kaufmännisches Akkordgesetz aufzustellen. Die von ihm auf dem 6. Juristentage gestellten **Anträge** lauteten:

I. Die baldige Herstellung eines gemeinsamen deutschen kaufmännischen Akkordgesetzes erscheint dringend wünschenswert und braucht nicht notwendig vom Zustandekommen einer gemeinsamen Zivilprozeßordnung abhängig gemacht zu werden.

II. Ein gemeinsames Akkordgesetz hat sich nicht auf den gerichtlichen Akkord im Konkurse zu beschränken, vielmehr ist auch auf Einführung eines zweckmäßigen gerichtlichen Akkordverfahrens außerhalb des Konkurses Bedacht zu nehmen.

III. Für beide Arten von Akkord sind vorzugsweise folgende Grundsätze durchzuführen:

1. Der Zeitpunkt für die Akkordschließung ist so festzustellen, daß den Gläubigern die Teilnahme daran möglichst erleichtert wird.
2. Der abgeschlossene Akkord bedarf zu seiner rechtlichen Wirksamkeit der Bestätigung durch das Gericht, welches sich dabei auch in eine Prüfung des Verhaltens des Gemeinschuldners einzulassen hat.
3. Der rechtskräftig bestätigte Akkord gilt als Vergleich zwischen dem Gemeinschuldner und sämtlichen Konkursgläubigern, dieselben mögen ihre Forderungen angemeldet haben oder nicht.

IV. Für den Akkord außerhalb des Konkurses sind außerdem folgende Grundsätze durchzuführen:

1. Das Vermögen des Gemeinschuldners wird während des Verfahrens durch einen Gläubigerausschuß möglichst selbstständig verwaltet.

2. Die Einleitung des Akkordverfahrens hat in ähnlicher Weise wie die förmliche Konkurseröffnung eine Beschränkung der bürgerlichen Ehrenrechte des Gemeinschuldners zur Folge.

Gutachter:
Prof. Dr. von Stubenrauch (Wien) 6 I. 40—44.
HandR. Lupp (Düsseldorf) I. 134—142.
Dr. Kompe (Breslau) I. 164—176.

Berichterstatter:
RA. Makower (Berlin) III. 117 ff.

Das Gutachten v. Stubenrauch stimmt ad I. zu, will ad II. das Akkordverfahren principaliter auf den Konkurs beschränken, ad III. 1 den Moment für den Akkordantrag auf den Zeitpunkt nach Abhaltung der allgemeinen Liquidierungstagfahrt verlegen, hält ad III. 2 die gerichtliche Bestätigung für erforderlich, jedoch sei eine Prüfung des Verhaltens des Schuldners nicht vorzunehmen, stimmt ad III. 3 und eventuell ad IV. zu.

Lupp ist mit I. und III. einverstanden, jedoch unter der Maßgabe, daß ein gemeinsames deutsches Konkursgesetz anzustreben sei, spricht sich gegen den Akkord außerhalb des Konkurses (II. und IV.) aus und will für den Antrag ad II. folgenden **Antrag** einbringen:

daß in ein allgemeines deutsches Konkursgesetz Bestimmungen aufgenommen werden, welche in näher zu definierenden Fällen ein abgekürztes Verfahren vorschreiben und den Akkordtermin in möglichst kurzer Frist herbeiführen.

Kompe macht folgende Vorschläge:

Der deutsche Juristentag wolle

a) bei Erörterung und Feststellung der über den kaufmännischen Akkord zu beschließenden Resolutionen von einem gemeinsamen deutschen Akkordgesetze zurzeit absehen, die vereinbarten Hauptgrundsätze vielmehr den einzelnen Landesgesetzgebungen zur baldigen gleichmäßigen Einführung empfehlen;

b) als solche Hauptgrundsätze eventuell folgende bezeichnen:

1. Der Akkord ist als reiner Privatvertrag zwischen den Kontrahenten zu behandeln, er bindet nur die Kontrahenten und verpflichtet nicht die dissentierende Minderheit zum Nachlasse ihrer Forderungen, beschränkt vielmehr nur die Ausübung ihrer Rechte für eine gesetzlich zu bestimmende Zeit (erzwungene Stundung).

2. Der Akkord ist nicht abhängig zu machen von dem Verhalten des Gemeinschuldners und von der Prüfung desselben durch das Gericht und den Kommissar.

3. Das Akkordverfahren wird geleitet und der Akkord bestätigt von einem gerichtsseitig dafür bestellten Kommissar, und ist, wo Handelsgerichte nicht bestehen, jedenfalls ein Kaufmann als Sachverständiger hinzuzuziehen.

4. Der Akkordtermin ist erst nach der — schleunig zu bewirkenden — Feststellung der Aktivmasse abzuhalten.

5. Wo das Bedürfnis besteht, ist auch ein gerichtliches Akkordverfahren außerhalb des Konkurses einzuführen.

6. Die in Nr. IV. 1, 2 enthaltenen Sätze des Lesseschen Antrags.

Mit einer an Einstimmigkeit grenzenden Mehrheit nahm der Juristentag die Thesen des Referenten an.

Beschluß. a) Der Erlaß einer gemeinsamen Konkursordnung ist wünschenswert.

b) Es empfiehlt sich die Aufnahme von Bestimmungen über den Akkord, wonach dieser als Zwangsvergleich für die mit einem Pfand- oder Vorzugsrecht nicht versehenen Gläubiger wirkt und der Bestätigung durch das Gericht bedarf.

c) Die Überweisung von kaufmännischen Konkursen an die Handelsgerichte ist zweckmäßig.

d) Vorschriften über ein gerichtliches Akkordverfahren außerhalb des Konkurses sind nicht erforderlich.

Die deutsche Konkursordnung stammt mit den anderen Reichsjustizgesetzen aus dem Jahre 1877 und ist noch heute in der Fassung der Bekanntmachung vom 20. Mai 1898 in Geltung. Über den Zwangsvergleich, der allen nicht bevorrechtigten Konkursgläubigern gleiche Rechte gewähren muß und der Bestätigung des Konkursgerichts bedarf, handeln die §§ 173 ff.

Im Deutschen Reichstage war in den Jahren 1905 und 1906 mehrfach die Frage der Einführung eines gerichtlichen Zwangsvergleichs außerhalb des Konkurses zur Sprache gebracht worden, weshalb dem Reichstag am 1. Dezember 1906 seitens des Reichsjustizamts hierüber eine Denkschrift vorgelegt worden ist. Weiteres ist hierauf jedoch nicht erfolgt.

2. Gläubigerbegünstigung.

13. DJT. Salzburg 1876.

Der im Jahre 1875 veröffentlichte, revidierte Entwurf der deutschen Konkursordnung enthielt — abgesehen von den Strafbestimmungen wegen betrüglichen und einfachen Bankerottes — nur eine gegen den Schuldner gerichtete Strafandrohung wegen gewisser, speziell charakterisierter Begünstigungshandlungen. Eine Strafbarkeit des begünstigten Gläubigers war jedoch nicht vorgesehen. Mit Rücksicht auf diese Bestimmungen des Entwurfes war das Thema der Gläubigerbegünstigung aufgestellt worden.

Frage. Soll im Falle der Begünstigung von Gläubigern zwischen der Zahlungseinstellung und der Konkurseröffnung eine Strafbarkeit des Kridars bzw. des begünstigten Gläubigers eintreten?

Gutachter:	Berichterstatter:
OStA. Dalcke (Marienwerder)	Adv. Dr. Jaques (Wien)
I. 36—58.	II. 212 ff.
OGR. Thomsen (Hannover)	KrGDir. v. Stoeßer (Mannheim)
I. 59—85.	II. 224 ff.

Dalcke spricht sich dahin aus:

a) daß jede nach erfolgter Zahlungseinstellung zum Nachteil der Gläubigerschaft bewirkte Begünstigung oder Befriedigung einzelner Gläubiger für widerrechtlich und strafbar zu erachten sei; wenn die Begünstigung in der Absicht vorgenommen ist, dadurch die übrigen Gläubiger zu benachteiligen, soll die Strafe des betrüglichen Bankerottes, wenn zwar nicht eine solche Absicht, wohl aber das Bewußtsein des Schuldners anzunehmen ist, daß durch die Befriedigung die übrigen Gläubiger in ihrem Vermögen beschädigt werden sollen, die Strafe des einfachen Bankerottes eintreten;

b) daß ein Gläubiger, welcher nach erlangter Kenntnis von der Zahlungseinstellung noch eine Befriedigung oder Begünstigung annimmt, und zwar mit dem Bewußtsein, daß durch dieselbe die übrigen Gläubiger benachteiligt werden, sich strafbar macht.

Thomsen kommt zu folgenden Resultaten:

Die Frage, ob im Falle der Begünstigung von Gläubigern zwischen der Zahlungseinstellung und der Konkurseröffnung eine Strafbarkeit des Kridars, bzw. des begünstigten Gläubigers eintreten solle, wird bejaht, und zwar unter folgenden, zum Teile über das Gebiet dieser Frage noch hinausgehenden näheren Bestimmungen:

1. Die kriminelle Strafbarkeit der (dolosen) Begünstigung eines Gläubigers durch den Schuldner ist legislatorisch gerechtfertigt,

und zwar sowohl hinsichtlich des Gläubigers als des Schuldners.

2. Die dolosen Begünstigungshandlungen sind zu strafen:

a) an dem Schuldner, rücksichtlich der Zeit seiner Zahlungsunfähigkeit,

b) an dem Gläubiger, rücksichtlich der Zeit nach der Zahlungseinstellung oder nach dem Antrag auf Konkurseröffnung.

3. Diese Strafbarkeit muß auf (dolose) Begünstigungshandlungen allgemein sich erstrecken, nicht auf bestimmte Kategorien sich beschränken,

zurzeit für den Gläubiger unbeschadet der Annahme von Wechselzahlungen im betreffenden Regreßfalle.

Der Antrag der beiden Referenten wurde mit allen gegen eine Stimme angenommen:

Beschluß. Der Gemeinschuldner, welcher, seine Zahlungsunfähigkeit kennend, einen Gläubiger gegenüber den anderen befriedigt oder begünstigt,

ferner der Gläubiger, welcher in Kenntnis von der erfolgten Zahlungseinstellung oder der Konkurseröffnung des Schuldners von demselben Befriedigung oder Begünstigung gegenüber den anderen Gläubigern annimmt, ist strafbar.

Nach § 241 der deutschen Konkursordnung werden Schuldner, welche ihre Zahlungen eingestellt haben oder über deren Vermögen das Konkursverfahren eröffnet worden ist, mit Gefängnis bis zu zwei Jahren bestraft, wenn sie, obwohl sie ihre Zahlungsunfähigkeit kannten, einem Gläubiger in der Absicht, ihn vor den übrigen Gläubigern zu begünstigen, eine Sicherung oder Befriedigung gewährt haben, welche er nicht oder nicht in der Art oder nicht zu der Zeit zu beanspruchen hatte. Von einer Bestrafung des Gläubigers aber hat die Konkursordnung abgesehen, weil wie die Motive ausführen, der Gläubiger, der, sein Recht verfolgend, den Konkursanspruch der übrigen verletzt, wohl zivilrechtlich unwirksam handelt, aber nicht bestraft werden könne.

VIII. Strafrecht*).

Erster Abschnitt.

1a. Erlaß eines deutschen Strafgesetzbuches.

1. DJT. Berlin 1860.

Anträge auf Erlaß eines allgemeinen deutschen Strafgesetzbuches lagen vor von OStA. Dr. Frhr. v. Groß (Eisenach) **1** 59 und Prof. Dr. Wahlberg (Wien) **1** 63.

Gutachter: AppGR. v. Kräwel (Naumburg a. S.) **1** 37—58.

Berichterstatter: OStA. Dr. Frhr. v. Groß (Eisenach) **1** 239 ff.

Der Gutachter führt aus, es bestehe die Gefahr, daß sich das fremde Recht in einem Teile Deutschlands einbürgere und in deutsche Strafgesetzbücher Aufnahme finde. Es sei hohe Zeit, daß der deutsche Boden von dem französischen Rechte, das immer tiefere Wurzeln schlage, gesäubert werde. Es sei deshalb ein allgemeines deutsches Strafgesetzbuch, welches diejenigen Grundsätze adoptiert, die in den Gesetzbüchern der einzelnen deutschen Staaten enthalten sind und in der deutschen Rechtswissenschaft und dem deutschen Rechtsleben ihre Begründung finden, ein dringendes Bedürfnis.

Einstimmig wurde im Plenum folgender Antrag des Berichterstatters angenommen:

Beschluß. Der deutsche Juristentag erkennt an, daß ein allgemeines deutsches Strafgesetzbuch ein dringendes Bedürfnis ist.

---

*) Die Darstellung der das Strafrecht betreffenden Beschlüsse des Juristentages zerfällt in zwei Abschnitte. In dem ersten werden, geordnet nach dem Systeme des deutschen Strafgesetzbuches, die Beschlüsse zur Darstellung gebracht, welche seit Beginn des Juristentages bis zu der Zeit ergangen sind, zu welcher in Österreich sowohl wie in Deutschland die ersten Vorarbeiten für ein neues Strafgesetzbuch begannen. Zeitlich wird diese Grenze etwa durch den Beginn der neunziger Jahre gebildet, da im Jahre 1891 der erste Entwurf zu einem neuen österreichischen Strafgesetzbuche veröffentlicht wurde. Der zweite Abschnitt, welcher zurzeit besonderes Interesse bieten dürfte, enthält die seitdem im Hinblick auf die Reformarbeiten beider Länder ergangenen Beschlüsse unter Berücksichtigung der im Herbste 1909 in Deutschland und Österreich veröffentlichten Vorentwürfe zu einem neuen Strafgesetzbuche.

1b.

3. DJT. Wien 1862.

Entsprechend einem **Antrag** des AppGR. v. Kräwel (Naumburg) wurde vom Plenum nach einem Referate von Prof. Dr. Wahlberg (Wien), II 75 ff. ausgesprochen:

Beschluß. Der Zwiespalt, der noch in Beziehung auf die Frage über die Todesstrafe in der deutschen Legislation besteht, soll kein Hindernis sein, sofort zum hochwichtigen Werke der gemeinsamen deutschen Strafgesetzgebung zu schreiten.

Infolge eines — auf Anregung von Juristentagsmitgliedern — am 18. April 1868 gefaßten Reichstagsbeschlusses wurden Entwürfe zn einem Strafgesetzbuch ausgearbeitet und einer Kommission vorgelegt. Das norddeutsche Strafgesetzbuch wurde am 15. Mai 1871 gemeinsames deutsches Recht. Zu ihm sind im Laufe der Jahre eine Anzahl Abänderungen ergangen. Als erste größere Novelle ist das Gesetz vom 26. Februar 1876 hervorzuheben. Trotz einiger weiterer, namentlich durch das Inkrafttreten des BGB. erforderlich gewordenen Änderungen ist das Gesetzbuch vom Jahre 1871 noch heute geltendes deutsches Recht.

2. Internationales Strafrecht.

16. DJT. Kassel 1882.

Die Frage der Reformation des internationalen Strafrechts war gegen Ende der siebziger Jahre von diplomatischer wie von wissenschaftlicher Seite lebhaft erörtert worden. Insbesondere gaben die von dem Institute de droit international auf seiner Versammlung zu Oxford im September 1880 gefaßten Beschlüsse auch dem Juristentage Veranlassung, sich mit den Mängeln des geltenden internationalen Strafrechts zu beschäftigen.

Frage. Sind gleiche Grundsätze des internationalen Strafrechts für die europäischen Staaten anzustreben? und eventuell welche?

Gutachter:	Berichterstatter:
Prof. Dr. v. Liszt (Gießen)	ReichsA. Stenglein (Leipzig)
I. 3—32.	II. 296 ff.

v. Liszt stellt folgende Thesen auf:

I. 1. Es ist wünschenswert, daß das Geltungsgebiet der heimischen Strafrechtssätze den ausländischen Strafrechtssätzen gegenüber in allen Staaten nach demselben Grundsatz bestimmt werde.

2. Bei dieser Regelung sind Kollisionen der Strafansprüche verschiedener Staaten, soweit irgend möglich, zu vermeiden. Die Regelung hat daher von dem Territorialprinzip als ihrer Grundlage auszugehen.

3. Soweit eine Kollision der Strafansprüche durch Überschreitung des Territorialprinzipes herbeigeführt wird, ist Existenz und Inhalt des mit dem ausländischen konkurrierenden inländischen Strafanspruchs lediglich nach inländischem Rechte zu beurteilen.

II. 1. Einheitliche Grundsätze über die Gewährung der internationalen Rechtshilfe in Strafsachen, insbesondere der Auslieferung flüchtiger Verbrecher, sind dringend wünschenswert.

2. Der sicherste Weg zur vollständigen Erreichung dieses Zieles ist der Abschluß eines Welt-Rechtshilfevertrages; sollte dieser sich zurzeit als unerreichbar darstellen, so ist die unverzügliche Erlassung eines deutschen Auslieferungsgesetzes notwendig.

3. Die Auslieferung ist ein Akt der internationalen Rechtshilfe und nicht der kosmopolitischen Rechtspflege; sie setzt daher einen Strafanspruch des requirierenden, nicht aber des requirierten Staates voraus. Entstehen und Bestehen des behaupteten Strafanspruches ist ausschließlich nach dem Rechte des requirierenden Staates zu beurteilen. Die Entscheidung über das Vorliegen der Voraussetzungen, von welchen die Bewilligung des Auslieferungsbegehrens abhängt, erfolgt durch die Gerichte des requirierten Staates.

4. Wegen politischer Vergehen findet eine Auslieferung nicht statt. Die politischen Verbrechen sind in Gesetz oder Vertrag namentlich und unter Hinweis auf die betreffenden gesetzlichen Bestimmungen aufzuzählen. Maßgebend für die Einreihung unter die politischen Verbrechen ist die politische Natur des durch die Handlung angegriffenen Rechtsguts, nicht aber das Motiv des Täters.

5. Der Grundsatz der Nichtauslieferung politischer Verbrecher findet keine Anwendung auf den Fall der unternommenen vorsätzlichen Tötung des Staatsoberhaupts.

6. Hat der Verfolgte durch mehrere selbständige Handlungen mehrere Verbrechen begangen, von welchen einige als politische, andere als gemeine Verbrechen erscheinen, so findet die Auslieferung wegen der gemeinen Verbrechen statt; Untersuchung und Aburteilung hat sich dann auf diese zu beschränken.

7. Trägt eine und dieselbe Handlung sowohl den Charakter eines gemeinen als auch den eines politischen Deliktes, so findet eine Auslieferung nicht statt.
8. Hat der Verbrecher mehrere Verbrechen begangen, welche als eine aus mehreren Akten zusammengesetzte Gesamthandlung sich darstellen, so ist diese nach ihrem überwiegenden Charakter entweder als politisches oder als gemeines Delikt zu betrachten und zu behandeln.

III. Soweit durch internationale Angriffe auf gewisse Rechtsgüter das Bedürfnis einer internationalen Abwehr erzeugt wird, sind internationale Vereinbarungen über gleichmäßigen strafrechtlichen Schutz dieser Rechtsgüter wünschenswert.

Der Berichterstatter befand sich im großen und ganzen im Einklang mit dem Gutachter. Er glaubte jedoch in einzelnen Punkten in den Konsequenzen etwas weiter gehen zu sollen und stellte darum von den Thesen Liszts abweichende Anträge, die mit einer an Einstimmigkeit grenzenden Majorität zur Annahme gelangten.

Beschluß. 1. Es ist wünschenswert, daß das Geltungsgebiet der heimischen Strafrechtssätze den ausländischen Strafrechtssätzen gegenüber in allen Staaten nach demselben Grundsatze bestimmt werde.

2. Bei dieser Regelung sind Kollisionen der Strafansprüche verschiedener Staaten, soweit irgend möglich, zu vermeiden. Die Regelung hat daher von dem Territorialprinzip als ihrer Grundlage auszugehen.

3. Soweit eine Kollision der Strafansprüche durch Überschreitung des Territorialprinzipes herbeigeführt wird, ist Existenz und Inhalt des mit dem ausländischen konkurrierenden inländischen Strafanspruchs lediglich nach inländischem Rechte zu beurteilen.

4. Einheitliche Grundsätze über die Gewährung der internationalen Rechtshilfe in Strafsachen, insbesondere der Auslieferung flüchtiger Verbrecher, sind dringend wünschenswert.

5. Die Auslieferung ist ein Akt der internationalen Rechtshilfe und nicht der kosmopolitischen Rechtspflege; sie setzt daher einen Strafanspruch des requirierenden, nicht aber des requirierten Staates voraus. Entstehen und Bestehen des behaupteten Strafanspruchs ist ausschließlich nach dem Rechte des requirierenden Staates zu beurteilen. Die Entscheidung über das Vorliegen der Voraussetzungen, von welchen die Bewilligung des Auslieferungsbegehrens abhängt, erfolgt durch die Gerichte des requirierten Staates.

6. Es ist wünschenswert, daß diejenigen Rechtsgüter, gegen welche internationale Angriffe denkbar sind und welche deshalb eines internationalen Schutzes bedürfen, durch internationale Vereinbarungen geschützt werden.

7. Der sicherste Weg zur Erreichung vorstehender Ziele ist die Gründung eines Staatenvereins, welcher sich die Regelung der internationalen Rechtssätze sowie der Grundsätze über Auslieferung von Verbrechern zur Aufgabe stellt.

8. Insoweit durch vorstehende Thesen die gestellte Frage nicht erledigt ist, ist über dieselbe vorläufig zur Tagesordnung überzugehen.

Der neue deutsche und der österreichische Vorentwurf haben das dem geltenden Rechte zugrunde liegende Territorialitätsprinzip übernommen.

3. Aufstellung der Strafandrohungen im allgemeinen.

4. DJT. Mainz 1863.

Anträge des AppGR. v. Krävel (Naumburg a. S.):

a) Wenn das allgemeine deutsche Strafgesetzbuch absolute Strafen, wie die Todes- und lebenslängliche Zuchthausstrafe, androht, so ist dem Richter zugleich die Möglichkeit zu geben, wegen des Hinzutretens von Milderungsgründen auch auf geringere als absolute Strafe zu erkennen.

b) Überhaupt ist das Strafmaß so zu erweitern, daß der Richter bei der Strafabmessung auch auf außergewöhnliche Schärfungs- und Milderungsgründe Rücksicht nehmen kann. Ein geringstes Strafmaß ist nur ausnahmsweise festzusetzen.

c) Verordnet das allgemeine deutsche Strafgesetzbuch wegen hinzutretender erschwerender Umstände eine Verschärfung der Strafe, so ist in der Regel der Richter zu dieser Strafverschärfung wohl zu ermächtigen, nicht aber zu zwingen, daß er allemal diese Strafschärfung eintreten lassen muß.

Gutachter:	Berichterstatter:
OTrR. v. Tippelskirch (Berlin) 4 I. 157—178.	Prof. Dr. Wahlberg (Wien) 3 II. 383 ff.
Prof. Dr. Wahlberg (Wien) 4 I. 179—198.	Priv.Doz. Dr. Merkel (Gießen) 4 II. 213 ff.

v. Tippelskirch empfiehlt die Anträge b und c, jedoch mit der Maßgabe, daß, wie das Ermessen des Richters, bei Ausübung des Rechtes aus besonderen Gründen unter das niedrigste Maß der gesetzlichen (ordentlichen) Strafe hinabzugehen, durch Aufstellung bestimmter Milderungsgründe zu beschränken ist, so es nicht minder nach dem Muster der meisten deutschen Strafgesetzbücher durch Bezeichnung eines gewissen Maßes der alsdann eintretenden außerordentlichen Strafe zu beschränken sein wird.

Wahlberg will den Antrag b ablehnen, dem Antrag c in seiner Allgemeinheit zustimmen.

Das Plenum des Juristentages nahm folgenden Satz an:

Beschluß. Absolute Strafandrohungen (d. h. nicht Strafen) sind grundsätzlich zu verwerfen.

Während die deutschen Partikulargesetze, insbesondere auch das PrStGB., in zahlreichen Fällen absolute Strafandrohungen aufgestellt hatten, beseitigte schon der Entwurf zum RStGB. viele Fälle der Todesstrafe sowie der lebenslänglichen Zuchthausstrafe. Wo der Entwurf aber noch solche Fälle beibehielt, wurden sie durch die Beschlüsse des Reichstags auf ein Minimum reduziert, indem teils statt der Todesstrafe lebenslängliches Zuchthaus oder lebenslängliche Festungshaft (§ 81 vgl. 94) resp. lebenslängliches oder zeitiges Zuchthaus (§ 214) angedroht, teils neben der lebenslänglichen Zuchthausstrafe alternativ lebenslängliche Festungsstrafe (§§ 81, 88) resp. zeitiges Zuchthaus (§§ 178, 215, 220, 229, 251, 307, 312, 315, 322, 323, 324) bestimmt, teils endlich mildernde Umstände (§§ 87, 90) zugelassen wurden. Als Rest der absoluten Strafandrohungen ist die Todesstrafe in den §§ 80 und 211 beibehalten worden.

Der neue deutsche Vorentwurf geht in diesem Bestreben noch weiter; insbesondere ist auch selbst beim Morde für den Fall des Vorliegens mildernder Umstände Zuchthausstrafe zugelassen. Überhaupt ist das Bestreben dahin gegangen, die Strafrahmen im allgemeinen elastischer zu gestalten, um eine größere Individualisierung zu ermöglichen. Auch im neuen österreichischen Vorentwurf wird, abgesehen vom Hochverrat gegen den Kaiser, selbst beim Morde die Todesstrafe nicht ausschließlich androht.

4. Todesstrafe.

4. DJT. Mainz 1863.

Antrag des Adv. Dr. Fries (Weimar):

Die Todesstrafe ist, als mit den Grundsätzen einer richtigen Strafgesetzgebung unvereinbar, abzuschaffen.

Gutachten
waren nicht erstattet.

Berichterstatter:
Sektchef v. Hye-Gluneck (Wien)
II. 231 ff. u. 87 ff.

Die Abteilung nahm folgende Thesen des Berichterstatters an:

1. Die allmähliche völlige Abschaffung der Todesstrafe ist eine gebieterische Forderung der fortschreitenden Zivilisation; es sind daher die bestehenden Strafensysteme namentlich auch in dieser Richtung entsprechend umzugestalten.

2. Die Todesstrafe ist aber auch jetzt schon, nämlich in dem alsbald zu erlassenden gemeinsamen deutschen Strafgesetz — außer den Fällen des Kriegs- und Standrechts und bei Meutereien des Seerechts — auf zwei Verbrechen zu beschränken, nämlich:

a) auf den mit überlegtem Vorsatz ausgeführten Mord eines Menschen und

b) auf hochverräterische Angriffe gegen die körperliche Sicherheit der Person des Staatsoberhaupts.

3. Die Todesstrafe ist selbst in diesen Fällen im Gesetze nicht absolut anzudrohen, sondern dem erkennenden Gerichtshofe freizulassen, statt derselben auf lebenslängliche oder selbst zeitliche Freiheitsstrafe zu erkennen.

Darauf faßte das Plenum nach lebhafter Diskussion entsprechend einem Antrag des Adv. Dr. von Mühlfeld (Wien) folgenden

Beschluß: Die Todesstrafe soll in einem künftigen deutschen Strafgesetzbuche nicht mehr aufgenommen werden, außer bei Fällen des Krieges nach Kriegsrecht und der Meuterei nach Seerecht.

Die Todesstrafe, für deren Abschaffung das Plenum des Juristentages und später der Reichstag sich ausgesprochen hatten (abgesehen vom Kriegsrechte und Seerecht), ist beim Widerspruch der Regierungen in Gemäßheit der bekannten Kompromißverhandlungen im StGB. beibehalten jedoch — im StGB. selbst — auf die Fälle der §§ 80 und 211 beschränkt worden, und zwar dies gerade in wesentlichem Einklang mit den, freilich vom Plenum nicht angenommenen, Vorschlägen der Abteilung.

Der Vorentwurf eines neuen deutschen Strafgesetzbuches hält grundsätzlich an der Todesstrafe fest, da nicht behauptet werden könne, daß die Überzeugung von der Entbehrlichkeit der Todesstrafe seit dem Erlasse des Reichsstrafgesetzbuches sich durchgesetzt habe. Er enthält aber zwei wichtige Einschränkungen, indem die Anwendung der Todesstrafe auf vermindert Zurechnungsfähige ausgeschlossen und beim Morde die Todesstrafe nicht mehr absolut angedroht, sondern bei mildernden Umständen lebenslängliches Zuchthaus oder Zuchthaus nicht unter zehn Jahren zugelassen wird.

Der neue österreichische Vorentwurf hat die Todesstrafe ebenfalls beibehalten.

5. Entehrende Strafen.

3. DJT. Wien 1862.

Antrag des HofGR. v. Stoeßer (Bruchsal):

Entehrende Strafen widersprechen dem Gerechtigkeits- und Besserungszwecke der Strafe und sollen deshalb bei Bearbeitung eines gemeinsamen deutschen Strafgesetzbuches keine Aufnahme finden.

Gutachten	Berichterstatter:
waren nicht erstattet.	Sektchef v. Hye-Gluneck (Wien) II. 406 ff.

Das Plenum schloß sich im wesentlichen dem Antrag des Berichterstatters an, der durch einen Antrag v. Wächters ergänzt wurde.

Beschluß. a) Alle schon nach ihrer Beschaffenheit das Ehrgefühl erstickenden Strafarten, wie z. B. die öffentliche Ausstellung, die körperliche Züchtigung haben zu entfallen.

b) Nur an die Verurteilung wegen solcher Handlungen, welche aus verächtlicher Gesinnung hervorgehen und deshalb nach der gemeinen Meinung als entehrend gelten, soll das Gesetz den Verlust oder die Schmälerung

1. von Ehrenrechten,
2. von politischen Rechten,
3. von Dienst- oder Amtsrechten,
4. von gemeinen bürgerlichen Rechten

knüpfen.

c) Die unter b erwähnten Folgen der Verurteilung endigen in der Regel mit der Strafzeit, doch kann das Gesetz den Richter ermächtigen, auf die Fortdauer derselben über die Strafzeit hinaus, jedoch höchstens auf zehn Jahre nach deren Beendigung, zu erkennen, wenn der Verurteilte große Bosheit an den Tag gelegt hat oder ein Gewohnheitsverbrecher ist.

d) Bei allen nicht unter die Bestimmung des Absatzes b fallenden Handlungen ruht bis zur Beendigung der Freiheitsstrafe die Ausübung der erwähnten Rechte.

e) Das Gesetz soll besondere Arten von Freiheitsstrafen für solche Handlungen zulassen, die nicht aus unehrenhafter Gesinnung hervorgehen.

f) Es ist selbstverständlich, daß diese Straffolgen auch durch gänzliche oder teilweise Begnadigung erlöschen können.

g) Es ist dafür zu sorgen, daß die durch vorstehende Grundsätze herbeigeführten Milderungen der bisherigen Strafgesetze rückwirkend auch auf diejenigen angewendet werden, welche nach diesen früheren Gesetzen verurteilt wurden.

Das deutsche Strafgesetzbuch kennt den allgemeinen Verlust der bürgerlichen Ehre nicht, bei Zuchthaus und Gefängnis überläßt es dem richterlichen Ermessen, den Verlust der bürgerlichen Ehrenrechte zu verhängen, und läßt nur ausnahmsweise einzelne Folgen von Rechts wegen eintreten (§ 31) bzw. erklärt die Aberkennung der bürgerlichen Ehrenrechte für obligatorisch (§§ 161, 181 und 302d und e). Auch ist das Maximum auf zehn Jahre bestimmt. In Übereinstimmung mit dem Juristentag ist für solche Handlungen, welche nicht aus unehrenhafter Gesinnung hervorgehen, in vielen Fällen eine besondere Art von Freiheitsstrafen, die Festungshaft, im Strafgesetzbuche festgesetzt.

Der neue deutsche Vorentwurf steht im wesentlichen auf demselben Standpunkt, nur hat er die Festungshaft als eine veraltete Einrichtung aufgegeben und als leichteste Art der Freiheitsstrafe, die eine Ehrenminderung für den Verurteilten nicht mit sich bringt, eine zu allgemeinerer Verwendung sich eignende Haftstrafe geschaffen. Von der Aufnahme der Prügelstrafe sieht der Entwurf ab, da dieses Strafmittel zu der überwiegenden Volksanschauung in einen schroffen Widerspruch treten würde.

Auch in Österreich wurden schon durch Gesetz vom 15. November 1867 die Ehrenstrafen erheblich beschränkt, namentlich auch das Maximum der Dauer auf zehn Jahre herabgesetzt.

6. Einzelhaft.

8. DJT. Heidelberg 1869.

In Erwartung der bevorstehenden Veröffentlichung des (ersten) Entwurfes eines Strafgesetzbuches für den Norddeutschen Bund beschäftigte sich der Juristentag mit der

Frage: Ist es angemessen, die Einzelhaft in das Strafsystem aufzunehmen und unter welchen Modalitäten?

Gutachter:	Berichterstatter:
Prof. Dr. Wahlberg (Wien) I. 194—205.	OAppGR. Dr. Fäustle (München) II. 125ff.

StrafanstaltsDir. v. Valentini (Wartenburg) I. 206—225.
RegR. d'Alinge (Zwickau) I. 226—252.

Der erste Gutachter, Wahlberg, hält die Zellenhaft für die relativ angemessenste Form der Strafe, welche als Regel anzuerkennen und in das Strafensystem aufzunehmen sei. Sie sei eine von der gemeinsamen Strafhaft wesentlich verschiedene Freiheitsstrafe und keine bloße Vollzugsmodifikation derselben, ihre gesetzliche Regelung daher zu wünschen. Er unterscheidet zwischen milderer und strengerer Isolierhaft. Die Zellenhaft erscheint aber nicht anwendbar auf Sträflinge, welche nach ihrer individuellen Beschaffenheit die Isolierhaft ohne Nachteil für ihre physische oder moralische Erhaltung nicht ertragen können oder welche lebenslängliche Freiheitsstrafe zu erdulden haben.

v. Valentini erklärt, daß die Einzelhaft allerdings, sowohl zur Durchführung des Gerechtigkeits- wie des Besserungsprinzipes in der Strafe, als ein unentbehrliches, außerordentlich wichtiges, keineswegs aber als das allein ausreichende Mittel angesehen werden darf. Die Modalitäten sollen sich teils nach der Individualität der Verbrecher („Gefallene", „Verwahrloste"), teils nach den Strafarten und Strafanstalten, teils nach den Strafzeiten regulieren.

d'Alinge will die Einzelhaft nicht in das Strafensystem aufnehmen, besonders weil dem Richter die erforderliche Kenntnis der Individualität fehle. Das Gesetz könne nicht die Anwendung der Einzelhaft nach Person und Zeitdauer bestimmen, vielmehr müsse das Ermessen der Strafanstaltsbehörden über Einzelhaft oder gemeinsame Haft entscheiden.

Von der Abteilung wurde fast einstimmig folgende Resolution angenommen:

Beschluß. a) Da durch die Einzelhaft alle Strafzwecke vollständiger und bei einer größeren Anzahl Verurteilter sicherer erreicht werden als bei jedem anderen Haftsysteme, so empfiehlt es sich, dieselbe als regelmäßige Art des Vollzuges der Freiheitsstrafe gesetzlich zu bestimmen, die Voraussetzungen ihrer Anwendbarkeit sowie die Grundzüge ihres zweckentsprechenden Vollzuges aber auf dem Wege der Gesetzgebung festzustellen.

b) Das Erkenntnis über ausnahmsweise Zulassung der gemeinsamen Haft steht dem aburteilenden Gerichte zu, sowohl in dem Erkenntnis als auch, nachdem rechtskräftig die Strafe erkannt ist, vorbehaltlich provisorischer Maßregeln der Strafanstaltsdirektion in dringenden Fällen.

c) Eine Abänderung der erkannten Strafdauer im Falle der Vollstreckung in der gemeinsamen Haft findet nicht statt.

Der Abteilungsbeschluß fand bei der Plenarberatung gleichfalls eine an Einstimmigkeit grenzende Mehrheit.

7. Vorläufige Entlassung.

18. DJT. Wiesbaden 1886.

Die auf Grund der günstigen Erfahrungen, welche man in dem Königreich Sachsen mit dem Institut der Beurlaubung im Strafvollzuge gemacht hatte, aus dem Strafgesetzbuche für den Norddeutschen Bund in das Strafgesetzbuch aufgenommenen Bestimmungen der §§ 23—26, werden nach der allgemeinen Meinung für eine segensreiche Neuerung gehalten. Dennoch waren, namentlich Anfang der achtziger Jahre, in der deutschen juristischen Literatur wie auch in Abgeordnetenkreisen Stimmen laut geworden sowohl gegen die vorläufige Entlassung überhaupt als auch gegen die zu ausgiebige Anwendung derselben. Dies veranlaßte die Aufstellung der

Frage: Empfiehlt sich nach den bisherigen Erfahrungen eine Änderung der Bestimmungen über das Beurlaubungssystem im Strafvollzuge?

Gutachter:	Berichterstatter:
StrafanstDir. Wirth (Berlin) I. 40—51.	StA. Werner (Celle) II. 333ff.
StrafanstDir. d'Alinge (Zwickau) I. 52—59.	SenPräs. v. Köstlin (Stuttgart) II. 354.
StrafanstDir. Sichart (Ludwigsburg) I. 60—81.	

Der erste Gutachter, Wirth, kommt zu folgendem Ergebnis: Eine Aufhebung der §§ 23 bis 26 des StGB. empfiehlt sich nicht, wohl aber eine Änderung. Der Anfang des § 23 hätte zu lauten: „Der zu mindestens 2 Jahren Gefängnis oder 3 Jahren Zuchthaus Verurteilte kann, wenn er drei Vierteile der ihm auferlegten Strafe verbüßt hat, vorläufig entlassen werden.“ Ferner wären die Worte „in dem Zuchthaus“ bzw. „Strafgefängnis“ zwischen die Worte „Strafe“ und „verbüßt“ einzuschieben. Endlich wären die Worte „sich auch während dieser Zeit gut geführt haben“ zu streichen.

Im § 24 wären folgende Stellen zu ändern: Das Wort „kann“ hinter Entlassung ist durch „muß“ zu ersetzen; für die andere Eventualität „zuwiderhandeln gegen die Verpflichtungen“ ist das Wort „kann“ aber stehen zu lassen.

§ 26 müßte lauten: „Ist die festgesetzte Strafzeit, oder, wenn dieselbe noch nicht ein Jahr betragen hat, ein Jahr nach dem Tage der vorläufigen Entlassung abgelaufen, ohne daß ein Widerruf erfolgt ist, so gilt die Freiheitsstrafe als verbüßt.“

Im übrigen macht Wirth weitere Vorschläge bezüglich reglementärer Vollzugsvorschriften.

d'Aligne glaubt sein Gutachten auf § 23 des StGB. beschränken zu müssen. Bezüglich der Dauer der Strafe, bei welcher die vorläufige Entlassung eintreten darf, verlangt er, daß für Zuchthaussträflinge die geringste Zeitdauer ihrer Detention auf 1 Jahr 6 Monate festgesetzt wird. Ferner seien die Worte „sich auch während dieser Zeit gut geführt haben“ ganz zu streichen. Er schließt mit einigen Bemerkungen aus der Praxis über Erfahrungen bei der Beurlaubung in Sachsen.

Sichart formuliert folgende Thesen:

1. Die vorläufige Entlassung hat sich seit ihrer Einführung in Deutschland als eine dem Strafvollzug in hohem Maße nützliche Einrichtung bewährt, und verdient nicht bloß beibehalten, sondern auch noch weiter ausgebildet und vervollkommnet zu werden.

2. Um die vorläufige Entlassung ohne Bedenken auf das gewohnheits- und gewerbsmäßige Verbrechertum in ausgedehnterem Maße, als seither, in Anwendung bringen zu können, empfiehlt es sich, der Beurlaubung von Verbrechern der bezeichneten Kategorieen ein Probestadium nach Art der irischen Zwischenanstalten vorausgehen zu lassen.

3. Im Interesse der Rechtsgleichheit sollte dem § 23 des RStGB. eine Fassung gegeben werden, welche die gesetzliche Verpflichtung der obersten Justizaufsichtsbehörde, von der vorläufigen Entlassung beim Vorhandensein ihrer gesetzlichen Voraussetzungen Gebrauch zu machen, zum prägnanten Ausdruck bringt.

4. Da die seitherigen Erfahrungen gelehrt haben, daß gute Erfolge mittels der vorläufigen Entlassung nur dann erzielt werden können, wenn neben der guten Führung des Gefangenen am Strafplatze auch dessen Vorleben wie die Verhältnisse, welche ihn nach der Beurlaubung erwarten, sorgfältig in Erwägung gezogen werden, so sollten diese beiden letzteren Umstände zu gesetzlichen Bedingungen für die Gewährung der vorläufigen Entlassung erhoben werden.

5. Wegen des günstigen Einflusses, welchen die Androhung des Widerrufes der vorläufigen Entlassung auf das Verhalten des Beurlaubten äußert, darf die Frist, innerhalb welcher die Entlassung wegen nicht guter

Führung des Bestraften zurückgenommen werden kann, nicht zu kurz bemessen sein und sollte für alle Fälle auf zwei Jahre festgesetzt werden.

6. Wegen der mit der Beaufsichtigung des Beurlaubten verbundenen Gefahren und Hindernisse für dessen ehrliches Fortkommen sollte dieselbe nie das Maß des Notwendigen überschreiten, und ihre Dauer wie ihr Umfang dem Ermessen der zuständigen Stelle anheimgegeben werden.

7. Soll die im § 60 des StGB. und im § 482 der StPO. ausgesprochene Absicht der Schadloshaltung für unschuldig erlittene Untersuchungshaft vollkommen erreicht werden, so muß diese auch im Falle einer später eintretenden Beurlaubung als Strafe gelten und ihre Dauer bei Bemessung der für die vorläufige Entlassung bestimmten Strafquote in Rechnung genommen werden.

Den Ausführungen des ersten Berichterstatters schloß sich die Abteilung im wesentlichen an. Sie lehnte aber den Antrag der beiden Berichterstatter, eine Verlängerung der Widerrufsfrist herbeizuführen und den Widerruf der vorläufigen Entlassung bei schlechter Führung des Entlassenen obligatorisch zu machen, ab.

Beschluß. Nach den bisherigen Erfahrungen empfehlen sich folgende Änderungen in den Bestimmungen über das Beurlaubungssystem im Strafvollzuge (§§ 23—26 StGB.):

1. Der Verurteilte, welchem die Vergünstigung der vorläufigen Entlassung zuteil werden soll, muß zu einer Zuchthaus- oder Gefängnisstrafe von mindestens zwei Jahren verurteilt worden sein.
2. Derselbe muß drei Vierteile der zu verbüßenden Strafe in der Strafverbüßungsanstalt zugebracht haben.
3. Derselbe muß Beweise der Besserung gegeben haben.

Der deutsche Vorentwurf läßt die vorläufige Entlassung zu, wenn der zu einer längeren Freiheitsstrafe Verurteilte zwei Dritteile, mindestens aber ein Jahr der ihnen auferlegten Strafe verbüßt hat, falls der Gefangene sich während der Strafverbüßung gut geführt hat und nach seiner Vergangenheit und seinen sonstigen persönlichen Verhältnissen die Erwartung weiteren Wohlverhaltens rechtfertigt, sowie wenn eine zu seinem Unterhalte ausreichende dauernde Arbeitsgelegenheit für ihn gesichert oder dargetan ist, daß in anderer Weise für sein Unterkommen und für seinen Unterhalt gesorgt ist.

8. Versuch.

13. DJT. Salzburg 1876.

Der dem Reichstag am 23. November 1875 vorgelegte Abänderungsentwurf des Strafgesetzbuches hielt es durch die Erfahrungen, welche seit Erlaß des Strafgesetzbuches in der Praxis gemacht worden waren, für angezeigt, rücksichtlich der Strafbarkeit des Versuches Grade desselben zu unterscheiden. Davon ausgehend, daß der Versuch um so strafbarer sei, je mehr er der Vollendung sich nähert, unterschied er im § 44 zwischen beendigtem und nicht beendigtem Versuche.

Frage. Ist der beendigte Versuch im Strafgesetzbuche beizubehalten, und ist ev. dabei die freiwillige Verhinderung der Vollendung als Strafaufhebungsgrund anzuerkennen?

Gutachter:	Berichterstatter:
Prof. Dr. Berner (Berlin) I. 109—144.	Adv. Dr. Stenglein (München) II. 229ff.
OLGR. Lamm (Dresden) I. 145—160.	Prof. Dr. Hiller (Czernowitz) II. 244ff.
MinistSekr. Dr. Leuthold (Dresden) I. 178—197.	

Berner verneint die erste Frage, bejaht die zweite mit dem Vorschlag, im § 46 Nr. 2 des Strafgesetzbuches die Anfangsworte „zu einer Zeit, zu welcher die Handlung noch nicht entdeckt war“ zu löschen.

Lamm gelangt zur Verneinung der ersten und Bejahung der zweiten Frage.

Leuthold verneint gleichfalls die erste Frage, will aber den freiwilligen Rücktritt vom beendigten Versuche nicht als Strafaufhebungs-, sondern nur als Strafmilderungsgrund anerkennen.

Der Antrag des Berichterstatters, dem sich der Korreferent im wesentlichen anschloß, wurde mit großer Majorität angenommen. Man ging davon aus, daß der beendigte Versuch nur von einer quantitativen Bedeutung sei und sich deshalb nicht eigene, um eine Grenzlinie absolut höherer Strafbarkeit zu ziehen, sondern nur als Strafzumessungsgrund in Betracht kommen könne.

Beschluß. a) Der Unterschied zwischen beendigtem und nicht beendigtem Versuch ist nicht geeignet, Aufnahme in die Gesetzgebung zu finden;

b) die freiwillige Verhinderung der Vollendung ist als Strafaufhebungsgrund anzuerkennen.

Die mit der Beratung des Gesetzentwurfes von 1875 befaßte Kommission des Reichstags lehnte die Aufnahme einer hinsichtlich des Strafmaßes zwischen beendigtem und unbeendigtem Versuch unterscheidenden

Bestimmung ab; eine gesetzliche Berücksichtigung des beendigten Versuches wurde nur insoweit anerkannt, als die freiwillige Verhinderung der Vollendung als Strafaufhebungsgrund bestehen blieb. Auch der neue deutsche Vorentwurf steht auf dem gleichen Standpunkt. Er hält es nicht für zutreffend, daß der Täter bei dem beendigten Versuche regelmäßig schuldiger und deshalb strafwürdiger sei als bei dem nicht beendigten. Keineswegs brauche er bei jenem seinen verbrecherischen Willen stärker betätigt zu haben und dem Erfolge näher gekommen zu sein als bei diesem. Die gleiche Ansicht vertritt auch der österreichische Vorentwurf.

9. Beschränkung der Antragsdelikte.

12. DJT. Nürnberg 1875.

Vielfach war in der Literatur die Frage einer Beschränkung der Antragsdelikte erörtert worden, weshalb dem 12. Juristentage dieses Thema zur Beratung vorgelegt wurde.

Frage. Empfiehlt sich eine Beschränkung der Antrags-Verbrechen und Vergehen des deutschen Strafgesetzbuches?

Gutachter:	Berichterstatter:
OGR. Thomsen (Hannover)	OTrR. v. Köstlin (Stuttgart)
I. 193—222.	III. 212 ff.
OAGR. Dr. John (Lübeck)	
I. 223—267.	

Der erste Gutachter, Thomsen, gelangt dazu, eine Beschränkung der Antragsfälle des Strafgesetzbuches dringend zu empfehlen und zwar in folgenden Richtungen:

A. Als falsche Antragsfälle, d. h. als solche Delikte, bei denen das Antragsrecht theoretisch ungerechtfertigt und praktisch unhaltbar, daher zu beseitigen ist, sind anzusehen:

1. Die Körperverletzungen und zwar sämtliche, vorsätzliche wie fahrlässige (§ 232),
2. Diebstähle, Betrügereien, Unterschlagungen, verübt von solchen Personen, welche sich in Lohn oder Kost der Verletzten befinden (§§ 247, 263),
3. die Sachbeschädigungen (§ 303),
4. der strafbare Eigennutz in den Fällen der §§ 288, 289,
5. Wilddiebstahl (§ 292), Fischdiebstahl (370^4, 296), Naschdiebstahl (370^5), Futterdiebstahl (370^6),

bei welchen Delikten jedoch dann ein Antragsrecht zu statuieren ist, wenn sie gegen Angehörige (Erzieher, Vormünder) verübt sind.

B. Die Zurücknahme des Antrags ist nur bis zur Eröffnung des Hauptverfahrens zulässig, ausnahmsweise bei Antragsdelikten unter Angehörigen bis zur Verkündung eines auf Strafe lautenden Erkenntnisses.

John stellt folgende Thesen auf:

I. Die Gesetzgebung hat diejenigen Delikte zu bezeichnen, bei denen ausschließlich das Verfahren mittels der Privatklage stattfindet. Zu diesen Delikten würden zu zählen sein: Die Antragsübertretungen (StGB. § 370 Nr. 4—6), der Ehebruch, die Beleidigungen — mit Ausschluß der §§ 196, 103, 104 —, der Nachdruck (Gesetz vom 11. Juni 1870 §§ 18 ff., 27, 28), sowie die Vorschriften des Preßgesetzes vom 7. Mai 1874 §§ 10, 11, 19.

Die Vollstreckung des auf dem Wege der Privatklage erstrittenen rechtskräftigen Erkenntnisses findet nur auf Antrag statt.

II. Bei Vergehen, deren gesetzlicher Tatbestand auch solche Fälle mit umfaßt, durch deren Begehung lediglich das Interesse des Verletzten, nicht aber das der öffentlichen Rechtsordnung verletzt wird (leichte Körperverletzung, Diebstähle, Betrug, Vermögensbeschädigung), ist die Staatsanwaltschaft anzuweisen, die Verfolgung ihrerseits nur dann eintreten zu lassen, wenn sie das öffentliche Interesse für verletzt erachtet, anderenfalls aber den die Bestrafung beantragenden Verletzten auf die Privatklage zu verweisen.

Die Vollstreckung des mittels der Privatklage erstrittenen rechtskräftigen Erkenntnisses findet auch in diesem Falle nur auf Antrag statt.

III. Die Zahl der Delikte öffentlich-rechtlichen Charakters, welche nur auf Antrag verfolgt werden dürfen, ist möglichst einzuschränken; namentlich sind aus dem Kreise derselben auszuschließen: Körperverletzungen (StGB. § 223), sowie der Diebstahl, die Unterschlagung und der Betrug gegen solche Personen, in deren Lohn oder Kost sich der Täter befindet (StGB. §§ 247, 263).

Bei den Antragsdelikten dieser Art darf der Antrag, nachdem die Einleitung der Voruntersuchung beschlossen, oder-falls eine solche nicht stattgefunden hat, die Anklage erhoben ist, nicht mehr zurückgezogen werden.

Auch bedarf es in solchen Fällen des Antrags nicht, wenn infolge richterlichen Beschlusses das Verfahren wegen eines Nicht-Antragsdelikts eröffnet wurde, und erst im Laufe des Verfahrens es sich herausstellen sollte, daß nur ein solches Delikt vorliegt, welches zu den Antragsdelikten öffentlich-rechtlichen Charakters gehört.

Der Berichterstatter ging davon aus, daß, da es sich um die Abänderung eines erst einige Jahre in Geltung befindlichen Gesetzes handele, man sich darauf zu beschränken habe, in denjenigen Fällen abzuhelfen, in welchen sich nach allgemeiner Ansicht erhebliche Mißstände herausgestellt haben. Die Abteilung schloß sich im wesentlichen seinem Antrag an.

Beschluß. Es empfiehlt sich bei einer Revision des deutschen Strafgesetzbuches, die dolosen Körperverletzungen, die Diebstähle, Unterschlagungen, Betrügereien solcher Personen, welche sich bei dem Verletzten in Kost oder Lohn befinden, und die Sachbeschädigungen aus der Reihe der Antragsdelikte zu beseitigen und die Zurücknahme des Antrages nur bis zur Eröffnung des Beschlusses auf Vornahme des Hauptverfahrens zu gestatten, mit Ausnahme der Antragsdelikte unter Angehörigen, bei welchen der Antrag bis zur Verkündung eines auf Strafe lautenden Erkenntnisses zurückgenommen werden kann.

Der Entwurf der Strafgesetzbuchnovelle von 1876 beseitigte in Übereinstimmung mit dem Beschlusse des 12. Juristentages und unter mehrfacher Bezugnahme auf dessen Verhandlungen (vgl. Mot. zu §§ 223, 247, 263) das Antragsrecht bei allen dolosen Körperverletzungen und bei Diebstählen, Unterschlagungen und Betrügereien solcher Personen, welche sich bei dem Verletzten in Kost oder Logis befinden. Der Reichstag stellte das Antragsrecht bei leichten vorsätzlichen Körperverletzungen (§ 232) wieder her, sowie in beschränktem Maße bei Diebstählen und Unterschlagungen von unbedeutendem Werte, welche gegen eine Person begangen worden, zu der der Täter im Lehrlingsverhältnisse steht oder in deren häuslicher Gemeinschaft er als Gesinde sich befindet (vgl. Sten.Ber. 1875/6 S. 807, 815, 1348). Der Juristentag hatte sich ferner für die Notwendigkeit einer Beschränkung der Zurücknahme des Antrages ausgesprochen und zwar in der Richtung, daß die Zurücknahme nur bis zur Eröffnung des Beschlusses auf Vornahme des Hauptverfahrens zulässig sei, bei Delikten unter Angehörigen bis zur Verkündigung eines auf Strafe lautenden Erkenntnisses. Die Gesetzgebung erkannte hier ebenfalls die Notwendigkeit einer Beschränkung an, führte sie aber in einer anderen Richtung und in noch höherem Maße ein, indem die Zurücknahme nur in den gesetzlich besonders vorgesehenen Fällen für zulässig, sonst für überhaupt unzulässig erklärt wurde (zulässig nach dem Entwurfe nur bei § 194, nach den Beschlüssen des Reichstags bei §§ 102, 103, 104, 247, 263, 292, 370, ferner bezüglich Angehöriger bei §§ 232, 303).

Der neue deutsche Vorentwurf hat das Antragserfordernis in gewissem Maße bei Diebstahl, Unterschlagung und Betrug erweitert, sieht im übrigen aber von Änderungen ab, da das geltende Recht durch eine angemessene Beschränkung des Antragserfordernisses bereits dafür Sorge getragen habe, daß der praktische Nutzen, der sich aus der Einrichtung der Antragsdelikte für den Staat wie für die Gesellschaft ergibt, etwaige schädliche Folgen bei weitem überwiege.

10. Strafvollstreckungsverjährung.

2. DJT. Dresden 1861.

Das preußische Strafgesetzbuch hatte im § 49 die Verjährung rechtskräftig erkannter Strafen für unzulässig erklärt. Mit Rücksicht hierauf hatte Prof. Dr. Glaser (Wien) folgenden **Antrag** eingebracht:

Der Juristentag wolle sich dafür aussprechen, daß neben der Verjährung der strafgerichtlichen Verfolgung die Verjährung rechtskräftig erkannter Strafen zugelassen werde.

Gutachten	Berichterstatter:
sind nicht erstattet.	Prof. Dr. Abegg (Breslau) II. 436 ff.

Ohne Diskussion gelangte das Plenum des Juristentages mit großer Majorität zu folgendem

Beschlusse: Neben der Verjährung der strafgerichtlichen Verfolgung ist die Verjährung rechtskräftig erkannter Strafen zuzulassen.

In Abweichung vom preußischen Strafgesetzbuche hat das Strafgesetzbuch für das Deutsche Reich entsprechend dem Beschlusse des Juristentages nnd unter ausdrücklicher Hervorhebung dieser Übereinstimmung in den Motiven des I. Entwurfes die Verjährung rechtskräftig erkannter Strafen zugelassen.

Weder das zurzeit in Österreich in Geltung befindliche Strafgesetzbuch noch der österreichische Vorentwurf kennen eine Verjährung rechtskräftig erkannter Strafen.

11. Eidesverletzung.

17. DJT. Würzburg 1884.

Der III. Straffenat des deutschen Reichsgerichts hatte sich im Jahre 1881 (vgl. Entsch. 5 94 ff.) für die Straflosigkeit eines wissentlich falsch geschworenen Eides entschieden, der als Vergleichseid durch die

Parteien vor dem Richter im Sühnetermin festgestellt und von der einen Partei vor diesem Richter geschworen worden war. Man befürchtete, daß infolge dieses Urteils nicht nur der wissentlich falsch geschworene Kompromißeid, sondern auch andere, vor öffentlichen Behörden wissentlich falsch geschworene Eide straflos bleiben würden. Die ständige Deputation setzte deshalb das Thema der Eidesverletzung auf die Tagesordnung, um einen Ausspruch des Juristentages über diese bedeutsame Frage herbeizuführen.

Frage. Ist die Bestimmung des § 153 StGB. dahin abzuändern, daß die Strafandrohung sich auf alle von einer zuständigen Behörde erhobenen Eide erstreckt?

Gutachter:
LGDir. Stöckel (Dresden) I. 163—183.
StA. Dr. Daube (Berlin) I. 184—194.
LGDir. Hagemann (Lüneburg) I. 195—229.

Berichterstatter:
OLGR. Thomsen (Stettin) II. 238 ff.

Die drei Gutachter erklären zunächst mit Rücksicht auf die Entstehungsgeschichte des § 153, die preußische Judikatur, die früheren Partikulargesetze, das Verhältnis des § 153 zu anderen Paragraphen des Strafgesetzbuches und auf das rechtliche und religiöse Volksbewußtsein die reichsgerichtliche Entscheidung, welche den sogenannten Kompromißeid vom § 153 ausschließt, für unrichtig und wollen alle von einer zuständigen Behörde erhobenen Eide unter § 153 subsumieren. Das Bedürfnis einer legislatorischen Änderung wird sodann von Stöckel wegen großer Gefährdung der Rechtspflege bejaht, von den beiden anderen Gutachtern zurzeit verneint, weil die Gefahr mit Rücksicht auf eine zu hoffende Umkehr des Reichsgerichts nicht allzu groß sei, die Umgestaltung einzelner Vorschriften rechtspolitische Bedenken in sich trage, in anderer Weise auf Verminderung der Kompromißeide hinzuwirken sei und endlich eine betreffende Änderung mehr in die Zivilprozeßordnung gehöre.

Der Berichterstatter führte aus, daß die reichsgerichtliche Entscheidung vollkommen dem Gesetze entspreche, daß der § 153 StGB. als gesetzliches Kriterium die causa der Eidespflicht, nicht den Ableistungsmodus aufstelle, daß er unter dem auferlegten Eide entweder den durch das Gesetz unmittelbar oder durch den Ausspruch einer zur Auferlegung berechtigten Behörde auferlegten Eid verstehe, daß die Leistung vor einer für diesen Akt zuständigen Behörde nur eine zu subintelligierende Voraussetzung des Gesetzes sei, daß demnach alle Vergleichseide mit Recht vom

§ 153 ausgeschlossen würden. Die Reichsgerichtsentscheidung schließe, richtig verstanden, auch die vor einer Verwaltungsbehörde falsch geschworenen Eide nicht, wie man befürchtet hat, überall von der Strafbarkeit aus, sie besage vielmehr, daß diese Eide, wenn sie gesetzlich auferlegt seien, auch unter § 153 StGB. gehören.

Gegen die Darlegungen des Berichterstatters erhob sich in der Versammlung kein Widerspruch. Sein Antrag gelangte fast einstimmig zur Annahme.

Beschluß. Zurzeit liegt ein legislatorisches Bedürfnis nicht vor, den § 153 des deutschen Strafgesetzbuches dahin abzuändern, daß die Strafandrohung sich auf alle von einer zuständigen Behörde erhobenen Eide erstrecke.

Der Vorentwurf eines deutschen Strafgesetzbuches stellt nur den zugeschobenen, zurückgeschobenen oder auferlegten Eid sowie den Zeugen- und Sachverständigeneid unter Strafe, nicht aber den sogenannten Kompromißeid. Auch der österreichische Vorentwurf hat zur Voraussetzung der Strafbarkeit der Eidesverletzung, daß der Eid vor Gericht geleistet worden ist.

12. Geschäfts- und Fabrikgeheimnisse.

19. DJT. Stettin 1888.

In der Literatur war der Erlaß strafrechtlicher Bestimmungen zum Schutze des Geschäfts- und Fabrikgeheimnisses zuerst im Jahre 1883 von LGR. Dr. Ortloff angeregt worden. Demnächst wurde die Frage aus den Kreisen der Interessenten heraus erörtert und besonders von der chemischen Industrie in einer Eingabe an den Reichskanzler befürwortet. Nachdem sich verschiedene Handelskammern zur Sachlage geäußert hatten, beschäftigte sich auch der Juristentag mit der

Frage: Ist es ratsam, das Strafgesetzbuch dahin zu ergänzen, daß der Verrat von Geschäfts- und Fabrikgeheimnissen als Vergehen strafbar ist?

Gutachter:	Berichterstatter:
Oberbürgermeister Dr. André	KGR. Dr. Olshausen
(Chemnitz) I. 71—129.	(Berlin) III. 239ff.

André spricht sich für die Verneinung der Frage aus. Er meint, daß es im allgemeinen Interesse liege, wenn es möglichst wenig Geheimnisse im Fabrikwesen gebe; die Allgemeinheit könne nur dadurch gewinnen, wenn die einzelnen Fabrikationsweisen in weitesten Kreisen bekannt würden. Die Formulierung einer strafrechtlichen Bestimmung würde auch außerordentlich schwierig sein und eine besondere Strafbestimmung könnte leicht zur Folge haben, daß der Einfluß der Sachverständigen auf die Gerichte zu groß werde.

In prinzipieller Abweichung von dem Gutachter empfahl der Berichterstatter Dr. Olshausen die aufgestellte Frage zu bejahen. Er schlug vor, Schutz zu gewähren gegen den Verrat, der ausgehe von den Angestellten und Arbeitern eines Geschäftes oder einer Fabrik, während sie noch in den Diensten der Fabrik ständen, dann aber auch gegen den Verrat, begangen seitens aller derjenigen Personen, die auf Grund amtlicher Eigenschaft von Fabrik- und Geschäftsgeheimnissen Kenntnis erhalten hätten. Die Abteilung wollte jedoch auf eine derartige Spezialisierung nicht eingehen und kam mit großer Mehrheit zu dem

> **Beschlusse:** Es ist ratsam, das StGB. dahin zu ergänzen, daß der Verrat an Geschäfts- und Fabrikgeheimnissen als Vergehen unter dem Gesichtspunkte der Untreue strafbar sei.

Jetzt bestimmt § 17 des deutschen Reichsgesetzes gegen den unlauteren Wettbewerb vom 7. Juni 1909 — im wesentlichen unter Aufrechterhaltung der Vorschriften des UnlWG. von 1896 —: Mit Gefängnis bis zu einem Jahre und mit Geldstrafe bis zu 5000 M oder mit einer dieser Strafen wird bestraft, wer als Angestellter, Arbeiter oder Lehrling eines Geschäftsbetriebes Geschäfts- oder Betriebsgeheimnisse, die ihm vermöge des Dienstverhältnisses anvertraut oder sonst zugänglich geworden sind, während der Geltungsdauer des Dienstverhältnisses unbefugt an andere zu Zwecken des Wettbewerbs oder in der Absicht, dem Inhaber des Geschäftsbetriebes Schaden zuzufügen, mitteilt.

Dieser besondere Schutz der Geschäfts- und Betriebsgeheimnisse wird durch den Vorentwurf eines neuen deutschen Strafgesetzbuches nicht berührt.

13. Wuchergesetzgebung.

6. DJT. München 1867.

Vgl. oben III B Ziff. 2.

14. Behandlung der Trunksucht.

21. DJT. Köln a. Rh. 1891.

Nachdem der 19. Juristentag im Jahre 1888 in Stettin die Aufnahme einer Bestimmung in das BGB. empfohlen hatte, welche die Entmündigung wegen Trunksucht gestattet, mithin durch den Vorschlag einer bürgerlichrechtlichen Folge auf die Minderung der verderblichen Wirkung der Trunksucht bedacht gewesen war, erschien es angezeigt, sich darüber auszusprechen, ob auch die strafrechtliche Ahndung als ein geeignetes Mittel gegen die Trunksucht zu erachten sei.

Frage. Soll die Trunksucht als solche strafrechtlich verfolgt werden?

Gutachter:	Berichterstatter:
RA. Dr. Fuld (Mainz) I. 97—120.	Präs. Dr. v. Stößer (Karlsruhe)
RegR. Prof. Dr. Hiller (Czernowitz) II. 70—116.	III. 351 ff., 458 ff.

Der erste Gutachter, Fuld, hält die strafrechtliche Verfolgung der Trunkenheit, welche an öffentlichen Orten zutage tritt und geeignet ist, Ärgernis zu erregen, für geboten.

Hiller will die Trunksucht als solche strafrechtlich nicht verfolgt sehen, dagegen erscheint ihm die Bestrafung der in die Öffentlichkeit tretenden Trunkenheit als gerechtfertigt und im Vereine mit den übrigen, der Abwehr der Trunksucht dienenden Maßregeln als ein wirksames Mittel zur Bekämpfung derselben.

Der Berichterstatter hatte beantragt, der deutsche Juristentag möge erklären:

1. Die Trunksucht als solche ist nicht strafbar.
2. Die strafrechtliche Verfolgung der Trunkenheit, welche selbstverschuldet ist, an öffentlichen Orten sich kundgibt und geeignet ist, Ärgernis zu erregen oder die öffentliche Sicherheit und Ordnung zu gefährden, ist geboten.
3. Die Trunkenheit bei Verrichtungen, welche zur Verhütung von Gefahr für Leben und Gesundheit Dritter oder von Feuersgefahr besondere Vorsicht erfordern, ist, abgesehen von Notfällen strafbar.
4. Auch Rückfall in die Trunkenheit ist strafbar.
5. Es kann bei Bestrafung des wiederholten Rückfalls
   a) das auf die Trunkenheit (2) gedrohte Strafmaß überschritten,
   b) auf Schärfung der Haft und
   c) auf Überweisung des Verurteilten nach verbüßter Strafe an die Landespolizeibehörde zu dessen Verbringung in ein Arbeitshaus oder zu dessen Verwendung zu gemeinnützigen Arbeiten erkannt werden, sofern nicht dessen Pflege in einer Heilanstalt geboten erscheint.

Das Plenum sprach nach äußerst lebhafter Debatte für und wider ein Trunkenheitsgesetz in Übereinstimmung mit der Abteilung folgendes aus:

Beschluß. Besondere strafgesetzliche Bestimmungen gegen Trunksucht und Trunkenheit sind nicht geboten.

Der neue deutsche Vorentwurf macht in zweierlei Hinsicht die Trunkenheit selbst zum Gegenstand von Strafdrohungen. Es soll bestraft werden derjenige, der sich durch eigenes Verschulden in einen Zustand von Trunkenheit versetzt, in dem er eine grobe Störung der öffentlichen Ordnung oder eine persönliche Gefahr für andere verursacht, sowie der, welcher in einem Zustand selbstverschuldeter Trunkenheit, der geeignet ist, Ärgernis zu erregen, an einem öffentlichen Orte betroffen wird.

Auch der österreichische Vorentwurf bedroht mit Strafe denjenigen, der im Zustand der Trunkenheit eine Verrichtung vornimmt, die, ohne besondere Umsicht vorgenommen, geeignet ist, eine Gefahr für andere herbeizuführen und denjenigen, der im Zustand offenbarer Trunkenheit durch sein Verhalten an öffentlichen Orten Ärgernis erregt.

Zweiter Abschnitt.

1. Allgemeine Grundsätze über die Revision des deutschen Strafgesetzbuches.

26. DJT. Berlin 1902.

Da seitens des Reichsjustizamts nach Fertigstellung des BGB. zu wiederholten Malen im Reichstag erklärt worden war, daß die Reichsregierung die Revision des materiellen Strafrechts für notwendig halte und bereits einleitende Schritte hierzu getroffen habe, hielt die ständige Deputation des Juristentages den Zeitpunkt für gekommen, um das Problem der Revision des StGB. als solches zur Generaldiskussion zu stellen, damit auf diese Weise eine planmäßige Beteiligung des Juristentages an dem Revisionswerk ermöglicht werde. Nachdem zunächst den Gutachtern die Frage vorgelegt worden war: Nach welchen Grundsätzen ist die Revision des StGB. in Aussicht zu nehmen?, wurde folgendes Thema zur Beratung gestellt:

Frage. Ist eine Revision des StGB. in Aussicht zu nehmen? — Welche Grundfragen für eine solche sind dem Juristentag in seinen folgenden Tagungen zur Beratung vorzulegen?

Gutachter:	Berichterstatter:
Prof. Dr. v. Liszt (Berlin)	Prof. Dr. Kahl (Berlin)
I. 259—302.	III. 209 ff.

Gutachter:	Berichterstatter:
Prof. Dr. van Calker (Straßburg)	KGR. Dr. Kronecker (Berlin)
II. 237—262.	III. 240 ff.

v. Liszt stellt folgende Thesen auf:

1. Das künftige Deutsche StGB. hat das Gesamtgebiet des kriminellen Unrechts unter Einarbeitung der in den Nebengesetzen enthaltenen Tatbestände zu umfassen, dagegen die Polizeiübertretungen vollständig auszuscheiden.

2. Für Bestimmung der Strafe nach Art und Maß ist in erster Linie nicht der äußere Erfolg der Tat, sondern die verbrecherische (antisoziale) Gesinnung des Täters ausschlaggebend.

3. Das Strafensystem des geltenden Rechtes ist im allgemeinen beizubehalten. Haft, Festungshaft und Verweis scheiden aus; die Geldstrafe ist den früheren Beschlüssen des Deutschen Juristentages gemäß umzugestalten.

4. Jugendlichen vom 14. bis 21. Lebensjahr gegenüber ist, soweit nicht Fürsorgeerziehung eintritt, Gefängnisstrafe von zwei bis fünf Jahren als Besserungsstrafe, eventuell mit anschließender Fürsorgeerziehung anzuwenden.

5. Gegen gewerbsmäßige Verbrecher tritt als Sicherungsstrafe Zuchthaus nicht unter fünf bzw. nicht unter zehn Jahren ein.

6. Gemeingefährliche Verbrecher, die wegen Unzurechnungsfähigkeit freigesprochen oder wegen verminderter Zurechnungsfähigkeit zu milderer Strafe verurteilt werden, sind, und zwar erstere sofort, letztere nach Verbüßung der Strafe, durch den Strafrichter in Heil- oder Pflegeanstalten zu verweisen.

7. Die bedingte Verurteilung ist im Sinne der früheren Beschlüsse des Deutschen Juristentages reichsrechtlich zu regeln.

8. Die weitere Ausgestaltung des Strafensystems sowie des ganzen Allgemeinen Teiles des Strafgesetzbuches bleibt späteren Verhandlungen des Juristentages vorbehalten; die Behandlung des Besonderen Teiles wird der amtlichen Kommission überlassen.

van Calker faßt sein Gutachten in folgende Sätze zusammen:

1. Das Strafensystem des geltenden Rechtes ist — unter Verzicht auf die Haftstrafe — beizubehalten.

2. Für die Bestimmung der Strafe nach Art und Maß ist in weiterem Umfang und in konsequenterer Durchführung, als dies im geltenden Rechte geschieht, neben der Bedeutung des äußeren Erfolges-

der Tat der Intensitätsgrad der verbrecherischen Gesinnung in Rücksicht zu ziehen.

3. Die Intensität der verbrecherischen Gesinnung ist insbesondere in der Richtung in Betracht zu ziehen, daß auf eine besondere Art der Freiheitsstrafe, nämlich Festungshaft, dann zu erkennen ist, wenn das Verbrechen in concreto aus einer ehrenhaften Gesinnung entsprungen ist.

4. Das zukünftige StGB. muß neben der Strafe durch den Strafrichter auszusprechende Schutzmaßregeln gegen solche Personen zulassen, die durch ihren kriminellen Zustand eine dauernde Gefahr für die Gesellschaft bedeuten („gemeingefährliche Personen“), und zwar:

a) die Überweisung an die Landespolizeibehörde zum Zwecke der Unterbringung in einer besonderen Anstalt gegenüber gemeingefährlichen Personen, welche wegen Zurechnungsunfähigkeit freigesprochen oder wegen verminderter Zurechnungsfähigkeit zu milderer Strafe verurteilt werden;

b) die Überweisung an die Landespolizeibehörde zum Zwecke der Unterbringung im Arbeitshaus gegenüber Personen, die durch wiederholten Rückfall einen derartigen Hang zur Begehung von Verbrechen bewiesen haben, daß sie nach Verbüßung der Strafe voraussichtlich wiederum zum Verbrechen schreiten werden.

Die Thesen des ersten Berichterstatters gelangten im wesentlichen zur Annahme durch die Abteilung.

Beschluß. I. Die Revision des Deutschen Strafgesetzbuches vom 15. Mai 1871 ist eine dringende Aufgabe der Reichsgesetzgebung.

II. In Ansehung der äußeren Gestaltung dieser Revision ist dem Gesetzgeber zu empfehlen:

1. daß eine Ausscheidung des Polizeistrafrechtes vorgenommen werde, wobei vorbehalten bleiben kann, ob und inwieweit dieses der landesrechtlichen Ordnung zu überweisen oder in Verbindung mit anderen Teilen des Verwaltungsstrafrechtes in einer besonderen Reichspolizeiordnung zu kodifizieren sei;
2. daß die Gelegenheit wahrgenommen werde, den Stoff der strafrechtlichen Ergänzungsgesetze mindestens insoweit in das Strafgesetzbuch einzuarbeiten, als es zur Vereinfachung der gesetzlichen Tatbestände wünschenswert und zur Beseitigung der aus der Gelegenheitsgesetzgebung erwachsenen zahlreichen Inkongruenzen notwendig ist.

III. Am Inhalt der Revision beteiligt sich der Juristentag in der Weise, daß er Leitsätze zunächst über diejenigen Fragen zu gewinnen sucht, welche nach ihrer zentralen Stellung oder prinzipiellen Bedeutung im wissenschaftlichen und volkstümlichen Sinne die wesentlichen Probleme der Strafrechtsreform darstellen. Dahin gehören mindestens und notwendig:

1. die strafrechtliche Behandlung der jugendlichen Personen;
2. die strafrechtliche Behandlung der geistig Minderwerten;
3. die strafrechtliche Behandlung von Rückfall, gewohnheitsmäßigem und gewerbsmäßigem Verbrechertum;
4. die richterliche Strafzumessung, verbunden mit der strafrechtlichen Behandlung des Versuches;
5. das Strafmittelsystem einschließlich der Besserungs- und Schutzmaßregeln;
6. der Strafvollzug einschließlich wiederholter Prüfung der bedingten Verurteilung und bedingten Begnadigung;
7. die Schuldausschließungsgründe, insbesondere der Mangel der Rechtswidrigkeit und der Notstand.

IV. Als Verhandlungsgegenstände werden unter Zuziehung medizinischer Sachverständiger auf die Tagesordnung des 27. Juristentages die beiden Fragen der strafrechtlichen Behandlung der jugendlichen Personen und der geistig Minderwerten gesetzt. Die Beratungsfolge der anderen Reformfragen bleibt, wie die Hinzufügung neuer, der späteren Beschlußfassung vorbehalten.

Am 1. Mai 1906 trat im Reichsjustizamt in Berlin eine Kommission von praktischen Juristen zusammen mit dem Auftrage, einen formulierten Vorentwurf zu einem neuen deutschen Strafgesetzbuche nebst Begründung auszuarbeiten. Die Kommission hat in 117 Sitzungen ihre Aufgabe erledigt und im Herbst 1909 den fertigen „Vorentwurf zu einem deutschen Strafgesetzbuche" der öffentlichen Beurteilung unterbreitet.

Dem Verlangen nach Ausscheidung des Polizeiunrechts und seiner Unterstellung unter verwaltungsrechtliche Gesichtspunkte hat der Vorentwurf nicht Rechnung getragen, und zwar aus dem praktischen Gesichtspunkte heraus, daß die Reform sich erreichbare Ziele habe setzen müssen. Die angeregte Scheidung sei, wenn sie überhaupt jemals gelingen würde, zurzeit jedenfalls als eine hinsichtlich ihrer Lösung noch ungeklärte Aufgabe der Zukunft zu bezeichnen.

Bei der Einarbeitung der reichsgesetzlichen Nebengesetze glaubte der Vorentwurf mit großer Vorsicht handeln zu müssen. Er hat lediglich das Gesetz gegen den Verrat militärischer Geheimnisse vom 3. Juli

1893 und das Gesetz, betr. die Bestrafung der Entziehung elektrischer Arbeit, vom 9. April 1900 durch seine Bestimmungen überflüssig gemacht.

2. Strafzumessung.

29. DJT. Karlsruhe 1908.

Für den 28. Juristentag war bereits ein Gutachten über das Thema „Die richterliche Strafzumessung verbunden mit der strafrechtlichen Behandlung des Versuches“ von OStA. Dr. Hoegel (Wien) (I. 3—19) erstattet worden. Die ständige Deputation hatte nur die Frage behandelt sehen wollen, ob in das StGB. für diejenigen Fälle, in welchen es einen, einen Mindest- und einen Höchstbetrag enthaltenden Strafrahmen aufstellt, besondere Vorschriften aufzunehmen seien, um die dem Richter zustehende Strafzumessung in gewisser Richtung einzuschränken und zu bestimmen. Auf dem 29. Juristentage stand deshalb das Thema in der vorliegenden Fassung zur Beratung.

Frage. Empfiehlt es sich, in das künftige deutsche StGB. Vorschriften über Strafzumessung aufzunehmen?

Gutachter:	Berichterstatter:
Prof. Dr. Finger (Halle a. S.) II. 37—101.	OLGPräs. a. D. Dr. Hamm (Bonn) V. 522 ff.
	Prof. Dr. Max Ernst Mayer (Straßburg) V. 530 ff.

Der Gutachter des 28. Juristentages, Hoegel, faßt seine Ausführungen dahin zusammen:

a) Eine besondere Strafandrohung für den Versuch ist dort geboten, wo das Gesetz für das Verbrechen eine absolute Strafe androht, die einer Milderung nicht fähig ist (Todesstrafe). Derartige Strafandrohungen sind auf das Maß der unbedingten Notwendigkeit zu beschränken, insbesondere ist die lebenslängliche Freiheitsstrafe niemals ausschließlich anzudrohen.

b) In allen anderen Fällen ist eine allgemeine gesetzliche Herabsetzung der für eine Straftat angedrohten Strafe im Mindestmaß oder Höchstmaß für den Fall des Versuches zu vermeiden, und ist der Versuch im Rahmen des gesetzlichen Strafsatzes dann als mildernder Umstand zu behandeln, wenn ein Rückschluß auf eine geringere Stärke des Entschlusses des Täters gestattet ist. Zwischen den verschiedenen Arten des Versuches ist nicht zu unterscheiden.

c) Die gesetzlichen Strafsätze sind derart festzusetzen, daß im Einzelfall allen mildernden Umständen, darunter auch dem Versuche, entsprechend

Rechnung getragen werden kann. Dabei sind die Straffätze, soweit dies die Natur der strafbaren Handlung zuläßt, nach typischen Begehungsformen zu teilen.

Der Gutachter Finger stellt die folgenden Sätze auf:

1. Grundlage für die Strafzumessung soll auch in Zukunft die Intensität des verbrecherischen Willens sein, die Ausdruck gefunden hat in der Begehung der verbrecherischen Tat. Die Strafe ist in erster Linie nach der Bedeutung der durch das Verbrechen verletzten Rechtsgüter und der Art dieser Verletzung entsprechend abzustufen.

Den subjektiven Momenten, insbesondere auch jenen, welche für die genetische Würdigung des begangenen Verbrechens von Bedeutung sind, ist größere Beachtung bei der Strafzumessung zuzuerkennen.

2. Es empfiehlt sich, daß der Gesetzgeber, um eine eingehende allseitige Würdigung der für die Schuld bedeutsamen Momente in der Rechtsprechung zu erzielen, im allgemeinen Teile des Gesetzes die Momente, welche eine die Schuld mindernde oder erhöhende Bedeutung haben, als solche anführe. Daneben wäre eine allgemeine Bestimmung des Inhalts aufzunehmen, daß der Richter vor der Urteilsfällung nicht nur alles festzustellen hat, was für die Aufklärung der Tat von Bedeutung ist, sondern auch die Umstände, welche über die Gesamtpersönlichkeit des Täters Licht verbreiten und die Beurteilung derselben beeinflussen können. Die sachgemäße Handhabung dieser Bestimmung wäre durch genaue Einhaltung der für die Begründung des Urteils (auch hinsichtlich der Strafzumessung, § 266 Abs. 3 StPO.) geltenden Bestimmungen und durch die Vorschrift zu garantieren, daß vor Schöpfung des Urteils eine Strafliste entsprechend auszufüllen und in der Hauptverhandlung vorzulesen ist.

3. Bloß exemplifikatorische Hervorhebung einzelner erschwerender oder mildernder Umstände im Gesetz empfiehlt sich nicht. Die unbenannten mildernden Umstände im Sinne des französischen Rechtes haben sich nicht bewährt und sind in die künftige Gesetzgebung nicht aufzunehmen.

4. Die Strafrahmen wären im allgemeinen als übergreifende zu regeln. Wo Grundlage für die Strafhöhe die Bedeutung des durch das Verbrechen verletzten Rechtsguts ist, darf die Strafe der Verletzung des höher bewerteten Rechtsguts unter das Maximum der wider die Verletzung des nächst niederen Rechtsguts gesetzten Strafe dann sinken, wenn Verletzungen des mehrwertigen Rechtsguts denkbar sind, die infolge der Art ihrer Verübung auf geringerer Stufe der Strafbarkeit stehen als die Verletzung des minderwertigen Rechtsguts.

Wenn das Gesetz neben dem einfachen Verbrechen noch qualifizierte und privilegierte Fälle anerkennt, soll die Strafe des qualifizierten Falles nicht unter die mittlere Schwere des einfachen Verbrechensfalles hinabsinken und die Strafe des privilegierten Falles jene Höhe nicht übersteigen.

5. Die Strafe der Haft steigt nach Tagen. Bei allen anderen Strafarten steigt im Strafrahmen bis zu einem Monat die Strafe nach Tagen, dann nach Wochen; wenn das Strafminimum ein halbes Jahr übersteigt nach Monaten. Im Strafrahmen von zwei bis fünf Jahren beträgt die Einheit, um welche die Strafe steigen kann, Vierteljahre; im Strafrahmen von fünf bis zu zehn Jahren halbe Jahre, und im Strafrahmen über zehn Jahre nur noch ganze Jahre.

Der zweite Berichterstatter, Mayer, hatte eine Anzahl von Thesen aufgestellt, die zum Teile zurückgezogen, zum Teile von der Abteilung als außerhalb des Rahmens des Themas fallend abgelehnt wurden. Zur Annahme gelangten die Anträge des ersten Berichterstatters, Hamm, unter Berücksichtigung von Anträgen Olshausens und Hoegels.

Beschluß. Im besonderen Teile des StGB. sind, soweit die Natur der Delikte dies gestattet, regelmäßig anzuwendende ordentliche Strafrahmen aufzustellen, während durch außerordentliche Strafrahmen die Möglichkeit zu gewähren ist, die Strafe für besonders milde oder schwere Fälle ausnahmsweise zu bemessen.

Eine Förderung der richterlichen Strafzumessung kann nicht durch eine Aufzählung einzelner Zumessungsgründe erreicht werden. Das Urteil hat sich nach zwingender Vorschrift über die Gründe seiner Strafzumessung im einzelnen Falle und insbesondere auch über die Anwendung eines außerordentlichen Strafrahmens eingehend auszusprechen.

In die StPO. ist eine allgemeine Bestimmung des Inhalts aufzunehmen, daß der Richter vor der Urteilsfällung nicht nur alles festzustellen hat, was für die Aufklärung der Tat von Bedeutung ist, sondern auch die Umstände, welche über die Gesamtpersönlichkeit des Täters Licht verbreiten und die Beurteilung derselben beeinflussen können.

Der deutsche Vorentwurf nennt wie das geltende Recht bei jedem Tatbestand eine höchste und eine niedrigste Strafe und stellt daneben für besonders milde oder schwere Fälle außerordentliche Strafrahmen auf. In Abweichung von dem geltenden Rechte wird ausdrücklich ausgesprochen

(§ 81), daß bei Bemessung der Strafe innerhalb der vom Gesetze vorgeschriebenen Grenzen alle für eine höhere oder geringere Strafe sprechenden Umstände zu berücksichtigen sind, insbesondere die in der Tat hervorgetretene verbrecherische Gesinnung, die Beweggründe des Täters, der von ihm verfolgte Zweck, der zur Tat gegebene Anreiz, die persönlichen und wirtschaftlichen Verhältnisse des Täters, der Grad seiner Einsicht, die Folgen der Tat und das Verhalten nach dieser. In besonders leichten Fällen darf das Gericht die Strafe nach freiem Ermessen mildern und, wo das ausdrücklich zugelassen ist, von einer Strafe überhaupt absehen; soweit besonders schwere Fälle auf die Bestimmung der Art oder der gesetzlichen Grenzen der Strafe von Einfluß sind, ist das im Gesetz ausdrücklich vorgesehen (vgl. §§ 83, 84). Die besonders leichten und besonders schweren Fälle werden im Entwurfe selbst definiert.

Der Vorentwurf zu einem neuen österreichischen Strafgesetzbuche hebt hervor, daß die Strafe nach dem Verschulden und der Gefährlichkeit des Täters zu bemessen sei unter Berücksichtigung der Beschaffenheit der Tat, sowie der persönlichen und wirtschaftlichen Verhältnisse des Täters. Als mildernde Umstände werden sodann u. a. aufgezählt: unbescholtener Lebenswandel, Schwäche der Einsicht oder des Willens, Notlage, Aufregung, Geringfügigkeit der Verletzung oder Gefährdung, Reue über die Tat, offenes Geständnis, Bestreben, den Schaden nach Kräften abzuwenden. Erschwerende Umstände sind z. B. liederlicher Lebenswandel, Arbeitsscheu, reifliche Überlegung und Vorbereitung der Tat, Verletzung besonderer Pflichten, Empfindlichkeit des zugefügten Schadens für den Verletzen nach dessen dem Täter bekannten Verhältnissen (vgl. §§ 43—45).

Die Begründung der Strafzumessung im Urteil schreibt der Entwurf der neuen deutschen Strafprozeßordnung nicht schlechthin vor, sondern verlangt die Angabe der für die eigentliche Strafzumessung maßgebenden Gründe nur bezüglich der besonders bedeutsamen Umstände (vgl. § 259). Nach dem österreichischen Vorentwurf müssen die einen bestimmten Strafsatz bedingenden Umstände ausdrücklich im Urteil bezeichnet werden (vgl. § 260).

3. Verschärfungen der Freiheitsstrafen.

23. DJT. Bremen 1893.

Der im Jahre 1891 veröffentlichte Entwurf eines neuen österreichischen StGB. sah (im § 14) für Freiheitsstrafen Verschärfungen wie Fasten, hartes Lager und einsame Absperrung in dunkeler Zelle vor, wenn durch die

Umstände, unter denen die strafbare Handlung begangen worden ist oder durch die Eigenschaft des Täters, insbesondere dadurch, daß er rückfällig geworden ist, eine strengere Behandlung geboten ist. Das veranlaßte die Aufstellung der vorliegenden

Frage: Empfiehlt sich die Einführung von Verschärfungen der Freiheitsstrafen im Sinne des österreichischen Entwurfes?

Gutachter:	Berichterstatter:
LGR. Dr. Kronecker (Berlin) **22** III. 1—42.	RGR. Dr. Stenglein (Leipzig) **22** II. 352 ff.
LR. Dr. Felisch (Berlin) **22** III. 43—92.	LGR. Dove (Frankfurt a. M.) **23** II. 361 ff.

Der erste Gutachter, Kronecker, stellt folgende Thesen auf:

1. Es empfiehlt sich, für die Zuchthaus-, Gefängnis- und Haftstrafe eine Schärfung durch Kostschmälerung und hartes Lager zuzulassen.

2. Das Gesetz bestimmt diejenigen Reate, bei denen eine solche Schärfung statthaft sein soll. Hierher gehören vorzugsweise Delikte gegen das Leben, Körperverletzung, Raub, Erpressung, Sachbeschädigung, Straftaten gegen die Sittlichkeit, gemeingefährliche Verbrechen und Vergehen. Die Schärfung ist dann zulässig, wenn die Tat von besonderer Roheit, Bosheit, ehrloser Gesinnung oder Schamlosigkeit zeugt. — Außerdem soll in den Fällen des § 361 Nr. 3—8 StGB. die Schärfung stets stattfinden dürfen.

3. Betreffs der zeitlichen Anwendung der Schärfungen ist den Bestimmungen des deutschen Entwurfes vor denjenigen des österreichischen der Vorzug zu geben.

4. Die Anordnung der Schärfungen erfolgt im Urteil. Ein Wegfall der erkannten Schärfungen findet nur dann statt, wenn der Gesundheitszustand des Verurteilten die Vollstreckung nicht gestattet.

5. Die Schärfungen dürfen nur in Einzelhaft vollzogen werden.

Felisch faßt seine Ausführungen in folgende Sätze zusammen:

I. Der Verschärfung der Freiheitsstrafen stehen erhebliche Bedenken entgegen, welche jedoch von den mit ihrer Einführung verknüpften Vorteilen überwogen werden. Die im österreichischen Vorentwurf aufgestellten Grundsätze über die Ausgestaltung dieser Nebenstrafe sind zu verwerfen.

II. Als Verschärfungsmittel können nur hartes Lager und mit Unterbrechungen erfolgende Einschränkung der Kost auf Wasser und Brot unter Zulassung von Milderungen für den Einzelfall mit der Maßgabe empfohlen werden, daß die durch den richterlichen Schuldigspruch fakultativ zu verhängenden und in Einzelhaft zu verbüßenden Strafschärfungen bei Strafen bis zu einer Woche während der ganzen Strafzeit, bei längeren während der ersten Hälfte dieser, jedoch mindestens eine Woche und höchstens drei Monate, anzudauern haben.

III. Verschärfungen sind nur bei der Zuchthausstrafe, der nicht an die Stelle von Geldstrafe tretenden Gefängnisstrafe und der mit Arbeitszwang verbundenen Haftstrafe in den vom Gesetz einzeln aufzuführenden Fällen gegen Personen zulässig, bei welchen bestimmte, gesetzlich bezeichnete Merkmale einer moralischen Verworfenheit vorliegen, oder welche sich des Rückfalls in ein Verbrechen oder des wiederholten gleichartigen Rückfalls in sonstige Straftaten schuldig machen.

IV. Die Einführung der Maßregel kann nur durch ein auch die systematischen Fragen regelndes Gesetz erfolgen.

Im Gegensatz zu den beiden Gutachtern sprach sich der Berichterstatter Stenglein für die Verneinung der Frage aus. Seinem Antrag, dem im großen und ganzen auch der zweite Berichterstatter zustimmte, schloß sich die Abteilung an.

Beschluß. Die Einführung von Verschärfungen der Freiheitsstrafe im Sinne des österreichischen Entwurfes empfiehlt sich nicht. Strafschärfungen werden empfohlen bei kurzen Freiheitsstrafen, welche für Roheits- und Sittlichkeitsdelikte verhängt werden. Als solche Schärfungen empfehlen sich Kostentziehung und hartes Lager.

Der deutsche Vorentwurf hat Schärfungen bei Zuchthaus- und Gefängnisstrafen für angezeigt erachtet, wenn die Tat von besonderer Roheit, Bosheit oder Verworfenheit zeugt oder nach den Vorbestrafungen des Täters anzunehmen ist, daß der gewöhnliche Strafvollzug auf ihn nicht die erforderliche Wirkung ausüben werde. Diese Schärfungen bestehen darin, daß der Verurteilte geminderte Kost oder eine harte Lagerstätte erhält.

Der österreichische Vorentwurf von 1909 läßt Strafverschärfungen bei Gefängnisstrafen bis zu sechs Monaten unter bestimmt bezeichneten Voraussetzungen zu. Als Mittel der Verschärfung kennt er nur Fasten und hartes Lager.

4. Verhältnis zwischen Geld- und Freiheitsstrafe.

22. DJT. Augsburg 1893.

Die zunehmende Würdigung der gesellschaftlichen Bedeutung des Verbrechens führte zu einer Bewegung gegen die Vorherrschaft der Freiheitsstrafen von kurzer Dauer und ließ eine größere Aufmerksamkeit für die Geldstrafen entstehen. Insbesondere beschäftigten sich aus diesem Anlaß verschiedene Landesversammlungen der Internationalen kriminalistischen Vereinigung mit diesem Probleme, zu dem deshalb auch der Juristentag Stellung nahm.

Frage. Sind Änderungen des geltenden Rechtes erwünscht in betreff des Verhältnisses zwischen Geld- und Freiheitsstrafe?

Gutachter: RGR. Dr. Mittelstaedt (Leipzig) **22** II. 49—63.

Berichterstatter: Prof. Dr. Merkel (Straßburg) **22** IV. 336ff.

Prof. Dr. v. Lilienthal (Marburg i. H.) **22** II. 63—94.

Prof. Dr. Friedmann (Wien) **22** II. 95—183.

Der erste Gutachter, Mittelstaedt, stellt folgende Sätze auf:

1. Von der alternativen Androhung von Geldstrafen ist in erheblich weiterem Umfang Gebrauch zu machen als dies das geltende Strafrecht gestattet.

2. Der jetzt zulässige Höchstbetrag der Geldstrafen erscheint nach Maßgabe der heutigen wirtschaftlichen Verhältnisse der Nation und des heutigen Geldwertes unzureichend und wesentlicher Erhöhung bedürftig.

3. Es empfiehlt sich, statt der Androhung nach festen Summen bemessener Geldstrafen den Ausmessungsmaßstab hierfür nach dem jährlichen Einkommen des Täters zu bestimmen und nach solchen Einkommensquoten Höchst- und Mindestbetrag zu normieren.

4. Es erscheint erwünscht, den geltenden Grundsatz notwendiger Umwandlung unvollstreckbarer Geldstrafen in Freiheitsstrafen ganz fallen zu lassen.

v. Lilienthals Thesen lauten:

1. Die heute übliche Art der Bemessung der Geldstrafe ist ebenso unzulänglich wie die Beitreibung der verhängten Strafen.

2. Es empfiehlt sich, statt der Androhung nach festen Summen bemessener Geldstrafen den Ausmessungsmaßstab hierfür nach dem jährlichen Einkommen des Täters zu bestimmen und nach solchen Einkommensquoten Höchst- und Mindestbetrag zu normieren.

3. Die Beitreibung der Geldstrafen ist durch Zulassung von Teilzahlungen zu erleichtern. An die Stelle der Umwandlung in Freiheitsstrafe tritt Zwang zur Abarbeitung im Falle der Zahlungsunfähigkeit.

4. Unter diesen Voraussetzungen ist die Geldstrafe ein geeignetes Ersatzmittel für alle kurzzeitigen Freiheitsstrafen.

Friedmann faßt seine Ausführungen wie folgt zusammen:

Änderungen des geltenden Rechtes in bezug auf das Verhältnis zwischen Geld- und Freiheitsstrafe sind — auch bevor noch eine Revision anderer Partieen des Strafrechts und insbesondere eine durchgreifende Reform des Vollzuges der kurzzeitigen Freiheitsstrafen stattfindet — erwünscht und wie folgt zu empfehlen:

I. In bezug auf das Anwendungsgebiet der Geldstrafe:

A. Als alleiniger Strafe:

1. Als solche ist die Geldstrafe nur zum Ersatze kurzzeitiger einfacher Freiheitsentziehung, d. h. etwa 60 Tage nicht übersteigender Haft geeignet.

2. Auch unterhalb dieses Grenzmaßes ist sie als alleinige Strafe (selbst bei mildernden Umständen) auszuschließen:

a) von der Deliktsart abgesehen, dann, wenn besondere (in den Urteilsgründen festzustellende) Umstände die Besorgnis rechtfertigen, daß der Täter schon bei Verübung der strafbaren Handlung erwartete, der Strafbetrag werde mit Hilfe fremder Mittel gedeckt werden;

b) bei solchen Vergehensarten, deren allgemeine Tragweite, entehrender oder regelmäßig auf gewinnsüchtige Triebfeder hinweisender Charakter ein auf alle Verurteilten gleichmäßiger und sicherer wirkendes Strafmittel erheischt: also insbesondere vom geltenden Rechte abweichend, auch bei Verleumdung, Veruntreuung und Betrug. In möglichster Übereinstimmung mit dem Volksurteil sind hingegen jene Unterarten der Unterschlagung, des Betruges, des Diebstahls usw., denen nach dem ihnen vorwaltend zugrunde liegenden Motiv ein besonderer psychologischer und sittlicher Charakter zukommt, von diesen Deliktsbezeichnungen auszuscheiden und, soweit sie Vergehen bleiben, wahlweise mit Geldstrafe zu bedrohen. Letzteres hat nach Maßgabe der obigen Gesichtspunkte auch bei einigen anderen im geltenden Rechte nur mit Freiheitsstrafe bedrohten Vergehensarten zu geschehen.

3. a) Bei den Übertretungen empfiehlt es sich hingegen, unter gleichzeitiger Verweisung der mit Überweisung an die Landespolizeibehörde bedrohten unter die Vergehen — außer im Falle der These 2a — ausschließlich Geldstrafe anzudrohen;

b) die ausschließliche Bedrohung mit Geldstrafe ist demnach zu dem spezifischen, die Übertretungen von den Vergehen unterscheidenden Merkmal zu erheben. Es sind daher die ausschließlich mit Geldstrafe bedrohten Vergehen — insbesondere auch jene des Finanzstrafrechtes, dessen Reform zur Herstellung tunlichster Übereinstimmung mit den Grundsätzen des allgemeinen Strafrechts dringend geboten ist — je nach der Größe des erforderlichen höchsten Strafübels teils unter die Übertretungen zu verweisen, teils auch mit Freiheitsstrafe zu bedrohen.

B. Häufungsweise neben Freiheitsstrafe:

1. Neben zeitiger Freiheitsstrafe — mag dieselbe im Gesetz ausschließlich oder wahlweise mit Geldstrafe angedroht sein — kann außer im Falle der These 2a stets auf Geldstrafe erkannt werden.

2. Neben zeitiger Freiheitsstrafe von etwas längerer, d. h. etwa 60 Tage übersteigender Dauer muß auf Geldstrafe erkannt werden:

a) wenn der Schuldige ein zu seinem und seiner Angehörigen anständigen Unterhalt ausreichendes Kapital besitzt;

b) wenn er die strafbare Handlung aus Geiz oder Habsucht verübt hat und nicht ganz mittellos ist.

II. In bezug auf die Bemessung der Geldstrafen:

A. Das Gericht hat die Vermögens-, Erwerbs- und Einkommensverhältnisse des Angeschuldigten (spätestens bei Einleitung des Hauptverfahrens) durch Nachforschung nach der wirtschaftlichen Lebensführung desselben und durch Einholung amtlicher Auskünfte über dessen direkte Besteuerung zu erheben und sohin bei Bemessung der Geldstrafe derart zu berücksichtigen, daß jedem gleich Schuldigen auch ein gleich großes Opfer auferlegt werde (Prinzip der Opfergleichheit).

B. Die Berücksichtigung dieser wirtschaftlichen Verhältnisse hat abgesondert von der der Strafzumessungsgründe, im übrigen jedoch nach freiem richterlichen Ermessen zu erfolgen.

C. Zu diesem Behuf ist als Grundlage für die Bemessung der Geldstrafe (als deren Grundstrafe) die Freiheitsstrafe zu verwenden. Soll daher auf erstere (ausschließlich oder häufungsweise) erkannt werden, so ist zunächst die ganze Freiheitsstrafe, welche das Gericht, von der Zulässigkeit der Geldstrafe abgesehen, für angemessen erachtet, innerhalb des für die Freiheitsstrafe geltenden Strafrahmens zu bestimmen.

Diese Freiheitsstrafe bildet sohin ganz oder teilweise die Grundstrafe durch deren Umwandlung der Betrag der Geldstrafe zu ermitteln ist.

D. 1. Die längste Dauer der Grundstrafe (das Grenzmaß der Geldstrafe) ist (unter entsprechender Erhöhung des Höchstmaßes der Haft) im Gesetz etwa mit 60 Tagen zu bestimmen.

2. a) Ist im Gesetze Geldstrafe allein angedroht, so besteht die Grundstrafe in Haft, und es muß die ganze im Urteil bestimmte Freiheitsstrafe in Geldstrafe umgewandelt werden.

b) Läßt das Gesetz die Wahl zwischen beiden Strafmitteln, so kann die Freiheitsstrafe ganz oder teilweise umgewandelt werden.

c) Ist im Gesetze Freiheitsstrafe allein angedroht, so kann doch stets ein Teil derselben (jedoch nur unter Aufrechthaltung des für die betreffende Deliktsart geltenden gesetzlichen Mindestmaßes derselben) in Geldstrafe umgewandelt werden, und diese Umwandlung muß erfolgen, wenn (zufolge der These I B 2) neben Freiheitsstrafe auf Geldstrafe erkannt werden muß.

E. 1. a) Der Geldbetrag, welchem bei Umwandelung der Grundstrafe, nach Maßgabe der in den Thesen A, B und C vorgezeichneten Grundsätze je ein Tag der ersteren gleichzuachten ist (der Umwandelungsfaktor), hat mindestens (d. h. für die unterste wirtschaftliche Stufe) einen Tagelohn für je einen Gefängnistag zu betragen.

b) Ein Höchstmaß dieses Umwandelungsfaktors (für die oberste wirtschaftliche Stufe) ist im Gesetze womöglich nicht festzusetzen. Doch ist, wenn auf Geldstrafe allein erkannt wird, das geringste gesetzlich zulässige Ausmaß der Freiheitsstrafe (etwa zwölfstündige Haft) höchstens einer Mark gleichzuachten.

2. Muß neben Freiheitsstrafe auf Geldstrafe erkannt werden, weil die strafbare Handlung aus Geiz oder Habsucht verübt wurde, so darf die Grundstrafe nicht weniger als etwa zwei Wochen betragen, und es kann der in Gemäßheit der früheren Thesen ermittelte Strafbetrag mit Rücksicht auf die Größe des beabsichtigten Vermögensvorteiles auf den doppelten Betrag desselben erhöht werden, ohne daß die bei Zahlungsunfähigkeit an deren Stelle tretende Freiheitsstrafe durch diese Straferhöhung berührt wird.

3. Alle bisher geltenden gesetzlichen Höchst- und Mindestmaße der Geldstrafe sind zu beseitigen.

F. Für noch unvollstreckte Strafbeträge kann nach der Urteilsschöpfung der Umwandelungsfaktor herabgesetzt werden, wenn nachträglich die wirtschaftlichen Verhältnisse sich bedeutend ungünstiger gestaltet haben oder vermöge neu beigebrachter Beweismittel als bedeutend ungünstiger erkannt werden.

III. In bezug auf die Vollstreckung der Geldstrafe:

A. Bei freiwilliger Zahlung:

1. a) Ratenweise Tilgung ist bei der Geldstrafe, sofern nicht auf dieselbe neben Freiheitsstrafe erkannt werden mußte (These I B 2) oder neben solcher von längerer (etwa mindestens einjähriger) Dauer erkannt wurde, zulässig.

b) Bei Anwendung des Minimal-Umwandelungsfaktors (These II E 1 a) steht dem Verurteilten kraft des Gesetzes das Recht zu, wöchentlich nur einen Tagelohn zur Ratenzahlung zu verwenden. Im übrigen hängt die Zulassung der ratenweisen Tilgung (bei der Urteilsschöpfung oder nach derselben) innerhalb gewisser gesetzlicher Schranken vom richterlichen Ermessen ab.

2. Die Zahlstellen sind dem Verurteilten möglichst zugänglich zu machen. Die Verwertung des Postsparkassenwesens für die Strafzahlungen ist daher in Erwägung zu ziehen.

B. Bei Zahlungssäumnis:

1. a) Im Falle der Zahlungssäumnis ist bei Anwendung des Minimal-Umwandelungsfaktors an Stelle der verhängten Geldstrafe stets eine Freiheitsstrafe zu vollstrecken, und zwar nach Verfall einer Rate in der Regel nicht bloß deren Grundstrafe, sondern jene des ganzen Strafbetrags.

b) Bei Anwendung eines höheren Umwandelungsfaktors hingegen hat das Gericht, wenn Aussicht auf Erfolg vorhanden ist, anstatt der Freiheitsstrafe die Geldstrafe selbst zwangsweise einzuheben, und zwar entweder ratenweise oder ungeteilt. Letzteres muß erfolgen, wenn auf Geldstrafe erkannt werden mußte (These I B 2).

2. An Stelle der nicht beitreibbaren, sowie nach Maßgabe des Gesagten auch schon der nicht freiwillig eingezahlten Geldstrafe tritt deren Grundstrafe.

3. Bei der Zwangsvollstreckung stehen die Geldstrafen allen Zivilforderungen nach.
4. Mit der Zwangsvollstreckung ist unter analogen Voraussetzungen wie bei der Freiheitsstrafe, ferner bei zeitweiser Arbeitsunfähigkeit innezuhalten.

IV. In bezug auf die Verwendung der Strafbeträge: Dieselben sind in erster Linie in der folgenden Reihenfolge zum Ersatze der Erhebungskosten, zur Leistung der von dem Verletzten angesprochenen Schadloshaltung oder Buße und zum Ersatze der sonstigen Kosten des Strafverfahrens und Strafvollzuges zu verwenden; die derart verwendeten Strafbeträge sind jedoch, wenigstens insoweit sie nicht erweislich den durch die strafbare Handlung erzielten Vermögensvorteil übersteigen, neuerlich zur Strafleistung einzuheben. Als weitere Verwendungszwecke sind ins Auge zu fassen: die Entschädigung durch andere Delikte Verletzter sowie schuldlos erkannter Häftlinge, endlich die Verbesserung der Gefängniseinrichtungen.

V. In bezug auf die bedingte Verurteilung: Wird dieses Institut unter gewissen Voraussetzungen bei der Freiheitsstrafe eingeführt, so empfiehlt es sich, den Richter zu ermächtigen, daß er unter analogen Voraussetzungen anstatt auf Geldstrafe allein nur auf eine Verwarnung erkenne.

Das Referat des Berichterstatters führte zu eingehenden Debatten. Ein Teil der Thesen des Referenten fand die Billigung der Abteilung in folgendem

Beschlusse: 1. Die Geldstrafe ist im Sinne des Grundsatzes, daß die Strafe bei gleicher Strafbarkeit gleich empfindlich treffen soll, unter Berücksichtigung aller Vermögens-, Erwerbs- und Einkommensverhältnisse zu bemessen.

2. Die in Summen ausgedrückten Höchstbeträge der Geldstrafen sind, von solchen Übertretungen abgesehen, bei denen die Strafe nur die Bedeutung einer Rüge hat, zu vermehren.

3. Die Androhung der Geldstrafe als fakultative Haupt- und Nebenstrafe ist auf ein größeres Anwendungsgebiet als bisher zu erstrecken, insbesondere auf alle diejenigen Delikte, welche erfahrungsgemäß meist aus Gewinnsucht begangen werden.

4. Eine obligatorische Androhung der Geldstrafe als Zusatzstrafe erscheint nicht empfehlenswert.

5. Bei alternativer Androhung von Freiheits- oder Geldstrafen soll die letztere ausgeschlossen sein, wenn die Handlung aus einer unehrenhaften Gesinnung hervorgegangen ist.

6. Die Leistung von Geldstrafen ist denjenigen Schuldigen, welche keinen exequierbaren Besitz haben, durch Zulassung und genauere Regelung von Teilzahlungen zu erleichtern.

Der Vorentwurf eines deutschen Strafgesetzbuches bestimmt, daß die Geldstrafe unter Berücksichtigung der Vermögensverhältnisse des Verurteilten bemessen werden soll und verweist in der Begründung auf die vom Juristentag aufgestellte Forderung. Eine dem Beschlusse des Juristentages Ziff. 6 entsprechende Vorschrift enthält der § 31 des Vorentwurfs, demzufolge das Gericht im Urteil zur Zahlung der Geldstrafe Frist bis zu drei Monaten bewilligen, auch dem Verurteilten die Abtragung der Geldstrafe durch bestimmte, spätestens innerhalb eines Jahres zu leistende Teilzahlungen gestatten kann. Nach § 36 des Vorentwurfs kann neben der wegen eines Verbrechens oder Vergehens verwirkten Freiheitsstrafe, wenn die Handlung auf Gewinnsucht beruht, auf Geldstrafe bis zu 10000 Mark erkannt werden.

Auch der österreichische Vorentwurf sieht für die Zahlung der Geldstrafe Teilbeträge und Fristen vor.

5. Abverdienen von Geldstrafen.

23. DJT. Bremen 1895.

Der 22. Juristentag hatte sich bereits eingehend mit dem Institute der Geldstrafe beschäftigt, jedoch die Frage offen gelassen, was geschehen solle, wenn eine Barzahlung sich trotz Zulassung von Teilzahlungen nicht herbeiführen läßt. Deshalb wurde vorliegendes Thema zur Erörterung gestellt.

Frage. Empfiehlt sich hinsichtlich der Geldstrafen

a) die Zulassung und Begünstigung des freiwilligen Abverdienens derselben?

b) die Androhung des erzwungenen Abverdienens in einer Anstalt (Arbeitshaus) für den Fall, daß der Mangel guten Willens zur Tilgung der Strafe festgestellt ist?

Gutachter:	Berichterstatter:
LGR. Dr. Felisch (Berlin) I. 277—366	Prof. Dr. Merkel (Straßburg) II. 385 ff.
	OLGPräs. Dr. v. Köstlin (Stuttgart) II. 403 ff.

Der Gutachter, Dr. Felisch, stellt folgende Thesen auf:

I. Ein freiwilliges Abverdienen der unter Berücksichtigung aller Vermögens-, Erwerbs- und Einkommensverhältnisse der Schuldigen zu bemessenden Geldstrafen ist nur dann durchführbar, wenn die umfassendsten Vorkehrungen getroffen sind, um die Nichtentrichtung der Barsumme auf eine mäßige Zahl von Ausnahmefällen einzuschränken.

II. Zu diesem Zwecke empfiehlt sich außer der Bewilligung von Zahlungsfristen und Teilzahlungen die Förderung folgender mit Zwang nicht verbundener Maßnahmen: vorschußweise Zahlung der Strafsumme durch den Arbeitgeber des Verurteilten oder einen Schutzfürsorgeverein unter der Verpflichtung des Schuldigen zur Wiedererstattung in Teilbeträgen, Vereinbarung mit dem Arbeitgeber über wöchentliche Lohnabzüge, Einführung von Gerichtskostenmarken zur Erleichterung der Ratenzahlungen, Verwendung solcher Marken durch den Verurteilten selbst auf einer mit der gerichtlichen Zahlungsaufforderung verbundenen Karte, Nachweis aller erfolgten Teilzahlungen durch Vorzeigung der entwerteten Gerichtskostenmarken an den zu diesem Behufe sich monatlich einfindenden Steuererheber bis zum völligen Abtragen der Summe, in geeigneten Fällen Wirtshausverbot.

III. Mit Ausnahme des Falles des Fluchtverdachts des Verurteilten ist für die trotzdem nicht gezahlten Geldstrafen freiwilliges Abverdienen ihres Betrages zuzulassen. Das Abarbeiten hat in voller Freiheit unter Ausschluß jeden Zwanges gemeinschaftlich mit freien Arbeitern für Rechnung des Staates, der Provinz, des Kreises oder der Gemeinde am Wohnsitz oder Aufenthaltsort des Verurteilten zu öffentlichen Zwecken möglichst nach den Grundsätzen des Stücklohnes zu erfolgen und ist so zu bewerten, daß der regelmäßige Ertrag eines Tages zwei Drittel des ortsüblichen Tagelohnes gleichkommt, jedoch ausnahmsweise bis zu dessen voller Höhe steigen kann. Auf Verlangen des Verurteilten ist ihm ein nachher gleichfalls abzuverdienender Teilbetrag, höchstens die Hälfte, dieser Summe auszuzahlen.

IV. Gegen vorübergehend Arbeitsunfähige ist die Strafarbeit auszusetzen. Betreffs gemindert Arbeitsfähiger muß die Beeinflussung der Bewertung des Arbeitsertrages geregelt werden. Absolut Arbeitsunfähige sind auf Grund des Nachweises ihrer Zahlungs- und Arbeitsunfähigkeit durch einen das Urteil ergänzenden Beschluß mit einfacher Haft ohne Arbeitszwang, und zwar in geeigneten Fällen unter Befolgung der Grundsätze der bedingten Verurteilung zu bestrafen.

V. Im übrigen ist gegen fluchtverdächtige Verurteilte, sowie gegen diejenigen, welche von der Vergünstigung des Abverdienens keinen Gebrauch gemacht oder dieselbe durch ihr Verhalten verwirkt haben, das erzwungene Abverdienen der erkannten Geldstrafe in einer Anstalt durchzuführen, gleichgültig, worin die Nichtentrichtung der Strafe ihren Grund hat. Dieses Zwangsabverdienen ist Vollstreckungsart, nicht Ersatzstrafe, zum Zwecke der Herbeiführung der Arbeitsleistung. Sein Ertrag ist erheblich geringer zu bewerten als der der freiwillig geleisteten Strafarbeit, seine Längstdauer auf mindestens das Doppelte des Höchstbetrages des letzteren zu bemessen. Die Vollstreckung hat nicht im Arbeitshause, sondern in dem mit Strafschärfungen nicht verbundenen Gefängnisse zu geschehen.

Folgender Antrag Merkel wurde nach Ablehnung verschiedener Unteranträge von der Abteilung angenommen:

Beschluß. Unter der Voraussetzung, daß die Zahlung der Geldstrafen im Sinne der hierauf bezüglichen Beschlüsse des vorigen Juristentages (vgl. oben Ziff. 4), sowie durch weitere Vorkehrungen (Einführung von Gerichtskostenmarken zur Erleichterung der Ratenzahlungen, Vereinbarungen mit Arbeitgebern und mit Schutzfürsorgevereinen in bezug auf vorschußweise Zahlungen) erleichtert und die Uneinbringlichkeit der Geldstrafen hierdurch auf eine mäßige Zahl von Ausnahmefällen eingeschränkt werde, empfehlen sich folgende Grundsätze:

1. Die nicht beizutreibenden Geldstrafen sind, von dauernder Arbeitsunfähigkeit der Verurteilten abgesehen, nicht in Freiheitsstrafen umzuwandeln, sondern abzuverdienen. Die Pflicht zur Geldzahlung wandelt sich in die Pflicht zu geldwerten Arbeitsleistungen.

2. Den nicht fluchtverdächtigen Verurteilten ist die Erfüllung dieser Pflicht in der Form freier Beteiligung an Arbeiten für öffentliche Zwecke, ohne jede Unterscheidung von straffreien Arbeitern, zu ermöglichen. Ihre bezüglichen Leistungen sind mit Berücksichtigung des ortsüblichen Tagelohnes, unter Abzug gewisser Bruchteile desselben, zu bewerten.

3. Beschränkte Arbeitsfähigkeit ist bei Regelung des Abverdienens zu berücksichtigen. Bei absolut Arbeitsunfähigen tritt an die Stelle desselben einfache Haft, in geeigneten Fällen nach den Grundsätzen der bedingten Verurteilung.

4. Gegen fluchtverdächtige Verurteilte sowie gegen diejenigen, welche von der Begünstigung des Abverdienens keinen Gebrauch gemacht oder dieselbe durch ihr Verhalten verwirkt haben, ist auf Grund richterlicher Beschlußfassung das erzwungene Abverdienen in einer

Anstalt (Gefängnis) durchzuführen. Dieser Abverdienungszwang ist eine Vollstreckungsform der Geldstrafe, nicht Ersatzstrafe. Die erzwungene Arbeit ist geringer zu bewerten als die freiwillig geleistete.

Nach § 32 des deutschen Vorentwurfs kann dem Verurteilten die Tilgung der Geldstrafe durch freie Arbeit, soweit sich dazu Gelegenheit bietet, gestattet werden. Das Nähere soll den Verwaltungsvorschriften der einzelnen Bundesstaaten überlassen bleiben.

Der österreichische Vorentwurf läßt ein Abverdienen von Geldstrafen nicht zu. Wie in den „Erläuternden Bemerkungen zum Vorentwurf" ausgeführt wird, würde die tatsächliche Durchführung des Abverdienens für jeden Fall zu sichern, auf unüberwindbare Schwierigkeiten stoßen und einen Aufwand erfordern, der in keinem Verhältnisse zu dem Ergebnisse stehen würde.

6. Deportation.

24. DJT. Posen 1898.

Die Holtzendorff-Stiftung hatte die Preisaufgabe gestellt, ob die Deportation unter den heutigen Verhältnissen als Strafmittel praktisch verwendbar sei. Deshalb befaßte sich auch der Juristentag mit der

Frage: Empfiehlt sich ein Versuch der Deportation nach den Kolonieen als Strafe?

Empfiehlt sich der Vorschlag bedingter Begnadigung für den Fall der Auswanderung?

Gutachter:	Berichterstatter:
Prof. Dr. Bornhak	RA. Wilke
(Berlin) I. 134—168; II. 3—14.	(Berlin) IV. 309ff.
RegR. Dr. Freund	RA. Dr. Korn
(Coblenz) II. 53—103.	(Berlin) IV. 325ff. u. 373ff.

Während Bornhak die erste Frage bejaht, verneint er die zweite.

Freund stellt folgende Thesen auf:

I. Eine Strafkolonisation nach dem Vorgange der englischen und französischen Transportation mit dem gewollten Erfolge dauernder Überweisung der Verbrecher an die Kolonie ist für das deutsche Reich nicht empfehlenswert, weil sie vom kriminalpolitischen Standpunkt aus ein Unrecht gegen den Verbrecher, vom kolonialpolitischen aus ein Unrecht gegen die Kolonie ist.

II. Dagegen empfiehlt es sich, die Transportation auch in Deutschland — und zwar als eine Art des Vollzuges langjähriger Freiheitsstrafen wahlweise neben der Vollstreckung in heimischen Strafanstalten — mit der Maßgabe zuzulassen, daß die Verbrecher in einem Schutzgebiet, und zwar in Südwestafrika, während ihrer Strafzeit mit kolonialen Arbeiten beschäftigt und nach deren Ablauf unter der Voraussetzung der Besserung, der Neigung und der Fähigkeit mit einer Heimstätte daselbst angesiedelt, anderenfalls in die Heimat zurückgesendet werden.

III. Das System einer bedingten Begnadigung für den Fall der Auswanderung empfiehlt sich für Deutschland nicht, weil es keines der fruchtbaren Elemente der Transportation, weder die koloniale Sträflingsarbeit, noch die Fürsorge für den gebesserten Entlassenen in zureichender Weise in sich aufzunehmen vermag.

Auch der Berichterstatter Wilke sprach sich in Übereinstimmung mit den beiden Gutachtern für einen Versuch mit der Deportation aus. Dagegen stellte der zweite Berichterstatter, Korn, gestützt auf Aussprüche von Kennern des afrikanischen Landes, die These auf, daß die Deportation für Deutschland als Strafe nicht geeignet sei. Nachdem von den Anhängern der Deportation keiner das Wort ergriffen hatte, faßte die Abteilung folgenden

Beschluß: Die Deportation ist als Strafmittel für Deutschland nicht geeignet. Ein Versuch mit der Deportation ist nicht zu empfehlen. Die bedingte Begnadigung für den Fall der Auswanderung entzieht sich der Regelung durch Gesetz.

Der deutsche Vorentwurf legt unter Verweisung auf den Beschluß des Juristentages die Gründe dar, aus denen es sich verbiete, die Deportation als neues Strafmittel des allgemeinen Rechtes einzuführen.

Auch der österreichische Vorentwurf mußte aus tatsächlichen Gründen — wie es in den „Erläuternden Bemerkungen" heißt — auf die Deportation verzichten.

7. Behandlung der geistig Minderwertigen.

27. DJT. Innsbruck 1904.

In Gemäßheit des Beschlusses des 26. Juristentages gelangte zur Beratung das

Thema: Die strafrechtliche Behandlung der geistig Minderwerten.

Gutachter:	Berichterstatter:
Prof. Dr. Kahl (Berlin) I. 137—148.	Prof. Dr. Kleinfeller (Kiel) IV. 396 ff.
MedizinR. Dr. Leppmann (Berlin) III. 136—152.	Prof. Dr. Cramer (Göttingen) IV. 408 ff.
	Prof. Dr. Kraepelin (München) IV. 418 ff.

Kahl stellt folgende Sätze auf:

I. Aufgabe. Der Zug der deutschen Strafrechtsentwickelung in Gesetzgebung und Wissenschaft sowie die Erfahrungstatsachen der gerichtlichen Psychiatrie erfordern, daß die Zustände der geistigen Minderwertigkeit einer sonderrechtlichen Ordnung

durch Prägung eines gesetzlichen Begriffes der sog. verminderten Zurechnungsfähigkeit (II),

durch Anwendung eines besonderen Strafprinzips (III),

durch Verbindung von Strafvollzug und Sicherungsmaßregeln (IV) und

durch Abgrenzung der bei der strafenden und sichernden Behandlung in Frage kommenden Zuständigkeitsverhältnisse (V)

unterstellt werden.

Die strafrechtliche Behandlung der geistig Minderwerten einschließlich der Sicherung ist grundsätzlich von den Voraussetzungen und dem Verfahren der Entmündigung getrennt zu halten.

Dagegen ist zu fordern, daß spätestens in Verbindung mit einer Ordnung der verminderten Zurechnungsfähigkeit auch die Verwahrung der wegen Zurechnungsunfähigkeit Freigesprochenen gesetzlich geregelt werde.

II. Begriff. Der gesetzliche Begriff ist aus inneren Gründen und Rücksichten der Durchführbarkeit der Reform tunlichst einzuschränken. Unter Vermeidung des Ausdrucks „verminderte Zurechnungsfähigkeit" in der Gesetzessprache wird sich empfehlen, jene nur und mindestens dann anzunehmen,

„wenn der Täter bei Begehung der strafbaren Handlung sich in einem andauernd krankhaften Zustande befunden hat, welcher das Verständnis für die Bestimmungen des Strafgesetzes oder die Widerstandskraft gegen strafbares Handeln verminderte".

III. Strafprinzip. Der vermindert Zurechnungsfähige ist milder zu bestrafen.

In Ansehung des Maßstabs der Strafe sind auch hier erwachsene und jugendliche Personen verschieden zu behandeln. Bei Erwachsenen wird unter grundsätzlichem Ausschluß der Todes- und lebenslänglichen Freiheitsstrafe die Strafe nach den zu verallgemeinernden Bestimmungen über Strafmilderung in minder schweren Fällen oder beim Vorhandensein mildernder Umstände zu bemessen sein. Bei Angeschuldigten zwischen 14 (12) und 18 Jahren mildert der Richter die Strafe nach freiem Ermessen. Er kann die Verbüßung der zuerkannten Freiheitsstrafe in einer geeigneten Erziehungsanstalt nachlassen.

IV. Strafvollzug und Sicherung. Jeder wegen verminderter Zurechnungsfähigkeit zu milderer Freiheitsstrafe Verurteilte ist einer sicheren Nachbehandlung zu unterstellen. Für Strafvollzug und Sicherung im einzelnen wird von der Unterscheidung zweier Typen der geistig Minderwerten auszugehen sein, nämlich

1. der im gewöhnlichen Sinne Strafvollzugsfähigen und nicht voraussichtlich einer Verwahrung Bedürftigen und
2. der im Rahmen des regelmäßigen Strafvollzugs nicht Behandlungsfähigen und wegen Gemeingefährlichkeit oder zwecks methodischer Heilung der Anstaltsverwahrung Benötigten.

Die vermindert Zurechnungsfähigen der ersteren Art verbüßen ihre Strafe in den bestehenden Strafanstalten. Sie sind nach ihrer Entlassung ausnahmslos in zeitlich begrenzte Beaufsichtigung durch verbesserte Polizeiaufsicht, Unterbringung in einer Familie oder Bestellung eines besonderen Pflegers zu nehmen.

Nur für vermindert Zurechnungsfähige der zweiten Art sind besondere, und zwar zentrale, dem Strafvollzug und der Verwahrung dienende Sicherungsanstalten zu errichten. Die Verwahrung dauert mit den durch den Zweck gegebenen Abweichungen von der Strafvollzugsweise und nach Bewährung in den innerhalb der Anstalt zu bildenden Freiheitsklassen bis zur Entlassungsfähigkeit. Die Entlassung ist eine bedingte und daher während eines gesetzlich begrenzten Zeitraumes widerruflich. Vor der Entlassung ist in jedem Falle durch Vermittelung der Anstalt ein neues Arbeitsverhältnis oder sonstige Unterkunft zu sichern.

V. Zuständigkeit. Alle Entscheidungen über Verweisung zum regelmäßigen Strafvollzug oder in eine Sicherungsanstalt stehen nach Vernehmung ärztlicher Sachverständiger dem Richter der Straftat zu.

Die den Strafvollzug und die Verwahrung innerhalb einer Sicherungsanstalt betreffenden Beschlüsse stehen, vorbehaltlich aller Befugnisse der Staatsaufsichtsbehörden, der Anstaltsleitung zu. An ihr sind in einer dem Bedürfnis voll genügenden Weise die staatlich berufenen Anstaltsärzte zu beteiligen.

Zur Verkörperung des Interesses und der Verantwortlichkeit der Gesellschaft an der Sicherungsbehandlung der geistig minderwerten Verbrecher empfiehlt sich die Einsetzung gemischter Behörden, welche aus den Organen der Anstaltsleitung und etwa fünf für diesen Dienst besonders qualifizierten Ehrenbeamten zu bilden sind. Die letzteren würden bei regelmäßiger Verbindung mit dem Anstaltsleben in allen die persönlichen Verhältnisse, die individuelle Fürsorge und das künftige Schicksal der

Verwahrten insonderheit betreffenden Fragen von der Anstaltsleitung zu gemeinschaftlichen Beratungen und Beschlußfassungen zuzuziehen sein. Diesen Behörden sind auch die Entscheidungen über Entlassung und Widerruf zu übertragen.

Leppmann faßt seine Ausführungen dahin zusammen:

1. Es ist ein gesetzlicher Begriff der geistigen Minderwertigkeit nach der von Kahl angegebenen Begriffsdeutung zu schaffen.

2. Der geistig Minderwertige ist milder zu bestrafen, und es muß bei ihm auch die gesetzliche Möglichkeit gegeben sein, den Strafvollzug bedingt auszusetzen.

Bei Minderwertigen bis zum 18. Lebensjahre soll an Stelle der Strafe staatlich überwachte Erziehung treten können.

3. Jeder, der wegen geistiger Minderwertigkeit milder bestraft ist, ist staatlichen Sicherungsmaßregeln zu unterstellen, welche den Zweck haben, gemeingefährliche Handlungen teils durch Festhaltung in geeigneten Anstalten, teils durch Beaufsichtigung außerhalb solcher zu verhüten. Gleichen Maßregeln sind auch die Minderwertigen zu unterstellen, bei denen infolge ihrer Geistesmängel die Begehung strafbarer Handlungen zu besorgen steht.

4. Die wesentlichen Maßnahmen in dem Sicherungsverfahren sollen auf einem gerichtlichen Feststellungsverfahren beruhen, welches dem Entmündigungsverfahren analog zu gestalten ist.

Die Abteilung schloß sich den von dem Berichterstatter Kleinfeller im Einvernehmen mit Prof. Kahl gestellten Anträgen an, nachdem auch Prof. Cramer sich dahin ausgesprochen hatte, daß vom medizinischen Standpunkt aus die Einführung des Begriffes der geistigen Minderwertigkeit sehr zu begrüßen sei.

Beschluß. Wer sich bei Begehung einer strafbaren Handlung in einem nicht bloß vorübergehenden krankhaften Zustand befunden hat, welcher das Verständnis für die Strafwürdigkeit seiner Handlung oder seine Widerstandskraft gegen strafbares Handeln verminderte, ist nach den für minder schwere Fälle geltenden Strafregeln zu bestrafen.

Bei jugendlichen Minderwertigen ist von dem vom 27. deutschen Juristentage festgestellten Grundsatz des Ersatzes der Strafe durch staatlich überwachte Erziehung weitgehender Gebrauch zu machen.

Die Aussetzung des Strafvollzuges ist unter den allgemeinen Bedingungen zulässig und seine Anwendung bei geistig Minderwertigen in ausgedehntestem Maße zu empfehlen.

Der Vollzug erfolgt in der gewöhnlichen Strafanstalt unter individueller Berücksichtigung des die geistige Minderwertigkeit begründenden Zustandes.

An geistig Minderwertigen, die sich für den Strafvollzug in einer gewöhnlichen Strafanstalt nicht eignen, ist die Strafe in einer staatlichen Sicherungsanstalt und, soweit es sich um geistig minderwertige Jugendliche handelt, in einer Erziehungsanstalt zu vollziehen.

Geistig Minderwertige, welche gemeingefährlich sind, müssen nach Vollzug oder Erlaß der Strafe in geeigneten Anstalten bis zur Entlassungsfähigkeit verwahrt werden.

Die Entlassung aus dieser Verwahrung kann nur bedingt und während eines gesetzlich begrenzten Zeitraumes widerruflich erfolgen.

Geistig Minderwertige, welche nicht gemeingefährlich sind, müssen nach Vollzug oder Erlaß der Strafe unter staatlich organisierter Gesundheitsaufsicht bleiben. Daneben kann Unterbringung in einer Familie oder Privatanstalt verfügt oder Bestellung eines besonderen Pflegers vorgesehen werden. Die Dauer einer solchen Aufsicht wird innerhalb einer gesetzlichen Grenze durch das Urteil bestimmt.

Zum Zwecke der Feststellung der Notwendigkeit und Zulässigkeit von Sicherungsmaßregeln gegen geistig Minderwertige hat ein besonderes Verfahren stattzufinden, welches indessen grundsätzlich von dem Verfahren der Entmündigung getrennt zu halten ist.

Der deutsche Vorentwurf sieht zwar in Abweichung von dem Beschlusse des Juristentages von der Aufstellung eines Begriffs der verminderten Zurechnungsfähigkeit ab, läßt aber in Fällen, in denen die freie Willensbestimmung durch Geisteskrankheit, Blödsinn oder Bewußtlosigkeit zwar nicht ausgeschlossen, jedoch in hohem Maße vermindert war, hinsichtlich der Bestrafung die Vorschriften über den Versuch Anwendung finden. Auch sind Freiheitsstrafen an solchen Personen unter Berücksichtigung ihres Geisteszustandes zu vollstrecken; gegen vermindert zurechnungsfähige Jugendliche kann die Vollstreckung auch in staatlich überwachten Erziehungs-, Heil- oder Pflegeanstalten erfolgen.

Auf einem ähnlichen Standpunkt steht auch der österreichische Vorentwurf, der denjenigen, dessen Fähigkeit, das Unrecht seiner Tat einzusehen oder seinen Willen dieser Einsicht gemäß zu bestimmen, zur Zeit der Tat infolge eines andauernden krankhaften Zustandes wesentlich vermindert ist, milder bestraft. Auch findet der Vollzug der Freiheitsstrafe an solchen Personen nach den der Eigenart solcher Personen angepaßten Vorschriften und in besonderen Anstalten statt.

8. Behandlung jugendlicher Personen.

27. DJT. Innsbruck 1904.

In Verfolg der Beschlüsse des 26. Juristentages wurde beraten über das

Thema: Die strafrechtliche Behandlung jugendlicher Personen.

Gutachter:	Berichterstatter:
Prof. Dr. Groß (Prag) I. 89—96.	GehORegR. Dr. Krohne (Berlin) IV. 329 ff.
StrafanstDir. Dr. Klein (Tegel) I. 97—136.	Prof. Dr. Puppe (Königsberg) IV. 341 ff.

Der erste Gutachter, Groß, führt aus:

I. Der Begriff der „jugendlichen Verbrecher" ist nicht weiter beizubehalten, da er nur ein äußerliches Unterscheidungsmerkmal als Einteilungsgrund enthält; er ist durch einen andern zu ersetzen, welcher auf die Erziehbarkeit des Verbrechers Gewicht legt.

II. Die subjektiven Altersgrenzen, welche höchst verschieden entwickelte Individuen ungerechtfertigt zusammenfassen, haben im Strafgesetz völlig zu entfallen; bei jedem Individuum, welches sich in einem Alter befindet, das beendete Entwicklung zweifelhaft erscheinen läßt, ist vom Richter besonders zu untersuchen und zu entscheiden, ob Verantwortlichkeit mit Rücksicht auf das Alter vorliegt.

Klein stellt folgende Thesen auf:

1. Die gegenwärtige Reichsgesetzgebung über die strafrechtliche Behandlung der jugendlichen Personen ist reformbedürftig.

2. Die Altersstufe der absoluten Strafunmündigkeit ist bis zu dem vollendeten 14. Lebensjahre zu erstrecken, unter der Voraussetzung ausreichender disziplinarer Maßregeln.

3. In den §§ 56, 57 Abs. 1 des Strafgesetzbuches ist das Kriterium der für die Erkenntnis der Strafbarkeit erforderlichen Einsicht zu ersetzen durch eine Fassung, welche als entscheidend die Reife der Persönlichkeit überhaupt betont.

4. Als obere Grenze des Alters der relativen Strafunmündigkeit ist das vollendete 18. Lebensjahr festzuhalten.

5. Von den heutigen Strafmitteln sind zur Anwendung gegen Jugendliche ungeeignet:

a) die Todesstrafe,

b) die Zuchthausstrafe,

c) die Überweisung an die Landespolizeibehörde (Arbeitshaus),
d) der Verlust bürgerlicher Ehrenrechte,
e) die Polizeiaufsicht.

6. Von Freiheitsstrafen sind für Jugendliche geeignet:
a) zeitlich beschränkte Gefängnisstrafe und
b) eine als custodia honesta (Haft oder Festungshaft) zu gestaltende einfache Freiheitsentziehung mit Überwachung der Beschäftigung und Lebensweise, gleichfalls zeitlich begrenzt, aber auf mehr als drei Monate (Grenze der heutigen Haft) zulässig.

7. Freiheitsstrafen sollten nach den Erfahrungen in dem praktischen Strafvollzuge nur insoweit angewendet werden, als andere Strafmittel nicht ausreichen. Daher empfiehlt es sich, das Anwendungsgebiet des Verweises und der Geldstrafe zu erweitern, allerdings unter entsprechender gesetzlicher Ausgestaltung dieser beiden Strafmittel nach Inhalt und Vollzug.

8. Strafmittel wie die Prügelstrafe, Friedensbürgschaft, Wirtshausverbote, staatlich kontrollierter Hausarrest sind nicht zweckmäßig.

9. Dagegen ist es angezeigt, nach dem Vorbilde des § 11 des preußischen Gesetzes über den Forstdiebstahl und des § 5 des preußischen Feld- und Forstpolizeigesetzes, dem Strafrichter die Befugnis zu geben, in geeigneten Fällen für die Geldstrafe und die Kosten, zu denen jugendliche Personen verurteilt werden, welche unter der Gewalt eines anderen stehen und zu dessen Hausgenossenschaft gehören, den letzteren im Falle des Unvermögens des Verurteilten für haftbar zu erklären.

Wird festgestellt, daß die Tat nicht mit seinem Wissen verübt wurde oder daß er sie nicht verhindern konnte, so wird die Haftbarkeit nicht ausgesprochen.

10. Das Strafrecht allein kann der Zuchtlosigkeit jugendlicher Rechtsbrecher nur in beschränktem Maße entgegenwirken, weil in dem Strafrecht nicht die Mittel liegen, die Quellen der jugendlichen Kriminalität abzugraben. Diese eminent wichtige Tätigkeit gehört zu den Aufgaben der Verwaltung, nicht der Strafjustiz. Die Einreihung erziehlicher Maßnahmen zur Bekämpfung der Verwahrlosung der verbrecherischen Jugendlichen unter die Aufgaben und in das System eines neuen RStGB. ist nicht zu empfehlen, dagegen ist die Aufhebung des § 56 Abs. 1 RStGB. ratsam.

Der Strafrichter kann nur freisprechen oder verurteilen. Darüber hinaus soll er aus Gründen der Zweckmäßigkeit bei schwereren Straftaten und in geeigneten Fällen nur anregen, für angemessen erklären, einen wegen fehlender Reife freigesprochenen oder einen verurteilten Jugendlichen noch einer staatlich überwachten Erziehung zu unterstellen.

Nicht angängig aber ist, einen schuldig Erklärten durch Spruch des Strafrichters nur einer solchen Erziehung zu unterwerfen und von Strafe freizulassen.

Das Strafverfahren gegen jugendliche Personen darf für den Strafrichter sehr wohl der Anlaß sein, die zuständige Stelle auf den ungenügenden Stand der Erziehung der Angeklagten hinzuweisen und die Nachholung des Versäumten anzuregen. Durch eine in das neue RStGB. aufzunehmende Bestimmung ist eine entsprechende Verpflichtung des Strafrichters einzuführen.

Die Entscheidung auf eine solche Anregung aber ist Sache des nach allgemeiner Volksanschauung dazu berufenen Vormundschaftsrichters, der im Verein mit den zur Ausführung der staatlich überwachten Erziehung zuständigen Verwaltungsbehörden das Geeignete zu veranlassen hat.

Die staatlich überwachte Erziehung muß in ihren Grundzügen reichsgesetzlich geregelt werden, aber außerhalb des RStGB. und noch vor oder doch mit dessen Inkrafttreten.

11. In einer neuen Strafprozeßordnung bedarf es einer erschöpfenden und systematischen Regelung der die jugendlichen Personen betreffenden Bestimmungen über das Verfahren, für das die ordentlichen Gerichte zuständig bleiben.

In dem Verfahren gegen Jugendliche müssen diejenigen Abweichungen von dem regelmäßigen Verfahren eintreten, welche durch die Natur der Sache geboten sind, nämlich:

a) Beschränkung des Legalitätsprinzipes (§ 152 Abs. 2 StPO.);
b) Beschleunigung der ganzen Untersuchung von den ersten Ermittelungen bis zur Endentscheidung;
c) Zuziehung geeigneter Auskunftspersonen behufs Feststellung der zur strafrechtlichen Verantwortlichkeit des Angeschuldigten erforderlichen geistigen und sittlichen Reife;
d) in den §§ 56 Nr. 1 (Eidesfähigkeit) und 140 Nr. 1 (notwendige Verteidigung) StPO. Ersetzung des 16. durch das 18. Lebensjahr;
e) Regelung der Untersuchungshaft;
f) Ausschluß des Verfahrens nach §§ 231 (Hauptverhandlung in Abwesenheit des Angeklagten), 232 (Entbindung des Angeklagten von der Pflicht zum Erscheinen in der Hauptverhandlung), 447 (richterlicher Strafbefehl), 453 (polizeiliche Strafverfügung) StPO., wenn Freiheitsstrafe zu erwarten steht;
g) Beschränkung der Öffentlichkeit des Verfahrens.

12. a) Für die reichsgesetzliche Regelung des Strafvollzuges an Jugendlichen bilden die §§ 4, 12, 18, 29 Abs. 1 und 34 Abs. 5 der von dem Bundesrat vereinbarten Grundsätze, welche bei dem Vollzuge gerichtlich erkannter Freiheitsstrafen zur Anwendung kommen, brauchbare Vorbilder.

Es sollten jedoch in Abweichung von § 4 Abs. 2 dieser Grundsätze gemäß § 57 Abs. 2 RStGB. die Freiheitsstrafen allgemein, auch kurzzeitige, in besonderen, zur Verbüßung von Strafen jugendlicher Personen bestimmten Anstalten oder Räumen vollzogen werden.

b) Jede Freiheitsstrafe, ob kurz oder lang, muß methodisch auf Erziehung eingerichtet werden.

Für die Beschäftigung sollten nur die Rücksichten auf die Erziehung und das künftige Fortkommen maßgebend sein.

Die Ernährung und die gesamte Gesundheitspflege sind dem noch unentwickelten jugendlichen Körper anzupassen.

Zur Erreichung dieser Ziele bedarf es der Gewinnung besonders tüchtiger Vollzugsbeamten.

c) Es gehört zu den Aufgaben des Staates, die Fürsorge für solche Jugendliche zu fördern und zu überwachen, welche aus der Strafhaft vorläufig oder endgültig entlassen sind, oder welchen Strafaufschub mit Aussicht auf Begnadigung bewilligt ist, oder welche bei Einführung der bedingten Verurteilung bedingt verurteilt sind. Die freie Liebestätigkeit allein reicht nicht hin. Vielmehr muß hier der Staat durch die Vormundschaftsrichter mitwirken.

Der Juristentag schloß sich im wesentlichen den Ausführungen des ersten Berichterstatters an.

Beschluß. Die gegenwärtige Gesetzgebung über die Behandlung der jugendlichen Personen bedarf dringend der Abänderung.

I. In bezug auf das Strafrecht.

1. Die Altersstufe der absoluten Strafmündigkeit ist bis zu dem vollendeten schulpflichtigen Alter — zurzeit das vollendete 14. Lebensjahr — zu erstrecken unter der Voraussetzung ausreichender disziplinarer und vormundschaftlicher Maßregeln.

2. Das Kriterium der für die Erkenntnis der Strafbarkeit erforderlichen Einsicht ist zu beseitigen. Gegen Jugendliche zwischen 14 und 18 Jahren hat Bestrafung nur, wenn die Person geistig so weit

entwickelt ist, daß der Zweck der Strafe erreicht werden kann, einzutreten.

3. Als obere Grenze des Alters der relativen Strafmündigkeit ist das vollendete 18. Lebensjahr festzuhalten.

4. Von den heutigen Strafmitteln sind zur Anwendung gegen Jugendliche ungeeignet:

a) die Todesstrafe,
b) die Zuchthausstrafe,
c) die Überweisung an die Landespolizeibehörde zur Unterbringung in einem Arbeitshause,
d) der Verlust bürgerlicher Ehrenrechte,
e) die Polizeiaufsicht.

5. Von Freiheitsstrafen sind für Jugendliche geeignet:

a) Gefängnis bis zur Höchstdauer von 15 Jahren und Haftstrafe.
b) Die Bestimmungen über die Jugend als Milderungsgrund für die Abmessung der Dauer der Strafe sind zu beseitigen.

6. Das Anwendungsgebiet des Verweises und der Geldstrafe ist zu erweitern, unter gesetzlicher Ausgestaltung dieser Strafmittel nach Inhalt und Vollzug.

7. Die Erweiterung der Haftbarkeit der Gewalthaber der Jugendlichen für die Folgen der von diesen begangenen Straftaten ist ins Auge zu fassen.

8. Anstatt oder neben der Strafe kann der Strafrichter staatlich überwachte Erziehung der Jugendlichen (Zwangserziehung, Fürsorgeerziehung) anordnen. Die Ausführung steht den dazu bestimmten Organen zu; gegen die vorzeitige Aufhebung hat die Staatsanwaltschaft ein Widerspruchsrecht, über welches das Vormundschaftsgericht entscheidet.

II. In bezug auf den Strafprozeß.

1. Beschränkung der Anklagepflicht der Staatsanwaltschaft; an die Stelle der Anklage kann Mitteilung an das Vormundschaftsgericht zur Anwendung geeigneter Maßnahmen treten.

2. Beschleunigung des Verfahrens.

3. Zuziehung geeigneter Auskunftspersonen zur Feststellung der geistigen und sittlichen Reife der Jugendlichen. Die Zurechnungsfähigkeit muß unter Mitwirkung eines entsprechend vorgebildeten Arztes geprüft werden.

4. Notwendige Verteidigung.

5. Beschränkung der Öffentlichkeit des Verfahrens, auf die Zulassung der Gewalthaber, Seelsorger, Lehrer, Dienst- und Lehrherren und ähnlicher in persönlicher Beziehung zu den Jugendlichen stehenden Personen.

6. Regelung der Untersuchungshaft dahin, daß jugendliche Untersuchungsgefangene in der Regel allein, mit Erwachsenen niemals zusammen zu verwahren sind.

III. In bezug auf den Strafvollzug.

1. Alle Freiheitsstrafen gegen Jugendliche müssen in besonderen, nur für sie bestimmten Abteilungen oder Anstalten vollzogen werden.

2. Die Einrichtung und Leitung dieser Anstalten sowie die Behandlung der Jugendlichen muß derart geordnet sein, daß neben dem Ernste der Strafe, die geistige, sittliche und körperliche Erziehung der Jugend zu ihrem vollen Rechte kommt.

3. Von dem Strafaufschub und der vorläufigen Entlassung ist bei den Jugendlichen in ausgedehntem Maße Gebrauch zu machen, insbesondere soll die letztere nicht an die für Erwachsene geltenden Beschränkungen gebunden sein.

4. Die Fürsorge für solche Jugendliche, welche aus der Strafhaft vorläufig und endgültig entlassen sind, oder welchen Strafaufschub mit Aussicht auf Begnadigung bewilligt ist, oder welche bei Einführung der bedingten Verurteilung bedingt verurteilt sind, ist gesetzlich dahin zu regeln, daß dabei der Staat durch die Vormundschaftsorgane mitwirkt.

5. Die Strafe der Jugendlichen soll aus den Strafregistern gelöscht werden, wenn sie während einer Zeit, welche der Verjährungsfrist entspricht und mindestens zwei, höchstens zehn Jahre beträgt, sich tadellos verhalten haben. Damit soll nicht ausgeschlossen sein, daß ähnliche Maßregeln auch für Erwachsene ergriffen werden.

Der deutsche Vorentwurf zum Strafgesetzbuche rückt die Altersgrenze der Strafmündigkeit auf das vollendete 14. Lebensjahr hinauf unter Festhaltung an der oberen Altersgrenze von 18 Jahren; er beseitigt das Erfordernis der zur Erkenntnis der Strafbarkeit erforderlichen Einsicht und trifft Vorsorge, daß das Gericht anstatt oder neben einer Freiheitsstrafe die Überweisung des Jugendlichen zur staatlich überwachten Erziehung anordnen kann, wenn die Tat hauptsächlich als Folge mangelhafter Erziehung erscheint oder anzunehmen ist, daß Erziehungsmaßregeln notwendig sind, um den Täter an ein gesetzmäßiges Leben zu gewöhnen. Gegen Jugendliche darf nicht erkannt werden: auf Arbeitshaus, Verlust der bürgerlichen Ehrenrechte, Aufenthaltsbeschränkung und auf Verschärfung des Strafvollzugs. Die Löschung der Bestrafung eines Jugendlichen im Strafregister kann das Gericht anordnen, wenn nach der Verbüßung, dem Erlaß oder der Verjährung der verhängten Strafe ein längerer Zeitraum verstrichen ist, währenddessen sich der Verurteilte gut geführt hat. Dieser Zeitraum beträgt, wenn die Strafe keine schwerere ist als eine dreimonatige Freiheitsstrafe, mindestens zwei Jahre, sonst mindestens fünf Jahre, während der Zeitraum bei erwachsenen Verurteilten ein längerer ist. Auch bei dem Vollzuge der Freiheitsstrafen gegen Jugendliche trägt der Vorentwurf dem Strafmilderungsgrunde der Jugend durch Strafart und Strafvollzug Rechnung. Insbesondere sollen Freiheitsstrafen gegen vermindert zurechnungsfähige Jugendliche auch in staatlich überwachten Erziehungs-, Heil- oder Pflegeanstalten vollzogen werden können.

Auch der Entwurf der deutschen Strafprozeßordnung bezweckt die Bestrafung Jugendlicher auf Fälle zu beschränken, in denen nicht erzieherische Maßnahmen einer Bestrafung vorzuziehen sind, die Berührung der Jugendlichen mit den Strafgerichten möglichst zu verhüten und, wo sich eine strafgerichtliche Untersuchung als unumgänglich erweist, das Verfahren so zu gestalten, wie es die Schutzbedürftigkeit der Jugendlichen erheischt. Der Entwurf hat deshalb dem Verfahren gegen Jugendliche, d. h. Personen unter 18 Jahren, einen besonderen Abschnitt gewidmet. Die Staatsanwaltschaft soll gegen einen Jugendlichen keine öffentliche Klage erheben, wenn Erziehungs- und Besserungsmaßregeln einer Bestrafung vorzuziehen sind, sondern in solchem Falle die Sache an die Vormundschaftsbehörde abgeben. Der Entwurf sieht ferner vor, daß in allen Sachen der Jugendliche entweder durch einen Verteidiger oder durch einen Beistand unterstützt wird. Für die Verhandlung gegen einen Jugendlichen kann das Gericht nach freiem Ermessen die Öffentlichkeit ganz oder teilweise ausschließen. Jugendliche in Untersuchungshaft sollen in demselben Raume mit erwachsenen Gefangenen nur vorübergehend und nur dann untergebracht werden, wenn es ihr körperlicher oder geistiger Zustand erfordert.

Nach dem Vorentwurf zu dem neuen österreichischen Strafgesetzbuch ist nicht strafbar, wer zur Zeit der Tat das vierzehnte Lebensjahr nicht vollendet hat und wer im Alter von 14 bis 18 Jahren stand, wenn er wegen zurückgebliebener Entwickelung oder mangels der geistigen Reife nicht die Fähigkeit besaß, das Unrecht seiner Tat einzusehen oder seinen Willen dieser Einsicht gemäß zu bestimmen. Über den bedingten Strafnachlaß bei Jugendlichen nach dem österreichischen Entwurfe vgl. die Bemerkungen oben zu Ziff. **24**.

9. Gewohnheits- und gewerbsmäßiges Verbrechertum.

28. DJT. Kiel 1906.

Der 28. Juristentag beschäftigte sich auf Grund des vom 26. Juristentage betreffs der Revision des Strafgesetzbuches aufgestellten Programmes mit dem

Thema: Strafrechtliche Behandlung von Rückfall, gewohnheitsmäßigem und gewerbsmäßigem Verbrechertum.

Gutachter:	Berichterstatter:
Prof. Dr. Max Ernst Mayer (Straßburg) I. 145—200.	Prof. Dr. Kahl (Berlin) III. 369 ff.
Prof. Dr. med. Aschaffenburg (Köln) II. 3—32.	OStA. Dr. Hoegel (Wien) III. 389 ff.

Prof. Mayer stellt folgende Leitsätze auf:

1. a) Der Begriff des Rückfälligen ist ungeeignet, den des Gewohnheitsverbrechers zu ersetzen.

b) Der Rückfall des Gelegenheitsverbrechers in ein Gelegenheitsverbrechen ist innerhalb des ordentlichen Strafrahmens zu würdigen.

c) Der Rückfall des Gewohnheitsverbrechers in die gewohnheitsmäßige Begehung strafbarer Handlungen ist als ein die Strafe des Gewohnheitsverbrechers erhöhender Umstand zu behandeln. (Vgl. These 4 c.)

2. a) Die Begriffe „gewohnheits- und gewerbsmäßige Begehung strafbarer Handlungen" sind als gesetzliche Tatbestandsmerkmale einwandsfrei; eine Legaldefinition wäre gefährlich.

b) Der Begriff des unverbesserlichen Gewohnheitsverbrechers ist gesetzgeberisch unbrauchbar. (Daher These 1 c.)

c) Wegen gewerbs- oder gewohnheitsmäßiger Begehung einer strafbaren Handlung kann auch gestraft werden, falls der Täter noch keine Vorstrafen erlitten hat.

3. a) Die gewerbsmäßige Begehung eines Verbrechens oder Vergehens und die verschiedenartiger Verbrechen oder Vergehen sind in der Form eines allgemeinen Strafschärfungsgrundes zu berücksichtigen.

b) Die gewohnheitsmäßige, nicht dem Erwerbe dienende Begehung verschiedenartiger Verbrechen oder Vergehen ist ebenso zu behandeln wie die gewerbsmäßige Begehung.

c) Die gewohnheitsmäßige, nicht dem Erwerbe dienende Begehung eines einzelnen Deliktes ist je nach der Natur des Deliktes strenger zu bedrohen oder der ordentlichen Strafdrohung zu überlassen und somit im besondern Teile zu berücksichtigen.

4. a) Die für die Fälle der Thesen 3 a und 3 b aufzustellende Strafandrohung muß ihrer Mindest- und Höchstgrenze nach aus einem Vielfachen der für die einfache Begehung angedrohten Strafen, ihrer Art nach, soweit es sich um ein Jahr oder länger dauernde Strafen handelt, aus Zuchthaus bestehen.

b) Die Höhe der anzudrohenden und der auszusprechenden Strafe muß mit Rücksicht auf die Aufgaben des Strafvollzugs bestimmt werden.

c) Dieselben Gesichtspunkte (a und b) müssen die gegen den rückfälligen Gewohnheitsverbrecher zu richtenden Strafen beherrschen; außerdem muß ihm gegenüber, falls er ein Verbrechen oder schweres Vergehen begangen hat, neben der zeitigen Zuchthausstrafe lebenslängliche zulässig sein.

5. a) Das Wesen der Strafzumessung und die Aufgaben des Strafvollzugs erfordern, daß die gegen Gewohnheitsverbrecher gerichteten Strafurteile als relativ bestimmte erlassen werden.

b) Das relativ bestimmte Strafurteil muß in jedem einzelnen Falle in verschiedenen Grenzen zulässig sein; seine Spannweiten müssen nach der Höhe der angedrohten Strafe bemessen werden und beträchtlich geringer sein als die Weite des gesetzlichen Strafrahmens.

c) Innerhalb der Grenzen des richterlichen Urteils bestimmt ein Strafvollzugsamt die endgültige Strafe unter Berücksichtigung des moralischen und körperlichen Zustandes des Sträflings und der Lebensbedingungen, die ihn in der Freiheit erwarten.

Aschaffenburg faßt seine Ausführungen dahin zusammen:

1. Rückfall, gewohnheits- und gewerbsmäßiges Verbrechertum sind Begriffe, die sich nicht mit genügender Sicherheit gegeneinander abgrenzen lassen.

2. Sie sind daher nur in beschränktem Maße zur Bestimmung der strafrechtlichen Folgen verwertbar.

3. Die Straftat ist nur als ein Merkmal zu betrachten, das im Rahmen der Gesamtindividualität zu werten ist.

4. Die Strafart muß sich der Individualität anpassen.

5. Der Strafvollzug muß ein progressiver werden, der von der Einzelhaft bis zur Beschäftigung im Freien fortschreitet.

6. Die Strafdauer muß abhängig gemacht werden von der Strafwirkung.

7. Gegen Verbrecher, die gemeingefährliche Delikte wiederholt, gewohnheitsmäßig oder gewerbsmäßig begehen, ist eine Strafe von un-

bestimmter Dauer zu verhängen. Wann der Versuch einer Beurlaubung gemacht werden kann, hängt von dem Urteil einer Strafvollzugskommission ab. Der Verbrecher hat das Recht, nach bestimmten Zwischenzeiten, die von der Art und Häufigkeit der Straftat abhängig zu machen sind, eine neue Beurteilung seitens der Strafvollzugskommission zu verlangen.

8. Zum Schutze der Rechte des Strafgefangenen sowie zur dauernden Aufrechterhaltung der Verbindung mit der Außenwelt ist jedem zu längerer oder unbestimmter Strafe Verurteilten ein Berufsvormund zur Seite zu stellen.

In den Ausführungen der Berichterstatter zeigte sich eine Verschiedenartigkeit der Auffassungen, indem Kahl aus der Kriminalstatistik des deutschen Reiches eine bedrohliche Progression des rückfälligen Verbrechertums entnahm, während Hoegel die Ergebnisse der Statistik nicht für verwertbar hielt, um eine verschärfende Reaktion des Staates gegenüber dem Rückfall zu begründen. Immerhin erkannte auch der Korreferent an, daß jedenfalls eine wirksamere Bekämpfung des Rückfalls, als sie das geltende Recht darbietet, möglich und wünschenswert sei.

Der Juristentag beschloß im wesentlichen nach dem Antrag des ersten Berichterstatters.

Beschluß. I. Die im RStGB. vorgesehene Behandlung von Rückfall, gewohnheitsmäßigem und gewerbsmäßigem Verbrechertum ist ungenügend. Um sie wirksam zu gestalten, werden folgende Änderungen des geltenden Rechtes erforderlich und ausreichend sein:

1. Der Rückfall des Gelegenheitsverbrechers in ein Gelegenheitsverbrechen bildet, wie schon jetzt das fortgesetzte Verbrechen, nur einen erhöhenden Strafzumessungsgrund innerhalb des ordentlichen Strafrahmens.
2. Außer diesem Falle bildet der gleichartige oder ungleichartige Rückfall sowie stets die gewohnheits- oder gewerbsmäßige Begehung einer strafbaren Handlung einen allgemeinen Strafschärfungsgrund. Beim Vorhandensein mildernder Umstände kann der Richter die Strafe innerhalb des ordentlichen Strafrahmens wählen.
3. Gegen gemeingefährliche und rückfällige Gewohnheitsverbrecher kann neben der Strafe auf Sicherungsnachhaft von unbestimmter Dauer erkannt werden. Diese Maßregel ist in besonderen Anstalten zu vollstrecken. Sie soll eine Bekämpfung derjenigen Symptome in der Person des Verbrechers (Arbeitsscheu, Alkoholismus) bezwecken, durch welche die gewohnheits-

mäßige Begehung solcher Straftaten überwiegend zu erklären ist. Über die jederzeit widerrufliche Entlassung entscheiden gemischte, aus Organen der Anstaltsleitung, Beamten der Staatsanwaltschaft und Ehrenbeamten gebildete Kommissionen.

II. Für die unter I vorgesehene gesetzliche Regelung empfiehlt sich die Annahme folgender Grundsätze:

1. Eine Legaldefinition des Begriffes der gewohnheits- und gewerbsmäßigen Begehung strafbarer Handlungen ist, ebenso wie eine solche des rückfälligen Gelegenheitsverbrechers, zu unterlassen.
2. Ein Begriff des unverbesserlichen Rückfälligen oder Gewohnheitsverbrechers ist in das Gesetz nicht aufzunehmen.
3. Die Vorbestrafung des Täters darf keine Voraussetzung für die Annahme der gewohnheits- oder gewerbsmäßigen Begehung strafbarer Handlungen bilden.

III. Von der allgemeinen Regelung auszunehmen und einer sonderrechtlichen Ordnung zu unterstellen sind:

1. Die strafrechtliche Behandlung der geistig minderwerten Gewohnheitsverbrecher;
2. die strafrechtliche Behandlung der gewerbsmäßigen Prostitution;
3. die strafrechtliche Behandlung des gewerbsmäßigen Bettler- und Landstreichertums.

IV. Durch die allgemeine Regelung soll die Beibehaltung derjenigen Bestimmungen im besonderen Teile nicht ausgeschlossen sein, nach welchen die Gewerbsmäßigkeit der Begehung entweder begrifflich und natürlich ein die Strafbarkeit begründendes Merkmal darstellt oder nach welchen durch die besondere Natur eines Deliktes die Unterstellung unter die allgemeine Strafschärfung nicht angezeigt erscheint.

V. Die Beschlußfassung über Art und Maß der besonderen Strafmittel gegen rückfällige, gewohnheits- und gewerbsmäßige Verbrecher sowie über den Strafvollzug wird zurückgestellt für die nach Maßgabe der Beschlüsse des 26. Juristentages von 1902 demnächst eintretende selbständige Verhandlung über das Strafmittelsystem und die Gestaltung des Strafvollzugs.

Der deutsche Vorentwurf behandelt in Übereinstimmung mit dem Juristentage den Rückfall als allgemeinen Strafschärfungsgrund, trifft aber zugleich Vorsorge, daß besonders gearteten Fällen eine mildere Behandlung zuteil werden kann. Die Gewerbs- und Gewohnheitsmäßigkeit erhebt er zwar nicht zu einem allgemeinen, dem Rückfall gleichgestellten Strafschärfungsgrunde, hält es aber andererseits für geboten, ihr insofern nachdrückliche Berücksichtigung zu sichern, als er gegen die vielfach und erheblich Vorbestraften langdauernde Strafen androht. Von der Anwendung der sichernden Verwahrung nimmt der Vorentwurf jedoch Abstand und zwar sowohl statt als auch neben der Strafe, schreibt vielmehr auch gegen die sogenannten Unverbesserlichen von dem Richter ihrer Dauer nach festzubestimmende Strafen vor. Hierbei wird von der Erwägung ausgegangen, daß die Strafe in gerechtem Verhältnisse zur Schuld zu stehen hat, die nach der Tat und der Persönlichkeit des Täters zu bemessen ist und daß sich die Unschädlichmachung des Verbrechers darüber hinaus aus Gründen polizeilicher Natur strafrechtlich nicht rechtfertigen läßt.

Der österreichische Vorentwurf sieht eine Erhöhung der Strafe im Falle wiederholter schwerer Bestrafung wie auch für den Rückfall vor. Gemeingefährliche Verbrecher können, wenn anzunehmen ist, daß sie sich von weiteren strafbaren Handlungen nicht abhalten lassen, unter gewissen Voraussetzungen auch nach Verbüßung der verwirkten Strafe noch weiterhin „angehalten" werden (vgl. §§ 38, 63, 64); in den „Erläuternden Bemerkungen zu dem Vorentwurf" wird dem Beschlusse des Juristentages zu I 3 im Prinzipe ausdrücklich zugestimmt. Die näheren Vorschriften über die Verwahrung gemeingefährlicher Verbrecher in Anstalten finden sich in den §§ 530 ff. und 593 ff. des Vorentwurfs zur Strafprozeßordnung.

10. Strafverfolgungsverjährung.

24. DJT. Posen 1898.

Nach österreichischem Rechte ist der Eintritt der Strafverfolgungsverjährung nicht allein an den Ablauf einer gewissen Zeit geknüpft; die Verjährung kommt vielmehr nur demjenigen zustatten, der außerdem von dem Verbrechen keinen Nutzen mehr in Händen, auch, insoweit es die Natur des Verbrechens zuläßt, nach seinen Kräften Wiedererstattung geleistet hat und nicht geflüchtet ist. Deshalb beschäftigte sich der Juristentag mit der

Frage: Soll zur Verjährung der Strafverfolgung der bloße Ablauf einer gesetzlich bestimmten Zeit seit Verübung der Straftat genügen? oder soll die Verjährung auch noch an andere Bedingungen geknüpft werden?

Gutachter:	Berichterstatter:
Prof. Lammasch (Wien)	LGDir. Dr. Felisch (Berlin)
II. 104—123.	IV. 286 ff.
StA. Dr. Hoegel (Graz)	ORA. Dr. Hamm (Leipzig)
II. 134—155.	IV. 297 ff.

Der erste Gutachter, Lammasch, gelangt zu folgenden Sätzen:

I. In betreff der Bedingungen der Verjährung: Die Verfolgung von Vergehen und nicht mit der Todesstrafe (oder, sofern man diese nicht beibehalten will, mit lebenslänglicher Freiheitsstrafe) bedrohten Verbrechen verjährt, wenn sie innerhalb der gesetzlichen Verjährungsfrist nicht verfolgt werden und wenn der Beschuldigte

1. in der zur Verjährung erforderlichen Zeit kein Verbrechen oder von Amts wegen zu verfolgendes Vergehen begangen hat, und
2. wenn er, sofern dies nicht schon früher geschehen ist, wenigstens noch vor Beginn der Hauptverhandlung den ganzen durch sein Verbrechen oder Vergehen bewirkten Schaden, soweit es in seinen Kräften stand, gut gemacht oder dessen Ersatz sichergestellt hat.

II. In betreff der Unterbrechung der Verjährung: Verjährungsfristen, welche die Dauer von drei Jahren nicht überschreiten, werden durch jede gerichtliche Handlung unterbrochen, die wegen der betreffenden Tat gegen den ihrer Verdächtigen stattfindet. Von dem Tage ab, an welchem die letzte gerichtliche Handlung gegen den Verdächtigen vorgenommen wurde, beginnt eine neue Verjährungsfrist. Doch kann die ursprüngliche Verjährungsfrist nicht mehr als verdoppelt werden. Bei längeren Verjährungsfristen bewirkt jede wegen der Tat gegen den Verdächtigen stattfindende gerichtliche Handlung das Ruhen der Verjährung für die Dauer des eingeleiteten Verfahrens. Wird das Verfahren anders als durch eine Verurteilung beendigt, so kann vom Tage des Abschlusses ab eine Fortsetzung der Verjährung stattfinden.

Hoegel bejaht die erste und verneint die zweite Frage.

Die Abteilung schloß sich im wesentlichen dem Antrag des Berichterstatters Felisch an und faßte einstimmig folgenden

Beschluß: Der seit Verübung einer Straftat erfolgte Ablauf einer gesetzlich bestimmten Frist genügt zur Verjährung der Strafverfolgung. Es empfiehlt sich, einen Endtermin für unterbrochene Verjährungsfristen zu bestimmen.

Der österreichische Vorentwurf zu einem neuen Strafgesetzbuche hat die besonderen Verjährungsbedingungen beseitigt und macht den Eintritt der Verjährung der Strafverfolgung nur von dem Ablauf einer bestimmten Zeit abhängig. Der deutsche Vorentwurf läßt wie das geltende Strafgesetzbuch den bloßen Zeitablauf entscheiden. Beide Vorentwürfe enthalten die wichtige Neuerung, daß keine Unterbrechung imstande ist, die Verjährungsfrist über ihre doppelte Dauer zu verlängern, und beziehen sich in der Begründung hierzu ausdrücklich auf den Beschluß des Juristentages.

11. Dolus eventualis.

24. DJT. Posen 1898.

Eine der am lautesten erhobenen Klagen gegen die Rechtsprechung unserer Strafgerichte ist die, daß der Vorsatzbegriff durch eine mißverständliche Verwertung des dolus eventualis gewaltsam und dem Volksempfinden zuwider überspannt worden sei. Um diesem Vorwurf zu begegnen und eine Begriffsbestimmung des Eventualvorsatzes zu gewinnen, die der Rechtsprechung einen Anhalt zu geben vermöchte, setzte die ständige Deputation auf die Tagesordnung des 24. Juristentages das

Thema: Die Behandlung des dolus eventualis im Strafrecht und Strafprozeß.

Gutachter:	Berichterstatter:
RGR. Dr. Stenglein (Leipzig) I. 90—106.	OLA Dr. Hamm (Leipzig) IV. 271 ff.
Prof. Dr. v. Liszt (Halle a. S.) I. 107—133.	

Der erste Gutachter, Stenglein, schlägt vor:

Der deutsche Juristentag wolle beschließen, es liege keine Veranlassung vor, den dolus eventualis im Strafrecht oder im Strafprozeß anders zu behandeln als bisher; vielmehr sei derselbe lediglich der wissenschaftlichen Ausbildung zu überlassen.

v. Liszt spricht sich dahin aus:

In Anbetracht der vielfach irrtümlichen Anwendung, welche der an sich unentbehrliche Begriff des eventuellen Vorsatzes in der deutschen Rechtsprechung gefunden hat und des Widerspruches innerhalb der einschlagenden Entscheidungen des Reichsgerichts ist eine grundsätzliche Stellungnahme der vereinigten Straffenate des Reichsgerichts zu dieser Frage dringend zu wünschen.

Die Abteilung stimmte dem Berichterstatter darin zu, daß der Begriffsbestimmung und Behandlung des dolus eventualis, wie sie in der Wissenschaft und Rechtsprechung des Reichsgerichts gleichmäßig feststehen, durchaus beizutreten sei und erhob deshalb fast einstimmig folgenden Antrag des Berichterstatters zum

Beschlusse: Der Erfolg einer Handlung, auf den der Wille des Täters nicht direkt gerichtet ist, der aber von dem Täter als möglich erkannt war, ist strafrechtlich dem Täter als vorsätzlich von ihm verursacht anzurechnen, wenn er die Tat auch für den Fall wollte, daß sie diesen Erfolg haben würde.

Desgleichen ist der Täter, der das Vorhandensein eines zum Tatbestand einer strafbaren Handlung gehörenden Merkmals nicht kannte, aber für möglich hielt, wegen vorsätzlicher Begehung der strafbaren Handlung zu verurteilen, wenn er die Tat auch für den Fall gewollt hat, daß dieses Tatbestandsmoment vorliegt.

Der deutsche Vorentwurf erkennt den dolus eventualis unter ausdrücklicher Bezugnahme auf den Beschluß des Juristentages als im Interesse der Gesellschaft nicht zu entbehren an. Wenn die Formulierung des Entwurfes auch abweicht, so deckt sich die Vorschrift der Sache nach doch mit dem Ausspruch des Juristentages. Die Vorsatzdefinition des österreichischen Vorentwurfs läßt die Anwendung des dolus eventualis gleichfalls zu.

12. Ehrenerklärung, Abbitte, Widerruf.

28. DJT. Kiel 1906.

Die in den letzten Jahren sich immer mehrenden Klagen, daß Beleidigungen in Deutschland keine hinreichende Sühne vor den Gerichten fänden, veranlaßte die ständige Deputation, nach weiteren Schutzmitteln gegen Beleidigungen Ausschau zu halten und infolgedessen zur Aufwerfung der

Frage: Empfiehlt es sich, Ehrenerklärung, Abbitte und Widerruf strafrechtlich zu verwerten? Unter welchen Voraussetzungen und in welchen Formen?

Gutachter: Stadtsyndikus Dr. Helfritz (Greifswald) II. 224—275.

Berichterstatter: Prof. Dr. Traeger (Marburg) III. 314 ff.
Dr. Helfritz (Greifswald) III. 324 ff.
(Dieser an Stelle des verhinderten Prof. Finger.)

Der Gutachter, Dr. Helfritz, vertritt im wesentlichen folgende Sätze:

Die Idee einer vom Beleidiger durch Erklärungen zu leistenden, erzwingbaren Genugtuung ist im Prinzip als gesetzgeberisch verwertbar anzuerkennen.

Die Verkörperung dieser Idee ist wünschenswert.

Als geeignetste Form der Verkörperung erscheint der Widerruf, dem eine der Buße analoge Stellung einzuräumen ist, jedoch mit der Maßgabe, daß eine Privatklage lediglich auf Ableistung des Widerrufs erhoben werden kann. Der Widerruf selbst erfolgt durch Bejahung der durch den Richter an den Verurteilten im besonderen Termine gerichteten Frage, ob er bereit sei, die Beleidigung zu widerrufen.

Während sich der erste Berichterstatter, Traeger, gegen die strafrechtliche Verwertung von Ehrenerklärung, Abbitte und Widerruf aussprach, vertrat der Korreferent im Anschluß an sein Gutachten den Standpunkt, daß eine vom Beleidiger durch Erklärungen zu leistende, erzwingbare Genugtuung gesetzlich verwertbar sei. Da die Genugtuungserklärung den beleidigenden Vorwurf beseitigen solle, müsse sie sich als Widerruf darstellen, zu dem der Beleidiger auf Antrag des Beleidigten verurteilt werden könne.

Die Abteilung faßte mit überwiegender Mehrheit folgenden

Beschluß: Es empfiehlt sich nicht, Ehrenerklärung, Abbitte und Widerruf strafgesetzlich zu verwerten.

Dagegen empfiehlt es sich, anzuordnen, daß die Veröffentlichungsbefugnis

1. auch bei nicht öffentlicher Beleidigung stattfindet;
2. auf die Urteilsgründe ganz oder teilweise ausgedehnt werden kann.

Auch der deutsche und der österreichische Vorentwurf sehen von der Verwertung des Widerrufs bei der Beleidigung ab. Die deutsche Begründung führt aus, es könne dieser Maßregel ein erheblicher praktischer Wert nicht beigemessen werden, es würde ihr, die immer nur gegen den der Beleidigung schuldig Befundenen zur Anwendung gebracht werden könnte, neben der Strafe eine nennenswerte Bedeutung nicht zukommen.

Dagegen läßt der deutsche Vorentwurf gleichfalls in Übereinstimmung mit dem Beschlusse des Juristentages die Publikationsbefugnis auf Ansuchen des Antragstellers auch bei nicht öffentlichen Beleidigungen zu. Die Zusprechung der Publikationsbefugnis ist nicht auf den Urteilstenor beschränkt, kann sich vielmehr auf die Gründe oder einen Teil derselben erstrecken.

Der österreichische Vorentwurf läßt die Publikation nur bei öffentlichen Beleidigungen zu.

13. Fahrlässiger Falscheid.

27. DJT. Innsbruck 1904.

Mit Rücksicht auf die Vorarbeiten zu einem neuen Strafgesetzbuche wurde, um womöglich zu erreichen, daß die Gesetzgebungen Deutschlands und Österreichs zu einem übereinstimmenden Resultate gelangen, zur Erörterung gestellt die

Frage: Soll die Strafbarkeit der fahrlässigen falschen eidlichen Aussage im deutschen Rechte beibehalten, im österreichischen Rechte eingeführt werden.

Gutachter:	Berichterstatter:
RGR. Stenglein (Leipzig)	ORA. Dr. Olshausen (Leipzig)
26 I. 56—62.	27 IV. 303 ff.

Der Gutachter Stenglein gelangt zu dem Ergebnisse, daß bei der Revision des Deutschen StGB. das Delikt des § 163 aus demselben entfernt, in das österreichische StGB. aber nicht aufgenommen werden solle.

Den Ausführungen des Berichterstatters schloß sich die Abteilung mit großer Mehrheit an.

Beschluß. Die fahrlässige falscheidliche Aussage ist nicht unter Strafe zu stellen.

Der deutsche Vorentwurf bedroht entsprechend dem geltenden deutschen Rechte auch die fahrlässige Verletzung der Eidespflicht mit Strafe. Bei der großen Bedeutung des Eides und der eidlichen Aussage im Rechtsleben sei die Bestrafung auch der fahrlässigen Verletzung durchaus geboten, weil sie zugleich sich als ein Mittel darstelle, den Schwörenden zur gewissenhaften Erfüllung der Eidespflicht anzuhalten, dessen Wegfall in dieser Hinsicht von ungünstiger Wirkung sein würde.

Der österreichische Vorentwurf läßt in Übereinstimmung mit dem geltenden österreichischen Strafgesetzbuche den fahrlässigen Falscheid straffrei·

IX. Strafprozeß *).

1a. Zuziehung von Laien zu den Strafgerichten.

9. DJT. Stuttgart 1871.

Die in den letzten Jahren besonders lebhaft erörterte Frage, ob auch in den Strafgerichten mittlerer Ordnung — den Strafkammern —

*) Die den Strafprozeß betreffenden Beschlüsse des Juristentages haben gerade jetzt wieder besondere Bedeutung erlangt, da im Jahre 1909 in Deutschland wie in Österreich das Strafprozeßrecht abändernde Entwürfe veröffentlicht worden sind. Dem deutschen Reichstag wurden am 26. März 1909 die Entwürfe eines Gesetzes, betreffend Änderungen des Gerichtsverfassungsgesetzes, einer Strafprozeßordnung und eines zu beiden gehörigen Einführungsgesetzes vorgelegt. In Österreich wurde im November 1909 der Vorentwurf eines die Strafprozeßordnung vom 23. Mai 1873 abändernden Gesetzes der Öffentlichkeit übergeben.

für die erste Instanz die Zuziehung von Laien angebracht sei, beschäftigte zum ersten Male im Jahre 1871 den 9. Juristentag, der sich vorzugsweise über die Organisation der Schöffengerichte aussprach.

Fragen. 1. Läßt sich eine Verbesserung der Strafrechtspflege von der Einführung von Schöffengerichten, d. h. durch Zuziehung von Laien zu den Strafgerichten mittlerer und unterster Ordnung erwarten?

2. Empfiehlt sich die Einführung von Schöffengerichten namentlich auch dann, wenn die Berufung gegen die Urteile der genannten Strafgerichte beseitigt wird?

3. Ist den Schöffen das Richteramt in seinem vollen Umfang zu übertragen oder ist denselben ein beschränkter Wirkungskreis (etwa die bloße Entscheidung der Tat- oder Beweisfrage) zuzuweisen?

Gutachter:	Berichterstatter:
OAGR. Becker (Oldenburg) Ib. 1—17.	GenStA. Schwarze (Dresden) III. 174 ff.
OTrR. Binder (Stuttgart) Ib. 18—32.	
Prof. Dr. A. Merkel (Prag) Ib. 33—51.	

Der erste Gutachter, Becker, bejaht die drei Fragen.

Binder ist für Bejahung der beiden ersten Fragen, spricht sich bezüglich der dritten dahin aus, daß für den Fall der Einführung von Schöffengerichten die Beschränkung des Wirkungskreises der Schöffen auf die Entscheidung über die Schuldfrage und etwa über die Strafbemessung — mit Ausschluß ihrer Mitwirkung bei der Frage von der Anwendung des Strafgesetzes und bei prozessualen Entscheidungen — zu empfehlen sei.

Merkel kommt betreffs der ersten Frage zu folgendem Resultat:

Allerdings kann eine Verbesserung der Strafrechtspflege von der Beteiligung von Laien an der Wirksamkeit der Strafgerichte mittlerer und unterster Ordnung erwartet werden, diese Beteiligung soll aber nur hinsichtlich der Kompetenz der letzteren in der Form des Schöffengerichts, hinsichtlich der Kompetenz der ersteren dagegen in der (freilich entsprechend zu modifizierenden) Form der Jury stattfinden.

Zu den Modifikationen gehören insbesondere:

a) Verengerung des Wirkungskreises,
b) schwächere Besetzung der Geschworenenbank (kleine Jury),
c) Einstimmigkeit bei Verurteilungen.

Die zweite Frage bejaht Merkel.

Den Schöffen will er schließlich die Entscheidung über die gesamte Schuld- und Straffrage zuweisen.

Der Berichterstatter empfahl folgende Resolution:

1. Eine Verbesserung der Strafrechtspflege ist von der Einführung von Schöffengerichten zu erwarten, dieselben sind jedoch nicht auf die Gerichte unterster Ordnung zu beschränken.

2. Die Beibehaltung der Berufung gegen das Urteil eines Schöffengerichts ist unzulässig.

3. Den Schöffen ist das Richteramt in bezug auf die gesamte Schuldfrage zu übertragen, dagegen eine Mitwirkung bei der Entscheidung prozessualer Fragen während der Beweisaufnahme und ein Votum bei der Strafabmessung selbst nicht einzuräumen.

Zur Annahme gelangte ein Antrag Schwarze-Becker mit einem Zusatze von JR. Meyer (Thorn).

Beschluß. a) Eine Verbesserung der Strafrechtspflege ist von einer möglichst ausgedehnten Mitwirkung des Laienelements bei der Aburteilung aller Strafrechtsfälle zu erwarten, und ist für diese Mitwirkung bei den Gerichten mittlerer und unterster Ordnung die Form des Schöffengerichts zu empfehlen.

b) Das Richteramt ist den Schöffen in seinem vollen Umfang zu übertragen.

Der Grundsatz, daß den Schöffen das Richteramt in seinem vollen Umfang zu übertragen sei, ist im § 30 des deutschen Gerichtsverfassungsgesetzes zum Ausdruck gekommen; in der Reichstagskommission wurde ausdrücklich auf die Verhandlungen des Juristentages Bezug genommen.

Im übrigen vgl. unten zu Ziff. 1 d.

1 b.

10. DJT. Frankfurt a. M. 1872.

Nachdem der 9. Juristentag (vgl. Ziff. 1a) sich bereits dahin ausgesprochen hatte, daß den Schöffen das Richteramt in seinem vollen Umfang zu übertragen sei, beschäftigte sich der 10. Juristentag mit der weiteren

Frage: Soll in den Strafgerichten höchster Ordnung an die Stelle des Gerichtshofes und der Jury ein einheitliches Kollegium von Juristen und Laien treten, und in welchem Zahlenverhältnisse sollen beide Elemente vertreten sein?

Gutachter:	Berichterstatter:
BezGDir. Stöckel (Freiberg i. S.) I. 18—34.	AGR. Stenglein (München)
KrGDir. Wetzki (Marienwerder) I. 90—97.	II. 143 ff.
Prof. Dr. Emanuel Ullmann (Innsbruck) I. 122—135.	

Der erste Gutachter, Stöckel, führt aus: In den Strafgerichten höchster Ordnung soll an die Stelle des Gerichtshofes und der Jury ein einheitliches Kollegium von Juristen und Laien treten, das aus drei rechtsgelehrten Richtern und neun Laienrichtern gebildet wird und alle dem Angeschuldigten ungünstigen Fragen mit Dreiviertel-, mindestens mit Zweidrittelmajorität entscheidet.

Wetzki spricht sich gegen eine Änderung des bestehenden Rechtes aus und empfiehlt eventuell Besetzung mit drei Richtern und sechs Laien.

Ullmann kommt zu folgendem Ergebnisse:

1. Die Jury ist die einzig rationelle Form der Mitwirkung des Laienelements in der Strafrechtspflege.
2. Die anerkannte Reformbedürftigkeit der Jury ist kein Grund, das Prinzip derselben durch Einführung des Schöffeninstituts aufzugeben.
3. Eine Reform der Jury ist möglich.
4. Das Schöffengericht ist irrationell innerhalb des Gebietes der Beweis- und Schuldfrage und geradezu unbrauchbar innerhalb der Rechtsfrage, denn ein anderes ist die Rechtsbelehrung zum Behufe der Subsumtion der bewiesenen Handlung unter das Gesetz und ein anderes die Rechtsbelehrung betreffend den Inbegriff von Fragen des materiellen und formellen Strafrechts, die in der sogenannten Rechtsfrage zur Entscheidung zu bringen sind.

Der Berichterstatter beantragte, der Juristentag möge als seine Überzeugung aussprechen, daß es zurzeit nicht angemessen sei, in den Strafgerichten höchster Ordnung an die Stelle des Gerichtshofes und der Jury ein einheitliches Kollegium von Richtern und Laien treten zu lassen.

Mit überwiegender Mehrheit gelangte ein Antrag des OStA. v. Lauhn zur Annahme.

Beschluß. Es liegt kein Bedürfnis vor, die Schwurgerichte aufzuheben und durch Einführung der Schöffengerichte zu ersetzen.

Der Entwurf einer neuen deutschen Strafprozeßordnung hat sich dafür entschieden, die Schwurgerichte beizubehalten, da diese nach wie vor in der Bevölkerung ein hohes Maß von Vertrauen genössen. Immerhin nimmt der Entwurf einer Novelle zum GVG. eine Einschränkung der Zuständigkeit der Schwurgerichte in Aussicht.

Nach dem neuen österreichischen Vorentwurf wird die Zuständigkeit der Geschworenengerichte auf die Aburteilung der politischen Verbrechen und Vergehen und der strenger als mit zehn Jahren Freiheitsstrafe bedrohten strafbaren Handlungen beschränkt.

1 c.

18. DJT. Wiesbaden 1886.

Nachdem entgegen dem Friedbergschen Entwurfe, der konsequent davon ausging, daß alle Straffälle durch Schöffengerichte abzuurteilen seien, durch die Gerichtsverfassung vom 27. Januar 1877 und die Strafprozeßordnung vom 1. Februar 1877 Schwurgerichte, Strafkammern und Schöffengerichte in Deutschland eingeführt worden waren, befaßte sich der 18. Juristentag von neuem mit der

Frage: Haben sich die Vorschriften des deutschen Gerichtsverfassungsgesetzes Titel 4 und 6 bezüglich der Zuziehung von Laien in Strafsachen in der Praxis bewährt? oder erscheinen gesetzliche Änderungen ratsam und nach welcher Richtung hin?

Gutachter:	Berichterstatter:
ESt A. Elben (Tübingen) I. 137—158.	OLR. Süpfle (Heidelberg) II. 252 ff.
LGDir. Dr. Olshausen (Schneidemühl) I. 254—274.	ReichsA. Stenglein (Leipzig) II. 269 ff.

Der Gutachter Elben befaßt sich im wesentlichen nur mit der Frage, ob sich die Schöffengerichte in der Praxis bewährt haben und gelangt zu dem Ergebnisse, daß in unseren Schöffengerichten, was die eigentliche Rechtsprechung betrifft, das Laienelement tatsächlich kaum in Betracht kommt, indem der Richter das Urteil diktiere und die Laien nur das Urteil billigen, das sie nicht gefunden haben. Soweit nicht eine Aburteilung durch polizeiliche Strafverfügung und Strafbefehl eintreten kann, sollen die Amtsrichter als Einzelrichter erkennen, jedoch nur dann, wenn der Beschuldigte die ihm zur Last gelegte Handlung anerkennt und weder der Staatsanwalt noch der Richter die Entscheidung durch das Kollegium des Amtsgerichts verlangt. In allen übrigen den Amtsgerichten zugewiesenen Fällen soll das Urteil durch ein aus drei rechtsgelehrten Richtern bestehendes Kollegium gefällt werden. Eventuell bringt Elben ein mit zwei rechtsgelehrten Richtern und drei Schöffen besetztes Gericht an Stelle des jetzigen Schöffengerichts in Vorschlag. Die Strafkammer in der Besetzung mit fünf Richtern soll beibehalten werden.

Der zweite Gutachter, Dr. Olshausen, bespricht sowohl die Schöffen- als auch die Schwurgerichte. Hinsichtlich der ersteren hält er es für wünschenswert, daß bei vollem Geständnis des Angeklagten von der Zuziehung von Schöffen abgesehen werde und daß die nämlichen Schöffen während eines Geschäftsjahrs stärker herangezogen werden. Die Schwurgerichte will er durch Einführung großer Schöffengerichte ersetzen. Die Schwurgerichte litten an unheilbaren Fehlern, welche sich aus der Teilung der Funktionen, aus der Scheidung der Tat- und Rechtsfrage ergeben, ein unerträglicher Dualismus, der namentlich bei der Fragestellung und bei der Urteilsfindung hervortrete. Für die Zusammensetzung der großen Schöffengerichte werden eingehende Vorschläge gemacht.

Bezüglich der Schwurgerichte war auch der erste Berichterstatter der Ansicht, daß sie in ihrer dermaligen Gestaltung an unheilbaren Fehlern litten und in Juristen- und Laienkreisen wenig Vertrauen besäßen. Dagegen hätten sich die Schöffengerichte in der Praxis im allgemeinen bewährt. Der Korreferent verlangte Beseitigung der Mitwirkung der Laien bei Aburteilung von Strafsachen vor den Gerichten niederster Ordnung (Amtsgerichten), dagegen Einführung der Laienmitwirkung bei Gerichten mittlerer Ordnung (den Landgerichten als Gerichten erster Instanz). Von den hierbei gemachten Erfahrungen sollte man es abhängig machen, ob die Schwurgerichte durch große Schöffengerichte zu ersetzen seien.

Das Plenum des Juristentages faßte folgenden

Beschluß: Die Schöffengerichte haben sich im allgemeinen in der Praxis bewährt.

Die dermalige Einrichtung des schwurgerichtlichen Verfahrens ist der Reform dringend bedürftig.

Die Abteilung war in der Verurteilung der Schwurgerichte weiter gegangen; sie hatte entsprechend einem Antrage Olshausen ausgesprochen:

Die Schwurgerichte verdienen das ihnen teilweise geschenkte Vertrauen nicht.

Als die geeignetste Form der Zuziehung des Laienelements in Strafsachen erscheint das Schöffengericht.

Die Begründung des neuen deutschen Strafprozeßentwurfs hebt hervor, daß die Schöffengerichte ihre Aufgabe in befriedigender Weise erfüllt und außer Zweifel gesetzt haben, daß die Mitwirkung der Laien für die Aufklärung des Sachverhalts wie für die Beurteilung der festgestellten Straftat eine wertvolle Hilfe bietet. Was eine Reform des schwurgerichtlichen Verfahrens betrifft, so hat der neue Entwurf — abgesehen von einer Herabsetzung der Zahl der in die Spruchliste aufzunehmenden Geschworenen und einigen anderen, das Wesen der Schwurgerichte nicht berührenden Änderungen — an der Organisation der Schwurgerichte und dem Verfahren sachliche Neuerungen nicht vorgenommen. Der Bundesrat ist davon ausgegangen, daß eine Beseitigung der Mängel des schwurgerichtlichen Verfahrens unter Aufrechterhaltung der besonderen Eigentümlichkeiten des Schwurgerichts nicht möglich sei.

1d.

22. DJT. Augsburg 1892.

Der 18. Juristentag (vgl. Ziff. 1c) hatte die Frage nicht entschieden ob der Schwerpunkt der Strafrechtspflege, der gegenwärtig in der Strafkammer liegt, aus der Hand der gelehrten Richter in die Hand der Laien oder wenigstens mit in deren Hand zu geben sei und ob sich an Stelle der reformbedürftigen Schwurgerichte große Schöffengerichte empfehlen.

Der 22. Juristentag befaßte sich deshalb ausschließlich mit der zum Teile schon von dem 9. Juristentag (vgl. Ziff. 1a) erörterten

Frage: Empfiehlt sich die Durchführung der Schöffengerichte durch die gesamte erstinstanzliche Strafgerichtsverfassung?

Gutachter:	Berichterstatter:
RGR. Dr. Stenglein (Leipzig)	Prof. Dr. v. Gneist (Berlin)
I. 108—122.	V. 438 ff.
Prof. Dr. Frank (Gießen)	OStA. Dr. Hamm (Cöln)
II. 1—28.	V. 451 ff.

Stengleins Gutachten geht dahin: Die Durchführung des Systemes der Schöffengerichte durch die gesamte erstinstanzielle Strafgerichtsverfassung empfiehlt sich unter der Voraussetzung, daß die Gerichte mittlerer und höchster Ordnung mit einer Mehrzahl rechtsgelehrter Richter und einer Mehrheit von Schöffen besetzt werden.

Frank faßt seine Ausführungen dahin zusammen:

1. Die Durchführung des Schöffengerichts ist nicht nur für die sämtlichen Strafgerichte erster Instanz, sondern auch für die Berufungsgerichte anzustreben.

2. Die Tätigkeit der verschiedenen Schöffengerichte ist in der Art zu regeln, daß zuständig sind:

1. die kleinen Schöffengerichte: grundsätzlich für alle Vergehen;
2. die mittleren: in erster Instanz für alle Verbrechen und in zweiter Instanz für die Berufung gegen die Urteile der kleineren Schöffengerichte;
3. die großen: für die Berufung gegen die von den mittleren Schöffengerichten erlassenen Urteile erster Instanz.

3. Um eine Heranziehung geeigneter Personen zum Schöffendienst zu ermöglichen, empfehlen sich folgende Maßregeln:

a) Die Volksschullehrer sind in die Schöffenlisten aufzunehmen.
b) Das Ablehnungsrecht auf Grund des GVG. § 35 Nr. 2 steht nur denjenigen Personen zu, welche in den zwei vorhergehenden Geschäftsjahren die Pflichten eines Schöffen je fünfmal erfüllt haben.
c) Vorsitzender des Wahlausschusses ist derjenige Richter, welchem der Vorsitz im Schöffengericht zusteht. Sind zum Vorsitz im Schöffengericht mehrere Richter berufen, so sind sie sämtlich Mitglieder des Ausschusses. Der Vorsitz gebührt dem dem Dienstalter nach Ältesten.
d) Stellt sich in einem Amtsgerichtsbezirk Mangel an solchen Personen heraus, welche zum Schöffengericht geeignet sind, so ist er auf Anordnung der Landesjustizverwaltung mit einem oder mehreren benachbarten Bezirken zum Zwecke gemeinsamen Auswahlverfahrens zusammenzuschlagen.
e) Zur Aburteilung gewisser Sachen, welche eine Spezialkenntnis der einschlägigen Lebensverhältnisse voraussetzen, sind Spezialschöffen zu berufen.

4. Zur Vermeidung einer Überlastung des Laienrichtertums empfiehlt sich:

a) die Schöffen, welche am Sitze des Landgerichts erscheinen müssen, in höherem Maße als bisher zu entschädigen;
b) die Fälle der Übertretungen aus dem eigentlichen Strafprozeß auszuscheiden und einem besonderen Verfahren von ausschließlich rechtsgelehrten Richtern zu überweisen.

Beide Berichterstatter traten für die Ausdehnung der Mitwirkung des Laienelements an der Rechtsprechung in Strafsachen ein. Die Differenz ihrer Anträge bestand darin, daß der Korreferent sofort ausgesprochen haben wollte, es empfehle sich, die Schöffengerichtsverfassung einheitlich für alle Strafgerichte durchzuführen und jedenfalls an Stelle der Strafkammern Schöffenkammern zu errichten, während Dr. v. Gneist nur die Einführung des Laienelements in die Mittelinstanz befürwortet.

Das Plenum des Juristentages faßte mit großer Mehrheit den folgenden

Beschluß: Die Durchführung der Schöffengerichtsverfassung empfiehlt sich für die Gerichte der mittleren Ordnung.

Der Friedbergsche Entwurf und die Kommissionen von 1873 hatten für die Strafsachen große, mittlere und kleine Schöffengerichte vorgesehen. Der Bundesrat aber entschied sich einerseits, in Übereinstimmung mit den Beschlüssen des Juristentages, für die Beibehaltung des Geschworeneninstituts, verwarf andererseits die mittleren Schöffengerichte. Die Reichstagskommission sodann erklärte sich in erster Lesung (wie der Juristentag) für die mittleren Schöffengerichte, verließ jedoch diesen Standpunkt in der zweiten Lesung (Pr. 325, 535) und entschied sich mit den Regierungen für Schwurgerichte, Strafkammern und kleine Schöffengerichte.

In Übereinstimmung mit den Beschlüssen der Strafprozeßkommission vom Jahre 1905 schlägt die zurzeit dem Reichstag vorliegende Novelle zum deutschen Gerichtsverfassungsgesetz vor, auch in den bisher ausschließlich aus gelehrten Richtern bestehenden Strafgerichten der mittleren Ordnung, den Strafkammern, für die erste Instanz Schöffen zuzuziehen. Die Vorzüge der Laienbeteiligung seien nicht auf die zur Aburteilung kleinerer Delikte berufenen Gerichte beschränkt, sondern sie hätten die gleiche Bedeutung auch für größere Strafsachen. Auch der österreichische Vorentwurf zieht das Laienelement zum Strafrichteramt für die erste Instanz in weitem Umfang heran. Er bildet mit verschiedener sachlicher Zuständigkeit große und kleine Schöffengerichte und verzichtet nur bei den Bezirksgerichten — den Gerichten unterster Ordnung — auf die Zuziehung von Laien.

2. Zuständigkeit der Strafgerichte.

9. DJT. Stuttgart 1871.

Die weiten Strafrahmen des deutschen Strafgesetzbuches erschweren es, die Zuständigkeit der Strafgerichte auf Grund der zu erkennenden Strafe zu regeln. Es liegt nahe, diese Schwierigkeit dadurch zu erleichtern, daß man dem die Anklage im voraus prüfenden Richter die Befugnis einräumt, den Fall nicht bloß im allgemeinen und nicht bloß das ganze Strafmaß, welches das StGB. androht, sondern die konkrete Strafe ins

Auge zu fassen, welche nach Lage der Umstände wohl erkannt werden würde, um es so möglich zu machen, daß die in Aussicht stehende geringere Strafe von einem Strafgericht niederer Ordnung erkannt würde. In Sachsen bestand eine solche positive Bestimmung, daß der auf Anklage erkennende Richter die in Aussicht stehende Strafe mit zu berücksichtigen habe.

Frage: Soll die Zuständigkeit des Strafgerichts im einzelnen Falle nicht von der in thesi angedrohten Strafhöhe, sondern von der Höhe der präsumtiv in hypothesi verwirkten Strafe abhängig gemacht werden?

Gutachten	Berichterstatter:
waren nicht erstattet.	AGR. Stenglein (München) III. 145 ff.

Der Berichterstatter kam zur Verneinung der gestellten Frage, da er eine Beeinträchtigung des Prinzipes der Mündlichkeit und Unmittelbarkeit der Beweiserhebung in einer Kompetenzausscheidung nach der präsumtiv in hypothesi verwirkten Strafe erblickte. Die Abteilung erhob seinen Antrag mit großer Mehrheit zum

Beschlusse: Die Zuständigkeit der Strafgerichte soll in der Regel von der in thesi angedrohten Strafhöhe abhängig gemacht werden.

Abweichungen hiervon sollen nur bei der Zuweisung gering strafbarer Fälle, welche an sich vor die Mittelgerichte gehören würden, an die Strafgerichte niederster Ordnung gemacht werden.

Das hier ausgesprochene Prinzip ist im deutschen Gerichtsverfassungsgesetze zur Geltung gelangt. Vgl. insbesondere auch § 75 GVG. Auf dem gleichen Standpunkt steht im wesentlichen auch das österreichische Recht.

3. Zuständigkeit der Schwurgerichte für politische und durch die Presse begangene Straftaten.

2. DJT. Dresden 1861.

Antrag des RA. Lewald (Berlin): Der Juristentag möge aussprechen:

a) daß politische und Preßverbrechen sowie politische und Preßvergehen in sachlicher Beziehung sich vorzugsweise zur Aburteilung durch Geschworene eignen,

b) daß sie sachgemäßer durch Geschworene als durch Richterkollegien entschieden werden.

Hierzu war von RA. Dr. Schaffrath (Dresden) der **Antrag** eingegangen:

Der deutsche Juristentag erkärt es für ein Bedürfnis deutscher Strafrechtspflege, daß Schwurgerichte auch in denjenigen deutschen

Staaten, in welchen das noch nicht geschehen, jedenfalls für schwere Strafsachen, eingeführt werden.

Gutachten	Berichterstatter:
waren nicht erstattet.	StA. Stegemann (Wriezen) II. 430ff.

Plenarbeschluß. a) Es wird für ein Bedürfnis deutscher Strafrechtspflege erklärt, daß Geschworenengerichte auch in denjenigen Staaten, in welchen dies noch nicht geschehen, eingeführt werden.

b) Strafsachen, welche nach der bestehenden Gerichtsverfassung an sich der Aburteilung durch Geschworene unterliegen, sind von der Kompetenz der Schwurgerichte deshalb nicht auszuschließen, weil die Straftat politischer Natur ist oder durch das Mittel der Presse verübt wurde.

In Übereinstimmung mit dem Beschlusse des 2. Juristentages hat die deutsche Reichsgesetzgebung einerseits die partikularrechtlichen Ausnahmebestimmungen aufgehoben, welche die an sich zur Zuständigkeit der Schwurgerichte gehörenden politischen Verbrechen besonderen Gerichten überwiesen, andererseits auch die politischen Vergehen den allgemeinen Kompetenzregeln unterworfen. Auch der Entwurf vom Jahre 1874 wollte hier jede Ausnahme beseitigen. Im Gegensatz hierzu beschloß die Reichstagskommission die Aufnahme einer Bestimmung, welche die Preßvergehen ebenso wie die Preßverbrechen vor die Schwurgerichte verwies. In dritter Beratung wurde bei dem Widerspruche der Regierungen diese Bestimmung allerdings wieder gestrichen (vgl. GVG. Mot. 102; Pr. d. Reichstagskommission 362, 625, 741; Sten. Ber. 259, 903), aber dafür wurden im § 6 EgGVG. die bestehenden landesgesetzlichen Vorschriften über die Zuständigkeit der Schwurgerichte für die Preßdelikte aufrecht erhalten.

Weiter geht auch der neue deutsche Strafprozeßentwurf nicht; insbesondere hat er von einer Ausdehnung der schwurgerichtlichen Zuständigkeit auf Preßsachen abgesehen, da die von manchen Seiten hierfür geltend gemachten Gründe zu einem erheblichen Teile ihre Bedeutung dadurch verloren haben, daß in Zukunft infolge der anderweitigen Organisation der Gerichte bei allen Preßsachen in der ersten Instanz Laien mitwirken sollten.

4. Behandlung der Preßdelikte.

10. DJT. Frankfurt a. M. 1872.

Der 10. Juristentag beschäftigte sich mit der durch den 1. deutschen Journalistentag im Jahre 1865 angeregten Behandlung der Preßvergehen. Das Thema hatte bereits auf der Tagesordnung des 6. Juristentages gestanden, war aber damals nicht zur Verhandlung gekommen.

Gutachter:	Berichterstatter:
Prof. Dr. Glaser (Wien) **6** I. 68—104.	Adv. Dr. Jaques (Wien) **10** II. 89ff.
Prof. Dr. John (Königsberg) **6** I. 318—361.	

Der erste Gutachter, Glaser, stellt folgende Sätze auf:

I. Handlungen, deren Tatbestand nicht schon an und für sich durch den Mißbrauch der öffentlichen Meinungsäußerung bedingt ist, sind auch, wenn sie durch die Presse verübt worden sind (uneigentliche Preßdelikte), nach den allgemeinen Strafrechtsgrundsätzen und Strafgesetzen zu beurteilen; es gilt dies namentlich auch von der Anstiftung und der Teilnahme.

II. Dagegen fallen die eigentlichen Preßdelikte — d. h. für die öffentliche Ordnung gefährliche und bloß darum verbotene Publikationen — nur aus formellen Gründen in das Gebiet des Strafrechts; für ihre Abgrenzung und Behandlung müssen daher besondere, ihrer eigentümlichen Natur entsprechende Regeln gelten.

III. Als verboten sind nur diejenigen Veröffentlichungen anzusehen, durch welche entweder

a) zu strafbaren oder wenigstens rechtswidrigen Handlungen aufgereizt, oder

b) ein durch das Gesetz geschütztes Objekt in einer an sich verwerflichen Form angegriffen wird.

IV. Den eigentlichen Preßdelikten sind nur objektive Repressivmaßregeln, über deren Zulassung das Gericht im ordentlichen Verfahren (V. und VI.) entscheidet, entgegenzusetzen; die persönliche Bestrafung des Urhebers der Schrift oder jener Personen, welche zur Veröffentlichung mitwirken, liegt hier ebensowenig im Interesse der öffentlichen Ordnung als in dem der notwendigen Preßfreiheit.

V. Bei eigentlichen Preßdelikten ist der Anklagegrundsatz streng festzuhalten, es bedarf weder einer gerichtlichen Voruntersuchung, noch eines gerichtlichen Erkenntnisses über die Versetzung in den Anklagezustand, noch endlich eines Verhöres in der öffentlichen Hauptverhandlung.

VI. Es ist wünschenswert, daß in Ländern, in welchen Geschworenengerichte bestehen, denselben alle Prozesse wegen des Inhalts von Druckschriften zugewiesen werden.

VII. Unabhängig von den Vorschriften über Verjährung soll die Verfolgung jeder Druckschrift ausgeschlossen sein, welche während einer bestimmten Zeit, während welcher ihre Verfolgung im Inland möglich war, unverfolgt geblieben ist.

John kommt zu folgendem Resultat:

Die notwendige Freiheit der Presse fordert den Wegfall aller derjenigen gesetzlichen Bestimmungen, welche, von der Voraussetzung der Gefährlichkeit der Presse ausgehend, den Gebrauch der Presse einschränken und ihn einer beständigen Aufsicht unterwerfen.

Für die öffentliche Sicherheit genügt es, wenn bei den mittels der Presse verübten strafbaren Handlungen die allgemeinen Strafgesetze zur Anwendung kommen.

Es ist im Interesse der notwendigen Freiheit der Presse erforderlich und zugleich im Interesse der öffentlichen Sicherheit geboten, daß der verantwortliche Redakteur die volle strafrechtliche Verantwortlichkeit der von ihm herausgegebenen Zeitung oder Zeitschrift übernimmt.

Es ist im Interesse der notwendigen Freiheit der Presse erforderlich und zugleich ohne Nachteil für die öffentliche Sicherheit zulässig, daß die Verjährungsfrist für sämtliche Preßdelikte auf einen Zeitraum von sechs Monaten, vom Tage der ersten Veröffentlichung der betreffenden Druckschrift im Inland an gerechnet, beschränkt werde, ferner, daß die Strafverfolgung gegen Zeitungen wegen der aus anderen Zeitungen unter Angabe der Quelle entnommenen Artikel nicht stattfinde.

Es ist im Interesse der notwendigen Freiheit der Presse und zugleich im Interesse der öffentlichen Sicherheit geboten, daß

1. für diejenigen Preßprozesse, zu welchen die im Inland erscheinenden Druckschriften Veranlassung geben, dasjenige Gericht das ausschließlich kompetente sei, in dessen Bezirke die betreffende Druckschrift erschienen,

2. sämtliche Preßprozesse in denjenigen Ländern, in welchen Geschworenengerichte bestehen, den Geschworenengerichten zugewiesen werden.

Nach eingehenden Erörterungen in der Abteilung und im Plenum faßte man folgenden

Beschluß: a) Die Hervorbringung und der Verkauf von Erzeugnissen der Presse, die Kolportage und das Anheften von Plakaten haben ausschließlich den Bestimmungen der Reichsgewerbeordnung zu unterliegen; eine Entziehung der Befugnis zum selbständigen Betrieb eines Gewerbes durch richterliches Erkenntnis im Falle einer durch die Presse begangenen Zuwiderhandlung darf nicht stattfinden. Alle weiteren aus den Grundsätzen des Präventivsystems abgeleiteten Beschränkungen, als insbesondere die Kautions-, Konzessions- und Stempelpflicht, zeitweilige oder dauernde Einstellung des Erscheinens bei periodischen Zeitschriften, die Überreichung von Pflichtexemplaren, die Entziehung des Postdebits, haben zu entfallen.

b) Preßdelikte sind nach den allgemeinen strafrechtlichen und strafprozessualischen Grundsätzen zu beurteilen, außerdem sind Fahrlässigkeitsstrafen im Falle der Vernachlässigung der pflichtmäßigen Obsorge zu bestimmen.

Wesentlich in Übereinstimmung mit den Beschlüssen des 10. Juristentages ist das Preßgewerbe den Bestimmungen der Reichsgewerbeordnung unterworfen, die richterliche wie die administrative Entziehung der Gewerbebefugnis aufgehoben (Preßgesetz § 4) und das Repressionssystem statt des Präventivsystems angenommen worden. Ferner ist, abgesehen von der exzeptionellen Haftungspflicht des Redakteurs vermöge Präsumtion der Täterschaft, das Prinzip durchgeführt, daß die kriminelle Haftung für den strafbaren Inhalt einer Druckschrift nach den allgemeinen Strafgesetzen sich bestimme (entgegen dem Reg. Entw., welcher das System der sukzessiven und ausschließenden Verantwortlichkeit annahm, § 21, Mot. 138); endlich sind Fahrlässigkeitsstrafen eingeführt worden. Auf die Verhandlungen des Juristentages wird im Berichte der Reichstagskommission von 1873 Bezug genommen (vgl. Sten. Ber. 338, 342).

5. Gerichtsstand der Presse.

15. DJT. Leipzig 1880.

Der im Mittelpunkt des deutschen Buchhandels tagende Juristentag beschäftigte sich mit der besonders den Buchhandel interessierenden

Frage: Wie ist das forum delicti commissi für ein Preßerzeugnis zu bestimmen, wenn von mehreren Orten aus vertrieben worden ist?

Gutachter:	Berichterstatter:
Prof. Dr. v. Liszt (Gießen)	RGR. Dr. Stenglein (Leipzig)
I. 60—71.	II. 262 ff.

Der Gutachter v. Liszt hatte die von der Abteilung zum Beschluß erhobenen Thesen aufgestellt.

Auch der Berichterstatter trat für die Leitsätze des Gutachters ein, die mit großer Mehrheit zur Annahme gelangten.

Beschluß. a) Die Preßdelikte werden von den an Herstellung und Ausgabe der Druckschrift beteiligten Personen (Verfasser, Herausgeber, Redakteur, Drucker, Verleger) begangen an demjenigen Orte, von dem aus die Verbreitung der Druckschrift (der Vertrieb) erfolgt.

b) Wird die Druckschrift von mehreren Orten aus verbreitet (vertrieben), so haben die genannten Personen in realer Konkurrenz so oftmal das Preßdelikt begangen, als Verbreitungsmittelpunkte vorhanden sind.

c) Die Bestimmung des Gerichtsstandes der begangenen Tat erfolgt in diesem Falle nach der im § 12 der Strafprozeßordnung gegebenen Vorschrift.

Nach der deutschen Strafprozeßordnung war zunächst der Gerichtsstand der begangenen Tat für Preßdelikte bei jedem Gerichte begründet, in dessen Bezirk die Druckschrift verbreitet wird. Durch Gesetz vom 13. Juni 1902 wurde der § 7 der Strafprozeßordnung aber dahin geändert, daß, wenn der Tatbestand der strafbaren Handlung durch den Inhalt einer im Inland erschienenen Druckschrift begründet wird, der Gerichtsstand nur bei demjenigen Gerichte begründet ist, in dessen Bezirk die Druckschrift erschienen ist. Jedoch ist eine Ausnahme zugunsten solcher Personen gemacht, welche durch die Presse beleidigt worden sind und die Beleidigung im Wege der Privatklage verfolgen wollen (vgl. auch § 1 Abs. 2 des Entwurfes der deutschen Strafprozeßordnung). Nach der österreichischen Strafprozeßordnung ist in erster Linie der Druckort und, wenn dieser nicht bekannt, der Ort der Verbreitung als Tatort anzusehen.

6. Objektives Strafverfahren in Preßsachen.

15. DJT. Leipzig 1880.

Der § 493 der österreichischen Strafprozeßordnung vom 23. Mai 1873 bestimmt: Der Staatsanwalt kann, auch wenn er gegen keine bestimmte Person eine Anklage erhebt, im öffentlichen Interesse begehren, daß das Gericht darüber erkenne, ob der Inhalt einer Druckschrift eine strafbare Handlung begründe, und daß es in diesem Falle das Verbot der weiteren Verbreitung der Druckschrift ausspreche. Durch ein solches Erkenntnis des Gerichtshofes wird dem etwa später gegen eine bestimmte Person einzuleitenden Strafverfahren nicht vorgegriffen. Dies veranlaßte die Aufstellung der folgenden

Frage: Läßt sich das sog. objektive Strafverfahren in Preßsachen, wie dasselbe in Österreich besteht, wissenschaftlich und vom Standpunkt des Bedürfnisses der Rechtspflege rechtfertigen?

Gutachten lagen nicht vor.

Berichterstatter: ReichsA. Dr. Stenglein (Leipzig) II. 288 ff.

Der nach dem Antrage des Berichterstatters fast einstimmig gefaßte Abteilungsbeschluß wurde vom Plenum mit Einstimmigkeit angenommen.

Beschluß. a) Ein Verfahren in Preßstrafsachen, in welchem das Preßerzeugnis, weil dessen Inhalt eine strafbare Handlung begründe, als Subjekt einer strafbaren Tat ohne Rücksicht auf einen Täter behandelt wird, läßt sich weder vom wissenschaftlichen, noch vom Standpunkt des Bedürfnisses der Rechtspflege rechtfertigen.

b) Ein Urteil, welches auf Unterdrückung eines Preßerzeugnisses oder auf Vernichtung der zur Vervielfältigung eines solchen bestimmten Hilfsmittel gerichtet ist, ohne daß es die Verurteilung einer für das Preßerzeugnis verantwortlichen Person (eines Täters) zur Voraussetzung hat, läßt sich nur rechtfertigen, wenn die Verfolgung oder Verurteilung einer bestimmten Person nicht ausführbar ist und das objektive Verfahren nach den Grundsätzen der Öffentlichkeit und Mündlichkeit geregelt ist.

Die Singularität des österreichischen Rechtes ist auch von dem neuen deutschen Entwurfe der Strafprozeßordnung nicht übernommen worden. In Österreich selbst steht eine Reform des Preßrechts bevor, weshalb der § 493 der österreichischen Strafprozeßordnung durch den neuen Vorentwurf zunächst ungeändert gelassen worden ist.

7. Strafprozessuale Rechte des Verletzten. — Rechte des Verteidigers.

2. DJT. Dresden 1861.

Antrag des RA. Lewald (Berlin):

1. Jedem Privatbeteiligten ist die Erhebung der Anklage in solchen Fällen zu gestatten, wo sich die Staatsanwaltschaft dessen weigert.

2. In allen Fällen sind neben der Staatsanwaltschaft den Privatbeteiligten die vollen Rechte einer Partei, welche nicht bloß die Zuerkennung einer Entschädigungssumme, sondern die Verurteilung des Angeklagten erstreben darf, einzuräumen.

3. Die Parteistellung des Anklägers bedingt es, daß dem Angeklagten gleiche Parteirechte eingeräumt werden, also namentlich

a) daß er nicht erst nach geschlossener Voruntersuchung, sondern von Anfang an sich eines rechtsverständigen Beistands als Verteidigers bedienen darf,

b) daß dem Verteidiger gleiche Rechte mit dem Ankläger eingeräumt werden.

Gutachter:	Berichterstatter:
OStA. Dr. v. Groß (Eisenach) I. 131—174.	GenStA. Dr. Schwarze (Dresden) I. 241ff., II. 289ff.
OTrR. Frh. Dr. v. Seckendorff (Berlin) I. 175—223.	Prof. Dr. Glaser (Wien) II. 335ff.

Der erste Gutachter, v. Groß, empfiehlt die Ablehnung des Antrags 1, dagegen die Annahme des Antrags 2 und spricht sich zum Antrag 3 dahin aus:

A. Der Juristentag wolle den dritten Lewaldschen Antrag unter a annehmen mit dem Zusatz:

jedoch unter näher zu bestimmenden, durch den Zweck der Untersuchungsführung gebotenen Beschränkungen.

B. Der Juristentag wolle:

in Erwägung, daß dem Angeschuldigten und seinem Verteidiger die freieste Bewegung und alle diejenigen Befugnisse einzuräumen sind, welche dem Zwecke des Strafprozesses dienlich und zugleich dem Interesse der Verteidigung förderlich erscheinen,

daß aber für die nähere Bestimmung dieser Rechte im einzelnen der Gesichtspunkt der bloßen Vergleichung mit den Rechten des Staatsanwalts weder ein ausreichender noch ein überall zutreffender ist,

über die Anträge Lewalds 1 und 3 b zur motivierten Tagesordnung übergehen.

v. Seckendorff stimmt unter Aufstellung von detaillierten gutachtlichen, die Anträge Lewald teilweise modifizierenden Normen im wesentlichen mit den Anträgen überein, insbesondere werden zum Antrage 3 zunächst als zu beseitigende Ungleichheiten bezeichnet:

a) die Auseinandersetzung der Anklage im Anfang des Strafprozesses,

b) das Verbot des unmittelbaren Fragerechts des Verteidigers,

c) die Ungleichheit der Befugnisse des Vorsitzenden gegenüber der Staatsanwaltschaft und dem Verteidiger bei Ausschreitungen,

und es wird dann für den Beschuldigten gefordert:

d) Gleichheit bei Vorladung von Zeugen,

e) Mitteilung jedes Antrags des Anklägers an den Beschuldigten und

f) Zugestehung der gleichen Rechtsmittel.

Nach lebhaften Debatten in der Abteilung und im Plenum faßte man folgenden

Beschluß: § 1. Die Untersuchung einer strafbaren Handlung wird in der Regel durch den Staatsanwalt veranlaßt, indem das Verbrechen als eine Verletzung nicht bloß des einzelnen, sondern zugleich der Gesamtheit sich darstellt. Bei besonders geringen Verbrechen kann das Gesetz die Erhebung der Anklage ausnahmsweise dem Beschädigten zuweisen und die Mitwirkung der Staatsanwaltschaft ausschließen. Dem Beschädigten sind hierbei in der Regel dieselben Rechte und insbesondere dieselben Rechtsmittel einzuräumen, welche das Gesetz der Staatsanwaltschaft zugesteht.

§ 2. Die Staatsanwaltschaft kann die strafgerichtliche Verfolgung ablehnen, weil entweder die Handlung nicht unter das Strafgesetz fällt oder die Anzeige nicht mit genügenden Beweisen unterstützt wird.

§ 3. Der durch die strafbare Handlung Beschädigte kann im Falle der Ablehnung seitens der Staatsanwaltschaft die Anzeige an das Gericht bringen und dessen Entscheidung veranlassen, ob der Fall zu strafgerichtlicher Verfolgung sich eigne oder nicht. Das Gericht kann zur Vorbereitung seiner Entscheidung auf Antrag wie von Amts wegen vorläufige Ermittelungen anstellen.

§ 4. Fällt die Entscheidung zugunsten des Antragstellers aus, so konstituiert sich derselbe als Privatkläger und betreibt die Anklage bei den Gerichten.

Der Staatsanwalt ist in diesem Falle zur Mitwirkung berechtigt, aber nicht verpflichtet.

Wird der Angeklagte freigesprochen, so können dem Privatankläger die Kosten des Verfahrens, und wenn die Anklage durch Beschluß zurückgewiesen wird, die Kosten der vorläufigen Ermittelung zur Last gelegt, auch kann ihm zur Sicherstellung dieser Kosten vorweg eine Kaution abgefordert werden.

§ 5. Dem Beschädigten ist der Anschluß an das Strafverfahren zur Geltendmachung seiner Schadensersatzansprüche zu gestatten. Der Strafrichter kann die Verurteilung auf den geforderten Schadensersatz mit erstrecken oder den Beschädigten auf den zivilgerichtlichen Weg verweisen, nicht aber den Angeklagten von der Forderung selbst lossprechen.

Die Verweisung zum Zivilprozesse erfolgt durch ein Dekret, gegen welches ein Rechtsmittel nicht zulässig ist.

Das Erkenntnis des Strafrichters ist, gleichviel ob der Beschädigte beigetreten war oder nicht, insoweit für den Zivilrichter bei der Entscheidung über den Schadensersatzanspruch bindend, als in dem strafgerichtlichen Erkenntnis ausgesprochen ist, daß die Tat begangen worden und daß der Angeschuldigte sie begangen habe. Es wird hierbei allenthalben vorausgesetzt, daß der erkennende Richter auch im Zivilprozeß an gesetzliche Beweisregeln nicht gebunden ist.

§ 6. Dem Beschädigten ist zu jenem Behuf eine selbständige Mitwirkung bei den Beweisaufnahmen durch Anträge auf Zeugenvorladungen und andere Beweishandlungen zu gestatten, die Verurteilung zum Schadensersatz kann jedoch nur dann gefordert werden, wenn aus den zum Zwecke der Untersuchung nötig gewordenen Ermittelungen die Verbindlichkeit zum Ersatze des Schadens und der Umfang desselben mit ausreichender Bestimmtheit sich ergibt.

§ 7. Dem Beschädigten ist die Befugnis einzuräumen, einen Antrag auf Verurteilung, insbesondere gegenüber dem Antrag des Staatsanwalts auf Freisprechung, vor dem erkennenden Gerichte zu stellen und zu begründen.

§ 8. Der Staatsanwalt nimmt in keinem Stadium der Untersuchung die Stelle einer Partei an. Er soll nicht nur von jeder Parteilichkeit, sondern auch von jeder Parteieinseitigkeit sich frei halten und nur die Erforschung der materiellen Wahrheit, als den Zweck des strafgerichtlichen Verfahrens anstreben, gleichviel, ob diese zugunsten oder ungunsten des Angeklagten gereicht. Insbesondere soll er ihm bekannt werdende, dem Angeklagten günstige Tatsachen nicht verschweigen und die Verurteilung desselben nicht da anstreben, wo er von der Unzulänglichkeit des Belastungsbeweises überzeugt ist.

Die Verteidigung ist dagegen nicht verpflichtet, ihr bekannt gewordene, dem Angeklagten ungünstige Tatsachen oder Beweismittel zur Kenntnis des Gerichts zu bringen.

§ 9. Es soll bei der Feststellung der Befugnisse der Verteidigung maßgebend sein, daß auch durch sie und ihre Tätigkeit ein Postulat der Gerechtigkeit erfüllt wird. Es ist ihr daher jede Befugnis einzuräumen, durch welche sie ohne Gefährdung des Zweckes der Untersuchung auf den Gang derselben und insbesondere die Vollständigkeit der Beweisaufnahme zugunsten des Angeklagten einwirken kann. Insbesondere wird jede Beschränkung zu vermeiden sein, durch welche das Vertrauen des Angeklagten auf eine unparteiische und unbefangene Untersuchung und Aburteilung mit Recht erschüttert wird.

Dem Angeschuldigten ist daher, auch wenn er verhaftet ist, bereits während der Voruntersuchung der verlangte Beirat eines rechtsverständigen Verteidigers zu gewähren und ist diesem die Akteneinsicht, unter Aufsicht des Gerichtes, in der Regel nicht zu versagen. Ebenso ist dem Verteidiger die Gegenwart bei Obduktionen sowie bei allen den gerichtlichen Verhandlungen, Sitzungen oder Terminen, bei denen der Staatsanwalt zugezogen wird, zu gestatten.

Dem Verteidiger ist, wie dem Staatsanwalt, das direkte Fragerecht einzuräumen. Der Vorsitzende schreitet, bei Mißbrauch desselben, zum Schutze des Befragten, wie zur Sicherung des Zweckes der Untersuchung ein.

Dem Staatsanwalt ist weder eine besondere Entwickelung der Anklage noch deren Verlesung bei Eröffnung der Verhandlung zu gestatten.

Die Verteidigung hat bezüglich der Vorladung von Zeugen gleiche Rechte wie der Ankläger. Die von ihr benannten Zeugen sind zuzulassen, wenn nicht eine Gefährdung offen vorliegt.

Unter Anerkennung des Legalitätsprinzips für die Staatsanwaltschaft hat die deutsche Strafprozeßordnung bei besonders geringen Delikten (Beleidigungen und Körperverletzung mit Verfolgung auf Antrag) dem Beschädigten die Privatklage gegeben. Dieselben Rechte und Rechtsmittel, welche der Staatsanwaltschaft zustehen, sind in der Regel auch dem Privatkläger zuerkannt; gegen die Ablehnung der Verfolgung von seiten der Staatsanwaltschaft steht dem Antragsteller (Verletzten) das Recht zu, gerichtliche Entscheidung zu beantragen (§ 170, von der Reichstagskommission eingeführt [Pr. 217, 628; Sten. Ber. 484, 977], während der Entwurf § 146 nur eine Beschwerde an die vorgesetzte Staatsanwaltschaft zuließ), dies jedoch unter eventueller Haftung für die Kosten. Für den Verletzten ist unter gewissen Einschränkungen die Nebenklage mit den Rechten eines Privatklägers eingeführt. Vielfach ist in den Motiven des Entwurfes zur Strafprozeßordnung von 1877 bei Behandlung der Privat- und Nebenklage (Anlage 4 führt z. B. die Anträge und Beschlüsse des Juristentages über die Privatklage wörtlich an, als Resultate einer „besonders eingehenden und umfassenden Erörterung"), in den Verhandlungen des Reichstags und der Reichstagskommission auf die Arbeiten des Juristentages Bezug genommen, so daß sie unverkennbar einen erheblichen Einfluß auf die Gesetzgebung ausgeübt haben.

Die Verteidigung ist nach der deutschen Strafprozeßordnung schon im Vorverfahren gestattet und dem Verteidiger sind weitgehende Rechte zuerkannt, wie das Recht der Akteneinsicht, Teilnahme an richterlichen Handlungen, direktes Fragerecht, Ladung von Zeugen. (Vgl. wegen des neuen deutschen Strafprozeßentwurfs auch die Ausführungen unten zu Ziff. 10c).

Die im Entwurfe zur geltenden Strafprozeßordnung seinerzeit vorgesehene Verlesung und Entwicklung der Anklage durch den Staatsanwalt in der Hauptverhandlung ist schon durch die Reichstagskommission beseitigt worden (vgl. Protokolle 363 und Bericht 63). Im Widerspruche zu dem Beschlusse des Juristentages steht jedoch bezüglich der Verlesung der Anklageschrift die österreichische Strafprozeßordnung.

Nach österreichischem Rechte ist die Privatklage bei allen Antragsvergehen zulässig; jeder durch ein Verbrechen oder durch ein von Amts wegen zu verfolgendes Vergehen in seinen Rechten Verletzte kann wegen seiner privatrechtlichen Ansprüche sich dem Strafverfahren als Privatbeteiligter anschließen. Außerdem ist dem Privatbeteiligten die subsidiäre Privatklage unter bestimmten Bedingungen gegeben: wenn auf die Ablehnung der Verfolgung seitens der Staatsanwaltschaft das Gericht die Verfolgung beschließt, und wenn die Staatsanwaltschaft von der Verfolgung zurücktritt. Der neue österreichische Entwurf läßt diese Bestimmungen unberührt.

8. Privatklage.

a) Die subsidiäre Privatklage.

12. DJT. Nürnberg 1875.

Schon der 2. Juristentag in Dresden (vgl. Ziff. 7) hatte sich im Jahre 1861 mit der Frage des Anklagemonopols der Staatsanwaltschaft beschäftigt. Man ging damals davon aus, daß neben dem Staatsanwalt jedenfalls dem Verletzten subsidiär eine Privatklage zustehen müsse. Inzwischen waren die Entwürfe zur Strafprozeßordnung von 1877 veröffentlicht worden, von denen der dritte (1874) sich für das Legalitätsprinzip entschieden hatte und die Privatklage nur beschränkt zuließ. Hinsichtlich der Anwendbarkeit der subsidiären Privatklage im einzelnen befaßte sich der Juristentag mit der

Frage: Kann die Privatklage in weiterem Umfang als für Beleidigungen in das deutsche Strafverfahren eingeführt werden?

Gutachter:	Berichterstatter:
Prof. Dr. v. Holtzendorff (München)	Prof. Dr. v. Gneist (Berlin)
I. 64—78.	III. 190 ff.

Der Gutachter v. Holtzendorff führt aus: Es ist fehlerhaft, die Privatanklage lediglich auf den Ehrenschutz und die Kategorieen der Beleidigung zu beschränken. In denjenigen Fällen, in denen das Gesetz die Bestrafung der Verbrechen und Vergehen von dem Antrag des Beschädigten abhängig macht, sollte dem Benachteiligten mit Ausschluß anderer, das Recht der subsidiären Privatanklage eingeräumt werden. In allen anderen Fällen ist ohne jede Rücksichtnahme auf das Vorhandensein verletzter oder benachteiligter Privatpersonen die staatsbürgerliche Anklage, sofern die Staatsanwaltschaft ihr Einschreiten verweigert hat, freizugeben.

Beschluß. Die Privatanklage ist im deutschen Strafverfahren nicht nur für Beleidigungen einzuführen, sondern als allgemeine Ergänzung der Anklage des Staatsanwalts zur Aufrechterhaltung des öffentlichen Rechtes.

Der neue deutsche Strafprozeßentwurf verkennt nicht, daß die Zulassung einer subsidiären Privatklage, bei der die Erhebung der Klage nur für den Fall gestattet ist, daß die Staatsanwaltschaft vorher ein Einschreiten abgelehnt hat, insofern einen Vorteil bieten würde, als sie den Eintritt der Strafverfolgung in höherem Maße sicherstellt, glaubt aber, daß überwiegende Gründe gegen die subsidiäre Privatklage sprechen.

b) Die prinzipale Privatklage.

19. DJT. Stettin 1888.

Schon der 2. und 12. Juristentag hatte sich mit der Frage der Gestaltung und Ausdehnung des Institutes der Privatklage beschäftigt, aber hierbei vorzugsweise die subsidiäre Privatklage berücksichtigt, dagegen nur gelegentlich die prinzipale Privatklage gestreift. Da diese von der StPO. auf die nur auf Antrag zu verfolgenden Beleidigungen und leichten Körperverletzungen beschränkt worden war, wurde von verschiedenen Seiten geltend gemacht, daß infolgedessen in vielen Fällen von Amts wegen eingeschritten werden müsse, wo das öffentliche Interesse dies nicht fordere, und hierbei besonders auf die §§ 123, 303 StGB. verwiesen. Dieser Strömung trug die ständige Deputation durch Aufstellung des vorliegenden Themas Rechnung.

Frage. Erscheint es angemessen, die prinzipale Privatklage auf die Körperverletzungen des § 223a StGB., sowie auf Sachbeschädigung und Hausfriedensbruch auszudehnen?

Gutachter:	Berichterstatter:
ReichsA. Dr. Stenglein (Leipzig) II. 249—258.	LR. Dr. Kronecker (Berlin) III. 273 ff.
	StA. Dr. Bindseil (Kottbus) III. 282 ff.

Stenglein faßt sein Gutachten in folgendem Antrag zusammen: Der Juristentag hält es für angemessen, daß bei Gelegenheit einer umfassenden Revision der StPO. die Ausdehnung des Privatklageverfahrens in seiner jetzigen Form, wenn auch mit systematischer Durchführung der Einzelbestimmungen, in das Auge gefaßt wird, und zwar auf folgende Delikte:

1. Hausfriedensbruch, Beleidigung, vorsätzliche und fahrlässige Körperverletzung und Sachbeschädigung, insofern diese Delikte nur auf Antrag verfolgbar sind;

2. ferner die Delikte der §§ 288, 289, 299, 300, 301, 302, 370, Ziffer 5 und 6 StGB., endlich

3. die nach den Reichsgesetzen vom 12. Juni 1870, 30. Novbr. 1874, 9., 10. und 11. Januar 1876 und 25. Mai 1877 strafbaren Handlungen.

Der erste Berichterstatter, Dr. Kronecker, hielt es für angemessen, die prinzipale Privatklage auf die Körperverletzungen des § 223 a, die nur auf Antrag verfolgbaren Fälle der Sachbeschädigung (§ 303), sowie auf den einfachen und den gemeinschaftlichen Hausfriedensbruch (§ 123, Abs. 1, 3) auszudehnen.

Der Korreferent, Dr. Bindseil, kam zu dem Ergebnisse, daß ein Bedürfnis nach Änderung der Strafprozeßordnung im Sinne der Ausdehnung der Privatklage überhaupt nicht vorliege, daß weiter eine einseitige Ausdehnung und Durchbrechung des Legalitätsprinzips im Interesse der Vergehen aus § 303 und § 123 ebenfalls zu verneinen sei und daß die Ausdehnung des Privatklageverfahrens auf die Vergehen des § 223a mit dem Gesetze und dem Willen des Gesetzgebers in direktem Widerspruche stehe.

Die Abteilung faßte nach dem Antrag des KGR. Dr. Olshausen mit überwiegender Mehrheit folgenden

Beschluß: Eine spezielle Bezeichnung einzelner Delikte, auf welche die prinzipale Privatklage auszudehnen sei, empfiehlt sich nicht. Die Frage, welche Ausdehnung dem Privatklageverfahren bei etwaiger

Reform des Strafprozesses zu geben sei, erheischt eine prinzipielle Lösung.

Der neue deutsche Strafprozeßentwurf sieht eine erhebliche Ausdehnung des Kreises der Privatklagedelikte vor. Er macht insbesondere die Vergehen des Hausfriedensbruches, der gefährlichen Körperverletzung, der fahrlässigen Körperverletzung mit Übertretung einer Amts-, Berufs- oder Gewerbepflicht, der Bedrohung und der Sachbeschädigung der Privatklage zugänglich.

9. Beschränkung des Legalitätsprinzips.

29. DJT. Karlsruhe 1908.

Die im Jahre 1903 vom Reichsjustizamt einberufene Kommission für die Reform des deutschen Strafprozesses hatte sich für die Einschränkung des Legalitätsprinzips ausgesprochen. Die hohe praktische Bedeutung einer solchen Einschränkung veranlaßte die Aufstellung der

Frage: Inwieweit bedarf das Legalitätsprinzip im Strafverfahren einer Beschränkung?

Gutachter:	Berichterstatter:
Prof. Dr. v. Ullmann (München)	Prof. Graf Gleispach (Prag)
I. 63—81.	V. 434 ff., 834 ff.
ReichsA. Dietz (Leipzig)	StA. Dr. Feisenberger (Magdeburg)
III. 51—91.	V. 457 ff.

Der erste Gutachter, Dr. v. Ullmann, legt in kurzem historischen Rückblick dar, wie die Gesetzgebung für den Legalitätsgrundsatz Stellung genommen habe. Diesem Grundsatz könne der Opportunitätsgedanke überhaupt nicht als ein zweites Prinzip der Strafverfolgung gegenübergestellt werden, vielmehr lasse der Opportunitätsgedanke nur gewisse Modifikationen der Pflicht zur Ausübung der Strafverfolgung zu. Dem Beschlusse der Strafprozeßkommission betreffs der Übertretungen stimmt er zu, fordert aber für alle Übertretungen, bei welchen ein Verletzter vorhanden ist, die subsidiäre Privatklage, für alle anderen Übertretungen die Popularklage.

Dietz stellt folgende Thesen auf:

I. Das Legalitätsprinzip hat das Strafverfahren zu beherrschen.

II. Eine Einschränkung des Legalitätsprinzips ist zulässig und notwendig, um ihm seine offensichtlichen Schäden und Härten zu nehmen.

III. Die Einschränkung soll lediglich den Zweck im Auge haben, Strafverfolgungen der staatlichen Anklagebehörden entgegenzuwirken, die durch das öffentliche Interesse nicht geboten sind.

IV. Eine prinzipielle Einschränkung nach der Richtung, daß das Gesetz für alle Straftaten allgemeine Gesichtspunkte tatsächlicher Art aufstellt, welche die Strafverfolgungsbehörden erkennen lassen, ob der Einzelfall das öffentliche Interesse berührt oder nicht, ob er also dem Legalitäts- oder dem Opportunitätsprinzip zu unterstellen ist, erscheint praktisch nicht durchführbar.

V. Das Gesetz hat vielmehr selbst alle strafbaren Handlungen in zwei Gruppen einzuteilen, von denen die eine unbedingt nach dem Legalitätsprinzip, die andere nach dem Opportunitätsprinzip zu behandeln ist; eine besondere Behandlung haben nur die Straftaten jugendlicher Personen zu erfahren.

VI. Bei der Auswahl für beide Gruppen ist lediglich zu prüfen, ob nach den bisherigen praktischen Erfahrungen bei Handhabung der materiellen Strafgesetze die durch diese mit Strafe bedrohte Handlung regelmäßig das öffentliche Interesse zu berühren pflegt, oder ob bei einer großen Anzahl von Einzelfällen einer Straftat die Erhebung der öffentlichen Klage nicht geboten ist, weil hier eine Verletzung des öffentlichen Interesses überhaupt nicht in die Erscheinung getreten ist oder hinter den gleichzeitig verletzten Privatinteressen zurücktritt.

VII. Diese Prüfung ergibt, daß zu unterwerfen sind:

A) alle Verbrechenshandlungen einem uneingeschränkten Legalitätsprinzip;

B) die Vergehenshandlungen einem eingeschränkten Legalitätsprinzip;

C) alle Übertretungshandlungen einem uneingeschränkten Opportunitätsprinzip.

VIII. Bei folgenden Vergehen ist das Legalitätsprinzip einzuschränken:

1. bei den Vergehen von Personen, welche zur Zeit der Tat das vierzehnte Lebensjahr noch nicht vollendet hatten;

2. bei:

   a) Beleidigungen — §§ 185, 186, 187, 189 StGB.; § 21 des Reichspreßgesetzes vom 7. Mai 1874;

   b) leichten vorsätzlichen und fahrlässigen Körperverletzungen auch insoweit, als die Strafverfolgung durch einen Strafantrag nicht bedingt ist — §§ 223, 230 Abs. 1 und 2, 232 StGB.:

   c) gefährlichen Körperverletzungen — § 223 a StGB.;

d) Hausfriedensbruch — § 123 StGB.;
e) Bedrohung — § 241 StGB.;
f) Sachbeschädigung — § 303 StGB.;
g) fahrlässigem Entweichenlassen eines Gefangenen durch einen Nichtbeamten — § 121 Abs. 2 StGB.;
h) strafbarem Eigennutz — § 289 StGB.;
i) einfachem Jagdvergehen — § 292 StGB.;
k) Verletzung des Brief- und Urkundengeheimnisses — § 299 StGB.;
l) widernatürlicher Unzucht zwischen Personen männlichen Geschlechts — § 175 StGB.;
m) Zuwiderhandlungen gegen § 12 des Gesetzes zur Bekämpfung des unlauteren Wettbewerbes vom 27. Mai 1896;
n) Zuwiderhandlungen gegen § 14 des Reichsgesetzes betr. das Urheberrecht an Mustern und Modellen vom 11. Januar 1876, gegen §§ 36, 40 des Patentgesetzes vom 7. April 1891, § 10 des RG. betr. den Schutz von Gebrauchsmustern vom 1. Juni 1891, §§ 14, 15, 16 des RG. zum Schutze der Warenbezeichnungen vom 12. Mai 1894.

IX. In den Fällen zu VIII und VIIC ist dem durch die Straftat Verletzten die prinzipale Privatklage zu gewähren.

Die Berichterstatter vertraten einen Standpunkt, der von dem der Kommission und der Gutachter grundsätzlich verschieden war. Da in den wesentlichen Punkten Übereinstimmung zwischen ihnen bestand, waren sie in der Lage, während ursprünglich jeder für sich Thesen aufgestellt hatte, diese nach der Berichterstattung zu vereinigen. Die Abteilung faßte entsprechend diesem gemeinsamen Antrag der Berichterstatter folgenden

Beschluß: 1. Das Legalitätsprinzip, eine der wichtigsten Garantieen einer gleichmäßigen, unabhängigen Rechtsprechung, des Vertrauens des Volkes in die Strafrechtspflege, hat das Verfahren wegen kriminell strafbarer Handlungen auf dem ganzen Gebiete der öffentlichen Anklage zu beherrschen.

2. Es ist ausdrücklich festzustellen, daß auch alle den Strafverfolgungsorganen vorgesetzten Behörden einschließlich der obersten Justizverwaltung an den Legalitätsgrundsatz gebunden sind.

3. Insoweit der Rechtsgüterschutz als solcher durch das Strafgesetz unmittelbar nur im Interesse des einzelnen Verletzten vom Staate gewährt wird, geschieht die Strafverfolgung durch Privatklage.

4. Ungerechten oder entbehrlichen Bestrafungen vorzubeugen, ist Aufgabe der Reform des materiellen Strafrechts.

5. Übertretungen von rein polizeilichen Vorschriften sind als bloße Ordnungswidrigkeiten aus dem Gebiete des kriminellen Strafrechts auszuscheiden und sowohl materiell als auch bezüglich des Verfahrens besonderen Grundsätzen zu unterstellen.

Fernerhin wurden auf einen Antrag Olshausen-Hamm hin die nachfolgenden Leitsätze angenommen:

6. Die Vorschläge, die der Entwurf einer deutschen StPO. zur Einschränkung des Grundsatzes des Verfolgungszwanges macht (§ 153 Abs. 1, 154 i. V. mit dem Entw. einer Novelle zum GVG. § 23[3] Abs. 2, 155 Abs. 1 377 Abs. 1 und 2) sind zu billigen.

Im Falle des § 154 ist jedoch dem Verletzten das Recht zur Erhebung der prinzipalen Privatklage zu gewähren.

Die Verfolgung der Jugendlichen ist gemeinsam mit den Strafbestimmungen und dem Strafverfahren gegen diese zu ordnen.

7. Es erscheint wünschenswert, daß bei einer Reform des materiellen Strafrechts die Frage, in welchen Fällen die Strafverfolgung nur auf Antrag einer Privatperson einzutreten habe, in grundsätzlicher Übereinstimmung mit der Frage der Zulässigkeit der Privatklage im Sinne des § 377 des Entwurfes einer Strafprozeßordnung gelöst werde, sei es durch Vermehrung der Fälle der Zulässigkeit der Privatklage, sei es durch Einschränkung oder Vermehrung der Antragsfälle.

Da die angenommenen Thesen, Gleispach-Feisenberger auf der einen, Olshausen-Hamm auf der andern Seite, in vollem Umfang miteinander schwer vereinbar waren, beschloß die Abteilung die Verweisung der Frage an das Plenum. Hier wurden die auf eine Milderung des herrschenden Legalitätsprinzips gerichteten Anträge Olshausens (Abteilungsbeschluß zu 6) mit knapper Zweidrittelmehrheit abgelehnt und die strikteste Beibehaltung des staatsanwaltschaftlichen Verfolgungszwanges durch Annahme der Abteilungsleitsätze 1—5 und 7 zum Beschluß erhoben.

Der deutsche Strafprozeßentwurf geht davon aus, daß der Grundsatz des Verfolgungszwanges keineswegs allgemein aufgegeben werden könne, wohl aber sei eine Milderung des strengen Prinzipes in denjenigen Fällen am Platze, die wegen der Geringfügigkeit der Straftat oder aus anderen Gründen eine abweichende Behandlung gestatten. Es werden deshalb verschiedene Einschränkungen des Legalitätsprinzips vorgeschlagen.

10a. Gerichtliche Voruntersuchung im allgemeinen.

3. DJT. Wien 1862.

Anträge des OLGR. Keller (Wien):

§ 1. Die Erforschung der Verbrechen und die Erhebung der die strafgerichtliche Verfolgung begründenden Umstände ist die Aufgabe des Staatsanwalts. Diese Erhebungen kann der Staatsanwalt entweder selbst vornehmen oder von der zuständigen Staats- oder Gemeindebehörde vornehmen lassen; ebenso kann auch der Beschuldigte oder sein Verteidiger Vorerhebungen vornehmen oder veranlassen.

§ 2. Die Verhaftung eines Beschuldigten, dessen Vernehmung, die Hausdurchsuchung, die Eröffnung von Briefen und anderen Schriften, die Vernehmung von Sachverständigen und von solchen Zeugen, welche voraussichtlich bei der Hauptverhandlung nicht erscheinen werden, kann nur von dem zuständigen Richter vorgenommen oder veranlaßt werden.

§ 3. Der Staatsanwalt hat seinen begründeten, mit den Vorerhebungen belegten Antrag auf Schöpfung eines Anklagebeschlusses dem zuständigen Gerichte vorzulegen, welches hierüber den Beschuldigten zu vernehmen und die Anklage oder die Ablassung von der weiteren Untersuchungen zu beschließen hat. Wenn der Beschuldigte es verlangt, kann auch ohne Anklagebeschluß die Hauptverhandlung angeordnet werden.

Gutachter:
JR. Dorn (Berlin)
I. 3—5.
Prof. Dr. Geßler (Tübingen) I. 6—12
StA. Heinze (Dresden) I. 13—27.

Berichterstatter:
Prof. Dr. Glaser (Wien)
II. 309 ff.

Die drei Gutachter erklären sich übereinstimmend dahin, daß die Voruntersuchung, mit Rücksicht auf den Parteistandpunkt des Staatsanwalts, eine gerichtliche sein müsse, und daß es nicht ausführbar sei, den Verteidiger mit dem Staatsanwalt auf ein und dieselbe Stufe zu stellen.

Die Abteilung nahm mit Einstimmigkeit die Thesen des Berichterstatters an.

Beschluß. I. Die gerichtliche Voruntersuchung muß beibehalten werden, weil nicht dem Staatsanwalt, sondern nur einem unabhängigen richterlichen Beamten die Verfügung über die Person des

Angeschuldigten, die Aufnahme jener Beweise, welche in der Hauptverhandlung nicht wieder vorgeführt werden können, endlich die Herbeischaffung des Verteidigungsmaterials anvertraut werden kann.

II. Die gerichtliche Voruntersuchung muß aber beschränkt werden

a) dadurch, daß die Erhebung der öffentlichen Klage der Staatsanwaltschaft vorbehalten wird,

b) dadurch, daß die Staatsanwaltschaft angewiesen wird, der Erhebung der öffentlichen Klage gerichtspolizeiliche Vorerhebungen vorausgehen zu lassen,

c) daß die Voruntersuchung wegfällt, wo es sich nicht um Verbrechen schwerster Art handelt und weder der Staatsanwalt noch der Angeschuldigte sie verlangen.

III. Sie soll verbessert werden

a) dadurch, daß das Hinarbeiten auf das Geständnis des Angeklagten aufgegeben wird,

b) dadurch, daß sowohl der Staatsanwaltschaft als der Verteidigung eine fortwährende Einwirkung auf ihren Gang ermöglicht wird,

c) dadurch, daß die Öffentlichkeit, mindestens die Parteienöffentlichkeit, auch für sie als Regel anerkannt wird.

10b. Öffentlichkeit der Voruntersuchung.

11. DJT. Hannover 1873.

Der Entwurf der geltenden deutschen Strafprozeßordnung hatte für die Voruntersuchung eine beschränkte Parteiöffentlichkeit statuiert. Der Angeklagte oder sein Verteidiger sollten den Vernehmungen der Zeugen und den Beweiserhebungen beiwohnen können, während der Verteidiger bei dem Verhöre des Angeklagten nicht zugezogen werden sollte. Der Juristentag beschäftigte sich darum mit der

Frage: Ist der Grundsatz der Öffentlichkeit für die Voruntersuchung anzunehmen?

Gutachten	Berichterstatter:
waren nicht erstattet.	Prof. Dr. Gneist (Berlin)
	II. 209 ff., 330 ff.

Abteilung und Plenum traten dem Antrag des Berichterstatters bei.

Beschluß. Auch für die gerichtliche Voruntersuchung ist der Grundsatz der Öffentlichkeit als Regel anzunehmen.

10c. Reform der Voruntersuchung.

29. DJT. Karlsruhe 1908.

Die im Jahre 1903 von dem Reichsjustizamt einberufene Kommission für die Reform des Strafprozesses hatte sich entschlossen, das System der gerichtlichen Voruntersuchung grundsätzlich beizubehalten und nur Verbesserungen einzelner Punkte empfohlen. Demgegenüber wurde von namhaften Juristen Deutschlands und Österreichs eine vollständige Neuordnung des gesamten Vorverfahrens unter gänzlicher Beseitigung des Untersuchungsrichters als das Erstrebenswerte bezeichnet.

Frage. Welche Reformen empfehlen sich für die Voruntersuchung im Strafverfahren?

Gutachter:	Berichterstatter:
OLGR. Rosenberg (Kolmar i. E.) I. 3—62.	Prof. Dr. v. Lilienthal (Heidelberg) V. 389 ff.
Prof. Dr. Mittermeier (Gießen) II. 134—200.	OLGR. Dr. Weingart (Dresden) V. 414 ff.

Der erste Gutachter, Rosenberg, kommt zu folgendem Ergebnisse:

1. Die Systeme der Öffentlichkeit, der Mündlichkeit und der Anklageform sind vollständig abzulehnen.

2. Das System der Parteiöffentlichkeit ist nur in modifizierter Form zu empfehlen.

a) Für bestimmte Prozeßhandlungen muß die Parteiöffentlichkeit obligatorisch sein; die Parteien müssen einen gesetzlichen Anspruch auf Anwesenheit haben bei antizipierten Beweisaufnahmen, bei eidlichen Vernehmungen von Zeugen und Sachverständigen, sowie bei dem Schlußverhör des Angeschuldigten.

b) Für die übrigen Prozeßhandlungen muß die Parteiöffentlichkeit fakultativ sein; der Untersuchungsrichter kann auf Antrag oder von Amts wegen beschließen, daß die Parteien zu einzelnen Vernehmungen und Verhören zugelassen werden.

c) Zur Sicherung der Rechte und Interessen des Angeschuldigten muß die gesetzliche Vorschrift erlassen werden, daß polizeiliche und staatsanwaltschaftliche Protokolle in der Hauptverhandlung überhaupt nicht verlesen werden dürfen, daß ferner gerichtliche Protokolle nur dann verlesen werden dürfen, wenn dieselben in den Formen der Parteiöffentlichkeit errichtet worden sind. Ausnahmen von dieser Regel sind nur dann zulässig, wenn die Benachrichtigung der Parteien von einem Gerichtstermin wegen Gefahr im Verzug oder aus anderen Gründen nicht möglich gewesen ist.

d) Sind mehrere Angeschuldigte vorhanden, so kann der Untersuchungsrichter die Parteiöffentlichkeit auf diejenigen Angeschuldigten beschränken, welche an der Anwesenheit im Gerichtstermin ein berechtigtes Interesse haben; die Verlesung des Gerichtsprotokolles ist auch in diesem Falle zulässig.

3. Das System der notwendigen Voruntersuchung ist zu ändern. Entscheidend darf nicht mehr die Zuständigkeit des Gerichtes, sondern nur die Natur des Deliktes oder die Person des Beschuldigten sein.

4. Wenn die Voruntersuchuug nicht notwendig ist, soll sie nur in großen und schwierigen Sachen beantragt werden.

5. Das Gericht kann den Antrag des Angeschuldigten auf Eröffnung der Voruntersuchung ablehnen, wenn ein großer und schwieriger Fall nicht vorliegt.

6. Das System der notwendigen Verteidigung ist zu ändern. Der Angeschuldigte muß in allen Sachen, in denen die Voruntersuchung eröffnet ist, einen Verteidiger haben.

7. Der Offizialverteidiger soll schon bei Beginn der Voruntersuchung bestellt werden; seine Bestellung muß vor dem ersten Gerichtstermin erfolgen, dem ein Verteidiger beizuwohnen berechtigt ist.

8. Der mündliche Verkehr zwischen dem Verteidiger und dem verhafteten Angeschuldigten muß von allen Beschränkungen befreit werden.

9. Der schriftliche Verkehr zwischen dem Verteidiger und dem verhafteten Angeschuldigten muß ebenfalls frei sein; Kontrollvorschriften dürfen nur erlassen werden, um zu verhindern, daß andere Personen den Namen des Verteidigers zur Absendung oder Empfangnahme von Briefen mißbrauchen.

Mittermaier stellt folgende Leitsätze auf:

1. Zur Fortbildung des Vorverfahrens ist in erster Reihe die Beseitigung der Voruntersuchung zu erstreben.

2. Im Falle der Beibehaltung wie der Beseitigung der Voruntersuchung ist das Vorverfahren dahin zu ändern:

a) Es ist Gewähr dafür zu bieten, daß die Unmittelbarkeit, Unbefangenheit und Frische der Hauptverhandlung nicht beeinträchtigt wird.

b) Die Einheitlichkeit des Vorverfahrens ist durch ein organisches Zusammenwirken der an ihm beteiligten Personen zu erreichen.

c) Die Parteien sollen durch das Vorverfahren besser als bisher unterrichtet werden und daher sollen beide entschiedener mitwirken.

d) Die Richterstellung des beteiligten Richters muß streng gewahrt werden; der Untersuchungsrichter darf nicht Gehilfe des Staatsanwalts in der Verfolgung sein.

e) Die Rechte des Beschuldigten müssen scharf umgrenzt und sichergestellt werden.

f) Die Formen der Hauptverhandlung sind nicht für das Vorverfahren geeignet.

3. Der Staatsanwalt

a) ist entschieden auf Selbsttätigkeit und Selbstverantwortung hinzuweisen;

b) bedarf einer wohlgeschulten, ihm streng unterstellten Polizei;

c) muß die Anklage substanziieren und die Beweismittel dabei spezialisiert angeben.

4. a) Dem Beschuldigten ist die Selbstvorbereitung zu gewährleisten.

b) Die Verteidigung ist in weiterem Umfang als bisher notwendig; der Verkehr des Verteidigers mit dem verhafteten Beschuldigten muß völlig frei sein.

c) Die Untersuchungshaft ist entschieden zu reformieren.

5. Parteiöffentlichkeit muß für alle Vorwegnahmen der Hauptverhandlung (darunter alle eidlichen Vernehmungen und eingehenden Beweiserhebungen) gelten.

6. Alle dem Gerichte zu übergebenden Protokolle außer denen der vorweggenommenen Hauptverhandlungsteile sind summarisch abzufassen.

7. Jedes gesetzliche System muß durch eine sich ihm anpassende Praxis lebendig gemacht werden.

Der erste Berichterstatter, v. Lilienthal, verwarf die Voruntersuchung grundsätzlich, während sich der Korreferent, Dr. Weingart, zu ihren Anhängern bekannte.

Der Korreferent hatte beantragt:

1. Die Voruntersuchung im Sinne der gegenwärtigen Strafprozeßordnung ist beizubehalten.

2. Den Prozeßbeteiligten ist gestattet, den Beweiserhebungen in der Voruntersuchung beizuwohnen und hierbei mitzuwirken, soweit nicht der Untersuchungszweck hierdurch gefährdet wird.

3. Der Angeschuldigte ist sofort nach Eröffnung der Voruntersuchung zu vernehmen. Vor Abschluß der Voruntersuchung sind ihm die ermittelten Verdachtsgründe mündlich mitzuteilen.

4. In Fällen notwendiger Verteidigung ist dem Angeschuldigten schon bei Beginn der Voruntersuchung ein Verteidiger zu bestellen. Dem Verteidiger ist zu gestatten, daß er mit dem Angeschuldigten ohne Kontrolle verkehrt.

5. Verlangt der Beschuldigte in einer landgerichtlichen Strafsache eine Voruntersuchung, so ist dem stattzugeben.

Die Zustimmung der Abteilung fanden im wesentlichen die Thesen des Berichterstatters v. Lilienthal, nur sein erster Leitsatz: „Das Vorverfahren soll der Erhebung der Anklage und nicht der Vorbereitung der Hauptverhandlung dienen," wurde abgelehnt.

Beschluß. Ohne über die Zweckmäßigkeit oder eine andere Ausgestaltung der Voruntersuchung eine Entscheidung zu treffen, gibt die Abteilung folgenden Wünschen Ausdruck:

I. Die erforderliche Mitwirkung des Beschuldigten bei der Sammlung des Materials und in dem die Hauptverhandlung einleitenden oder vorbereitenden Vorverfahren ist zu gewährleisten durch

a) rechtzeitige Mitteilung der vorhandenen Verdachtsgründe vor der Eröffnung des Hauptverfahrens,

b) Zustellung einer spezialisierten Anklageschrift,

c) das Recht jederzeit Beweisanträge zu stellen, deren Ablehnung nur in einem motivierten Bescheid und unter dem Hinweis auf das Recht der Wiederholung in der Hauptverhandlung und der unmittelbaren Ladung geschehen kann.

II. Die Verteidigung ist in weiterem Umfang von Amts wegen zu fördern. Der Verteidiger soll regelmäßig schon im Vorverfahren bestellt werden. Sein Verkehr mit dem verhafteten Beschuldigten unterliegt keinen Beschränkungen.

III. Der Erlaß eines Haftbefehls ist nur auf Grund bestimmt anzugebender Tatsachen und nur nach vorgängiger mündlicher Verhandlung mit dem Beschuldigten zulässig.

In Übereinstimmung mit den Beschlüssen des Juristentages von 1862 hat die deutsche Strafprozeßordnung von 1877 die gerichtliche Voruntersuchung übernommen. Sie findet statt bei reichsgerichtlichen und schwurgerichtlichen Strafsachen unbedingt (Pr. 227, 864) und bei Strafkammersachen auf Antrag des Staatsanwalts sowie auch auf begründeten Antrag des Angeschuldigten unter der Verpflichtung der Staatsanwaltschaft, in den betreffenden Fällen gerichtspolizeiliche Vorerhebungen zu veranlassen, ferner unter Einführung einer, wenn auch beschränkten Parteiöffentlichkeit.

Auch die Begründung des neuen deutschen Strafprozeßentwurfs wendet sich gegen die Bestrebungen einer völligen Beseitigung der Voruntersuchung. Der Entwurf sieht aber in manchen Beziehungen Änderungen vor. Es werden für die Vernehmung des Beschuldigten eingehendere, das Interesse der Verteidigung mehr berücksichtigende Vorschriften gegeben, es wird in weiterem Maße Parteiöffentlichkeit gewährt, die Rechte des Verteidigers werden wesentlich erweitert, indem ihm grundsätzlich das Recht der Akteneinsicht gegeben und sein Verkehr mit dem verhafteten Beschuldigten von jeder Überwachung befreit wird. Vor allem ist Vorsorge getroffen, daß der Angeschuldigte in der Voruntersuchung nicht ohne ausreichenden Schutz dem Gange des Verfahrens gegenüberstehe. Dem Beschuldigten sind alle Belastungsmomente in einer mündlichen Schlußverhandlung vor Augen zu führen; in minder wichtigen Sachen wird die Vorbereitung des Beschuldigten dadurch erleichtert, daß auch hier die Mitteilung der Anklageschrift zu erfolgen hat. Hierdurch wird sichergestellt, daß der Beschuldigte schon vor der Eröffnung des Hauptverfahrens über die ihn belastenden Tatsachen ausreichend unterrichtet wird und schon vor der Hauptverhandlung Gelegenheit findet, in Kenntnis des Ergebnisses der Ermittelungen die ihm sachdienlich erscheinenden Beweisanträge zu stellen.

Was die Untersuchungshaft betrifft, so sind nach dem Entwurfe die Tatsachen, welche die Fluchtgefahr oder die Gefahr der Erschwerung der Wahrheitsermittelung begründen, stets in den Haftbefehl selbst aufzunehmen, um dem Verhafteten Gelegenheit zu geben, sich gegen irrige Annahmen in dieser Beziehung zu verteidigen. Außerdem erhält der Verhaftete das Recht, Einwendungen gegen den Haftbefehl mündlich demjenigen Richter vorzutragen, der in der Sache unterrichtet und zur Entscheidung über die Aufrechterhaltung des Haftbefehls berufen ist.

Ähnlich ist die Voruntersuchung nach dem österreichischen Strafprozesse geregelt; sie findet in Österreich allerdings nur statt bei schwurgerichtlichen Verbrechen, beim Verfahren gegen Abwesende und im übrigen auf Antrag des Staatsanwalts. Die Vorschriften über die Voruntersuchung sind durch den neuen Vorentwurf nicht berührt worden.

11. Stellung des Amtsrichters im vorbereitenden Verfahren.

16. DJT. Cassel 1882.

Das vorliegende Thema steht im Zusammenhange mit der vom 3. Juristentage (vgl. Ziff. 10a) behandelten Gestaltung der Voruntersuchung.

Frage. Wie sind die Befugnisse des Amtsrichters im vorbereitenden Untersuchungsverfahren sachgemäß zu konstruieren?

Gutachter:	Berichterstatter:
AR. Dr. Kronecker (Berlin) I. 145—169.	OStA. v. Köstlin (Stuttgart) II. 281 ff.
	ReichsA. Dr. Stenglein (Leipzig) II. 294 ff.

Der Gutachter Kronecker kommt zu folgenden Resultaten, unter Beibehaltung der Prinzipien des Reichsstrafprozeßrechtes:

1. Die dem Amtsrichter im vorbereitenden Verfahren zukommenden Befugnisse sind im allgemeinen beizubehalten.

2. Die Befugnis der Staatsanwaltschaft, den Amtsrichter anzurufen, ist in betreff der Zeugenvernehmungen zu beschränken.

3. In Haftsachen ist an Stelle des vorbereitenden Verfahrens soweit und so bald als irgend möglich die Voruntersuchung zu setzen.

Für Haftsachen werden zahlreiche einzelne Vorschläge präzisiert.

Der Antrag des Berichterstatters wurde einstimmig angenommen.

Beschluß. In der Erwägung, daß die deutsche Strafprozeßordnung noch nicht drei Jahre in Wirksamkeit ist, sowie daß die Beibehaltung der bezüglichen Vorschriften derselben im wesentlichen sich empfiehlt und daß die in verschiedenem Maße wahrgenommenen Unzuträglichkeiten zum großen Teile durch eine verständige, zweckentsprechende Praxis sich beseitigen lassen, geht die Abteilung über die aufgestellte Frage zurzeit zur Tagesordnung über.

12. Prüfung der staatsanwaltlichen Anklage durch das Gericht.

7. DJT. Hamburg 1868.

Frage. Ist es für das mündliche Strafverfahren angemessen, auf Grund der schriftlichen Akten der Voruntersuchung ein Erkenntnis darüber zu erlassen, ob Anklage zu erheben sei oder nicht?

Gutachter:	Berichterstatter:
OTrR. v. Tippelskirch (Berlin) I. 54—62.	OHofGR. Brauer
Prof. Dr. Geyer (Innsbruck) I. 63—79.	(Mannheim) II. 122 ff.

Der erste Gutachter, v. Tippelskirch, spricht sich dahin aus, daß vom kriminalpolitischen Standpunkt aus besonders der Staatsanwaltschaft gegenüber im gegenwärtigen, wenigstens in akkusatorischen Formen sich bewegenden Strafverfahren die Anklagebeschlüsse nicht ganz zu beseitigen wären; daß diese aber nicht die Formen weitläufiger Erkenntnisse anzunehmen brauchen, sondern daß es genüge, wenn der Anklagesenat, falls er mit der ihm fertig vorzulegenden Anklageschrift des Oberstaatsanwaltes einverstanden sei, dieses mit wenigen auf die Schrift selbst zu setzenden Worten erkläre.

Geyer will mit Rücksicht auf das Anklageprinzip und den Mangel mündlicher Grundlage die richterliche Vorprüfung als Regel beseitigen, sie nur als Ausnahme zulassen, wenn der Angeklagte einem Privatankläger gegenüber sie verlangt.

Nach eingehender Debatte faßte die Abteilung folgenden

Beschluß: Es findet eine richterliche Vorprüfung der Anklage der Staatsanwaltschaft statt, jedoch nur eine einmalige Vorprüfung.

Hiermit stimmt die deutsche Strafprozeßordnung überein. Die in der Reichstagskommission gestellten Anträge (vgl. Pr. 304, 930), welche in gewissen Fällen eine gerichtliche Vorprüfung der Anklage ausschließen wollten, wurden abgelehnt, wobei auch der Verhandlungen des Juristentages Erwähnung geschieht.

Der neue deutsche Strafprozeßentwurf hat den gerichtlichen Eröffnungsbeschluß fallen lassen, da in der Mehrzahl der Fälle erfahrungsmäßig keine Bedenken gegen die Eröffnung des Hauptverfahrens obwalten. Es kann jedoch auch in Strafkammersachen ein Vortermin anberaumt werden, wie ein solcher im Verfahren vor den Schwurgerichten und vor dem Reichsgericht obligatorisch ist.

Nach österreichischem Rechte legt der Untersuchungsrichter, wenn der Beschuldigte gegen die Anklageschrift Einspruch nicht eingelegt hat, die Akten dem Gerichtshof erster Instanz vor, welcher sofort die Hauptverhandlung anzuordnen hat, im anderen Falle entscheidet der Gerichtshof zweiter Instanz über den Einspruch.

13. Zeugnispflicht.

a) Zeugniszwang.

5. DJT. Braunschweig 1864.

Der Umstand, daß häufig in nicht gerechtfertigter Weise ein Zeugniszwang ausgeübt wurde, veranlaßte die Aufstellung des Themas, ob nicht ohne Schädigung der allgemeinen Rechtsordnung und Rechtssicherheit eine Beschränkung dieses Zwanges möglich sei.

Frage: In welchem Umfange sind Maßregeln zur Erzwingung eines Zeugnisses in Strafsachen (Voruntersuchung, Hauptverfahren) zulässig?

Gutachter:	Berichterstatter:
Prof. Dr. A. Geyer (Innsbruck)	Prof. Dr. John (Königsberg)
I. 54—64.	II. 62 ff., 188 ff.

OTrR. v. Tippelskirch (Berlin) I. 78—101.

Der erste Gutachter, Geyer, faßt seine Darlegungen dahin zusammen:

Das Gesetz soll den Richter ermächtigen, gegen Zeugen, welche das Zeugnis in Strafsachen oder die Ablegung des Zeugeneides verweigern (ohne daß ihnen gesetzliche Befreiungsgründe zustatten kommen), Zwangsmaßregeln zu ergreifen, wenn das Zeugnis in dem betreffenden Falle unentbehrlich erscheint.

v. Tippelskirch kommt zu dem Ergebnis, daß jeder dem Gerichte gegenüber zum Zeugnis verpflichtet ist und im Falle einer Weigerung ohne besondere Befreiungsgründe gegen ihn sowohl eine Ungehorsamsstrafe als auch Zwangshaft anzuwenden, beides mit bestimmter Begrenzung, zulässig ist.

In der Abteilung wie im Plenum wurden die Anträge des Berichterstatters einstimmig angenommen.

Beschluß. a) Die Zwangsmittel, welche zur Erlangung eines Zeugnisses anzuwenden sind, müssen begrenzt sein.

b) Der Umfang der in jedem Falle überhaupt zulässigen Maßregeln darf eine mäßige Geldstrafe oder Freiheitsentziehung nicht übersteigen.

c) Niemand darf gezwungen werden, ein Zeugnis abzugeben, außer von dem mit der Untersuchung befaßten Richter.

Die deutsche und österreichische Strafprozeßordnung steht auf dem Standpunkt, daß die Maßregeln gegen widerspenstige Zeugen sich als Zwangsmittel zur Erlangung des Zeugnisses darstellen sollen und hat als solche nur eine geringe Freiheitsstrafe oder Geldstrafe zugelassen.

b) Zeugnisverweigerungsrecht der Redakteure.

12. DJT. Nürnberg. 1875.

Die Praxis des preußischen Obertribunals in betreff des Zeugniszwanges, namentlich in Preßfällen, veranlaßte die ständige Deputation des Juristentages zur Aufstellung der

Frage: Soll die Zeugnispflicht in Kriminalsachen so lange nicht anerkannt werden, bis die Untersuchung die Richtung gegen eine bestimmte Person genommen hat?

Gutachter:	Berichterstatter:
RA. Lewald (Berlin)	Adv. Dr. Jaques (Wien)
10. I. 144—149.	**12.** III. 155 ff.

Prof. Dr. Ullmann (Innsbruck) **11.** I. 87—94.

Der erste Gutachter, Lewald, stellt folgende Sätze auf:

1. Die Zeugnispflicht in Kriminalsachen hat in vollem Umfang stattzufinden. Jeder hat mithin — wie es die Bestimmung der Preuß. KriminalO. angibt — dem untersuchenden Richter auf Erfordern mitzuteilen, was ihm in Beziehung auf ein zu untersuchendes Verbrechen oder den Täter bekannt ist, einerlei, ob die Untersuchung die Richtung gegen eine bestimmte Person schon genommen hat oder nicht.

2. Dagegen ist niemand zu einem Zeugnis zu zwingen, solange es sich nicht um ein in dem Strafgesetzbuch mit Strafe bedrohtes Verbrechen oder Vergehen gegen eine bestimmte Person handelt.

3. Es liegt auch ein praktisches Bedürfnis vor, diese bedingte Befreiung von der Zeugnispflicht und vom Zeugniszwange durch das Gesetz auszusprechen.

4. Der Zeuge darf niemals eine höhere Strafe erleiden, als wenn er der Täter des betr. Deliktes wäre, über welches er Zeugnis ablegen soll.

5. Wenn es sich überhaupt nicht um ein strafgerichtliches Vergehen handelt, wie bei Disziplinaruntersuchungen, muß jede Strafe und jeder Zwang wegfallen.

Ullmann kommt zu dem Schlusse, daß in Kriminalsachen in der Regel eine allgemeine Zeugnispflicht auch schon dann anzuerkennen ist, wenn im Sinne des heutigen Prozesses die Untersuchung noch nicht förmlich gegen eine bestimmte Person eingeleitet wurde.

Die Abteilung erhob mit einer an Einstimmigkeit grenzenden Mehrheit den Antrag des Berichterstatters zum

Beschlusse: a) Die Zeugnispflicht vor dem Richter in Strafsachen wird wirksam, auch ehe die Untersuchung die Richtung gegen eine bestimmte Person genommen hat.

b) Wenn bei einem durch eine periodische Druckschrift begangenen Delikte der verantwortliche Redakteur als Täter haftet, entfällt jede Zeugnispflicht.

c) Ist das nicht der Fall oder ist ein durch eine nichtperiodische Druckschrift begangenes Delikt in Frage, so sind der verantwortliche Redakteur, bzw. der Verleger, Drucker, Verbreiter berechtigt, das Zeugnis zu verweigern.

Die deutsche Gesetzgebung hat — unter Erwähnung der Verhandlungen des Juristentages (Motive S. 35) — die Auffassung abgelehnt, daß die Richtung der Untersuchung gegen eine bestimmte Person eine Voraussetzung der Zeugnispflicht sei.

Der neue deutsche Strafprozeßentwurf — nicht aber der österreichische — gibt unter gewissen Voraussetzungen den Redakteuren, Verlegern und Druckern einer periodischen Druckschrift sowie dem technischen Hilfspersonal das Recht, die Auskunft über die Person des Verfassers oder Einsenders eines darin enthaltenen Artikels strafbaren Inhalts zu verweigern.

14a. Beeidigung der Zeugen in der Hauptverhandlung.

6. DJT. München 1867.

Antrag des Adv. Dr. Bardasch (Stanislau):

Der DJT. wolle als seine Rechtsüberzeugung aussprechen:

I. daß im Strafprozesse die Beeidigung der Zeugen in der Regel nicht schon in der Voruntersuchung, sondern erst bei der Schluß- und Hauptverhandlung nach erfolgter Abhörung aller Belastungs- und Entlastungszeugen und nach den hierüber vorangegangenen Anträgen der Anklage und Verteidigung über Beschluß des Spruchgerichts stattfinden darf;

II. daß ausnahmsweise bei jenen Zeugen, welche voraussichtlich nicht bei der Hauptverhandlung erscheinen werden, die Beeidigung derselben zwar auch in der Voruntersuchung nach deren Abhörung zulässig, daß jedoch eine Beeidigung der Zeugen in der Voruntersuchung der Beeidigung der übrigen in der Hauptverhandlung abzuhörenden Zeugen nicht hinderlich sei.

Gutachter:	Berichterstatter:
StA. Gareis (Pirna)	GenStA. Dr. Schwarze (Dresden)
5 I. 29—36.	**4** II. 263ff.
LGR. Dr. v. Liszt (Wien)	Prof. Dr. Abegg (Breslau)
5 I. 111—118.	**6** III. 153ff.

Der erste Gutachter, Gareis, spricht sich dahin aus, daß die Beeidigung der Zeugen in der Regel nicht schon in der Voruntersuchung, sondern erst in der Hauptverhandlung, nach erfolgter Abhörung, zu dem Zeitpunkt zu erfolgen habe, welchen hierzu, nach Anhörung des Staatsanwalts und Verteidigers, der Vorsitzende für geeignet hält. Die Beeidigung jener Zeugen, welche voraussichtlich bei der Hauptverhandlung nicht erscheinen werden, ist auch in der Voruntersuchung zulässig und der Beeidigung der übrigen, in der Hauptverhandlung abzuhörenden Zeugen nur insoweit hinderlich, als die Aussage und Vereidigung jener, wären sie in der Hauptverhandlung erfolgt, solche Wirkung gehabt haben würden.

v. Liszt empfiehlt folgende modifizierte Fassung:

Im Strafprozesse soll die Beeidigung der Zeugen in der Regel nicht schon in der Voruntersuchung, sondern erst bei der Schluß- oder Hauptverhandlung, und zwar vor ihrer Vernehmung, stattfinden.

Ausnahmsweise ist bei jenen Zeugen, welche voraussichtlich bei der Hauptverhandlung nicht erscheinen können, ihre Beeidigung auch in der Voruntersuchung nach ihrer Vernehmung zulässig.

Nachdem auf dem 4. Juristentag im wesentlichen nur Dr. Schwarze seinen Bericht erstattet hatte, und die Beratung dann abgebrochen worden war, faßte die Abteilung des 6. Juristentages nach äußerst lebhaften Debatten im Anschluß an die Anträge des Berichterstatters Dr. Abegg folgenden

Beschluß: a) Wesen und Charakter des öffentlich-mündlichen Verfahrens erfordern es, die Vereidigung der Zeugen in der Hauptverhandlung vorzunehmen;

b) von diesem als Regel geltenden Grundsatz sind notwendige Ausnahmen anzuerkennen, denen gemäß die Vereidigung nach richterlichem Ermessen auch schon in der Voruntersuchung erfolgen kann;

c) die Vereidigung, in welcher Periode des Verfahrens sie auch stattfinde, soll mit dem Vernehmungsakte der Zeugen verbunden werden, in der Regel demselben vorausgehend.

14 b.

17. DJT. Würzburg 1884.

Übereinstimmend mit dem Beschlusse des 6. Juristentages (vgl. Ziff. 14a) hatte sowohl die deutsche als die österreichische Strafprozeßordnung die Beeidigung der Zeugen in der Hauptverhandlung als Grundsatz aufgestellt. Die deutsche Strafprozeßordnung hatte damit den Gesetzgebungen Preußens, Bayerns, Hessens und Braunschweigs gegenüber, welche die Beeidigung der Zeugen regelmäßig schon im Vorverfahren eintreten ließen, für diese Länder eine Neuerung eingeführt, deren Zweckmäßigkeit von seiten der Theoretiker und Praktiker mancherlei Anfechtung erfahren hatte. Der Juristentag beschäftigte sich deshalb mit der

Frage: Erscheint eine Abänderung des § 65 der Strafprozeßordnung dahin, daß die Beeidigung in der Regel bei der ersten Vernehmung stattfinden soll, wünschenswert?

Gutachter:	Berichterstatter:
LGDir. Philler (Lüneburg) I. 230—240.	OStA. v. Köstlin (Stuttgart) II. 201 ff.

LGDir. Dr. Wiesand (Bautzen) I. 275—287.

Der erste Gutachter, Philler, will den § 65 unverändert beibehalten und erklärt, daß der Grundsatz, die Beeidigung solle erst in der Hauptverhandlung erfolgen, praktisch sich bewährt habe.

Der Gutachter Wiesand spricht sich dagegen für das praktische Bedürfnis der Änderung aus.

Dem Antrag des Berichterstatters gemäß faßte die Abteilung mit großer Mehrheit folgenden

Beschluß: Nach den bisherigen Erfahrungen erscheint eine Abänderung des Grundsatzes des § 65 der Strafprozeßordnung dahin, daß die Beeidigung der Zeugen in der Regel bei der ersten Vernehmung erfolgen soll, bei sachgemäßer gewissenhafter Anwendung der Bestimmung des Paragraphen nicht wünschenswert.

Die Vorschrift der geltenden deutschen Strafprozeßordnung, daß die Beeidigung der Zeugen in der Regel in der Hauptverhandlung erfolgen soll, stimmt mit den Beschlüssen des Juristentages überein. Hieran wird auch durch den neuen Entwurf nichts wesentliches geändert.

Unter Bezugnahme auf die Verhandlungen des 6. Juristentages (vgl. Mot. 35, Sten. Ber. 443) hat sich die deutsche Strafprozeßordnung von 1877 für den Voreid entschieden. Der neue Strafprozeßentwurf läßt an die Stelle des Voreides den Nacheid treten. Diese Neuerung soll namentlich verhindern, daß bei Zeugen, welche die Beeidigung ihrer Aussage verweigern dürfen oder von Amts wegen unvereidigt gelassen werden können, die maßgebenden Tatsachen erst erkannt werden, wenn die Vereidigung bereits erfolgt ist.

Nach dem österreichischen Strafprozesse darf die Beeidigung von Zeugen in der Voruntersuchung nur unter besonderen Voraussetzungen stattfinden. In der Hauptverhandlung hat die Beeidigung vor der Vernehmung zu erfolgen, im Einverständnis der Parteien jedoch nachher. Soweit die Beeidigung ausnahmsweise vor dem Untersuchungsrichter zulässig ist, hat sie stets nach der Vernehmung zu erfolgen.

15. Einlassung des Angeklagten auf die Anklage.

7. DJT. Hamburg 1868.

Frage: Soll in der Hauptverhandlung des Strafprozesses von dem Angeklagten, welcher sich nichtschuldig erklärt, noch eine spezielle Einlassung oder Rechtfertigung auf die Anklage verlangt werden?

Gutachter: SektChef Dr. Glaser (Wien) I. 86—97.

Berichterstatter: StA. Dr. Stenglein (München) II. 109 ff.

Der Gutachter Glaser führt aus: Wenn in der Hauptverhandlung der Angeklagte den Vortrag der Anklage mit der Erklärung beantwortet, er sei nicht schuldig, eröffnet ihm der Vorsitzende, daß er zu einer weiteren Erklärung oder zu einer Beantwortung an ihn gerichteter Fragen nicht verpflichtet, daß er aber berechtigt sei, der Anklage eine zusammenhängende Erzählung des Sachverhalts sofort entgegenzustellen, und nach Vorführung jedes einzelnen Beweismittels seine Bemerkungen darüber vorzubringen. Steht dem Angeklagten kein Verteidiger zur Seite, so kann ihn der Vorsitzende nach Vorführung einzelner Beweismittel oder am Schlusse des Beweisverfahrens auf einzelne Umstände aufmerksam machen, welche aufzuklären im Interesse seiner Verteidigung gelegen ist.

Beschluß. In der Hauptverhandlung soll dem Angeklagten, welcher sich für nichtschuldig erklärt, eine spezielle Einlassung oder Rechtfertigung auf die Anklage nicht zur Pflicht gemacht werden.

Nach der deutschen Strafprozeßordnung ist der Angeklagte in der Hauptverhandlung nicht verpflichtet, sich auf die Anklage zu erklären (§§ 136, 242 StPO.). Ebenso liegt es nach dem neuen Entwurf. Auch nach österreichischem Rechte hat der Angeklagte nur das Recht, der Anklage eine zusammenhängende Erklärung des Sachverhalts entgegenzustellen; er kann aber zur Beantwortung der an ihn gerichteten Fragen nicht angehalten werden.

16. Kreuzverhör.

11. DJT. Hannover 1873.

Der Entwurf der geltenden deutschen Strafprozeßordnung hatte die inquisitorische Natur des Verhöres des Angeschuldigten dadurch abzuschwächen versucht, daß er bestimmte, es solle dem Angeklagten Gelegenheit zur Rechtfertigung und Beseitigung der Verdachtsgründe gegeben werden. Das vom Entwurf in Aussicht genommene fakultative Kreuzverhör gewährte den Parteien nur geringen Einfluß auf die gesamte Beweiserhebung, so daß ein wesentlicher Unterschied gegen den bisherigen Zustand nicht zu erwarten stand. Der Juristentag beschäftigte sich daher mit der

Frage: Ist im Strafverfahren das Verhör durch den Präsidenten oder das Kreuzverhör vorzuziehen?

Gutachter: RegR. Dr. v. Stemann (Kiel) I. 3—41.

Berichterstatter: Adv. Dr. v. Stenglein (München) II. 137 ff.
Prof. Dr. Gneist (Berlin) II. 145 ff.

Der Gutachter v. Stemann kommt zu dem Ergebnisse, daß im Strafverfahren das Kreuzverhör dem Verhöre durch den Präsidenten vorzuziehen ist, jedoch unter folgenden Voraussetzungen:

1. Das Verhör des Angeklagten im Hauptverfahren muß wegfallen.

2. Die Verteidigung muß auch bei Verhandlung der Straffälle mittlerer Ordnung für obligatorisch erklärt werden und der Staat die Verpflichtung übernehmen, einen Verteidiger eventuell von Amts wegen zu bestellen und ihn im Unvermögensfalle des Angeklagten zu honorieren.

3. Die Hauptverhandlung darf nur in Gegenwart des Angeklagten stattfinden.

4. Die Beschaffung der Beweismittel muß allein in die Hände der Parteien gelegt werden.

Die Abteilung gelangte entsprechend einem Antrag des Berichterstatters zu folgendem

Beschlusse: Im Strafverfahren ist das Kreuzverhör dem Verhöre durch den Präsidenten vorzuziehen.

Das Prinzip des Kreuzverhörs ist von der deutschen Gesetzgebung nur insofern anerkannt, als auf übereinstimmenden Antrag der Staatsanwaltschaft und der Verteidigung das Kreuzverhör eintritt. Verschiedene Versuche wurden allerdings seinerzeit in der Reichstagskommission gemacht, das Prinzip auch in weiterer Ausdehnung zur Geltung zu bringen, aber sie scheiterten sämtlich (vgl. Pr. 351, 948). Der neue Entwurf bringt hinsichtlich des Kreuzverhörs keine Änderungen gegenüber dem geltenden Rechte.

Nach dem österreichischen Prozeßrechte sind außer dem Vorsitzenden auch die übrigen Mitglieder des Gerichtshofes, der Ankläger und der Angeklagte befugt, an jede zu vernehmende Person Fragen zu stellen.

17. Lossprechung von der Instanz.

3. DJT. Wien 1862.

Antrag des RA. Dr. Schaffrath (Dresden):

Im Strafprozesse darf nur eine vollständige oder unbeschränkte Freisprechung stattfinden.

Bei den Verhandlungen des 3. Juristentages trat der Berichterstatter OLGR. Dr. Keller, Wien (II. 356) für die Annahme des Schaffrathschen Antrags ein, während Adv. Dr. Stern (Wien) den Zusatz empfahl:

Es bleibt den Parteien unbenommen, durch den Ausspruch des Gerichtes und, falls das Geschworenengericht fungierte, durch ein Verdikt der Geschworenen feststellen zu lassen, daß die Schuldlosigkeit des Angeklagten durch Erhebung sämtlicher wider ihn vorgekommener Verdachtsumstände oder durch Herstellung eines Gegenbeweises nachgewiesen wurde, worüber dem Angeschuldigten ein Amtszeugnis auszufertigen ist.

Nachdem sich in der Abteilung Stimmeneinheit für den Antrag Schaffrath ergeben hatte, faßte auch die Plenarversammlung (II. 73) einstimmig folgenden

Beschluß: Im Strafprozesse darf nur eine Art der Freisprechung — eine vollständige oder unbeschränkte — nicht aber außer ihr noch eine andere, beschränkte, „aus Mangel an vollständigem Beweise" stattfinden.

Das Institut der sog. Lossprechung von der Instanz, welches früher noch vereinzelt in Geltung war, ist in Deutschland wie in Österreich seit langer Zeit, in letzterem Lande durch eine besondere Novelle vom Jahre 1867, beseitigt.

18a. Rechtsbelehrung der Geschworenen.

13. DJT. Salzburg 1876.

Frage: Soll der Spruch der Geschworenen wegen falscher Rechtsbelehrung des Präsidenten angefochten werden können und wie?

Gutachter:	Berichterstatter:
HofR. Prof. Dr. Wahlberg (Wien) I. 29—35.	OGR. Thomsen (Hannover) II. 173 ff.

BezGerDir. Stöckel (Freiberg i. S.) I. 161—177.

Der erste Gutachter, Wahlberg, kommt zu dem Ergebnisse: Der Spruch der Geschworenen soll wegen einer falschen Rechtsbelehrung, sofern nach Prüfung der beantworteten Fragen nicht ausgeschlossen ist, daß diese einen Einfluß auf denselben geübt habe, durch eine Nichtigkeitsbeschwerde angefochten werden können. Selbst wenn es ersichtlich ist, daß die falsche Rechtsbelehrung ohne Einfluß auf den Spruch der Geschworenen gewesen ist, soll der Staatsanwaltschaft unbenommen sein, die Nichtigkeitsbeschwerde zur Wahrung des Gesetzes zu ergreifen.

Stöckel bejaht den ersten Teil der gestellten Frage, stellt jedoch als Erfordernis des Rechtsmittels gegen das Urteil auf, daß aus dem Spruche der Geschworenen selbst hervorgehe, inwieweit sich ihr Wahrspruch auf eine irrige Rechtsbelehrung des Präsidenten stütze. Außerdem müsse die Feststellung der streitigen Punkte der Rechtsbelehrung durch Spezialisierung der erhobenen Einwendungen gegen die Rechtsbelehrung des Präsidenten und durch die hierauf erfolgte Erklärung des letzteren über die entgegengesetzte Festhaltung der von ihm erteilten Rechtsbelehrung speziell durch das Protokoll nachgewiesen sein.

Folgende Anträge des Berichterstatters erhob die Abteilung zum

Beschlusse: a) Wegen falscher Rechtsbelehrung soll der Spruch der Geschworenen durch ein Rechtsmittel bei dem höchsten Gericht anfechtbar sein.

b) Die Rechtsbelehrung ist zunächst nach dem richterlichen Ermessen, stets aber soweit es die Staatsanwaltschaft oder die Verteidigung verlangt, zu Protokoll festzustellen.

Entsprechend dem Beschlusse des Juristentages hatte der Reichstag bei Beratung der Strafprozeßordnung den Grundsatz, daß wegen falscher Rechtsbelehrung der Spruch der Geschworenen durch ein Rechtsmittel anfechtbar sei, trotz des Widerspruchs der Regierungen angenommen, nachdem in der Reichstagskommission mehrfach auf die Verhandlnugen des Juristentages Bezug genommen war (vgl. Sten. Ber. 521); schließlich aber wurde dieser Beschluß, als zu den sogenannten Kompromißpunkten gehörig, beseitigt (Sten. Ber. 987) und infolgedessen ist dieser Anfechtungsgrund nicht in die deutsche Strafprozeßordnung aufgenommen worden.

Die österreichische Strafprozeßordnung dagegen kennt das Institut der Nichtigkeitsbeschwerde wegen unrichtiger Rechtsbelehrung der Geschworenen.

18b.

14. DJT. Jena 1878.

In dem Beschlusse des 13. Juristentages wurde von vielen Seiten eine Lücke gefunden, da die Anträge des damaligen Berichterstatters, trotzdem sie in einer unverkennbaren Kontinuität standen, nicht in vollem Umfang zur Annahme gelangt waren. Dies veranlaßte die ständige Deputation zur nochmaligen Aufstellung der

Frage: Soll die Rechtsbelehrung des vorsitzenden Richters für die Jury bei ihrem Verdikt gesetzlich bindend sein?

Gutachter:
OAppGR. Lamm (Dresden)
Ib. 127—144.

Berichterstatter:
Prof. Dr. Gneist (Berlin)
II. 120ff.

Prof. Dr. Teichmann (Basel) Ib. 145—157.
Prof. Dr. Ullmann (Innsbruck) Ib. 158—162.

Der erste Gutachter, Lamm, erklärt sich dahin, daß die Geschworenen in Ansehung der Subsumtion der erwiesenen Tatsachen unter den auf dieselben anwendbaren Rechtssatz an die Rechtsbelehrung grundsätzlich nicht gebunden werden könnten; daß es zwar als eine Gewissenspflicht der Geschworenen zu betrachten sei, bei ihrem Verdikt an die Rechtsbelehrung des Vorsitzenden insoweit sich zu binden, als sie eine Darlegung des im einzelnen Falle anzuwendenden Gesetzes oder Rechtsgrundsatzes enthält; daß es sich jedoch nicht empfehle, auch nur insoweit die Rechtsbelehrung gesetzlich für bindend zu erklären.

Teichmann ist grundsätzlich gegen die bindende Kraft der Rechtsbelehrung. Ullmann dagegen will die Geschworenen an die Rechtsbelehrung des Vorsitzenden binden.

Auf Antrag des Berichterstatters faßte der Juristentag folgenden

Beschluß: Die Rechtsbelehrung durch den vorsitzenden Richter soll für die Geschworenen kraft ihrer Amtspflicht bindend sein.

Nach der deutschen und österreichischen Strafprozeßordnung sind die Geschworenen an die Rechtsbelehrung des Vorsitzenden gesetzlich nicht gebunden, vielmehr sind sie nach der ihnen zugewiesenen Stellung berufen, selbständig an der Auslegung des Strafgesetzes teilzunehmen. Durch die neuen Entwürfe wird hieran nichts geändert.

19. Berufung gegen die Urteile der Strafkammern.

6., 9. und 17. DJT. — München, Stuttgart, Würzburg — 1867, 1871, 1884.

Antrag des Adv. Dr. Gotthelf (München) auf dem 6. Juristentage:

I. Das Institut einer Berufungsinstanz für die Tatfrage steht im Widerspruch mit den Prinzipien der Mündlichkeit und Unmittelbarkeit des Strafverfahrens und bietet keine Garantie für eine materiell richtige Rechtsprechung. Dieses Institut verdient daher auch für jene Fälle abgeschafft zu werden, in denen rechtsgelehrte Richter zur Entscheidung der Tatfrage berufen sind.

II. Es sind auf anderem Wege Garantien für eine richtige Rechtsprechung anzubahnen und als solche sind insbesondere zu erachten:

1. Beigebung eines Verteidigers schon im Laufe der Voruntersuchung auf Verlangen des Beschuldigten und Zuziehung desselben zu allen wesentlichen Erhebungen;
2. kollegiale Aburteilung selbst bei geringfügigen Strafsachen, stärkere Besetzung der Senate mit tüchtig gebildeten, politisch und finanziell unabhängig gestellten Richtern bei wichtigeren Strafsachen;
3. möglichste Gleichstellung der Verteidigung mit der Anklage in bezug auf das Recht der Beschaffung von Beweismitteln;
4. eine Vorschrift, daß eine Verurteilung nur bei erhöhter Stimmenmehrheit als erfolgt zu erachten sei;
5. die Statuierung eines Rechtes der Anklage und Verteidigung, die Vertagung der Hauptverhandlung zu verlangen, wenn unvorhersehbare Nova sich ergeben;
6. Statuierung des Rechtes, Revision (Wiederaufnahme des Verfahrens) zugunsten des Verurteilten zu verlangen, wenn nach der Verhandlung vorher nicht bekannte Tatsachen oder Beweismittel auftauchen, welche als geeignet festgestellt werden, in wesentlichen Punkten die Sachlage zugunsten des Verurteilten zu ändern, selbstverständlich unter entsprechenden prozessualen Kautelen gegen den Mißbrauch.

Gutachter:	Berichterstatter:
StA. Dr. Wirk (Wolffenbüttel)	AppGPräs. v. Schab (Amberg)
I. 272—317.	III. 193 ff.

Das Gutachten Wirk kommt zu folgenden Resultaten:

Zu I der Anträge:

Den Wahrspruch, auch den von ständigen Richtern abgegebenen, in bezug auf seinen Inhalt der Anfechtung durch Rechtsmittel zu unterwerfen, ist wider den Begriff und die Natur des Wahrspruchs und verletzt die Rechtspflege in ihrer innersten Wahrheit und Würde;

zu II:

zu 1: daß kein wirkliches Bedürfnis in der Praxis sich herausgestellt habe, die Einrichtung auch zu kostspielig sei,

zu 2: daß die ganze Frage der legislatorischen Disposition der einzelnen Staaten zu überlassen sei,

zu 3: daß dieser Vorschlag sich empfehle,

zu 4: daß eine solche Vorschrift keine Garantie biete,

zu 5: daß die Vertagung dem richterlichen Ermessen zu überlassen sei, zu 6: daß die Wiederaufnahme des Hauptverfahrens nur gerechtfertigt sei, wenn

a) der Verurteilte seine Unschuld durch neue Beweismittel positiv dartun kann,

b) bei dem Hauptverfahren oder dem Urteil wider ihn Fälschungen im Spiele gewesen sind — Fälschungen in dem Sinne, daß dadurch, wenn auch nicht notwendig schon die Richtigkeit seiner Verurteilung, so doch jedenfalls die notwendige Zuverlässigkeit derselben ausgeschlossen erscheint.

In der Abteilung sowie im Plenum des 6. Juristentages wurde beschlossen, in der Erwägung, daß die wissenschaftlichen Forschungen über die Berufung noch nicht zum Abschluß gekommen sind, über den Antrag Gotthelf zur Tagesordnung überzugehen.

Auf dem 9. Juristentag in Stuttgart im Jahre 1871 hatte GR. Leonhardi (Glaucha) den **Antrag** gestellt:

> Im Verfahren ohne Geschworene (Schöffen) steht dem Angeschuldigten das Rechtsmittel der Berufung (des Einspruchs, Rekurses) gegen die Feststellung der Tatfrage in erster Instanz auch dann zum Zwecke seiner Klagefreisprechung zu, wenn er lediglich straffrei gesprochen, d. i. für schuldig, aber nicht für strafbar erklärt worden ist und zwar, wenn das Gericht erklärt hat, er habe sich einer Handlung schuldig gemacht, deren Bestrafung nur aus formellen Gründen (aus Mangel an dem dazu gesetzlich erforderlichen Strafantrag oder infolge eingetretener Verjährung der Strafbarkeit) unterbleiben müsse.

Gutachter:	Berichterstatter:
AppGR. v. Stenglein (München)	Adv. Dr. Gotthelf (München)
8 I. 1—24.	**9 III. 128ff.**

Das Gutachten Stenglein spricht aus: Im Verfahren ohne Geschworene sind dem Angeklagten die ihm für den Fall seiner Verurteilung gegen die Feststellung der Tatfrage eingeräumten Rechtsmittel auch dann freizugeben, wenn Tatsachen gegen ihn festgestellt wurden, welche eine Schuld des Angeschuldigten enthalten, wenngleich aus rechtlichen Gründen wie z. B. wegen eingetretener Verjährung der Strafbarkeit der Tat oder wegen Mangels des gesetzlich erforderlichen Strafantrags, eine Bestrafung desselben nicht erfolgte.

Der Berichterstatter beantragte auszusprechen: Gegen einen Schuldausspruch unter Freisprechung von der Strafe — gleichviel, ob er im dispositiven Teile des Urteils oder in den Entscheidungsgründen enthalten ist — sind auch dem Angeklagten jene Rechtsmittel einzuräumen, die, abgesehen von der Straffreisprechung, ihm offen stehen würden.

Die Abteilung beschloß, weil die Frage zu speziell sei und mit der noch ungelösten generellen Frage der Berufung zusammenhänge, zur einfachen Tagesordnung überzugehen.

Nachdem durch die Strafprozeßordnung vom 1. Februar 1877 die Berufung gegen die von Rechtsgelehrten gefällten Strafurteile ausgeschlossen worden war, hatten sich in der Literatur gewichtige Stimmen erhoben, welche zur Abhilfe gegen die Mißstände in der Strafrechtspflege die Wiedereinführung dieses Rechtsmittels forderten.

Der 17. Juristentag (Würzburg) beschäftigte sich daher von neuem mit der

Frage: Soll die Berufung gegen Urteile der Strafkammern eingeführt werden?

Neue Gutachten	Berichterstatter:
waren nicht erstattet.	ReichsA. Stenglein (Leipzig) II. 250 ff.
	Priv.Doz. AR. Dr. Harburger (München) II. 255 ff.

Der Berichterstatter, Stenglein, führte aus, die Einführung der Rechtsmittel gegen Urteile der landgerichtlichen Strafkammern als erkennender Gerichte erster Instanz sei als ein Bedürfnis der Rechtsprechung nicht anzuerkennen, vielmehr eine Abhilfe der Mängel, welche sich bezüglich der Feststellung der Schuldfrage in dem Verfahren vor den Strafkammern gezeigt haben, durch eine Revision der Strafprozeßordnung in der Richtung größerer Sicherung des Entlastungsbeweises zu suchen.

Das Plenum folgte seinen Ausführungen jedoch nicht, sondern faßte nach einem Antrag Harburger folgenden

Beschluß: Die Einführung der Berufung zum Oberlandesgericht gegen die erstinstanzlichen Urteile der landgerichtlichen Strafkammern, wenigstens hinsichtlich der Schuldfrage, ist dringend zu wünschen.

Der neue deutsche Strafprozeßentwurf sieht die Einführung der Berufung gegen Urteile der Strafkammern vor, indem der gegenwärtige Rechtszustand, wonach für die unbedeutenden, vor den Schöffengerichten verhandelten Straftaten und für den geringfügigsten Zivilprozeß eine Berufung zugelassen wird, bei einer Verurteilung zu schwerer Strafe durch die Strafkammer hingegen jede Nachprüfung der Tatfrage im ordentlichen Verfahren ausgeschlossen bleibt, als innerlich widerspruchsvoll bezeichnet wird. Die Berufung soll aber nicht an die Oberlandesgerichte gehen, vielmehr sollen die Berufungsgerichte organisch dem Landgericht angegliedert werden, aber nicht nur durch die Bezeichnung „Berufungssenate", sondern auch durch die Art ihrer Besetzung eine über die sonstigen Kollegien des Landgerichts hinausragende Stellung erhalten.

Die österreichische Strafprozeßordnung gestattet bei bezirksgerichtlichen Urteilen die Berufung wegen der Schuldfrage und des Strafmaßes, bei allen kollegialgerichtlichen Urteilen nur gegen den Ausspruch über die Strafe, über Straffolgen und die Anordnung der Fürsorgeerziehung statt einer Strafe (vgl. §§ 283, 283 a des neuen Entwurfes, der im übrigen den Aufbau des Rechtsmittelsystems unberührt läßt).

20. Berufung des Staatsanwalts.

6. und 7. DJT. — München, Hamburg — 1867, 1868.

Antrag des GenStA. Dr. v. Schwarze (Dresden):

a) Dem Staatsanwalt ist die Berufung gegen die Enderkenntnisse der Kollegialstrafgerichte zum Nachteil des Angeklagten nicht einzuräumen;

b) dem Staatsanwalt ist die Befugnis einzuräumen, zugunsten des Angeklagten sowohl die Nichtigkeitsbeschwerde einzuwenden, als auch auf Wiederaufnahme der Untersuchung anzutragen, und zwar unter den Voraussetzungen und in den Fällen, wo es dem Angeklagten zustehen würde.

Der Gutachter, StA. Dr. Wirk (Wolffenbüttel) 6. I. 362—394, kommt zu folgenden Resultaten:

Zu a: Der Wahrspruch soll ohne Unterschied zwischen schwurgerichtlichen und nicht schwurgerichtlichen Sachen, desgleichen ohne Unterschied zwischen Ankläger und Angeklagten inappellabel sein.

Bezüglich des Rechtsspruchs sowohl im Punkte der Subsumtion, als der Strafzumessung, soll dem Staatsanwalt keine Berufung zustehen.

Zu b: Der Staatsanwalt hat kein Rechtsmittel, sei es Berufung, sei es Nichtigkeitsbeschwerde, zugunsten des Angeklagten einzuwenden, wenn der Angeklagte selbst dies Rechtsmittel haben würde.

Der Staatsanwalt soll befugt sein, die Wiederaufnahme zu betreiben.

Auf dem 6. Juristentage fungierte AppGerPräs. v. Schab (Amberg), III. 224 ff., als Berichterstatter.

Abteilung wie Plenum faßte mit überwiegender Mehrheit folgenden

Beschluß: Dem Staatsanwalt ist die Berufung gegen die Enderkenntnisse der Kollegialstrafgerichte in betreff der Tatfrage und des Strafmaßes zum Nachteil des Angeklagten nicht einzuräumen.

Sowohl in der Diskussion als in der schriftlichen Formulierung des Antrags wurde hervorgehoben, daß unter Berufung nur das Rechtsmittel über die Tatfrage zu verstehen sei.

Über den zweiten Teil des Antrags v. Schwarze wurde erst auf dem 7. Juristentage verhandelt. Die These des Berichterstatters StA. Stenglein (München) II. 155 ff. wurde einstimmig angenommen.

Beschluß. Dem Staatsanwalt ist die Befugnis einzuräumen, zugunsten des Angeklagten sowohl die dem Angeklagten zustehenden Rechtsmittel einzuwenden, wie auf die Wiederaufnahme der Untersuchung anzutragen, und zwar unter der Voraussetzung und in den Fällen, wo es dem Angeklagten gestattet sein würde.

Nach der deutschen Strafprozeßordnung und dem neuen Entwurfe kann der Staatsanwalt die Berufung auch zugunsten des Beschuldigten einlegen. Die geltende österreichische Strafprozeßordnung und der Entwurf gestatten bei bezirksgerichtlichen Urteilen dem Staatsanwalt diese Einlegung nicht.

21. Wiederaufnahme des Verfahrens.

8. DJT. Heidelberg 1869.

Einige partikulare Gesetzgebungen, insbesondere das französische Recht, wollten das außerordentliche Rechtsmittel der Wiederaufnahme nicht begünstigen und machten deshalb die Zulässigkeit der Wiederaufnahme von dem Vorhandensein bestimmt bezeichneter Verhältnisse abhängig, während andere sie allgemein auf Grund neuer Tatumstände und Beweismittel zuließen.

Frage. Ist die Wiederaufnahme des Strafverfahrens zugunsten des Verurteilten schon in dem Falle als zulässig zu erachten, wenn nach der Verhandlung neue Tatsachen oder Beweismittel auftauchen, welche als geeignet erscheinen, in wesentlichen Punkten die Sachlage zugunsten des Verurteilten zu ändern?

Oder soll diese Zulässigkeit von dem Vorhandensein bestimmt bezeichneter Verhältnisse, ev. welchen, abhängig gemacht werden?

Gutachter:	Berichterstatter:
BezGDir. Gareis (Löbau)	RA. Dr. Gotthelf (Aschaffenburg)
7 80—85.	8 II. 179 ff.

Der Gutachter Gareis spricht sich dahin aus, daß die Wiederaufnahme zuzulassen sei auf Grund jeder neuen Tatsache oder jedes neuen Beweismittels, das geeignet sei, die Rechtmäßigkeit des ergangenen

Erkenntnisses bezüglich der Existenz des Tatbestandes, der Wahrheit der Beweismittel oder der Integrität des Richters zugunsten des Verurteilten zweifelhaft zu machen.

Beschluß. a) Die Wiederaufnahme des Strafverfahrens zugunsten des Verurteilten ist schon in dem Falle als zulässig zu erachten, wenn nach der Verhandlung neue Tatsachen oder Beweismittel auftauchen, welche geeignet erscheinen, in wesentlichen Punkten die Sachlage zugunsten des Verurteilten zu ändern.

b) Diese Zulässigkeit soll nicht von dem Vorhandensein bestimmt bezeichneter Verhältnisse abhängig gemacht werden.

Auf dem Grundgedanken dieses Beschlusses beruht die deutsche und die österreichische Strafprozeßordnung (vgl. insbesondere § 399 Nr. 5 D. StPO.). Durch die neuen Entwürfe ist wesentliches in dieser Beziehung nicht geändert worden.

22. Entschädigung für unschuldig erlittene Untersuchungshaft.

13. DJT. Salzburg 1876.

In Deutschland hatten die badische Strafprozeßordnung von 1864 und die württembergische von 1868 Bestimmungen getroffen, welche unschuldig Verurteilten für den von ihnen nicht verschuldeten Schaden Ersatz aus der Staatskasse zubilligten. Die deutsche Strafprozeßordnung vom Jahre 1877 hatte diese Vorschriften jedoch nicht übernommen. Es wurde zum ersten Male dem 11. und später dem 12. und 13. DJT. die **Frage** vorgelegt:

Soll im Falle der Freisprechung eines Angeklagten Entschädigung für die erlittene Untersuchungshaft gewährt werden?

Gutachter:	Berichterstatter:
Prof. Wahlberg (Wien) **11** I. 42—45.	JR. Dr. Meyer (Thorn) **11** II. 171 ff., 329 ff.
Prof. Dr. Ullmann (Innsbruck) **11** I. 87—94.	Adv. Dr. Jaques (Wien) **12** III. 116 ff.
AppGR. Dr. Vollert (Eisenach) **11** I. 95—103.	Adv. Dr. Ritter v. Kißling (Linz) **13** II. 259 ff.
Prof. Dr. Nissen (Straßburg) **12** I. 46—63.	
OTrR. v. Köstlin (Stuttgart) **12** II. 329—333.	

Der erste Gutachter, Wahlberg, kommt zu dem Ergebnis: Nicht jede erlittene Untersuchungshaft verpflichtet den Staat im Falle der Freisprechung zur Entschädigung. Nur in den Fällen der auf bloßer Präsumtion des prozessualen Ungehorsams oder Widerstandes beruhenden Vorsichtsmaßregel der Untersuchungshaft soll auf Verlangen des Freigesprochenen eine Entschädigung für die aus Zweckmäßigkeitsrücksichten erzwungene Aufopferung des Rechtsguts der persönlichen Freiheit zugunsten der Gesamtinteressen des Staates an einer wirksamen Strafrechtspflege, von seiten des Staates gewährt werden.

Ullmann führt aus: Es soll zulässig sein, in zwei Gruppen von Fällen der Freisprechung eine arbiträre Entschädigung aus Billigkeitsrücksichten eintreten zu lassen, nämlich

1. in den Fällen, in welchen die Verhandlung ergibt, daß das Delikt nicht von dem Angeklagten, sondern von einem dritten begangen wurde, und

2. wenn die Handlung überhaupt nicht als strafbar im Sinne des Strafgesetzes erkannt wurde.

Vollert nimmt an, daß die Freisprechung ebensowenig wie die Einstellung der Untersuchung an und für sich ein Grund sei, für die erlittene Untersuchungshaft eine Entschädigung zu gewähren.

Nissen hält es für ein Gebot der Politik nicht minder als des Rechtes, daß der ohne sein Verschulden Verhaftete für die erlittene Haft zu entschädigen ist.

v. Köstlin weist nach, daß in Württemberg die Pflicht des Staates zur Entschädigung bei ungerechter Verurteilung bzw. widerrechtlicher Gefangenhaltung gesetzlich anerkannt ist.

Der Berichterstatter des 11. Juristentages, Meyer, führte aus, daß die Freisprechung eines Angeklagten an und für sich nicht geeignet sei, einen Anspruch auf Entschädigung für erlittene Untersuchungshaft zu begründen. Eine Entschädigungspflicht des Staates sei aber im Prinzip anzunehmen, wenn die Untersuchungshaft gesetzwidrig verhängt oder verlängert ist; wenn die Freisprechung deswegen erfolgte, weil die den Grund der Verhaftung bildende Tat zur Zeit ihrer Verübung mit Strafe nicht bedroht war; wenn der Verhaftete dartut, daß die Tat, wegen deren er verhaftet war, entweder gar nicht begangen ist, oder daß sie von ihm nicht hat begangen werden können, und wenn die Untersuchung und Verhaftung gegen ihn ohne sein Verschulden verhängt ist.

Auf dem 12. deutschen Juristentage berichtete Adv. Dr. Jaques und empfahl nachstehende Resolution:

Im Falle der Nichterhebung oder Zurückziehung der Anklage oder Freisprechung hat der Staat für die erlittene Untersuchungshaft Entschädigung zu leisten. Der Entschädigungsanspruch entfällt, wenn der Beschuldigte erweislich lügenhafte Angaben, Kollusions- und Fluchtversuche gemacht hat oder wenn sein Verhalten vor dem Richter aus der erweislichen Absicht hervorgegangen ist, die Untersuchungshaft herbeizuführen oder zu verlängern. Die Höhe der Entschädigung bestimmt der Richter unter Würdigung aller Umstände nach seinem freien Ermessen.

Bei der Verhandlung auf dem 13. Juristentage stellte v. Kißling den Antrag:

Der Staat hat für die unverschuldete Untersuchungshaft eine Entschädigung nach einem vom Gesetz innerhalb einer Minimal- und Maximalgrenze bestimmten Maße zu gewähren, wenn der Angeklagte freigesprochen, oder die Anklage ohne seine Zustimmung zurückgezogen wird.

Mit überwiegender Mehrheit gelangte der vereinigte Antrag des Berichterstatters und Jaques-Stenglein zur Annahme.

Beschluß. Im Falle der Freisprechung oder der Zurückziehung der Anklage ist für die erlittene Untersuchungshaft eine angemessene Entschädigung zu leisten, es sei denn, daß der Angeklagte durch sein Verschulden während des Verfahrens die Untersuchungshaft oder die Verlängerung derselben verursacht hat.

Nach dem deutschen Reichsgesetz, betreffend die Entschädigung für unschuldig erlittene Untersuchungshaft vom 14. Juli 1904, können Personen, die im Strafverfahren freigesprochen oder durch Beschluß des Gerichts außer Verfolgung gesetzt sind, für erlittene Untersuchungshaft Entschädigung aus der Staatskasse verlangen, wenn das Verfahren ihre Unschuld ergeben oder dargetan hat, daß gegen sie ein begründeter Verdacht nicht vorliegt. Der Anspruch auf Entschädigung ist jedoch ausgeschlossen, wenn der Verhaftete die Untersuchungshaft vorsätzlich herbeigeführt oder durch grobe Fahrlässigkeit verschuldet hat.

23a. Entschädigung der im Wiederaufnahmeverfahren freigesprochenen Personen.

16. DJT. Kassel 1882.

Mehrere Juristentage hatte bereits die Frage der Entschädigungspflicht des Staates für unschuldig erlittene Untersuchungshaft beschäftigt.

Es ergab sich aus dem Beschlusse des 13. Juristentages (vgl. Ziff. 22) die Notwendigkeit der Erörterung der weiteren

Frage: Soll der Staat verpflichtet sein, Entschädigung dann zu gewähren, wenn ein Verurteilter im Wege der Wiederaufnahme freigesprochen wird? Und wie weit?

Gutachten	Berichterstatter:
waren nicht erstattet.	LGPräs. Kleiner (Schweinfurt) II. 240ff.
	Prof. Dr. v. Liszt (Marburg) II. 254ff. u. 345ff.

Das Plenum faßte im wesentlichen entsprechend den Ausführungen der Berichterstatter folgenden

Beschluß: a) Ist infolge einer Wiederaufnahme des Verfahrens zugunsten des Verurteilten auf Freisprechung desselben oder in Anwendung eines milderen Strafgesetzes auf eine geringere als die verbüßte Strafe erkannt worden, so ist derselbe berechtigt, aus der Staatskasse eine Genugtuung für die gänzliche oder teilweise Verbüßung der Strafe, sowie den Ersatz der infolge der Strafverbüßung entstandenen vermögensrechtlichen Nachteile zu verlangen.

b) Der Anspruch entfällt, wenn der Verurteilte seine Verurteilung vorsätzlich herbeigeführt hat.

23b. Geltendmachung des Entschädigungsanspruchs.

22. DJT. Augsburg 1892.

Die früheren Verhandlungen des Juristentages hatten sich allein mit der materiellrechtlichen Frage befaßt, ob eine Entschädigung zu gewähren sei und ob diese Entschädigung von dem Betroffenen als Recht gegenüber dem Staate in Anspruch genommen werden könne. Das am 16. März 1892 veröffentlichte österreichische Gesetz und die im deutschen Reichstag am 13. November und 2. Dezember 1890 von den Abgeordneten Rintelen und Träger gestellten Anträge auf Annahme eines Entschädigungsgesetzes gaben die Veranlassung zur Erörterung der folgenden, die Form der Geltendmachung des Entschädigungsanspruchs in prozeßrechtlicher Beziehung betreffenden

Frage: Welches Verfahren empfiehlt sich dort, wo die Gesetzgebung unschuldig Verurteilten einen Entschädigungsanspruch zuerkennt, für die Geltendmachung dieses Anspruchs?

Gutachter:	Berichterstatter:
Prof. Dr. Ullmann (München)	Prof. Dr. Merkel (Straßburg)
I. 529—544.	IV. 285ff.
	Prof. Dr. Friedmann (Wien) IV. 295.

Der Gutachter führte aus, daß es sich um Geltendmachung eines Rechtes auf Entschädigung handele und daß schon um deswillen zufolge des die Rechtsordnung beherrschenden Grundsatzes der Trennung der Justiz von der Verwaltung die Entscheidung den Gerichten zuzuwenden sei. Das sukzessive Kausalverhältnis zwischen der ungerechtfertigten Verurteilung, der Freisprechung im wiederaufgenommenen Verfahren und dem Verfahren über den Entschädigungsanspruch, lasse diesen in drei Phasen sich entwickelnden Vorgang im Hinblick auf das einheitliche Interesse des Staates, dem passiv Beteiligten zu seinem vollen Rechte zu verhelfen, selbst als einen einheitlichen erscheinen. Dies weise mit Notwendigkeit auf die Kompetenz des Strafrichters hin. Das Gericht, das den Angeklagten im Wiederaufnahmeverfahren freigesprochen habe, sei auch zur Entscheidung über die Entschädigungsfrage berufen; die Kenntnis der Person des Freigesprochenen und seiner Verhältnisse dürfte in ihrem Werte für die Entschädigungsfrage nicht zu unterschätzen sein. Für die Gestaltung des Verfahrens sei an der Forderung einer kontradiktorischen Verhandlung unbedingt festzuhalten.

Der erste Berichterstatter, Dr. Merkel, wollte über den Entschädigungsanspruch des ohne zureichenden Grund Verurteilten das Strafgericht entscheiden lassen, dem die Freisprechung im Wiederaufnahmeverfahren obliegt. Dasselbe sollte jedoch befugt sein, den Anspruchsberechtigten bei besonderer Kompliziertheit der in Betracht kommenden Tatsachen auf den Zivilweg zu verweisen.

Der Korreferent schloß sich den Ausführungen des ersten Berichterstatters an, wollte jedoch noch hervorgehoben wissen, daß die Entscheidung des Strafgerichts ohne verwaltungsbehördliche Vorentscheidung zu erfolgen habe.

Den im Laufe der Verhandlungen von den beiden Berichterstattern vorgelegten neuen gemeinsamen Antrag, in welchem die Kompetenz der Zivilgerichte zur Entscheidung über den Entschädigungsanspruch ganz fallengelassen wurde, erhob die Abteilung zum

Beschlusse: Wenn die deutsche Gesetzgebung unschuldig Verurteilten einen Entschädigungsanspruch zuerkennt, so empfiehlt es sich, das Verfahren zur Geltendmachung des Anspruchs nach folgenden Grundsätzen zu gestalten:

1. Zur Entscheidung über den Anspruch sind die Gerichte auf Grund einer öffentlichen kontradiktorischen Verhandlung berufen.

2. Der Anspruchsberechtigte ist nicht verpflichtet, vor Betretung des Rechtswegs eine verwaltungsbehördliche Vorentscheidung herbeizuführen.

3. Die Entscheidung über den Anspruch erfolgt durch das Strafgericht im tunlichsten Anschluß an das Wiederaufnahmeverfahren.

Die ersten von den deutschen Bundesregierungen vorgelegten Entwürfe machten die Klage auf Ersatz des Schadens von einer vorhergehenden Entscheidung der obersten Justizverwaltungsbehörde abhängig und ließen die Entscheidung über den Anspruch durch eine landgerichtliche Zivilkammer fällen. Dagegen ging bereits der am 13. Dezember 1895 dem Reichstag vorgelegte Entwurf davon aus, daß über die Entschädigungspflicht der Staatskasse allein und endgültig die Gerichte zu befinden hätten und übertrug diese Entscheidung für jeden einzelnen Fall dem im Wiederaufnahmeverfahren erkennenden Gerichte. Hiermit stimmte auch der am 26. November 1897 vorgelegte Entwurf überein, dessen Vorschriften sich im wesentlichen im § 4 des Gesetzes, betr. die Entschädigung der im Wiederaufnahmeverfahren freigesprochenen Personen vom 20. Mai 1898, wiederfinden.

Das österreichische Gesetz vom Jahre 1892 gewährt eine Entschädigung demjenigen, der rechtskräftig verurteilt ist, wenn auf Grund der Wiederaufnahme die Einstellung des Verfahrens oder die endgiltige Zurückweisung der Anklage erfolgt, ferner in allen Fällen, in welchen nachträglich Freisprechung stattfindet.

24. Bedingte Verurteilung.

21. DJT. Köln 1891.

Nachdem die Einrichtung der bedingten Verurteilung im Jahre 1870 zuerst im Staate Massachusetts in Nordamerika Wurzel gefaßt, in den Jahren 1887 und 1888 in England und Belgien aufgenommen worden war und sodann auch in Frankreich und Österreich den Gegenstand amtlicher Erörterungen gebildet hatte, sprach sich die erste Versammlung der internationalen kriminalistischen Vereinigung im Jahre 1889 in Brüssel mit großer Mehrheit für die bedingte Verurteilung aus. Auch die erste Versammlung der deutschen Landesgruppe dieser Vereinigung hatte Anfang 1890 in Halle den gleichen Beschluß gefaßt. Deshalb befaßte sich auch der Juristentag mit der

Frage: Ist die bedingte Verurteilung im Strafrecht einzuführen?

Gutachter:	Berichterstatter:
Prof. Dr. Hugo Meyer (Tübingen) I. 206—226.	RGR. Loebell (Leipzig) III. 290 ff.
Prof. Dr. Hermann Seuffert (Bonn) I. 227—275.	RGR. Dr. Stenglein (Leipzig) III. 305 ff.

Der erste Gutachter, Meyer, beantwortet die Frage dahin, daß die Einführung der bedingten Verurteilung in der Tat als angemessen erscheine, nicht aber als allgemeine Einrichtung, sondern in der Beschränkung auf jugendliche Personen, sowie auf weibliche Personen, auch wenn die letzteren zur Zeit der Tat das achtzehnte Lebensjahr zurückgelegt haben.

Seuffert stellt folgende Thesen auf:

§ 1. Hat der einer strafbaren Handlung schuldig Befundene im Inland noch keine Zuchthaus-, Gefängnis- oder Haftstrafe ganz oder teilweise verbüßt, so darf das Gericht an Stelle von Gefängnis oder Haft auf Verweis erkennen, wenn dies mit Rücksicht auf die Umstände der Tat, namentlich die Geringfügigkeit des angerichteten Schadens, auf die Jugend, die Gesinnung oder die tätige Reue des Schuldigen als angemessen erscheint. In dem Tatbestand des Urteils sind die für erwiesen erachteten Tatsachen anzugeben, mit Rücksicht auf welche zu der Strafmilderung geschritten wurde. Die Nichtbeachtung dieser Vorschrift hat im Falle der Anfechtung des Urteils dessen Aufhebung zur Folge.

§ 2. Macht das Gericht von der im § 1 vorgesehenen Ermächtigung Gebrauch, so ist zugleich in Gemäßheit der gesetzlichen Strafdrohung eine Freiheitsstrafe zu bestimmen, welche zur Vollstreckung gelangt, wenn der Verurteilte wegen einer in der Bewährungsfrist (§ 4) begangenen Handlung abermals zu einer Freiheitsstrafe verurteilt wird.

Die Kosten des Verfahrens sind dem Verurteilten in Gemäßheit des § 497 der StPO. aufzuerlegen.

§ 3. Die §§ 1 und 2 kommen nicht zur Anwendung,

1. wenn der Angeklagte schon einmal zu einer Freiheitsstrafe bedingt verurteilt wurde und die Vollstreckung in Gemäßheit des § 11 dieses Gesetzes entfallen ist;
2. wenn auf mehr als drei Monate Gefängnis erkannt wird;
3. wenn auf Gefängnis wegen Annahme mildernder Umstände an Stelle von Zuchthaus erkannt wird;
4. wenn die bürgerlichen Ehrenrechte ganz oder teilweise aberkannt werden;
5. wenn auf Zulässigkeit von Polizeiaufsicht erkannt oder die Überweisung an die Landespolizeibehörde ausgesprochen wird;
6. in den Fällen der §§ 164, 180, 187 . . . . . des StGB.

§ 4. Die Dauer der Bewährungsfrist ist dieselbe wie die der Verjährung der Strafvollstreckung. Sie beginnt mit dieser zu laufen.

§ 5. Die bedingte Verurteilung ist mit dem gegen das Endurteil zustehenden Rechtsmittel anfechtbar. Die Revision kann auch im Falle der bedingten Verurteilung nur darauf gestützt werden, daß das Urteil auf einer Verletzung des Gesetzes beruhe.

§ 6. Wird in der Bewährungsfrist wegen einer anderen vor der früheren Urteilsverkündung begangenen Handlung die Strafklage erhoben, so wird der Lauf der Bewährungsfrist bis zur rechtskräftigen Erledigung der zweiten Strafklage einstweilen gehemmt.

Spricht das Gericht den Angeklagten auch der zweiten Straftat schuldig, so hat es unter Berücksichtigung der §§ 74—78 des StGB. zu entscheiden, ob die nunmehr zu erkennende Gesamtstrafe, beziehungsweise die besonders zu erkennende Strafe der neuentdeckten Handlung einstweilen auszusetzen oder sofort zu vollstrecken sei. Im letzten Falle gelangt auch die ersterkannte Freiheitsstrafe zur alsbaldigen Vollstreckung. Die Anordnung derselben erfolgt in beiden Fällen durch das zuletzt befaßte Gericht.

§ 7. Beschließt das Gericht im Falle des § 6, daß der Angeschuldigte bezüglich der zweiten Tat außer Verfolgung zu setzen sei (StPO. § 202), wird der Angeklagte von der neuen Anklage freigesprochen oder zu einer selbständigen Strafe bedingt verurteilt, so ist die Zeit nach Erhebung der zweiten Klage in die Bewährungsfrist für die erstabgeurteilte Tat einzurechnen. Ergeht eine bedingte Verurteilung zu einer Gesamtstrafe, so läuft die Bewährungsfrist vom Tage der Rechtskraft dieses Urteils an.

§ 8. Die Vollstreckung der erstbestimmten Freiheitsstrafe ist in dem Urteil anzuordnen, welches wegen einer in der Bewährungsfrist begangenen Handlung eine Freiheitsstrafe ausspricht; und wenn dies unterlassen wurde, durch eine Nachtragsentscheidung in Gemäßheit des § 494 der StPO.

Gegen die Anordnung steht dem Verurteilten, und wenn der Antrag auf Vollstreckung abgelehnt wurde, der Staatsanwaltschaft die sofortige Beschwerde zu.

§ 9. Wird der Angeklagte im Falle des § 8 infolge eines Rechtsmittels oder Wiederaufnahmegesuches von der zweiten Anklage rechtskräftig freigesprochen, so entfällt die Anordnung der Vollstreckung der ersterkannten Freiheitsstrafe bis auf weiteres von Rechts wegen.

§ 10. Ist während der Bewährungsfrist weder die Vollstreckung der erkannten Strafe angeordnet, noch wegen einer in der genannten Frist begangenen Handlung eine Strafverfolgung begonnen worden, so entfällt die Vollstreckung der erkannten Strafe.

Auf Verlangen ist dem Bewährten kostenfrei ein amtliches Zeugnis über die Erledigung der Strafe auszustellen.

§ 11. Wird der Verurteilte wegen einer in der Bewährungsfrist begangenen und zur Verfolgung gebrachten Handlung nach Ablauf der Frist verurteilt, so kommen die Bestimmungen der §§ 8—10, und wenn die Vollstreckung der ersterkannten Strafe nicht angeordnet wird, die Bestimmungen des § 10 zur Anwendung.

§ 12. Die Strafverfolgung (§§ 10 und 11) gilt auch dann als begonnen, wenn die Staatsanwaltschaft oder ein Beamter des Polizei- oder Sicherheitsdienstes ohne Kenntnis von der Person des Täters zu der Erforschung des Sachverhalts geschritten ist.

§ 13. Über die bedingten Verurteilungen sind bei den Strafvollstreckungsbehörden (Staatsanwaltschaften, Amtsgerichten) alphabetisch geordnete Register zu führen. Über jede bedingte Verurteilung ist der zuständigen Registerbehörde eine Strafnachricht in Gemäßheit der Verordnung des Bundesrats vom 16. Juni 1882 auch dann zu übersenden, wenn die Handlung nicht zu den von der genannten Verordnung vorgesehenen Registerfällen gehört.

Die Strafnachrichten über bedingte Verurteilungen sind von den Registerbehörden mit den anderen bei denselben einkommenden Strafnachrichten aufzubewahren.

Ist die Strafvollstreckung entfallen (§ 10), so ist der Registerbehörde davon Nachricht zu geben. Dieselbe hat in der Strafnachricht einen entsprechenden Vermerk einzutragen.

§ 14. Hat der einer strafbaren Handlung schuldig Befundene überhaupt noch keine Bestrafung erlitten, so darf an Stelle einer Geldstrafe auf Verweis erkannt werden.

Wird der Verurteilte nachträglich infolge eines Rechtsmittels freigesprochen, so sind die Entscheidungsworte des freisprechenden Erkenntnisses auf Antrag und auf Kosten der Staatskasse einmal in dem für amtliche Bekanntmachungen des betreffenden Bezirkes bestimmten Blatte zu veröffentlichen.

Die beiden Berichterstatter hatten gemeinschaftlich nachfolgende Thesen aufgestellt:

Die Einführung der bedingten Verurteilung gegen Angeklagte, welche zur Zeit ihrer Aburteilung eine Zuchthaus- Gefängnis- oder Haftstrafe im Inland weder ganz noch teilweise verbüßt haben, empfiehlt sich für die Vergehen der Körperverletzung, des Diebstahls und andere im Gesetze besonders zu bezeichnende Vergehen und Übertretungen. Ihre Anwendung im einzelnen Falle ist unter der Voraussetzung, daß die verwirkte Strafe in Haft oder Gefängnis unter drei Monaten besteht, von dem in den Urteilsgründen zu rechtfertigenden Ermessen des erkennenden Richters abhängig zu machen.

Im Laufe der Debatte erklärten sich die Berichterstatter unter Zurückziehung ihres Antrags mit dem von Adv. Jaques (Wien) empfohlenen Leitsatze einverstanden, der mit erheblicher Mehrheit zur Annahme gelangte.

Beschluß. Die bedingte Verurteilung empfiehlt sich gegen Angeklagte, welche noch nicht wegen Verbrechens, Vergehens oder Übertretung zu Freiheitsstrafen verurteilt worden sind, für solche strafbare Handlungen, bezüglich deren auf Haft oder nicht längere als dreimonatliche Freiheitsstrafe erkannt wird und ist von dem in den Urteilsgründen zu rechtfertigenden Ermessen des erkennenden Richters abhängig zu machen.

Mit dem letzten Passus sollte in prozessualer Beziehung gesagt werden, daß die bedingte Verurteilung allen Rechtsmitteln unterliegt, die überhaupt gegen eine Verurteilung zulässig sind.

Schon am 23. Oktober 1895 erging in Preußen ein Allerhöchster Erlaß, betr. die Ermächtigung des Justizministers zur Bewilligung von Strafaussetzung an solche Verurteilte, hinsichtlich deren bei längerer guter Führung eine Begnadigung in Aussicht genommen werden kann. Seit dieser Zeit ist in Deutschland in fast allen Bundesstaaten der bedingte Strafaufschub, der häufig auch als bedingte Begnadigung bezeichnet wird, in Geltung. Während früher die Vorschriften der einzelnen Bundesstaaten in einigen Punkten Verschiedenheiten zeigten, sind seit dem 1. Januar 1903 unter Vermittelung des Reichsjustizamts bestimmte Grundsätze zwischen den Regierungen vereinbart worden. Mit Rücksicht auf die vielfach im Reichstag gegen das System der bedingten Begnadigung erhobenen Angriffe hat die Kommission für die Reform des Strafprozesses im Jahre 1905 zur Frage des bedingten Strafaufschubs Stellung genommen. Die Kommission hat sich mit zehn gegen sechs Stimmen dafür ausgesprochen, daß ein Ersatz des bedingten Strafaufschubs durch die bedingte Verurteilung nicht zu empfehlen sei (vgl. Protokolle Bd. II S. 305 ff., 318 ff.).

Weiter geht der Vorentwurf zu einem neuen deutschen Strafgesetzbuch, der unter Hervorhebung des Juristentagsbeschlusses es für an der Zeit erachtet, die bedingte Begnadigung durch eine gesetzliche Einrichtung zu ersetzen und den Richter mit der Entscheidung zu betrauen. Dementsprechend sieht § 38 des Vorentwurfs folgende Bestimmung vor:

Wird jemand, der bisher wegen eines Verbrechens oder Vergehens zu einer Freiheitsstrafe nicht verurteilt war, zu einer sechs Monate nicht übersteigenden Gefängnis- oder Haftstrafe verurteilt, so kann das Gericht im Urteil anordnen, daß die Vollstreckung der Strafe während einer zu bestimmenden Frist ausgesetzt werde, um dem Verurteilten Gelegenheit zu geben, sich durch gute Führung den Erlaß der Strafe zu verdienen.

Das geltende österreichische Recht kennt die bedingte Verurteilung oder die bedingte Begnadigung nicht. Jedoch schlugen schon die Strafgesetzbuchentwürfe von 1891 und 1893 die Einführung des belgisch-französischen Systems der bedingten Verurteilung mit gewissen Einschränkungen vor. Der gegen Ende des Jahres 1907 dem Herrenhause vorgelegte Gesetzentwurf, betr. die strafrechtliche Behandlung und den strafrechtlichen Schutz Jugendlicher, schlägt einen bedingten Strafnachlaß für Jugendliche vor, die zur Zeit der Tat das 18. Lebensjahr noch nicht erreicht haben. Diese Bestimmungen finden sich mit geringen Änderungen auch in dem österreichischen Vorentwurf zu einem Strafgesetzbuche von 1909. Hiernach kann die Aussetzung durch das Gericht für eine Probezeit von ein bis drei Jahren erfolgen bei einer drei Monate nicht übersteigenden Freiheitsstrafe oder einer Geldstrafe bis zu 1000 Kronen, wenn nach dem Lebenswandel des Jugendlichen, nach seinen Beweggründen und seinem Verhalten nach der Tat anzunehmen ist, daß es des Vollzuges der Strafe nicht bedarf, um ihn von weiteren strafbaren Handlungen abzuhalten. Diese Maßregel ist ausgeschlossen, wenn der Jugendliche bereits einmal zu einer Freiheitsstrafe verurteilt worden ist. Die Einführung eines solchen bedingten Strafnachlasses für Erwachsene sieht der Vorentwurf von 1909 jedoch nicht vor.

25. Strafvollstreckung.

6. DJT. München 1867.

Einige partikuläre Strafgesetzbücher hatten dem Richter das Recht eingeräumt, mit Rücksicht darauf, ob in dem Verbrechen selbst eine gemeine, niederträchtige Gesinnung offenbart worden ist oder nicht, und in Berücksichtigung der gesamten Individualität des Täters, statt der an sich verwirkten entehrenden Bestrafung auf eine mildere Strafart zu erkennen. Dies veranlaßte die Aufstellung der

Frage: Entspricht es der Gerechtigkeit, daß die Strafvollstreckung gegen alle zu derselben Art von Freiheitsstrafen Verurteilten, in gleicher Weise, also ohne jede Berücksichtigung der Individualität, insbesondere der Bildung der Verurteilten, erfolgt? und wenn solche gleichmäßige Strafvollstreckung nicht der Gerechtigkeit entspricht, wie ist alsdann der letzteren Rechnung zu tragen, ohne auf der einen Seite das Prinzip der Gleichheit vor dem Gesetz in Wahrheit zu verletzen und auf der anderen Seite der bloßen Willkür bei der Strafvollstreckung weiten Spielraum zu gewähren?

Gutachter:	Berichterstatter:
StrafanstDir. Schück (Breslau) I. 16—23.	GenStA. Dr. Schwarze
Prof. Dr. v. Holtzendorff (Berlin) I. 53—67.	(Dresden) III. 130 ff.
GefängnisDir. Eckert (Bruchsal) I. 177—208.	

Die drei Gutachten kommen dahin überein, daß es nicht mit der Gerechtigkeit übereinstimme, die Strafe gegen alle zu derselben Art von Freiheitsstrafe Verurteilten in völlig gleicher Weise, also ohne jede Berücksichtigung der Individualität, insbesondere der Bildung der Verurteilten, zu vollstrecken. Während die Gutachten Schück und v. Holtzendorff nur im allgemeinen Grundsätze aufstellen, formuliert Eckert folgende Anträge:

1. Es entspricht der Gerechtigkeit nicht, daß die Strafvollstreckung gegen alle zu derselben Art von Freiheitsstrafe Verurteilten in völlig gleicher Weise, also ohne Berücksichtigung der Individualität erfolgt.

2. Die Arten der Freiheitsstrafen sind mit genauer Bezeichnung des Strafensystems und der Quantität der Beschränkung der Freiheit vorerst gesetzlich festzustellen, in dem Gesetze aber auch

3. die tunlichste Individualisierung bei der Behandlung aller Gefangenen vorzusehen.

Beschluß. Es entspricht der Gerechtigkeit nicht, daß die Strafvollstreckung gegen alle zu derselben Art von Freiheitsstrafen Verurteilten in völlig gleicher Weise, also ohne Berücksichtigung der Individualität, erfolgt.

Ein Strafvollzugsgesetz ist in Deutschland bisher noch nicht erlassen worden, obwohl bereits im März 1879 dem Bundesrat ein Entwurf vorgelegt worden ist, der aber nicht an den Reichstag gelangte. An die zur Zeit im Flusse befindliche Reform des formellen und materiellen Strafrechts soll sich demnächst der Erlaß eines Strafvollzugsgesetzes anschließen.

26. Einzelhaft.

8. DJT. Heidelberg 1869.

Vgl. oben unter VIII. Abschnitt 1 Ziff. 6.

27. Anhang: Militärstrafprozeß.

8. DJT. Heidelberg 1869.

Antrag des PrivDoz. Dr. Hilse (Berlin):

Die unausbleiblich nötige und bereits angebahnte Einigung des Militärstrafverfahrens in Deutschland darf nur auf Grund eines Gesetzes geschehen, welches bei Öffentlichkeit, Mündlichkeit und Unmittelbarkeit dem Richter freie Würdigung des Beweisergebnisses und dem Angeklagten unbeschränkte Verteidigungsbefugnis überläßt.

Gutachter:	Berichterstatter:
Stabsauditor Höß (München) I. 130—144.	AGR. Stenglein (München) II. 193 ff.
LGR. Dr. phil. v. Harrasowsky (Wien) I. 145—152.	
RA. Mellien (Spremberg) I. 153—179.	
StA. Dr. Mittelstaedt (Altona) I. 180—193.	

Der erste Gutachter, Höß, meint, daß — unabhängig von der Frage, wie weit die Zuständigkeit der Militärgerichte in Deutschland sich zu erstrecken habe — jedenfalls die wünschenswerte und auch notwendige Einigung des Militärstrafverfahrens in Deutschland nur auf Grund eines Gesetzes wird geschehen dürfen, das den Anforderungen der Humanität und dem vorgeschrittenen Standpunkt der Wissenschaft entspricht, sich von Berücksichtigung althergebrachter Vorurteile, soweit sie sachlich nachteilig ist, fernhält, und bei Öffentlichkeit, Mündlichkeit und Unmittelbarkeit, endlich Trennung der Tat- von der Rechtsfrage, dem Richter der Tat freie Würdigung des Beweisergebnisses und dem Angeklagten unbeschränkte Verteidigungsbefugnis überläßt.

v. Harrasowsky führt aus, daß die Frage mit einer allgemeinen Militärgesetzgebung zusammenhänge und deshalb außer dem Bereiche der Wirksamkeit des Juristentages liege.

Mellien spricht sich dahin aus: Die Reform der Militärstrafgerichtsordnungen, die in den verschiedenen deutschen Staaten in Wirksamkeit sind, ist ein unabweisbares Bedürfnis der Rechtsordnung. Diese Reform ist aber unter den jetzigen Zeitverhältnissen nicht durch ein einheitliches Gesetz durchzuführen; es genügen dem Bedürfnisse die in der Frage ausgedrückten

Änderungen des Verfahrens. Er befürwortet daher nur eine Resolution, die neben den in der Frage enthaltenen Forderungen auch:

1. die Beschränkung des Militärgerichtsstandes der deutschen Heere auf die militärischen Verbrechen und Vergehen der Militärpersonen,
2. die Öffentlichkeit des Hauptverfahrens,
3. die Aufhebung des Ernennungs- und Bestätigungsrechtes der Militärbefehlshaber bezüglich der Einsetzung der militärischen Spruchgerichte und ihrer Erkenntnisse,
4. die Gewährung der im bürgerlichen Strafverfahren üblichen Rechtsmittel

als Aufgaben der Militärgesetzgebung bezeichnet.

Mittelstaedts Antrag lautet: Der deutsche Juristentag erachtet eine einheitliche Reform des deutschen Militärstrafverfahrens für dringend geboten, die mindestens für die in den gemeinen Strafgesetzen vorgesehenen strafbaren Handlungen das Anklageprinzip, die Grundsätze der Unmittelbarkeit, Mündlichkeit und Öffentlichkeit, freie Beweiswürdigung für den Richter und freie Verteidigungsbefugnis für den Angeschuldigten in einer dem bürgerlichen Strafprozeß entsprechenden Gestalt verwirklicht.

Der Berichterstatter führte aus, daß das Militärstrafverfahren reformbedürftig sei und daß ein Bedürfnis nach einheitlichen Normen bestehe. Das militärische Verfahren habe dieselbe Aufgabe, die dem bürgerlichen Verfahren zugewiesen sei, darum müßten diejenigen Mittel, welche in dem bürgerlichen Verfahren als die richtigen erkannt seien, um den Zwecken der Gerichte zu genügen, auch vor den Militärstrafgerichten Anwendung finden.

Die in der Abteilung mit großer Mehrheit angenommenen Thesen wurden im Plenum mit allen gegen zwei Stimmen angenommen.

Beschluß. a) Der deutsche Juristentag, die Reformbedürftigkeit der in den deutschen Staaten in Geltung stehenden militärgerichtlichen Verfahrensgesetze und das Bedürfnis einer Einigung derselben anerkennend, spricht seine Überzeugung aus, daß eine zeitgemäße, die Anforderungen der Wissenschaft und Rechtssicherheit erfüllende Reform dieser Gesetze nur zu verwirklichen ist, wenn dem Militärstrafverfahren die wesentlichen Formen des bürgerlichen Verfahrens zugeführt werden und die Zuständigkeit der Militärgerichte sich im Frieden auf Dienstvergehen der Militärpersonen beschränkt.

b) Der Juristentag spricht es weiter als seine Überzeugung aus, daß Disziplinarvorschriften für die Armee, soweit sie die Erkennung von Strafen zum Gegenstand haben, nur auf dem Wege der Gesetzgebung zu erlassen sind.

Die einheitliche Regelung des Militärstrafverfahrens ist durch die Militärstrafgerichtsordnung für das deutsche Reich vom 1. Dezember 1898 erfolgt. Es haben im Verfahren vor den Militärgerichten die Grundsätze des modernen Strafprozeßrechts Aufnahme gefunden; es sind der Anklageprozeß, die Mündlichkeit und Öffentlichkeit wie die freie Beweiswürdigung im wesentlichen durchgeführt.

X. Verwaltungsrecht.

1. Einführung von Verwaltungsgerichten.

12. DJT. Nürnberg 1875.

Dem 12. Juristentag unterbreitete man zur Beratung und Beschlußfassung das

Thema: Rechtliche Natur, Zuständigkeit und Verhandlungsform der Verwaltungsjurisdiktion.

Gutachten	Berichterstatter:
waren nicht erstattet.	Prof. Dr. Gneist III. 231 ff. Adv. Dr. v. Kißling (Linz) III. 241 ff.

Die Berichterstatter führten übereinstimmend aus, daß an der Kompetenz der ordentlichen Gerichte festzuhalten sei, daß diese über jeden Privatrechtstitel in Kollision mit dem Verwaltungsrecht, über die jura fisci, über jede staatsrechtliche Frage, wo sie als Obersatz eines Zivil- oder Straffalles auftritt, zu entscheiden berufen seien. Auch könne man die ordentliche Gerichtsbarkeit ausdehnen, insoweit es sich nur um Schranken der Behördentätigkeit handele, z. B. auf Entscheidungen über die Gesetzmäßigkeit der Steuern und einzelne politische Statusrechte. Wo aber die Maß- und Grenzbestimmungen in der Verwaltung sich nicht trennen ließen, bedürfe man einer ergänzenden Verwaltungsjurisdiktion, die auf einer kollegialischen die Garantien der richterlichen Unabhängigkeit bietenden Verfassung der Verwaltungsbehörde beruhe. Sie sei unentbehrlich zur Kontrolle der Polizeiverfügungen, der Steuereinschätzungen, der Militäraushebungen, zur Regelung des Aufsichtsrechts der Staatsbehörden über die Kirche, über die kirchlichen wie die politischen Gemeinden.

Die Abteilung erhob die These des ersten Berichterstatters mit Stimmeneinheit zum

Beschlusse: Es bedarf neben den ordentlichen Gerichten einer ergänzenden Verwaltungsjurisdiktion für Fälle einer gesetzwidrigen oder parteiischen Ausübung der Staatsgewalt durch Entscheidungen oder Verfügungen der Verwaltungsbehörden.

In den meisten Staaten Deutschlands sind im Laufe der Jahre selbständige Verwaltungsgerichte eingeführt worden und zwar bezüglich ihrer Einrichtung und Kompetenz im wesentlichen im Einklange mit den Ausführungen des Juristentages.

Auch in Österreich sind schon im Jahre 1876 Verwaltungsgerichte errichtet worden; vor dieser Zeit bestand bereits als Kompetenzgerichtshof das Reichsgericht (Staatsgrundgesetz 1867), wobei der vom 4. Juristentage (vgl. oben II Ziff. 3) ausgesprochene Satz, daß der ordentliche Richter über die Gültigkeit von Verordnungen zu entscheiden habe, gesetzlich sanktioniert worden ist.

2. Rechtskraft der Entscheidungen der Verwaltungsbehörden.

26. DJT. Berlin 1902.

Im Jahre 1902 hat sich der Juristentag zum ersten Male mit einer Frage beschäftigt, die ausschließlich dem öffentlichen Rechte angehört. Es sollte ein Beitrag zu dem Probleme geliefert werden, ob die Rechtskraft der Entscheidungen der Verwaltungsbehörden der Erfüllung des staatlichen Verwaltungsinteresses weichen oder ob diese letztere gegenüber der materiellen Rechtskraft der Entscheidung zurücktreten soll.

Thema: Die Rechtskraft der Entscheidungen der Verwaltungsbehörden.

Gutachter:	Berichterstatter:
OVerwGR Dr. Schultzenstein (Berlin) I. 86—124.	Prof. Dr. Seidler (Wien) III. 378 ff.
Prof. Dr. Bernatzik (Wien) II. 32—53.	

Die beiden Gutachter stimmen darin überein, daß die Gesetzgebung, wenn sie eine Sache in judicium gebracht habe, damit zu erkennen gäbe, die materielle Rechtskraft solle höher sein als das Verwaltungsinteresse; daß die Entscheidung eine rechtskräftige sein solle und daß eine Rechtsprechung ohne materielle Rechtskraft überhaupt keine Rechtsprechung sei.

Schultzenstein faßt deshalb sein Gutachten dahin zusammen:

Die Rechtskraft der verwaltungsgerichtlichen Urteile ist grundsätzlich anzuerkennen, und zwar auch in der Weise, daß die Urteile den Staat binden.

Bernatzik macht folgenden Gesetzesvorschlag:

§ 1. Von der Wirksamkeit dieses Gesetzes an haben, sofern gesetzlich nicht etwas anderes angeordnet ist, endgültige Entscheidungen der zuständigen Verwaltungsgerichte . . . .

> (eventuell: . . . . Entscheidungen von Verwaltungsbehörden, bei deren Zustandekommen eine besondere Vertretung der öffentlichen Interessen stattzufinden hatte)
>
> (eventuell wären diese Materien speziell anzuführen)

die Wirkung, daß die am Verfahren beteiligt gewesenen Behörden und die ihnen vorgesetzten Behörden, sowie dergleichen Parteien und deren Rechtsnachfolger, an sie gebunden sind, und zwar die Behörden dergestalt, daß sie gegen den Willen der Parteien nichts Abweichendes beschließen können.

§ 2. Von der Wirksamkeit dieses Gesetzes an haben andere Beschlüsse der zuständigen Verwaltungsbehörden — sofern nicht gesetzlich etwas Gegenteiliges bestimmt ist — diese Wirkung dann und nur dann, wenn der Beschluß schriftlich ausgefertigt ist, die Aufschrift „Entscheidung" trägt und, äußerlich von dieser getrennt, „Entscheidungsgründe" enthält.

§ 3. Jede Verwaltungbehörde kann innerhalb ihrer Zuständigkeit von Amts wegen zur Fällung einer solchen Entscheidung schreiten. Aber auch jedermann, der in der Sache als Partei aufzutreten berechtigt ist hat das Recht, eine solche Entscheidung zu begehren.

§ 4. In beiden Fällen hat die Behörde ihre Absicht den Parteien vorher schriftlich zu eröffnen.

§ 5. Ein Parteibegehren dieser Art kann auch mit einem Rechtsmittel gegen eine Verfügung verbunden werden.

> (Im übrigen richtet sich das Verfahren bei Fällung der Entscheidungen nach den für die betreffende Angelegenheit bestehenden Normen; eventuell wären hier besondere Normen über das Verfahren beizufügen.)

§ 6. Erschlichene Entscheidungen, dann solche, welche unter Außerachtlassung wesentlicher Formen des Verfahrens zustande kommen, sind nichtig.

§ 7. Die Rechtswirkungen einer Entscheidung endigen durch Erlassung einer neuen Entscheidung. Ein solche ist zu fällen, wenn von Amts wegen oder von Parteien erhebliche neue Umstände geltend gemacht werden, welche in dem früheren Verfahren nicht vorgekommen sind.

§ 8. Parteien, welche solche Umstände oder die Nichtigkeit des Verfahrens geltend machen wollen, müssen binnen einer Frist von 30 Tagen, nachdem ihnen die bezüglichen Umstände bekannt geworden sind, darum einkommen.

Der Berichterstatter führte aus, daß die Verwaltungsrechtsprechung der materiellen Rechtskraft ebensowenig entraten könne, wie die Rechtsprechung der ordentlichen Gerichte. Er wollte jedoch im Anschluß an das Institut der Nichtigkeitsbeschwerde zur Wahrung des Gesetzes, wie es die französische und österreichische Strafprozeßordnung kennt, Beschränkungen der materiellen Rechtskraft zugunsten dringlicher, im Gesetze taxativ aufzuzählender öffentlicher Interessen zulassen.

Die Abteilung erhob folgenden Antrag Schultzensteins mit großer Mehrheit zum

Beschlusse: Die Rechtskraft der verwaltungsgerichtlichen Urteile und der ihnen gleichstehenden Entscheidungen ist grundsätzlich anzuerkennen und zwar auch in der Weise, daß die Urteile (Entscheidungen) den Staat binden.

Schlußwort.

Blickt man auf die Tätigkeit des Juristentages in den verflossenen 50 Jahren zurück, so muß man anerkennen, daß er eine außerordentlich große Arbeit geleistet und wahrlich Hervorragendes geschaffen hat. Es genügt, darauf hinzuweisen, daß er während seines fünfzigjährigen Bestehens in 29 Tagungen über nicht weniger als 255 Themata Beschlüsse gefaßt hat. Hiervon betrafen allein das Gebiet des Privatrechts annähernd 100, das des Handels- und Wechselrechts 28 Beschlüsse; Fragen des materiellen Strafrechts wurden im ganzen 26 behandelt, 36 Themata betrafen den Strafprozeß und etwa 30 Beschlüsse wurden über zivilprozessuale Fragen gefaßt. Welchen Einfluß diese Beschlüsse des Juristentages und die vorausgegangenen Gutachten und Referate auf die Gesetzgebung gehabt haben, läßt die im dritten Abschnitt gegebene Darstellung seines Wirkens erkennen.

Dieses glanzvolle Ergebnis läßt kaum vermuten, daß es trotzdem Zeiten gegeben hat, wo Befürchtungen wegen der weiteren Lebensfähigkeit des Juristentages aufgetaucht sind.

Schon im Jahre 1866 wurde zum ersten Male ernsthaft die Frage erwogen, ob der Juristentag nicht mit Rücksicht auf die großen politischen Umwälzungen am besten täte, vom Schauplatze abzutreten. Man meinte, — es erscheint uns jetzt recht sonderbar — dem Juristentage würde, falls die politische Einigung zwischen Nord- und Süddeutschland demnächst gelänge, höchstens noch die rein theoretische Aufgabe der Förderung der Rechtswissenschaft zufallen. Das Schriftführeramt der ständigen Deputation hielt deshalb, wie aus einem Vorwort zum Registerbande der ersten fünf Juristentage hervorgeht, „die äußersten Marksteine des deutschen Juristentages für erreicht". Es drang jedoch die gegenteilige Meinung durch, daß für den Juristentag jetzt besondere Veranlassung geboten sei, für den Gedanken der Rechtseinheit zu wirken und zu kämpfen und daß die gesteigerte Aussicht auf Erfolg einen vermehrten Antrieb zur weiteren Mitarbeit an der Rechtseinheit des ganzen Deutschland bilde. Der glänzende Verlauf des darauf nach München einberufenen 6. Juristentages bewies schlagend die Richtigkeit dieser Ansicht. Als grundlos erwies sich auch die Furcht, der Zusammentritt und die Wirksamkeit einer deutschen parlamentarischen Körperschaft möchte der Tätigkeit und dem Ansehen des Juristentages Abbruch tun. Gerade das Gegenteil trat später ein. Der Reichstag hat, wie aus den Ausführungen im dritten Abschnitt an zahlreichen Stellen erhellt, den Verhandlungen und Beschlüssen des Juristentages besonderen Wert beigemessen und gar nicht selten haben die rein sachlichen Erwägungen des Juristentages im politischen Kampfe der einen oder anderen Ansicht zum Siege verholfen. Dies ermutigte begreiflicherweise den Juristentag zu erneuter, fleißiger Arbeit. Der schönste Lohn hierfür darf darin erblickt werden, daß so manches Reichsgesetz nicht zum geringsten seine Entstehung den eingehenden Vorarbeiten des Juristentages verdankt. Erfreulicherweise grundlos war schließlich auch die durch die politische Lostrennung Österreichs von Deutschland nahegelegte Befürchtung, daß das Ausscheiden der österreichischen Juristen aus dem Juristentage die notwendige Folge sein werde. Die damals geschlagenen Wunden vernarbten schon bald wieder, die Verhältnisse klärten sich und alle politischen Störungen wurden überdauert und überwunden durch die gemeinsamen Rechtsinteressen der Juristen des deutschen Reiches und der deutschen Juristen Österreichs. Diese blieben unbeirrt durch die Ereignisse von 1866 im Juristentag und haben nach wie vor ein warmes Herz den Bestrebungen des Juristentages für die Rechtseinheit im deutschen Reiche entgegengetragen. Trotz des Jahres 1866 sind die Juristen beider Reiche nicht müde geworden, ihre vereinten Kräfte an Kenntnissen und Erfahrungen der Weiterentwicklung des deutschen Rechtes zu weihen. Auch 1870/71 und 1877 wurden ähnliche Zweifel hinsichtlich der Fortdauer des Juristentages im Hinblick auf die nunmehr vollendete politisch-legislatorische Einheit Deutschlands laut. Aber auch diese erneuten Bedenken wurden baldigst zerstreut. Schließlich wurde in den ersten Jahren nach dem Inkrafttreten des BGB. wiederum von manchen Seiten die Frage nach der ferneren Daseinsberechtigung des deutschen Juristentages aufgeworfen. Unverkennbar war nach der großen Arbeit, die dem Erlaß des BGB. vorausgegangen war, ein gewisses Ruhebedürfnis eingetreten. Aber schon zu bald zeigte sich, wie noch so manches Gebiet, das von dem BGB. unberührt gelassen worden war, der einheitlichen Regelung harrte. Nicht rastend, wandte sich der Juristentag mit vermehrtem Eifer dieser Aufgabe zu und man kann ohne zu übertreiben sagen, daß wohl ein jeder Jahrgang des Reichsgesetzblatts aus dem letzten Jahrzehnt die Spuren der vorbereitenden, anregenden und fördernden Tätigkeit des Juristentages trägt. Schon nach außerordentlich kurzer Zeit tauchten auch die ersten Vorschläge zur Abänderung des BGB. auf. Hier war es die Aufgabe des Juristentages, ruhig und allein die in Frage stehenden Interessen abwägend zu prüfen, ob es tatsächlich erforderlich und an der Zeit sei, die erste Bresche in das noch so junge Gesetzbuch zu legen. Der Juristentag beschäftigte sich mit der Frage der Abschaffung der Formvorschrift des § 313, der Milderung der Haftung des Tierhalters und der Sicherung des Eigentumsvorbehalts an Maschinen und sprach sich in allen drei Fällen für die unveränderte Beibehaltung der Vorschriften des BGB. aus. Nur hinsichtlich der Haftung des Tierhalters hat die Reichsregierung unter Zustimmung des Reichstages geglaubt, von dem Votum des Juristentages abweichen zu sollen. Durch Gesetz vom 30. Mai 1908 ist der § 833 BGB. dahin abgeändert worden, daß unter gewissen Voraussetzungen eine Befreiung des Tierhalters von der Haftung für den durch das Tier angerichteten Schaden eintritt.

Schon bald nach dem Inkrafttreten des BGB. ließ ferner die deutsche Reichsregierung die Absicht erkennen, an eine Revision des materiellen Strafrechts und des Strafprozesses heranzutreten. An diesem großen und vielleicht schwierigsten Revisionswerke mitzuarbeiten, mußte für den Juristentag besonders reizvoll erscheinen. Auf der Berliner Tagung im Jahre 1902 spielten daher die Verhandlungen über die Grundsätze, nach denen die Revision des Strafgesetzbuchs in Aussicht zu nehmen wäre, eine besondere Rolle. Inzwischen sind sowohl in Deutschland wie in Österreich Entwürfe oder wenigstens Vorentwürfe eines neuen Strafgesetzbuchs und einer Strafprozeßordnung veröffentlicht worden und eine jede Juristentagsversammlung im ersten Jahrzehnt des zwanzigsten Jahrhunderts hat sich mit wichtigen strafrechtlichen und strafprozessualen Problemen beschäftigt. Angesichts dieser in beiden Reichen eingeleiteten großen Reformen ist nicht daran zu zweifeln, daß die Daseinsberechtigung des Juristentages heute nach fünfzigjährigem Bestehen noch unvermindert die gleiche ist, wie bei seiner Gründung im Jahre 1860. Sieht sich doch auch die Gesetzgebung, wie der damalige preußische Justiz- und Staatsminister Dr. Schönstedt in seiner Begrüßungsansprache auf dem letzten Berliner Juristentage hervorhob, bei dem mächtigen Aufschwung von Handel und Industrie, bei den nicht rastenden Fortschritten der Technik, der zunehmenden Bedeutung der internationalen Beziehungen und auch infolge des auf sozialem und wirtschaftlichem Gebiete sich vollziehenden Umschwungs täglich vor neue Aufgaben gestellt. Der Juristentag darf sich, um Worte des jetzigen Ehrenpräsidenten Heinrich Brunner zu gebrauchen, mit gutem Gewissen das Zeugnis ausstellen, daß er sich stets von abstraktem Radikalismus ferngehalten hat, daß er das sich gesteckte Ziel mit Besonnenheit und mit Beschränkung auf das praktisch Erreichbare verfolgt hat. Wir können daher auch jetzt nur schließen mit dem Ausspruch Thomsens anläßlich des fünfundzwanzigjährigen Jubiläums:

Wenn der Juristentag nach wie vor, soviel an ihm ist, bestrebt sein wird, nach dem Lautwerden der Bedürfnisse des Verkehrs und den Klagen der Praxis zu horchen, mit scharfem Auge die Forschungen und Entdeckungen der Wissenschaft zu verfolgen, und mit richtigem Gefühle den Pulsschlag der Zeit zu prüfen, ob die Stunde gekommen ist, wo die Abschaffung oder die Hinzufügung von Rechtssätzen und Rechtsinstituten angeregt oder empfohlen werden muß, so wird sich ihm stets ein reiches Feld für lohnende, fruchtbringende Tätigkeit darbieten.

Sachregister.

(Die Zahlen bedeuten die Seiten.)

A.

B.

M.

N.

O.

P.

R.

S.

Druck von C. Schulze & Co., G. m. b. H., Gräfenhainichen.

Papier | Fördert gute Waldnutzung
FSC® C083411

Kolibri 360 GmbH
Ferdinand-Jühlke-Straße 7
99095 Erfurt, Deutschland
produktsicherheit@kolibri360.de